PROCESSO PENAL

PARTE GERAL

COLEÇÃO **sinopses** PARA CONCURSOS

Coordenação
Leonardo Garcia

7

Leonardo Barreto Moreira Alves

PROCESSO PENAL

PARTE GERAL

13ª EDIÇÃO
REVISTA ATUALIZADA AMPLIADA

2023

EDITORA JusPODIVM
www.editorajuspodivm.com.br

EDITORA *Jus*PODIVM
www.editorajuspodivm.com.br

Rua Canuto Saraiva, 131 – Mooca – CEP: 03113-010 – São Paulo – São Paulo
Tel: (11) 3582.5757
• Contato: https://www.editorajuspodivm.com.br/central-de-relacionamento

Diagramação: Lupe Comunicação e Design *(lupecomunicacao@gmail.com)*

Capa: Ana Caquetti

A474s Alves, Leonardo Barreto Moreira
Sinopses para Concursos - v.7 – Processo Penal - Parte Geral / Leonardo Barreto Moreira Alves – 12.ed., rev., atual. e ampl. – São Paulo: Editora Juspodivm, 2023.
560 p. (Coleção Sinopses para Concursos)

Inclui Bibliografia
ISBN: 978-85-442-4189-9

1. Direito Processual Penal. I. Alves, Leonardo Barreto Moreira. II. Título.

CDD 341.43

BIBLIOTECÁRIA RESPONSÁVEL
Ana Carolina Ribeiro Mois – CRB7 – RJ 007348/0

É difícil fazer alguém feliz, assim como é fácil fazer triste.
É difícil dizer eu te amo, assim como é fácil não dizer nada.
É difícil valorizar um amor, assim como é fácil perdê-lo para sempre.
É difícil agradecer pelo dia de hoje, assim como é fácil viver mais um dia.
É difícil enxergar o que a vida traz de bom, assim como é fácil fechar os olhos e atravessar a rua.
É difícil se convencer de que se é feliz, assim como é fácil achar que sempre falta algo.
É difícil fazer alguém sorrir, assim como é fácil fazer chorar.
É difícil colocar-se no lugar de alguém, assim como é fácil olhar para o próprio umbigo.
Se você errou, peça desculpas...
É difícil pedir perdão? Mas quem disse que é fácil ser perdoado?
Se alguém errou com você, perdoa-o...
É difícil perdoar? Mas quem disse que é fácil se arrepender?
Se você sente algo, diga...
É difícil se abrir? Mas quem disse que é fácil encontrar alguém que queira escutar?
Se alguém reclama de você, ouça...
É difícil ouvir certas coisas? Mas quem disse que é fácil ouvir você?
Se alguém te ama, ame-o...
É difícil entregar-se? Mas quem disse que é fácil ser feliz?
Nem tudo é fácil na vida...Mas, com certeza, nada é impossível.
Precisamos acreditar, ter fé e lutar para que não apenas sonhemos,
Mas também tornemos todos esses desejos, realidade!!!

"Nem tudo é fácil",
Cecília Meireles

Dedico esta obra aos meus filhos, Cecília e Leonardo, e à minha esposa Patrícia, mais do que tudo, minha própria vida, meus sonhos e minha felicidade plena.

Agradecimentos

Agradeço aos meus pais, Jaime e Ana Angélica, meus heróis, pelo amor incondicional e desmedido, exemplos e valores de vida; à minha querida irmã, Manuela, pela alegria de viver, inspiração para mim; aos meus sogros, Adolpho e Lília, e minhas cunhadas, Luciana e Mariana, pelo apoio em todos os momentos; ao amigo Leonardo Garcia, por confiar novamente em meu trabalho e pelo constante incentivo; ao Professor Nestor Távora, pela valiosa participação neste trabalho; ao amigo-irmão e colega Márcio Soares Berclaz, pelos projetos em comum e por tão gentis palavras externadas nesta obra; aos amigos e alunos dos cursos Fundação Escola Superior do Ministério Público de Minas Gerais, CP Iuris, Verbo Jurídico, Fundação Escola Superior do Ministério Público (FMP), Supremo Concursos, Ouse Saber e Sobredireito por prestigiarem meu trabalho como Professor de Direito Processual Penal e por contribuírem diretamente para o amadurecimento das ideias e reflexões apresentadas neste livro; aos colegas, servidores e estagiários do Ministério Público de Minas Gerais, pela troca cotidiana de experiências; e à Editora Juspodivm, por mais uma parceria.

Belo Horizonte (MG), janeiro de 2023.

Leonardo Barreto Moreira Alves

Redes sociais: Instagram (professor.leonardobarreto); Twitter (@leonardobmalves); Facebook (www.facebook.com/leonardobarretomalves)

Coleção Sinopses para Concursos

A *Coleção Sinopses para Concursos* tem por finalidade a preparação para concursos públicos de modo prático, sistematizado e objetivo.

Foram separadas as principais matérias constantes nos editais e chamados professores especializados em preparação de concursos a fim de elaborarem, de forma didática, o material necessário para a aprovação em concursos.

Diferentemente de outras sinopses/resumos, preocupamo-nos em apresentar ao leitor o entendimento do STF e do STJ sobre os principais pontos, além de abordar temas tratados em manuais e livros mais densos. Assim, ao mesmo tempo que o leitor encontrará um livro sistematizado e objetivo, também terá acesso a temas atuais e entendimentos jurisprudenciais.

Dentro da metodologia que entendemos ser a mais apropriada para a preparação nas provas, demos destaques (em outra cor) às palavras-chaves, de modo a facilitar não somente a visualização, mas, sobretudo, a compreensão do que é mais importante dentro de cada matéria.

Quadros sinóticos, tabelas comparativas, esquemas e gráficos são uma constante da coleção, aumentando a compreensão e a memorização do leitor.

Contemplamos também questões das principais organizadoras de concursos do país, como forma de mostrar ao leitor como o assunto foi cobrado em provas. Atualmente, essa "casadinha" é fundamental: conhecimento sistematizado da matéria e como foi a sua abordagem nos concursos.

Esperamos que goste de mais esta inovação que a Editora Juspodivm apresenta.

Nosso objetivo é sempre o mesmo: otimizar o estudo para que você consiga a aprovação desejada.

Bons estudos!

Leonardo Garcia

leonardo@leonardogarcia.com.br

www.leonardogarcia.com.br

Instagram: @leomgarcia

Guia de leitura da Coleção

A Coleção foi elaborada com a metodologia que entendemos ser a mais apropriada para a preparação de concursos.

Neste contexto, a Coleção contempla:

• **DOUTRINA OTIMIZADA PARA CONCURSOS**

Além de cada autor abordar, de maneira sistematizada, os assuntos triviais sobre cada matéria, são contemplados temas atuais, de suma importância para uma boa preparação para as provas.

> Muitos dos conceitos do nosso Direito Administrativo foram concebidos ainda no período do **Estado Liberal**. Outra parte desse ramo jurídico foi concebida durante o **Estado Social.** A concepção democrática, hoje pretendida, exige a acomodação dos conceitos e normas tradicionais ao novo paradigma constitucional (**Estado Democrático de Direito**), impondo uma *"outra qualidade de Estado"*.
>
> Perceber essa mutação no direito administrativo é um diferencial que auxilia no estudo da matéria e no desenvolvimento do jurista, sendo importante para a compreensão de algumas questões objetivas, além de essencial para questões suscitadas em provas subjetivas e orais, pelas melhores bancas.

• **ENTENDIMENTOS DO STF E STJ SOBRE OS PRINCIPAIS PONTOS**

> Segundo precedente do STF, é compatível com o princípio da impessoalidade, dispositivo de Constituição Estadual que vede ao Estado e aos Municípios atribuir nome de pessoa viva a avenida, praça, rua, logradouro, ponte, reservatório de água, viaduto, praça de esporte, biblioteca, hospital, maternidade, edifício público, auditórios, cidades e salas de aula (STF, ADI 307/CE, rel. Min. Eros Grau, 13.2.2008).

• **PALAVRAS-CHAVES EM OUTRA COR**

As palavras mais importantes (palavras-chaves) são colocadas em outra cor para que o leitor consiga visualizá-las e memorizá-las mais facilmente.

> **Cargo** é o local criado por lei dentro do serviço público que possui atribuições, nomenclatura e remuneração próprias.
>
> O cargo público, por sua vez, subdivide-se em **cargo efetivo e em comissão.**

• **QUADROS, TABELAS COMPARATIVAS, ESQUEMAS E DESENHOS**

Com esta técnica, o leitor sintetiza e memoriza mais facilmente os principais assuntos tratados no livro.

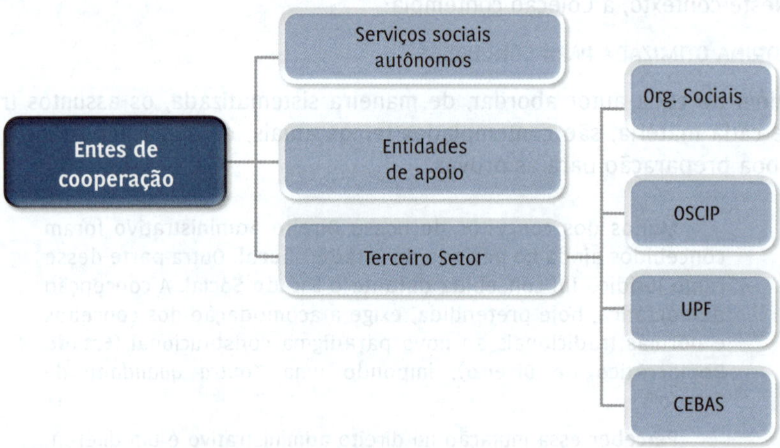

• **QUESTÕES DE CONCURSOS NO DECORRER DO TEXTO**

Por meio da seção *"Como esse assunto foi cobrado em concurso?"* é apresentado ao leitor como as principais organizadoras de concurso do país cobram o assunto nas provas.

> ▸ **Como esse assunto foi cobrado em concurso?**
>
> No concurso para provimento do cargo de Procurador do Estado do Ceará-2008, foi considerada incorreta a seguinte assertiva: *Ao criar autarquia, a administração pública apenas transfere a ela a execução de determinado serviço público, permanecendo com a titularidade desse serviço.*

Nota do autor à 13ª edição

Nesta 13ª edição, mantivemos a estrutura da obra, com comentários doutrinários objetivos sobre os temas contemplados neste volume, bem como a inserção de questões de concursos públicos e de julgados dos principais tribunais do país. No entanto, o trabalho foi profundamente revisto, atualizado e ampliado. Nesse sentido, acrescentamos questões de concursos públicos, de primeira e segunda etapas, realizados em 2022. Além disso, incluímos as decisões mais relevantes publicadas nos informativos do STJ e do STF no referido ano, em especial aquelas referentes à interpretação da Lei nº 13.964/2019 ("Pacote Anticrime"), a qual provocou diversas e expressivas mudanças no estudo da disciplina. Por fim, atualizamos o texto com base em novas leis publicadas igualmente em 2022.

Com isso, em parceria com a editora Juspodivm, entregamos à comunidade jurídica uma obra fiel às suas origens, mas com doutrina, jurisprudência e legislação inteiramente renovadas, na expectativa de que o perfil de um Processo Penal Constitucional continue a ser apresentado ao leitor sem qualquer tipo de defasagem.

Gostaríamos ainda de registrar os nossos agradecimentos a todos os leitores que prestigiaram a 12ª edição deste trabalho e contribuíram sensivelmente para o aprimoramento do livro, enviando *e-mails* e mensagens em redes sociais com valiosas críticas construtivas e sugestões.

Ficamos na expectativa de que toda essa interatividade possa voltar a ocorrer a partir da publicação desta 13ª edição!

Belo Horizonte (MG), janeiro de 2023.

Leonardo Barreto Moreira Alves

Redes sociais: Instagram (professor.leonardobarreto); Twitter (@leonardobmalves);

Facebook (www.facebook.com/leonardobarretomalves)

Apresentação

É com imensa honra e alegria que recebo a saborosa missão de apresentar a obra "Coleção Sinopses para Concursos: Processo Penal", *de autoria do amigo* e *colega de Ministério Público, Professor Leonardo Barreto Moreira Alves.*

Ciente da responsabilidade da missão, entendo que meu estado de ânimo e sensibilidade estão plenamente justificados não só pelas qualidades profissionais, mas, sobretudo, pelos predicados e virtudes pessoais deste jovem, talentoso, ativo e, merecidamente, já um tanto quanto (re)conhecido escritor.

Trata-se de obra que consegue conciliar, de modo muito competente, objetividade e densidade de conteúdo, oportunizando janelas para uma visualização panorâmica e bastante interessante do jardim do direito processual penal, seja para um primeiro contato, seja para oxigenação e hidratação de conhecimentos de um leitor já iniciado. Prova disso é a menção destacada das alterações legislativas, sem dúvida um importante diferencial.

Cumprindo com o objetivo a que se propõe, o presente livro faz uma exposição adequada da dogmática clássica e tradicional da "manualística", mesclando-a com pinceladas de leitura crítica e contemporânea constitucional-garantista do processo penal, o que torna a presente publicação útil não só para a etapa preliminar do concurso, como também para preparação inicial para a fase das provas escritas e discursivas, uma vez que a disposição dos temas encontra-se organizada de modo bastante didático, facilitando uma compreensão sistêmica.

Cada referência doutrinária, a propósito, não deixa de ser um convite e uma indicação para que o leitor, na medida do possível, esteja atento e consulte outras fontes, cautela necessária para subsidiar maior compreensão cognitiva do processo penal, tarefa mental que sempre há (haveria) de preceder qualquer tentativa robótica de memorização, ainda que a segunda atividade, infelizmente, pareça ser a ilusória essência do conhecimento no atual sistema (de)formado de educação jurídica, vício iniciado na graduação e lamentavelmente reproduzido na sistemática de muitos concursos públicos, especialmente na fase preambular de questões objetivas.

A propósito, importante deixar claro que este livro não se limita a uma rasteira compilação doutrinária, mostrando atenção com a orientação jurisprudencial dos Tribunais Superiores (STJ e STF) e, acima de tudo, com a demonstração do tema de forma relacionada com a sua "aplicação em concursos públicos", correlação de teoria e prática fundamental e um tanto quanto inovadora para o público que almeja ingresso nas mais diversas carreiras públicas.

Na convicção de que a contribuição e participação crítica da comunidade de leitura será importante para enriquecer e aprimorar ainda mais as próximas edições de já tão qualificada obra, desejo-te, caro leitor, **bom divertimento** – afinal de contas, estudar o direito processual penal também precisa se constituir num ato de genuíno **prazer** e, por que não, de verdadeiro amor, lição de estudo que aprendi com o genial jusfilósofo e pensador argentino-brasileiro, Professor Luis Alberto Warat, mentor, dentre tantas coisas, da relação do direito com a arte, da sensibilidade, da (re)subjetivação, requisitos sempre presentes numa obra bem intencionada e original como a que orgulhosamente apresento a você.

Boa leitura!

Primavera de 2010, Oeste do Paraná

Márcio Soares Berclaz

Prefácio

O processo penal está em constante mutação. As sucessivas reformas legislativas, aliadas ao redirecionamento jurisprudencial, proporcionam uma nova modelação da persecução penal brasileira. O desafio de irrigar o processo com as premissas constitucionais, ultrapassando o paradigma da década de 40, torna inquietante o anseio por mudanças, ainda muito tênues quando comparadas com a imensidão da tarefa. Esforço hercúleo!

Vivenciamos um momento singular na história do país. Nunca insistimos tanto em ferramentas para otimizar a administração da justiça. O "tempo social" acaba por ser implacável, imprimindo o seu ritmo a tudo. Antecipação do julgamento meritório, celeridade procedimental, concentração da instrução, sumarização da investigação, prazo para encerramento dos procedimentos, enfim, a dosagem temporal marca a rotina procedimental. O ganho de tempo, sabe-se lá a que custo (certamente alto), imprime com exatidão o desejo de mais (resultado), com menos (esforço).

Montar a equação com a justa dosagem é o desafio do legislador e do intérprete. O tempo adequado, na exata medida, para que a justiça não se apresente a destempo, e para que o procedimento não atropele garantias, é o objetivo do processo penal constitucional.

O Professor Leonardo Barreto não se furtou a enfrentar um árduo desafio na elaboração deste trabalho. De forma séria e polida, com sobriedade, teve que optar por uma abordagem objetiva, com a preocupação de entregar ao leitor a essência do assunto, já que o ***tempo é implacável***. É nesse momento que a responsabilidade do autor se avoluma. A confiança na boa preleção da matéria, e o êxito em estruturar o assunto com a técnica que lhe é peculiar, marcam o desenvolvimento da obra, realçando a relação de fidelidade e presteza com o leitor.

A presente obra não tem pretensão exaustiva, mas também não comete o pecado da superficialidade. De maneira cirúrgica, e dialogando sempre, o autor conseguiu promover o tratamento dos principais temas do processo penal, de forma clara, descortinando a secura da lei, com uma importante contribuição doutrinária, atingindo a sua justa dosagem.

Belo Horizonte, 14 de setembro de 2010.

Nestor Távora

Sumário

Capítulo 1

Introdução ao direito processual penal

1. CONCEITO DO DIREITO PROCESSUAL PENAL

Classicamente, o Direito Processual Penal pode ser definido como o "conjunto de princípios e normas que regulam a aplicação jurisdicional do Direito Penal, bem como as atividades persecutórias da Polícia Judiciária, e a estruturação dos órgãos da função jurisdicional e respectivos auxiliares" (MARQUES, 1961, p. 20).

Em face desse conceito clássico, estabelece-se como **objeto principal** da disciplina a regulação da aplicação jurisdicional do Direito Penal. Em outros termos, praticado um fato definido como crime, surge para o Estado o direito de punir (*jus puniendi*), que se exercita por meio justamente do Direito Processual Penal. Assim, pode-se afirmar que o Processo Penal é **instrumental** à aplicação do Direito Penal – daí o brocardo *nulla poena sine judicio; nulla poena sine judicie* (nenhuma pena pode ser imposta sem processo; nenhuma pena pode ser imposta senão pelo juiz).

Aliás, vale a pena ressaltar que, muito mais que um direito, há para o Estado um verdadeiro dever de punir (poder-dever de punir), pois, a partir do momento em que ele assume para si a aplicação do Direito, mediante a **jurisdição**, afastando-se a tutela privada, deve determinar a aplicação das sanções penais aos responsáveis por infrações penais, sob pena de se colocar em risco a convivência social.

Nesse sentido é que o Processo Penal pode ser também entendido como o "conjunto de atos cronologicamente concatenados (*procedimentos*), submetido a princípios e regras jurídicas destinadas a compor as lides de caráter penal. Sua finalidade é, assim, a aplicação do direito penal objetivo" (MIRABETE, 2004, p. 31).

Nesse trilhar, verifica-se que o Processo Penal é hipótese de **jurisdição necessária**: nesta seara, o ordenamento jurídico não confere aos titulares dos interesses em conflito a possibilidade outorgada pelo direito privado de aplicar espontaneamente o direito material na solução das controvérsias oriundas das relações da vida (CAPEZ, 2007, p. 2).

Com efeito, por envolver bens e interesses mais caros à sociedade, o direito de punir deve ser exercido necessariamente pelo próprio Estado, por meio de seus órgãos componentes, não sendo possível, portanto, a atuação do particular nesta seara. Por conta disso, veda-se a **vingança privada**, tanto assim que o art. 345 do Código Penal tipifica como crime o exercício arbitrário das próprias razões.

Exige-se, pois, sempre a intervenção do Estado para a solução da lide penal. Registre-se que até mesmo no caso das infrações de menor potencial ofensivo, em que se admite a transação penal (jurisdição consensual), há necessidade da intervenção estatal por meio de homologação judicial de acordo desta natureza (CAPEZ, 2007, p. 2).

Do conceito clássico do Direito Processual Penal anteriormente transcrito ainda podem ser extraídos outros dois **objetos secundários** da disciplina. O primeiro deles diz respeito ao estudo da ação penal em pé de igualdade com o estudo das atividades investigatórias – atividades geralmente praticadas pela Polícia Judiciária em sede de inquérito policial –, já que estas são necessárias para embasar o oferecimento daquela. Por conta disso, rechaça-se o uso da expressão "Direito Judiciário Penal", pois ela só se refere ao estudo da ação penal, preferindo-se o emprego do termo já consagrado "Direito Processual Penal" para definir a disciplina, pois ele é mais amplo, englobando também a atividade investigatória do Estado.

Nesse contexto, convém relembrar que toda a atividade que o Estado exerce em busca da aplicação da sanção penal – desde as investigações policiais até a sentença penal – é chamada de **persecução criminal** (*persecutio criminis*). Nessa atividade, portanto, são identificados dois momentos distintos: o da **investigação** (atividade preparatória da ação penal) e o da **ação penal** (tem como objeto o pedido de julgamento da pretensão punitiva).

O segundo objeto secundário da matéria consiste no fato de que ela também regula a Organização Judiciária, pois dispõe sobre normas que regulamentam a atuação dos órgãos estatais nas fases policial e judiciária, ou seja, "disciplinem a criação, estrutura, sistematização, localização, nomenclatura e atribuição desses diversos órgãos diretos e auxiliares do aparelho judiciário destinado à administração da justiça penal" (MIRABETE, 2004, p. 31).

Hodiernamente, porém, o conceito clássico até aqui apreciado precisa ser complementado. É que ele destaca apenas uma das facetas da relação jurídica processual penal, qual seja, a pretensão punitiva do Estado, ignorando que, nos tempos atuais, há de se atentar igualmente para a **visão constitucional-garantista do processo (Processo Penal Constitucional)**.

Segundo essa visão, inaugurada pela Constituição Federal de 1988, o processo deve ser entendido não só como meio de aplicação do Direito Penal no caso concreto, mas também como uma forma de proteção dos direitos fundamentais do indivíduo contra a força impingida pelo Estado na persecução penal, afinal de contas há uma franca desigualdade material entre eles, já que o Estado investiga (Polícia Judiciária), acusa (Ministério Público) e julga (Juiz), enquanto o réu apenas se defende, buscando a sua liberdade.

Isso provoca, portanto, um abrupto rompimento do conceito clássico do Processo Penal. Nesse sentido, pertinentes as palavras de Eugênio Pacelli de Oliveira: "A nova ordem passou a exigir que o processo não fosse mais conduzido, prioritariamente, como mero veículo de aplicação da lei penal, mas, além e mais que isso, que se transformasse em um instrumento de garantia do indivíduo em face do Estado". (OLIVEIRA, 2008, p. 7).

Fala-se então em um **Processo Penal Justo**, no qual deve haver a observância dos direitos fundamentais e dos princípios constitucionais atinentes à matéria, ganhando destaque a presunção de inocência, o sistema acusatório, o convencimento motivado, a proibição de provas ilícitas, o fortalecimento do Ministério Público etc.

A esse respeito, tem-se que o maior desafio do Direito Processual contemporâneo é estabelecer um equilíbrio entre o **direito de punir do Estado** (*jus puniendi*) – pretensão punitiva – e o **direito de liberdade do réu** (*jus libertatis*) – pretensão de liberdade.

2. FINALIDADE DO DIREITO PROCESSUAL PENAL

Basicamente, são duas as finalidades clássicas do Processo Penal, a saber, a **finalidade imediata ou direta** e a **finalidade mediata ou indireta**.

a) **Finalidade imediata ou direta**: Em uma visão clássica, implica na necessidade de que o Processo Penal, na prática, faça valer o direito de punir do Estado (*jus puniendi*). Todavia, como visto no item anterior, a essa finalidade clássica deve ser acrescida a função de tutela dos direitos fundamentais do cidadão contra a força – muitas vezes opressora – do Estado impingida na persecução criminal.

b) **Finalidade mediata ou indireta**: Confunde-se com a própria finalidade do Direito Penal, que é a "proteção da sociedade, a paz social, a defesa dos interesses jurídicos, a convivência harmônica das pessoas no território da nação" (MIRABETE, 2004, p. 43).

3. CARACTERÍSTICAS E POSIÇÃO ENCICLOPÉDICA DO DIREITO PROCESSUAL PENAL

Em apertada síntese, podem ser apontadas as seguintes características marcantes do Direito Processual Penal:

1. **Autonomia**: Ele não é hierarquicamente inferior ao direito material, possuindo regras e princípios próprios, tanto assim que poderá existir mesmo que inexista este, como no caso de ser proferida uma sentença absolutória ao final do processo.
2. **Instrumentalidade**: É meio de aplicação do direito material penal.
3. **Normatividade**: Constitui uma disciplina normativa, possuindo inclusive codificação própria, o Código de Processo Penal.

De outro lado, o Direito Processual Penal integra o **Direito Público**, em virtude da presença marcante do Estado nesta seara e pelo manifesto interesse público na sua aplicação, haja vista o escopo de pacificação social. Entretanto, como o Direito é uno, sendo dividido apenas por questões metodológicas e didáticas, o Processo Penal guarda relação com as demais searas da Ciência Jurídica, como o Direito

Constitucional, o Direito Penal, o Direito Civil, o Direito Processual Civil, o Direito Administrativo, o Direito Internacional Público, dentre outros.

4. FONTES DO DIREITO PROCESSUAL PENAL

Estudar fonte do Direito significa estudar a origem deste último. No âmbito do Direito Processual Penal, é possível apontar a existência da **fonte de produção ou material** e da **fonte formal ou de cognição.**

a) **Fonte de produção ou material**: Refere-se ao ente federativo responsável pela elaboração da norma. Com efeito, o Direito Processual Penal é matéria que deve ser legislada privativamente pela União, nos termos do art. 22, inciso I, da Constituição Federal. Entretanto, lei complementar poderá autorizar os Estados a legislar sobre questões específicas dessa matéria (art. 22, parágrafo único, da Constituição Federal). De outro lado, a competência para legislar sobre direito penitenciário e procedimentos é concorrente da União, dos Estados e do Distrito Federal (art. 24, incisos I e XI, da Constituição Federal). É de competência dos Estados, conforme as constituições estaduais, a legislação sobre organização judiciária no âmbito estadual, bem como sobre custas dos serviços forenses (art. 24, inciso IV, da Constituição Federal). É possível ainda que o Presidente da República legisle, via Decreto, acerca do indulto (art. 84, inciso XII, da Constituição Federal).

Alerte-se para o fato de que é vedada a edição de medidas provisórias sobre Direito Processual Penal (e Direito Penal também), por força do disposto no art. 62, § 1º, inciso I, alínea "b", da Constituição Federal.

b) **Fonte formal ou de cognição**: Refere-se ao meio pelo qual uma norma jurídica é revelada no ordenamento jurídico. Essa fonte é subdividida em **fontes primárias ou imediatas ou diretas** e em **fontes secundárias ou mediatas ou indiretas ou supletivas.**

1. **Fontes primárias ou imediatas ou diretas**: São aquelas aplicadas imediatamente. Consideram-se fontes primárias do Processo Penal: a **lei** (art. 22, inciso I, da Constituição Federal), entendida em sentido amplo, para incluir a própria Constituição Federal; os **tratados, convenções e regras de Direito Internacional** (nos termos do art. 1º, inciso I, do CPP, e art. 5º, § 3º, da Constituição Federal, com a redação dada pela Emenda Constitucional nº 45/04). Registre-se que os tratados e convenções internacionais sobre direitos humanos que forem aprovados, em cada Casa do Congresso Nacional, em dois turnos, por três quintos dos votos dos respectivos membros, serão equivalentes às emendas constitucionais, por força do art. 5º, § 3º, da Constituição Federal. Se, entretanto, esses diplomas normativos não preencherem os requisitos formais exigidos pelo art. 5º, § 3º, da Constituição, a exemplo do que ocorre com o Pacto de São José da Costa Rica, terão caráter supralegal, superiores à lei ordinária, mas devendo respeito ao Texto Constitucional, conforme entendimento do STF exarado nos julgamentos do RE nº 466.343/SP e HC nº 87.585/TO (Informativo nº 531).

2. **Fontes secundárias ou mediatas ou indiretas ou supletivas:** São aquelas aplicadas na ausência das fontes primárias, nos termos do art. 4º da Lei de Introdução às normas do Direito Brasileiro (Decreto-Lei nº 4.657/1942). Consideram-se fontes secundárias do Processo Penal: **costumes; princípios gerais do direito; analogia.**

Os costumes são regras de conduta praticadas "de modo geral, constante e uniforme (elemento externo), com a consciência de sua obrigatoriedade (elemento interno)" (MIRABETE, 2004, p. 57). É de se ressaltar, porém, que os costumes não têm o condão de revogar dispositivos legais (TÁVORA; ALENCAR, 2009, p. 37).

Os princípios gerais do direito "são premissas éticas extraídas da legislação e do ordenamento jurídico em geral" (MIRABETE, 2004, p. 58). A sua aplicação no Processo Penal está permitida expressamente pelo art. 3º do CPP.

A analogia é uma "forma de auto integração da lei. Na lacuna involuntária desta, aplica-se ao fato não regulado expressamente um dispositivo que disciplina hipótese semelhante" (MIRABETE, 2004, p. 58). A sua aplicação no Processo Penal também é permitida expressamente pelo art. 3º do CPP. De se registrar que esse dispositivo legal se refere à aplicação analógica como sinônimo de analogia (e não de interpretação analógica).

A analogia subdivide-se em: **analogia *legis*** (apela-se a uma situação prevista pela lei); **analogia *iuris*** (apela-se a uma situação prevista pelos princípios jurídicos extraídos das normas particulares).

A analogia pode ser feita ***in bonam partem*** (em benefício do agente) ou ***in malam partem*** (em prejuízo do agente). No Direito Penal, somente é admitida a analogia *in bonam partem*, sendo vedada, portanto, a analogia *in malam partem*. No entanto, no Processo Penal, a analogia pode ser feita livremente, sem restrições, ou seja, *in bonam partem* ou *in malam partem*, pois ela não envolverá uma norma penal incriminadora.

> ▸ **Importante:**
> A analogia (ou aplicação analógica, conforme teor do art. 3º do CPP) difere da **interpretação analógica**: nesta a própria lei autoriza o seu complemento, já prevendo hipótese de preenchimento, geralmente por meio de uma expressão genérica, que resume situações casuísticas precedentes (exemplo: no art. 121, § 2º, inciso I, do Código Penal, quando é utilizada a expressão genérica "ou por outro motivo torpe" para definição da qualificadora de motivo torpe no crime de homicídio, após a menção a hipóteses casuísticas "mediante paga ou promessa de recompensa"); na analogia, aplica-se o regramento jurídico de uma dada situação semelhante a outra, na qual não há solução aparente – há verdadeira criação de uma norma (exemplo: o Código de Processo Civil de 1973, no art. 207, e o Código de Processo Civil de 2015, no art. 265, permitem a transmissão por telefone de carta precatória ou de ordem, desde que haja a confirmação do emissor; no Processo Penal, não há norma nesse sentido, mas, por analogia, é possível a concessão de ordem de *habeas corpus* por telefone). A analogia é um modo de auto integração da norma, ao passo que a interpretação analógica é forma de interpretação da norma processual penal. Ambas podem ser feitas *in malam partem* no Processo Penal.

Analogia	Interpretação analógica
É forma de auto integração da norma processual penal.	É forma de interpretação da norma processual penal.
Aplica-se o regramento jurídico de uma dada situação semelhante a outra, na qual não há solução aparente – há verdadeira criação de uma norma.	A própria lei autoriza o seu complemento, já prevendo hipótese de preenchimento, geralmente por meio de uma expressão genérica, que resume situações casuísticas precedentes.
Pode ser feita *in malam partem* no Processo Penal (não no Direito Penal).	Pode ser feita *in malam partem* no Processo Penal e no Direito Penal.

▸ Observação:

Há séria polêmica em definir se a doutrina e a jurisprudência são fontes do Direito. Vem prevalecendo o entendimento de que, na verdade, elas são formas de interpretação do Direito, pois não possuem efeitos obrigatórios. Entretanto, quanto à jurisprudência, há de se ressaltar que as súmulas vinculantes do STF e as decisões proferidas em controle concentrado de constitucionalidade têm força obrigatória, constituindo-se assim em verdadeiras fontes do Direito.

▸ Aplicação em concurso público:

No concurso do TJ/SC, em 2009, foi cobrado justamente o teor do art. 3º do CPP. Nesse sentido, a assertiva *"A lei processual penal não admitirá interpretação extensiva e aplicação analógica, bem como o suplemento dos princípios gerais de direito"* foi considerada incorreta.

▸ Aplicação em concurso público:

No concurso de Delegado da Polícia Civil do Estado de São Paulo, promovido pela Vunesp, em 2014, foi solicitado ao candidato que apontasse, dentre as opões apresentadas, uma fonte direta e uma fonte indireta do Direito Processual Penal, conforme se segue: *"Em se tratando de processo penal, assinale a alternativa que apresenta, correta e respectivamente, uma fonte direta e uma fonte indireta. A) Costume e lei. B) Costume e jurisprudência. C) Doutrina e jurisprudência. D) Princípios gerais do direito e doutrina. E) Lei e costume"*. A resposta correta foi a letra E.

Capítulo II

Princípios e sistemas do processo penal

1. CONSIDERAÇÕES PRELIMINARES SOBRE OS PRINCÍPIOS

O princípio, nos clássicos dizeres de Celso Antônio Bandeira de Mello, pode ser definido como o "mandamento nuclear de um sistema" (BANDEIRA DE MELLO, 2005). Isso porque ele concentra todo um modo de pensar, um ideal de um povo, refletindo os valores de uma determinada sociedade. É, portanto, "um postulado que se irradia por todo o sistema de normas" (NUCCI, 2008, p. 80).

Basicamente, um princípio possui duas destacadas funções, a saber, a *normativa* (o princípio é também uma norma jurídica, motivo pelo qual tem força coercitiva, podendo ser invocado para a solução de casos concretos) e a *interpretativa* (na hipótese de dúvida na interpretação de certa norma, tal dúvida pode ser esclarecida por meio do conteúdo de um princípio).

No Processo Penal, há 2 (dois) tipos de princípios: os *princípios constitucionais* e os *princípios do processo penal propriamente ditos*.

Por seu turno, os *princípios constitucionais* subdividem-se em princípios constitucionais explícitos (aqueles expressos na Constituição Federal) e em princípios constitucionais implícitos (aqueles extraídos a partir dos princípios, ideias e valores consagrados na Constituição Federal).

Quanto aos princípios constitucionais, é importante relembrar que, no contexto do Estado Democrático de Direito, eles atuam como instrumentos normativos consagradores dos direitos fundamentais do cidadão. Nesse sentido, não há que se olvidar que os princípios constitucionais alicerçam o chamado **Processo Penal Constitucional**, um Processo Penal que cada vez mais se distancia dos rigores do Código de Processo Penal, modelo normativo inquisitivo e autoritário engendrado no regime ditatorial-fascista que reinava no país em 1941, e se aproxima dos valores democráticos da modernidade insculpidos na Carta Magna Federal de 1988.

No estudo da disciplina, portanto, impõe-se ao operador do Direito a leitura de institutos defasados estampados no Código de Processo Penal à luz dos princípios constitucionais, para que se encontre o ponto de equilíbrio entre o direito de punir do Estado e os direitos fundamentais do cidadão, desenhando-se assim um **Processo Penal Justo**, na medida em que a sanção penal possa ser eventualmente aplicada sem desrespeitar os direitos mais caros ao acusado.

Consoante lição de Eugênio Pacelli de Oliveira, "O devido processo penal constitucional busca, então, realizar uma Justiça Penal submetida a exigências de igualdade efetiva entre os litigantes. O processo *justo* deve atentar, sempre, para a desigualdade *material* que normalmente ocorre no curso de toda persecução penal, em que o Estado ocupa posição de proeminência, respondendo pelas funções investigatórias e acusatórias, como regra, e pela atuação da jurisdição sobre a qual exerce o monopólio" (OLIVEIRA, 2008, p. 7-8).

De outro lado, os princípios do processo penal propriamente ditos são aqueles inerentes ao próprio estudo da disciplina.

2. PRINCÍPIOS CONSTITUCIONAIS DO PROCESSO PENAL

2.1. Princípios constitucionais explícitos do processo penal

2.1.1. Princípio da presunção da inocência ou do estado de inocência ou da situação jurídica de inocência ou da não culpabilidade (art. 5º, LVII, CF)

Expressamente previsto na Constituição Federal de 1988 no art. 5º, inciso LVII, é princípio por meio do qual se entende que ninguém será considerado culpado até o trânsito em julgado de sentença penal condenatória. Em outros termos, no Processo Penal, todo acusado é presumido inocente até a eventual sentença condenatória transitar em julgado. Em verdade, como aponta Eugênio Pacelli de Oliveira (OLIVEIRA, 2008, p. 35-36), é preferível o uso da expressão **situação jurídica de inocência**, porque a inocência não é presumida, ela já existe desde o nascimento do indivíduo, persistindo até o trânsito em julgado da sentença condenatória.

O princípio em comento provoca importantes **consequências** no estudo do Processo Penal. As principais delas são as seguintes:

1. **O ônus da prova, em regra, cabe à acusação**: Considerando que a pessoa já nasce inocente, para que esse estado seja alterado é preciso, em regra, que o autor da ação penal prove o contrário. Desde já, registre-se que esta consequência comporta importante exceção, tendo em vista que o ônus da prova das causas excludentes de ilicitude ou de culpabilidade compete ao acusado, embora a Lei nº 11.690/08 tenha autorizado o juiz a absolver o réu mesmo se apenas houver fundada dúvida sobre a existência destas causas, conforme previsão contida no art. 386, inciso VI, do CPP. Ademais, também é ônus da defesa a prova de causas de extinção da punibilidade (art. 107 do CP) e de circunstâncias que mitiguem a pena.
2. **Excepcionalidade das prisões cautelares**: Por ser presumidamente inocente, o indivíduo só deve ser levado ao cárcere se existirem motivos cautelares para tanto, os quais podem ser apontados como aqueles requisitos exigidos pelo art. 312 do CPP para a decretação da prisão preventiva (garantia da ordem pública, da ordem econômica, conveniência da instrução criminal ou assegurar a aplicação da lei penal, desde que haja prova da existência do crime e indício suficiente de autoria e de perigo gerado pelo estado de liberdade do imputado, de acordo com o art. 312, *caput*, do CPP, com a redação dada pela Lei nº 13.964/2019; em caso de descumprimento de qualquer das obrigações impostas por força de outras medidas cautelares, com fincas no art. 312, parágrafo 1º, do CPP). Ausentes estes motivos, a regra é a de que o indivíduo responde o processo em liberdade, devendo ser contemplado pelo instituto da liberdade provisória, com ou sem fiança,

sempre que a lei autorizar (art. 5º, LXVI, CF). Aliás, reforçando o princípio ora em destaque, consagra-se a ideia de que a prisão preventiva é medida de *extrema* ou *ultima ratio*, somente aplicável se não for cabível a sua substituição por outra medida cautelar prevista no art. 319 do CPP, consoante art. 282, § 6º, do CPP. Nesse cenário, noticie-se que, em 07 de novembro de 2019, o Plenário do STF encerrou o julgamento das Ações Declaratórias de Constitucionalidade (ADCs) de números 43, 44 e 54, decidindo, por 6 votos a 5, em sentido contrário ao posicionamento firmado pelo próprio tribunal desde 17 de fevereiro de 2016 quando da apreciação do HC nº 126.292/SP, pela constitucionalidade do artigo 283, *caput*, do Código de Processo Penal vigente à época ("*Ninguém poderá ser preso senão em flagrante delito ou por ordem escrita e fundamentada da autoridade judiciária competente, em decorrência de sentença condenatória transitada em julgado ou, no curso da investigação ou do processo, em virtude de prisão temporária ou prisão preventiva.*") e pela inconstitucionalidade da execução provisória da pena privativa de liberdade em face da violação justamente ao princípio da presunção de inocência.

3. **Toda medida constritiva de direitos individuais, na verdade, só pode ser decretada excepcionalmente**: O raciocínio desenvolvido para as prisões cautelares deve ser estendido para toda e qualquer medida constritiva de direitos individuais, daí porque ela somente poderá ser realizada se for absolutamente indispensável à persecução criminal. Nesse trilhar, sintomático é o teor do art. 282, incisos I e II, do CPP, com a redação dada pela Lei nº 12.403/11, segundo o qual as medidas cautelares indicadas no art. 319 do CPP deverão ser aplicadas observando-se a necessidade para aplicação da lei penal, para a investigação ou a instrução criminal e, nos casos expressamente previstos, para evitar a prática de infrações penais (inciso I); e a adequação da medida à gravidade do crime, circunstância do fato e condições pessoais do indiciado ou acusado (inciso II). Além das medidas cautelares estampadas no art. 319 do CPP, são também exemplos de medidas constritivas de direitos individuais as quebras do sigilo fiscal, bancário e telefônico (mitigam o direito constitucional à intimidade); violação de domicílio em razão de cumprimento de mandado de busca e apreensão domiciliar (mitiga o direito constitucional à inviolabilidade do domicílio).

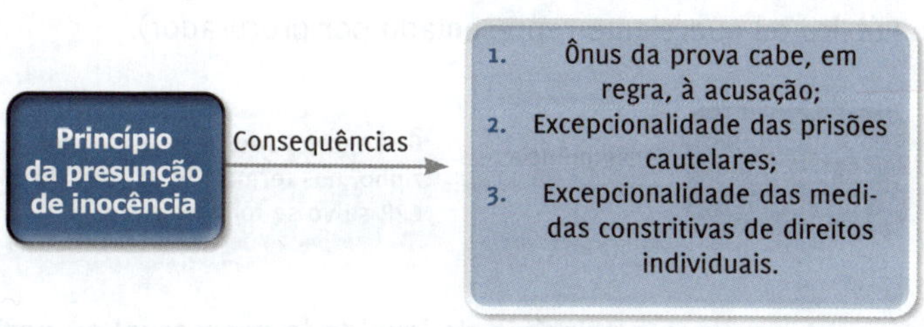

▸ **Qual o entendimento do STF sobre o assunto?**

Invocando o princípio da presunção de inocência, o STF, com reconhecimento de repercussão geral, decidiu que, sem previsão constitucionalmente adequada e instituída por lei, não é legítima a cláusula de edital de concurso público que restrinja a participação de candidato pelo simples fato de responder a inquérito ou a ação penal (Informativo nº 965).

▸ **Aplicação em concurso público:**

No concurso de Analista do STM, em 2011, promovido pelo Cespe/Unb, foi questionado sobre o teor do princípio da presunção de inocência, da seguinte forma: *"O princípio da inocência está expressamente previsto na Constituição Federal de 1988 e estabelece que todas as pessoas são inocentes até que se prove o contrário, razão pela qual se admite a prisão penal do réu após a produção de prova que demonstre sua culpa"*. A assertiva foi considerada incorreta.

2.1.2. Princípio da igualdade processual ou da paridade das armas – *par conditio* (art. 5º, *caput*, CF)

Trata-se de princípio que decorre do mandamento de que todos são iguais perante a lei encontrado no art. 5º, *caput*, da Constituição Federal, devidamente adaptado ao Processo Penal. Desse modo, por força do princípio em comento, as partes devem ter, em juízo, as mesmas oportunidades de fazer valer suas razões e ser tratadas igualitariamente, na medida de suas igualdades, e desigualmente, na proporção de suas desigualdades.

Em reforço a esse conceito, vem a calhar a lição de Américo Bedê Júnior e Gustavo Senna, segundo os quais "Pelo princípio da igualdade – paridade de armas –, no processo penal se pode entender que as partes devem ser tratadas de forma isonômica, devendo ser assegurada igual oportunidade para elas. Logo, para a acusação e a defesa devem ser assegurados os mesmos direitos, possibilitando-lhes idênticas possibilidades de alegação, de prova e de impugnação, enfim, em condições de igualdade processual" (BEDÊ JÚNIOR; SENNA, 2009, p. 279).

Este princípio é requisito indispensável para a efetivação do sistema acusatório no país. Ademais, pode ser apontada como **consequência** direta do princípio a regra de que, no Processo Penal, o réu não pode se defender sozinho (a não ser que ele próprio seja advogado), consoante disposto no art. 263 do CPP, pois não teria condições técnicas para tanto, ao contrário do seu oponente, o autor da ação penal (Ministério Público ou querelante representado por procurador).

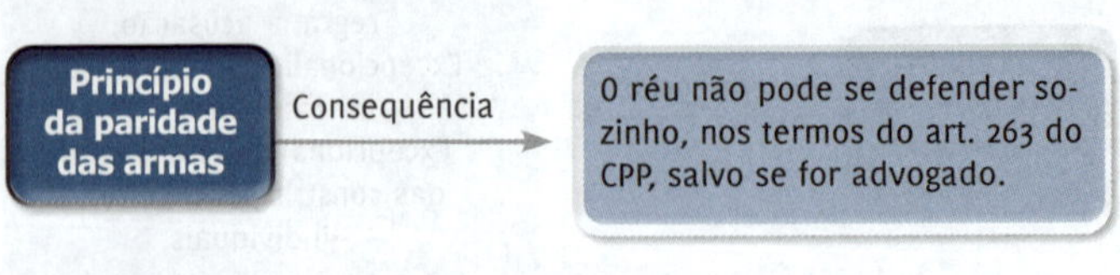

Por fim, registre-se que o princípio da igualdade processual ou paridade das armas sofre mitigação pelo princípio do *favor rei*, segundo o qual o interesse do acusado possui certa prevalência sobre a pretensão punitiva estatal, conforme será apreciado com maiores detalhes ainda no curso deste capítulo.

2.1.3. Princípio da ampla defesa (art. 5º, LV, CF)

Por força desse princípio, encontrado no art. 5º, LV, da Constituição Federal, entende-se que o réu tem direito a um amplo arsenal de instrumentos de defesa como forma de compensar sua enorme hipossuficiência e fragilidade em relação ao Estado, que atua no Processo Penal por meio de diversos órgãos (Polícia Judiciária, Ministério Público e Juiz), de forma especializada e com acesso a dados restritos.

Este princípio divide-se em **autodefesa** e **defesa técnica**.

Princípio da ampla defesa	Autodefesa	(disponível)
	Defesa técnica	(indisponível)

A **autodefesa** é a defesa promovida pessoalmente pelo próprio réu, sem assistência de procurador, geralmente durante o seu interrogatório judicial, sendo ela **disponível**, afinal de contas o acusado pode se calar ou até mesmo mentir, em conformidade com outro princípio constitucional expresso, o **direito ao silêncio** (art. 5º, inciso LXIII, CF).

Entretanto, ressalte-se que a disponibilidade da autodefesa não autoriza que o réu minta ou se cale na primeira parte do interrogatório judicial (art. 187, § 1º, do CPP), referente às perguntas sobre a sua qualificação pessoal, o que é apenas permitido na segunda parte deste ato processual (art. 187, § 2º, do CPP), no momento das perguntas sobre os fatos delitivos. Em se recusando a fornecer sua qualificação, o agente poderá praticar a contravenção penal prevista no art. 68 da Lei de Contravenções Penais (recusa de dados sobre própria identidade ou qualificação). De outro lado, se o réu atribui a si mesmo outra identidade, pode restar configurado o crime definido no art. 307 do Código Penal (falsa identidade). Este crime também estará caracterizado se a conduta de atribuir-se falsa identidade for praticada perante autoridade policial, de acordo com a Súmula nº 522 do STJ. Ademais, também não se permite que o réu, na segunda parte do interrogatório, formule imputação falsa a terceiros ou mesmo autoimputação falsa, sob pena inclusive de responsabilidade penal por seu ato, caracterizando-se o crime de denunciação caluniosa (art. 339 do Código Penal) ou até de autoacusação falsa (art. 341 do Código Penal).

A **autodefesa** distingue-se ainda em **direito de audiência** (direito de o réu ser ouvido no processo, o que ocorre geralmente durante o interrogatório judicial) e **direito de presença** (direito de o réu estar presente aos atos processuais, geralmente audiências, seja de forma direta, seja de forma indireta, o que ocorre por meio da videoconferência).

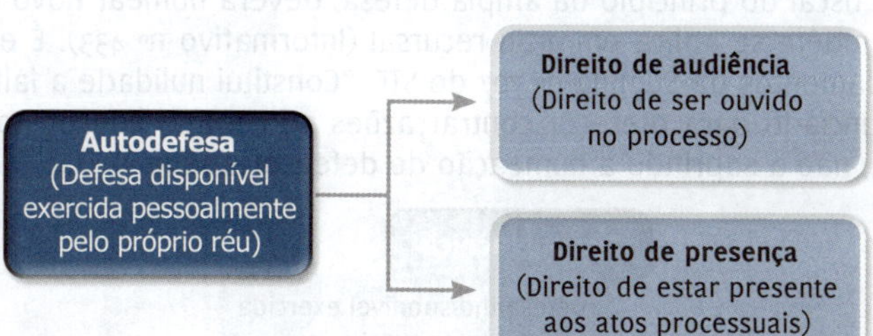

Nesse contexto, porém, é de se registrar que o STJ entende que a ausência do réu à audiência de oitiva de testemunhas não gera nulidade do feito se o seu defensor estava presente ao ato processual e não restou demonstrado qualquer prejuízo para ele (Informativo nº 426).

Em outro julgado, o STJ decidiu que, se a defesa técnica teve pleno acesso aos autos da ação penal, anexos e mídias eletrônicas, a negativa de ingresso de *notebook* na unidade prisional para que o custodiado visualize as peças eletrônicas não configura violação do princípio da ampla defesa. Conforme restou destacado pelo tribunal, a garantia constitucional à ampla defesa, prevista no art. 5º, LV, da Constituição Federal, envolve a defesa em sentido técnico (defesa técnica), realizada pelo advogado, e a defesa em sentido material (autodefesa), por meio de qualquer atividade defensiva desenvolvida pelo próprio acusado, em especial durante seu interrogatório. Contudo, no caso, a restrição ao ingresso de *notebook* na unidade prisional justificava-se pelo risco de ofensa à segregação prisional. Ademais, tal restrição não representava obstáculo à ampla defesa, pois as peças processuais relevantes ou de interesse poderiam ter sido impressas e levadas ao preso. Frise-se que, embora o custodiado tenha formação jurídica, sua defesa técnica está sendo patrocinada por advogados habilitados nos autos, os quais tiveram pleno acesso aos autos da ação penal, anexos e mídias eletrônicas. Portanto, assegurado à defesa técnica amplo acesso à integralidade dos elementos probatórios encartados nos autos, já estando o custodiado ciente das imputações descritas na denúncia, não há falar em nulidade processual (STJ, 5ª Turma, AgRg no HC nº 631.960/SP, Rel. Min. João Otávio de Noronha, j. 23.11.21).

Nesse trilhar, o STF já teve a oportunidade de decidir que inexiste nulidade pela ausência do réu preso em audiência de oitiva de testemunha por meio de carta precatória se ele não manifestou expressamente intenção de participar da audiência (RE nº 602543 QO/RS, Rel. Min. Cezar Peluso, julgado em 19.11.09).

Já a **defesa técnica** é aquela defesa promovida por um defensor técnico, bacharel em Direito, sendo ela **indisponível**, pois, em regra, o réu não pode se defender sozinho (art. 263, *caput*, do CPP) – apenas se ele for advogado é que poderá promover a sua própria defesa. A esse respeito, vale a pena destacar que, em havendo ausência do defensor técnico no processo (por falecimento, negligência ou qualquer outro motivo), o magistrado, antes de nomear novo defensor, sempre deverá intimar o acusado para que, no prazo por ele determinado, possa constituir novo defensor. Esse **direito de constituir o seu próprio defensor a qualquer tempo** (art. 263, *caput*, do CPP) é assegurado ao réu ainda que ele seja revel, consoante entendimento do STJ (Informativo nº 430). Apenas no caso de omissão do acusado é que o juiz, como fiscal do princípio da ampla defesa, deverá nomear novo defensor. Tal raciocínio também se aplica em grau recursal (Informativo nº 433). É esse inclusive um dos fundamentos da Súmula nº 707 do STF: "Constitui nulidade a falta de intimação do denunciado para oferecer contrarrazões ao recurso interposto da rejeição da denúncia, não a suprindo a nomeação de defensor dativo".

Defesa técnica

(Defesa indisponível exercida por defensor técnico)

> **Qual o entendimento do STF sobre o assunto?**
>
> O STF já decidiu que a sustentação oral do representante do Ministério Público que diverge do parecer juntado ao processo, com posterior ratificação, não viola a ampla defesa (Informativo nº 922).

São **consequências** diretas do princípio da ampla defesa no Processo Penal:

1. **Apenas o réu tem direito à revisão criminal**: A revisão criminal é sempre *pro reo*, nunca *pro societate*.
2. **O juiz deve sempre fiscalizar a eficiência da defesa do réu**: Por conta desse dever, o juiz poderá declarar o réu indefeso, fazendo-o constituir outro defensor ou, se o acusado assim não proceder, nomear-lhe-á um defensor dativo. A esse respeito, vale a pena registrar que o STF, na Súmula nº 523, agasalha o entendimento de que "No processo penal, a falta de defesa constitui nulidade absoluta, mas a sua deficiência só o anulará se houver prova de prejuízo para o réu".

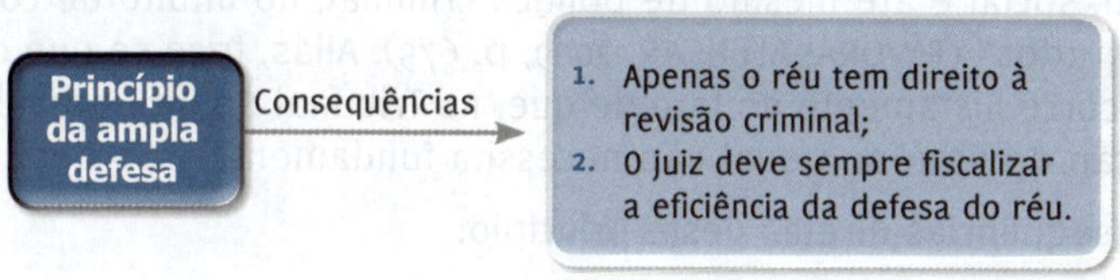

> **Aplicação em concurso público:**
>
> No concurso da Defensoria Pública do Estado do Pará, em 2009, promovido pela Fundação Carlos Chagas (FCC), foi cobrada justamente a divisão do princípio da ampla defesa em defesa técnica e autodefesa. Nesse sentido, indagou-se ao candidato em quais hipóteses se verificaria a manifestação da autodefesa: "*No processo penal a defesa apresenta-se sob dois aspectos: defesa técnica e autodefesa. Há manifestação da autodefesa nos seguintes atos:* **A)** *interrogatório, comparecimento no ato de produção de prova e possibilidade de recurso.* **B)** *interrogatório, comparecimento à audiência de instrução e julgamento e possibilidade de recurso.* **C)** *defesa preliminar, interrogatório e possibilidade de recurso.* **D)** *defesa preliminar, interrogatório, comparecimento à audiência de instrução e julgamento.* **E)** *defesa preliminar, interrogatório, comparecimento no ato de produção de prova e possibilidade de recurso*". A assertiva considerada correta foi a de letra A.

> **Aplicação em concurso público:**
>
> No concurso de Delegado de Polícia do Estado de Goiás, em 2013, UEG, cobrou-se o caráter indisponível da defesa técnica, da seguinte forma: "*Sobre o direito de defesa, tem-se que a) a defesa técnica é indispensável, na medida em que, mais do que garantia do acusado, é condição de paridade de armas, imprescindível à concreta atuação do contraditório. b) constitui nulidade relativa, violadora do princípio da ampla defesa, a nomeação de defensor dativo sem intimação do réu para constituir novo defensor, em virtude da renúncia do advogado. c) na investigação criminal,*

a defesa é imprescindível, uma vez que, nessa fase, são assegurados o contraditório, a ampla defesa e a assistência do advogado ao preso em flagrante. d) a autodefesa, composta pelo direito de audiência e pelo direito de presença, é dispensável pelo juiz, mas dela o acusado não poderá renunciar, devendo a ele ser imposta." A resposta da questão foi a letra A.

2.1.4. Princípio da plenitude da defesa (art. 5º, XXXVIII, alínea "a", CF)

Previsto no art. 5º, inciso XXXVIII, alínea "a", da Constituição Federal, é princípio aplicado especificamente para o Tribunal do Júri. Trata-se de um *plus*, um reforço à ampla defesa, que é atribuída apenas para os acusados em geral, permitindo-se que o réu, no Tribunal do Júri, se utilize de todos os meios lícitos de defesa, ainda que não previstos expressamente pelo ordenamento jurídico.

Segundo Nestor Távora e Rosmar Rodrigues Alencar, isso implica na "possibilidade não só da utilização de argumentos técnicos, mas também de natureza sentimental, social e até mesmo de política criminal, no intuito de convencer o corpo de jurados" (TÁVORA; ALENCAR, 2009, p. 675). Aliás, frise-se que o princípio em tela decorre justamente do fato de que, no Tribunal do Júri, prevalece a íntima convicção do jurado, o qual não necessita fundamentar sua decisão.

São **consequências** diretas deste princípio:

1. **A atenção do juiz com a efetividade da defesa do réu é ainda maior**: Prova disso é que, se o juiz declarar o réu indefeso, nomeará ou permitirá a constituição de novo defensor, podendo dissolver o Conselho de Sentença e redesignar a sessão de julgamento (art. 497, inciso V, do CPP).
2. **É possível a defesa apresentar nova tese na tréplica**, conforme entendimento da doutrina majoritária. A inovação consistente apenas e tão somente em oferecimento de argumentos até então não sustentados, sendo, porém, vedada a apresentação de fato e prova não existentes nos autos, em respeito ao teor do art. 479, *caput*, do CPP. Todavia, impende destacar que, em inúmeros julgados, inclusive mais recentes, o STJ vem decidindo pela impossibilidade de inovação de tese defensiva na tréplica por violação ao princípio do contraditório, pois, embora seja assegurada ao defensor a palavra por último – como expressão inexorável da plenitude de defesa – tal faculdade, expressa no art. 477 do CPP, não pode implicar a possibilidade de inovação em momento que não mais permite ao titular da ação penal refutar seus argumentos, *ex vi* do REsp 1451538/DF, Rel. Min. Rogerio Schietti Cruz, Sexta Turma, julgado em 08/11/2018 e publicado em 23/11/2018. Conforme ainda o STJ, tal entendimento, no entanto, não se aplica à tese de clemência, uma vez que o quesito previsto no art. 483, III, do CPP é obrigatório, independentemente do sustentado em plenário, em razão justamente da garantia da plenitude de defesa, cuja ausência de formulação acarreta nulidade absoluta.

3. Caso o réu precise de mais tempo nos debates, poderá pedi-lo sem que isso gere necessariamente igual direito ao Ministério Público.

Princípio da plenitude de defesa → Consequências

1. A atenção do juiz com a efetividade da defesa do réu é ainda maior;
2. É possível a defesa apresentar nova tese na tréplica;
3. Ampliação do tempo da defesa nos debates sem que igual direito seja conferido ao Ministério Público.

2.1.5. Princípio da prevalência do interesse do réu ou *favor rei, favor libertatis, in dubio pro reo, favor inocente* (art. 5º, LVII, CF)

Havendo dúvida entre admitir-se o direito de punir do Estado ou reconhecer-se o direito de liberdade do réu, deve-se privilegiar a situação deste último, por ser ele a parte hipossuficiente da relação jurídica estabelecida no Processo Penal. É princípio que decorre ontologicamente do princípio da presunção de inocência, daí porque é possível afirmar que ele também se encontra previsto no art. 5º, inciso LVII, da Constituição Federal.

> **▸ Qual o entendimento do STF sobre o assunto?**
> Com fundamento no *in dubio pro reo*, o STF já decidiu que, verificado o empate no julgamento de ação penal, deve prevalecer a decisão mais favorável ao réu (Informativo nº 888).

Ademais, há clara aplicação deste princípio no art. 386 do CPP, com a redação dada pela Lei nº 11.690/08, segundo o qual será possível a absolvição do réu nas hipóteses de existência de excludentes de ilicitude ou culpabilidade, **mesmo se apenas houver fundada dúvida sobre sua existência** – não se exige mais certeza sobre sua existência (inciso VI), bem como se não houver prova suficiente para a sua condenação (inciso VII).

Contudo, de acordo com entendimento majoritário do STJ, **esse princípio não tem aplicação nas fases de oferecimento da denúncia e na prolação da decisão de pronúncia do Tribunal do Júri**, nas quais prevalece o princípio do *in dubio pro societate*, embora o próprio STJ, em outras oportunidades, tenha afirmado que tal brocardo não é acolhido no ordenamento jurídico brasileiro, em respeito ao princípio da presunção de inocência (STJ, 6ª Turma, RHC nº 40904/SC, Rel. Min. Maria Thereza de Assis Moura, j. 21.11.2013, DJe 09.12.2013). O STF também vinha acolhendo o posicionamento de que seria aplicável à pronúncia no Júri o *in dubio pro societate* (Informativo nº 898). Ocorre que, mais recentemente, em 26 de março de 2019, a Segunda Turma do Pretório Excelso decidiu que, nesta etapa processual, incide o princípio do *in dubio pro reo*, por aplicação do princípio da presunção de inocência, inexistindo, em verdade, no Processo Penal brasileiro, em qualquer etapa de qualquer procedimento, o princípio do *in dubio pro societate* (STF, Segunda Turma, ARE 1067392).

Consequência direta deste princípio consiste no fato de que, em havendo dúvida na interpretação de um determinado artigo de lei processual penal, deve-se privilegiar a interpretação que beneficie a situação do réu.

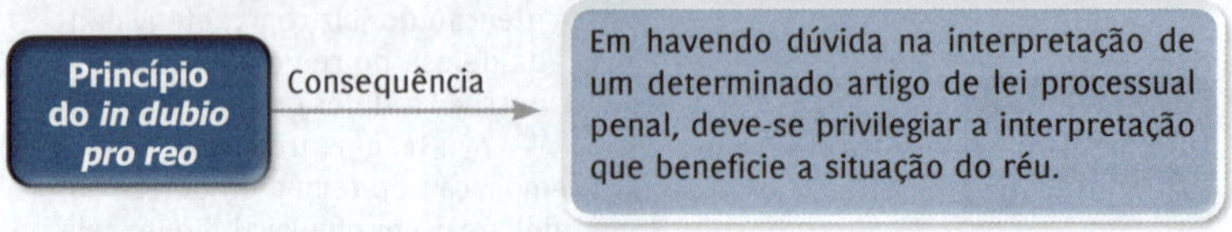

> **▸ Aplicação em concurso público:**
>
> No concurso de Delegado da Polícia Civil do Maranhão, em 2018, promovido pelo Cespe, foi cobrada a aplicação prática do princípio do *favor rei* com estes dizeres: *"O MP de determinado estado ofereceu denúncia contra um indivíduo, imputando-lhe a prática de roubo qualificado, mas a defesa do acusado negou a autoria. Ao proferir a sentença, o juízo do feito constatou a insuficiência de provas capazes de justificar a condenação do acusado. Nessa situação hipotética, para fundamentar a decisão absolutória, o juízo deveria aplicar o princípio do: A) estado de inocência. B) contraditório. C) promotor natural. D) ne eat judex ultra petita partium. E) favor rei."* A resposta considerada correta foi a letra E.

2.1.6. Princípio do contraditório ou da bilateralidade da audiência (art. 5º, LV, CF)

Por força do princípio do contraditório, estampado no art. 5º, LV, da Carta Magna Federal, ambas as partes (e não apenas o réu) têm o direito de se manifestar sobre qualquer fato alegado ou prova produzida pela parte contrária, visando a manutenção do equilíbrio entre o direito de punir do Estado e o direito de liberdade do réu e o consequente estado de inocência, objetivo de todo Processo Penal Justo.

Em regra, o princípio diz respeito apenas a fatos e provas. Entretanto, é possível ser aplicado também em matéria de direito, quando ela possibilitar a extinção do feito, a exemplo da *abolitio criminis*, que pode ensejar o decreto de extinção da punibilidade (artigos 2º, *caput*, e 107, inciso III, do Código Penal).

Para que o contraditório possa se perfectibilizar no Processo Penal, é preciso necessariamente que sejam atendidos 3 (três) direitos das partes, são eles:

1. Direito de ser intimado sobre os fatos e provas.
2. Direito de se manifestar sobre os fatos e provas.
3. Direito de interferir efetivamente no pronunciamento do juiz.

> **▸ Aplicação no STJ (Súmula nº 639):**
>
> Nos termos da Súmula nº 639 do STJ, *"Não fere o contraditório e o devido processo decisão que, sem ouvida prévia da defesa, determine transferência ou permanência de custodiado em estabelecimento penitenciário federal."*

2.1.7. Princípio do juiz natural (art. 5º, LIII, CF)

Em virtude deste princípio, consagrado no art. 5º, inciso LIII, do Texto Constitucional, entende-se que, no Processo Penal, o julgador a atuar em um determinado feito deve ser aquele previamente escolhido por lei ou pela Constituição Federal. **Veda-se com isso o Tribunal ou Juiz de Exceção**, que seria aquele escolhido após a ocorrência de um crime e para determinado caso concreto.

Este princípio tem como principal finalidade garantir a participação no processo de um **juiz imparcial**. Porém, tal princípio não impede a criação de Varas novas e a consequente remessa dos autos a este novo Juízo, pois, nessa hipótese, a medida é válida para toda a coletividade, não atingindo um réu em específico.

> **Qual o entendimento do STJ e STF sobre o assunto?**
>
> O STJ já decidiu que "a redistribuição do feito decorrente da criação de vara com idêntica competência com a finalidade de igualar os acervos dos juízos e dentro da estrita norma legal, não viola o princípio do juiz natural, uma vez que a garantia constitucional permite posteriores alterações de competência" (HC 102.193-SP, Rel. Min. Laurita Vaz, julgado em 2/2/2010). O STF possui idêntico posicionamento (HC 91.253-MS, DJ 14/11/2007). Noutro giro, a Suprema Corte também decidiu que a convocação excepcional de juízes de primeiro grau para integrar câmaras julgadoras em tribunais não ofende o princípio constitucional em comento (HC 101473).

> **Aplicação em concurso público:**
>
> No concurso do TJ/SC, em 2009, foi cobrado exatamente o conceito do princípio do juiz natural. Nesse sentido, a assertiva "*O princípio do juiz natural pressupõe a existência de um órgão julgador técnico e isento, com competência estabelecida na própria Constituição e nas leis de organização judiciária de modo a impedir que ocorra julgamento arbitrário ou de exceção*" foi considerada correta.

2.1.8. Princípio da publicidade (arts. 5º, LX e XXXIII, e 93, IX, CF e art. 792, *caput*, CPP)

É o princípio segundo o qual os atos processuais devem ser praticados publicamente, sem qualquer controle, permitindo-se o amplo acesso ao público, bem como os autos do processo penal estão disponíveis a todos. Trata-se de forma de fomentar o controle social dos atos processuais.

Esse princípio, porém, comporta **exceções**: nos termos do art. 5º, inciso LX, da Constituição Federal, a lei poderá restringir a publicidade dos atos processuais **quando a defesa da intimidade ou o interesse social o exigirem**. No entanto, jamais o ato processual será praticado sem a presença do Ministério Público, assistente de acusação, se houver, e do defensor (embora seja possível excluir a pessoa do réu, como na hipótese prevista no art. 217 do CPP, em que o juiz poderá até determinar a retirada do réu da sala de audiência se perceber que a sua presença causa humilhação, temor, ou sério constrangimento à testemunha ou ao ofendido, de modo que prejudique a verdade do depoimento).

Em face da existência de tais exceções, a doutrina apresenta as seguintes espécies de publicidade: **publicidade geral** (é aquela que não comporta exceções, sendo o ato processual e os autos do feito acessíveis a todos) e **publicidade específica** (é aquela que, incidindo as exceções constitucionais alhures mencionadas, só permite o acesso ao ato processual e aos autos do feito por parte do Ministério Público, assistente de acusação, se houver, e defensor).

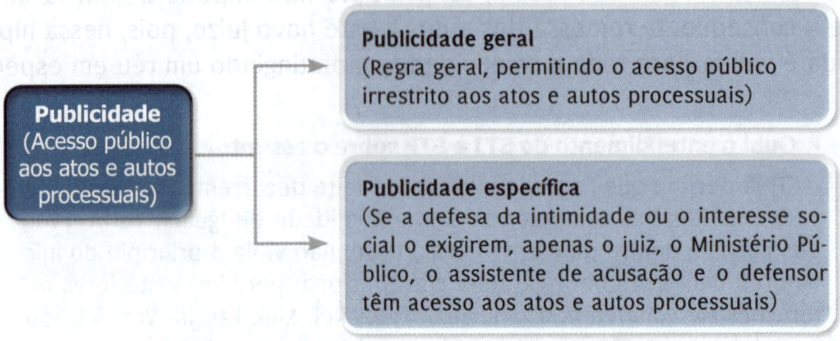

No que tange à restrição da publicidade de um ato processual, merece ser levado em consideração o disposto no art. 792, § 1º, do CPP: "Se da publicidade da audiência, da sessão ou do ato processual, puder resultar escândalo, inconveniente grave ou perigo de perturbação da ordem, o juiz, ou o tribunal, câmara, ou turma, poderá, de ofício ou a requerimento da parte ou do Ministério Público, determinar que o ato seja realizado a portas fechadas, limitando o número de pessoas que possam estar presentes". É o caso de uma audiência em que a população grita palavras de ordem contra o réu, conhecido e bárbaro assassino.

> ▸ **Aplicação em concurso público:**
>
> No LII concurso de Promotor de Justiça Substituto do Estado de Minas Gerais, promovido em 2012 pelo MPMG, cobrou-se a aplicação do princípio da publicidade da seguinte forma: "*Assinale a alternativa* **CORRETA**. *O princípio da publicidade garante:* **A)** *A realização de determinado ato processual a portas fechadas, limitando-se o número de pessoas presentes.* **B)** *O acesso de qualquer advogado aos elementos de prova já documentados e produzidos na fase investigatória.* **C)** *A produção de provas numa só audiência, podendo ser indeferidas as irrelevantes ou protelatórias.* **D)** *O uso do habeas corpus por qualquer pessoa, em seu favor ou de outrem, bem como pelo Ministério Público*". A assertiva tida como correta foi a letra A.

2.1.9. Princípio da vedação das provas ilícitas (art. 5º, LVI, CF)

Nos termos do art. 5º, inciso LVI, da Constituição Federal, são inadmissíveis, no processo, as provas obtidas por meios ilícitos.

O Código de Processo Penal, com o advento da Lei nº 11.690/08, passou a disciplinar com pormenores a matéria. Assim, inicialmente, repetiu o mandamento constitucional no art. 157, *caput*, estatuindo que são inadmissíveis, devendo ser desentranhadas do processo, as provas ilícitas. Complementando esta ideia, o art. 157, § 3º, CPP, determina que preclusa a decisão de desentranhamento da prova declarada inadmissível, esta será inutilizada por decisão judicial, facultado às partes acompanhar o incidente. Registre-se, porém, que se a prova permanecer nos autos, mas ela não for utilizada pelo magistrado, de nenhuma forma, para a prolação da sentença, não haverá qualquer nulidade nesta decisão. Não obstante, caso o juiz venha a se utilizar de uma prova ilícita para proferir a sentença, esta será nula (nulidade absoluta).

Em seguida, no mesmo dispositivo legal (art. 157, *caput*), o CPP define o que se entende por provas ilícitas: são aquelas que violam tanto **normas constitucionais** como **legais**.

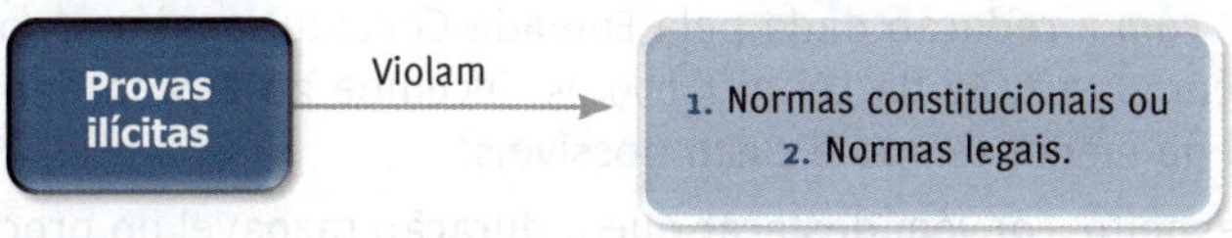

Ressalte-se ainda que a doutrina considera a existência do gênero **prova proibida ou vedada ou inadmissível**, tendo como espécies a **prova ilícita**, violadora de regra de **direito material** (exemplo: confissão obtida mediante tortura; interceptação telefônica realizada sem autorização judicial), e a **prova ilegítima**, aquela obtida mediante violação de **regra de direito processual** (exemplo: laudo pericial confeccionado por apenas um perito não oficial). O CPP (e a própria Constituição Federal), porém, não acolhe essa distinção, tratando uma prova que viole norma constitucional ou legal sempre como prova ilícita.

Na sequência, o CPP, no art. 157, § 1º, consagrou expressamente também a impossibilidade de utilização das **provas ilícitas por derivação** (**teoria dos frutos da árvore envenenada ou do efeito à distância – *fruits of the poisonous tree***, construção da Suprema Corte americana e que já vinha sendo aceita, no Brasil, pelo STF), que são aquelas provas que decorrem de uma prova ilícita originária, sendo que tal ilicitude somente restará caracterizada se houver demonstração do **nexo causal** entre as provas ou quando as derivadas não puderem ser obtidas por uma **fonte independente** das primeiras. A esse respeito, considera-se **fonte independente** aquela que por si só, seguindo os trâmites típicos e de praxe, próprios da investigação ou instrução criminal, seria capaz de conduzir ao fato objeto da prova (art. 157, § 2º, do CPP).

Ressalte-se, por fim, que a jurisprudência brasileira começa a reconhecer a **teoria da proporcionalidade** (ou **teoria da razoabilidade** ou **teoria do interesse predominante**) na apreciação da prova ilícita, admitindo excepcionalmente a utilização desta última em benefício dos direitos do réu inocente que produziu tal prova para a sua absolvição (*pro reo*), pois, nesta situação, ele estaria agindo, para uns (GRINOVER; GOMES FILHO; FERNANDES, 2009), em legítima defesa, para outros, em estado de necessidade ou mesmo se configuraria hipótese de inexigibilidade de conduta diversa (NUCCI, 2008).

> **▸ Aplicação em concurso público:**
>
> No concurso do TJ/SC, em 2009, foi cobrado exatamente o conceito legal de prova ilícita, incluindo a prova ilícita por derivação. Nesse sentido, a assertiva *"As provas obtidas em violação a normas constitucionais ou legais são inadmissíveis; também o são as provas derivadas das ilícitas, salvo quando não evidenciado o nexo de causalidade entre umas e outras, ou quando as derivadas puderem ser obtidas por uma fonte independente das primeiras ilícitas"* foi considerada correta.

2.1.10. Princípios da economia processual, celeridade processual e duração razoável do processo (art. 5º, LXXVIII, CF)

Segundo estes princípios, evidenciados no art. 5º, inciso LXXVIII, da Constituição Federal, com a redação dada pela Emenda Constitucional nº 45/04, e encontrado também no art. 62 da Lei nº 9.099/95, incumbe ao Estado dar a resposta jurisdicional no menor tempo e custo possíveis.

A esse respeito, convém destacar que a duração razoável do processo é "um interesse – e também um direito – de todos, ou seja, do acusado, do ofendido, do Estado e da própria coletividade" (BEDÊ JÚNIOR; SENNA, 2009, p. 255). Isso porque, para o acusado, a simples existência de um processo penal já traz um desgaste natural para a sua situação pessoal, ainda mais se ele se encontrar preso, exigindo-se, portanto, a resolução do caso no tempo estritamente necessário. De outro lado, a pronta resposta do Judiciário às lides penais encerra o drama pessoal experimentado pelo ofendido, ao passo que desperta na sociedade um sentimento de confiança no Estado, que demonstra estar atuando com eficiência, pronto para promover a pacificação social.

O princípio em questão, porém, não pode implicar na restrição da parte de produzir prova e buscar a verdade real.

São **consequências** destes princípios:

1. As prisões cautelares somente devem persistir por tempo razoável, enquanto presente a necessidade das mesmas (**princípio da duração razoável das prisões cautelares**).
2. Possibilidade de utilização de carta precatória itinerante (art. 355, § 1º, do CPP).
3. A suspensão do processo, havendo questão prejudicial, somente deve ser feita quando há caso de difícil solução, para que não se procrastine inutilmente o término da instrução (art. 93 do CPP).

Princípios da economia e celeridade processuais e da duração razoável do processo → Consequências →

1. Princípio da duração razoável das prisões cautelares;
2. Possibilidade de utilização de carta precatória itinerante (art. 355, § 1º, do CPP);
3. A suspensão do processo, havendo questão prejudicial, somente deve ser feita quando há caso de difícil solução (art. 93 do CPP).

Quanto a este princípio, é criada pela doutrina a **regra dos três critérios básicos**, que procura delimitar a duração razoável com maior rigor. Os três critérios são os seguintes: a) a complexidade do caso; b) a atividade processual do interessado (imputado); c) a conduta das autoridades judiciárias. Do mesmo modo, ela é também aplicada para concretizar a duração razoável das prisões cautelares. Esses três critérios vêm sendo frequentemente utilizados pelo Tribunal Europeu dos Direitos do Homem (TEDH) e pelo Corte Americana de Direitos Humanos. No Brasil, considerando que a Constituição Federal, no art. 5º, LXXVIII, adotou a "doutrina do não prazo", estes critérios vêm sendo igualmente empregados pelos tribunais nacionais.

Ainda no que tange ao princípio da duração razoável do processo, o STF já teve a oportunidade de decidir pela possibilidade de o Tribunal de Justiça convocar juízes de primeiro grau para atuarem perante o próprio órgão *ad quem* por força da sobrecarga de trabalho, visando justamente efetivar o princípio ora em comento, sem que isso implique em qualquer violação ao princípio do juiz natural (Informativo nº 581 do STF).

Nessa linha de intelecção, a Lei nº 12.019/09, inserindo o inciso III ao art. 3º da Lei nº 8.038/90, passou a permitir que o relator de ações penais de competência originária do STJ e do STF convoque desembargadores de Turmas Criminais dos Tribunais de Justiça ou dos Tribunais Regionais Federais, bem como juízes de varas criminais da Justiça dos Estados e da Justiça Federal, pelo prazo de 6 (seis) meses, prorrogável por igual período, até o máximo de 2 (dois) anos, para a realização de interrogatório e de outros atos da instrução, na sede do tribunal ou no local onde se deva produzir o ato.

> ▸ **Aplicação em concurso público:**
>
> No concurso de Defensor Público do Estado do Paraná, promovido pela Fundação Carlos Chagas, em 2017, em questão adaptada para esta obra, cobrou-se a respeito do princípio constitucional da duração razoável do processo, nesses termos: *"Os princípios constitucionais aplicáveis ao processo penal incluem (A) indisponibilidade. (B) verdade real. (C) razoável duração do processo. (D) identidade física do juiz [...]."* A alternativa correta foi a letra C.

2.1.11. Princípio constitucional geral do devido processo penal – devido processo legal ou *due process of law* (art. 5º, LIV, CF)

O princípio do devido processo legal vem insculpido no art. 5º, LIV, da Carta Magna Federal, segundo o qual "Ninguém será privado da liberdade ou de seus bens sem o devido processo legal".

Trata-se de princípio que fundamenta a visão garantista do processo penal, entendido como instrumento de efetivação dos direitos fundamentais do réu em face da força inexorável do Estado. Por conta disso, é princípio que desencadeia diversos outros princípios no processo penal, ou, em outros termos, o cumprimento de todos os outros princípios do Processo Penal implica, na verdade, no atendimento ao princípio do devido processo legal.

Divide-se em dois aspectos:

1. **Aspecto material ou substancial**: liga-se ao Direito Penal, fazendo valer os princípios penais, a exemplo da máxima de que ninguém deve ser processado senão por crime previsto e definido em lei. Coincide com o **princípio da razoabilidade**.
2. **Aspecto processual ou procedimental**: liga-se "ao procedimento e à ampla possibilidade de o réu produzir provas, apresentar alegações, demonstrar, enfim, ao juiz a sua inocência, bem como o de o órgão acusatório, representando a sociedade, convencer o magistrado, pelos meios legais, da validade da sua pretensão punitiva" (NUCCI, 2008, p. 96).

▸ **Aplicação em concurso público:**

No concurso do TJ/SC, em 2009, foi cobrado exatamente o conceito do princípio do devido processo legal. Nesse sentido, a assertiva *"O princípio do devido processo legal consiste no direito de não ser privado da liberdade e de seus bens, sem a garantia que supõe a tramitação de um processo desenvolvido na forma que estabelece a lei"* foi considerada correta.

Princípios constitucionais expressos
1. Princípio da presunção de inocência.
2. Princípio da igualdade processual.
3. Princípio da ampla defesa.
4. Princípio da plenitude de defesa.
5. Princípio do *favor rei*.
6. Princípio do contraditório.
7. Princípio do juiz natural.
8. Princípio da publicidade.
9. Princípio da vedação das provas ilícitas.
10. Princípios da economia processual, celeridade processual e duração razoável do processo.
11. Princípio do devido processo legal.

▸ **Aplicação em concurso público:**

No concurso de Delegado da Polícia Civil do Estado de São Paulo, promovido pela Vunesp, em 2014, foram cobrados princípios constitucionais expressos (explícitos) do Processo Penal, da seguinte forma: *"São princípios constitucionais explícitos do processo penal: A) ampla defesa e intervenção mínima. B) presunção de inocência e lesividade. C) intervenção mínima e duplo grau de jurisdição. D) presunção de inocência e ampla defesa. E) lesividade e intervenção mínima."* A resposta correta foi a letra D.

2.2. Princípios constitucionais implícitos do processo penal

2.2.1. Princípio de que ninguém está obrigado a produzir prova contra si mesmo ou da não autoincriminação (*nemo tenetur se detegere*)

Trata-se de princípio constitucional implícito que decorre dos seguintes princípios constitucionais expressos: presunção de inocência (art. 5º, LVII, CF); ampla defesa (art. 5º, LV, CF); direito ao silêncio (art. 5º, LXIII, CF). Não obstante, é princípio que se encontra expressamente previsto no art. 8º do Pacto de São José da Costa Rica, de 22 de novembro de 1969, incorporado ao ordenamento jurídico brasileiro pelo Decreto nº 678, de 6 de novembro de 1992, e que tem *status* supralegal, conforme entendimento do STF exarado nos julgamentos do RE nº 466.343/SP e HC nº 87.585/TO (Informativo nº 531).

Considera-se que o Estado é infinitamente superior ao réu no processo penal, não necessitando, portanto, de sua ajuda na atividade persecutória, sob pena de se decretar a falência de seus órgãos.

Por força deste princípio é que a doutrina e a jurisprudência do STF e do STJ majoritárias vêm considerando que o acusado não está obrigado a participar de atividades probatórias que impliquem em **intervenções corporais**, como realização de exames de DNA, grafotécnico ou de bafômetro – este último frequentemente utilizado para a constatação do crime de embriaguez ao volante previsto no art. 306 da Lei nº 9.503/97 (Código de Trânsito Brasileiro) –, embora haja posições minoritárias em sentido contrário, a exemplo de Eugênio Pacelli de Oliveira (2008, p. 336-342) e Américo Bedê Júnior e Gustavo Senna (2009, p. 40-47).

Nesse cenário, faz-se imprescindível esclarecer que o que se procura vedar a partir do princípio em comento é apenas e tão somente o comportamento proativo do agente no fornecimento da prova. Em outras palavras, o comportamento passivo do indivíduo na confecção da prova não ensejaria qualquer tipo de ilicitude. Adotando esta concepção, o STF, em julgado paradigmático envolvendo a atriz mexicana Glória Trevi, permitiu a realização de exame de DNA com a utilização do material biológico da placenta retirada da atriz para a investigação de crime de estupro supostamente praticado contra ela pelo delegado da polícia federal na carceragem desta polícia, que teria resultado em sua gravidez; ao final da investigação criminal, comprovou-se que não houve o crime de estupro (RCL nº 2.040/DF – Informativo nº 257). O STJ, por sua vez, vem admitindo que a produção de prova por meio de exame de DNA sem o consentimento do investigado é permitida se o material biológico já está fora de seu corpo e foi abandonado. Com efeito, entende-se que o material genético obtido a partir de utensílios descartados pelo investigado (a exemplo de um copo ou de um cigarro jogado no lixo) não é recolhido de forma clandestina, pois, uma vez que deixou de fazer parte do corpo dele, tornou-se objeto público. O que não se permite, portanto, é o recolhimento do material genético à força, mediante constrangimento moral ou físico.

▸ **Aplicação em concurso público:**

No concurso de Delegado da Polícia Federal, em 2018, promovido pelo Cespe, questionou-se acerca da possibilidade de produção de prova que implique em intervenção corporal no agente e exija deste um comportamento proativo, da seguinte forma: *"Por força do princípio da verdade real, se uma autoridade policial determinar que um indiciado forneça material biológico para a coleta de amostra para exame de DNA cujo resultado poderá constituir prova para determinar a autoria de um crime, o indiciado estará obrigado a cumprir a determinação."* A assertiva foi considerada incorreta, pois há violação ao princípio da não autoincriminação.

Já no concurso de Juiz de Direito Substituto do Tribunal de Justiça do Ceará, em 2018, promovido pelo Cespe, cobrou-se sobre a possibilidade de realização da prova a partir de utensílios usados ou descartados pelo agente, com os seguintes termos: *"A perícia do DNA de suspeito coletado de utensílios usados ou descartados por ele é ilícita se não tiver havido o assentimento dele."* A assertiva foi considerada incorreta, pois a prova é lícita se não exige qualquer comportamento proativo do agente.

▸ **Qual o entendimento do STF sobre o assunto?**

O STF decidiu, com reconhecimento de repercussão geral, que a regra que prevê o crime do art. 305 da Lei nº 9.503/97 – Código de Trânsito Brasileiro (*"Afastar-se o condutor do veículo do local do acidente, para fugir à responsabilidade penal ou civil que lhe possa ser atribuída"*) é constitucional posto não infirmar o princípio da não autoincriminação, garantido o direito ao silêncio e as hipóteses de exclusão de tipicidade e de antijuridicidade (STF, RE nº 971959; ADC nº 35/DF).

2.2.2. Princípio da iniciativa das partes ou da ação ou da demanda (*ne procedat judex ex officio*) e princípio consequencial da correlação entre acusação e sentença

Trata-se de princípio extraído do sistema acusatório, que vige no Brasil e pode ser depurado dos artigos 129, inciso I (repetido pelo art. 257, inciso I, do CPP), e 5º, inciso, LIX, da Constituição Federal, os quais garantem, respectivamente, a titularidade da ação penal pública por parte do Ministério Público e a possibilidade de oferecimento da ação penal privada subsidiária da pública, se a ação penal pública não for intentada pelo *Parquet* no prazo legal.

Nesses termos, entende-se que o princípio veda que o juiz deflagre a ação penal de ofício, exigindo-se para tanto a iniciativa do titular da ação. Por força do princípio em comento é que não se admite mais o **processo judicialiforme**, que consistia na possibilidade de início da ação penal, nas contravenções penais, por meio do auto de prisão em flagrante delito ou por portaria expedida pelo delegado ou pelo magistrado, de ofício ou a requerimento do Ministério Público. A esse respeito, frise-se que o art. 531 do CPP, que contemplava essa possibilidade, foi alterado pela Lei nº 11.719/08, que a extirpou desse dispositivo legal. Sendo assim, deve-se considerar que houve a revogação tácita do art. 26 do CPP, que tinha conteúdo idêntico àquele dispositivo legal alterado.

Consequência direta deste princípio é o surgimento de outro princípio, o da **correlação (ou congruência ou relatividade ou reflexão) entre a acusação e a sentença**, o qual implica na exigência de que o fato imputado ao réu, na peça inicial acusatória, guarde "perfeita correspondência com o fato reconhecido pelo juiz, na sentença, sob pena de grave violação aos princípios do contraditório e da ampla defesa, consequentemente, ao devido processo legal" (NUCCI, 2008, p. 661).

Em outros termos, o magistrado está adstrito aos exatos termos do que fora narrado na peça inicial da ação penal, não podendo decidir fora, além ou aquém dos seus limites, sob pena de decisões, respectivamente, *extra*, *ultra* ou *infra petita* (*Ne eat judex ultra petita partium*), as quais estão eivadas de nulidade absoluta.

Em havendo, pois, necessidade de ampliação da tese acusatória, faz-se imprescindível o aditamento à denúncia ou queixa, nos termos do art. 384 do CPP (*mutatio libelli*).

Contudo, o princípio da iniciativa das partes comporta **exceções**, situações nas quais o magistrado pode conceder provimentos jurisdicionais de ofício. São elas:

1. **Decisões referentes ao estado de liberdade do indivíduo**, tais como a expedição de ordem de *habeas corpus* (art. 654, § 2º, do CPP), o relaxamento de prisão em flagrante (art. 5º, inciso LXV, CF), a revogação da prisão preventiva (art. 316, *caput*, do CPP) e a concessão da liberdade provisória (art. 5º, inciso LXVI, CF). Contudo, a prisão temporária é modalidade de prisão cautelar que não pode ser decretada de ofício pelo juiz, dependendo sempre de representação da autoridade policial ou de requerimento do Ministério Público (art. 2º, *caput*, da Lei nº 7.960/89).
2. **Procedimento da execução penal** (art. 195 da Lei de Execução Penal).

2.2.3. Princípio do duplo grau de jurisdição

É princípio que inicialmente decorre da própria estrutura do Poder Judiciário traçada pela Constituição Federal, consistente na divisão do mesmo em instâncias diversas, começando pelos magistrados singulares, passando pelos respectivos tribunais a que eles estão vinculados, pelo STJ e finalmente chegando ao órgão de cúpula, o STF.

Decorre também da natural irresignação da parte com uma decisão que considera injusta, da necessidade de controle de todo e qualquer ato estatal, característica marcante do Estado Democrático de Direito, e do fato de que, ao menos em tese, o juiz de primeiro grau ficaria psicologicamente mais pressionado a acertar na decisão, para evitar revisão por parte do Tribunal, enquanto este, por sua vez, é constituído por magistrados mais experientes, que melhor poderiam julgar a causa.

Decorre ainda do princípio constitucional expresso da ampla defesa. Ademais, é princípio que vem consagrado expressamente no Pacto de São José da Costa Rica no seu art. 8º, item 2, alínea "h", o qual tem no Brasil *status* de norma supralegal, conforme entendimento do STF exarado nos julgamentos do RE nº 466.343/SP e HC nº 87.585/TO (Informativo nº 531).

Em razão de tudo isso, portanto, é que se estabelece o princípio em apreciação, que garante à parte o direito de reexame da causa por instância superior.

> **▸ Aplicação em concurso público:**
>
> No concurso do MP/BA, em 2008, promovido pela Fesmip, foi cobrado justamente se o princípio do duplo grau de jurisdição seria implícito na Constituição Federal. Nesse sentido, a assertiva *"O princípio do duplo grau de jurisdição não é explícito na Constituição Federal, que traz inclusive normas conflitantes com tal princípio"* foi considerada correta.

> **▸ Aplicação em concurso público:**
>
> No concurso de Juiz de Direito Substituto do Tribunal de Justiça do Estado de Roraima, promovido pela Fundação Carlos Chagas, em 2015, voltou-se a cobrar acerca da previsão do princípio do duplo grau de jurisdição, da seguinte forma: *"O princípio internacionalmente consagrado do Duplo Grau de Jurisdição é reconhecido por várias legislações ocidentais. No Brasil, o princípio também é reconhecido e, segundo o Supremo Tribunal Federal, decorre: (A) diretamente do texto constitucional brasileiro e está previsto no artigo 5º como uma garantia fundamental. (B) diretamente do texto constitucional brasileiro, mas não está previsto no artigo 5º. (C) do Pacto de Direitos Civis e Políticos e tem previsão na Constituição Federal do Brasil. (D) do Pacto de São José da Costa Rica e não tem previsão Constitucional. (E) diretamente dos pactos internacionais de direitos humanos e tem previsão expressa na Constituição Federal do Brasil."* A resposta correta foi a letra D.

2.2.4. Princípio do juiz imparcial

É princípio que decorre do princípio constitucional expresso do juiz natural, com a finalidade de complementá-lo, afinal de contas o magistrado pode até estar previamente investido na jurisdição, mas, mesmo assim, não ser imparcial na sua atuação, motivo pelo qual o CPP prevê hipóteses de impedimento (arts. 252 e 253) e suspeição (art. 254) do julgador.

Desse modo, para que um juiz efetivamente atue no processo penal, além de estar investido na função jurisdicional do Estado, não deve ter "vínculos subjetivos com o processo de molde a lhe tirar a neutralidade necessária para conduzi-lo com isenção" (TÁVORA; ALENCAR, 2009, p. 46). No entanto, ressalte-se que a atuação neutra de um juiz não passa de um mito, pois ele, durante o julgamento, sempre é influenciado por seus valores pessoais. É por isso que a doutrina prefere utilizar a expressão "juiz imparcial", no sentido de exigência de um dever de honestidade do magistrado, que deverá sempre cumprir "a Constituição, de maneira honesta, prolatando decisões suficientemente motivadas" (TÁVORA; ALENCAR, 2009, p. 46).

Ademais, frise-se que este princípio está consagrado expressamente no art. 8º, 1, do Pacto de São José da Costa Rica (aprovado pelo Decreto nº 678/92), válido no Brasil como norma supralegal, conforme entendimento do STF exarado nos julgamentos do RE nº 466.343/SP e HC nº 87.585/TO (Informativo nº 531).

2.2.5. Princípio do promotor natural e imparcial ou promotor legal

Trata-se de princípio constitucional implícito que decorre dos seguintes princípios constitucionais expressos:

1. **Princípio da inamovibilidade funcional dos membros do Ministério Público** (art. 128, § 5º, I, "b", CF).
2. **Princípio da independência funcional dos membros do Ministério Público** (art. 127, § 1º, CF).
3. **Princípio do juiz natural** (art. 5º, LIII, CF) – por analogia.

Por força deste princípio, entende-se que o agente delitivo deve ser acusado por órgão imparcial do Estado, previamente designado por lei, vedada a indicação de acusador para atuar em casos específicos. Conforme já decidido pelo STF, o postulado do promotor natural tem como escopo impedir que chefias institucionais do Ministério Público determinem designações casuísticas e injustificadas, de modo a instituir a reprovável figura do "acusador de exceção" (Informativo nº 644 do STF). Nessa medida, a proteção efetiva e substancial ao princípio do promotor natural impede que o superior hierárquico designe o promotor com atribuições, bem como imponha a orientação técnica a ser observada (Informativo nº 893 do STF).

Atento a este princípio, o Procurador-Geral de Justiça apenas pode designar Promotores de Justiça para determinados casos concretos se houver prévia e expressa previsão em lei nesse sentido. Tais hipóteses de designação atualmente estão estipuladas no art. 10, inciso IX, da Lei nº 8.625/93 (Lei Orgânica do Ministério Público dos Estados).

É certo que doutrina amplamente majoritária admite a existência deste princípio, a exemplo de Guilherme de Souza Nucci (NUCCI, 2008, p. 99-100), Nestor Távora e Rosmar Rodrigues Alencar (TÁVORA; ALENCAR, 2009, p. 51-52) e Paulo Rangel (RANGEL, 2009, p. 37-45). O STJ também acolhe tal princípio, como ficou claro no julgamento do RHC nº 8513/81.

▸ Qual o entendimento do STF sobre o assunto?

No STF, porém, a matéria não é pacífica. Em um primeiro momento, o Pretório Excelso chegou a reconhecer a existência do princípio em tela (HC nº 67.759-2/RJ, Rel. Min. Celso de Mello). Contudo, em momento posterior, a Suprema Corte deixou de reconhecer o princípio do promotor natural e imparcial, sob a alegação de que ele violaria os princípios da unidade e da indivisibilidade do Ministério Público, encontrados no art. 127, § 1º, da Constituição Federal, como se verifica do julgamento do HC nº 83.463/RS e do RE nº 387974/DF. Mais recentemente, todavia, o Pretório Excelso voltou a aceitar este princípio, com base nos argumentos anteriormente explicitados, *ex vi* dos julgados HC nº 95447/SP e HC nº 103038/PA.

▸ **Qual o entendimento do STJ sobre o assunto?**

Consoante julgado pelo STJ, não configura violação ao princípio do promotor natural a atuação do Grupo de Atuação Especial de Combate ao Crime Organizado (GAECO) quando precedida de solicitação do promotor de justiça a quem a investigação foi atribuída. Como esclarecido, para que não haja ofensa ao princípio do promotor natural, o promotor a quem distribuído livremente o feito poderá solicitar ou anuir com a participação ou ingresso do GAECO nas investigações. Nessa senda, a jurisprudência consolidada do STJ é no sentido de que "a atuação de promotores auxiliares ou de grupos especializados não ofende o princípio do promotor natural, uma vez que, nessa hipótese, se amplia a capacidade de investigação, de modo a otimizar os procedimentos necessários à formação da *opinio delicti* do *Parquet*" (AgRg no AREsp 1.425.424/SP, Rel. Ministro Jorge Mussi, Quinta Turma, julgado em 06/08/2019, DJe 19/08/2019) – Informativo nº 751.

Em respeito ao princípio do promotor natural, o STJ, por meio da sua Corte Especial, entendeu que não seria possível o processamento e julgamento neste tribunal de denúncia originariamente apresentada pelo Ministério Público estadual na Justiça estadual, posteriormente encaminhada a esta corte superior, se a exordial não fosse ratificada pelo Procurador-Geral da República ou por um dos Subprocuradores-Gerais da República. Afinal de contas, ainda segundo este tribunal, seria o Ministério Público Federal o órgão com legitimidade para atuar perante ele, nos termos dos arts. 47, § 1º, e 66 da Lei Complementar nº 35/79 e dos arts. 61 e 66 do RISTJ (Informativo nº 511).

Todavia, a Terceira Seção do STJ, mais recentemente, no julgamento do EREsp nº 1256973, reconheceu a legitimidade dos Ministérios Públicos dos estados e do Distrito Federal para atuar nas ações de sua própria autoria que tramitam no referido tribunal e interpor recursos como agravos regimentais, embargos de declaração, embargos de divergência e recursos extraordinários para o STF. Concluiu-se, pois, que não se pode impedir o titular da ação pública de buscar a correção de julgados em ações provenientes de sua unidade federativa.

O julgado alhures aludido foi mais um passo em direção à mudança de uma jurisprudência que até então impedia os Ministérios Públicos dos estados e do DF de atuar no STJ. Eles podiam interpor recursos para o STJ e o STF contra decisões das instâncias ordinárias, mas dentro das cortes superiores quem atuava com exclusividade era o Ministério Público Federal, tanto no papel de fiscal da lei (dando pareceres e acompanhando os julgamentos) como no de parte (substituindo o MP autor da ação no momento de recorrer internamente). A questão, porém, ainda não está pacificada e aguarda um pronunciamento da Corte Especial do STJ.

Seguindo esta tendência, a Corte Especial do STJ também decidiu que o Ministério Público Estadual tem legitimidade para atuar diretamente como parte em recurso submetido a julgamento perante o STJ. Asseverou-se que, em sendo a ação (cível ou penal) proposta pelo MP Estadual perante o primeiro grau de jurisdição, e tendo o processo sido alçado ao STJ por meio de recurso, é possível que esse se valha dos instrumentos recursais necessários na defesa de seus interesses constitucionais. Nessas circunstâncias, o MPF exerce apenas uma de suas funções, qual seja, a de *custos legis* (ou *custos iuris*), podendo opinar pelo provimento ou desprovimento da irresignação. Assim, cindindo em um processo o exercício das funções do MP (o MP Estadual sendo o autor da ação e o MPF opinando acerca do recurso interposto nos respectivos autos), não há razão legal que autorize restringir a atuação do MP Estadual enquanto parte recursal, realizando sustentações orais, interpondo agravos regimentais contra decisões etc. (Informativo nº 556).

> **▸ Aplicação em concurso público:**
>
> No concurso de Procurador do Município de Belo Horizonte/MG, promovido pelo Cebraspe/Cespe, em 2017, cobrou-se o entendimento do STJ alhures mencionado, conforme assertiva adiante transcrita: *"Com base no entendimento do STJ, assinale a opção correta. [...] O MP estadual não tem legitimidade para atuar diretamente como parte em recurso submetido a julgamento no STJ."* A alternativa foi considerada incorreta.

Já no STF, em um primeiro momento, a sua Segunda Turma negou o Mandado de Segurança nº. 28408, impetrado por um Promotor de Justiça do Ministério Público do Espírito Santo contra ato do Conselho Nacional do Ministério Público que o impediu de formular requerimentos visando restringir a participação, em processos por ele movidos, de membros do Ministério Público do Espírito Santo que atuam em segunda instância.

Entretanto, em julgado posterior, a Suprema Corte, através do seu Plenário Virtual, decidiu que os Ministérios Públicos dos Estados e do Distrito Federal têm legitimidade para propor e atuar em recursos e meios de impugnação de decisões judiciais em trâmite no próprio STF e no STJ, provenientes de processos de sua atribuição, sem prejuízo da atuação do Ministério Público Federal. Consignou-se que os Ministérios Públicos estaduais não estão vinculados, nem subordinados, nos planos processual, administrativo e/ou institucional, à Chefia do Ministério Público da União, o que lhes confere ampla possibilidade de atuação autônoma nos processos em que forem partes, inclusive perante os Tribunais Superiores. Destarte, o Ministério Público Estadual possui legitimidade para interpor recursos internos, agravos, embargos de declaração, embargos de divergência, recurso ordinário, recurso extraordinário e ainda para propor meios de impugnação das decisões judiciais em geral, a exemplo da reclamação, mandado de segurança, *habeas corpus*, incidente de resolução de demandas repetitivas, ação rescisória e conflito de competência. Finalmente, a função de fiscal da lei (fiscal do direito) no âmbito do STJ e do STF continuaria a ser exercida exclusivamente pelo Ministério Público Federal, por meio dos Subprocuradores-Gerais da República designados pelo Procurador-Geral da República (STF. Plenário Virtual. RE 985392/RS, Rel. Min. Gilmar Mendes, julgado em 26/05/2017, com reconhecimento de repercussão geral).

▸ **Qual o entendimento do STF sobre o assunto?**

Em determinado caso levado a julgamento ao STF, a denúncia se deu por promotor que não o atuante em face do Tribunal do Júri, exclusivo para essa finalidade. O agente delitivo foi denunciado como incurso nas penas dos arts. 121, *caput*, do Código Penal (CP) e 12 da Lei 6.378/1976, por haver ministrado medicamentos em desacordo com a regulamentação legal, tendo a vítima falecido. A Suprema Corte reconheceu não haver ferimento ao princípio do promotor natural. No caso concreto, *a priori*, houve o entendimento de que seria crime não doloso contra a vida, fazendo os autos remetidos ao promotor natural competente. Não obstante, durante toda a instrução se comprovou que, na verdade, tratava-se de crime doloso. Com isso, o promotor que estava no exercício ofereceu a denúncia e remeteu a ação imediatamente ao promotor do Júri, que poderia, a qualquer momento, não a ratificar. O Pretório Excelso entendeu, dessa maneira, configurada ratificação implícita. Outrossim, asseverou estar-se diante de substituição, consubstanciada nos princípios constitucionais do Ministério Público (MP) da unidade e da indivisibilidade, e não da designação de um acusador de exceção (Informativo nº 880).

Em outro caso apreciado pelo STF (referente à chamada "Operação Caixa de Pandora"), desta feita contando com a denúncia oferecida pelo Ministério Público Federal e, posteriormente, ratificada pela Procuradoria-Geral de Justiça, consignou-se que é irrelevante que outros membros do Ministério Público com atribuição para atuar em instância superior, em virtude da análise dos mesmos fatos, tenham, anteriormente, oferecido denúncia de diferente teor em face do agente, uma vez que, conforme devidamente reconhecido pelos órgãos jurisdicionais a que submetida a pretensão, não eram aqueles — porquanto incompetente o juízo — os promotores naturais para exercer a pretensão acusatória. Portanto, o fato de o promotor natural — aquele com atribuição para atuar na 1ª instância — não se encontrar tecnicamente subordinado e apresentar entendimento jurídico diverso, afasta qualquer alegação de nulidade decorrente de alteração do teor da peça acusatória oferecida contra o agente (Informativo nº 893).

▸ **Princípio do delegado natural:**

Parte da doutrina sustenta a existência do princípio do delegado natural, por analogia aos princípios do juiz natural e do promotor natural. Entretanto, o STF não reconhece este princípio (STF, ROHC 126885/RJ).

2.2.6. Princípio da obrigatoriedade da ação penal pública (ou legalidade processual) e princípio consequencial da indisponibilidade da ação penal pública

O **princípio da obrigatoriedade da ação penal pública** consiste no dever imposto à Polícia Judiciária e ao Ministério Público de, respectivamente, investigar e processar crimes desta espécie de ação penal. Para estes crimes, portanto, não há que se falar em princípio da oportunidade da atuação dos referidos órgãos estatais - tal princípio somente tem aplicação nos crimes de ação penal privada.

Assim, por exemplo, se o membro do Ministério Público entende que há no inquérito policial indícios suficientes de autoria e prova da materialidade delitiva, deverá necessariamente oferecer a denúncia para a instauração da ação penal.

Já na ação penal pública condicionada à representação do ofendido, tem-se que a representação é regida pelo princípio da oportunidade, ao passo que o oferecimento de denúncia pelo Ministério Público é regido pela obrigatoriedade.

O princípio da obrigatoriedade da ação penal pública é um princípio constitucional implícito que decorre dos seguintes princípios constitucionais expressos:

1. **Legalidade penal (art. 5º, XXXIX, CF)**: não há crime sem prévia lei que o defina, nem pena sem prévia cominação legal; logo, se há tipicidade penal, há obrigatoriedade da aplicação da sanção penal.
2. **Titularidade da ação penal pública exclusivamente pelo Ministério Público (art. 129, I, CF e art. 257, I, CPP) e, em caráter excepcional, pelo ofendido (art. 5º, LIX, CF).**

Registre-se que o princípio da obrigatoriedade da ação penal pública é mitigado com o instituto da **transação penal** (art. 76 da Lei nº 9.099/95), que consagra o **princípio da discricionariedade regrada (ou da obrigatoriedade mitigada)**, ou seja, discricionariedade de acordo com os parâmetros da lei: uma vez preenchidos os requisitos legais (requisitos previstos no art. 76, § 2º, da Lei nº 9.099/95), surge para o Ministério Público o poder-dever de oferecer a proposta deste benefício ao agente delitivo, evitando-se o início da ação penal.

Sobreleva destacar ainda que o instituto da colaboração premiada, nos termos do art. 4º da Lei nº 12.850/13, o acordo de leniência (ou acordo de brandura ou doçura), previsto nas hipóteses dos arts. 86 e 87 da Lei nº 12.529/11 e dos arts. 16 e 17 da Lei nº 12.846/13, e o acordo de não persecução penal, anteriormente regulamentado pelo art. 18 da Resolução nº 181/2017 do Conselho Nacional do Ministério Público e atualmente disciplinado pelo art. 28-A do CPP, com a redação dada pela Lei nº 13.964/2019 ("Pacote Anticrime"), também mitigam o princípio da obrigatoriedade da ação penal pública.

Outrossim, o **princípio da indisponibilidade da ação penal pública** decorre do princípio da obrigatoriedade e implica na proibição de que o Ministério Público desista da ação penal instaurada (art. 42 CPP). No campo dos recursos, tal princípio implica na impossibilidade de o Ministério Público desistir dele (art. 576 CPP) – embora não se exija que o *Parquet* recorra –, o que é lógico, afinal de contas o recurso tem natureza jurídica de mero desdobramento do direito de ação.

O princípio da indisponibilidade da ação penal pública é também mitigado por um instituto previsto na Lei nº 9.099/95, qual seja, a **suspensão condicional do processo**, disciplinado no art. 89 deste diploma legal. A esse respeito, insta salientar que o *caput* do art. 89 da Lei nº 9.099/95 assevera: "Nos crimes em que a pena mínima cominada for igual ou inferior a um ano, abrangidas ou não por esta Lei, o Ministério Público, ao oferecer a denúncia, poderá propor a suspensão do processo, por dois a quatro anos, desde que o acusado não esteja sendo processado ou não tenha sido condenado por outro crime, presentes os demais requisitos que autorizariam a suspensão condicional da pena (art. 77 do Código Penal)". Se o período de prova for encerrado sem que haja descumprimento das condições estipuladas na proposta de suspensão, o juiz declarará a extinção da punibilidade, consoante o art. 89, § 5º, da lei.

Espécie de ação penal	Princípio regente
Ação penal pública incondicionada	Princípio da obrigatoriedade
Ação penal pública condicionada à representação do ofendido	Princípio da oportunidade para a representação do ofendido e princípio da obrigatoriedade para o oferecimento da ação penal
Ação penal no juizado especial criminal (lei nº 9.099/95)	Princípio da discricionariedade regrada (transação penal)
Ação penal privada	Princípio da oportunidade

2.2.7. Princípio da oficialidade

O princípio consiste no fato de que a atividade persecutória será exercida necessariamente por órgãos **oficiais** do Estado, não sendo possível o particular exercê-la.

Em outras palavras, a persecução penal é uma atividade obrigatória do Estado que é cumprida por meio de 3 (três) dos seus órgãos, quais sejam, a Polícia Judiciária (investiga), o Ministério Público (acusa) e o Juiz (julga). Decorre das normas constitucionais previstas nos artigos 129, I (titularidade da ação penal pública por parte do Ministério Público), e 144, §§ 1º, inciso IV (estabelece que as funções de polícia judiciária da União são exercidas, com exclusividade, pela polícia federal), e 4º (estabelece que as funções de polícia judiciária são exercidas pela polícia civil, ressalvada a competência da União).

É princípio que se aplica apenas aos **crimes de ação penal pública**, já que, na ação penal privada, o autor da ação é um particular.

Ressalte-se que este princípio não deve ser confundido com o princípio da oficiosidade, que é a seguir apreciado.

2.2.8. Princípio da oficiosidade

É princípio segundo o qual "as autoridades públicas incumbidas da persecução penal devem agir de **ofício**, sem necessidade de provocação ou de assentimento de outrem" (CAPEZ, 2007, p. 22) – destacamos.

Todavia, tal princípio somente se aplica aos **crimes de ação penal pública incondicionada**, já que, na ação penal pública condicionada à representação do ofendido, a persecução penal somente pode ser iniciada por meio de manifestação do ofendido ou de seu representante legal. Isso, porém, não impede que qualquer do povo provoque a atuação do órgão público, conforme permitido pelo art. 27 do CPP.

Princípio da oficialidade	Princípio da oficiosidade
A atividade persecutória deverá ser executada por órgão **oficial** do Estado.	A atividade persecutória deverá ser iniciada **de ofício** por órgão oficial do Estado.

2.2.9. Princípio da autoritariedade

É princípio segundo o qual "os órgãos investigantes e processantes devem ser **autoridades públicas** (delegado de polícia e promotor ou procurador de justiça)" (CAPEZ, 2007, p. 30) – destacamos.

O princípio, porém, **não se aplica aos crimes de ação penal privada**, pois ela é oferecida por particular.

2.2.10. Princípio da intranscendência ou da pessoalidade

É princípio que decorre do princípio penal da culpabilidade (ninguém pode ser processado sem prova do dolo ou culpa). Por força de tal princípio, exige-se que o processo penal seja instaurado apenas em face de quem efetivamente cometeu o crime. Em razão disso, não é possível que o responsável civilmente pelo ato figure como réu em uma ação penal. Exemplo: se um empregado, usando o carro da sociedade empresarial em que trabalha, atropela e mata, culposamente, terceira pessoa, o sócio responsável por tal sociedade não poderá constar como réu em um eventual processo penal, apenas o empregado.

2.2.11. Princípio da vedação da dupla punição e do duplo processo pelo mesmo fato (*ne bis in idem*)

Trata-se de princípio que decorre dos seguintes princípios:

1. **Princípio da legalidade penal**: não há crime sem lei anterior que o defina, não há pena sem lei anterior que a comine (art. 5º, inciso XXXIX, da Constituição Federal).
2. **Princípio da dignidade da pessoa humana** (art. 1º, inciso III, da Constituição Federal).

Ademais, é consagrado expressamente no art. 8º, 4, do Pacto de São José da Costa Rica, que tem *status* supralegal no Brasil, conforme entendimento do STF exarado nos julgamentos do RE nº 466.343/SP e HC nº 87.585/TO (Informativo nº 531).

Este princípio impede que a pessoa seja processada e condenada duas vezes pelo mesmo fato. Implica ainda na proibição de o agente ser processado novamente pelo mesmo fato quando já foi absolvido com sentença transitada em julgado.

Apreciando o princípio em comento, o STJ, em determinado caso concreto, decidiu que a pendência de julgamento de litígio no exterior não impede, por si só, o processamento da ação penal no Brasil, não configurando, pois, *bis in idem* (Informativo nº 656). Até mesmo porque, como é cediço, no curso da ação penal pode ocorrer tanto a alteração da capitulação (*emendatio libeli*) como, também, da imputação penal (*mutatio libeli*), o que, por si só, é suficiente para exigir maior cautela na extinção prematura de demandas criminais em Estados soberanos distintos. Seria temerário, portanto, também sob esse aspecto, aniquilar o cumprimento da pena no território brasileiro. Além disso, poderá incidir o art. 8º do Código Penal, que, embora não cuide propriamente da proibição de dupla punição e persecução penais, dispõe sobre o modo como deve ser resolvida a situação de quem é punido por distintos Estados soberanos pela prática do mesmo delito, nos seguintes termos: "A pena cumprida no estrangeiro atenua a pena imposta no Brasil pelo mesmo crime, quando diversas, ou nela é computada, quando idênticas".

▸ **Qual o entendimento do STF e STJ sobre o assunto?**

Com base no *ne bis in idem* e em respeito à coisa julgada, o STF já decidiu que, na hipótese de duas ações penais instauradas uma após a outra, aquela oferecida posteriormente jamais poderia ter existido, motivo pelo qual seria nula em razão da litispendência. Apenas a ação penal anterior teria validade no mundo jurídico, independentemente da pena cominada em ambos os processos. Destarte, retirar-se-ia uma das condenações, em favor do agente, ou seja, a segunda (Informativo nº 646).

O STJ, por sua vez, igualmente em respeito ao princípio *ne bis in idem* e à coisa julgada, decidiu que o agente que, numa primeira ação penal, tenha sido condenado pela prática de crime de roubo contra uma instituição bancária não poderá ser, numa segunda ação penal, condenado por crime de roubo supostamente cometido contra o gerente do banco no mesmo contexto fático considerado na primeira ação penal, ainda que a conduta referente a este suposto roubo contra o gerente não tenha sido sequer levada ao conhecimento do juízo da primeira ação penal, vindo à tona somente no segundo processo (Informativo nº 569).

Todavia, noticie-se que este mesmo Tribunal também entendeu que, constatado o trânsito em julgado de duas decisões condenando o agente pela prática de um único crime – a primeira proferida por juízo estadual absolutamente incompetente e a segunda proferida pelo juízo federal constitucionalmente competente –, a condenação anterior deve ser anulada caso se verifique que nela fora imposta pena maior do que a fixada posteriormente, em respeito ao Juiz Natural e à própria dignidade da pessoa humana (Informativo nº 562).

Importante registrar ainda que, mais recentemente, o STJ decidiu que, diante do trânsito em julgado de duas sentenças condenatórias por fatos idênticos, mesmo que proferidas por juízos distintos, deve prevalecer a condenação mais favorável ao réu em detrimento do critério temporal (de precedência), ante a observância dos princípios do *favor rei* e *favor libertatis* (Informativo nº 616).

Em 2019, a 6ª Turma do STJ voltou a se pronunciar a respeito do tema, desta feita asseverando que, diante do duplo julgamento do mesmo fato, deve prevalecer a sentença que transitou em julgado em primeiro lugar. No caso que foi examinado pelo tribunal, consignou-se que a prevalência da primeira decisão imutável foi reforçada pela quebra do dever de lealdade processual por parte da defesa. Ainda que os documentos anexados aos autos permitam concluir que eles foram assistidos pela Defensoria Pública nas duas ações penais – possivelmente, por profissionais distintos –, seria pouco crível que, quando cientificados da segunda persecução criminal existente em seu desfavor, não tivessem informado a pessoa responsável pela sua defesa que já estavam sendo processados pelos mesmos fatos. A leitura da segunda sentença – proferida após o trânsito em julgado da condenação – permitiu concluir que a duplicidade não foi mencionada sequer nas alegações finais. Tudo levou a crer que, sabedora da dupla persecução criminal contra os réus, e que já haviam sido condenados no outro processo a defesa prosseguiu na segunda ação e, ao ser exitosa, buscou a anulação do primeiro *decisum* na via mandamental. No ponto, destacou-se ainda ser assente na Corte Superior o entendimento de que: "Vige no sistema processual penal o princípio da lealdade, da boa-fé objetiva e da cooperação entre os sujeitos processuais, não sendo lícito à parte arguir vício para o qual concorreu em sua produção, sob pena de se violar o princípio de que ninguém pode se beneficiar da própria torpeza – *nemo auditur propriam turpitudinem allegans*" (RHC n. 77.692/BA, Rel. Ministro Felix Fischer, 5ª Turma, DJe 18/10/2017). Ademais, sobre o tema, noticiou-se que o Supremo Tribunal Federal tem decisões no sentido de que "demonstrado o 'bis in idem', e assim a litispendência, prevalece a condenação imposta na primeira ação" (HC n. 69.615/SP, Rel. Ministro Carlos Velloso, 2ª Turma, DJ 19/2/1993) e que "os institutos da litispendência e da coisa julgada direcionam à insubsistência do segundo processo e da segunda sentença proferida, sendo imprópria a prevalência do que seja mais favorável ao acusado" (HC n. 101.131/DF, Rel. Ministro Luiz Fux, Rel. p/ acórdão Ministro Marco Aurélio, 1ª Turma, DJe 10/2/2012). Com base nessas premissas, reconheceu-se, portanto, a prevalência da primeira sentença transitada em julgado (STJ, 6ª Turma, Informativo nº 642).

Em 2021, a 5ª Turma do STJ decidiu que o ajuizamento de duas ações penais referentes aos mesmos fatos, uma na Justiça Comum Estadual e outra na Justiça Eleitoral, viola a garantia contra a dupla incriminação. No caso, os mesmos fatos que levaram ao oferecimento da denúncia discutida também foram apreciados em ação de improbidade administrativa e ação penal na Justiça Eleitoral, sendo que ambas culminaram com a absolvição. Frisou-se que a sentença absolutória por ato de improbidade não vincula o resultado do feito em apreço, porquanto proferida na esfera do direito administrativo sancionador que é independente da instância penal, embora seja possível, em tese, considerar como elementos de persuasão os argumentos nela lançados. No entanto, quanto à absolvição perante a Justiça Eleitoral, a questão adquire peculiaridades que reclamam tratamento diferenciado. Isso porque a sentença, não recorrida pelo MPE, foi proferida no exercício de verdadeira jurisdição criminal, de modo que o prosseguimento da ação penal da qual se originou o *habeas corpus* julgado pelo órgão colegiado encontra óbice no princípio da vedação à dupla incriminação, (*double jeopardy clause* ou postulado do *ne bis in idem* ou ainda da proibição da dupla persecução penal). Tendo o Ministério Público, instituição una (à luz do art. 127, § 1º, da CF/1988) ajuizado duas ações penais referentes aos mesmos fatos, uma na Justiça Comum Estadual e outra na Justiça Eleitoral, há violação à garantia contra a dupla incriminação. Por conseguinte, a independência de instâncias não permite, por si só, a continuidade da persecução penal na Justiça Estadual, haja vista que a decisão proferida na Justiça Especializada foi de natureza penal, e não cível. Tanto o processo resolvido na esfera eleitoral como o presente versam sobre crimes, e como tais se inserem na jurisdição criminal, una por natureza. O que diferencia as hipóteses de atuação da Justiça Comum Estadual e da Justiça Eleitoral, quando exercem jurisdição penal, é a sua competência; ambas, contudo, realizam julgamentos em cognição exauriente sobre a prática de condutas delitivas. Sendo distintas as imputações vertidas num e noutro processo, é certo que cada braço do Judiciário poderá julgá-las; inobstante, tratando-se de acusações idênticas, não é o argumento genérico de independência entre as instâncias que permitirá o prosseguimento da ação penal remanescente (STJ, 5ª Turma, Informativo nº 719).

▸ **Aplicação em concurso público:**

No concurso de Promotor de Justiça do Ministério Público do Estado do Ceará, promovido pelo Cebraspe, em 2020, cobrou-se o posicionamento adotado, via de regra, pelo STJ sobre a prevalência do processo em que a sentença transitar em julgado primeiro na hipótese de duplo julgamento pelo mesmo fato. Vejamos a questão: *"Na hipótese de haver duplo julgamento do mesmo fato, deve prevalecer o processo em que: A) a sentença transitar em julgado primeiro. B) a sentença for prolatada primeiro. C) o inquérito tiver sido instaurado primeiro. D) a denúncia tiver sido ofertada primeiro. E) a sentença for mais favorável ao acusado."* A resposta correta foi a letra A.

Princípios constitucionais implícitos
1. Princípio da não autoincriminação.
2. Princípio da iniciativa das partes e princípio consequencial da correlação entre acusação e sentença.
3. Princípio do duplo grau de jurisdição.
4. Princípio do juiz imparcial.
5. Princípio do promotor natural.
6. Princípio da obrigatoriedade da ação penal pública e princípio consequencial da indisponibilidade da ação penal pública.
7. Princípio da oficialidade.
8. Princípio da oficiosidade.
9. Princípio da autoritariedade.
10. Princípio da intranscendência.
11. Princípio do *ne bis in idem*.

3. PRINCÍPIOS DO PROCESSO PENAL PROPRIAMENTE DITOS

3.1. Princípio da busca da verdade real ou material

No processo civil, tendo em vista que, em regra, estão em jogo direitos meramente patrimoniais (disponíveis), é suficiente a verdade formal, a verdade dos autos, daí porque é possível a aplicação da presunção da veracidade dos fatos e o julgamento antecipado da lide em ocorrendo a revelia do réu. Por força disso, os poderes instrutórios do juiz, nesta seara jurídica, são bastante reduzidos, embora recentemente essa característica esteja sendo bastante mitigada com a edição de leis que, cada vez mais, garantem tais poderes ao magistrado.

Já no processo penal, em que prevalecem direitos indisponíveis, notadamente a liberdade, há a necessidade de busca da verdade real ou material dos fatos, a verdade do mundo real, a verdade objetiva, daí porque o juiz passa a ter maior iniciativa probatória, como se vê do teor do art. 156, incisos I e II, do CPP, com a redação dada pela Lei nº 11.690/08, que permite ao magistrado ordenar, mesmo antes de iniciada a ação penal, a produção antecipada de provas, urgentes e relevantes, observando a necessidade, adequação e proporcionalidade da medida (inciso I), assim como determinar, no curso da instrução, ou antes de proferir sentença, a realização de diligências para dirimir dúvida sobre ponto relevante (inciso II).

Em suma, o "princípio da verdade real significa, pois, que o magistrado deve buscar provas, tanto quanto as partes, não se contentando com o que lhe é apresentado, simplesmente" (NUCCI, 2008, p. 105). Advirta-se, porém, que "a verdade real, em termos absolutos, pode se revelar inatingível. Afinal, a revitalização no seio do processo, dentro do fórum, numa sala de audiência, daquilo que ocorreu muitas vezes anos atrás, é, em verdade, a materialização formal daquilo que se imagina ter acontecido" (TÁVORA; ALENCAR, 2009, p. 48).

3.2. Princípio da oralidade e princípios consequenciais da concentração, da imediatidade e da identidade física do juiz

Quanto ao princípio da **oralidade**, há de se registrar que, em algumas etapas do processo, a palavra oral deve prevalecer sobre a palavra escrita, como forma de promover os princípios da concentração, da imediatidade e da identidade física do juiz.

Com a Lei nº 11.719/08, o princípio da oralidade ganhou destaque, a uma porque toda a instrução probatória é produzida em uma só audiência de instrução e julgamento (artigos 400, § 1º, e 411, § 2º, do CPP), na qual as alegações finais são, em regra, orais (artigos 403 e 411, § 4º, do CPP), podendo a sentença também ser prolatada oralmente (artigos 403 e 411, § 9º, do CPP), a duas porque o art. 405, §§ 1º e 2º, do CPP permite que os atos processuais praticados ao longo da audiência de instrução e julgamento sejam registrados apenas por meio audiovisual, sem necessidade de transcrição, somente encaminhando-se às partes cópia do registro original.

Como já afirmado, o princípio da oralidade dá origem a 3 (três) outros princípios, o da concentração, o da imediatidade e o da identidade física do juiz.

No que tange ao princípio da **concentração**, entende-se que toda a colheita da prova e o julgamento devem ocorrer em uma única audiência (audiência de instrução e julgamento) – ou ao menos no menor número de audiências (já que, na prática, é possível cindir a audiência de instrução e julgamento) –, o que, como visto alhures, passou a ser regra expressamente consagrada no CPP, mais precisamente nos artigos 400, § 1º, e 411, § 2º, com a redação dada pela Lei nº 11.719/08.

Com relação ao princípio da **imediatidade**, compreende-se que "o magistrado deve ter contato direto com a prova produzida, formando mais facilmente sua convicção" (NUCCI, 2008, p. 108).

Por fim, o princípio da **identidade física do juiz** consiste no fato de que o juiz que preside a instrução do processo, colhendo as provas, deve ser aquele que julgará o feito, vinculando-se à causa (NUCCI, 2008, p. 108). É novidade do processo penal (existia apenas no processo civil), estando consagrado atualmente no art. 399, § 2º, CPP, com a redação dada pela Lei nº 11.719/08.

As exceções ao princípio da identidade física do juiz previstas no art. 132, *caput*, do Código de Processo Civil de 1973 (se o juiz estiver convocado, licenciado, afastado por qualquer motivo, promovido ou aposentado) continuam sendo aplicadas, por analogia, ao Processo Penal (casos em que o juiz passará os autos ao seu sucessor), analogia esta permitida de acordo com o art. 3º do CPP, ainda que aquele dispositivo não encontre correspondência no CPC de 2015.

> ▸ **Aplicação em concurso público:**
>
> No concurso de Analista do STM, em 2011, promovido pelo Cespe/Unb, foi questionado se é adotado no Brasil o princípio da identidade física do juiz: *"O processo penal brasileiro não adota o princípio da identidade física do juiz em face da complexidade dos atos processuais e da longa duração dos procedimentos, o que inviabiliza a vinculação do juiz que presidiu a instrução à prolação da sentença."* A assertiva foi considerada incorreta.

3.3. Princípio da indivisibilidade da ação penal privada (art. 48 CPP)

Trata-se de princípio por meio do qual não pode o ofendido escolher contra qual agente oferecerá ação penal privada. Está consagrado expressamente no art. 48 do CPP, segundo o qual "A queixa contra qualquer dos autores do crime obrigará ao processo de todos, e o Ministério Público velará pela sua indivisibilidade". Esse princípio visa essencialmente evitar a **vingança privada**.

Como já afirmado, é princípio que somente tem aplicação na ação penal privada, na qual prevalece o princípio da oportunidade. Segundo **entendimento do STF**, a **ação penal pública é regida pelo princípio da divisibilidade**, afinal de contas o Ministério Público poderia sempre, até a sentença final (art. 569 do CPP), incluir novos agentes delitivos por meio de aditamento à denúncia ou oferecer contra eles nova ação penal, caso já tenha sido prolatada a sentença final do feito (STF, HC 104356/RJ). É esse também o mais recente posicionamento do STJ (STJ, HC 178406/RS). Registre-se, porém, que prevalece na doutrina o entendimento de que a ação penal pública é regida pelo princípio da indivisibilidade (TÁVORA; ALENCAR, 2009, p. 127-128).

Em verdade, a nosso sentir, é de pouca relevância discutir se o princípio da indivisibilidade se aplica ou não à ação penal pública. O que realmente importa é ter em mente que a ação penal pública é regida pelo princípio da obrigatoriedade, daí porque o Ministério Público também tem o dever de incluir todos os agentes delitivos na demanda, desde que existam indícios suficientes de autoria e prova da materialidade contra eles. De outro lado, caso só surjam estes elementos contra novos agentes ao longo da ação penal, até a sentença final, é óbvia a possibilidade de aditamento à denúncia para inclusão dos mesmos, conforme permitido expressamente pelo art. 569 do CPP. E se tais elementos surgem após a sentença final é possível o oferecimento de nova ação penal em face dos coautores.

3.4. Princípio da comunhão ou aquisição da prova

É princípio segundo o qual, uma vez produzida, a prova pertence ao juízo e pode ser utilizada por qualquer das partes e pelo juiz, ajudando na busca da verdade real, mesmo que tenha sido requerida por apenas uma das partes.

Assim, como adverte Guilherme de Souza Nucci, "não há *titular* de uma prova, mas mero proponente" (NUCCI, 2008, p. 109). Desse modo, por exemplo, uma testemunha arrolada pelo Ministério Público pode prestar depoimento que favoreça o réu, sendo permitido que este último utilize tal depoimento em seu benefício.

Por força deste princípio, parte da doutrina entende que o art. 401, § 2º, do CPP, o qual permite que a parte desista da oitiva da testemunha por ela arrolada, ressalvando apenas a possibilidade de que o magistrado determine de ofício a colheita do depoimento desta mesma testemunha, deveria ser lido com temperamentos, pois se a parte contrária insistisse no seu depoimento, a citada testemunha teria que ser ouvida. Aliás, esse raciocínio seria válido para todo e qualquer meio de prova lícito proposto por uma das partes. Não obstante, por lealdade acadêmica, noticie-se que outra parcela da doutrina sustenta que haveria a possibilidade de dispensa unilateral da testemunha como mero corolário do sistema acusatório, ressalvado apenas o interesse do Juízo na oitiva, nos termos literais do dispositivo legal anteriormente mencionado. Não existiria, portanto, comunhão da prova antes da sua colheita, o que somente restaria configurado com a sua efetiva produção.

> **▸ Aplicação em concurso público:**
>
> No concurso de Promotor de Justiça Substituto do MPMG, em 2017, foi cobrado exatamente o posicionamento da segunda parcela da doutrina alhures explicitado. Nesse sentido, a assertiva *"A possibilidade de dispensa unilateral da testemunha é corolário do sistema acusatório, ressalvado o interesse do Juízo na oitiva."* foi considerada correta.

3.5. Princípio do impulso oficial

Por força deste princípio, uma vez iniciada a ação penal, o juiz tem o dever de promover o seu andamento até a sua etapa final, de acordo com o procedimento previsto em lei, proferindo decisão (NUCCI, 2008, p. 109).

Como esclarece Guilherme de Souza Nucci, este princípio "Liga-se, basicamente, aos *princípios da obrigatoriedade* e *da indeclinabilidade* da ação penal, que prevê o exercício da função jurisdicional, até sentença final, sem que o magistrado possa furtar-se a decidir, bem como vedando-se a desistência da ação penal pelo Ministério Público" (NUCCI, 2008, p. 109).

Não se permite, portanto, a paralisação indevida e gratuita da ação penal, afinal de contas é interesse do autor punir um crime praticado e do réu livrar-se do constrangimento natural que traz toda ação penal (NUCCI, 2008, p. 109).

Este princípio está consagrado expressamente no art. 251 do CPP. Ele é válido também na ação penal privada, não se permitindo a paralisação injustificada do feito, sob pena de perempção (art. 60 do CPP).

3.6. Princípio da persuasão racional ou livre convencimento motivado

O princípio em tela significa que o juiz forma o seu convencimento nos autos de forma livre, embora deva fundamentá-lo no momento em que prolatar qualquer tipo de decisão (NUCCI, 2008, p. 110).

Ele decorre da exigência feita pela Constituição Federal (art. 93, inciso IX) de que toda decisão judicial seja fundamentada (**princípio da motivação das decisões**). No âmbito do Processo Penal, está expressamente consagrado no art. 155, *caput*, do CPP. Além disso, o art. 381, inciso III, do CPP apresenta nítida hipótese de aplicação deste princípio, ao exigir que, na sentença, sejam indicados os motivos de fato e de direito em que se fundar a decisão.

Guilherme de Souza Nucci (NUCCI, 2008, p. 110) aponta para a existência de **exceções** ao princípio em comento:

1. No Tribunal do Júri, em que vale o princípio da íntima convicção dos jurados, no sentido de que eles não necessitam fundamentar o seu voto, aliás, nem podem, dado o sigilo da votação.
2. Determinados fatos exigem necessariamente determinadas provas, não podendo o magistrado afastar-se delas – exemplos: a) a *inimputabilidade do réu* depende necessariamente de exame pericial (exame médico-legal), pois apenas o médico pode atestar a existência de doença mental (art. 149, *caput*, do CPP); b) os *crimes que deixam vestígios materiais* demandam a realização de exame pericial – exame de corpo de delito (art. 158 do CPP); c) prova-se a *morte do agente*, para fim de extinção da punibilidade, com a apresentação da certidão de óbito (art. 62 do CPP).

> ▸ **Aplicação em concurso público:**
>
> No concurso do TJ/SC, em 2009, foi cobrado justamente o conceito legal do princípio da persuasão racional. Nesse sentido, a assertiva *"O princípio da persuasão racional é aquele pelo qual o juiz formará sua convicção pela livre apreciação da prova produzida em contraditório judicial, não podendo fundamentar sua decisão exclusivamente nos elementos informativos colhidos na investigação, ressalvadas as provas cautelares, não repetíveis e antecipadas"* foi considerada correta.

3.7. Princípio da lealdade processual

É princípio que "Consiste no dever de verdade, vedando-se o emprego de meios fraudulentos (ilícitos processuais)" (CAPEZ, 2007, p. 25). Ele não se encontra expresso no CPP. Entretanto, a fraude destinada a produzir efeitos em processo penal foi tipificada como crime no Código Penal (art. 347 – fraude processual).

> **▸ Qual o entendimento do STF sobre o assunto?**
>
> O STF já decidiu que viola o princípio da lealdade processual a atitude de um advogado de formular 13 (treze) pedidos totalmente improcedentes, em sede de agravo regimental, nos quais se sustentava a existência de inúmeras nulidades que teriam causado prejuízo ao exercício da ampla defesa e contaminado todo o processo, desde os interrogatórios dos réus, com a nítida finalidade de impedir o trâmite regular do processo. Entendeu-se que houve abuso do poder de litigar, que foi devidamente comunicado à OAB para a adoção das providências cabíveis (Informativo nº 581).

> **▸ *Document dump***
>
> *Document dump* (ou despejo de documento) consiste na juntada (ou despejo) por uma das partes de um grande volume de documentos no processo de forma aleatória, sem especificação das informações por eles reveladas, da sua relevância e do que eles pretendem demonstrar, dispensando, pois, a revisão do seu conteúdo, deixando tal revisão a cargo da parte contrária. Trata-se de instituto desenvolvido no âmbito da *Common Law*, mas que pode ser aplicado ao Processo Penal brasileiro.
>
> Assim, se a acusação instrui a denúncia com um volume excessivo de documentos sem delimitar o seu objetivo, estará impedindo o correto exercício da defesa no momento da resposta escrita, prejudicando ainda o desenrolar da instrução, pois o réu estaria "no escuro". Em síntese, há violação da ampla defesa e da boa-fé.
>
> Do lado da defesa, se o expediente é utilizado de modo a tentar impedir a legítima descoberta (discovery) de provas pelo Estado, há igualmente desrespeito ao dever de boa-fé, bem como da consequente exigência de lealdade processual.
>
> Em qualquer hipótese, tem-se ainda verdadeiro abuso de direito.

> **▸ Aplicação em concurso público:**
>
> No concurso de Promotor de Justiça do MP/GO, promovido pela FGV em 2022, na prova de Processo Civil, foi cobrado o instituto do *document dump*, da seguinte forma: *"Sobre o tema "document dump", aborde os seguintes aspectos: (a) conceito; (b) sua ligação com as características do fato probando; e (c) princípios violados com a sua prática."*. A questão poderia perfeitamente constar na prova de Processo Penal e deveria ser respondida de acordo com a exposição do tema feita alhures.

Princípios do processo penal propriamente ditos
1. Princípio da busca da verdade real.
2. Princípio da oralidade e princípios consequenciais da concentração, imediatidade e identidade física do juiz.
3. Princípio da indivisibilidade da ação penal privada.
4. Princípio da comunhão da prova.
5. Princípio do impulso oficial.
6. Princípio do livre convencimento motivado.
7. Princípio da lealdade processual.

4. SISTEMAS DE PROCESSO PENAL

Na atividade de persecução criminal (investigação, processamento e condenação), o Estado pode atuar basicamente de três formas, em três sistemas diferentes, quais sejam, os sistemas **inquisitivo, acusatório e misto**.

4.1. Sistema inquisitivo

De origem romana, é o sistema no qual há a concentração dos poderes de acusar e de julgar nas mãos de um único órgão do Estado. A partir dessa ideia, são definidas as seguintes características deste sistema:

- A confissão do réu é considerada a "rainha das provas", permitindo-se inclusive a prática da tortura (NUCCI, 2008, p. 116);
- Não há debates orais, predominando procedimentos exclusivamente escritos (NUCCI, 2008, p. 116);
- Os julgadores não estão sujeitos à recusa (NUCCI, 2008, p. 116);
- O procedimento é sigiloso (NUCCI, 2008, p. 116);
- Há ausência de contraditório e a defesa é meramente decorativa (NUCCI, 2008, p. 116);
- Há impulso oficial e liberdade processual (LIMA, 2009, p. 16).

4.2. Sistema acusatório

Originado na Grécia e na Roma antiga, é o sistema no qual há nítida separação entre o órgão de acusação e o julgador, sendo este imparcial. A partir desse conceito, são fixadas as características deste sistema:

- Há liberdade de acusação, reconhecido o direito ao ofendido e a qualquer cidadão (NUCCI, 2008, p. 116);
- Prevalece a oralidade nos procedimentos (LIMA, 2009, p. 16);
- Predomina a liberdade de defesa e a isonomia entre as partes no processo (NUCCI, 2008, p. 116);
- Vigora a publicidade do procedimento (NUCCI, 2008, p. 116);
- O contraditório está presente (NUCCI, 2008, p. 116);
- Existe a possibilidade de recusa do julgador (NUCCI, 2008, p. 116);

- Há livre sistema de produção de provas (NUCCI, 2008, p. 116);
- Predomina maior participação popular na justiça penal (NUCCI, 2008, p. 116);
- A liberdade do réu é regra (NUCCI, 2008, p. 116).

4.3. Sistema misto ou acusatório formal

Surgido após a Revolução Francesa, é o sistema que mescla os dois sistemas anteriores, existindo uma fase de instrução preliminar, com os elementos do sistema inquisitivo – procedimento secreto, escrito e sem contraditório -, e a fase do julgamento, com a predominância do sistema acusatório – oralidade, publicidade, contraditório, concentração dos atos processuais, intervenção de juízes populares e livre apreciação das provas (NUCCI, 2008, p. 116).

4.4. Opção do sistema processual brasileiro (art. 3º-A CPP com a redação dada pela Lei nº 13.964/2019 – "Pacote Anticrime")

Em virtude de o país adotar todos os princípios anteriormente estudados (constitucionais, explícitos e implícitos, e do processo penal propriamente dito), a doutrina majoritária já vinha entendendo que o Brasil optou por este sistema, embora houvesse posicionamentos isolados em sentido contrário, a exemplo de Guilherme de Souza Nucci, que informava ser o sistema adotado o misto, pois o CPP assumiria um modelo inquisitivo e a Constituição Federal adotaria o modelo acusatório, levando-se em consideração ainda que a investigação criminal seria marcada pelo sistema inquisitivo, ao passo que o processo penal delinearia o regime acusatório (NUCCI, 2008, p. 117-119).

Com efeito, é certo que o Código de Processo Penal, datado de 1941, apresentava inúmeros dispositivos de índole inquisitiva, a exemplo daqueles que tratam da prática de atos por parte do juiz, durante a fase de investigações ou para a instauração da ação penal, típicos do órgão de acusação (a título de ilustração, vide os artigos 5º, inciso II, 1ª parte, e 26 do CPP), mas, ainda assim, o sistema desenhado pelo ordenamento jurídico nacional seria o sistema acusatório, por força justamente dos princípios estudados ao longo deste capítulo, todos eles definidores deste modelo, especialmente aqueles insculpidos na Constituição Federal. Isto posto, dispositivos do CPP de índole inquisitiva deveriam ser relidos à luz da Carta Magna Federal ou, em último caso, considerados não recepcionados por este diploma, como ocorre com o teor do art. 26 do CPP, que não mais subsiste, desaparecendo por completo do ordenamento jurídico nacional o processo judicialiforme.

Nesses termos, afirmava-se que a Carta Magna Federal seria o instrumento normativo que consagraria o sistema acusatório no país. Era o que levava Marcellus Polastri Lima a concluir que "Com a Constituição de 1988, pode-se falar hoje [...] em um sistema acusatório [...]. E é neste sentido que se deve enxergar o sistema acusatório brasileiro, sendo que é acusatório no sentido de que cabe a um órgão próprio aduzir a acusação, retirando-se tal função cada vez mais do juiz" (LIMA, 2009, p. 18). Nesse passo, o art. 129, inciso I, do Texto Constitucional seria o marco normativo do sistema acusatório do país. Ao prever que é função institucional do Ministério Público promover, privativamente, a ação penal pública, na forma da lei, o dispositivo constitucional daria um recado muito claro: criaria um órgão público (o Ministério Público) com a função, na esfera penal, de acusar (iniciando a ação penal pública), daí porque, em outra ponta, o juiz não deveria se imiscuir nesta atividade acusatória, com o objetivo de que ele venha a julgar o processo com a máxima imparcialidade. Desse modo, quanto mais distante o juiz da função acusatória e, por consequência, da atividade de colheita da prova, mais consolidado restaria o sistema acusatório. Em última instância, a pretensão maior desse sistema é exatamente essa: garantir o julgamento imparcial por parte do juiz.

Ainda que a investigação criminal assuma um modelo inquisitivo, isso não desnaturaria o caráter acusatório do processo penal brasileiro, até porque aquela seria uma etapa meramente pré-processual, não integrante, portanto, do processo, logo sem o poder de interferir em sua natureza.

Ocorre que, com o advento da Lei nº 13.964/2019 ("Pacote Anticrime"), põe-se uma pá de cal em toda esta discussão, considerando que a novel legislação assume de uma vez por todas, de forma expressa, a opção pelo sistema acusatório. Assim, o art. 3º-A do CPP, com a redação dada por esta Lei, passa a asseverar que "*O processo penal terá estrutura acusatória, vedadas a iniciativa do juiz na fase de investigação e a substituição da atuação probatória do órgão de acusação.*"

Com isso, são reiterados todos os comentários realizados até então pela doutrina majoritária em favor do sistema acusatório e que foram alhures explicitados. O dispositivo legal deixa assente que, em prol desse sistema, considerando a divisão de funções de acusar, atribuída ao órgão de acusação, o Ministério Público, e julgar, conferida ao magistrado, este agente deve atuar de modo imparcial e, para tanto, não deve ter iniciativa na fase de investigação, muito menos substituir a atuação probatória daquele órgão.

Nesse trilhar, a vedação legal à iniciativa do magistrado na fase de investigação passa pela criação pela Lei nº 13.964/2019 da figura do **juiz das garantias** o qual se incorpora ao CPP em seus artigos 3º-B a 3º-F. Comum em países como Itália, EUA e México, ele deve ser compreendido como um magistrado que atuará exclusivamente na fase de investigação criminal (existindo outro magistrado que atuará somente na fase da ação penal) com o objetivo não de produzir provas (gestor das provas), mas sim de tutelar os direitos fundamentais do indivíduo, o que servirá para apagar resquícios inquisitivos do sistema processual penal brasileiro e reforçará a opção pelo sistema acusatório. A matéria será estudada com maiores detalhes no capítulo de inquérito policial, para onde se remete o leitor.

No que diz respeito à vedação legal de o juiz substituir a atuação probatória do órgão de acusação, tem-se que não se admite que o magistrado se coloque à frente deste órgão, tome o seu lugar na colheita da prova. Nesses termos, o juiz não pode ser o protagonista da prova, mas sim o seu destinatário final, para que, com imparcialidade, venha a julgar o réu.

Corolário deste perfil é o fato de que, em regra, não devem ser conferidos ao juiz poderes instrutórios (ou seja, para a determinação de ofício da colheita da prova). Acaso existam e sejam reconhecidos por lei, devem ser interpretados como poderes residuais, supletivos ou subsidiários, somente exercidos após a atuação das partes na produção da prova e com o papel de procurar manter intacta a verdade real (ou, em uma concepção crítica, que repudia a ideia de uma verdade real, conforme já visto neste capítulo, pelo menos seja assegurado que o magistrado julgará com base em uma certeza em seu convencimento, convicção plena, portanto). Em resumo, a atividade do juiz deve ser **complementar** à atividade das partes.

No Brasil, o art. 156, incisos I e II, do CPP garante ao juiz poderes instrutórios desta natureza. A princípio, pois, este dispositivo legal não colide com o teor do art. 3º-A do CPP, estando mantidos os poderes instrutórios do magistrado, desde que exercidos daquela forma.

Cautela maior, porém, deve existir com o inciso I do art. 156 do CPP no que se refere à possibilidade de o juiz determinar, de ofício, a produção antecipada de prova na fase de investigação. A nosso ver, este trecho deste dispositivo ("mesmo antes de iniciada a ação penal") sim é inconstitucional, viola a imparcialidade e o sistema acusatório, estando ainda revogado tacitamente pelo art. 3º-A do CPP. É que, neste poder instrutório, o juiz se coloca como verdadeiro protagonista da prova, pois se antecipa à iniciativa das partes, sobretudo do Ministério Público. Sob o pretexto de buscar assegurar a verdade real, que, como já visto nessa obra, não passa de uma grande utopia, um mito, algo irrealizável, o magistrado acaba se imiscuindo na colheita de provas, invadindo função que compete à acusação, contaminando a sua imparcialidade nas próximas decisões que tiver que proferir na tutela de direitos fundamentais, sobretudo do investigado/acusado.

Nesse passo, interessante registrar o que apregoa o Enunciado nº 5 PGJ-CGMP do Ministério Público do Estado de São Paulo a respeito da Lei nº 13.964/19: "*O art. 3º-A do CPP não revogou os incisos I e II do art. 156 do mesmo diploma legal, salvo, no caso do inciso I, no que tange à possibilidade de determinar, de ofício, a produção antecipada da prova na fase de investigação*".

Mas não há dúvidas de que persiste a discussão se estes mesmos poderes instrutórios definidos nos incisos I e II do art. 156 do CPP são ou não constitucionais (violam ou não o sistema acusatório), discussão esta a ser analisada com mais cautela nesta obra no capítulo voltado especificamente ao estudo da prova, para onde se remete o leitor.

Noticie-se que o Ministro do STF Luiz Fux, na véspera da entrada em vigor da Lei nº 13.964/19, ou seja, em 22 de janeiro de 2020, na condição de relator das Ações Declaratórias de Inconstitucionalidade (ADIs) de números 6.298, 6.299, 6.300 e 6.305, ajuizadas para atacar alguns dispositivos legais alterados pelo "Pacote Anticrime", proferiu decisão monocrática suspendendo *sine die* a eficácia, *ad referendum* do Plenário, do art. 3º-A do CPP. Em verdade, o objetivo desta decisão foi suspender a eficácia do juiz das garantias, por entender o Ministro Fux que ele seria inconstitucional, em virtude de uma série de motivos que serão expostos com vagar quando da análise dos artigos 3º-B a 3º-F do CPP. No entanto, como o art. 3º-A está inserido na citada Lei justamente no tópico referente à figura do juiz das garantias, ele acabou sendo (indevidamente) englobado pela decisão.

Houve, portanto, a nosso ver, um equívoco neste julgado. Até porque, conforme exposto anteriormente, não há dúvidas de que o Brasil adota o sistema acusatório em seu Processo Penal, o que encontra respaldo em normas constitucionais (em especial o art. 129, I, CF).

À guisa de arremate, definida claramente a opção normativa do país pelo sistema acusatório, o desafio que ainda se estabelece é quanto à sua efetiva implementação, no sentido de que cabe aos operadores do Direito, em especial ao juiz, interiorizem e assumirem, de fato, uma postura acusatória, passando a ler, na prática, todos os institutos do Processo Penal a partir dos princípios reconhecidos pelo Texto Maior. Reconhecemos que, ainda hoje, não é tarefa das mais fáceis, mas é algo a ser sempre perseguido, para que se permita seja proferida a decisão mais justa e equilibrada possível no caso concreto.

▸ **Aplicação em concurso público:**

No concurso da Defensoria Pública da União, em 2007, promovido pelo Cespe/Unb, na Prova Escrita Discursiva, solicitou-se ao candidato que redigisse uma dissertação justamente sobre os pontos marcantes do sistema acusatório, nesses termos: *"Elabore dissertação acerca do sistema processual penal acusatório consagrado na atual Carta Constitucional, abordando, necessariamente, os seguintes aspectos: ‹ lastro normativo constitucional do sistema processual penal em vigor; ‹ características do sistema processual penal acusatório; ‹ gestão das provas e posição do juiz no sistema acusatório; ‹ impacto do sistema processual penal acusatório ditado pela Constituição Federal no Código de Processo Penal brasileiro".* A questão deveria ser respondida de acordo com o conteúdo que acaba de ser destacado neste tópico.

▸ **Aplicação em concurso público:**

No concurso de Delegado da Polícia Civil do Estado de São Paulo, promovido pela Vunesp, em 2014, questionou-se sobre o sistema de Processo Penal adotado pelo Brasil, qual seja, o acusatório, conforme se segue: *"No Direito pátrio, o sistema que vige no processo penal é o: A) inquisitivo formal. B) acusatório formal. C) inquisitivo. D) inquisitivo unificador. E) acusatório."* A resposta correta foi a letra E.

Capítulo III

Aplicação da lei processual penal no espaço

1. PRINCÍPIO DA TERRITORIALIDADE (ART. 1º CPP)

Quanto à aplicação da lei processual penal no espaço, vale, como regra geral, o princípio da territorialidade (*locus regit actum*), consagrado no art. 1º, *caput*, do CPP, segundo o qual é aplicada a lei processual penal brasileira a todo crime ocorrido em território nacional, da mesma forma com que ocorre no Direito Penal (art. 5º CP). A esse respeito, entende-se como lei processual penal brasileira, também como regra, o Código de Processo Penal, que, no entanto, não se aplica para os crimes processados no Brasil nas hipóteses previstas nos incisos I a V do art. 1º do CPP.

Justifica-se a adoção do princípio da territorialidade como regra geral tendo em vista que ele assegura a soberania nacional, pois "não teria sentido aplicar normas procedimentais estrangeiras para apurar e punir um delito ocorrido dentro do território brasileiro" (NUCCI, 2008, p. 130).

> **Observação:**
>
> A lei penal brasileira é também aplicada para os casos de extraterritorialidade previstos no art. 7º do Código Penal (crimes praticados fora do território nacional, mas para os quais há a aplicação da lei brasileira). Entretanto, ao contrário do que ocorre com a lei penal, a lei processual penal brasileira não possui extraterritorialidade, salvo nas seguintes hipóteses: *a)* aplicação da lei processual penal brasileira em território *nullius*; *b)* se houver autorização de um determinado país, para que o ato processual seja praticado em seu território de acordo com a lei processual penal brasileira; *c)* se houver território ocupado em tempo de guerra (TÁVORA; ALENCAR, 2009, p. 44).

> **Atenção:**
>
> O **art. 2º da Lei nº 9.455/97** apresenta uma exceção ao princípio da territorialidade da lei penal brasileira, ao afirmar que "O disposto nesta Lei aplica-se ainda quando o crime não tenha sido cometido em território nacional, sendo a vítima brasileira ou encontrando-se o agente em local sob a jurisdição brasileira". Quanto à repercussão deste dispositivo legal no âmbito processual penal, de acordo com a Terceira Seção do STJ, **o fato de o crime de tortura, praticado contra brasileiros, ter ocorrido no exterior não torna, por si só, a Justiça Federal competente para processar e julgar os agentes estrangeiros.** De fato, o crime de tortura praticado

integralmente em território estrangeiro contra brasileiros não se subsume, em regra, a nenhuma das hipóteses de competência da Justiça Federal previstas no art. 109 da CF. Esclareça-se que não há adequação ao art. 109, V, da CF, que dispõe que compete à Justiça Federal processar e julgar "os crimes previstos em tratado ou convenção internacional, quando, iniciada a execução no País, o resultado tenha ou devesse ter ocorrido no estrangeiro, ou reciprocamente", pois não se trata de crime à distância. De igual modo, não há possibilidade de aplicar o inciso IV do art. 109 da CF, visto que não se tem dano direto a bens ou serviços da União, suas entidades autárquicas ou empresas públicas. Ademais, ressalte-se que o deslocamento de competência para a jurisdição federal de crimes com violação a direitos humanos exige provocação e hipóteses extremadas e taxativas, nos termos do art. 109, V-A e § 5º, da CF. Desse modo, o incidente só será instaurado em casos de grave violação aos direitos humanos, em delitos de natureza coletiva, com grande repercussão, e para os quais a Justiça Estadual esteja, por alguma razão, inepta à melhor apuração dos fatos e à celeridade que o sistema de proteção internacional dos Direitos Humanos exige (Informativo nº 549).

▸ **Aplicação em concurso público:**

No concurso do MP/BA, em 2008, promovido pela Fesmip, cobrou-se justamente o princípio regente da aplicação da lei processual penal no espaço. Nesse sentido, a assertiva *"No tocante à aplicação da lei processual penal no espaço, é aplicado, em regra, o princípio da nacionalidade"* foi considerada incorreta.

2. CONCEITO DE TERRITÓRIO

Em sentido **estrito**, território implica no "solo (e subsolo) sem solução de continuidade e com limites reconhecidos, as águas interiores, o mar territorial, a plataforma continental e o espaço aéreo" (MIRABETE, 2004, p. 63). Por **extensão**, ele implica nas embarcações e aeronaves brasileiras, de natureza pública ou a serviço do governo brasileiro, onde quer que se encontrem, bem como nas aeronaves e nas embarcações brasileiras, mercantes ou de propriedade privada, que se achem, respectivamente, no espaço aéreo correspondente ou em alto mar (art. 5º, § 1º, CP).

3. EXCEÇÕES À REGRA DA TERRITORIALIDADE

São situações em que, na verdade, continuará sendo aplicada a lei processual penal brasileira, mas não o Código de Processo Penal e sim outros instrumentos normativos.

3.1. Tratados, convenções e regras de direito internacional (art. 1º, I, CPP)

Em firmando o Brasil um tratado ou uma convenção ou ainda participando o país de uma organização mundial regida por regras internacionais, não há de ser aplicado o Código de Processo Penal ao caso concreto, incidindo a lei material do respectivo país e, via de consequência, tramitando o processo penal em tal localidade.

Exemplo dessa exceção são os casos de **imunidades diplomáticas: agentes diplomáticos**, que possuem imunidade em território nacional, quando estiverem a serviço de seu país de origem, tais como embaixadores, secretários de embaixada, bem como **seus familiares**, além de funcionários de organizações internacionais (exemplo: ONU), se praticarem algum crime em território nacional, não serão processados no Brasil, por força da Convenção de Viena, de 1961, referendada pelo Decreto nº 56.435/65; o mesmo ocorre com o **cônsul**, desde que cometa infração no exercício de suas funções e no território do seu consulado, consoante previsto na Convenção de Viena, de 1963, ratificada pelo Decreto nº 61.078/67.

> **Aplicação em concurso público:**
>
> No concurso de Delegado de Polícia do Estado do Pará, em 2013, UEPA, dentre outros aspectos relevantes da aplicação da lei processual penal no tempo e no espaço, indagou-se sobre a imunidade dos diplomatas, a saber: "*Sobre a eficácia da lei processual penal é correto afirmar que: A) se trabalhadores são aliciados no Município de Guaribas (Piauí) e reduzidos à condição análoga à de escravo em uma fazenda de Redenção (Pará), considera-se o crime praticado exclusivamente no Pará, porquanto foi onde se deu o ataque ao bem jurídico tutelado. B) homem flagrado dirigindo veículo automotor sob embriaguez intensa não pode ser preso nem processado no Brasil, caso se comprove a sua condição de diplomata de outro país, em exercício no Brasil. C) uma lei que reduza o prazo para a interposição de recurso não pode ser aplicada aos processos em andamento, haja vista que, em se tratando de norma mais gravosa, não pode retroagir para alcançar processos iniciados antes de sua vigência. D) deputado federal que acabou de alvejar, dolosamente, com dois tiros a própria esposa não pode ser preso em flagrante porque a imunidade parlamentar de que goza só permite a prisão após autorização da casa legislativa a que sirva. E) a superveniência de lei alterando o procedimento da ação penal surte efeitos imediatos sobre os processos em andamento, determinando a renovação dos atos já praticados que com ela sejam incompatíveis.*" A resposta da questão foi a letra B.

Há ainda outros exemplos desta exceção: o cumprimento de cartas rogatórias (embora dependentes do *exequatur* do STJ); a homologação de sentença estrangeira (também feita pelo STJ); o processo de extradição (feito pelo STF), que visa encaminhar agente que cometeu crime no exterior para este país.

Noutro giro, insta salientar que o art. 5º, § 4º, da Constituição Federal, com a redação dada pela Emenda Constitucional nº 45/04, ainda menciona que "O Brasil se submete à jurisdição de Tribunal Penal Internacional a cuja criação tenha manifestado adesão". A esse respeito, registre-se que o Tribunal Penal Internacional (TPI), criado pelo Estatuto de Roma de 17 de julho de 1998, foi aprovado no Brasil pelo Decreto Legislativo nº 112/2002 e promulgado pelo Decreto Presidencial nº 4.388/2002. Este Tribunal tem **jurisdição subsidiária**, no sentido de que deve atuar "apenas quando o país competente não faça valer a lei penal, especialmente nos crimes de guerra e contra a humanidade" (TÁVORA; ALENCAR, 2009, p. 42).

É preciso esclarecer que **o TPI integra a própria jurisdição brasileira**, é verdadeiro órgão especial do Judiciário nacional, em sua última instância, embora atue na órbita internacional. Essa constatação é de extrema relevância, pois permitirá a entrega pelo Brasil de nacionais ou estrangeiros ao Tribunal Penal Internacional sem que isso implique em extradição e, consequentemente, em violação ao artigo 5º, incisos LI ("nenhum brasileiro será extraditado, salvo o naturalizado, em caso de crime comum, praticado antes da naturalização, ou de comprovado envolvimento em tráfico ilícito de entorpecentes e drogas afins, na forma da lei") e LII ("não será concedida extradição de estrangeiro por crime político ou de opinião") da Constituição Federal (TÁVORA; ALENCAR, 2009, p. 42-43).

▸ **Observação:**

No ordenamento jurídico brasileiro, os tratados e as convenções internacionais estão em pé de igualdade com a lei ordinária federal, devendo prevalecer, portanto, aquele instrumento normativo que for mais novo (posição do STF). Os tratados e as convenções, porém, não prevalecem sobre a Constituição Federal. Contudo, se o tratado e a convenção versarem sobre direitos humanos, ingressam no ordenamento jurídico como norma constitucional, por força do art. 5º, § 2º, da Constituição Federal. A Emenda Constitucional nº 45/04 reforçou esse caráter, ao estipular no art. 5º, § 3º, da Carta Magna Federal que "Os tratados e convenções internacionais sobre direitos humanos que forem aprovados, em cada Casa do Congresso Nacional, em dois turnos, por três quintos dos votos dos respectivos membros, serão equivalentes às emendas constitucionais". Se, entretanto, o tratado e a convenção que versem sobre direitos humanos forem anteriores à Emenda Constitucional nº 45/04 ou ainda não preencherem os requisitos formais exigidos pelo art. 5º, § 3º, da Constituição, a exemplo do que ocorre com o Pacto de São José da Costa Rica, terão caráter supralegal, superiores à lei ordinária, mas devendo respeito ao Texto Constitucional, conforme entendimento do STF exarado nos julgamentos do RE nº 466.343/SP e HC nº 87.585/TO (Informativo nº 531).

3.2. Jurisdição política (art. 1º, II, CPP)

Em certos **crimes de responsabilidade** (em verdade, infrações político-administrativas), não será o Judiciário que julgará o fato delitivo, mas sim determinado órgão do Poder Legislativo. Assim, no âmbito federal, o Senado Federal tem competência para o julgamento dos crimes de responsabilidade praticados pelas autoridades mencionadas no art. 52, incisos I ("Compete privativamente ao Senado Federal processar e julgar o Presidente e o Vice-Presidente da República nos crimes de responsabilidade, bem como os Ministros de Estado e os Comandantes da Marinha, do Exército e da Aeronáutica nos crimes da mesma natureza conexos com aqueles") e II ("Compete privativamente ao Senado Federal processar e julgar os Ministros do Supremo Tribunal Federal, os membros do Conselho Nacional de Justiça e do Conselho Nacional do Ministério Público, o Procurador-Geral da República e o Advogado-Geral da União nos crimes de responsabilidade"), da Constituição Federal. Quanto ao seu processamento, os crimes de responsabilidade são regidos pela Lei nº 1.079/50. Ademais, nos termos da Súmula Vinculante nº 46 do STF, "A definição dos crimes de responsabilidade e o estabelecimento das respectivas normas de processo e julgamento são da competência legislativa privativa da União".

No âmbito estadual, o julgamento é feito por um Tribunal Especial, de acordo com o previsto no art. 78, § 3º, da Lei nº 1.079/50, que dispõe: "Nos Estados, onde as Constituições não determinarem o processo nos crimes de responsabilidade dos Governadores, aplicar-se-á o disposto nesta lei, devendo, porém, o julgamento ser proferido por um tribunal composto de cinco membros do Legislativo e de cinco desembargadores sob a presidência do Presidente do Tribunal de Justiça local, que terá direito de voto no caso de empate. A escolha desse Tribunal será feita – a dos membros dos membros (*sic*) do legislativo, mediante eleição pela Assembleia; a dos desembargadores, mediante sorteio".

No âmbito municipal, o regramento é feito pelo Decreto-Lei nº 201/67 e o julgamento competirá à Câmara de Vereadores (art. 4º do Decreto-Lei nº 201/67).

3.3. Justiça Militar (art. 1º, III, CPP)

A Justiça Militar é considerada justiça especial, possuindo regras próprias, motivo pelo qual a ela não se aplica o Código de Processo Penal, mas sim o Código Penal Militar (define os crimes militares) e o Código de Processo Penal Militar (define os procedimentos de tais crimes).

Embora não haja previsão expressa neste dispositivo legal, impende relembrar que a Justiça Eleitoral é também uma justiça especial, tendo competência para o processamento e julgamento dos crimes eleitorais e conexos ou continentes, devendo ser aplicado em tal órgão jurisdicional o Código Eleitoral, ocorrendo, porém, a aplicação subsidiária do CPP (art. 364 do Código Eleitoral).

3.4. Tribunal de Segurança Nacional (art. 1º, IV, CPP)

O Tribunal de Segurança Nacional, instituído pelo art. 122, nº 17, da Constituição Federal de 1937, não mais existe no ordenamento, tendo sido extinto pela Lei Constitucional nº 14/45. Os então denominados crimes contra a segurança nacional, que eram julgados pelo referido Tribunal, por muito tempo estiveram previstos na Lei nº 7.170/83 e eram, em regra, julgados pela Justiça Federal (art. 109, inciso IV, da Constituição Federal), pois eram considerados delitos políticos. Entretanto, a Lei nº 7.170/83 foi revogada pela Lei nº 14.197, de 1º de setembro de 2021, a qual tipifica os novos crimes contra o Estado Democrático de Direito, criando o Título XII na Parte Especial do Código Penal (arts. 359-I a 359-T CP). Desse modo, os crimes políticos passam a ser entendidos como estes crimes contra o Estado Democrático de Direito, ensejando, via de regra, a competência da Justiça Federal para julgá-los, nos termos do art. 109, inciso IV, da Constituição.

3.5. Lei de Imprensa (art. 1º, V, CPP)

Os crimes de imprensa são julgados pela Justiça Comum. Afirma o CPP, no art. 1º, V, que, para esses crimes, deveria ser respeitado o procedimento da Lei de

Imprensa (Lei nº 5.250/67). Entretanto, o STF, no julgamento da Ação de Descumprimento de Preceito Fundamental (ADPF) nº 130/DF, julgou pela não recepção ou revogação de toda essa lei, daí porque, para esses casos, deve haver a aplicação direta do procedimento previsto no CPP.

3.6. Legislação especial (art. 1º, parágrafo único, CPP)

O art. 1º, parágrafo único, do CPP assevera expressamente o seguinte: "Aplicar-se-á, entretanto, este Código aos processos referidos nos nºs IV e V, quando as leis especiais que os regulam não dispuserem de modo diverso".

É certo que os incisos IV e V do art. 1º estão prejudicados, como visto alhures. No entanto, o dispositivo legal em comento ainda possui importância, devendo ser interpretado de forma a permitir a aplicação subsidiária do CPP às leis especiais em geral, caso não dispuserem de modo contrário. É o que ocorre, por exemplo, com a Lei de Tóxicos (Lei nº 11.343/06), Lei nº 8.038/90 etc.

Capítulo IV

Aplicação da lei processual penal no tempo

1. REGRA GERAL (ART. 2º CPP) – PRINCÍPIO DO EFEITO IMEDIATO OU PRINCÍPIO DA APLICAÇÃO IMEDIATA OU SISTEMA DO ISOLAMENTO DOS ATOS PROCESSUAIS

Quanto à aplicação da lei processual penal no tempo, vale, como regra geral, o princípio do efeito imediato ou da aplicação imediata (*tempus regit actum*) ou sistema do isolamento dos atos processuais, consagrado expressamente no art. 2º do CPP, segundo o qual a norma processual penal entra em vigor imediatamente, pouco importa se mais gravosa ou não ao réu, atingindo inclusive processos em curso, sem necessidade de *vacatio legis*, embora os atos processuais praticados na vigência da lei anterior sejam absolutamente válidos, o que vai ao encontro ao imperativo constitucional de respeito ao direito adquirido, ao ato jurídico perfeito e à coisa julgada (art. 5º, XXXVI, CF).

Justifica-se esse princípio porque se presume que a lei nova é "mais ágil, mais adequada aos fins do processo, mais técnica, mais receptiva das novas e avançadas correntes do pensamento jurídico" (MIRABETE, 2004, p. 60). Ademais, a norma processual penal não cria nenhuma conduta penal típica, apenas trata de processo, não necessitando, por isso, de um tempo maior para que a sociedade tome conhecimento dela.

O princípio em comento também se aplica à "matéria de competência, seja ela regulada por leis de processo, seja pelas normas de organização judiciária. Mesmo que a lei nova venha criar ou suprimir uma ordem de jurisdição, substituir juízes, modificar composição de tribunais etc., deve ser ela aplicada aos processos em curso" (MIRABETE, 2004, p. 60).

Esclareça-se que o art. 2º do CPP tem aplicação somente às chamadas **normas genuinamente processuais** ou **normas processuais penais puras**, que são aquelas que envolvem, formal e materialmente, disciplina apenas de Processo Penal, sem qualquer interferência em temas de Direito Penal. Cuidam, portanto, de procedimentos, atos processuais, técnicas do processo. Para as denominadas normas processuais penais materiais ou mistas ou híbridas, o regramento será outro, conforme será explicitado em tópico futuro ainda deste capítulo.

Destarte, conforme o teor do Enunciado nº 1 aprovado na I Jornada de Direito e Processo Penal do Conselho da Justiça Federal (CJF), "*A norma puramente processual tem eficácia a partir da data de sua vigência, conservando-se os efeitos dos atos já praticados. Entende-se por norma puramente processual aquela que regulamente procedimento sem interferir na pretensão punitiva do Estado.*

A norma procedimental que modifica a pretensão punitiva do Estado deve ser considerada norma de direito material, que pode retroagir se for mais benéfica ao acusado."

Outrossim, interessante notar que parcela (ainda absolutamente minoritária) da doutrina, em posicionamento de extrema vanguarda, vem sustentando a irretroatividade da lei processual antigarantista e, por consequência, a retroatividade da lei processual mais garantista/benéfica. É o que apregoa, por exemplo, Paulo Queiroz, na completa e precisa lição adiante transcrita:

> *É corrente dizer-se que a lei processual, diferentemente da lei penal, tem aplicação imediata, podendo "retroagir" mesmo em prejuízo do réu. Pensamos, no entanto, que a irretroatividade da "lei penal" deve também compreender, pelas mesmas razões, a lei processual penal, a despeito do que dispõe o art. 2° do Código de Processo Penal, que determina, como regra geral, a aplicação imediata da norma, vez que deve ser (re) interpretado à luz da Constituição Federal. Portanto, sempre que a nova lei processual for prejudicial ao réu, porque suprime ou relativiza garantias - v.g., adota critérios menos rígidos para a decretação de prisões cautelares ou amplia os seus respectivos prazos de duração, veda a liberdade provisória mediante fiança, restringe a participação do advogado ou a utilização de algum recurso etc. -, limitar-se-á a reger os processos relativos às infrações penais consumadas após a sua entrada em vigor; afinal, também aqui - é dizer, não apenas na incriminação de condutas, mas também na forma e na organização do processo -, a lei deve cumprir sua função de garantia, de sorte que, por norma processual menos benéfica, se há de entender toda disposição normativa que importe em diminuição de garantias, e, por mais benéfica, a que implique o contrário: aumento de garantias processuais [...].*
>
> *Contrariamente, sempre que a lei processual dispuser de modo mais favorável ao réu - v.g., passa a admitir a fiança, reduz o prazo de duração de prisão provisória, amplia a participação do advogado, aumenta os prazos de defesa, prevê novos recursos etc. - terá aplicação efetivamente retroativa. E aqui se diz retroativa advertindo-se que, nestes casos, não deverá haver tão-somente a sua aplicação imediata, respeitando-se os atos validamente praticados, mas até mesmo a renovação de determinados atos processuais, a depender da fase em que o processo se achar. Neste exato sentido, ressalta BINDER, tendo como premissa um modelo processual onde seja vedado ao réu consultar seu advogado antes de ser interrogado e a entrada em vigor durante o processo de norma que lhe assegure tal prerrogativa, que "esse acusado teria direito à renovação do ato já realizado para completá-lo de acordo com as novas normas, que dão maiores garantias. E seria o segundo depoimento - não o primeiro - que teria valor."*
>
> *Assim deveria também ocorrer com os processos ainda não sentenciados, por exemplo, quando da entrada em vigor da Lei 10.792/2003, que ajustou o procedimento do interrogatório ao sistema constitucional, exigindo a presença do defensor, assegurando a entrevista prévia entre este e o acusado, permitindo as reperguntas etc., impondo-se a renovação do ato, mesmo que praticado em consonância com o modelo vigente à época de sua realização.* (QUEIROZ, 2014).

> ▸ **Aplicação em concurso público:**
>
> No concurso da Defensoria Pública da União, em 2010, promovido pelo Cespe/Unb, foi cobrado justamente o princípio que rege a aplicação da lei processual penal no tempo. Nesse sentido, a assertiva *"O direito processual brasileiro adota o sistema do isolamento dos atos processuais, de maneira que, se uma lei processual penal passa a vigorar estando o processo em curso, ela será imediatamente aplicada, sem prejuízo dos atos já realizados sob a vigência da lei anterior"* foi considerada correta.

> ▸ **Aplicação em concurso público:**
>
> No concurso de Defensor Público do Estado da Bahia, em 2010, promovido pelo Cespe/Unb, foram cobrados aspectos relevantes da aplicação da lei processual penal no espaço e no tempo. A esse respeito, a assertiva *"Aplica-se a lei processual penal brasileira a crime cometido por brasileiro no exterior, ou por estrangeiro contra brasileiro, fora do Brasil. De igual modo, a CF assegura a retroatividade da lei processual penal que, de qualquer modo, favoreça ao réu, ainda que os fatos anteriores tenham sido decididos em sentença condenatória transitada em julgado"* foi considerada incorreta.

> ▸ **Aplicação em concurso público:**
>
> No concurso de Delegado da Polícia Civil do Estado de São Paulo, promovido pela Vunesp, em 2014, voltou a ser cobrado o teor do art. 2º do CPP, com a seguinte redação: *"A lei processual penal: A) tem aplicação imediata, sem prejuízo dos atos realizados sob a vigência de lei anterior. B) somente pode ser aplicada a processos iniciados sob sua vigência. C) tem aplicação imediata, devendo ser declarados inválidos os atos praticados sob a vigência de lei anterior. D) tem aplicação imediata, devendo ser renovados os atos praticados sob a vigência da lei anterior. E) é retroativa aos atos praticados sob a vigência de lei anterior."* A resposta correta foi a letra A.

2. EXCEÇÃO (ART. 3º LICPP)

Exceção ao princípio do efeito imediato ou da aplicação imediata vem prevista no art. 3º da Lei de Introdução ao Código de Processo Penal, segundo o qual "O prazo já iniciado, inclusive o estabelecido para a interposição de recurso, será regulado pela lei anterior, se esta não prescrever prazo menor do que o fixado no Código de Processo Penal". Assim, se um determinado prazo já estiver em andamento, incluindo prazo recursal, valerá o prazo da lei anterior se o prazo da nova lei for menor do que aquele outro. Exemplo: certo prazo recursal, na lei anterior, era de 5 (cinco) dias; esse prazo começa a transcorrer; no curso do prazo, começa a viger uma nova lei que reduz o prazo recursal para 2 (dois) dias; nessa hipótese, continua sendo aplicado o prazo recursal anterior de 5 (cinco) dias.

3. NORMAS PROCESSUAIS PENAIS MATERIAIS OU MISTAS OU HÍBRIDAS (ART. 2º LICPP)

Normas processuais penais materiais ou mistas ou híbridas são aquelas que, "apesar de estarem no contexto do processo penal, regendo atos praticados pelas partes durante a investigação policial ou durante o trâmite processual, têm forte conteúdo de Direito Penal" (NUCCI, 2008, p. 139). São normas, portanto, que envolvem **institutos mistos**, previstos muitas vezes tanto no Código de Processo Penal como no Código Penal, a exemplo do perdão, da perempção, renúncia, decadência etc., que promovem a extinção da punibilidade do agente, nos termos do art. 107, incisos IV e V, do Código Penal.

Ademais, é também considerada norma processual penal mista aquela que diz respeito à **prisão do réu**, pois ela envolve o direito material de liberdade. A prisão preventiva, por exemplo, está diretamente ligada ao direito de liberdade do réu (somente pode ser decretada se houver motivo suficiente para superar tal direito).

Em havendo hipótese de incidência de norma processual penal material, segundo entendimento doutrinário prevalecente, embora haja posicionamentos em sentido contrário (TÁVORA; ALENCAR, 2009, p. 40-41), não deve haver cisão da norma entre a parte penal e a parte processual penal. Nesse trilhar, é aplicado, para a norma como um todo (e não apenas para a parte penal), o princípio típico do Direito Penal da **retroatividade da lei mais benéfica** (consagrado no artigo 5º, XL, da Constituição Federal e no artigo 2º do Código Penal), se efetivamente a lei desta natureza for mais benéfica ao réu. Nesse sentido é o art. 2º da Lei de Introdução ao Código de Processo Penal, que determina que sejam aplicados os dispositivos mais favoráveis ao réu, no que concerne à prisão preventiva e à fiança, quando houver a edição de lei nova que colha situação processual em desenvolvimento.

Exemplos de normas processuais penais mistas: a Lei nº 8.884/94, que alterou o art. 312 do CPP, possibilitando a prisão preventiva como garantia da ordem econômica; a Lei nº 9.271/96, que alterou o art. 366 do CPP, permitindo a suspensão do processo e do curso do prazo prescricional, bem como a prisão preventiva do acusado e a produção antecipada de provas, caso o réu citado por edital não compareça ao feito nem constitua procurador; a Lei nº 12.403/11, que, dentre tantos outros aspectos relevantes, trouxe a previsão de medidas cautelares diversas da prisão no art. 319 do CPP, o que fez com que a prisão preventiva se tornasse medida de *extrema* ou *ultima ratio* (art. 282, § 6º, CPP), exigindo assim a revisão judicial de todas as prisões desta natureza decretadas até o advento da lei em tela, as quais somente poderiam ser mantidas se não fosse cabível a sua substituição por outra medida cautelar; qualquer norma que diga respeito à prisão do agente delitivo; a Lei nº 13.718/18, que alterou o art. 225 do Código Penal, estabelecendo como regra geral, absoluta e sem qualquer exceção a ação penal pública incondicionada nos crimes contra a dignidade sexual; qualquer norma relacionada à legitimidade na ação penal privada e na ação penal pública condicionada à representação (o mesmo não pode ser dito para a norma que altere a legitimidade na ação penal pública condicionada à requisição do Ministro da Justiça, pois este último instituto não promove a extinção da punibilidade do agente).

▸ **Aplicação em concurso público:**

No concurso da Defensoria Pública da União, em 2010, promovido pelo Cespe/Unb, foi cobrado como deve ocorrer a aplicação de uma lei processual penal mista ou híbrida no tempo. Nesse sentido, a assertiva *"Em caso de leis processuais penais híbridas, o juiz deve cindir o conteúdo das regras, aplicando, imediatamente, o conteúdo processual penal e fazendo retroagir o conteúdo de direito material, desde que mais benéfico ao acusado"* foi considerada incorreta.

▸ **Aplicação em concurso público:**

No concurso do TJ/SC, em 2009, foi novamente cobrada a aplicação da lei processual penal mista ou híbrida no tempo. Nesse sentido, a assertiva *"A lei processual penal aplicar-se-á desde logo, sem prejuízo da validade dos atos realizados sob a vigência da lei anterior, vigendo em regra o princípio da irretroatividade, salvo quando a norma processual penal material tiver conteúdo de direito penal, retroagindo em benefício do acusado"* foi considerada correta.

▸ **Aplicação em concurso público:**

No concurso da PGE/ES, em 2008, promovido pelo Cespe/Unb, foi também cobrada questão envolvendo a aplicação da lei processual penal mista ou híbrida no tempo. Nesse sentido, a assertiva *"Em abril de 1994, Alfredo, penalmente imputável, foi denunciado pela prática do delito de lesão corporal leve, tendo como vítima José, seu antigo desafeto. Logo em seguida, adveio nova legislação, e os crimes de lesões corporais leves e lesões culposas passaram a ser de ação pública condicionada à representação do ofendido ou de seu representante legal. Nessa situação, o novo dispositivo legal não é aplicável aos fatos ocorridos antes de sua vigência, aproveitando-se todos os atos e procedimentos já praticados"* foi considerada incorreta.

4. VIGÊNCIA, REVOGAÇÃO E REPRISTINAÇÃO

4.1. Vigência

A vigência é o marco a partir do qual a lei processual já pode ser aplicada no país. Em regra, a lei processual tem vigência indeterminada. Ao período compreendido entre a publicação da norma e a sua vigência, destinado para permitir que os cidadãos tomem conhecimento da mesma, dá-se o nome de *vacatio legis*, que, se a norma não disser nada a respeito, será de 45 (quarenta e cinco) dias ou de 3 (três) meses para a sua aplicação nos Estados estrangeiros, quando esta é admitida (art. 1º, *caput* e § 1º, da Lei de Introdução às normas do Direito Brasileiro – Decreto-Lei nº 4.657/1942). Entretanto, a lei nova pode dispor sobre o início de sua vigência de forma diversa – exemplo: o Código de Processo Penal foi publicado em 13.10.41 e somente teve vigência em 01.01.42.

> **Observação:**
>
> A Lei Complementar nº 95/98 (art. 8º) determina que toda e qualquer norma legal deverá ter um período de *vacatio legis* correspondente ao número de dias necessários para que todos dela tomem conhecimento, somente podendo entrar em vigor na data da sua publicação as "leis de pequena repercussão". Além disso, segundo tal legislação, a contagem do prazo para entrada em vigor das leis que estabelecem *vacatio legis* far-se-á com a inclusão da data da publicação e do último dia do prazo, entrando em vigor no dia subsequente à sua consumação integral.

4.2. Revogação

É instituto que encerra a vigência da lei. Pode ser **expressa** (quando a revogação é declarada na lei revogadora) ou **tácita** (quando a lei posterior regulamenta de modo diverso a matéria disciplinada pela lei antiga). Pode ser ainda **parcial** (*derrogação*) ou **total** (*ab-rogação*). Existe ainda a **autorrevogação**, que ocorre "quando cessa a situação de emergência na lei excepcional ou se esgota o prazo da lei temporária" (MIRABETE, 2004, p. 62).

É de se salientar que uma determinada norma pode ser revogada ainda no período da *vacatio legis*, como ocorreu com o Código Penal de 1969, que foi revogado antes de entrar em vigor (TÁVORA; ALENCAR, 2009, p. 41).

> **Aplicação em concurso público:**
>
> No concurso do MP/BA, em 2008, promovido pela Fesmip, foi cobrada a diferença entre ab-rogação e derrogação. Nesse sentido, a assertiva *"A revogação de uma lei processual penal pode ocorrer de forma parcial, denominada ab-rogação, ou de forma total, denominada derrogação"* foi considerada incorreta.

Revogação da norma (espécies)	
Expressa	quando a revogação é declarada na lei revogadora.
Tácita	quando a lei posterior regulamenta de modo diverso a matéria disciplinada pela lei antiga.
Parcial	é a derrogação.
Total	é a ab-rogação.
Autorrevogação	quando cessa a situação de emergência na lei excepcional ou se esgota o prazo da lei temporária.

4.3. Repristinação

É instituto "pelo qual a lei revogada volta a viger quando a lei revogadora perdeu a vigência" (MIRABETE, 2004, p. 63). Nos termos do art. 2º, § 3º, da Lei de Introdução às normas do Direito Brasileiro (Decreto-Lei nº 4.657/1942), salvo disposição em contrário, a lei revogada não se restaura por ter a lei revogadora perdido a vigência. Desse modo, só há que se falar em repristinação "se a lei nova dispuser nesse sentido ou se, mesmo não o fazendo, da interpretação da nova lei se conclui que foi essa, implicitamente, sua intenção" (MIRABETE, 2004, p. 63).

> ▸ **Aplicação em concurso público:**
>
> No concurso de Delegado da Polícia Civil do Maranhão, em 2018, promovido pelo Cespe, foi cobrada a possibilidade de incidência da repristinação, nesses termos: "*Na esfera da legislação processual penal, a repristinação: A) somente se aplicará por força de decisão judicial fundamentada. B) é aplicável somente nos processos de competência originária dos tribunais. C) somente se aplicará se houver expressa determinação legal. D) é inaplicável, por suas características. E) somente se aplicará se apresentar manifesta vantagem para o réu.*" A resposta considerada correta foi a letra C.

Capítulo V

Interpretação da lei processual penal

1. NOÇÕES GERAIS

Interpretar a lei é "atividade inerente a todo operador do direito, especialmente pelo fato de que o legislador nem sempre é feliz ao editar normas, valendo-se de termos dúbios, contraditórios, obscuros e incompletos. Não se trata de processo de criação de norma, nem de singelo suprimento de lacuna, mas de dar o real significado a uma lei" (NUCCI, 2008, p. 128).

É, portanto, a extração do real conteúdo da norma, buscando dar sentido lógico à sua aplicação. Interpretar é descobrir o verdadeiro conteúdo da norma jurídica, precedendo sempre à aplicação, processo pelo qual se submete o caso concreto à norma geral (MIRABETE, 2004, p. 74). Segundo Mirabete, é necessária a interpretação para alcançar o sentido léxico das palavras utilizadas pelo legislador, para alcançar a vontade da lei, que não necessariamente é a vontade do legislador (MIRABETE, 2004, p. 74).

2. ESPÉCIES DE INTERPRETAÇÃO DA LEI PROCESSUAL PENAL

2.1. Quanto ao sujeito que a realiza ou à origem

É critério que leva em consideração o sujeito que realiza a interpretação da norma processual penal, a sua origem. Divide-se em:

- **Autêntica ou legislativa**: É aquela que "procede da mesma origem da lei e tem força obrigatória" (MIRABETE, 2004, p. 75). Caso ela venha inserida na própria legislação interpretada, é também conhecida como **contextual**. Exemplo: o conceito de flagrante delito vem previsto no próprio CPP, nos seus artigos 302 e 303. Mas a interpretação pode advir também de lei posterior, criada para esclarecer ponto controverso de lei anterior, hipótese em que terá efeito retroativo.
- **Jurisprudencial ou judicial**: Trata-se do "conjunto de manifestações judiciais sobre determinado assunto legal, exaradas num sentido razoavelmente constante" (MIRABETE, 2004, p. 75). É, pois, "a orientação que os juízos e tribunais vêm dando à norma" (MIRABETE, 2004, p. 75), em regra sem força obrigatória. Entretanto, as súmulas vinculantes do STF (art. 103-A da Constituição Federal, disciplinado pela Lei nº 11.417/2006) e as

decisões proferidas em controle concentrado de constitucionalidade têm força obrigatória, constituindo-se assim em verdadeiras fontes do Direito. São exemplos de interpretação jurisprudencial as súmulas do STF e do STJ e as decisões de uniformização de jurisprudência dos tribunais.

- **Doutrinária ou científica**: É espécie de interpretação tida como "o entendimento dado aos dispositivos legais pelos escritores ou comentadores do direito" (MIRABETE, 2004, p. 75), ou, em outros termos, é a *communis opinio doctorum*. A exposição de motivos do Código é exemplo desta interpretação, pois ela não tem conteúdo de lei. Prevalece o entendimento de que a modalidade de interpretação em comento não tem força obrigatória.

2.2. Quanto aos meios empregados ou ao modo

- **Gramatical ou literal ou sintática**: É aquela que se espelha "no exato significado das palavras constantes do texto legal" (NUCCI, 2008, p. 128). Por meio dela, "busca-se fixar o sentido das palavras ou expressões empregadas pelo legislador. Examina-se a 'letra fria da lei', em sua função gramatical [...]" (MIRABETE, 2004, p. 75).
- **Sistemática**: Sendo a interpretação gramatical insuficiente, deve-se fazer um confronto lógico entre os dispositivos da lei, o que resulta em uma interpretação sistemática. Exemplo: a palavra "autoridade" empregada no art. 10, §§ 1º, 2º e 3º, do CPP implica em "autoridade policial", conforme artigos 4º, *caput*, e 6º do próprio CPP. Nesse sentido é que se tem a regra hermenêutica de que o parágrafo único de uma norma somente deve ser entendido com base no seu respectivo *caput*.
- **Lógica**: É aquela que se vale "das regras de raciocínio e conclusão para compreender o espírito da lei" (TÁVORA; ALENCAR, 2009, p. 39).
- **Histórica**: É aquela que "analisa o contexto da votação do diploma legislativo, os debates, as emendas propostas, etc" (TÁVORA; ALENCAR, 2009, p. 39).
- **Teleológica**: É aquela por meio da qual se procura o sentido e o alcance da norma. A esse respeito, é fundamental relembrar que o art. 5º da Lei de Introdução às normas do Direito Brasileiro (Decreto-Lei nº 4.657/1942) assevera que a interpretação deve atender "aos fins sociais a que ela se dirige e às exigências do bem comum".
- **Teleológica-sistemática**: É espécie de interpretação trabalhada na doutrina por Guilherme de Souza Nucci. Segundo este autor, tal interpretação pode ser entendida como aquela que busca "compor o sentido de determinada norma em comparação com as demais que compõem o sistema jurídico no qual está inserida" (NUCCI, 2008, p. 128). Como se vê, ela mescla as interpretações teleológica e sistemática.

2.3. Quanto aos resultados

- **Declarativa**: É a espécie de interpretação que "ocorre quando o texto examinado não é ampliado nem reduzido, encontrando-se apenas o significado oculto do termo ou expressão utilizada pela lei" (MIRABETE, 2004, p. 76). Exemplo: o art. 248 CPP, ao falar de casa habitada, apenas quer se referir a casa com uma ou mais pessoas.

- **Restritiva**: É espécie de interpretação que procura restringir "o alcance dos termos utilizados na lei para atingir seu real significado" (NUCCI, 2008, p. 128). Nesse sentido, deve ser relembrada a regra de hermenêutica segundo a qual toda exceção deve ser interpretada de forma restritiva.

- **Extensiva ou ampliativa**: É modalidade de interpretação por meio da qual se alarga "o sentido dos termos legais para dar eficiência à norma" (NUCCI, 2008, p. 128), pois o legislador disse menos do que queria ou deveria dizer. Exemplo: no art. 254, o CPP, tratando da suspeição, fala apenas em juiz, mas, por interpretação extensiva, a causa se aplica também ao jurado, que é juiz de fato no Tribunal do Júri. **Ela vem prevista expressamente no art. 3º do CPP.**

- **Analógica**: É espécie de interpretação mediante a qual o intérprete se vale "de um processo de semelhança com outros termos constantes na mesma norma para analisar o conteúdo de algum termo duvidoso ou aberto" (NUCCI, 2008, p. 128). Em outras palavras, ocorre quando "fórmulas casuísticas inscritas em um dispositivo são seguidas de expressões genéricas, abertas, utilizando-se a semelhança (analogia) para uma correta interpretação destas últimas" (MIRABETE, 2004, p. 77). Mirabete menciona ainda exemplos de interpretação analógica: "Quando a lei se refere a 'quaisquer outros elementos' no artigo 6º, IX, do CPP, está mencionado outros dados referentes à 'vida pregressa do indiciado'. Quando menciona 'repartição congênere', refere-se a órgãos que atuem com o objetivo de identificação e estatística. Quando contém a expressão 'fato análogo', como no artigo 254, inclui no rol crimes previstos no mesmo capítulo da lei penal" (MIRABETE, 2004, p. 77). **Ela também vem prevista expressamente no art. 3º do CPP.**

- **Progressiva ou adaptativa ou evolutiva**: Ela ocorre para que sejam abarcadas "no processo novas concepções ditadas pelas transformações sociais, científicas, jurídicas ou morais que devem permear a lei processual estabelecida" (MIRABETE, 2004, p. 76). Exemplo: quando o CPP fala em Tribunal de Apelação quer se referir ao Tribunal de Justiça.

O Processo Penal admite todas as formas de interpretação acima expostas. Isso porque o art. 3º do CPP autoriza expressamente a interpretação analógica, que é a forma mais expansiva de todas, logo as demais formas de interpretação, menos expansivas, também estão autorizadas, segundo lição de Guilherme de Souza Nucci (NUCCI, 2008, p. 128). Além disso, frise-se que o art. 3º também permite a analogia, que é processo de integração ou auto integração (não de interpretação) da norma, suprindo lacunas. Aliás, analogia, costumes e princípios gerais do direito, segundo o art. 4º da Lei de Introdução às normas do Direito Brasileiro (Decreto-Lei nº 4.657/1942), são fontes do Direito.

> **Aplicação em concurso público:**
>
> No concurso do MP/BA, em 2008, promovido pela Fesmip, foi cobrado o conceito de analogia. Nesse sentido, a assertiva *"A analogia, forma de autointegração da lei, é verificada quando há aplicação extensiva de princípios jurídicos induzidos das normas particulares"* foi considerada correta.

Por fim, registre-se que, embora semelhantes, os conceitos de interpretação extensiva, interpretação analógica e analogia não se confundem. Como já visto anteriormente, na **interpretação extensiva**, o legislador disse menos do que queria ou deveria dizer, motivo pelo qual é preciso ampliar o conteúdo de um termo para alcançar o autêntico sentido da norma. Na **interpretação analógica**, por sua vez, há termo expresso no próprio dispositivo que permite a interpretação de outro termo pertencente a ele que seja duvidoso ou polêmico. Já a **analogia** é fonte (secundária) do Direito, processo de integração da norma, que ocorre quando uma situação análoga, semelhante à outra que não tem solução expressa, é a ela aplicada, imaginando-se que o efeito será o mesmo. Exemplo: o CPC de 1973, no art. 207, e o CPC de 2015, no art. 265, permitem a transmissão por telefone de carta precatória ou de ordem, desde que haja a confirmação do emissor; no Processo Penal, não há norma nesse sentido, mas, por analogia, é possível a concessão de ordem de *habeas corpus* por telefone. Assevere-se, por fim, que a analogia e a interpretação analógica podem ser feitas *in malam partem* no Processo Penal.

> **Aplicação em concurso público:**
>
> No concurso de Juiz Substituto do Tribunal de Justiça do Estado de Minas Gerais, promovido em 2012, foram cobradas importantes regras referentes à interpretação da lei processual penal, nesses termos: "*Considere as afirmações a seguir. I. São admitidos no Direito Processual Penal a interpretação extensiva, a aplicação analógica e os princípios gerais de direito. II. Os costumes têm caráter de fonte normativa primária do Direito Processual Penal. III. Com autorização pela Emenda Constitucional n.º 45/09 para o Supremo Tribunal Federal (STF) editar súmulas vinculantes, passamos a ter novas fontes material e formal das normas processuais penais. IV. A analogia é aplicável somente em caso de lacuna involuntária da lei, ainda que não haja real semelhança entre o caso previsto e o não previsto. Estão corretos apenas os itens (A) I e II. (B) I e III. (C) I e IV. D) II e IV*". A assertiva correta foi a letra B.

> **Aplicação em concurso público:**
>
> No concurso de Juiz de Direito Substituto do Tribunal de Justiça do Estado de Roraima, promovido pela Fundação Carlos Chagas, em 2015, dentre outros aspectos relevantes acerca da norma processual penal, foi cobrado o teor do art. 3º do CPP, nos seguintes termos: *"A lei processual penal brasileira: (A) admite interpretação extensiva e aplicação analógica, bem como o suplemento dos princípios gerais de direito. (B) aplica-se desde logo, em prejuízo da validade dos atos realizados sob a vigência da lei anterior. (C) retroage no tempo para obrigar a refeitura dos atos processuais, caso seja mais benéfica ao réu. (D) não admite definição de prazo de vacatio legis. (E) será aplicada nos atos processuais praticados em outro território que não o brasileiro, em casos de extraterritorialidade da lei penal."* A resposta foi a letra A.

Capítulo VI

Inquérito policial

1. INTRODUÇÃO

Em um Estado Democrático de Direito, no qual vige o princípio da presunção da inocência e o processo é tido sob uma visão garantista, somente sendo possível a aplicação da pena se há elementos de prova para tanto, surge o inquérito policial como a principal forma de investigação estatal, tendo como função primordial sustentar e viabilizar o oferecimento da ação penal, garantindo assim a sua **justa causa**, no sentido de exigência de um suporte probatório mínimo (indícios suficientes de autoria e prova da materialidade do delito).

Nesse contexto, relembre-se que a *persecutio criminis* possui dois momentos distintos, nos dizeres de José Frederico Marques: o da investigação e o da ação penal. No segundo (o da ação penal), há o julgamento da pretensão punitiva, mediante o contraditório e a ampla defesa – é a fase processual. No primeiro (o da investigação), há atividade preparatória da ação penal, de caráter preliminar e informativo, com nítido caráter inquisitivo (MARQUES, 2003, p. 138).

2. CONCEITO

Conceito bastante completo de inquérito policial é apresentado por Guilherme de Souza Nucci, que merece ser transcrito em seu inteiro teor e com destaque:

É um procedimento preparatório da ação penal, de caráter administrativo, conduzido pela polícia judiciária e voltado à colheita preliminar de provas para apurar a prática de uma infração penal e sua autoria. Seu objetivo precípuo é a formação da convicção do representante do Ministério Público, mas também a colheitas de provas urgentes, que podem desaparecer, após o cometimento do crime. Não podemos olvidar, ainda, que o inquérito serve à composição das indispensáveis provas pré-constituídas que servem de base à vítima, em determinados casos, para a propositura da ação penal privada. (NUCCI, 2008, p. 143).

Da análise desse conceito é possível destacar alguns pontos que, de antemão, se apresentam relevantes para o estudo do inquérito policial, quais sejam:

- O inquérito policial é *"um procedimento preparatório da ação penal, de caráter administrativo"* (NUCCI, 2008, p. 143): inquérito policial não é processo. Por conta disso, não há que se falar, em regra, na existência de contraditório nesta etapa, vigendo, pois, um sistema inquisitivo, não existindo participação do agente do delito na produção das provas.

Em virtude desse caráter inquisitivo do inquérito, as provas produzidas na fase de investigação, em regra, somente se prestam para fundamentar o oferecimento da ação penal, não se valendo para embasar uma futura sentença condenatória ao fim da ação penal instaurada. Caso se deseje que estas provas sirvam para os fins de um decreto condenatório, exige-se a repetição delas ao longo da instrução processual em juízo, sob o crivo do contraditório. Tudo isso pode ser constatado com a simples leitura do art. 155, *caput*, do CPP, com a redação dada pela Lei nº 11.690/08.

Excepcionalmente, porém, é possível a utilização de provas produzidas no inquérito policial para a formação da convicção do magistrado, se tais provas forem **cautelares, não repetíveis e antecipadas**, com base no mesmo dispositivo legal anteriormente indicado.

Embora aparentemente as expressões sejam idênticas, há diferença entre provas cautelares, não repetíveis e antecipadas. As **provas cautelares** são aquelas que, em razão da necessidade e urgência, devem ser praticadas, sob pena de que os elementos venham a ser perdidos. São exemplos a busca e apreensão domiciliar e a interceptação telefônica. Já as **provas não repetíveis** são aquelas que não podem ser reproduzidas durante a fase processual, por pura impossibilidade material. É o exemplo do exame de corpo de delito em um crime que deixa vestígios. Elas são produzidas de forma inquisitiva, mas serão submetidas a um **contraditório diferido ou postergado**, exercido ao longo da ação penal, quando as partes poderão impugná-las ou mesmo requerer a produção de contraprova, se possível for. As **provas antecipadas**, por sua vez, são aquelas produzidas em incidente pré-processual que tramita perante um magistrado, havendo a efetiva participação das futuras partes, motivo pelo qual são respeitados o contraditório e a ampla defesa, o que legitimará a utilização de tais provas na fase processual (TÁVORA; ALENCAR, 2009, p. 329-330).

Noutro giro, ressalte-se que, também em decorrência de o inquérito policial não ser um processo, mas sim um procedimento administrativo, ele **não está submetido ao regime das nulidades**, como será visto detidamente ao longo deste capítulo.

> **Aplicação em concurso público:**
>
> No concurso de Delegado da Polícia Civil do Estado de São Paulo, promovido pela Vunesp, em 2014, foi questionado o valor da prova no âmbito do inquérito policial, com a seguinte redação: *"No processo penal, a prova produzida durante o inquérito policial: A) pode ser utilizada por qualquer das partes, bem como pelo juiz. B) tem o mesmo valor que a prova produzida judicialmente. C) pode ser utilizada somente pelo juiz. D) não tem valor legal. E) deverá ser sempre ratificada judicialmente para ter valor legal."* A resposta correta foi a letra A.

- O inquérito policial é *"conduzido pela polícia judiciária"* (NUCCI, 2008, p. 143): esse aspecto será mais bem explorado em tópico futuro. Entretanto, desde já, ressalte-se que, não sendo o inquérito um processo, não deve ser ele conduzido pelo juiz e sim pela polícia (judiciária), o que vai ao encontro de uma das características mais marcantes do sistema acusatório, que é a imparcialidade do julgador, somente obtida se este último não se envolver em atividades de produção de provas. Em razão disso, entende-se que a atuação moderna do magistrado na fase de inquérito é de simplesmente resguardar os direitos fundamentais dos envolvidos. Nesse contexto, registre-se que há certas diligências que apenas podem ser praticadas se houver autorização judicial para tanto, pois elas mitigam direitos fundamentais do investigado, a exemplo da interceptação telefônica (mitiga a privacidade e a intimidade do sujeito) e da busca e apreensão domiciliar (mitiga a inviolabilidade do domicílio) – a essas matérias dá-se o nome de **cláusulas de reserva de jurisdição.**

É nesse cenário que se insere a criação no CPP, em seus artigos 3º-B a 3º-F, do juiz das garantias a partir da Lei nº 13.964/2019, entendido como um magistrado que atuará exclusivamente na fase de investigação criminal (existindo outro magistrado que atuará somente na fase da ação penal) com o objetivo não de produzir provas (gestor das provas), mas sim de tutelar os direitos fundamentais do indivíduo, o que reforça a noção ora exposta. O tema será explicitado com riqueza de detalhes em tópico vindouro deste capítulo.

Não obstante não seja recomendável a atuação do juiz na fase do inquérito participando ativamente da atividade de produção de provas, certo é que a Lei nº 11.690/08, alterando o art. 156, inciso I, do CPP, permitiu que o juiz determinasse, de ofício, mesmo antes do início da ação penal (ou seja, no momento das investigações), a produção antecipada de provas consideradas urgentes e relevantes, observando a necessidade, adequação e proporcionalidade da medida. A intenção do legislador foi privilegiar o princípio da busca da verdade real, tendo o magistrado o papel de preservar as provas daquela natureza, sem que isso implique em violação da sua imparcialidade e do próprio sistema acusatório, embora haja respeitáveis posições em sentido contrário, a exemplo de Aury Lopes Jr., para quem o dispositivo legal em comento é inconstitucional, eis que consagrador da figura do "juiz-instrutor" (LOPES JR., 2010, p. 262).

- O inquérito policial é *"voltado à colheita preliminar de provas para apurar a prática de uma infração penal e sua autoria. Seu objetivo precípuo é a formação da convicção do representante do Ministério Público, mas também a colheita de provas urgentes, que podem desaparecer, após o cometimento do crime. Não podemos olvidar, ainda, que o inquérito serve à composição das indispensáveis provas pré-constituídas que servem de base à vítima, em determinados casos, para a propositura da ação penal privada"* (NUCCI, 2008, p. 143): a principal finalidade do inquérito é apurar os indícios suficientes de autoria e a prova da materialidade de um crime (justa causa) para fundamentar a futura ação penal, a ser ajuizada pelo Ministério Público (ação penal pública) ou pelo ofendido (ação penal privada). Entende-se que "o simples ajuizamento da ação penal contra alguém provoca um fardo à pessoa de bem, não podendo, pois, ser ato leviano, desprovido de provas e sem um exame pré-constituído da legalidade. Esse mecanismo auxilia a Justiça Criminal a preservar inocentes de acusações injustas e temerárias, garantindo um juízo inaugural de delibação, inclusive para verificar se se trata de fato definido como crime" (NUCCI, 2008, p. 143-144).

O inquérito constitui-se assim em "um meio de afastar dúvidas e corrigir o prumo da investigação, evitando-se o indesejável erro judiciário [...]" (NUCCI, 2008, p. 144).

Por outro lado, além da segurança, o inquérito "fornece a oportunidade de colher provas que não podem esperar muito tempo, sob pena de perecimento ou deturpação irreversível (ex: exame do cadáver ou do local do crime)" (NUCCI, 2008, p. 144).

Destacando essa finalidade do inquérito policial, Nestor Távora e Rosmar Rodrigues Alencar afirmam que ele:

> *[...] também contribui para a decretação de medidas cautelares no decorrer da persecução penal, onde o magistrado pode tomá-lo como base para proferir decisões ainda antes de iniciado o processo, como por exemplo, a decretação de prisão preventiva ou a determinação de interceptação telefônica.* (TÁVORA; ALENCAR, 2009, p. 72).

3. JUIZ DAS GARANTIAS (ARTS. 3º-B A 3º-F DO CPP, COM A REDAÇÃO DADA PELA LEI Nº 13.964/2019 – "PACOTE ANTICRIME")

3.1. Regramento do juiz das garantias no CPP (arts. 3º-B a 3º F)

Comum em países como Itália, EUA e México, o juiz das garantias deve ser definido como aquele magistrado que atuará exclusivamente na fase de investigação criminal (existindo outro magistrado que atuará apenas na fase da ação penal), determinando as medidas protegidas pela cláusula de reserva de jurisdição (a exemplo de prisões cautelares, busca e apreensão domiciliar, interceptação telefônica etc.), com o objetivo de tutelar os direitos fundamentais do indivíduo.

Até então figura sem qualquer reconhecimento legal no Brasil, o juiz das garantias passou a integrar o ordenamento judicio do país com o advento da Lei nº 13.964/2019 ("Pacote Anticrime"), a qual o inseriu no CPP nos arts. 3º-B a 3º-F.

Logo de início, merece ser destacado o teor do art. 3º-B, *caput*, do CPP, que alberga o conceito alhures oferecido, asseverando que "*O juiz das garantias é responsável pelo controle da legalidade da investigação criminal e pela salvaguarda dos direitos individuais cuja franquia tenha sido reservada à autorização prévia do Poder Judiciário [...]*".

De fato, entende-se que a atuação moderna do magistrado na fase de investigação é de simplesmente resguardar os direitos fundamentais dos envolvidos. Relembre-se que há certas diligências que apenas podem ser praticadas se houver autorização judicial para tanto, pois elas mitigam direitos fundamentais do investigado, como os já citados exemplos da interceptação telefônica (mitiga a privacidade e a intimidade do sujeito), da busca e apreensão domiciliar (mitiga a inviolabilidade do domicílio) e das prisões cautelares (mitigam a liberdade do cidadão) - são as chamadas cláusulas de reserva de jurisdição. É exatamente nesse contexto que se insere o juiz das garantias, funcionando como um verdadeiro **tutor (garante)** de todos esses direitos fundamentais que podem estar em jogo na investigação criminal.

Destarte, se a diligência a ser realizada durante a investigação não atinge direito fundamental do indivíduo, não há a necessidade de autorização judicial, podendo ela ser colhida diretamente pela autoridade com atribuições para o ato, a exemplo de uma simples colheita de depoimento de uma testemunha.

Isto posto, o próprio CPP elenca no art. 3º-B, incisos I a XVIII, em um **rol não taxativo**, as medidas a serem determinadas pelo juiz das garantias, conforme a seguir transcrito:

I - receber a comunicação imediata da prisão, nos termos do inciso LXII do caput do art. 5º da Constituição Federal;

É o juiz das garantias a autoridade competente para fins de recebimento da comunicação imediata da prisão de qualquer indivíduo exigida pelo art. 5º, inciso LXII, da Constituição Federal e, no caso particular da prisão em flagrante, pelo art. 306, *caput*, do CPP.

II - receber o auto da prisão em flagrante para o controle da legalidade da prisão, observado o disposto no art. 310 deste Código;

Cabe ao juiz das garantias o recebimento do auto de prisão em flagrante para fins de análise da legalidade da prisão, bem como da necessidade de se convertê-la em prisão preventiva, tudo consoante o disposto no art. 310 do CPP, análise esta que ocorrerá no âmbito da audiência de custódia por ele presidida.

III - zelar pela observância dos direitos do preso, podendo determinar que este seja conduzido à sua presença, a qualquer tempo;

Como tutor dos direitos fundamentais do investigado, o juiz das garantias deve ter cuidado especial com os direitos da pessoa presa, merecendo destaque aqueles constitucionalmente assegurados. Para essa tutela, o juiz pode determinar a condução do preso à sua presença, o que obrigatoriamente ocorrerá quando da realização da audiência de custódia.

IV - ser informado sobre a instauração de qualquer investigação criminal;

Muito embora o juiz não tenha que necessariamente atuar na etapa de investigação criminal (o que apenas é exigido quando há direito fundamental em jogo - cláusula de reserva de jurisdição), sempre que ela for instaurada deverá ser comunicada ao juiz das garantias, até para que ele analise a legalidade desta instauração. Assim, se não houver fundamento razoável para a instauração ou mesmo prosseguimento da investigação, cabe ao juiz das garantias determinar o seu trancamento, como previsto no inciso IX do dispositivo legal em apreço.

Pelo teor deste dispositivo e do próprio art. 3º-A do CPP do CPP, a nosso ver, o inquérito policial deva tramitar diretamente entre o Ministério Público e a Polícia Judiciária. Com isso, a prorrogação do prazo para as investigações seria ajustada entre esses órgãos, salvo na hipótese de investigado preso, quando cabe ao juiz das garantias conceder mais tempo para a conclusão do inquérito (art. 3º-B, inciso VIII e § 2º, do CPP).

Quanto ao trâmite direto do inquérito policial entre o Ministério Público e a Polícia Judiciária, convém relembrar que ele não vem expresso no CPP. Aliás, a opção textual do Código sempre foi no sentido de apontar o juízo criminal competente como o destinatário do inquérito policial, o qual, por sua vez, via de regra, remeteria os autos ao Ministério Público.

Certo é que a Resolução nº 63/2009 do Conselho da Justiça Federal (CJF) já permitia a tramitação direta de inquéritos policiais entre a Polícia Federal e o Ministério Público Federal. Tal medida visa celeridade, economia processual, eficiência e otimização dos procedimentos, garantindo ainda a duração razoável do processo. A esse respeito, o STJ já decidiu que a portaria editada por Juiz Federal que, com fundamento nesta Resolução, estabelece esta tramitação direta não é ilegal (STJ, Informativo nº 574).

No âmbito do STF, a referida Resolução do CJF é objeto da ADI 4.305, ainda não julgada. De outro lado, o próprio STF já decidiu, na ADI 2.886, ser inconstitucional lei estadual do Rio de Janeiro que determinava a tramitação direta do inquérito policial entre o Ministério Público e a Polícia Judiciária, por entender padecer a legislação de vício formal (regra estadual que prevê o trâmite direto do inquérito policial entre a Polícia e Ministério Público é inconstitucional por violar o art. 24, § 1º, da Carta Magna). Também no âmbito da Suprema Corte, já houve reconhecimento de repercussão geral à matéria (RE nº 660.814), estando o processo, até o fechamento desta edição, destacado no julgamento virtual (Tema nº 1.034 de Repercussão Geral).

Ainda na esfera estadual, merece registro, a título de ilustração, o caso do Estado de Minas Gerais, no qual foi assinado, em 13/03/2017, um Termo de Provimento Conjunto entre o Tribunal de Justiça, o Ministério Público e a Polícia Civil para a tramitação direta de inquéritos entre esses dois últimos órgãos, sendo que sua adoção se deu, em um primeiro momento, como projeto-piloto em algumas comarcas do Estado.

A opção pelo trâmite direto também resguardaria o sistema acusatório, não participando o juiz da colheita de qualquer prova, ao menos não como protagonista. Caso esteja em jogo algum direito fundamental do cidadão, inclusive o estado de liberdade (o que se verifica, por exemplo, na hipótese de prorrogação do prazo de término do inquérito policial em se tratando de investigado preso), o juiz (das garantias) será chamado a atuar.

V – decidir sobre o requerimento de prisão provisória ou outra medida cautelar, observado o disposto no § 1º deste artigo;

A competência do juiz das garantias para análise de requerimento de prisão provisória ou outra medida cautelar restringe-se ao momento em que ele atua, ou seja, durante a investigação criminal até o recebimento da denúncia ou queixa (art. 3º-C, § 1º, CPP).

Na redação original do "Pacote Anticrime", o art. 3º-B, § 1º, do CPP, havia sido vetado pelo Presidente da República. Este dispositivo proíbe o emprego de videoconferência para a realização da audiência de custódia, possuindo a seguinte redação: *"O preso em flagrante ou por força de mandado de prisão provisória será encaminhado à presença do juiz de garantias no prazo de 24 (vinte e quatro) horas, momento em que se realizará audiência com a presença do Ministério Público e da Defensoria Pública ou de advogado constituído, vedado o emprego de videoconferência."*

Foram expostas pelo Presidente da República as seguintes razões para o veto ao dispositivo legal em comento: *"A propositura legislativa, ao suprimir a possibilidade da realização da audiência por videoconferência, gera insegurança jurídica ao ser incongruente com outros dispositivos do mesmo código, a exemplo do art. 185 e 222 do Código de Processo Penal, os quais permitem a adoção do sistema de videoconferência em atos processuais de procedimentos e ações penais, além de dificultar a celeridade dos atos processuais e do regular funcionamento da justiça, em ofensa à garantia da razoável duração do processo, nos termos da jurisprudência do Superior Tribunal de Justiça (RHC 77580/RN, Quinta Turma, Rel. Min. Reynaldo Soares da Fonseca, DJe de 10/02/2017). Ademais, o dispositivo pode acarretar em aumento de despesa, notadamente nos casos de juiz em vara única, com apenas um magistrado, seja pela necessidade de pagamento de diárias e passagens a outros magistrados para a realização de uma única audiência, seja pela necessidade premente de realização de concurso para a contratação de novos magistrados, violando as regras do art. 113 do ADCT, bem como dos arts. 16 e 17 LRF e ainda do art. 114 da Lei de Diretrizes Orçamentárias para 2019 (Lei nº 13.707, de 2018)."*

Com o veto presidencial a esta norma, efetivamente não havia qualquer vedação legal expressa ao uso da videoconferência na audiência de custódia. No silêncio da lei, alguns Estados editaram atos normativos permitindo expressamente a realização da audiência de custódia por videoconferência, a exemplo de Minas Gerais, por meio da Portaria Conjunta da Presidência do TJMG nº 930/2020 (em seu art. 3º, prevê a excepcional realização da audiência de custódia por meio eletrônico disponível, devendo a decisão ser justificada no respectivo termo) e da Recomendação CGMP nº 3/2019, do MPMG (prevê a atuação do membro do MPMG em audiência de custódia por videoconferência).

À época, conforme reconhecido pelo Enunciado nº 32 do GNCCRIM, *"Em razão do veto presidencial ao § 1º do art. 3º-B (que proibia a realização do ato por videoconferência), nos casos em que se faça inviável a realização presencial do ato (devidamente fundamentada) faculta-se o uso de meios tecnológicos."*

Porém, havia decisões do CNJ, proferidas por seu Presidente, o Ministro Dias Toffoli, suspendendo liminarmente a eficácia de atos normativos dos Tribunais de Justiça dos Estados de Santa Catarina e Maranhão que permitiam a audiência de custódia por videoconferência, sob o argumento de que o emprego desta tecnologia neste ato "aparentemente contrasta com os princípios e garantias constitucionais que a institucionalização deste procedimento busca preservar".

Além disso, a Terceira Seção do STJ já tinha decidido que não seria cabível a realização de audiência de custódia por videoconferência por ausência de previsão legal (Informativo nº 663). Nessa decisão, o Tribunal consignou que a Resolução nº 213 do CNJ é clara ao estabelecer que, no caso de cumprimento de mandado de prisão fora da jurisdição do juiz que a determinou, a apresentação do preso, para a audiência de custódia, deve ser feita à autoridade competente na localidade em que ocorreu a prisão, de acordo com a Lei de Organização Judiciária local. No caso de audiência de custódia realizada por juízo diverso daquele que decretou a prisão, observou que competirá à autoridade judicial local apenas, caso necessário, adotar medidas necessárias à preservação do direito da pessoa presa. As demais medidas, ou não são aplicáveis no caso de prisão preventiva ou não possui o juízo diverso do que decretou a prisão competência para a efetivar.

Para o STJ, de fato, uma das finalidades precípuas da audiência de custódia é aferir se houve respeito aos direitos e garantias constitucionais da pessoa presa. Assim, demanda-se que seja realizada pelo juízo com jurisdição na localidade em que ocorreu o encarceramento. É essa autoridade judicial que, naquela unidade de exercício do poder jurisdicional, tem competência para tomar medidas para resguardar a integridade do preso, bem assim de fazer cessar agressões aos seus direitos fundamentais, e determinar a apuração das responsabilidades, caso haja relato de que houve prática de torturas e maus tratos. Nesse contexto, no entender do Tribunal, foge à *ratio essendi* do instituto a sua realização por meio de videoconferência.

Ainda nessa decisão, o STJ registrou que o Presidente do Conselho Nacional de Justiça, ao deferir a medida liminar para suspender a Resolução CM nº 09/2019, que permitia a realização da audiência de custódia por meio de videoconferência destacou que "o Departamento de Monitoramento e Fiscalização do Sistema Carcerário e do Sistema de Execução de Medidas Socioeducativas (DMF) considerou que a apresentação pessoal do preso é fundamental para inibir e, sobretudo, coibir, as indesejadas práticas de tortura e maus tratos, pois que a transmissão de som e imagem não tem condições de remediar as vantagens que o contato e a relação direta entre juiz e jurisdicionado proporciona".

Portanto, por ausência de previsão legal, o STJ não admitia a realização da audiência de custódia por meio de videoconferência, ainda que pelo Juízo que decretou a custódia cautelar.

Esse entendimento do STJ restou fortalecido, tendo em vista que, em 19 de abril de 2021, o Congresso Nacional derrubou o veto presidencial ao art. 3º-B, § 1º, do CPP, vindo esta norma a ser promulgada pelo Presidente da República no dia 30 de abril de 2021. Logo, atualmente, há expressa previsão legal proibindo que a audiência de custódia ocorra por meio de videoconferência.

Excepcionalmente, porém, pode ser empregada a videoconferência para a realização da audiência de custódia, o que se verifica durante a pandemia pelo coronavírus. Nesse prisma, deve ser registrado que, em 26 de novembro de 2020, o CNJ editou a Resolução nº 357/2020, a qual alterou o art. 19 da Resolução CNJ nº 329/2020, passando-se a admitir a realização de videoconferência das audiências de custódia quando não for possível a realização, em 24 horas, de forma presencial. Por força desse ato normativo, fica garantida também a possibilidade de que a entrevista prévia e reservada entre o preso e o advogado ou defensor ocorra por videoconferência. Registre-se, contudo, que, em 2022, essas Resoluções foram expressamente revogadas pela Resolução nº 481/22 do CNJ.

Reforçando a possibilidade excepcional de audiência de custódia por videoconferência, muito oportuno é o teor Enunciado nº 30 aprovado na I Jornada de Direito e Processo Penal do Conselho da Justiça Federal (CJF), segundo o qual *"Excepcionalmente e de forma fundamentada, nos casos em que se faça inviável a realização presencial do ato, é possível a realização de audiência de custódia por sistema de videoconferência."* Embora este Enunciado tenha sido aprovado antes do advento do art. 3º-B, § 1º, do CPP, nada impede que ele seja utilizado para justificar a realização do ato por meio da videoconferência durante a pandemia.

Em arremate, noticie-se que, em 28 de junho de 2021, o Ministro do STF Nunes Marques suspendeu a eficácia do art. 3º-B, § 1º, do CPP, promulgado pelo Presidente da República em 30 de abril de 2021, que veda a realização da audiência de custódia por videoconferência. Com isso, por enquanto, fica permitido que o ato ocorra por videoconferência durante a pandemia da COVID-19, como, aliás, já havia autorizado o CNJ na Resolução nº 357/20 (atualmente revogada pela Resolução nº 481/22 do CNJ). A decisão liminar foi proferida na ADI 6.841, ajuizada pela AMB, e que será submetida a referendo do Plenário do STF. Registre-se que há também ADI ajuizada pela CONAMP contra aquela norma (ADI nº 6.919).

VI – prorrogar a prisão provisória ou outra medida cautelar, bem como substituí-las ou revogá-las, assegurado, no primeiro caso, o exercício do contraditório em audiência pública e oral, na forma do disposto neste Código ou em legislação especial pertinente;

A competência ora estabelecida também fica restrita ao momento em que o juiz das garantias atua, ou seja, durante a investigação criminal até o recebimento da denúncia ou queixa (art. 3º-C, parágrafo 1º, CPP). Este dispositivo legal traz ainda importante inovação: para que se prorrogue a prisão provisória (no caso, as prisões preventiva e temporária) ou outra medida cautelar, passa a ser obrigatório o exercício do contraditório em audiência pública e oral. Esta previsão ganha ainda maior relevo na prisão preventiva, tendo em vista que o parágrafo único do art. 316 do CPP impõe seja o decreto desta prisão revisto quanto à necessidade de manutenção a cada 90 (noventa) dias, mediante decisão fundamentada, de ofício, sob pena de tornar a prisão ilegal. Logo, se a revisão da preventiva ainda está a cargo do juiz das garantias, ela deve ser feita naquela audiência, observado o contraditório oral. Decerto, o exercício do contraditório em audiência ampliará consideravelmente a pauta de audiências do Judiciário em todo país, já bem sobrecarregada, o que exigirá uma reestruturação deste Poder para que possa atender a esta nova demanda sem comprometer a celeridade da persecução penal e da atuação estatal.

VII - decidir sobre o requerimento de produção antecipada de provas consideradas urgentes e não repetíveis, assegurados o contraditório e a ampla defesa em audiência pública e oral;

Em sendo a decisão proferida no âmbito da investigação criminal, a produção antecipada de provas consideradas urgentes e não repetíveis (mencionada inclusive no art. 156, inciso I, do CPP) será determinada pelo juiz das garantias, assegurados o contraditório e a ampla defesa em audiência pública e oral. O mesmo problema de ampliação da pauta de audiências do Poder Judiciário acima exposto ocorrerá a partir desta previsão legal, exigindo do Estado uma reestruturação que atenda a esta nova demanda sem prejuízo da celeridade processual.

Ferramenta que pode se revelar bastante útil para contornar esse problema estrutural detectado nos incisos VI e VII do dispositivo legal em comento é a realização das referidas audiências públicas e orais por meio videoconferência, como apontado pelo Enunciado nº 6 PGJ-CGMP do Ministério Público do Estado de São Paulo a respeito da Lei nº 13.964/19: "Para as audiências públicas e orais previstas nos incisos VI e VII do art. 3º-B do CPP, poderá o juiz das garantias valer-se da videoconferência para assegurar a participação do indiciado ou acusado."

VIII - prorrogar o prazo de duração do inquérito, estando o investigado preso, em vista das razões apresentadas pela autoridade policial e observado o disposto no § 2º deste artigo;

Haja vista que o estado de liberdade do cidadão estará em jogo, a prorrogação do prazo de duração do inquérito policial, estando o investigado preso, será determinada pelo juiz das garantias.

No entanto, detecta-se uma falha grave da nova legislação. É que o § 2º do art. 3º-B do CPP passa a estatuir que, se o investigado estiver preso, o juiz das garantias poderá, mediante representação da autoridade policial e ouvido o Ministério Público, prorrogar, uma única vez, a duração do inquérito por até 15 (quinze) dias, após o que, se ainda assim a investigação não for concluída, a prisão será imediatamente relaxada. Noutro giro, o art. 10, *caput*, do CPP, que não foi diretamente alterado pela Lei nº 13.964/2019, prevê o prazo improrrogável de 10 (dez) dias para conclusão do inquérito em se tratando de investigado preso.

Para superar este conflito aparente entre normas do CPP, é preciso invocar o princípio da posteridade (a norma posterior revoga a norma anterior), daí porque deve prevalecer o teor do art. 3º-B, § 2º, do Código, sendo possível a prorrogação do inquérito de investigado preso por até 15 (quinze) dias.

Mas resta ainda uma indagação: qual seria, enfim, o prazo inicial para o término do inquérito de investigado preso na Justiça Estadual, 10 (dez) dias (art. 10, *caput*, CPP) ou 15 (quinze) dias (art. 3º-B, § 2º, CPP)?

Prevalece em doutrina o entendimento de que, na Justiça Estadual, o prazo inicial para conclusão do inquérito policial de investigado preso permanece sendo de 10 (dez) dias. Assim, o prazo seria de 10 (dez) dias, prorrogável uma única vez por 15 (quinze) dias. Já na Justiça Federal, o prazo inicial seria de 15 (quinze) dias, prorrogável uma única vez por novos 15 (quinze) dias (art. 66, *caput*, Lei nº 5.010/66).

Ousamos discordar desse entendimento da doutrina majoritária. Note-se, o art. 3º-B, § 2º, do CPP não afirma que este prazo inicial será de 15 (quinze) dias, apenas permite a prorrogação, uma única vez, por até 15 (quinze) dias. Todavia, por uma interpretação sistemática, considerando que o prazo inicial para conclusão do inquérito policial de investigado preso que tramite perante a Justiça Federal é de 15 (quinze) dias (sendo que para este juízo já era possível a prorrogação, uma única vez, por até 15 (quinze) dias, tudo nos termos do art. 66 da Lei nº 5.010/66), visando, portanto, unificar os prazos para conclusão do inquérito policial nas Justiças Estadual e Federal (já havia identidade para o inquérito de investigado solto), e considerando ainda que é possível extrair que o objetivo do art. 3º-B, § 2º, do CPP foi prever o prazo inicial de 15 (quinze) dias, conclui-se que, a nosso ver, o prazo inicial do inquérito policial envolvendo investigado preso na Justiça Estadual passa a ser também de 15 (quinze) dias.

Essa distinção entre os prazos na Justiça Estadual e na Justiça Federal é absolutamente injustificada, até porque, na prática, a Polícia Federal, com melhor estrutura operacional do que a Polícia Civil, acaba possuindo prazo muito superior àquele conferido a este último órgão.

Certo é que o art. 3º-B, § 2º, do CPP está com a eficácia suspensa em virtude de decisão monocrática proferida pelo Ministro Fux, daí porque, nesse momento, permanece o cenário existente antes do "Pacote Anticrime".

De qualquer sorte, com ou sem o reconhecimento da eficácia da mudança trazida pela Lei nº 13.964/19, os prazos de conclusão do inquérito policial previstos na legislação especial (art. 66 da Lei nº 5.010/66; art. 51, *caput* e parágrafo único, da Lei nº 11.343/06; art. 10, §§ 1º e 2º, da Lei nº 1.521/51; art. 20, *caput* e § 1º, do Código de Processo Penal Militar) continuam mantidos, em virtude do princípio da especialidade.

Noutro giro, de acordo com o Enunciado nº 11 PGJ-CGMP do Ministério Público do Estado de São Paulo a respeito da Lei nº 13.964/19, *"A prorrogação prevista no § 2º do art. 3º-B do CPP aplica-se somente à prisão preventiva."*, não tendo incidência, pois, na prisão temporária, submetida ao regramento especial da Lei nº 7.960/89, a qual fixa prazos diferenciados de duração da custódia cautelar. Desse modo, *"O prazo de duração do inquérito policial resultante da aplicação do § 2º do art. 3º-B do CPP, estando o imputado preso, não incide no caso de prisão temporária."* (Enunciado nº 12 PGJ-CGMP do Ministério Público do Estado de São Paulo a respeito da Lei nº 13.964/19).

Ademais, mesmo sem previsão legal, entende-se que o Ministério Público, enquanto titular da ação penal pública, deverá ser ouvido a respeito da prorrogação do prazo de duração do inquérito policial de investigado preso.

IX – determinar o trancamento do inquérito policial quando não houver fundamento razoável para sua instauração ou prosseguimento;

O trancamento do inquérito policial será determinado pelo juiz das garantias quando não houver fundamento razoável para sua instauração ou prosseguimento.

A jurisprudência do STF e do STJ já havia consagrado o entendimento de que o trancamento poderia ser obtido no âmbito de *habeas corpus*. Se esta ação procura atacar ato de delegado de polícia, ela deverá ser impetrada perante juiz de primeiro grau, justamente o juiz das garantias. O inciso XII do art. 3º-B do CPP reforça essa competência. A previsão do "Pacote Anticrime" permite agora que o trancamento também se dê informalmente, nos próprios autos da investigação. Ademais, seguindo a linha de intelecção dos tribunais superiores, o trancamento nos autos do inquérito pode ter como fundamento a ocorrência de fato manifestamente atípico ou ainda a existência evidente de causa de extinção da punibilidade. Nessa esteira, o Enunciado nº 9 PGJ-CGMP do Ministério Público do Estado de São Paulo a respeito da Lei nº 13.964/19 chega a afirmar que: "*Entende-se por fundamento razoável para o trancamento do inquérito policial, nos termos do inciso IX do art. 3º-B do CPP, tão somente a manifesta atipicidade do fato ou a ocorrência de causa extintiva da punibilidade que impeça o prosseguimento da investigação.*"

A doutrina vem entendendo que o trancamento do inquérito policial tratado no inciso IX do dispositivo legal em comento tem natureza jurídica de concessão de ordem de *habeas corpus*, daí porque deve ser aplicado o disposto no inciso I do art. 574 (previsão de recurso de ofício para atacar sentença concessiva de *habeas corpus*), e no inciso X do art. 581 (previsão de recurso em sentido estrito para atacar decisão concessiva de *habeas corpus*) do CPP. É o que apregoa o Enunciado nº 8 PGJ-CGMP do Ministério Público do Estado de São Paulo a respeito da Lei nº 13.964/19: "*O trancamento do inquérito policial previsto no inciso IX do art. 3º-B do CPP tem natureza jurídica de concessão de ordem de habeas corpus, sendo aplicável o disposto no inciso I do art. 574, e no inciso X do art. 581 do mesmo diploma legal.*"

X – requisitar documentos, laudos e informações ao delegado de polícia sobre o andamento da investigação;

É competência atribuída ao juiz das garantias que deve ser exercida com muita parcimônia, evitando que o magistrado abandone a sua imparcialidade e acabe adotando postura que implique em participação ativa na colheita de provas, colocando em risco o sistema acusatório. Diante disso, este poder requisitório apenas deve ser exercido se absolutamente necessário para a tutela de direito fundamental do cidadão.

XI – decidir sobre os requerimentos de:

a) interceptação telefônica, do fluxo de comunicações em sistemas de informática e telemática ou de outras formas de comunicação;

b) afastamento dos sigilos fiscal, bancário, de dados e telefônico;

c) busca e apreensão domiciliar;

d) acesso a informações sigilosas;

e) outros meios de obtenção da prova que restrinjam direitos fundamentais do investigado.

Por serem diligências que evidentemente repercutem na esfera dos direitos fundamentais do cidadão, elas somente se efetivam mediante autorização do juiz das garantias. O dispositivo apresenta hipótese clássica de atuação desse magistrado (cláusula de reserva de jurisdição). Esclareça, porém, na linha do

Enunciado nº 10 PGJ-CGMP do Ministério Público do Estado de São Paulo a respeito da Lei nº 13.964/19, que "*Somente haverá necessidade de decisão do juiz das garantias sobre os meios de obtenção de prova mencionados na alínea "e" do inciso XI do art. 3º-B do CPP quando a lei especificamente assim o exigir.*"

XII – julgar o habeas corpus impetrado antes do oferecimento da denúncia;

É o exemplo do *habeas corpus* impetrado para permitir o trancamento do inquérito policial: cabe ao juiz das garantias processá-lo e julgá-lo.

XIII – determinar a instauração de incidente de insanidade mental;

Esta competência do juiz das garantias somente é válida se o incidente de insanidade mental é instaurado no inquérito policial, conforme permitido pelo art. 149, § 1º, do CPP. Se a instauração se dá no curso da ação penal, a competência fica reservada ao juiz que atua no processo.

XIV – decidir sobre o recebimento da denúncia ou queixa, nos termos do art. 399 deste Código;

É certo que a competência do juiz das garantias cessa com o recebimento da denúncia ou queixa, como reza o art. 3º-C, *caput*, do CPP. Contudo, este último dispositivo legal e o próprio art. 3º-B, inciso XIV, do CPP, ora em comento, cometem uma impropriedade técnica ao mencionarem os termos do art. 399 do Código. É que o recebimento da denúncia ou queixa é marcado pela etapa definida no art. 396, *caput*, do CPP, considerando que ele deve ocorrer sempre antes da citação do réu. Na verdade, na fase do art. 399 do CPP, já ocorreu o recebimento da peça inicial acusatória, tendo sido o réu citado e a resposta escrita à acusação por ele apresentada. O que se tem nesta etapa é um novo momento para que o magistrado decida se vai determinar ou não o prosseguimento do feito, ou seja, se vai promover a absolvição sumária do réu ou designar audiência de instrução e julgamento. Andou mal a Lei nº 13.964/2019 ao escolher a fase do art. 399 do CPP como limite para a competência do juiz das garantias: deveria estipular momento bem anterior, o do efetivo recebimento da denúncia ou queixa, que é extraído do disposto no art. 396, *caput*, do CPP.

XV – assegurar prontamente, quando se fizer necessário, o direito outorgado ao investigado e ao seu defensor de acesso a todos os elementos informativos e provas produzidos no âmbito da investigação criminal, salvo no que concerne, estritamente, às diligências em andamento;

Compete ao juiz das garantias fazer valer o inteiro teor da Súmula Vinculante nº 14 do STF e do art. 7º, inciso XIV e parágrafo 11, da Lei nº 8.906/94 (Estatuto da OAB), os quais serão analisados em tópico futuro ainda neste capítulo. Esta competência, a nosso ver, não exclui a via da reclamação na hipótese de descumprimento do conteúdo da citada Súmula Vinculante.

XVI – deferir pedido de admissão de assistente técnico para acompanhar a produção da perícia;

Há um sério descompasso entre esta previsão legal e o disposto no art. art. 159, §§ 3º, 4º, 5º, inciso II, 6º e 7º, do CPP. Pela dicção do art. 3º-B, inciso XVI, do

Código, seria possível a atuação do assistente técnico na fase de investigação criminal, podendo ele acompanhar a produção da perícia. Contudo, pela leitura do art. 159, §§ 3º, 4º, 5º, inciso II, 6º e 7º, com a redação dada pela Lei nº 11.690/08, observa-se que o assistente técnico somente atuaria na fase processual e ele não acompanharia a produção da perícia, ingressando no feito após a sua realização e elaboração do laudo pelo perito, a partir da sua admissão pelo magistrado (art. 159, § 4º, CPP). Isso porque o assistente técnico atua como um perito de confiança das partes. Á primeira vista, haveria um conflito aparente entre normas do CPP, que poderia ser resolvido pelo critério da lei mais recente, no caso a Lei nº 13.964/94 (em comparação com a Lei nº 11.690/08). Desse modo, prevaleceria o teor do art. 3º-B, inciso XVI, do CPP, daí porque seria possível que o assistente técnico ingressasse nos autos antes ou durante a realização da perícia, autorizando-se que ele venha a acompanhá-la. Nesses termos, admite-se o seu ingresso na etapa de investigação criminal, o que será deferido pelo juiz das garantias. Mas há quem critique a opção assumida pela Lei nº 13.964/19, sustentando que seria mais coerente com o ordenamento jurídico pátrio manter o regramento do art. 159 do CPP. De qualquer forma, certo é que continua mantida a vedação de que o assistente técnico produza o laudo pericial: ele apenas o ratifica ou infirma, oferecendo o seu parecer técnico (art. 159, § 5º, inciso II, do CPP).

XVII – decidir sobre a homologação de acordo de não persecução penal ou os de colaboração premiada, quando formalizados durante a investigação;

Os acordos de não persecução penal e de colaboração premiada, quando formalizados durante a investigação, devem ser homologados pelo juiz das garantias.

XVIII – outras matérias inerentes às atribuições definidas no caput deste artigo.

Este dispositivo reforça a ideia de que o art. 3º-B, incisos I a XVIII, do CPP constitui um mero rol exemplificativo, tendo o juiz das garantias competência para determinar quaisquer outras medidas que envolvam direitos fundamentais do cidadão, em respeito à cláusula de reserva de jurisdição.

É preciso que fique muito claro que a atuação de um juiz na etapa de investigação criminal, por óbvio, não é novidade no Brasil. Desde a entrada em vigor do CPP no país em 1942, sempre existiu um juiz que atuasse nesta etapa. Além disso, em face do sistema acusatório delineado pela Constituição Federal (art. 129, I, CF), já se entendia que esse magistrado não deveria se envolver na colheita da prova durante a investigação, devendo se preocupar em participar deste procedimento quando estivesse envolvido direito fundamental do cidadão (cláusula de reserva de jurisdição). O que ocorria até então é que o magistrado, nessa época, prolongava a sua atuação para o processo penal. O que se instaura com a Lei nº 13.964/2019 é um sistema em que o juiz terá a sua atuação restrita à investigação criminal, afastando-se da persecução penal a partir do recebimento da denúncia ou queixa (art. 3º-C, *caput*, CPP), ficando o processamento e o julgamento da ação penal a cargo de um outro magistrado.

Duas seriam as maiores vantagens costumeiramente apontadas para justificar a existência do juiz das garantias: 1) a otimização da atuação jurisdicional criminal, inerente à especialização na matéria e ao gerenciamento do respectivo processo operacional; 2) manter o distanciamento do juiz do processo, responsável pela decisão de mérito, em relação aos elementos de convicção produzidos e dirigidos ao órgão de acusação.

Decerto, a criação do juiz das garantias busca essencialmente evitar que provas colhidas durante a investigação criminal, quando inexiste um contraditório efetivo e substancial como se verifica no processo, comprometam a imparcialidade do magistrado, compreendida como o devido distanciamento dos fatos colocados à sua apreciação. No mínimo psicologicamente, o magistrado que, por exemplo, decretou medidas em desfavor do investigado, como a busca e apreensão domiciliar, interceptação telefônica, prisão cautelar etc., poderia estar tendente, ao término da ação penal, a condenar o agora réu, até mesmo para justificar tudo o que ele próprio decidiu anteriormente. Não há como se garantir que o juiz sempre atuaria de forma tendenciosa, mas, se existe algum tipo de risco à imparcialidade do julgador, é prudente evitá-lo. Em última instância, ao se preservar a imparcialidade do juiz, mantém-se ilibado o sistema acusatório, apagando-se quaisquer resquícios do sistema inquisitivo no Processo Penal brasileiro.

Faz-se imprescindível advertir que o juiz das garantias também não está autorizado a atuar de forma inquisitiva, colocando-se à frente das partes na colheita das provas. Não basta mudar a lei e o sistema de atuação judicial, é preciso que, na prática, haja uma nova mentalidade dos magistrados, para que preservem a sua imparcialidade, resguardem os direitos fundamentais do cidadão e participem da produção da prova apenas de forma complementar, ou seja, supletivamente, subsidiariamente à atividade das partes.

O mesmo se diga quanto à postura do juiz que atuará na fase processual: de nada vai adiantar a divisão entre juízes da investigação e da ação penal se este último reiterar na íntegra, de forma automatizada, acrítica e não fundamentada, todo o comportamento daquele. O cuidado é ainda maior com essa postura tendo em vista que o art. 3º-C, § 2º, do CPP afirma que *"As decisões proferidas pelo juiz das garantias não vinculam o juiz da instrução e julgamento, que, após o recebimento da denúncia ou queixa, deverá reexaminar a necessidade das medidas cautelares em curso, no prazo máximo de 10 (dez) dias"*.

Compete ao segundo juiz verdadeiramente decidir todas as matérias surgidas a partir do recebimento da denúncia ou queixa, bem como as questões ainda pendentes (art. 3º-C, § 1º, do CPP). Quanto às provas, o juiz da fase processual deve levar em consideração, em regra, aquelas, de fato, colhidas em juízo (salvo as cautelares, não repetíveis e antecipadas, conforme art. 155, *caput*, do CPP), não se admitindo uma mera repetição proforma ao longo do processo, a exemplo da prática corriqueira de leitura durante a audiência de instrução e julgamento de um Boletim de Ocorrência lavrado no inquérito policial por um policial militar para que ele próprio venha a confirmar o seu teor, mesmo que, naquele momento da confirmação, ele não se recorde mais de nada dos fatos, apenas confirme o seu relato por visualizar a sua assinatura do documento. É nesse cenário que se insere o disposto no art. 3º-C, § 3º, do CPP: *"Os autos que compõem as matérias de competência do juiz das garantias ficarão acautelados na secretaria desse juízo, à disposição do Ministério Público e da defesa, e não serão apensados aos autos do processo enviados ao juiz da instrução e julgamento, ressalvados os documentos relativos às provas irrepetíveis, medidas de obtenção de provas ou de antecipação de provas, que deverão ser remetidos para apensamento em apartado".* E, com base no art. 3º-C, parágrafo 4º, do CPP, *"Fica assegurado às partes o amplo acesso aos autos acautelados na secretaria do juízo das garantias."* (note-se que não se menciona nada a respeito do acesso por parte do juiz do processo).

De outro lado, uma mudança desse porte afeta toda a persecução penal, causa interferências em outros dispositivos legais, inclusive em leis de organização judiciária, e exige uma reestruturação profunda por parte do Judiciário para implementá-la com eficiência. Se a opção do legislador foi em adotar esse sistema, deveria, no mínimo, destinar um prazo razoável para que o Estado e toda a comunidade jurídica se adaptassem ao novo modelo. Nessa direção, relembre-se que a Lei Complementar nº 95/98 (art. 8º) determina que toda e qualquer norma legal deverá ter um período de *vacatio legis* correspondente ao número de dias necessários para que todos dela tomem conhecimento, somente podendo entrar em vigor na data da sua publicação as "leis de pequena repercussão". *A priori*, parece que a Lei nº 13.964/2019 não teve essa sensibilidade, pois fixou, em seu art. 20, o exíguo período de *vacatio legis* de apenas 30 (trinta) dias.

A situação se torna ainda mais preocupante quando se constata que, conforme dados divulgados exaustivamente pela mídia nacional, cerca de 40% (quarenta por cento) das comarcas do país possuem juízo único, atuando no local apenas um único magistrado. Em Minas Gerais, por exemplo, das 296 (duzentas e noventa e seis) comarcas existentes, 200 (duzentas) contam com apenas um juiz, sendo que os gastos do TJMG com pessoal já estão bem próximos do limite prudencial da Lei de Responsabilidade Fiscal. Isso quando a comarca possui realmente magistrado, pois é comum encontrar comarca sem juiz titular algum, nela atuando um juiz cooperador, o qual, muitas vezes, fica responsável pela substituição em mais de uma comarca. Se o juiz atuante em uma comarca como essa assumir a função de juiz das garantias, quem ficará responsável pela ação penal? A Lei nº 13.964/2019 procura solucionar este problema, inserindo no CPP a previsão no art. 3º-D, parágrafo único, segundo a qual *"Nas comarcas em que funcionar apenas um juiz, os tribunais criarão um sistema de rodízio de magistrados, a fim de atender às disposições deste Capítulo"*. Mas um sistema de rodízio como esse deve ser muito bem pensado, planejado, implicando em alterações significativas na lei de organização judiciária local. Além disso, para que o rodízio funcione, necessariamente o respectivo tribunal terá que contar com uma ampliação substancial no número de juízes, o que vai, por sua vez, resultar em aumento de gastos públicos. Enfim, 30 (trinta) dias para transformações deste jaez, de fato, é muito pouco tempo. Lembrando que boa parte deste período transcorreu durante o recesso do Judiciário de final de ano. Faltou, no mínimo, sensibilidade ao legislador. Não há dúvidas de que esse fator foi levado em conta pelo Ministro Fux para suspender a eficácia do regramento do juiz das garantias, conforme será apreciado em tópico futuro.

Nesse contexto, quanto à necessidade de alteração das leis de organização judiciária, o art. 3º-E do CPP reza que *"O juiz das garantias será designado conforme as normas de organização judiciária da União, dos Estados e do Distrito Federal, observando critérios objetivos a serem periodicamente divulgados pelo respectivo tribunal"*.

Ferramenta que pode ser muito útil para a implementação do juiz das garantias é o emprego do inquérito policial eletrônico, o que permitirá que magistrados atuem na investigação independente do local em que se encontrem, evitando, portanto, deslocamento físico de uma comarca para outra, o que garantirá eficiência em sua atuação e reduzirá os gastos por parte do Estado. Noutro giro, o art. 3º-E do CPP assevera que o juiz das garantias será designado conforme as normas de organização judiciária.

O art. 3º-D, *caput*, do CPP estabelece em quais hipóteses o juiz da etapa de investigação criminal fica impedido para continuar atuando na ação penal. Não obstante, este dispositivo comete erro grosseiro, pois faz referência aos artigos 4º e 5º do CPP, os quais não se referem a quaisquer medidas determinadas por um juiz. Pecou então a Lei nº 13.964/2019. O que é possível extrair desta previsão legal é que se pretendeu reforçar que o juiz que participou da investigação criminal não poderá atuar na fase processual.

Esclareça-se, todavia, que não é qualquer ato praticado pelo juiz das garantias que o tornará impedido para atuar na fase processual. Em outras palavras, apenas e tão somente atos proferidos pelo juiz das garantias que possam, efetiva ou potencialmente, comprometer a sua imparcialidade é que impedem que ele siga atuando na fase processual. Portanto, excepcionalmente, o juiz da investigação criminal pode continuar atuando durante o processo se não proferir certas decisões, geralmente desvinculadas à cláusula de reserva de jurisdição. Assim, por exemplo, uma simples decisão que permite a prorrogação do prazo do inquérito de investigado solto não teria o poder de proibir o juiz de participar da etapa processual, daí porque inclusive sustentamos que a Lei nº 13.964/2019 admitiu no país o trâmite direto do inquérito policial entre o Ministério Público e a Polícia Judiciária. Já se este juiz profere decreta a prisão temporária na investigação decisão, ficará impedido de atuar na fase processual.

Noutro giro, o impedimento da atuação do juiz das garantias na fase processual implica em uma mitigação da regra de prevenção definida no art. 75 do CPP, segundo o qual qualquer decisão do juiz no inquérito policial o tornaria prevento para o julgamento da ação penal. A partir do recebimento da denúncia ou queixa, o juiz das garantias não poderá mais seguir na persecução penal. O dispositivo legal passaria a ter relevância prática então apenas se compreendido como critério de competência para a escolha entre os juízes das garantias existentes em determinada localidade (o juízo de garantias que proferisse qualquer decisão no inquérito policial se tornaria prevento para atuar ao longo de todo este procedimento, afastando a competência dos demais juízes das garantias porventura existentes naquela comarca ou seção judiciária), não repercutindo mais na etapa da ação penal.

O impedimento ora em apreço, por óbvio, incide apenas e tão somente para o juiz, não atingindo de modo algum o membro do Ministério Público que atuou na fase de investigação criminal, até em observância ao princípio do promotor natural, na linha argumentativa da Súmula nº 234 do STJ (*"A participação de membro do Ministério Público na fase investigatória criminal não acarreta o seu impedimento ou suspeição para o oferecimento da denúncia."*) e conforme esclarece o Enunciado nº 15 PGJ-CGMP do Ministério Público do Estado de São Paulo a respeito da Lei nº 13.964/19 (*"O membro do Ministério Público que tenha atuado na fase de investigação, inclusive na presidência de procedimento investigatório criminal, pode atuar na fase de instrução e julgamento, preservado o princípio do promotor natural."*).

Pelo disposto no "Pacote Anticrime", o juiz das garantias não deve atuar em toda e qualquer investigação criminal. Na dicção do art. 3º-C, *caput*, do CPP, a competência do juiz das garantias abrange todas as infrações penais, exceto as de menor potencial ofensivo, e cessa com o recebimento da denúncia ou queixa na forma do art. 399 deste Código. Vem preponderando em doutrina o entendimento de que, por interpretação literal do art. 3º-C, *caput*, do CPP, o juiz das garantias só não atuaria em infrações penais de menor potencial ofensivo. Em prol do sistema acusatório, a sua competência abrangeria todos os demais casos.

Ao final, registre-se o inteiro teor do art. 3º-F, *caput* e parágrafo único, do CPP: *"O juiz das garantias deverá assegurar o cumprimento das regras para o tratamento dos presos, impedindo o acordo ou ajuste de qualquer autoridade com órgãos da imprensa para explorar a imagem da pessoa submetida à prisão, sob pena de responsabilidade civil, administrativa e penal. Parágrafo único. Por meio de regulamento, as autoridades deverão disciplinar, em 180 (cento e oitenta) dias, o modo pelo qual as informações sobre a realização da prisão e a identidade do preso serão, de modo padronizado e respeitada a programação normativa aludida no caput deste artigo, transmitidas à imprensa, assegurados a efetividade da persecução penal, o direito à informação e a dignidade da pessoa submetida à prisão"*. É mais uma atuação do juiz das garantias em prol de direitos fundamentais do cidadão. A conduta que ele deve procurar evitar, mencionada no *caput* deste dispositivo legal, pode configurar a prática do crime tipificado no art. 13 da Lei nº 13.869/2019.

3.2. Suspensão cautelar pelo STF dos arts. 3º-B a 3º F CPP

Em decisão monocrática proferida em 22 de janeiro de 2020, o Ministro do STF Luiz Fux concedeu medida cautelar nas ADIs de números 6.298/DF, 6.299/DF, 6.300/DF e 6.305/DF, suspendendo *sine die*, *ad referendum* do Plenário, a eficácia do juiz das garantias (mais precisamente dos arts. 3º-B a 3º-F do CPP.

Nesta decisão, o Ministro Fux entendeu que a figura do juiz das garantias é inconstitucional, daí porque a suspendeu por prazo indeterminado. Para tanto, foram utilizados, em apertada síntese, os seguintes argumentos:

a) inconstitucionalidade formal: aduziu-se que a Lei nº 13.964/19, no que diz respeito à criação do juiz das garantias, está eivada de vício formal de origem ou de iniciativa. É que o juiz das garantias alterou materialmente a divisão e a organização dos serviços judiciários, o que resultaria em uma profunda reestruturação da Justiça Criminal brasileira, interferindo, pois, na organização judiciária, a qual somente pode ser alterada por lei cuja iniciativa seja proposta pelo tribunal que sofrerá o impacto dessa reestruturação, nos termos do art. 96 da Constituição Federal, o que não se deu no caso da Lei nº 13.964/19.

Quanto à necessidade de alteração das leis de organização judiciária, o art. 3º-E do CPP reza que *"O juiz das garantias será designado conforme as normas de organização judiciária da União, dos Estados e do Distrito Federal, observando critérios objetivos a serem periodicamente divulgados pelo respectivo tribunal."*. Mas, como já afirmado, se entendeu pela inconstitucionalidade deste dispositivo legal, por violação ao disposto nos artigos 96, inciso II, alínea "d", e 125, § 1º, da Carta Magna Federal, considerando que existiria vício de iniciativa, neste ponto, na Lei nº 13.964/2019, pois a iniciativa da sua criação caberia ao respectivo tribunal que terá alterada a sua organização e divisão judiciárias.

b) inconstitucionalidade material: reconheceu-se também vício material na Lei nº 13.964/19. A uma, considerando a ausência de dotação orçamentária e estudos de impacto prévios para implementação da medida, violando-se o disposto nos artigos 99 e 169 da Carta Magna Federal, bem como a essência do comando contido no art. 113 do Ato das Disposições Constitucionais Transitórias (ADCT). Asseverou-se que o juízo das garantias e sua implementação causariam impacto financeiro relevante ao Poder Judiciário, especialmente com as necessárias reestruturações e redistribuições de recursos humanos e materiais, bem como com o incremento dos sistemas processuais e das soluções de tecnologia da informação correlatas. A duas, tendo em vista o impacto da medida na eficiência dos mecanismos brasileiros de combate à criminalidade. Nesse trilhar, o Ministro Fux consignou que, "mercê de os seres humanos desenvolverem vieses em seus processos decisórios, isso por si só não autoriza a aplicação automática dessa premissa ao sistema de justiça criminal brasileiro, criando-se uma presunção generalizada de que qualquer juiz criminal do país tem tendências que favoreçam a acusação, nem permite inferir, a partir dessa ideia geral, que a estratégia institucional mais eficiente para minimizar eventuais vieses cognitivos de juízes criminais seja repartir as funções entre o juiz das garantias e o juiz da instrução". Além disso, a "complexidade da matéria em análise reclama a reunião de melhores subsídios que indiquem, acima de qualquer dúvida razoável, os reais impactos do juízo das garantias para os diversos interesses tutelados pela Constituição Federal, incluídos o devido processo legal, a duração razoável do processo e a eficiência da justiça criminal".

A partir do inteiro teor do julgado de lavra do Ministro Fux alhures exposto, deve ser invocado o teor do art. 11, § 2º, da Lei nº 9.868/99 (lei que dispõe sobre o processo e julgamento da ação direta de inconstitucionalidade e da ação declaratória de constitucionalidade perante o Supremo Tribunal Federal), segundo o qual *"A concessão da medida cautelar torna aplicável a legislação anterior acaso existente, salvo expressa manifestação em sentido contrário"*.

Desse modo, com a suspensão da eficácia, por prazo indeterminado, de todos os dispositivos legais que cuidam do juiz das garantias, é possível apontar algumas repercussões práticas no âmbito da legislação processual penal, merecendo destaque as seguintes:

1) não subsistindo os artigos 3º-A e 3º-B, incisos IV e VIII, e § 2º, do CPP, deixa de existir reconhecimento legal acerca do trâmite direto do inquérito policial entre Ministério Público e Polícia Judiciária, voltando a prevalecer o teor dos artigos 11, 19 e 23 do CPP, ficando o Judiciário como destinatário do inquérito policial. Assim, o trâmite direto somente seria admitido a partir de ato normativo, a exemplo do que se operou na Justiça Federal com a Resolução nº 63/2009 do Conselho da Justiça Federal;

2) não subsistindo o art. 3º-B, inciso VIII, e § 2º, do CPP, o prazo para conclusão do inquérito policial na Justiça Estadual em se tratando de investigado preso volta a ser aquele definido no art. 10, caput, do CPP, ou seja, 10 (dez) dias, improrrogáveis;

3) não subsistindo o art. 3º-D, caput, do CPP, volta a ter plena eficácia o disposto no art. 75 do CPP, que, em resumo, estabelece que qualquer decisão proferida pelo juiz no inquérito policial o torna prevento para o julgamento da futura ação penal;

4) não subsistindo o art. 3º-B, inciso VI, do CPP, deixa de ser exigido, para fins de prorrogação de prisão provisória (preventiva ou até temporária) ou outra medida cautelar, o exercício do contraditório em audiência pública e oral.

A nosso ver, *data maxima venia*, não se detecta qualquer *inconstitucionalidade formal* na previsão do juiz das garantias. O que a Lei nº 13.964/19 pretendeu ao criar essa figura foi apenas e tão somente alterar critério de **competência funcional**, que, como é cediço, é matéria de processo penal, e não de organização judiciária.

Em nosso sentir, o problema do juiz das garantias no Brasil não é o instituto em si. Em tese, é figura que pode contribuir sensivelmente para a consolidação do sistema acusatório no país. Enxergamos, porém, grave problema no regramento oferecido pelo "Pacote Anticrime", repleto de falhas, atecnias, erros muitas vezes grosseiros. Pior do que isso, vislumbra-se imensa dificuldade de ordem prática em sua efetiva implementação.

Destarte, uma mudança desse porte afeta toda a persecução penal, causa interferências em outros dispositivos legais, inclusive em leis de organização judiciária, e exige uma reestruturação profunda por parte do Judiciário para implementá-la com eficiência. Se a opção do legislador foi em adotar esse sistema, deveria, no mínimo, destinar um prazo razoável para que o Estado e toda a comunidade jurídica se adaptassem ao novo modelo. Nessa direção, relembre-se que a Lei Complementar nº 95/98 (art. 8º) determina que toda e qualquer norma legal deverá ter um período de *vacatio legis* correspondente ao número de dias necessários para que todos dela tomem conhecimento, somente podendo entrar em vigor na data da sua publicação as "leis de pequena repercussão". *A priori*, parece que a Lei nº 13.964/2019 não teve essa sensibilidade, pois fixou, em seu art. 20, o exíguo período de *vacatio legis* de apenas 30 (trinta) dias.

A Lei nº 13.964/2019 procurou solucionar este problema, inserindo no CPP a previsão no art. 3º-D, parágrafo único, segundo a qual *"Nas comarcas em que funcionar apenas um juiz, os tribunais criarão um sistema de rodízio de magistrados, a fim de atender às disposições deste Capítulo"*.

A ideia do sistema de rodízio é em si problemática. Ou, ao menos, de imensa dificuldade de aplicação prática. Há inúmeras comarcas no país (cerca de quarenta por cento) que possuem juízo único, atuando no local apenas um único magistrado. E o magistrado que poderia substituir o juiz daquela comarca de vara única, em muitos casos, está em comarca a centenas de quilômetros de distância daquela. Não raras vezes, não há sequer juiz titular em tal comarca, ali atuando um juiz substituto ou cooperador, que comparece ao local alguns poucos dias no mês. Para agravar o cenário, o cooperador pode estar responsável por mais de uma comarca. Se o juiz atuante em uma comarca como essa assumir a função de juiz das garantias, quem ficará responsável pela ação penal?

Não é simples, portanto, o estabelecimento desse sistema de rodízio. Até porque, em outra perspectiva, ele implicará em um considerável aumento de gastos por parte do Estado, já em franca crise financeira.

Em nosso sentir, não deveria o CPP tratar dessa matéria, a qual deveria ficar a cargo exclusivamente da lei de organização judiciária, levando em conta aspectos da realidade local. Assim o fazendo em seu art. 3º-D, parágrafo único, acaba dando margem à alegação de inconstitucionalidade.

Talvez por toda essa dificuldade é que, dentre todos os institutos tratados pela Lei número 13.964/2019, sem dúvida alguma o juiz das garantias foi a figura mais polêmica e alvo de diversas críticas. Assim, por exemplo, o Ministro da Justiça chegou a recomendar ao Presidente da República o veto deste instituto. O mesmo foi feito pelo Procurador-Geral da República por meio de envio ao Presidente de Nota Técnica a esse respeito. Após sancionada a Lei, o CNJ criou grupo de trabalho para estudar a aplicação da figura em comento. E, como já é de conhecimento, o Ministro Fux suspendeu *sine die, ad referendum* do Plenário do STF, a eficácia da disciplina legal do juiz das garantias nas ADI de números 6.298, 6.299, 6.300 e 6.305.

Em face desta dificuldade de ordem prática é que concordamos, em parte, com o Ministro Luiz Fux, ao menos em sede de decisão cautelar, ao reconhecer *inconstitucionalidade material* no regramento legal do juiz das garantias.

Não obstante, o teor do art. 3º-E do CPP poderia trazer luz a esse cenário de caos que se anunciava. É que este dispositivo assevera que o juiz das garantias será designado conforme as normas de organização judiciária, logo esta figura somente passaria a valer efetivamente no país a partir do seu reconhecimento em leis de organização judiciária. Com isso, os tribunais teriam tempo para discutir as mudanças nas respectivas legislações e implementar as condições estruturais necessárias ao seu correto funcionamento. Nesse trilhar, na ADI nº 6298 houve requerimento justamente para que o STF declarasse que todo o regramento do juiz das garantias envolve normas de eficácia limitada, que dependem da edição de outras leis ordinárias, de iniciativa dos respectivos tribunais, de sorte a permitir a efetiva criação.

Em acréscimo, ferramenta que pode ser muito útil para a implementação do juiz das garantias é o emprego do inquérito policial eletrônico, o que permitirá que magistrados atuem na investigação independente do local em que se encontrem, evitando, portanto, deslocamento físico de uma comarca para outra, garantindo eficiência em sua atuação e reduzindo os gastos por parte do Estado.

Aguarda-se julgamento pelo Plenário do STF acerca da constitucionalidade ou não do regramento legal do juiz das garantias criado pelo "Pacote Anticrime". Acaso se decida pela constitucionalidade desta figura, há ainda um longo caminho a ser trilhado, com muitos obstáculos pela frente, para que o juiz das garantias venha a ser implementado com eficiência no país. É preciso uma profunda mudança de estrutura do Judiciário, das leis de organização judiciária e do próprio Estado, o que certamente implicará em aumento de gastos públicos. Se toda essa transformação não for bem executada, a persecução penal ficará seriamente prejudicada, o que, em última instância, pode implicar em morosidade do Judiciário e aumento da impunidade. Se houver sucesso nesta tarefa, os proveitos em prol do sistema acusatório serão alcançados, justificando plenamente o imenso esforço nessa direção.

3.3. Aplicação do juiz das garantias no tempo

Questão relevante referente à criação do juiz das garantias diz respeito à sua eventual aplicação a investigações criminais e ações penais em curso.

Nesse ponto, a Lei nº 13.964/19 inova no ordenamento jurídico brasileiro, pois, até o seu advento, inexistia a figura do juiz das garantias. Há então uma nova lei processual penal, que, por ser pura, está submetida ao princípio *tempus regit actum* estatuído no art. 2º do CPP, aplicando-se desde logo, sem prejuízo da validade dos atos realizados sob a vigência da lei anterior. Desse modo, não há dúvidas de que o juiz das garantias passa a incidir em novas investigações que surjam a partir da sua implementação no país.

A polêmica passa a existir, pois, quanto a investigações criminais e ações penais em curso.

Na ADI nº 6.298, o Ministro Dias Toffoli chegou a enfrentar a aplicação do art. 3º-D no tempo, em decisão monocrática proferida em 15/01/2020. Embora esta decisão tenha sido posteriormente revogada pela decisão monocrática do Ministro Luiz Fux, proferida em 22/01/2020, ela ainda pode servir como importante marco interpretativo para o estudo da matéria. Portanto, vale a pena conhecer as regras de transição estipuladas pelo Ministro Toffoli, a saber:

(a) quanto às investigações que estiverem em curso no momento da efetiva implementação do juiz das garantias pelos tribunais, o juiz da investigação tornar-se-á o juiz das garantias do caso específico. Nessa hipótese, cessada a competência do juiz das garantias, com o recebimento da denúncia ou queixa, o processo será enviado ao juiz competente para a instrução e o julgamento da causa. Em resumo, o juiz que vinha atuando regularmente em uma investigação criminal se tornará o juiz das garantias, continuando a atuar na investigação, agora nessa nova condição, ficando, no entanto, impedido de atuar a partir do recebimento da peça acusatória, ou seja, no processo penal instaurado.

(b) no tocante às ações penais que já tiverem sido instauradas no momento da efetiva implementação do juiz das garantias pelos tribunais, a eficácia da lei não acarretará qualquer modificação do juízo competente. O fato de o juiz da causa ter atuado na fase investigativa não implicará seu automático impedimento. Logo, o juiz da fase processual, mesmo que anteriormente tenha atuado na investigação, seguirá atuando na ação penal, em respeito ao ato jurídico perfeito (art. 5º, XXXVI, CF). Se o juiz da fase processual que atuou na investigação tivesse que ser substituído por um novo juiz, haveria uma indevida e ilógica presunção absoluta de que o magistrado que atuou na investigação estaria sempre contaminado. Além disso, implicaria em um injustificado retrocesso processual, ou seja, o processo voltaria a etapas anteriores, deixando de ter sua marcha para a frente, postergando, por mero formalismo, a solução do caso e, por consequência, a desejada pacificação social.

Nessa esteira, merece destaque também o Enunciado nº 14 PGJ-CGMP do Ministério Público do Estado de São Paulo a respeito da Lei nº 13.964/19, segundo o qual: "*O disposto no caput do art. 3º-D do CPP não é aplicável aos casos em que a denúncia tenha sido oferecida antes da eficácia da Lei n. 13.964/19.*".

4. POLÍCIA JUDICIÁRIA (ART. 4º, *CAPUT*, CPP E ART. 144, *CAPUT*, § 1º, I E IV, E § 4º, CF)

Em apertada síntese, pode-se afirmar que a Polícia Judiciária é aquela voltada para a investigação criminal, tendo, portanto, **caráter repressivo**, já que atua após a prática da infração penal, apurando a sua autoria e a materialidade. No âmbito estadual, é exercida pela Polícia Civil (art. 144, § 4º, da Constituição Federal) e, no âmbito federal, pela Polícia Federal (art. 144, § 1º, incisos I e IV, da Constituição Federal, disciplinada pelas Leis de números 9.264/96 e 9.266/96, alteradas pela Lei nº 13.047/14, a qual, dentre outros aspectos relevantes, impõe o tempo de 3 anos de atividade jurídica ou policial, comprovados no ato da posse, para o ingresso no cargo de Delegado de Polícia Federal; profissional responsável pelo exercício de função de natureza jurídica e policial, essencial e exclusiva de Estado, sendo que o cargo de Diretor-Geral, nomeado pelo Presidente da República, é privativo de Delegado de Polícia Federal integrante da classe especial; merece ainda ser registrada a Lei nº 10.446/02, com a redação dada pela Lei nº 13.642/18, por ela dispor sobre infrações de repercussão interestadual ou internacional que exigem repressão uniforme – a exemplo daquelas previstas no novel inciso VII, ou seja, as praticadas por meio da rede mundial de computadores que difundam conteúdo misógino, definidos como aqueles que propagam o ódio ou a aversão às mulheres –, as quais são de atribuição deste órgão, na forma do inciso I do § 1º do art. 144 da Constituição).

▸ **Qual o entendimento do STF sobre o assunto?**

Como decidido pelo STF, é inconstitucional norma estadual que assegure a independência funcional a delegados de polícia, bem como que atribua à polícia civil o caráter de função essencial ao exercício da jurisdição e à defesa da ordem jurídica. Isso porque a polícia civil está, necessariamente, subordinada ao chefe do Poder Executivo estadual, logo, não é possível atribuir-lhe independência funcional, sob pena de ofensa ao art. 129, I, VI e VIII, bem como ao art. 144, § 6º, da Constituição Federal. Assim, as normas, ainda que originárias do poder constituinte decorrente, que venham a atribuir autonomia funcional, administrativa ou financeira a outros órgãos ou instituições não constantes da Constituição, padecem de vício de inconstitucionalidade material, por violação ao princípio da separação dos Poderes (Informativo nº 1.044).Em sentido semelhante, o STF também julgou que é inconstitucional norma de Constituição estadual, oriunda de iniciativa parlamentar, que atribui às funções de polícia judiciária e à apuração de infrações penais exercidas pelo Delegado de Polícia natureza jurídica e caráter essencial ao Estado. Sob o aspecto formal, compete exclusivamente ao chefe do Poder Executivo (CF/1988, art. 61, § 1º, II, **b** e **c**) a iniciativa de normas sobre a organização administrativa e os servidores públicos, seu regime jurídico e provimento de cargos. Já sob o aspecto material, o art. 144, § 6º, da Constituição Federal estabelece vínculo de subordinação hierárquica da Polícia Civil ao governador de estado. Sendo assim, o desenho institucional inserido constitucionalmente não legitima a governança independente da polícia judiciária, uma vez que cabem ao chefe do Poder Executivo, dirigente máximo da Administração Pública, a prerrogativa e a responsabilidade pela estruturação e pelo planejamento operacional dos órgãos locais de segurança pública, bem como a definição de programas e ações governamentais prioritários a partir do quadro orçamentário do ente federado (STF, Informativo nº 1.076). Em outra oportunidade, a Suprema Corte reafirmou esse seu entendimento, julgando que é incompatível com a Constituição Federal norma de Constituição estadual que estabelece a natureza jurídica da Polícia Civil como função essencial à atividade jurisdicional do Estado e à defesa da ordem jurídica, bem como atribui aos Delegados de Polícia a garantia de independência funcional. Na oportunidade, ressaltou-se que o inquérito policial é procedimento pré-processual de natureza administrativa e inquisitória, destinado a colher provas que subsidiem o exercício da ação penal pelo Ministério Público. Nesse contexto, o seu condutor, o Delegado de Polícia, apesar de desempenhar atividades de conteúdo jurídico, não integra carreira propriamente jurídica, pois, se assim o fosse, inviabilizaria o controle externo e o poder requisitório exercidos pelo *Parquet* (STF, Informativo nº 1.076).

É a Polícia Judiciária o órgão responsável pela presidência do inquérito policial, consoante dispõe o art. 4º, *caput*, do CPP, embora ela possa ser acompanhada de perto pelo Ministério Público, no exercício do **controle externo da atividade policial** (art. 129, inciso VII, da Constituição Federal), função esta que não implica em qualquer submissão hierárquica. Ademais, as funções de polícia judiciária e a apuração de infrações penais exercidas pelo delegado de polícia são de natureza jurídica, essenciais e exclusivas de Estado (art. 2º, *caput*, da Lei nº 12.830/13).

Distingue-se da Polícia Administrativa ou de Segurança, a exemplo da Polícia Militar (art. 144, § 5º, da Constituição Federal), porque esta é polícia ostensiva, preventiva, que visa, pois, evitar a ocorrência de um delito. Ressalte-se, no entanto, que nada impede que a Polícia Judiciária exerça, de forma **atípica**, funções de polícia preventiva, como ocorre com a Polícia Federal nos aeroportos internacionais ou mesmo em regiões de fronteiras com outros países.

Quanto à Polícia de Segurança, relevante noticiar que a Emenda Constitucional nº 104/2019 criou no país as **polícias penais federal, estaduais e distrital**, vinculadas ao órgão administrador do sistema penal da unidade federativa a que pertencem, às quais cabe a segurança dos estabelecimentos penais (art. 144, § 5º-A, do Texto Constitucional). O preenchimento do quadro de servidores das polícias penais será feito, exclusivamente, por meio de concurso público e por meio da transformação dos cargos isolados, dos cargos de carreira dos atuais agentes penitenciários e dos cargos públicos equivalentes (art. 4º da Emenda Constitucional nº 104/2019).

Polícia judiciária	Polícia administrativa ou de segurança
Possui caráter repressivo, já que atua após a prática da infração penal. Por conta disso, é a responsável pela presidência do inquérito policial. Pode exercer, no entanto, funções atípicas de polícia preventiva. No âmbito estadual, é exercida pela Polícia Civil, ao passo que, no âmbito federal, é exercida pela Polícia Federal.	Polícia de caráter preventivo ou ostensivo, já que atua antes da prática da infração penal, justamente para evitá-la. É o exemplo da Polícia Militar.

▸ **Lei nº 13.675/18 e Sistema Único de Segurança Pública (SUSP):**

A Lei nº 13.675/18, além de disciplinar e organizar o funcionamento dos órgãos responsáveis pela segurança pública, instituiu no país o Sistema Único de Segurança Pública (SUSP), criando ainda a Política Nacional de Segurança Pública e Defesa Social (PNSPDS). O SUSP tem como órgão central (e que o coordena) o Ministério da Justiça e Segurança Pública (conforme Lei nº 13.844/19). Tal Sistema é composto pelos órgãos integrantes mencionados no art. 9º, *caput*, da Lei nº 13.675/18, integrantes estratégicos indicados no art. 9º, § 1º, e integrantes operacionais referidos pelo art. 9º, § 2º (incluindo a Polícia Federal e a Polícia Civil, consoante, respectivamente, os incisos I e IV), dispositivos estes que merecem ser lidos na íntegra. Seu funcionamento é detalhadamente explicitado nos artigos 10 a 18. Quanto à PNSPDS, ela é regida pelos artigos 3º (fixa a competência para seu estabelecimento), 4º (princípios), 5º (diretrizes), 6º (objetivos), 7º (estratégias) e 8º (meios e instrumentos) – este último alterado pela Lei nº 14.330/22 –, igualmente dignos de leitura.

5. OUTRAS INVESTIGAÇÕES CRIMINAIS (ART. 4º, PARÁGRAFO ÚNICO, CPP)

Nos termos do art. 4º, parágrafo único, do CPP, entende-se que o inquérito policial (espécie) não é a única forma de investigação criminal (gênero). Há outras formas de investigação, distintas do inquérito policial, presididas por autoridades administrativas, desde que previstas em lei.

São exemplos destas outras espécies de investigação criminal:

1. **Inquérito por crime praticado por Juiz ou Promotor de Justiça é presidido pelo respectivo órgão de cúpula - Tribunal de Justiça ou Procuradoria de Justiça** (art. 33, parágrafo único, da Lei Complementar nº 35/79 - Lei Orgânica da Magistratura Nacional - e art. 41, parágrafo único, da Lei nº 8.625/93 - Lei Orgânica do Ministério Público dos Estados).
2. **Inquérito parlamentar é presidido pela Comissão Parlamentar de Inquérito - CPI** (art. 58, § 3º, CF): segundo o art. 58, § 3º, da Constituição Federal, as CPIs têm poderes de investigação e são criadas pela Câmara dos Deputados e pelo Senado Federal, em conjunto ou separadamente, mediante requerimento de um terço de seus membros, para a apuração de fato determinado e por prazo certo, sendo que suas conclusões, quando afirmarem a existência de um delito, serão remetidas ao Ministério Público para que promova a respectiva ação penal. Nesse sentido, o art. 1º da Lei nº 10.001/00 estipula que a CPI remeterá os respectivos relatórios com a resolução que o aprovar aos **chefes** do Ministério Público da União ou dos Estados, ou ainda às autoridades administrativas ou judiciais com poder de decisão, conforme o caso, para prática de atos de sua competência; ademais, registre-se que a Súmula nº 397 do STF estatui que "O poder de polícia da Câmara dos Deputados e do Senado Federal, em caso de crime cometido nas suas dependências, compreende, consoante o regimento, a prisão em flagrante do acusado e a realização do inquérito". Mais recentemente, o art. 6º-A da Lei nº 1.579/52 (que dispõe sobre as Comissões Parlamentares de Inquérito), com a redação dada pela Lei nº 13.367, de 5 de dezembro de 2016, passou a afirmar que "A Comissão Parlamentar de Inquérito encaminhará relatório circunstanciado, com suas conclusões, para as devidas providências, entre outros órgãos, ao Ministério Público ou à Advocacia-Geral da União, com cópia da documentação, para que promovam a responsabilidade civil ou criminal por infrações apuradas e adotem outras medidas decorrentes de suas funções institucionais".
3. **Inquérito Policial Militar é presidido pela polícia judiciária militar** (art. 8º do Código de Processo Penal Militar).
4. **Investigação feita por agentes florestais.**
5. **Investigação feita por agentes da Administração pública** (sindicâncias e processos administrativos).
6. **Investigação feita pelo Ministério Público em sede de Inquérito Civil Público** (art. 8º, § 1º, da Lei nº 7.347/85).
7. **Investigação de autoridades com foro por prerrogativa de função** (a instauração e o indiciamento somente podem ser feitos pelo respectivo foro, embora tal foro possa delegar certos atos para as autoridades policiais).

8. **Investigação particular** (mais rara): a esse respeito, noticie-se que, em 11 de abril de 2017, foi publicada a Lei nº 13.432, que dispõe sobre o exercício da profissão de detetive particular. De acordo com esta legislação, considera-se detetive particular o profissional que, habitualmente, por conta própria ou na forma de sociedade civil ou empresarial, planeje e execute coleta de dados e informações de natureza *não criminal*, com conhecimento técnico e utilizando recursos e meios tecnológicos permitidos, visando ao esclarecimento de assuntos de *interesse privado* do contratante (art. 2º, *caput* – destacamos). Ele pode colaborar com investigação policial em curso, desde que expressamente autorizado pelo contratante (art. 5º, *caput*). O aceite da colaboração ficará a critério do delegado de polícia, que poderá admiti-la ou rejeitá-la a qualquer tempo (art. 5º, parágrafo único). Veda-se a este profissional participar diretamente de diligências policiais (art. 10, IV).
9. **Investigação realizada pela comissão de inquérito do Banco Central do Brasil:** o STF já decidiu que o relatório encaminhado por esta comissão ao Ministério Público constitui justa causa para o oferecimento da ação penal (Informativo nº 578).
10. **Inquérito administrativo para a apuração de infrações à ordem econômica, presidido pela Superintendência-Geral do CADE** (arts. 66 a 68 da Lei nº 12.529/11), o qual pode ser precedido de um procedimento preparatório (art. 66, § 2º, da Lei nº 12.529/11).

▸ **Importante:**

O **Inquérito Judicial**, procedimento preparatório para ação penal, presidido por Juiz de Direito, no qual valiam o contraditório e a ampla defesa, previsto na antiga lei de falências, foi **revogado pela nova lei de falências** (Lei nº 11.101/2005).

▸ **Atenção:**

O art. 3º da Lei nº 9.034/95 (antiga lei dos crimes organizados), que permitia investigação de organizações criminosas diretamente pelo juiz nas hipóteses do art. 2º, III, da lei, o que caracterizava a figura do **juiz inquisidor**, foi declarado **inconstitucional pelo STF na ADIN nº 1.570-2/2004** (no que se refere aos dados "fiscais" e "eleitorais"). Posteriormente, a Lei nº 12.850/13 não só revogou expressa e integralmente a Lei nº 9.034/95 como também não trouxe em seu corpo qualquer dispositivo semelhante a esse respeito.

6. A INVESTIGAÇÃO CRIMINAL PRESIDIDA PELO MINISTÉRIO PÚBLICO

Inúmeros são os argumentos contrários à investigação criminal presidida pelo Ministério Público apresentados por parcela da doutrina, a exemplo de Guilherme de Souza Nucci (2008, p. 146-150), todos, porém, rechaçados pela doutrina majoritária, merecendo destaque o Professor Bruno Calabrich (2010, p. 605-634), como adiante será demonstrado. Antes, porém, advirta-se que o que está em debate é a possibilidade de o Ministério Público presidir investigação criminal (gênero) e não inquérito policial (espécie), pois, quanto a este último, não há dúvidas de que ele deve ser presidido pela polícia judiciária.

O principal argumento da tese contrária à investigação gira em torno da exclusividade da investigação criminal por parte da polícia judiciária, em interpretação ao art. 144, § 1º, inciso IV, da Constituição Federal, o qual afirma que a Polícia Federal destina-se a exercer, com exclusividade, as funções de polícia judiciária da União.

Não há dúvidas de que a atividade de investigação criminal é típica da polícia judiciária, e assim deve ser, pois ela é o órgão preparado especificamente para tanto, mas isso não permite concluir que tal atividade é exclusivamente destinada a esta instituição.

Com efeito, para melhor compreensão do tema, deve ser feita uma interpretação sistemática do dispositivo constitucional alhures mencionado. Por meio dela, chegar-se-á à conclusão de que, na verdade, a Constituição Federal quis apenas destacar que, dentre todos os órgãos que exercem a segurança pública previstos nos incisos I a VI do *caput* do art. 144 (Polícia Federal, Polícia Rodoviária Federal, Polícia Ferroviária Federal, Polícias Civis, Polícias Militares e Corpos de Bombeiros Militares, Polícias Penais federal, estaduais e distrital), somente a Polícia Federal exerce a função de polícia judiciária da União (a exclusão, portanto, é apenas em relação a outros órgãos da polícia).

Além disso, a função de polícia judiciária da União não se confunde com a função de investigar crimes, para a qual a Constituição Federal não estabeleceu exclusividade. A função de polícia judiciária diz respeito ao "apoio material e humano necessário para a prática de determinados atos ou para o cumprimento de decisões judiciais" (CALABRICH, 2010, p. 613), como no caso de o juiz requisitar força policial para auxiliá-lo na manutenção da ordem e a segurança em audiências e sessões ou para cumprir outros atos, como comunicações processuais (conduções coercitivas). Essa distinção inclusive já foi feita expressamente pelo STJ no julgamento do REsp nº 2001/019123-6. A função de investigação criminal, por sua vez, não é exclusiva da Polícia Federal. Nesse sentido é o art. 144, § 1º, inciso I, do Texto Constitucional. Reforçando essa distinção, o art. 144, § 4º, da Carta Magna Federal, com relação à Polícia Civil, afirma que incumbem a ela as funções de polícia judiciária e investigação criminal.

Outro argumento desfavorável aponta para a falta de previsão legal que autorize a investigação criminal por parte do Ministério Público.

Entretanto, esse argumento não merece prosperar, pois há inúmeros comandos normativos permitindo esta espécie de investigação. O primeiro deles é a própria Constituição Federal, no seu art. 129, incisos I (garante ao Ministério Público a função institucional de promover, privativamente, a ação penal pública, na forma da lei), VI (permite que a instituição requisite documentos e informações para instruir procedimentos administrativos de sua competência), VIII (possibilita que o Ministério Público requisite diligências investigatórias e a instauração de inquérito policial) e IX (autoriza que o *Parquet* exerça outras funções que lhe forem conferidas, desde que compatíveis com sua finalidade). Ora, para o cumprimento dessas funções constitucionais, o Ministério Público precisa se valer de todos os meios indispensáveis, o que inclui, por óbvio, o poder de investigação criminal (**teoria dos poderes implícitos**) – *quem pode mais pode menos.*

Ademais, o próprio Código de Processo Penal, mesmo datado de 1941, possui dispositivos que permitem a investigação criminal pelo Ministério Público, a saber, os artigos 4º, parágrafo único (dispõe que há tantas outras formas de investigação criminal, como já visto anteriormente), 12 (o inquérito policial é dispensável, pois é possível o oferecimento de denúncia com base em peças de informação, as quais constituem forma autônoma de investigação criminal) e 47 (confere ao Ministério Público o poder de requisitar diretamente informações e documentos a autoridades ou funcionários).

Outros instrumentos normativos igualmente permitem a investigação criminal por parte do Ministério Público, são eles: a Lei Complementar nº 75/93 – Lei Orgânica do Ministério Público da União (art. 8º); a Lei nº 8.625/93 – Lei Orgânica do Ministério Público dos Estados (art. 26); Lei nº 8.069/90 – Estatuto da Criança e do Adolescente (art. 201, VII); Lei nº 10.741/03 – Estatuto da Pessoa Idosa (art. 74, VI) – nomenclatura atual da Lei, por força de alteração promovida pela Lei nº 14.423/22; Lei nº 7.492/86 – Lei dos crimes contra o sistema financeiro nacional (art. 29); Lei nº 4.737/67 – Código Eleitoral (art. 356, § 2º).

Mais um argumento que não deve ser acolhido é aquele que indica a falta de regulamentação da investigação criminal presidida pelo Ministério Público, o que criaria um campo aberto para abusos. O argumento está completamente superado desde o advento da Resolução nº 13/06 do Conselho Nacional do Ministério Público (CNMP), que traz regras para esta espécie de investigação, como a estipulação de prazo, a publicidade etc. Posteriormente, esta Resolução foi revogada de forma expressa pela Resolução nº 181/17 do CNMP, a qual passou a disciplinar o procedimento investigatório criminal (PIC).

Outro argumento contrário à investigação criminal presidida pelo Ministério Público diz respeito ao fato de que o mesmo órgão que acusa não poderia investigar por conta própria. É, porém, mais um argumento que não merece prosperar, pois, no sistema acusatório, em que há distinções entre as funções de acusar (Ministério Público), defender (réu) e julgar (juiz), não há incompatibilidade entre a investigação e acusação, muito pelo contrário, até porque a investigação, em regra, é dirigida justamente ao Ministério Público, para formação da sua *opinio delicti* (opinião a respeito do delito).

Novo argumento defende que a investigação criminal por parte do Ministério Público seria descontrolada. Contudo, há de se registrar que esta espécie de investigação é alvo de controle judicial, no sentido de que as diligências que mitiguem os direitos fundamentais do investigado somente podem ser praticadas mediante autorização judicial (cláusulas de reserva de jurisdição). Além desse controle feito pelo Judiciário, há também o controle interno dos próprios órgãos do *Parquet* (exemplo: Corregedoria) e do Conselho Nacional do Ministério Público (órgão de composição mista).

Há ainda argumento sustentando que a participação de órgão do Ministério Público na investigação criminal o tornaria parcial. É argumento, contudo, que não procede, afinal de contas, no Processo Penal, o Ministério Público é uma parte imparcial, não é um órgão de acusação, mas **órgão legitimado à acusação**, devendo estar, portanto, sempre atento ao cumprimento da lei (fiscal da lei), daí porque não há que se falar em violação de sua parcialidade. Nesse trilhar, relembre-se que o *Parquet* pode promover o arquivamento do inquérito policial, a absolvição do réu ou mesmo recorrer em favor deste. Ademais, a **Súmula nº 234 do STJ** afirma expressamente que "A participação de membro do Ministério Público na fase investigatória criminal não acarreta seu impedimento ou suspeição para o oferecimento da denúncia".

> **Aplicação em concurso público:**
>
> No concurso da Defensoria Pública do Distrito Federal, promovido em 2019 pelo Cespe, foi cobrado o teor da Súmula nº 234 do STJ a partir da seguinte assertiva: "*Embora constitucional a atribuição do Ministério Público para promover investigação de natureza penal, segundo o STJ, a participação de membro do parquet na fase investigatória criminal no grupo especializado impede que este membro ofereça a denúncia bem como ofende o direito a ampla defesa*". A assertiva foi considerada incorreta.

Há também argumento sustentando que a investigação criminal pelo Ministério Público levaria a uma tendência de produção de provas que apenas beneficiassem a acusação. Contudo, é preciso destacar que a investigação criminal, mesmo aquela produzida na fase de inquérito policial, nos crimes de ação penal pública, é toda dirigida ao *Parquet*, para a formação da sua *opinio delicti*, devendo o órgão ministerial ser responsável na utilização das provas produzidas, sob pena de responder por abusos.

Outro argumento aponta para a violação do princípio da paridade das armas. Não se sustenta, entretanto. Primeiro porque a polícia judiciária também teria mais armas que o investigado. Segundo porque, enquanto não apurado o fato delitivo, quem está em situação de desvantagem é o Ministério Público – conhecendo o investigado o fato delitivo, pode muito bem escondê-lo.

Um último argumento apresentado ressalta que a investigação criminal por parte do Ministério Público poderia indicar uma escolha do crime a ser investigado. Todavia, há de se registrar que a investigação criminal por parte do Ministério Público, na prática, somente ocorrerá se ela for mais eficiente do que a investigação perpetrada no inquérito policial, o que acontece em situações de investigação por crimes praticados por policiais ou por agentes políticos poderosos. Em nenhum momento, portanto, a investigação feita pelo Ministério Público esvaziará as atribuições da polícia judiciária ou acabará com o inquérito policial, muito antes pelo contrário, até porque o *Parquet* não está estruturado para o exercício cotidiano dessa atividade.

Por tudo quanto apreciado neste tópico, conclui-se que é perfeitamente possível a investigação criminal presidida pelo Ministério Público. Nesse sentido, noticie-se que ela está atualmente regulamentada pela **Resolução nº 181/17 do Conselho**

Nacional do Ministério Público (que revogou a anterior Resolução nº 13/06 do CNMP). Além disso, ela é **admitida, de forma pacífica, pelo STJ** (como no julgado ROHC nº 11888/MG).

▸ **Crime de denunciação caluniosa (art. 339 CP) com a instauração de PIC e Lei nº 14.110/20:**

A Lei nº 14.110/20 deu nova redação ao tipo penal que prevê o crime de denunciação caluniosa, qual seja, o art. 339 do Código Penal. Na dicção legal, passa a ser punida a conduta de "Dar causa à instauração de inquérito policial, de *procedimento investigatório criminal*, de processo judicial, de processo administrativo disciplinar, de inquérito civil ou de ação de improbidade administrativa contra alguém, imputando-lhe crime, infração ético-disciplinar ou ato ímprobo de que o sabe inocente" (destacamos). Como se vê, por força de inovação legal, se a imputação inverídica de crime der causa à instauração de PIC no âmbito do Ministério Público, também restará caracterizado o delito em comento.

O STF ainda não se posicionou em sede de controle concentrado de constitucionalidade, embora tramitem na Suprema Corte as ADINs de números 2943-6, 3.836, 3.806 e 4271-8, que visam atacar a possibilidade desta espécie de investigação. Porém, **no âmbito do controle difuso, a posição mais recente do STF é pela possibilidade desta investigação**, conforme julgamento paradigmático proferido no RE nº 593727/MG, no qual inclusive foi reconhecida repercussão geral da matéria, assegurando-se a investigação criminal pelo *Parquet*, desde que sejam devidamente resguardados os direitos do investigado, incluindo o acesso a meios de prova, respeitados os limites definidos na Súmula Vinculante nº 14 do STF, e observando-se as hipóteses de cláusula de reserva de jurisdição (provas que somente podem ser realizadas através de ordem judicial) – Informativo nº 785.

▸ **Qual o entendimento do STJ sobre o assunto?**

O STJ decidiu que é ilegal a utilização, por parte do Ministério Público, de peça sigilosa obtida em procedimento em curso no STF para abertura de procedimento investigatório criminal autônomo com o objetivo de apuração dos mesmos fatos já investigados naquela Corte (Informativo nº 726).

▸ **Cláusula de reserva de jurisdição e interceptação telefônica pelo MP:**

A Resolução nº 36/09 do Conselho Nacional do Ministério Público (CNMP) assevera a possibilidade de membro ou servidor do Ministério Público realizar interceptações telefônicas, desde que exista ordem judicial (arts. 8º, parágrafo 3º, e 9º, *caput*), justamente em observância à cláusula de reserva de jurisdição. A esse respeito, o Plenário do STF julgou improcedente a Ação Declaratória de Inconstitucionalidade (ADI) nº 4263 ajuizada em face deste ato normativo e declarou a constitucionalidade da citada Resolução, a qual é baseada na Lei nº 9.296/96 e, portanto, o CNMP não exorbitou do poder regulamentador que lhe foi atribuído pela Constituição Federal como alegado na ADI.

▸ Cláusula de reserva de jurisdição e compartilhamento com o MP de dados bancários e fiscais do contribuinte obtidos pela Receita Federal e pela Unidade de Inteligência Financeira (UIF):

Em 04/12/2019, o Plenário do STF aprovou a tese de repercussão geral no Recurso Extraordinário (RE) 1055941, no qual foi validado o compartilhamento com o Ministério Público e com as autoridades policiais dos dados bancários e fiscais do contribuinte obtidos pela Receita Federal e pela Unidade de Inteligência Financeira (UIF), antigo Conselho de Controle de Atividades Financeiras (COAF), sem a necessidade de autorização prévia do Poder Judiciário.

A tese fixada foi a seguinte:

1. É constitucional o compartilhamento dos relatórios de inteligência financeira da UIF e da íntegra do procedimento fiscalizatório da Receita Federal do Brasil, que define o lançamento do tributo, com os órgãos de persecução penal, para fins criminais, sem a obrigatoriedade de prévia autorização judicial, devendo ser resguardado o sigilo das informações em procedimentos formalmente instaurados e sujeitos a posterior controle jurisdicional.

2. O compartilhamento pela UIF e pela Receita Federal do Brasil, referente ao item anterior, deve ser feito unicamente por meio de comunicações formais, com garantia de sigilo, certificação do destinatário e estabelecimento de instrumentos efetivos de apuração e correção de eventuais desvios.

Todavia, mais recentemente, a Terceira Seção do STJ decidiu que é ilegal a requisição, sem autorização judicial, de dados fiscais pelo Ministério Público. Como destacado pelo tribunal, a análise acurada do acórdão prolatado pelo STF no RE 1055941 alhures mencionado demonstra que tal conclusão não foi compreendida no julgado, que trata da Representação Fiscal para fins penais, instituto legal que autoriza o compartilhamento, de ofício, pela Receita Federal, de dados relacionados a supostos ilícitos tributários ou previdenciários após devido procedimento administrativo fiscal. Assim, a requisição ou o requerimento, de forma direta, pelo órgão da acusação à Receita Federal, com o fim de coletar indícios para subsidiar investigação ou instrução criminal, além de não ter sido satisfatoriamente enfrentada no julgamento daquele Recurso Extraordinário, não se encontra abarcada pela tese firmada no âmbito da repercussão geral em questão. Ainda, as poucas referências que o acórdão faz ao acesso direto pelo Ministério Público aos dados, sem intervenção judicial, é no sentido de sua ilegalidade (STJ, Informativo nº 724).

Mas, em outro julgado, a 6ª Turma do STJ entendeu que não há ilicitude das provas por violação ao sigilo de dados bancários, em razão do compartilhamento de dados de movimentações financeiras da própria instituição bancária ao Ministério Público. Isso por não se tratar de informações bancárias sigilosas relativas à pessoa do investigado, senão de movimentações financeiras da própria instituição, sem falar que, após o recebimento da notícia-crime, o Ministério Público requereu ao juízo de primeiro grau a quebra do sigilo bancário e o compartilhamento pelo Banco de todos os documentos relativos à apuração relacionada aos autos do ora recorrente, o que foi deferido, havendo, portanto, autorização judicial (STJ, Informativo nº 731).

Por fim, noticie-se que tramitou na Câmara dos Deputados a Proposta de Emenda à Constituição nº 37/2011 (PEC 37), que pretendia impedir a investigação criminal pelo Ministério Público, acrescentando um parágrafo 10 ao art. 144 da Constituição Federal, que passaria a ter a seguinte redação: "A apuração das infrações penais de que tratam os §§ 1º e 4º deste artigo, incubem privativamente às polícias federal e civis dos Estados e do Distrito Federal, respectivamente". Todavia, após intensas pressões populares, contando com diversas manifestações nas ruas, aludida PEC foi rejeitada e arquivada.

▸ Resolução nº 23.396/2013 do TSE:

Em 2013, o TSE editou a Resolução nº 23.396 em que vedava o início de investigação de crimes eleitorais de ofício pela Polícia Judiciária ou pelo próprio Ministério Público. Assim, investigação desta natureza só poderia ser instaurada mediante autorização judicial.

Esse ato normativo, desde a sua publicação, passou a ser alvo de severas críticas por parte da comunidade jurídica de um modo geral, eis que violadora do sistema acusatório. Além disso, é no mínimo curioso notar que a restrição ora em análise só exista para os crimes eleitorais, não havendo qualquer ato normativo desta natureza para os demais crimes. No caso particular do Ministério Público, os argumentos alhures expostos também são suficientes para refutar por completo o conteúdo desta Resolução. Destarte, o Plenário do STF, no dia 21.05.2014, no julgamento da Ação Direta de Inconstitucionalidade (ADI) 5104, suspendeu cautelarmente a eficácia do artigo 8º da referida Resolução, o qual estabelecia que "o inquérito policial eleitoral somente será instaurado mediante determinação da Justiça Eleitoral, salvo a hipótese de prisão em flagrante" (Informativo nº 747).

Posteriormente, o próprio TSE, através da Resolução nº 23.424/2014, alterou a redação do art. 8º da Resolução nº 23.396/2013, o qual passou a asseverar que "O inquérito policial eleitoral somente será instaurado mediante requisição do Ministério Público Eleitoral ou determinação da Justiça Eleitoral, salvo a hipótese de prisão em flagrante".

Em seguida, o TSE editou a Resolução nº 23.640, de 29 de abril de 2021, que revogou inteira e definitivamente a Resolução nº 23.396/13.

▸ Qual o entendimento do STF e do STJ sobre o assunto?

O STF decidiu que são lícitas as provas colhidas por meio de quebra de sigilo bancário solicitada por ofício encaminhado pelo Ministério Público (MP), sem autorização judicial, a gerente de instituição financeira. Isso porque as contas públicas, por força dos princípios da publicidade e da moralidade, não têm, em geral, direito à intimidade e à privacidade. Por conseguinte, não são abrangidas pelo sigilo bancário. Asseverou-se que o sigilo de informações necessário à preservação da intimidade é relativizado quando há interesse da sociedade em conhecer o destino dos recursos públicos. Diante da existência de indícios da prática de ilícitos penais envolvendo verbas públicas, cabe ao MP, no exercício de seus poderes investigatórios [CF, art. 129, VIII], requisitar os registros de operações financeiras relativos aos recursos movimentados a partir de conta-corrente de titularidade da prefeitura municipal.

Essa requisição compreende, por extensão, o acesso aos registros das operações bancárias sucessivas, ainda que realizadas por particulares, e objetiva garantir o acesso ao real destino desses recursos públicos. Decidir em sentido contrário implicaria o esvaziamento da própria finalidade do princípio da publicidade, que é permitir o controle da atuação do administrador público e do emprego de verbas públicas (Informativo nº 879).

O STJ, por sua vez, julgou que, independentemente de autorização judicial, é garantido ao MP o acesso a dados cadastrais bancários não protegidos pelo sigilo, desde que os dados sejam relativos a pessoas investigadas pelo órgão e haja a necessidade de instrução de procedimentos de natureza penal ou civil, como ações judiciais e inquéritos policiais (STJ, REsp nº 1561191).

7. ACORDO DE NÃO PERSECUÇÃO PENAL (ART. 28-A CPP)

O acordo de não persecução penal (ANPP) é instituto que, no Brasil, foi criado e inicialmente regulamentado por ato normativo do Conselho Nacional do Ministério Público (CNMP), qual seja, a Resolução nº 181/2017, posteriormente alterada pela Resolução nº 183/2018. Não havia, portanto, lei em sentido estrito que disciplinasse a matéria, o que despertava críticas de boa parte da doutrina, aduzindo-se que o CNMP, ao inovar no ordenamento jurídico, estava usurpando a competência privativa da União para legislar sobre processo penal (art. 22, I, da Constituição Federal), extrapolando também o seu poder regulamentar conferido pelo art. 130-A, § 2º, I, do Texto Constitucional.

As críticas não paravam por aí. Consignava-se ainda que o acordo de não persecução penal em si violava os princípios da segurança jurídica, indisponibilidade da ação penal pública, impessoalidade, ampla defesa, contraditório e devido processo legal.

Outro ponto problemático do instituto era apontado na redação original da Resolução nº 181/2017, que não exigia a homologação judicial do acordo de não persecução penal, o qual já gerava efeitos com o mero ajuste firmado entre o Ministério Público e o investigado, devidamente acompanhado de defensor. Com isso, afirmava-se que ele descumpriria os princípios da reserva legal, imparcialidade (o MP atuaria como acusador e como juiz), inafastabilidade da jurisdição e, mais do que isso, a própria cláusula de reserva de jurisdição.

Utilizando estes argumentos, a Associação dos Magistrados Brasileiros (AMB) e a Ordem dos Advogados do Brasil (OAB) ajuizaram no STF Ações Declaratórias de Inconstitucionalidade (de números, respectivamente, 5.790 e 5.793), atacando, dentre outros pontos da Resolução nº 181/2017 do CNMP em sua redação original (anterior à alteração promovida pela Resolução nº 183/2018), exatamente o instituto em comento.

Diante disso, instalava-se um contexto de insegurança jurídica, fazendo com que membros do *Parquet* em todo país não se sentissem estimulados para a celebração do acordo de não persecução penal. Alguns Ministérios Públicos inclusive chegaram a editar atos normativos recomendando que seus membros não firmassem o acordo antes do julgamento das ADIs e da completa consolidação do instituto no cenário jurídico nacional, a exemplo do que se verificou em Minas Gerais com a Recomendação Conjunta PGJ CGMP nº 2, de 13 de setembro de 2017.

Ciente desta indefinição, o CNMP, pretendendo alavancar, na prática, o acordo de não persecução penal, promoveu importante reforma na Resolução nº 181/2017 por meio da Resolução nº 183, de 24 de janeiro de 2018, a qual, dentre outros aspectos relevantes, passou a exigir a submissão deste acordo à apreciação judicial (art. 18, § 4º, da Resolução nº 181/2017).

A reforma surtiu os efeitos práticos pretendidos, diminuindo-se as críticas ao instituto, especialmente por parte da AMB, e estimulando os membros do Ministério Público a firmarem o pacto. A partir de então, surgiram inúmeras notícias de acordos sendo celebrados em todo o país. Em Minas Gerais, por exemplo, em fevereiro de 2018, na comarca de Campo Belo, foi realizado o primeiro acordo desta natureza.

O cenário de consolidação definitiva do acordo de não persecução penal parece ter sido delineado por completo com o advento da Lei nº 13.964/2019 ("Pacote Anticrime"), que inseriu o instituto no CPP, criando um novel art. 28-A (*caput*, incisos I a V, e parágrafos 1º a 14). Desse modo, cai por terra o argumento de que a matéria não viria disciplinada em lei em sentido estrito, restando prejudicadas com isso as alegações de violação à competência privativa da União para legislar sobre processo penal (art. 22, I, da Constituição Federal) e de extrapolação do poder regulamentar do CNMP previsto no art. 130-A, § 2º, I, do Texto Constitucional.

O acordo de não persecução penal é definido como o ajuste passível de ser celebrado antes do início da ação penal (ou seja, da persecução penal em juízo), no âmbito da investigação criminal, entre o Ministério Público e o investigado (acompanhado de defensor) que, uma vez homologado judicialmente e cumprido, enseja a extinção da punibilidade.

Configura-se mais uma nítida hipótese de mitigação ao princípio da obrigatoriedade da ação penal pública, seguindo a experiência de países como os Estados Unidos e a Alemanha, em que os casos penais são resolvidos, em sua grande maioria, por meio de acordo. Insere-se, pois, no contexto da justiça penal consensual ou negociada, que também é válido no Brasil, basta verificar os institutos da composição civil dos danos, transação penal, suspensão condicional do processo, colaboração premiada e o acordo de leniência. Como tal, permite o debate, o diálogo, sendo a solução para o caso concreto construída pelas próprias partes envolvidas, o que certamente confere a ela uma aceitação e uma legitimidade muito maiores. Atende perfeitamente às relações dialógicas que são reconhecidas e estimuladas em um Estado Democrático de Direito. Ademais, resulta em outros tantos benefícios, como a diminuição da sobrecarga do Judiciário, a resposta estatal à prática de uma infração penal com muito mais eficiência e celeridade, reduzindo a sensação social de impunidade, evita-se a estigmatização do investigado, que responde a uma infração penal que praticou sem ser condenado criminalmente, não havendo sequer registro em certidões de antecedentes criminais, o que contribui para facilitar a sua ressocialização, tudo isso sem falar na diminuição de custos por parte do Estado e do próprio investigado com o não prosseguimento da persecução penal.

Definido todo esse contexto, serão feitas, a seguir, considerações a respeito do regramento do instituto oferecido pelo art. 28-A do CPP, sempre que necessário o comparando ao que vinha estipulado na Resolução nº 181/2017 do CNMP.

Nesse passo, o primeiro aspecto a ser levado em consideração é que, antes do advento da Lei nº 13.964/2019, o acordo de não persecução penal vinha previsto em Resolução do CNMP (nº 181/2017) que tratava do procedimento investigatório criminal (PIC) presidido pelo MP, o que significava que ele somente teria lugar no âmbito desta investigação criminal em específico (muito embora o parágrafo 2º do art. 19 desta Resolução desse a entender que ele seria cabível também no inquérito policial, o que era sufragado por boa parte da doutrina). Agora, no CPP, o acordo está inserido em artigo (28-A) subsequente a um artigo (28) que trata do arquivamento do inquérito policial ou de quaisquer outros elementos informativos da mesma natureza. Assim, pela própria posição topográfica em que se encontra no Código, é possível afirmar que o acordo de não persecução penal é cabível não apenas no procedimento investigatório criminal, mas em qualquer outra investigação criminal, a exemplo do próprio inquérito policial.

Conforme o teor do art. 28-A, *caput*, do CPP, não sendo caso de arquivamento e tendo o investigado confessado formal e circunstancialmente a prática de infração penal sem violência ou grave ameaça e com pena mínima inferior a 4 (quatro) anos, o Ministério Público poderá propor acordo de não persecução penal, desde que necessário e suficiente para reprovação e prevenção do crime, mediante condições ajustadas cumulativa e alternativamente que serão ainda aqui oportunamente indicadas.

Por este regramento legal, são apontados como **requisitos** (cumulativos) do acordo de não persecução penal:

1) não ser caso de arquivamento de investigação criminal: caso seja, ele deverá ser promovido pelo Ministério Público;

2) exigência de confissão formal e circunstanciada do investigado: diferente da transação penal, que não exige confissão de culpa;

> **▸ Qual o entendimento do STJ sobre o assunto?**
>
> O STJ decidiu que não é compatível com a via do *habeas corpus* a pretensão de declaração de inconstitucionalidade do art. 28-A do Código de Processo Penal. Nesse julgado, inicialmente salientou que a confissão, formal e circunstanciada, do fato criminoso é um dos requisitos exigidos pelo art. 28-A do CPP para a celebração do ANPP. Essa exigência legal não implica violação do direito à não autoincriminação. A admissão da imputação deve ser voluntária, espontânea, livre de qualquer coação.

Afinal, o réu é livre para analisar a conveniência de confessar, assim como ocorre com a própria atenuante prevista no art. 65, inciso III, alínea *d*, do Código Penal, na medida em que, se de um lado, a confissão pode robustecer a tese acusatória (ônus), também pode franquear a diminuição da reprimenda (bônus). Para se afastar o requisito legal da confissão da imputação, como etapa necessária da celebração do acordo de não persecução penal, seria imprescindível a afetação da matéria à Corte Especial para a declaração de inconstitucionalidade parcial do art. 28-A do CPP, sob pena de violação da Súmula Vinculante nº 10 do STF, procedimento incompatível com a célere via de *habeas corpus*, cujo rito não admite a suspensão do feito e afetação da matéria à Corte Especial para o exame da matéria prejudicial relativa à constitucionalidade do dispositivo impugnado (STJ, 6ª Turma, Processo sob segredo judicial, Rel. Min. Laurita Vaz, j. 04.10.2022 – Informativo nº 758).

3) **infração penal não cometida com violência ou grave ameaça;**

4) **infração penal com pena mínima (e não máxima) inferior a 4 (quatro) anos**: para aferição da pena mínima cominada ao delito, serão consideradas as causas de aumento e diminuição aplicáveis ao caso concreto (art. 28-A, parágrafo 2º, CPP);

5) **o acordo ser necessário e suficiente para reprovação e prevenção do crime**;

6) **cumprimento de condições ajustadas cumulativa e alternativamente**: o art. 18, *caput*, da Resolução nº 181/2017 do CNMP afirmava que as condições seriam ajustadas "cumulativa *ou* alternativamente". Já o CPP acabou utilizando a expressão aparentemente contraditória "cumulativa e alternativamente". Ora, *a priori*, há o emprego de termos colidentes, que não se harmonizam: ou as condições são cumulativas, ou são alternativas. Para tentar contornar a impropriedade terminológica empregada pelo CPP e aproveitar a previsão legal, deve-se interpretar esta expressão da seguinte forma: as condições dos incisos I, II e III são sempre obrigatórias, devendo ser cumuladas ("cumulativa"); além delas, deve-se ter ou a condição do inciso IV, ou a condição do inciso V ("alternativamente"). Em outras palavras, o ANPP deve impor as condições dos incisos I, II, III e IV ou I, II, III e V. Essa interpretação resta autorizada a partir da constatação de que apenas e tão somente entre as condições dos incisos IV e V consta a conjunção alternativa "ou".

Nos termos dos incisos I a V do art. 28-A, *caput*, do CPP, são essas as condições que podem ser pactuadas: I – reparar o dano ou restituir a coisa à vítima, exceto na impossibilidade de fazê-lo; II – renunciar voluntariamente a bens e direitos indicados pelo Ministério Público como instrumentos, produto ou proveito do crime; III – prestar serviço à comunidade ou a entidades públicas por período correspondente à pena mínima cominada ao delito diminuída de um a dois terços, em local a ser indicado pelo juízo da execução, na forma do art. 46 do Decreto-Lei nº 2.848, de 7 de dezembro de 1940 (Código Penal); IV – pagar prestação pecuniária, a ser estipulada nos termos do art. 45 do Decreto-Lei nº 2.848, de 7 de dezembro de 1940 (Código Penal), a entidade pública ou de interesse social, a ser indicada pelo juízo da execução, que tenha, preferencialmente, como função proteger bens jurídicos iguais ou semelhantes aos aparentemente lesados pelo delito; ou V - cumprir, por prazo determinado, outra condição indicada pelo Ministério Público, desde que proporcional e compatível com a infração penal imputada.

Levando em conta a essência e os objetivos do instituto, "recomenda-se a realização de práticas restaurativas nos acordos de não persecução penal, observada a principiologia das Resoluções n. 225 do CNJ e 118/2014 do CNMP." (Enunciado nº 28 aprovado na I Jornada de Direito e Processo Penal do Conselho da Justiça Federal (CJF).

Acrescente-se que, mesmo se preenchidos os requisitos alhures transcritos, o acordo não será admitido: I - se for cabível transação penal de competência dos Juizados Especiais Criminais, nos termos da lei; II - se o investigado for reincidente ou se houver elementos probatórios que indiquem conduta criminal habitual, reiterada ou profissional, exceto se insignificantes as infrações penais pretéritas; III - ter sido o agente beneficiado nos 5 (cinco) anos anteriores ao cometimento da infração, em acordo de não persecução penal, transação penal ou suspensão condicional do processo; e IV - nos crimes praticados no âmbito de violência doméstica ou familiar, ou praticados contra a mulher por razões da condição de sexo feminino, em favor do agressor (art. 28-A, parágrafo 2º, incisos I a IV, do CPP).

▸ Qual o entendimento do STJ sobre o assunto?

Quanto ao requisito extraído do art. 28-A, § 2º, inciso II, do CPP ("se o investigado for reincidente ou se houver elementos probatórios que indiquem conduta criminal habitual, reiterada ou profissional, exceto se insignificantes as infrações penais pretéritas"), constitui fundamentação idônea para o não oferecimento de ANPP a existência de vários registros policiais e infracionais, embora o réu seja tecnicamente primário, bem como a utilização de posição de liderança religiosa para a prática de delito de violação sexual mediante fraude (STJ, 5ª Turma, Processo sob segredo de justiça, Rel. Min. Reynaldo Soares da Fonseca, j. 02.08.2022).

Quanto à **forma**, o acordo deverá ser realizado por escrito e será firmado pelo membro do Ministério Público, pelo investigado e por seu defensor (art. 28-A, parágrafo 3º, CPP). Embora não haja previsão expressa no CPP, exige-se que o defensor do investigado esteja presente em qualquer ato de negociação do acordo, ainda que meramente informal, à semelhança do que é válido para a colaboração premiada, consoante o art. 3º-C, § 1º, da Lei nº 12.850/2013 após o advento da Lei nº 13.964/2019.

O art. 28-A do CPP não exige que a confissão seja registrada em áudio e vídeo, como vinha estabelecido no art. 18, § 2º, da Resolução nº 181/2017 do CNMP. Todavia, entendemos que o "Pacote Anticrime" não revogou, por completo, esta Resolução. Destarte, o regramento contido no ato normativo do CNMP é ainda mais completo do que aquele encontrado no art. 28-A do CPP, daí porque a Resolução pode ser aplicada subsidiariamente ao Código de Processo Penal, isto é, ela ainda pode incidir se não houver conflito com previsão do CPP, para preencher eventuais lacunas nele existentes. É justamente o caso, razão pela qual se sustenta que persiste a necessidade de que a confissão seja gravada em áudio e vídeo.

Na esteira do Enunciado nº 3 aprovado na I Jornada de Direito e Processo Penal do Conselho da Justiça Federal (CJF), "A inexistência de confissão do investigado antes da formação da *opinio delicti* do Ministério Público não pode ser interpretada como desinteresse em entabular eventual acordo de não persecução penal".

De outro lado, a Lei nº 13.964/2019 seguiu a mesma linha da Resolução nº 183/2018 do CNMP e exigiu a homologação judicial do acordo para que ele opere seus regulares efeitos. Para esta homologação, será realizada audiência na qual o juiz deverá verificar a sua voluntariedade, por meio da oitiva do investigado na presença do seu defensor, e sua legalidade (art. 28-A, § 4º, CPP). Se o acordo for celebrado durante a investigação, deve ser homologado pelo juiz das garantias (art. 3º-B, inciso XVII, CPP).

Ao receber o acordo para fins de homologação, o juiz naturalmente não está obrigado a homologá-lo. Outrossim, se considerar inadequadas, insuficientes ou abusivas as condições dispostas no ajuste, devolverá os autos ao Ministério Público para que seja reformulada a proposta de acordo, com concordância do investigado e seu defensor (art. 28-A, § 5º, CPP). Se não realizada esta adequação ou ainda se a proposta não atender aos requisitos legais, o juiz poderá recusar a homologação (art. 28-A, § 7º, CPP). Sendo caso realmente de recusa da homologação, o juiz devolverá os autos ao Ministério Público para a análise da necessidade de complementação das investigações ou o oferecimento da denúncia (art. 28-A, § 8º, CPP).

Para que fique bem claro, recebendo a proposta de ANPP, o juiz pode seguir dois caminhos distintos, a saber:

a) *devolução dos autos ao Ministério Público (art. 28-A, § 5º, CPP)*: se o juiz considerar inadequadas, insuficientes ou abusivas as condições dispostas no ajuste, devolverá os autos ao Ministério Público para que seja reformulada a proposta de acordo. E se o investigado e seu defensor concordarem com o juiz na reformulação da proposta de acordo, esse comportamento significará sua retratação da adesão, não sendo mais possível o acordo, autorizando-se que o Ministério Público ofereça denúncia. Nessa senda é o Enunciado nº 27 PGJ-CGMP do Ministério Público do Estado de São Paulo a respeito da Lei nº 13.964/19, "*Caso o juiz não homologue o acordo de não persecução, nos termos do § 5º do art. 28-A do CPP, e devolva os autos ao Ministério Público, caberá ao órgão ministerial reiniciar as negociações com o investigado, oferecer denúncia ou providenciar outras diligências. A concordância do investigado e seu defensor com o juiz na reformulação da proposta de acordo significa sua retratação da adesão*".

A nosso ver, é criticável esta opção legislativa de determinar o retorno do pacto ao mesmo órgão ministerial que o propôs, estando em risco o princípio da independência funcional. Não há como o juiz impor comportamento ao agente ministerial até então atuante, até porque não há qualquer hierarquia entre eles.

Melhor seria seguir o caminho adotado pela Resolução nº 181/2017 do CNMP, que, em seu art. 18, § 6º, estabelecia que, nesta hipótese, o magistrado deveria invocar por analogia o disposto no art. 28 do CPP, remetendo os autos ao Procurador-Geral de Justiça ou ao órgão interno da instituição responsável pela revisão do ato (o art. 28 do CPP, com a redação dada pela Lei nº 13.964/2019, dispõe que a revisão do ato será feita por órgão interno do *Parquet* indicado por lei).

O que não se permite é que o juiz, quando da análise sobre a homologação do acordo de não persecução penal, venha a apreciar a necessidade e a suficiência do ajuste para prevenção e reprovação do crime, cingindo o seu controle, com fincas no art. 28-A, § 4º, do CPP, à legalidade (o que inclui a adequação, suficiência e não abusividade das condições dispostas – art. 28-A, § 5º, CPP) e à voluntariedade do acordo. O Enunciado nº 28 PGJ-CGMP do Ministério Público do Estado de São Paulo a respeito da Lei nº 13.964/19 alberga o posicionamento ora exposto: *"A homologação do acordo de não persecução penal a ser realizada pelo juiz das garantias restringe-se ao juízo de voluntariedade e legalidade da proposta, não abrangendo a análise da necessidade e suficiência para prevenção e reprovação do crime"*.

> ▸ **Aplicação em concurso público:**
>
> No concurso de Defensor Público do Estado do Mato Grosso do Sul, promovido pela FGV em 2022, foi cobrado o teor do art. 28-A, § 5º, do CPP, nesses termos: *"Em relação ao controle sobre a legalidade do conteúdo do acordo de não persecução penal, cabe ao juiz: A) devolver os autos ao Ministério Público para reformulação da proposta ilegal de acordo; B) interferir na redação das cláusulas estabelecidas, para a tutela dos interesses do investigado; C) abster-se de examinar se existem cláusulas obrigacionais ilegais; D) decidir sobre a conveniência na formatação das cláusulas obrigacionais do acordo."*. A assertiva considerada correta foi a de letra A.

b) *recusa da homologação do ANPP (art. 28-A, §§ 7º e 8º, CPP)*: havendo recusa judicial na homologação do ANPP, os autos serão devolvidos ao Ministério Público para a análise da necessidade de complementação das investigações ou o oferecimento da denúncia. Nessa situação, ao contrário da anterior, o juiz não detecta qualquer problema com o conteúdo, com as cláusulas do acordo, apenas entende que o ANPP não era possível, pois ele foi firmado em descumprimento aos requisitos exigidos pelo art. 28-A do CPP, a exemplo de um acordo firmado para crime que possua pena mínima superior a quatro anos. Na situação em apreço, diferente da anterior, não se admite a retificação da proposta de acordo, sendo hipótese de recusa, daí porque o Ministério Público retomará as investigações ou oferecerá denúncia. Relembre-se que também será caso de recusa da homologação do ANPP se o juiz devolveu os autos ao Ministério Público para a reformulação da proposta e ela não foi efetivada (art. 28-A, § 7º, CPP).

Em qualquer hipótese de recusa da homologação do ANPP, contra a decisão judicial é cabível o **recurso em sentido estrito**, com fincas no art. 581, inciso XXV, do CPP, com a redação conferida pela Lei nº 13.964/2019. Este recurso pode ser interposto pelo Ministério Público (por insistir que está correta a sua proposta de acordo) ou pelo investigado (que entende ter sido prejudicado pela não homologação do acordo).

De outra banda, se o juiz entender que estão preenchidos todos os requisitos legais e as condições pactuadas cumprem a voluntariedade e a legalidade, deverá homologar o acordo, devolvendo os autos ao Ministério Público para que inicie sua execução perante o **juízo de execução penal** (art. 28-A, § 6º, CPP).

É também criticável esta opção legislativa de encaminhamento da execução do acordo ao juízo da execução penal, implicando em franco retrocesso em relação à sistemática adotada pela Resolução nº 181/2017 do CNMP (que não tinha nenhuma previsão a esse respeito, pois presumia que a execução seria promovida pelo Ministério Público no mesmo juízo que homologou o acordo). Se não há condenação, não há motivos para remeter a execução do acordo ao juízo da execução penal, até porque, como já mencionado neste capítulo, um dos objetivos do instituto é justamente impedir a estigmatização do investigado, evitando que ele sofra qualquer repercussão negativa inerente a uma condenação criminal. Aliás, reforçando esse objetivo, o art. 28-A, § 12, do CPP estatui que a celebração e o cumprimento do acordo não constarão de certidão de antecedentes criminais, exceto para os fins previstos no inciso III do § 2º deste artigo. Por tudo, Vara de Execuções Penais é juízo em que se executam penas e não condições advindas de acordos.

Ao que parece, de uma forma atécnica, o legislador preferiu assumir uma opção muito mais pragmática, de modo a aproveitar a estrutura já existente nas Varas de Execuções Penais para permitir uma fiscalização do cumprimento do acordo mais ágil e célere.

Assim, a execução do ANPP será realizada sempre pelo juízo da execução penal competente para a execução das penas restritivas de direito.

Se o ANPP for firmado perante tribunais, poderá o respectivo tribunal fiscalizar diretamente a execução do acordo ou delegar essa função, parcial ou totalmente, ao juízo da execução penal de primeiro grau a ele vinculado.

Pela dicção do art. 28-A, § 6º, do CPP, caberá ao juízo da execução penal adotar todas as providências para fins de fiscalização do cumprimento do acordo, como intimações, expedições de ofícios etc. Trata-se de sistemática diferente daquela adotada pela Resolução nº 181/2017 do CNMP, que atribuía esse papel ao Ministério Público. Não obstante, o *Parquet*, enquanto titular da ação penal pública e fiscal da ordem jurídica, deverá sempre se manifestar sobre todo e qualquer ato a ser praticado no juízo da execução penal. Cabe ao órgão também acompanhar de perto o comportamento do investigado no que se refere ao cumprimento das condições estipuladas.

▸ Qual o entendimento do STJ sobre o assunto?

Consoante decidido pelo STJ, havendo homologação de ANPP em um juízo e expedição de carta precatória ao juízo em que reside o agente para fins de cumprimento da prestação de serviços à comunidade pactuada, compete ao juízo que homologou o acordo definir qual seria a entidade na qual o investigado cumpriria esta condição. Com efeito, segundo pacífica orientação do STJ, a competência para a execução das penas é do juízo da condenação. No caso específico de execução de penas restritivas de direitos, em se tratando de condenado residente em jurisdição diversa do juízo que o condenou, também é sedimentada a orientação de que a competência para a execução permanece com o juízo da condenação, que deprecará ao juízo da localidade em que reside o apenado tão somente o acompanhamento e a fiscalização do cumprimento da reprimenda. Sendo assim, em se tratando de cumprimento da condição de prestação de serviços à comunidade, imposta em ANPP, a competência para a sua execução é do juízo que o homologou. Nos termos do art. 149, incisos I e III, da LEP, a competência para especificar a entidade em que será efetivada a prestação de serviços, bem assim as posteriores alterações, é do juízo da execução. No cumprimento de ANPP, o competente é o juízo que o homologou e, por se tratar de competência jurisdicional, não pode ser delegada a outro juízo (STJ, Terceira Seção, CC nº 191.598/PR, Rel. Min. Laurita Vaz, j. 26.10.2022).

Noutro giro, em respeito aos interesses da vítima, dentro da concepção do *garantismo penal integral*, o art. 28-A, § 9º, do CPP estabelece que ela será intimada da homologação do acordo, bem como de seu descumprimento.

Admite-se a retratação do ANPP, por parte de qualquer dos pactuantes, até o momento da sua homologação judicial.

Situação diferente ocorre se é o próprio Ministério Público que se recusa a propor o acordo de não persecução penal: nesta hipótese, o investigado poderá requerer a remessa dos autos a órgão superior, na forma do atual art. 28 do CPP, nos termos do art. 28-A, § 14, CPP.

Pela dicção legal, o acordo de não persecução penal não é um direito público subjetivo assegurado ao investigado. Logo, ainda que preenchidos todos os requisitos legais para o acordo, ele somente será proposto pelo Ministério Público a depender do seu juízo de conveniência e oportunidade (discricionariedade). Se ele constituísse um direito público subjetivo, o próprio juiz poderia propor o acordo em lugar do Ministério Público, o que jamais poderá ocorrer, sendo a iniciativa exclusiva deste órgão. É essa inclusive a posição já há bastante tempo consolidada no STJ a respeito de outros institutos típicos da Justiça Penal Consensual ou Negociada, quais sejam, a transação penal e a suspensão condicional do processo. É o que se apregoa também no Enunciado nº 21 PGJ-CGMP do Ministério Público do Estado de São Paulo a respeito da Lei nº 13.964/19: "*A proposta de acordo de não persecução penal tem natureza de instrumento de política criminal e sua avaliação é discricionária do Ministério Público no tocante à necessidade e suficiência para reprovação e prevenção do crime. Trata-se de prerrogativa institucional do Ministério Público e não direito subjetivo do investigado.*".

▸ Qual o entendimento do STF e do STJ sobre o assunto?

A 2ª Turma do STF decidiu que o Poder Judiciário não pode impor ao Ministério Público a obrigação de ofertar acordo de não persecução penal (ANPP). Com efeito, não cabe ao Poder Judiciário, que não detém atribuição para participar de negociações na seara investigatória, impor ao MP a celebração de acordos. Não se tratando de hipótese de manifesta inadmissibilidade do ANPP, a defesa pode requerer o reexame de sua negativa, nos termos do art. 28-A, § 14, do CPP, não sendo legítimo, em regra, que o Judiciário controle o ato de recusa, quanto ao mérito, a fim de impedir a remessa ao órgão superior no MP. Isso porque a redação do art. 28-A, § 14, do CPP determina a iniciativa da defesa para requerer a sua aplicação. Com base nesse entendimento, a Turma concedeu parcialmente a ordem, para determinar a remessa dos autos à Câmara de Revisão do Ministério Público Federal, a fim de que seja apreciado o ato que negou a oferta de ANPP (Informativo nº 1.017).

O STJ possui esse mesmo posicionamento, tendo decidido que a possibilidade de oferecimento do acordo de não persecução penal é conferida exclusivamente ao Ministério Público, não cabendo ao Poder Judiciário determinar ao *Parquet* que o oferte (Informativo nº 739).

Isso não significa que o Ministério Público possa atuar de forma arbitrária, ilegal. Tanto é que o seu comportamento é devidamente fiscalizado pelo investigado, que, caso tenha interesse no acordo, pode provocar a remessa dos autos à instância de revisão ministerial.

Resumindo as ideias ora expostas, o Enunciado nº 32 aprovado na I Jornada de Direito e Processo Penal do Conselho da Justiça Federal (CJF) afirma que *"A proposta de acordo de não persecução penal representa um poder-dever do Ministério Público, com exclusividade, desde que cumpridos os requisitos do art. 28-A do CPP, cuja recusa deve ser fundamentada, para propiciar o controle previsto no § 14 do mesmo artigo"*.

Como elucida o Enunciado nº 29 PGJ-CGMP do Ministério Público do Estado de São Paulo a respeito da Lei nº 13.964/19, *"O pedido revisional fundado no § 14 do art. 28-A do CPP não terá seguimento nos casos em que a pena mínima prevista para o delito for igual ou superior a 04 (quatro) anos (art. 28-A, caput e § 1º do CPP) ou quando incidir alguma das vedações previstas nos incisos I a IV do § 2º do art. 28-A, do CPP"*.

Uma vez descumpridas quaisquer das condições estipuladas no acordo de não persecução penal, o Ministério Público deverá comunicar ao juízo, para fins de sua rescisão e posterior oferecimento de denúncia (art. 28-A, § 10, CPP). O descumprimento do pacto pelo investigado também poderá ser utilizado pelo Ministério Público como justificativa para o eventual não oferecimento de suspensão condicional do processo (art. 28-A, § 11, CPP).

Já se houver o cumprimento integral do acordo, o juízo competente decretará a extinção de punibilidade, consequência distinta daquela prevista na Resolução nº 181/2017 do CNMP (art. 18, § 11), qual seja, o arquivamento da investigação criminal, A opção assumida pelo CPP é mais benéfica ao investigado, pois a decisão proferida pelo juiz formará coisa julgada material, não podendo, portanto, ser revista. Ademais, não correrá prescrição enquanto não cumprido ou não rescindido o acordo de não persecução penal, com fundamento no art. 116, inciso IV, do Código Penal, com a redação dada pela Lei nº 13.964/2019.

Noticie-se que o acordo de não persecução penal também pode ser realizado no procedimento disciplinado pela Lei nº 8.038/90, consoante estipula o art. 1º, § 3º, desta Lei, com a redação conferida pela Lei nº 13.964/2019.

Saliente-se que o regramento do acordo de não persecução penal acrescido pela Lei nº 13.964/2019 ao CPP no art. 28-A não revoga por completo o disposto na Resolução nº 181/2017 do CNMP: havendo conflito entre estes diplomas, naturalmente prevalecerá o CPP, mas se houver qualquer ponto omisso no Código é possível ainda invocar o teor do ato normativo do CNMP se nele houver previsão de determinada matéria. É o exemplo do art. 18, § 7º, da Resolução, que permite a celebração do acordo na audiência de custódia; a esse respeito, registre-se que o art. 19, § 3º, da Resolução nº 329/2020, com a redação dada pela Resolução nº 357/2020, ambas do CNJ, tratando da possibilidade de audiência de custódia por videoconferência no período de pandemia pelo coronavírus, permite justamente que o ANPP seja proposto pelo Ministério Público nesta audiência. Registre-se, porém, que, em 2022, as Resoluções nºs 329/20 e 357/20 foram expressamente revogadas pela Resolução nº 481/22 do CNJ.

No que tange à aplicação da lei processual penal no tempo, considerando que a Lei nº 13.964/2019 tratou o cumprimento do acordo de não persecução penal como causa de extinção da punibilidade, há em questão uma norma processual penal mista ou híbrida mais benéfica ao agente, daí porque ela deve ser aplicada retroativamente, atingindo infrações penais praticadas antes do advento da Lei e até mesmo processos em curso.

O desafio que passa a ser lançado é conseguir apontar até que momento do processo o acordo pode ser firmado. Existem 5 (cinco) correntes a respeito do tema, a saber:

1) **até o oferecimento da denúncia**: esta corrente sustenta que só será possível a celebração do ANPP se o Ministério Público ainda não tenha oferecido denúncia. Alega-se que o ANPP mitiga o princípio da obrigatoriedade da ação penal pública, evitando o seu ajuizamento; logo, se ela já foi ajuizada, não haveria mais razão lógica em se permitir o acordo. Por tudo, o ato jurídico acusatório já restaria perfectibilizado.

2) **até o recebimento da denúncia**: argumenta-se que, se o acordo é de não persecução penal, ele apenas seria cabível até o início da persecução penal em juízo, o que ocorreria justamente com o recebimento da denúncia. Além disso, o fato de que a homologação deste acordo está prevista na competência do juiz das garantias (art. 3º-B, XVII, CPP) seria um forte indicativo do seu cabimento apenas na etapa pré-processual. É a posição defendida, por exemplo, pelo GNCCRIM, por meio do Enunciado nº 20 (*"Cabe acordo de não persecução penal para fatos ocorridos antes da vigência da Lei nº 13.964/2019, desde que não recebida a denúncia."*), e pelo Ministério Público de São Paulo, consubstanciada no Enunciado nº 30 PGJ-CGMP a respeito da Lei nº 13.964/19

(*"Aplica-se o artigo 28 do CPP nos casos em que, oferecida a denúncia, o juiz entenda cabível a proposta de acordo de não persecução penal."*).

Parece ser essa a corrente a prevalecer. Nesse passo, a 5ª Turma do STJ já proferiu decisões no sentido de que o ANPP deve ser proposto pelo Ministério Público até o recebimento da denúncia (AgRg no REsp 1826584/SC, Rel. Min. Reynaldo Soares da Fonseca, j. 22.09.2020; RHC 130.175/SP, Rel. Min. Felix Fischer, j. 25.08.2020; EDcl no AgRg nos EDcl no AREsp1.681.153/SP, Rel. Min. Felix Fischer, j. 08.09.2020; AgRg na PET no Agravo em REsp nº 1668089/SP, Rel. Min. Felix Fishcer, j. 20.10.2020; HC nº 607.003/SC, Rel. Min. Reynaldo Soares da Fonseca, j. 24.11.2020; AgRg no REsp nº 2.006.523/CE, Rel. Min. Jesuíno Rissato, j. 23.08.2022). É esta também a posição mais recente da 6ª Turma do STJ (HC nº 628.647/SC, Rel. Min. Laurita Vaz, j. 19.03.2021).

Por sua vez, a 1ª Turma do STF fixou a seguinte tese: *"o acordo de não persecução penal (ANPP) aplica-se a fatos ocorridos antes da Lei nº 13.964/2019, desde que não recebida a denúncia."* (STF, 1ª Turma, AgRg no HC nº 191464, Rel. Min. Roberto Barroso, j. 11.11.2020). Posteriormente, a 1ª Turma da Suprema Corte voltou a julgar nessa direção (STF, 1ª Turma, AgRg no HC nº 218.615, Rel. Min. Roberto Barroso, julgamento virtual finalizado em 22.10.2022).

3) **até o início da instrução criminal** (ou seja, oitiva da primeira testemunha em juízo): alega-se que, como o cumprimento do acordo resulta em extinção da punibilidade, decisão, portanto, de mérito, à semelhança do que se verifica quando da absolvição sumária (art. 397, IV, CPP), ele poderia ser celebrado até essa etapa. Não sendo possível a decisão de absolvição sumária, partindo-se para o início da instrução criminal, o acordo não teria mais lugar. Foi a posição adotada, por exemplo, pelo Ministério Público de Minas Gerais, em ato normativo editado após as Resoluções de números 181/2017 e 183/2018 do CNMP e antes do advento do "Pacote Anticrime" (no art. 6º da Recomendação CGMP nº 2, de 26 de abril de 2019).
4) **até a sentença**: sustenta-se que deve ser adotada a sistemática então prevista para a suspensão condicional do processo, no sentido de que o termo limite para sua aplicação seria a existência ou não de sentença. É a corrente adotada, por exemplo, pelo Ministério Público de Santa Catarina, em seu "Manual de Orientação: Acordo de Não Persecução Penal na Lei Anticrime (Lei 13.964/19)", que, na página 7, assevera: *"Assim, cumpridos todas as condições objetivas e subjetivas do instituto, pode haver proposta de ANPP mesmo após o recebimento da denúncia, até antes da sentença."*. É também a corrente adotada atualmente no âmbito do Estado de Minas Gerais, por meio da Portaria Conjunta entre TJMG e MPMG de nº 20/2020, em seu art. 2º, *caput*.

Nessa ordem de ideias, noticie-se que a 5ª Turma do STJ já decidiu que é descabida a aplicação retroativa do ANPP inserido pela Lei nº 13.964/2019 quando a persecução penal já ocorreu, estando o feito sentenciado, inclusive com condenação confirmada por acórdão (STJ, 5ª Turma, AgRg no REsp 1860770/SP, Rel. Min. Joel Ilan Paciornik, j. 01.09.2020).

5) **até o trânsito em julgado da sentença**: corrente mais elástica de todas, admite a celebração do ANPP a qualquer momento, enquanto não se opera o trânsito em julgado da sentença. Aduz-se que um dos objetivos do ANPP

é desafogar o Judiciário, motivo pelo qual, com este propósito, ele teria lugar em um maior número de processos, exigindo-se apenas que não haja trânsito em julgado da sentença.

A 6ª Turma do STJ chegou a decidir conforme essa quinta corrente, sustentando o cabimento do ANPP até o trânsito em julgado da condenação. Conforme já decidido por este órgão colegiado, "É reconsiderada a decisão inicial porque o cumprimento integral do acordo de não persecução penal gera a extinção da punibilidade (art. 28-A, § 13, do CPP), de modo que como norma de natureza jurídica mista e mais benéfica ao réu, deve retroagir em seu benefício em processos não transitados em julgado (art. 5º, XL, da CF)." (STJ, 6ª Turma, AgRg no HC 575.395/RN, Rel. Min. Nefi Cordeiro, j. 08.09.2020).

Todavia, por lealdade acadêmica, registre-se que a mesma 6ª Turma do STJ já decidiu em sentido contrário, asseverando que a matéria não poderia ser veiculada a qualquer momento, se representasse inovação recursal (STJ, 6ª Turma, AgRg no AREsp 1683890/SC, Rel. Min. Laurita Vaz, j. 25.08.2020). Além disso, como destacado alhures, em decisão mais recente, este órgão colegiado acolheu a segunda corrente, a qual revela ser a majoritária na jurisprudência.

No âmbito do STF, a sua 2ª Turma, em divergência ao entendimento da 1ª Turma do tribunal, mais recentemente, adotou a quinta corrente acima mencionada e reconheceu a retroatividade do art. 28-A do CPP, determinando a conversão da ação criminal em diligência, a fim de oportunizar ao Ministério Público a propositura de ANPP, caso preenchidos os requisitos. Esclareceu-se que, apesar de já ter sido proferida sentença na ação criminal, o feito ainda estava em curso quando a Lei nº 13.964/2019 entrou em vigor, sendo, pois, imperativo o reconhecimento do efeito retroativo do art. 28-A do CPP (STF, 2ª Turma, HC nº 220.249/SP, Rel. Min. Edson Fachin, julgamento virtual finalizado em 16.12.2022).

Pelo que se verifica, há intensa divergência quanto a este tema no âmbito da jurisprudência, em atos normativos de Ministérios Públicos país afora e na própria doutrina. Visando a pacificação de entendimento, o STF afetou o tema a julgamento pelo Plenário em sede do HC nº 185.913/DF, de Relatoria do Ministro Gilmar Mendes. Além disso, aguarda-se que o CNMP edite ato normativo que unifique o posicionamento ministerial.

▸ Cabimento do ANPP na Justiça Militar:

Após o advento do "Pacote Anticrime", o Superior Tribunal Militar (STM) já vinha decidindo pelo não cabimento do ANPP previsto no art. 28-A do CPP na Justiça Militar (STM, HC nº 7000374-06.2020.7.00.0000, Tribunal Pleno, Rel. Min. Péricles Aurélio Lima de Queiroz, j. 26.08.20). Nesse passo, no dia 10/08/2022, o tribunal aprovou a Súmula nº 18 que reforça esse entendimento. Segundo ela, "*O art. 28-A do Código de Processo Penal comum, que dispõe sobre o Acordo de Não Persecução Penal, não se aplica à Justiça Militar da União.*".

Vale registrar, no entanto, que, em 24/05/2022, o Conselho Superior do Ministério Público Militar aprovou a Resolução nº 126/2022, que estabeleceu o cabimento do ANPP para crimes militares tipificados fora do Código Penal Militar.

Com isso, fica instalado o conflito entre esses órgãos quanto à matéria.

▸ Acordo de não persecução civil e Lei nº 14.230/21:

Na linha do acordo de não persecução penal, a Lei nº 13.964/2019 trouxe ao ordenamento jurídico o então denominado acordo de não persecução cível, cuja celebração é cabível nas ações civis de improbidade administrativa, nos termos do art. 17, § 1º, da Lei nº 8.429/92. Nessa ação, havendo a possibilidade de solução consensual, poderão as partes requerer ao juiz a interrupção do prazo para a contestação, por prazo não superior a 90 (noventa) dias (art. 17, § 10-A, da Lei nº 8.429/92, acrescido pelo "Pacote Anticrime").

Posteriormente, a Lei nº 14.230/21, promovendo significativas alterações na Lei de Improbidade Administrativa, passou a tratar do instituto agora sob a denominação de acordo de não persecução civil. Nesse cenário, o regramento legal deste instituto se transfere para o art. 17-B da Lei nº 8.429/92, que apresenta maiores detalhes acerca do acordo em comento, a exemplo dos requisitos, procedimento e momento da sua celebração, resultados do ajuste, partes que o negociam, consequências do seu descumprimento etc.

▸ Aplicação em concurso público:

No concurso de Promotor de Justiça do Ministério Público do Estado de Minas Gerais, promovido pela Fundep, em 2021, constaram duas questões cobrando aspectos relevantes a respeito do acordo de não persecução penal. Vejamos a primeira questão: *"Acerca do regramento legal do acordo de não persecução penal – ANPP, é INCORRETO afirmar: A) O art. 28-A do CPP condiciona a celebração do ANPP à confissão do indiciado, que deverá ser não apenas formal, como circunstanciada, mas não define o momento de sua realização ou a autoridade com atribuição ou competência para colhê-la. B) Não se exige a presença do membro do Ministério Público na audiência de homologação do acordo de não persecução penal. C) Nos termos da Lei, a execução do ANPP processa-se perante o juízo da execução penal, competindo-lhe rescindi-lo na hipótese de seu descumprimento ou declarar a extinção da punibilidade do indiciado que cumpri-lo regularmente. D) Não há previsão de controle interno do Ministério Público quanto às cláusulas do acordo, mas apenas quanto à recusa do órgão de execução em propô-lo"*. A alternativa considerada incorreta foi a letra C.

Na segunda questão deste concurso sobre o ANPP, foi indagado o seguinte: *"Quanto à doutrina majoritária e à jurisprudência já firmada em matéria de acordo de não persecução penal – ANPP, é INCORRETO afirmar: A) Segundo entendimento do Superior Tribunal Militar, o alcance normativo do acordo de não persecução penal não está circunscrito ao âmbito do processo penal comum, sendo possível invocá-lo subsidiariamente ao Código de Processo Penal Militar. B) A despeito da dicção legal, é cabível a celebração de acordo de não persecução penal nos crimes com resultado violento, se esse componente (violência) não se manifesta na conduta. C) O Supremo Tribunal Federal firmou tese de retroatividade do acordo de não persecução penal a fatos anteriores à Lei 13.964/19, desde que não recebida a denúncia. D) As decisões do Supremo Tribunal Federal e do Superior Tribunal de Justiça têm sido no sentido de negar a existência de direito subjetivo do indiciado à celebração do acordo, ainda que preenchidos os requisitos, reforçando seu caráter negocial e de estratégia político-criminal"*. A alternativa considerada incorreta foi a letra A.

▸ **Aplicação em concurso público:**

No concurso de Juiz de Direito do Tribunal de Justiça do Estado do Paraná, promovido pela FGV, em 2021, também houve cobrança do ANPP, da seguinte forma: "*Os acordos penais ou processuais já eram conhecidos do sistema de justiça criminal brasileiro, mas assumiram um destaque notável a partir da amplitude que se deu ao instituto da colaboração premiada. O formato consensual traz para o processo penal a possibilidade de uma atuação resolutiva que afasta uma perspectiva demandista. O resultado disso é um nítido empoderamento do Ministério Público. No entanto, o Magistrado, até então protagonista no modelo de processo penal conflitivo, continua com papel relevante na sistemática do acordo de não persecução penal. Nesse particular, compete ao juiz de direito do processo de conhecimento: (A) formalizar e fiscalizar o acordo, zelando pelo seu integral cumprimento; (B) veicular a proposta, quando o Ministério Público deixar de fazê-la de forma imotivada; (C) homologar o acordo e declarar a extinção da punibilidade do fato, após seu integral cumprimento; (D) especificar outras condições, desde que adequadas ao fato e à situação pessoal do investigado; (E) reduzir a pena pecuniária até a metade, nas hipóteses de ser a única condição aplicável*". A alternativa considerada correta foi a letra C.

8. CARACTERÍSTICAS DO INQUÉRITO POLICIAL

1. **Inquisitivo**: Com a finalidade de se fomentar a agilidade da investigação, no inquérito policial, não há contraditório e ampla defesa, não sendo permitido que o investigado participe dele. Por isso também, em regra, não é possível condenação apenas com base em prova produzida ao longo do inquérito. Essa característica, no entanto, embora permaneça *plenamente válida*, sofreu a incidência da recente Lei nº 13.245/2016, a qual, ao acrescentar o inciso XXI ao art. 7º do Estatuto da OAB (Lei nº 8.906/94), passou a permitir ao advogado, na alínea "a" deste mesmo dispositivo legal, no curso de qualquer apuração criminal (não apenas inquérito policial), a apresentação de razões (o que inclui a argumentação e a defesa do seu ponto de vista sobre algo que será decidido pelo delegado ou sobre alguma diligência a ser praticada) e quesitos (o que inclui a formulação de perguntas ao investigado, às testemunhas, ofendido, perito etc.), sob pena de "nulidade absoluta" (termo empregado pela lei, embora incorreto tecnicamente, como adiante se demonstrará) do ato colhido sem observância desta prerrogativa funcional. Consoante decidido pelo STF, em face do caráter inquisitivo ora em análise, mesmo com a reforma no Estatuto da OAB anteriormente mencionada, é desnecessário que o advogado seja intimado previamente para acompanhar tomada de depoimentos no inquérito policial. Apenas se o advogado quiser valer a sua prerrogativa é que o ato será realizado com a sua presença (STF, Segunda Turma, PET 7.612, Rel. Min. Luiz Edson Fachin). Saliente-se que a novel legislação não assegurou ao advogado, no interesse do seu cliente, o direito de requisitar diligências, pois a alínea "b" do dispositivo legal em comento, que

trazia previsão a esse respeito, foi vetado pela Presidente da República. Não obstante, continua o advogado com o direito de requerer a colheita de provas, que só será realizada ou não a critério (discricionário) da autoridade policial, conforme já previsto no art. 14 do CPP. O caráter inquisitivo do inquérito policial também não se perde com o disposto no art. 14-A do CPP, com a redação dada pela Lei nº 13.964/2019 ("Pacote Anticrime"), que assegura o direito de defesa a agentes de segurança pública e das Forças Armadas em qualquer investigação criminal. É que este dispositivo legal apenas exige que esse tipo de investigado seja acompanhado na investigação por um defensor técnico, o qual, no entanto, não possui qualquer prerrogativa especial, devendo se ater ao que vem previsto no Estatuto da OAB (notadamente art. 7º, inciso XXI, alínea "a", e parágrafo 11) e na Súmula Vinculante nº 14 do STF. Muito pouco se altera com este novel regramento legal, que inclusive é extremamente confuso, atécnico, inócuo e injustificado, conforme será exposto com vagar em tópico futuro ainda deste capítulo. Há investigações criminais específicas para as quais a lei permite expressamente o contraditório. São os casos do **inquérito instaurado para fins de deportação ou expulsão de estrangeiro** (art. 48 da Lei nº 13.445/2017 - Lei de Migração; art. 6º da Portaria nº 770/2019 do Ministério da Justiça e Segurança Pública, aplicável apenas para a deportação) e o **inquérito para apurar falta administrativa.** Para este último caso, registre-se que a defesa técnica não necessariamente será promovida por advogado, consoante o teor da Súmula Vinculante nº 05 do STF. Mas, "no processo administrativo, o advogado contribui com a postulação de decisão favorável ao seu constituinte, e os seus atos constituem múnus público" (art. 2º, § 2º-A, da Lei nº 8.906/94, com a redação dada pela Lei nº 14.365/22). Aquela Súmula Vinculante, porém, não se aplica para o procedimento disciplinar de apuração de falta disciplinar previsto nos artigos 59 e 60 da Lei de Execução Penal (LEP), conforme posicionamento do próprio STF (RE nº 398269/RS) e do STJ (Informativo nº 532). Aliás, quanto ao procedimento disciplinar de apuração de falta disciplinar previsto na LEP, convém noticiar que, em sua recente Súmula de nº 533, o STJ consagrou o entendimento de que "Para o reconhecimento da prática de falta disciplinar no âmbito da execução penal, é imprescindível a instauração de procedimento administrativo pelo diretor do estabelecimento prisional, assegurado o direito de defesa, a ser realizado por advogado constituído ou defensor público nomeado". O chamado inquérito judicial, que também permitia o contraditório (artigos 103 e seguintes do Decreto-Lei nº 7.661/45), foi revogado pela nova lei de falências. Ademais, a **investigação criminal presidida pelo Ministério Público,** de certa forma e ainda que parcialmente, não deixa de ser hipótese em que também se consagra expressamente o contraditório, afinal de contas o art. 9º, *caput*, da Resolução nº 181/2017 do Conselho Nacional do Ministério Público, que disciplina a matéria, com a redação alterada pela Resolução nº 183/2018 deste órgão, assevera que "O autor do fato investigado poderá apresentar, querendo, as informações que considerar adequadas, facultado o acompanhamento por defensor". Por fim, saliente-se que é direito do advogado usar da palavra, pela ordem, em qualquer tribunal judicial ou administrativo, órgão de deliberação coletiva da administração pública ou comissão parlamentar de inquérito, mediante intervenção pontual e sumária, para esclarecer equívoco ou dúvida surgida em relação a fatos, a documentos ou a afirmações que influam na decisão, ex vi do art. 7º, inciso X, da Lei nº 8.906/94, com a redação dada pela Lei nº 14.365/22.

> **▸ Aplicação em concurso público:**
>
> No concurso de Agente da Polícia Federal, em 2009, promovido pelo Cespe/Unb, cobrou-se justamente a natureza jurídica do inquérito policial. Nesse sentido, a assertiva *"O inquérito policial tem natureza judicial, visto que é um procedimento inquisitório conduzido pela polícia judiciária, com a finalidade de reunir elementos e informações necessárias à elucidação do crime"* foi considerada incorreta.

2. **Inexistência de nulidades**: Sendo o inquérito mero procedimento informativo e não ato de jurisdição, os vícios nele acaso existentes não afetam a ação penal a que deu origem. A desobediência a formalidades legais pode acarretar apenas a ineficácia do ato em si (prisão em flagrante, por exemplo, que, se ilegal, deve ser relaxada), mas não influi na ação já iniciada. Se a prova irregular era a única do inquérito, a consequência é que a denúncia deve ser rejeitada por falta de suporte probatório mínimo (justa causa), nos termos do art. 395, inciso III, do CPP. Nesse sentido o STF (STF, 1ª Turma, HC nº 73271/SP, Rel. Min. Celso de Mello, DJU 4/10/1996, p. 37100; mais recentemente, em seu Informativo nº 824, esse tribunal asseverou categoricamente que "É incabível a anulação de processo penal em razão de suposta irregularidade verificada em inquérito policial") e o STJ (STJ, 6ª Turma, RHC nº 3556-0/PR, Rel. Min. Anselmo Santiago, DJ 12/6/1995). Os vícios do inquérito policial não geram, pois, nulidades, que existem apenas em fase de processo.

3. **Escrito (art. 9º CPP)**: O procedimento deve ser todo escrito, nos termos do art. 9º do CPP. Quanto aos atos orais, devem ser reduzidos a termo. Segundo parcela da doutrina, essa característica encontra-se mitigada com o art. 405, §§ 1º e 2º, do CPP, com a redação dada pela Lei nº 11.719/08. Isso porque, embora este dispositivo legal se refira à gravação da audiência de instrução em julgamento, etapa da fase judicial da persecução criminal, permite o registro dos depoimentos pelos meios ou recursos de gravação magnética, estenotipia, digital ou técnica similar, inclusive audiovisual, do investigado e indiciado (além do ofendido e testemunhas), figuras presentes apenas na fase de inquérito policial, motivo pelo qual se aplicaria também na fase de investigações. A esse respeito, frise-se que, no caso de registro por meio audiovisual, será encaminhada às partes cópia do registro original, sem necessidade de transcrição. No entanto, esse posicionamento tende a ser minoritário, prevalecendo ainda o caráter absolutamente escrito do procedimento.

▸ **Investigação criminal presidida pelo Ministério Público (arts. 8º, *caput* e § 1º, e 18, § 2º, da Resolução nº 181/2017 e Recomendação nº 92/2022 do CNMP):**

Na investigação criminal presidida pelo Ministério Público, ao contrário do previsto pelo CPP para o inquérito policial, a colheita de informações e depoimentos deverá ser feita preferencialmente de forma oral, mediante a gravação audiovisual, com o fim de obter maior fidelidade das informações prestadas (art. 8º, *caput*, da Resolução nº 181/2017 do CNMP). Somente em casos excepcionais e imprescindíveis deverá ser feita a transcrição dos depoimentos colhidos na fase investigatória (art. 8º, § 1º, da Resolução).

A mesma regra era aplicada ao acordo de não persecução penal: a confissão detalhada dos fatos e as tratativas do acordo eram registrados pelos meios ou recursos de gravação audiovisual, destinados a obter maior fidelidade das informações, nos termos do art. 18, § 2º, da Resolução anteriormente aludida. Todavia, o art. 28-A do CPP, acrescido pela Lei nº 13.964/2019 ("Pacote Anticrime"), que atualmente rege este instituto, não repetiu tal previsão, limitando-se a estabelecer que o acordo será formalizado por escrito (art. 28-A, parágrafo 3º, CPP), subentendendo-se, pois, que a confissão exigida para o mencionado acordo seja também formalizada por escrito.

Mais recentemente, foi publicada a Recomendação nº 92/2022 do CNMP, que recomenda ao Ministério Público a adoção de medidas incentivadoras da prática de gravação de atos instrutórios nos procedimentos administrativos em curso na instituição (o que, a nosso ver, inclui o procedimento investigatório criminal). Nos termos do art. 2º desse ato normativo, "Recomenda-se aos ramos e unidades do Ministério Público brasileiro a adoção das seguintes práticas: I – a gravação audiovisual de depoimentos presenciais e virtuais relativos a atos de instrução de procedimentos da sua atividade finalística; II – o armazenamento e a custódia do material gravado em ambiente oficialmente eleito; e III – o fornecimento do material gravado, sem degravação, mediante termo de recebimento, às partes e aos advogados constituídos, respeitadas a restrições legais.".

▸ **Aplicação em concurso público:**

No concurso de Delegado da Polícia Civil do Rio de Janeiro, em 2009, promovido pela Fundação Centro Estadual de Estatísticas, Pesquisas e Formação de Servidores Públicos (Ceperj), foi cobrada justamente a característica do inquérito policial como procedimento escrito. Nesse sentido, a assertiva "*Em decorrência da recente reforma do Código de Processo Penal que passou a preconizar o princípio da oralidade na realização dos atos processuais, pode-se afirmar que houve uma mitigação com relação ao Inquérito Policial, que até então tinha como característica ser eminentemente escrito*" foi considerada incorreta.

4. **Sigiloso (art. 20 CPP)**: O inquérito não está disponibilizado para qualquer do povo, pois não há a publicidade, o que serve de proteção ao investigado contra as investidas da imprensa, em atenção ao princípio da presunção da

inocência. É característica que está prevista expressamente no art. 20, *caput*, do CPP. Nessa esteira, a Lei nº 12.681/12 deu nova redação ao parágrafo único deste dispositivo legal, que passou a asseverar o seguinte: "Nos atestados de antecedentes que lhe forem solicitados, a autoridade policial não poderá mencionar quaisquer anotações referentes a instauração de inquérito contra os requerentes." Com a novel redação deste dispositivo legal, anotações referentes a instauração de inquérito policial não podem aparecer em atestados de antecedentes nem mesmo se existir condenação anterior, ao contrário do que era previsto na antiga redação da citada norma. Informações desta natureza só podem estar acessíveis ao delegado, juiz, Ministério Público e advogado, conforme entendimento do STJ. Registre-se ainda que, nos termos da Súmula nº 444 do STJ, "É vedada a utilização de inquéritos policiais e ações penais em curso para agravar a pena-base". Esse também é o posicionamento do STF, firmado por seu Plenário no julgamento do Recurso Extraordinário nº 591054, com repercussão geral reconhecida. Já a Súmula nº 636 do STJ assevera que "A folha de antecedentes criminais é documento suficiente a comprovar os maus antecedentes e a reincidência". Fica também vedada a utilização de inquéritos e/ou ações penais em curso para impedir a aplicação do art. 33, § 4º, da Lei nº 11.343/06 (STJ, Terceira Seção, REsp nº 1.977.027/PR, Rel. Min. Laurita Vaz, j. 10.08.2022, Tema 1.139). Entretanto, o sigilo do inquérito policial **não se aplica ao juiz, ao Ministério Público e ao advogado**. A esse respeito, frise-se que o advogado pode consultar o inquérito (o que inclui não só o simples exame dos autos, como também a cópia de peças e a anotação de apontamentos, em meio físico ou digital), mesmo que não tenha procuração nos autos, por força do **art. 7º, XIV, do Estatuto da OAB (Lei nº 8.906/94)**, em garantia à sua prerrogativa profissional. Aliás, noticie-se que este dispositivo legal foi alterado pela Lei nº 13.245/2016, passando-se a garantir esta prerrogativa profissional ao advogado não apenas em sede de inquérito policial, mas em "investigações de qualquer natureza", findos ou em andamento, ainda que conclusos à autoridade. Noutro giro, nos autos sujeitos a sigilo, deve o advogado apresentar procuração para o exercício dos direitos de que trata o inciso XIV do art. 7º do Estatuto da OAB (art. 7º, § 10, do Estatuto da OAB, com a redação dada pela Lei nº 13.245/2016). A inobservância aos direitos estabelecidos neste inciso XIV, o fornecimento incompleto de autos ou fornecimento de autos em que houve a retirada de peças já incluídas no caderno investigativo implicará responsabilização criminal e funcional por abuso de autoridade do responsável que impedir o acesso do advogado com o intuito de prejudicar o exercício da defesa, sem prejuízo do direito subjetivo do advogado de requerer acesso aos autos ao juiz competente (art. 7º, § 12, do Estatuto da OAB, com a redação dada pela Lei nº 13.245/2016). O delito vem tipificado no art. 32 da nova Lei de Abuso de Autoridade (Lei nº 13.869/2019). Nesse sentido, o STF, em fevereiro de 2009, editou a **Súmula Vinculante nº 14**, que apregoa: "É direito do defensor, no interesse do representado, ter acesso amplo aos elementos de prova que, já documentados em procedimento investigatório realizado por órgão com competência de polícia judiciária, digam respeito ao exercício do direito de defesa". Em caso de descumprimento do teor desta Súmula, o advogado poderá se valer de reclamação dirigida ao STF. Seguindo a linha de intelecção da citada Súmula Vinculante, o art. 7º, § 11, do Estatuto da OAB, com a redação dada pela Lei nº 13.245/2016, passa a asseverar que, no caso previsto no inciso XIV do art. 7º do mencionado Estatuto, a autoridade competente poderá delimitar o acesso do advogado aos elementos de prova relacionados a diligências em andamento e ainda não documentados nos autos, quando houver risco de comprometimento da eficiência, da eficácia ou da finalidade das diligências. Até em virtude desta inovação legal, conclui-se também que o teor da Súmula Vinculante nº 14 do STF deve ser estendido para toda e qualquer espécie de investigação criminal, não se restringindo o seu alcance, portanto, somente ao inquérito policial, como aparentemente informa a sua redação. De qualquer sorte, o art. 3º-B, inciso XV, do CPP, com a redação dada pela Lei nº 13.964/2019 ("Pacote Anticrime"), reza que compete ao juiz das garantias fazer valer o inteiro teor da Súmula Vinculante nº 14 do STF e do art. 7º, inciso XIV e parágrafo 11, do Estatuto da OAB. O que, a nosso ver, não exclui a via da reclamação na hipótese de descumprimento do conteúdo da citada Súmula Vinculante. Além de consultar os autos, o advogado pode ainda participar da produção de provas, embora de forma limitada. Nessa senda, o inciso XXI, alínea "a", do art. 7º do Estatuto da OAB, incluído pela Lei nº 13.245/2016, expressamente confere ao advogado o direito de assistir a seus clientes investigados durante a apuração de infrações, sob pena de "nulidade absoluta" (termo empregado pela lei, embora tecnicamente incorreto, conforme anteriormente explicitado) do respectivo interrogatório ou depoimento e, subsequentemente, de todos os elementos investigatórios e probatórios dele decorrentes ou derivados, direta ou indiretamente, podendo, inclusive, no curso da respectiva apuração, apresentar razões (o que inclui a argumentação e a defesa do seu ponto de vista sobre algo que será decidido pelo delegado ou sobre alguma diligência a ser praticada) e quesitos (o que inclui a formulação de perguntas ao investigado, às testemunhas, ofendido, perito etc.). Desse modo, garante-se ao advogado o direito de, por exemplo, estar presente ao interrogatório do investigado e nos demais depoimentos colhidos pela autoridade policial, podendo inclusive formular perguntas. Reprise-se, há aqui um direito e não dever. Portanto, caso o advogado queira participar do interrogatório do seu cliente, terá esse direito. Mas se o investigado não indicar a existência de procurador constituído, o ato será realizado independentemente da presença do defensor, não sendo sequer necessária a nomeação de defensor dativo. É esse o posicionamento do STF (STF, Segunda Turma, PET 7.612, Rel. Min. Luiz Edson Fachin). É facultado ao delegado indeferir perguntas formuladas pelo advogado, nas situações expostas no art. 212 do CPP, aplicável à matéria por analogia, e com base também no próprio art. 14 do CPP. Saliente-se, por fim, que a novel legislação não assegurou ao advogado, no interesse do seu cliente, o direito de requisitar diligências, pois a alínea "b" do dispositivo legal em comento, que trazia previsão a esse respeito, foi vetado pela Presidente da

República. Não obstante, continua o advogado com o direito de requerer a colheita de provas, que só será realizada ou não a critério (discricionário) da autoridade policial, conforme já previsto no art. 14 do CPP.

▸ **Súmula Vinculante nº 14 do STF e busca e apreensão domiciliar:**

Com fundamento no teor da Súmula Vinculante nº 14 do STF, o STJ decidiu que, iniciada a ação penal, com o oferecimento da denúncia, cumpre ao Ministério Público "abrir" para a defesa todo o material objeto dos diversos mandados de busca e apreensão judicialmente autorizados (computadores, tablets, cartões de memória, pen-drives, telefones celulares, mídias diversas, documentos etc.), aos quais a defesa não tivera acesso até então. Nessa esteira, asseverou-se que pode o Ministério Público, por certo, escolher o que irá supedanear a acusação, mas o material restante, supostamente não utilizado, deve permanecer à livre consulta do acusado, para o exercício de suas faculdades defensivas. Essa é a *ratio essendi* da Súmula Vinculante nº 14 do STF. Frisou-se que, a fim de resguardar a intimidade dos demais investigados em relação aos quais foi cumprida diligência de busca e apreensão, basta que se colha dos advogados o compromisso de não dar publicidade ao material examinado e que não interesse, direta ou indiretamente, à defesa de seu cliente. Consignou-se que a jurisprudência da Corte é firme em assinalar que, em homenagem ao art. 563 do CPP, não se declara a nulidade do ato processual se a irregularidade: a) não foi suscitada em prazo oportuno e b) não vier acompanhada da prova do efetivo prejuízo para a parte. No que toca ao primeiro requisito, o recorrente demonstrou haver, desde o início da ação penal, postulado o acesso a todo o material apreendido em razão do cumprimento de mandado judicial de busca e apreensão. O prejuízo suportado pelo recorrente é ínsito ao próprio vício constatado, ao não lhe ter sido franqueado o exame, antes do início da instrução criminal, dos dados colhidos em cumprimento ao mandado de busca e apreensão, diante da possibilidade de existência de elementos que pudessem interessar à sua defesa (STJ, Informativo nº 692).

▸ **Qual o entendimento do STJ e do STF sobre o assunto?**

Relativizando o teor da sua Súmula nº 444, o STJ já decidiu que é possível a utilização de inquéritos policiais e/ou ações penais em curso para formação da convicção de que o réu se dedica a atividades criminosas, de modo a afastar o benefício legal previsto no artigo 33, § 4º, da Lei 11.343/06. Em um primeiro momento do julgado, o Tribunal reafirmou o entendimento contido naquela Súmula, salientando que é consabido que inquéritos e ações penais em curso não podem ser valoradas como maus antecedentes, de modo a agravar a pena do réu quando das circunstâncias judiciais avaliadas em dosimetria de pena na primeira fase, para fins de aumentar a pena-base. Posteriormente, superando a divergência até então existente entre a Quinta e a Sexta Turma do STJ, a Terceira Seção deste Tribunal asseverou que, na espécie, não se trata de avaliação de inquéritos ou ações penais para agravar a situação do réu condenado por tráfico de drogas, mas como forma de afastar um benefício legal, desde que existentes elementos concretos para concluir que ele se dedique a atividades criminosas, sendo inquestionável que, em determinadas situações, a existência de investigações e/ou ações penais em andamento possam ser elementos aptos para formação da convicção do magistrado (Informativo nº 596).

Em sentido diametralmente oposto ao sufragado pelo STJ no julgado acima registrado, o STF, com base no decidido no julgamento do RE nº 591.054, submetido à sistemática de repercussão geral (Tema 129), entende que a existência de inquéritos policiais e processos criminais sem trânsito em julgado não podem ser considerados como maus antecedentes para fins de dosimetria da pena, de modo que o fato de a pessoa ser ré em outra ação penal, ainda em curso, não constitui fundamento idôneo para afastar a aplicação da causa de diminuição da pena prevista no artigo 33, § 4º, da Lei nº 11.343/06 (STF, Informativo nº 967).

▸ **Investigação criminal presidida pelo Ministério Público (arts. 9º, §§ 1º a 4º, 15, 16 e 21 da Resolução nº 181/2017):**

A investigação criminal presidida pelo Ministério Público é marcada, como regra geral, pela **publicidade**, afinal de contas o art. 15, *caput*, da Resolução nº 181/2017 do CNMP, que disciplina a matéria, estatui que "Os atos e peças do procedimento investigatório criminal são públicos, nos termos desta Resolução, salvo disposição legal em contrário ou por razões de interesse público ou conveniência da investigação", ao passo que o parágrafo único deste dispositivo, com a redação alterada pela Resolução nº 183/2018 deste órgão, esclarece em que consiste a publicidade: "I – na expedição de certidão, mediante requerimento do investigado, da vítima ou seu representante legal, do Poder Judiciário, do Ministério Público ou de terceiro diretamente interessado; II – no deferimento de pedidos de extração de cópias, com atenção ao disposto no § 1º do art. 3º desta Resolução e ao uso preferencial de meio eletrônico, desde que realizados de forma fundamentada pelas pessoas referidas no inciso I, pelos seus procuradores com poderes específicos ou por advogado, independentemente de fundamentação, ressalvada a limitação de acesso aos autos sigilosos a defensor que não possua procuração ou não comprove atuar na defesa do investigado; III – no deferimento de pedidos de vista, realizados de forma fundamentada pelas pessoas referidas no inciso I ou pelo defensor do investigado, pelo prazo de 5 (cinco) dias ou outro que assinalar fundamentadamente o presidente do procedimento investigatório criminal, com atenção à restrição de acesso às diligências cujo sigilo tenha sido determinado na forma do § 4º do art. 9º desta Resolução; IV – na prestação de informações ao público em geral, a critério do presidente do procedimento investigatório criminal, observados o princípio da presunção de inocência e as hipóteses legais de sigilo".

Excepcionalmente, de acordo com o art. 16, *caput*, desta Resolução, igualmente com a alteração alhures referida, é que o presidente do procedimento investigatório criminal "poderá decretar o sigilo das investigações, no todo ou em parte, por decisão fundamentada, quando a elucidação do fato ou interesse público exigir, garantido o acesso aos autos ao investigado e ao seu defensor, desde que munido de procuração ou de meios que comprovem atuar na defesa do investigado, cabendo a ambos preservar o sigilo sob pena de responsabilização."

Em caso de pedido da parte interessada para a expedição de certidão a respeito da existência de procedimentos investigatórios criminais, é vedado fazer constar qualquer referência ou anotação sobre investigação sigilosa (art. 16, parágrafo único, da Resolução). É digno de nota o conteúdo do art. 21 da Resolução, com a alteração anteriormente mencionada: "No procedimento investigatório criminal serão observados os direitos e as garantias individuais consagrados na Constituição da República Federativa do Brasil, bem como as prerrogativas funcionais do investigado, aplicando-se, no que couber, as normas do Código de Processo Penal e a legislação especial pertinente".

Complementando o regramento da publicidade e do sigilo quanto ao procedimento de investigação do Ministério Público, vale a pena ainda conferir o teor do art. 9º, §§ 1º a 4º, da Resolução, com a redação também alterada pela Resolução nº 183/2018 do CNMP: "§ 1º O defensor poderá examinar, mesmo sem procuração, autos de procedimento de investigação criminal, findos ou em andamento, ainda que conclusos ao presidente, podendo copiar peças e tomar apontamentos, em meio físico ou digital. § 2º Para os fins do parágrafo anterior, o defensor deverá apresentar procuração, quando decretado o sigilo das investigações, no todo ou em parte. § 3º O órgão de execução que presidir a investigação velará para que o defensor constituído nos autos assista o investigado durante a apuração de infrações, de forma a evitar a alegação de nulidade do interrogatório e, subsequentemente, de todos os elementos probatórios dele decorrentes ou derivados, nos termos da Lei nº 8.906, de 4 de julho de 1994. § 4º O presidente do procedimento investigatório criminal poderá delimitar o acesso do defensor aos elementos de prova relacionados a diligências em andamento e ainda não documentados nos autos, quando houver risco de comprometimento da eficiência, da eficácia ou da finalidade das diligências".

▸ Sigilo da investigação criminal envolvendo organização criminosa (art. 23 da Lei nº 12.850/2013):

Em se tratando de investigação criminal que envolva organização criminosa, o seu sigilo poderá ser decretado pela autoridade judicial competente, para garantia da celeridade e da eficácia das diligências investigatórias, assegurando-se ao defensor, no interesse do representado, amplo acesso aos elementos de prova que digam respeito ao exercício do direito de defesa, devidamente precedido de autorização judicial, ressalvados os referentes às diligências em andamento. (art. 23, *caput*, da Lei nº 12.850/13). Determinado o depoimento do investigado, seu defensor terá assegurada a prévia vista dos autos, ainda que classificados como sigilosos, no prazo mínimo de 3 (três) dias que antecedem ao ato, podendo ser ampliado, a critério da autoridade responsável pela investigação. (art. 23, parágrafo único, da Lei nº 12.850/13).

▸ **Aplicação em concurso público:**

No concurso do MP/GO, em 2009/2010, foi cobrado justamente o teor da Súmula Vinculante nº 14 do STF. Nesse sentido, a assertiva "*Nas proposições abaixo, assinale a alternativa incorreta à luz das decisões sedimentadas pelo Supremo Tribunal Federal: É direito do defensor, no interesse do representado, ter acesso amplo aos elementos de prova que, já documentados, ou em andamento, em procedimento investigatório realizado por órgão com competência de polícia judiciária, digam respeito ao exercício do direito de defesa*" foi considerada incorreta.

▸ **Aplicação em concurso público:**

No concurso de Promotor de Justiça do Ministério Público do Estado de Rondônia, em 2010, promovido pelo Cespe/Unb, dentre outros aspectos relevantes do inquérito policial, foi novamente cobrado o conteúdo da Súmula Vinculante nº 14 do STF, da seguinte forma: "*Assinale a opção correta com referência ao IP e suas providências. a) Com o advento da CF, que assegurou o contraditório e a ampla defesa nos procedimentos administrativos, o IP atual deve observar tais princípios, apesar da ausência de previsão no CPP. b) De acordo com a Lei de Falências, cabe ao juiz responsável pelo processo falimentar presidir o inquérito de apuração dos crimes falimentares e, após a conclusão, remetê-lo ao MP para, se for o caso, este oferecer a denúncia. c) O IP é um procedimento sigiloso, não se estendendo o sigilo ao advogado, que poderá ter amplo acesso aos elementos de prova que já estiverem documentados nos autos e se refiram ao exercício do direito de defesa. d) A oitiva do indiciado durante o IP deve observar o mesmo procedimento do interrogatório judicial, sendo-lhe assegurado o direito ao silêncio e a assistência de advogado, que poderá fazer perguntas durante a inquirição e acompanhar a oitiva das testemunhas. e) A prova pericial, apesar de colhida durante o IP, é prova técnica e se submete ao contraditório diferido, razão pela qual tem valor probatório absoluto e não pode ser desconsiderada pelo juiz no momento da sentença". A assertiva considerada correta foi a de letra C.*

▸ **Aplicação em concurso público:**

No concurso de Delegado da Polícia Civil do Estado do Espírito Santo, em 2011, promovido pelo Cespe/Unb, voltou a ser cobrada a redação da Súmula Vinculante nº 14 do STF. Nesse trilhar, a assertiva "*Sinval foi indiciado pelo crime de dispensar ou inexigir licitação fora das hipóteses previstas em lei em relação a órgão da administração federal. Durante a fase do inquérito, a defesa de Sinval pleiteou o direito de acesso amplo aos elementos de prova documentados em procedimento investigatório realizado por órgão dotado de competência de polícia judiciária. Tal pedido não foi integralmente atendido pelo órgão competente, sob o argumento de que deveria ser ressalvado o acesso da defesa às diligências policiais que, ao momento do requerimento, ainda estavam em tramitação ou ainda não tinham sido encerradas. Nessa situação, com base na jurisprudência prevalecente no STF, é adequada a aplicação conferida pelo órgão dotado de competência de polícia judiciária*" foi considerada correta.

> **Aplicação em concurso público:**
>
> No concurso de Promotor de Justiça do Ministério Público do Estado de Minas Gerais, em 2011, dentre outros aspectos relevantes do inquérito policial, mais uma vez foi cobrado o teor da Súmula Vinculante nº 14 do STF. Assim, afirmou-se: "*Assinale a alternativa CORRETA.*
>
> *A) O caráter inquisitivo do inquérito policial permite impor o sigilo acerca das diligências não documentadas, inclusive ao defensor constituído. B) O princípio da ampla defesa é aplicável ao inquérito policial, por se tratar de procedimento administrativo. C) Por razões de interesse público e no interesse da apuração, é possível decretar-se a incomunicabilidade do preso em flagrante delito. D) O princípio da publicidade autoriza a divulgação de dados da investigação, inclusive referentes ao ofendido*". A resposta correta foi a letra A.

5. **Oficialidade**: O inquérito policial deve ser presidido por órgão oficial do Estado, no caso, a Polícia Judiciária (art. 144, §§ 1º, I e IV, e 4º, da Constituição Federal).
6. **Autoritariedade**: O inquérito policial é presidido por autoridade pública (art. 144, §§ 1º, I e IV, e 4º, da Constituição Federal), o Delegado de Polícia. Essa concepção vem atualmente consagrada no art. 2º, § 1º, da Lei nº 12.830/13, segundo o qual "Ao delegado de polícia, na qualidade de autoridade policial, cabe a condução da investigação criminal por meio de inquérito policial ou outro procedimento previsto em lei, que tem como objetivo a apuração das circunstâncias, da materialidade e da autoria das infrações penais". Ademais, "O cargo de delegado de polícia é privativo de bacharel em Direito, devendo-lhe ser dispensado o mesmo tratamento protocolar que recebem os magistrados, os membros da Defensoria Pública e do Ministério Público e os advogados" (art. 3º da Lei nº 12.830/13).
7. **Oficiosidade**: Nos crimes de ação penal pública incondicionada, a autoridade policial tem o dever de ofício de proceder à apuração do fato delitivo (art. 5º, inciso I, do CPP).
8. **Indisponibilidade (art. 17 CPP)**: É característica aplicável à autoridade policial, que não pode determinar o arquivamento do inquérito policial, nos termos do art. 17 do CPP, mesmo se não existirem indícios suficientes da autoria ou prova da materialidade do fato delitivo e ainda que ele tenha instaurado o inquérito de ofício.

> **Aplicação em concurso público:**
>
> No concurso de Analista do TRE/RN, em 2011, promovido pela Fundação Carlos Chagas (FCC), dentre outros aspectos relevantes do inquérito policial, foi cobrada justamente a característica da indisponibilidade prevista no art. 17 CPP, da seguinte forma: "*O inquérito policial a) não pode correr em sigilo, devendo ser submetido à publicidade que rege o processo penal. b) não pode ser instaurado por requisição do Ministério Público. c) não pode ser arquivado pela autoridade policial, mesmo se forem insuficientes as provas da autoria do delito. d) é um procedimento*

> *que, pela sua natureza, não permite ao indiciado requerer qualquer diligência. e) será encaminhado ao juízo competente desacompanhado dos instrumentos do crime, que serão destruídos na delegacia de origem".* A resposta correta foi a letra C.

9. **Incomunicabilidade do investigado (art. 21 CPP):** Embora o art. 21 do CPP traga a possibilidade de se decretar a incomunicabilidade do investigado ao longo do inquérito policial, certo é que **essa característica não foi recepcionada pela Constituição Federal,** já que nem no Estado de Defesa, quando inúmeras garantias fundamentais são mitigadas, isso ocorre, conforme preceitua o art. 136, § 3º, IV, da Constituição Federal ("Na vigência do estado de defesa é vedada a incomunicabilidade do preso"). Além disso, se ela ainda fora admitida, não pode ser aceita para o advogado, por força do art. 7º, inciso III, do Estatuto da OAB (Lei nº 8.906/94). Ademais, nem o próprio Regime Disciplinar Diferenciado (RDD) permite a incomunicabilidade do investigado, nos termos da Lei nº 10.792/03.

Características do inquérito policial
1. Inquisitivo;
2. Inexistência de nulidades;
3. Escrito (art. 9º CPP);
4. Sigiloso (art. 20 CPP);
5. Oficialidade;
6. Autoritariedade;
7. Oficiosidade;
8. Indisponibilidade (art. 17 CPP);
9. Incomunicabilidade do investigado (art. 21 CPP) – revogada.

9. INÍCIO DO INQUÉRITO POLICIAL (ART. 5º, I, II E § 3º, CPP)

As formas de instauração do inquérito policial podem ser extraídas basicamente da leitura do art. 5º do Código de Processo Penal, a saber:

1. **De ofício pela autoridade policial (art. 5º, I, CPP):** O inquérito policial é instaurado pela autoridade policial que irá presidi-lo, quando toma conhecimento, por conta própria, da prática de um delito. Essa forma de instauração vai ao encontro dos princípios da obrigatoriedade e da oficiosidade da ação penal pública. Diante disso, só se permite a instauração do inquérito de ofício pela autoridade policial se o crime for de ação penal pública incondicionada. Aliás, insta salientar que, tomando conhecimento da prática de crime de ação penal pública incondicionada, por força dos princípios anteriormente aludidos, a autoridade policial tem o dever de instaurar o inquérito policial, sob pena do cometimento do crime de prevaricação (art. 319 do CP).

2. **Por requerimento do ofendido ou de quem tiver qualidade para representá-lo (art. 5º, II, CPP):** Ocorre quando o próprio ofendido do delito ou quem tenha qualidade para representá-lo requer à autoridade policial a instauração do inquérito policial. Possuem qualidade para representar o ofendido o seu *representante legal* (ascendente, tutor ou curador), no caso de incapacidade daquele; o *curador especial*, se o ofendido for menor de 18 (dezoito) anos, ou mentalmente enfermo, ou retardado mental, e não tiver representante legal, ou colidirem os interesses deste com os daquele; o *cônjuge, ascendente, descendente* ou *irmão* (nesta ordem preferencial), no caso de falecimento ou declaração de ausência do ofendido; ou por *procurador*. O requerimento do ofendido ou de quem tiver qualidade para representá-lo deverá, sempre que possível, conter os requisitos previstos no art. 5º, § 1º, do CPP (a narração do fato, com todas as circunstâncias; a individualização do indiciado ou seus sinais característicos e as razões de convicção ou de presunção de ser ele o autor da infração, ou os motivos de impossibilidade de o fazer; a nomeação das testemunhas, com indicação de sua profissão e residência). Na hipótese de a autoridade policial indeferir a abertura de inquérito, o prejudicado poderá oferecer **recurso administrativo** dirigido ao **chefe de Polícia** (art. 5º, § 2º, do CPP), que, para uns, é o Delegado-Geral de Polícia e, para outros, o Secretário de Segurança Pública. Segundo entendimento doutrinário (LOPES JR., 2010, p. 273), seria possível também o manejo de mandado de segurança em matéria criminal. Na prática, porém, mais recomendável é que o ofendido encaminhe sua irresignação ao Ministério Público e/ou ao juiz, que poderão requisitar a instauração de inquérito policial ao delegado, o qual, nesse caso, dificilmente poderá negá-la. Ressalte-se, contudo, que o delegado tem o direito de fazer um **juízo de tipicidade** acerca dos fatos. Assim, se entender que o fato é atípico, não está obrigado a acatar o requerimento do ofendido ou de quem tenha legitimidade para representá-lo, não tendo tais pessoas direito líquido e certo a manejar mandado de segurança – é a posição do STJ. No entanto, de acordo com entendimento doutrinário majoritário, o delegado não pode deixar de instaurar o inquérito policial arguindo a aplicação do **princípio da insignificância**, pois este é matéria a ser apreciada privativamente pelo Ministério Público (embora venha ganhando corpo o entendimento de que a autoridade policial, como bacharel em Direito, tem amplas condições de avaliar todos os elementos que integram o fato delitivo, o que inclui, portanto, não apenas a tipicidade formal, mas também a tipicidade material, a antijuridicidade e a culpabilidade). Isso, todavia, não impede que o investigado impetre *habeas corpus* para trancar esse inquérito policial. Autoriza-se a instauração de inquérito policial sob esta modalidade em crime de qualquer espécie de ação penal (pública ou privada).

▸ **Programa Sinal Vermelho contra a Violência Doméstica e Lei nº 14.188/21:**

Ampliando de forma relevante a tutela da mulher vítima de violência doméstica e familiar, a Lei nº 14.188/21 define o programa de cooperação Sinal Vermelho contra a Violência Doméstica como uma das medidas de enfrentamento da violência doméstica e familiar contra a mulher previstas na Lei nº 11.340/06 (Lei Maria da Penha), e no Código Penal. Nos termos da lei, fica autorizada a integração entre o Poder Executivo, o Poder Judiciário, o Ministério Público, a Defensoria Pública, os órgãos de segurança pública e as entidades privadas, para a promoção e a realização do programa Sinal Vermelho contra a Violência Doméstica como medida de ajuda à mulher vítima de violência doméstica e familiar, conforme os incisos I, V e VII do *caput* do art. 8º da Lei nº 11.340/06 (art. 2º, *caput*, da lei). Tais órgãos deverão estabelecer um canal de comunicação imediata com as entidades privadas de todo o País participantes do programa, a fim de viabilizar assistência e segurança à vítima, a partir do momento em que houver sido efetuada a denúncia por meio do código "sinal em formato de X", preferencialmente feito na mão e na cor vermelha (art. 2º, parágrafo único). A identificação deste código poderá ser feita pela vítima pessoalmente em repartições públicas e entidades privadas de todo o País e, para isso, deverão ser realizadas campanha informativa e capacitação permanente dos profissionais pertencentes ao programa, conforme dispõe o inciso VII do *caput* do art. 8º da Lei nº 11.340/06, para encaminhamento da vítima ao atendimento especializado na localidade. Naturalmente, além de adotar eventuais providências cabíveis em favor da vítima, deve o delegado de polícia, ao tomar conhecimento, por meio deste Programa, da prática de crime contra a mulher no âmbito de violência doméstica e familiar, instaurar o respectivo inquérito policial para apurá-lo.

3. **Por delação de terceiro ou *delatio criminis* (art. 5º, § 3º, CPP):** É a denominação dada à comunicação feita por qualquer pessoa do povo ao delegado acerca da ocorrência da infração penal em que caiba ação penal pública incondicionada. É a popular "queixa". Pode ser feita oralmente ou por escrito. Caso a autoridade policial verifique a procedência da informação, mandará instaurar inquérito para apurar oficialmente o acontecimento delitivo. Como regra geral, a delação de terceiro é meramente facultativa. No entanto, há casos excepcionais em que ela se torna obrigatória. É o exemplo do art. 66 da Lei nº 3.688/41, segundo o qual constitui a contravenção penal de *omissão de crime* o ato de deixar de comunicar à autoridade competente crime de ação penal de iniciativa pública incondicionada de que teve conhecimento no exercício de função pública. O inciso II deste dispositivo ainda prevê a punição de quem teve conhecimento, no exercício da medicina ou de outra profissão sanitária, de um crime de ação penal pública incondicionada e cuja comunicação não exponha o cliente a procedimento penal (LOPES JR., 2010, p. 273-274). Mais recentemente, a Lei Henry Borel (Lei nº 14.344/22) apresenta mais uma importante exceção a essa regra, ao estipular, em seu art. 23, que qualquer pessoa

que tenha conhecimento ou presencie ação ou omissão, praticada em local público ou privado, que constitua violência doméstica e familiar contra a criança e o adolescente tem o *dever* de comunicar o fato imediatamente ao serviço de recebimento e monitoramento de denúncias, ao Disque 100 da Ouvidoria Nacional de Direitos Humanos do Ministério da Mulher, da Família e dos Direitos Humanos, ao Conselho Tutelar ou à autoridade policial, os quais, por sua vez, tomarão as providências cabíveis. Em complemento, o art. 26 da novel legislação tipifica como crime, com pena de detenção, de 6 (seis) meses a 3 (três) anos, a conduta de deixar de comunicar à autoridade pública a prática de violência, de tratamento cruel ou degradante ou de formas violentas de educação, correção ou disciplina contra criança ou adolescente ou o abandono de incapaz (*caput*). A pena é aumentada de metade, se da omissão resulta lesão corporal de natureza grave, e triplicada, se resulta morte (§ 1º). Aplica-se a pena em dobro se o crime é praticado por ascendente, parente consanguíneo até terceiro grau, responsável legal, tutor, guardião, padrasto ou madrasta da vítima (§ 2º).

4. **Por requisição da autoridade competente (art. 5º, II, CPP)**: Ocorre quando é feita requisição por parte do juiz ou do Ministério Público. A requisição, se devidamente legal, implica em exigência do cumprimento da lei, o que, na prática, serve como uma espécie de ordem para a autoridade policial. Também existe na hipótese de requisição do Ministro da Justiça na ação penal pública condicionada a essa requisição, embora, nesse caso, não haja propriamente uma ordem, mas uma simples autorização para o início da persecução criminal.

> **▸ Aplicação em concurso público:**
>
> No concurso de Promotor de Justiça Substituto do Ministério Público de Minas Gerais, em 2013, questionou-se acerca de pontos importantes do início do inquérito policial, principalmente quanto à requisição da autoridade competente, do seguinte modo: *"Em relação ao inquérito policial, assinale a alternativa* **FALSA**: *A) A requisição judicial de instauração é entendida como delatio criminis, em função do sistema acusatório. B) A autoridade policial deverá negar-se a instaurar o inquérito, se for condicionada a ação penal e ausente a condição de procedibilidade. C) A requisição ministerial é inviável, se confirmado o indeferimento de instauração em recurso administrativo ao Chefe de Polícia D) O defensor constituído tem acesso amplo ao documentado no inquérito e que diz respeito ao exercício do direito de defesa"*. A resposta da questão foi a letra C.

5. **Pela lavratura do auto de prisão em flagrante delito**: Embora não haja previsão expressa no art. 5º do CPP, entende-se que o inquérito policial poderá ser instaurado também a partir da prisão em flagrante do investigado, nas hipóteses previstas no art. 302 do Código de Processo Penal. Nesse caso, o Auto de Prisão em Flagrante Delito, peça que formaliza a prisão em flagrante, dará início ao inquérito policial.

Início do inquérito policial
1. De ofício pela autoridade policial;
2. Por requerimento do ofendido ou de quem tenha qualidade para representá-lo;
3. Por delação de terceiros (*delatio criminis*);
4. Por requisição da autoridade competente;
5. Pela lavratura do auto de prisão em flagrante delito.

▸ **Observação:**

Nas quatro primeiras situações, o inquérito policial, na prática, é instaurado por meio de Portaria (embora os requerimentos e as representações sejam suficientes para o início do inquérito), ato administrativo praticado pela autoridade policial que irá presidi-lo contendo uma breve narrativa do fato delitivo e, se possível, a identificação do agente investigado. Na última situação, a instauração se dá pelo chamado Auto de Prisão em Flagrante Delito (APFD), que deve preencher os requisitos exigidos pelos artigos 304 a 308 do CPP.

▸ **Atenção:**

Quanto à requisição feita pelo juiz para a instauração de inquérito policial, deve-se relembrar que ela é fruto do contexto em que foi elaborado o Código de Processo Penal, no qual lhe eram conferidos amplos e irrestritos poderes, incluindo o de instauração da ação penal de ofício, nos casos de contravenções, nos termos do art. 531 do CPP, com a sua redação anterior ao advento da Lei nº 11.719/08, constituindo-se hipótese de **processo judicialiforme**. Atualmente, em face do sistema acusatório e da privatividade da ação penal pública por parte do Ministério Público (art. 129, I, CF), não mais é recomendada essa forma de instauração do inquérito policial. A providência mais adequada é o encaminhamento da notícia do crime ao Ministério Público para que ele tome as providências cabíveis, nos termos do art. 40 do CPP. Justamente por conta disso, a Lei nº 11.719/08 alterou a redação do art. 531 do CPP, extirpando do ordenamento jurídico a existência do processo judicialiforme. Diante disso, entende-se que o art. 26 do CPP, que determina que a ação penal, nas contravenções, será iniciada com o auto de prisão em flagrante ou por meio de portaria expedida pela autoridade judiciária ou policial, foi tacitamente revogado. Nessa direção, o art. 3º-A do CPP, com a redação dada pela Lei nº 13.964/2019, passa a vedar a iniciativa do juiz na fase de investigação, razão pela qual esse poder requisitório do juiz referente à instauração de inquérito policial, até então extraído do art. 5º, inciso II, do CPP, resta colocado definitivamente em xeque.

10. INSTAURAÇÃO DO INQUÉRITO POLICIAL COM BASE EM *DELATIO CRIMINIS* ANÔNIMA

A princípio, como a Constituição Federal, no seu art. 5º, inciso IV, veda o anonimato, não seria possível admitir a instauração de um inquérito policial com base tão somente em uma *Delatio Criminis* Anônima ou Delação Apócrifa ou *Notitia Criminis* Inqualificada (a popular "denúncia anônima"), até porque uma instauração de inquérito policial com base em algo inexistente pode ensejar o crime de denunciação caluniosa e se o agente é anônimo não há como processá-lo por esse crime.

É essa a posição do STF (no julgamento do inquérito nº 1.957/PR e na sua Resolução nº 290, de 5/4/2004, art. 4º, inciso II), do STJ (HC nº 95.838/RJ, Rel. Min. Nilson Naves), do Conselho Nacional de Justiça e do Conselho Nacional do Ministério Público, como aponta Paulo Rangel (RANGEL, 2010, p. 749-765), para quem:

> *Se houver instauração de qualquer ato de persecução estatal [...], com base em denúncia anônima, todo e qualquer elemento de prova que for colhido, posteriormente, estará contaminado com base na teoria dos frutos da árvore envenenada, adotada, hodiernamente, no Brasil.*
>
> *Eventuais procedimentos, ou processos, instaurados com base em denúncia anônima poderão ser questionados, via ação de* habeas corpus, *ou mandado de segurança [...], a fim de que sejam extintos ou anulados por determinação do Poder Judiciário.*
>
> *Nada obsta que a própria administração pública, de acordo com o princípio da legalidade (art. 37,* caput, *da CR), anule seus próprios atos quando eivados de vícios que os tornem ilegais.*
>
> *A autoridade que instaurar procedimento criminal [...] com base em denúncia anônima, fica sujeita, em tese, aos limites do art. 339 do CP.* (RANGEL, 2010, p. 765).

Entretanto, é preciso ponderar que, com base nos princípios da obrigatoriedade e da oficiosidade, o delegado que tomar conhecimento da prática de um crime sujeito à ação penal pública incondicionada tem o dever de investigar os fatos.

▸ **Qual o entendimento do STF sobre o assunto?**

O STF já decidiu que a "denúncia anônima", por si só, não serviria para fundamentar a instauração de inquérito policial, mas que, a partir dela, poderia a polícia realizar diligências preliminares para apurar a veracidade das informações obtidas anonimamente e, então, instaurar o procedimento investigatório propriamente dito (Informativo nº 580).

Em outro julgado, a Suprema Corte reafirmou que a sua jurisprudência é firme "no sentido de que denúncias anônimas não podem embasar, por si sós, medidas invasivas como interceptações telefônicas, buscas e apreensões, e devem ser complementadas por diligências investigativas posteriores. Se há notícia anônima de comércio de drogas ilícitas numa determinada casa, a polícia deve, antes de representar pela expedição de mandado de busca e apreensão, proceder a diligências veladas no intuito de reunir e documentar outras evidências que confirmem, indiciariamente, a notícia. Se confirmadas, com base nesses novos elementos de informação o juiz deferirá o pedido; se não confirmadas, não será possível violar o domicílio, sendo a expedição do mandado desautorizada pela ausência de justa causa. O mandado expedido exclusivamente com apoio em denúncia anônima será abusivo" (Informativo nº 976).

Corroborando com esse entendimento do STF, o TRF da 4ª Região, em 12/12/2016, aprovou a Súmula 128, que prevê: *"É válida a instauração de procedimento investigatório com base em denúncia anônima, quando amparada por outro indício"*.

▸ **Instauração de Processo Administrativo Disciplinar (PAD) com base em "denúncia anônima" e Súmula nº 611 do STJ:**

No âmbito da Administração Pública, é aplicável o mesmo raciocínio alhures expendido no que diz respeito à instauração de Processo Administrativo Disciplinar (PAD) com base em "denúncia anônima", *ex vi* da Súmula nº 611 do STJ, a qual apregoa: "*Desde que devidamente motivada e com amparo em investigação ou sindicância, é permitida a instauração de processo administrativo disciplinar com base em denúncia anônima, em face do poder-dever de autotutela imposto à Administração*".

▸ **Qual o entendimento do STJ sobre o assunto?**

O STJ, através da sua Quinta Turma, decidiu que a existência de denúncia anônima da prática de tráfico de drogas somada à fuga do acusado ao avistar a polícia, por si sós, não configuram fundadas razões a autorizar o ingresso policial no domicílio do acusado sem o seu consentimento ou sem determinação judicial. No caso, as razões para o ingresso no imóvel teriam sido a natureza permanente do tráfico, a denúncia anônima e a fuga do investigado ao avistar a polícia. Em relação à tentativa de fuga do agente ao avistar policiais, salientou-se que, nos termos do entendimento da Sexta Turma deste tribunal, tal circunstância, por si só, não configura justa causa exigida para autorizar a mitigação do direito à inviolabilidade de domicílio. Frisou-se ainda que "a mera denúncia anônima, desacompanhada de outros elementos preliminares indicativos de crime, não legitima o ingresso de policiais no domicílio indicado, estando, ausente, assim, nessas situações, justa causa para a medida." (HC 512.418/RJ, Rel. Ministro Nefi Cordeiro, Sexta Turma, julgado em 26/11/2019, DJe 03/12/2019). Neste ensejo, destacou-se que, em situação semelhante, a Sexta Turma desta Corte entendeu que, mesmo diante da conjugação desses dois fatores, não se estaria diante de justa causa e ressaltou a imprescindibilidade de prévia investigação policial para verificar a veracidade das informações recebidas (RHC 83.501/SP, Rel. Ministro Nefi Cordeiro, Sexta Turma, julgado em 06/03/2018, DJe 05/04/2018). Desta feita, entendeu-se que, a partir da leitura do Tema 280/STF, restou mais adequado ao Colegiado seguir esse entendimento, no sentido da exigência de prévia investigação policial da veracidade das informações recebidas. Destacou-se que não se está a exigir diligências profundas, mas breve averiguação, como "campana" próxima à residência para verificar a movimentação na casa e outros elementos de informação que possam ratificar a notícia anônima (Informativo nº 666).

11. "DISQUE-DENÚNCIA", LEI Nº 13.608/18 E *WHISTLEBLOWER* ("INFORMANTE DO BEM")

Ainda quanto à *Delatio Criminis* Anônima, vale a pena registrar a importância do sistema denominado "Disque-Denúncia", oficialmente reconhecido pelo Estado (em sentido lato), para fins de investigação criminal. Nesse sentido, a Lei nº 13.608/2018 afirma que os Estados são autorizados a estabelecer serviço de recepção de denúncias por telefone ("Disque-Denúncia"), preferencialmente gratuito, que também poderá ser mantido por entidade privada sem fins lucrativos, por meio de convênio (art. 2º). O informante que se identificar terá assegurado, pelo órgão que receber a denúncia, o sigilo dos seus dados (art. 3º). A União, os Estados, o Distrito Federal e os Municípios, no âmbito de suas competências, poderão estabelecer formas de recompensa pelo oferecimento de informações que sejam úteis para a prevenção, a repressão ou a apuração de crimes ou ilícitos administrativos (art. 4º, *caput*). Entre as recompensas a serem estabelecidas, poderá ser instituído o pagamento de valores em espécie (art. 4º, parágrafo único).

Correlato a este tema é o *Whistleblower* (em tradução livre, "soprador de apito"; também conhecido como "informante do bem"), compreendido como o cidadão, não envolvido na prática delitiva, que auxilia o Estado comunicando a ocorrência de ilícitos administrativos e criminais às autoridades públicas, recebendo, em contrapartida, uma retribuição financeira ("recompensa" ou "prêmio"). Trata-se, pois, do reportante (do bem), denunciante ou informante. Ele não deve ser confundido com o colaborador/delator premiado, pois este último está envolvido na prática delitiva, enquanto aquele não possui qualquer envolvimento no crime.

Conhecido até então apenas em termos de Direito Comparado, a exemplo da realidade existente no Direito norte-americano, no Brasil pode-se afirmar que a Lei nº 13.608/2018, em sua redação original, iniciou o tratamento legislativo desta figura em seu art. 4º, prevendo recompensas pelas informações prestadas, inclusive por meio do pagamento de valores em espécie.

Não se olvida que o instituto em comento é alvo de sérias críticas dirigidas por parcela doutrina, que aponta que ele seria antiético e amoral, por estimular a comunicação de crime a partir de uma recompensa financeira. Todavia, à luz de uma Análise Econômica do Direito e partindo do êxito da experiência internacional na adoção dele, afigura-se recomendável o estímulo ao instituto no país, buscando uma maior eficiência do Estado na apuração de infrações penais com o aprimoramento de mecanismos de investigação criminal, reconhecendo-se ainda a participação popular na prática de atos públicos, nota marcante das Democracias contemporâneas.

Em seguida, o "Pacote Anticrime" (Lei nº 13.964/2019) ampliou substancialmente o regramento do "informante do bem", inserindo na Lei nº 13.608/2018 os artigos 4º-A a 4º-C, os quais oferecem maiores detalhes a respeito da atuação deste agente, conforme redação a seguir transcrita:

> *Art. 4º-A. A União, os Estados, o Distrito Federal e os Municípios e suas autarquias e fundações, empresas públicas e sociedades de economia mista manterão unidade de ouvidoria ou correição, para assegurar a qualquer pessoa o direito de relatar informações sobre crimes contra a administração pública, ilícitos administrativos ou quaisquer ações ou omissões lesivas ao interesse público.*
>
> *Parágrafo único. Considerado razoável o relato pela unidade de ouvidoria ou correição e procedido o encaminhamento para apuração, ao informante serão asseguradas proteção integral contra retaliações e isenção de responsabilização civil ou penal em relação ao relato, exceto se o informante tiver apresentado, de modo consciente, informações ou provas falsas.*

Art. 4º-B. O informante terá direito à preservação de sua identidade, a qual apenas será revelada em caso de relevante interesse público ou interesse concreto para a apuração dos fatos.

Parágrafo único. A revelação da identidade somente será efetivada mediante comunicação prévia ao informante e com sua concordância formal.

Art. 4º-C. Além das medidas de proteção previstas na Lei nº 9.807, de 13 de julho de 1999, será assegurada ao informante proteção contra ações ou omissões praticadas em retaliação ao exercício do direito de relatar, tais como demissão arbitrária, alteração injustificada de funções ou atribuições, imposição de sanções, de prejuízos remuneratórios ou materiais de qualquer espécie, retirada de benefícios, diretos ou indiretos, ou negativa de fornecimento de referências profissionais positivas.

§ 1º A prática de ações ou omissões de retaliação ao informante configurará falta disciplinar grave e sujeitará o agente à demissão a bem do serviço público.

§ 2º O informante será ressarcido em dobro por eventuais danos materiais causados por ações ou omissões praticadas em retaliação, sem prejuízo de danos morais.

§ 3º Quando as informações disponibilizadas resultarem em recuperação de produto de crime contra a administração pública, poderá ser fixada recompensa em favor do informante em até 5% (cinco por cento) do valor recuperado.

Em apertada síntese, a reforma promovida pelo "Projeto Anticrime" pretendeu: 1) alargar o rol de entes sujeitos às proposições da Lei nº 13.608/18; 2) implementar a ouvidoria ou a unidade de correição pelos entes federativos; 3) delimitar que as informações sejam relativas a crimes contra a administração pública, a ilícitos administrativos ou a ações ou omissões lesivas ao interesse público.

Nesse trilhar, há acertos na Lei nº 13.964/2019, principalmente ao conferir maior tecnicidade à legislação vigente, estipulando medidas de proteção que vão além daquelas previstas na Lei nº 9.807/99 e caracterizando como falta disciplinar ações ou omissões em retaliação ao informante.

Não obstante seja louvável a iniciativa legislativa, verifica-se que o novel regramento é ainda tímido, discreto, limitado, até porque consta em uma Lei (13.608/18) que não foi criada para disciplinar um instituto de tamanha relevância e complexidade. Desse modo, de todo recomendável que ele fosse regido por um capítulo específico e detalhado de uma outra lei, a exemplo do Código de Processo Penal, ou por uma lei própria.

Nesse contexto, o parágrafo único do art. 4º-A peca ao prever que o relato que dará origem à apuração deverá ser apenas "razoável": seria interessante exigir que ele fosse voluntário (não resultando de mero cumprimento de dever funcional), original e verossímil. Aliás, não há sequer a indicação de qualquer critério objetivo para a análise da pretensa razoabilidade deste relato. Além disso, dado o sério risco assumido pelo informante, não há proteção suficiente a ele quando apenas se garante genericamente a "proteção integral contra retaliações". Recomendável seria a previsão de que, em caso de fundado temor de represália, ele poderá solicitar proteção e/ou decretação de segredo de justiça, nos termos da legislação vigente.

Mais recentemente, a Lei Henry Borel (Lei nº 14.344/22), em seu art. 24, também tratou da figura do "informante do bem". Com efeito, na dicção legal, o poder público garantirá meios e estabelecerá medidas e ações para a proteção e a compensação da pessoa que noticiar informações ou denunciar a prática de violência, de tratamento cruel ou degradante ou de formas violentas de educação, correção ou disciplina contra a criança e o adolescente (*caput*). A União, os Estados, o Distrito Federal e os Municípios poderão estabelecer programas de proteção e compensação das vítimas, das testemunhas e dos noticiantes ou denunciantes das condutas previstas no *caput* deste artigo (§ 1º). O noticiante ou denunciante poderá requerer que a revelação das informações de que tenha conhecimento seja feita perante a autoridade policial, o Conselho Tutelar, o Ministério Público ou o juiz, caso em que a autoridade competente solicitará sua presença, designando data e hora para audiência especial com esse fim (§ 2º). O noticiante ou denunciante poderá condicionar a revelação de informações de que tenha conhecimento à execução das medidas de proteção necessárias para assegurar sua integridade física e psicológica, e caberá à autoridade competente requerer e deferir a adoção das medidas necessárias (§ 3º). Ninguém será submetido a retaliação, a represália, a discriminação ou a punição pelo fato ou sob o fundamento de ter reportado ou denunciado as condutas descritas no *caput* deste artigo (§ 4º).

O noticiante ou denunciante que, na iminência de revelar as informações de que tenha conhecimento, ou após tê-lo feito, ou que, no curso de investigação, de procedimento ou de processo instaurado a partir de revelação realizada, seja coagido ou exposto a grave ameaça, poderá requerer a execução das medidas de proteção previstas na Lei nº 9.807, de 13 de julho de 1999, que lhe sejam aplicáveis (§ 5º). O Ministério Público manifestar-se-á sobre a necessidade e a utilidade das medidas de proteção formuladas pelo noticiante ou denunciante e requererá ao juiz competente o deferimento das que entender apropriadas (§ 6º). Para a adoção das medidas de proteção, considerar-se-á, entre outros aspectos, a gravidade da coação ou da ameaça à integridade física ou psicológica, a dificuldade de preveni-las ou de reprimi-las pelos meios convencionais e a sua importância para a produção de provas (§ 7º). Em caso de urgência e levando em consideração a procedência, a gravidade e a iminência da coação ou ameaça, o juiz competente, de ofício ou a requerimento do Ministério Público, determinará que o noticiante ou denunciante seja colocado provisoriamente sob a proteção de órgão de segurança pública, até que o conselho deliberativo decida sobre sua inclusão no programa de proteção (§ 8º). Quando entender necessário, o juiz competente, de ofício, a requerimento do Ministério Público, da autoridade policial, do Conselho Tutelar ou por solicitação do órgão deliberativo concederá as medidas cautelares direta ou indiretamente relacionadas à eficácia da proteção (§ 9º).

▸ **Aplicação em concurso público:**

No concurso de Delegado da Polícia Civil do Estado de São Paulo, promovido pela Vunesp, em 2014, cobrou-se o entendimento do STF acerca da instauração de inquérito policial com base em delação anônima ou apócrifa, da seguinte forma: *"Nos termos do parágrafo terceiro do art. 5.º do CPP: "Qualquer pessoa do povo que tiver conhecimento da existência de infração penal em que caiba ação pública poderá, verbalmente ou por escrito, representá-la à autoridade policial, e esta, verificada a procedência das informações, mandará instaurar inquérito policial".* Assim, *é correto afirmar que: A) sempre que tomar conhecimento da ocorrência de um crime, a autoridade policial deverá, por portaria, instaurar inquérito policial. B) por delatio criminis entende-se a autorização formal da vítima para que seja instaurado inquérito policial. C) o inquérito policial será instaurado pela autoridade policial apenas nas hipóteses de ação penal pública. D) a notícia de um crime, ainda que anônima, pode, por si só, suscitar a instauração de inquérito policial. E) é inadmissível o anonimato como causa suficiente para a instauração de inquérito policial na modalidade da delatio criminis, entretanto, a autoridade policial poderá investigar os fatos de ofício".* A resposta correta foi a letra E.

▸ **Aplicação em concurso público:**

No concurso de Delegado da Polícia Civil do Estado de Pernambuco, promovido pelo Cespe, em 2016, dentre outros aspectos relevantes do inquérito policial, voltou-se a questionar acerca da instauração de inquérito policial com base em delação anônima ou apócrifa, nesses termos: *"A respeito do inquérito policial, assinale a opção correta, tendo como referência a doutrina majoritária e o entendimento dos tribunais superiores. A) Por substanciar ato próprio da fase inquisitorial da persecução penal, é possível o indiciamento, pela autoridade policial, após o oferecimento da denúncia, mesmo que esta já tenha sido admitida pelo juízo a quo. B) O acesso aos autos do inquérito policial por advogado do indiciado se estende, sem restrição, a todos os documentos da investigação. C) Em consonância com o dispositivo constitucional que trata da vedação ao anonimato, é vedada a instauração de inquérito policial com base unicamente em denúncia anônima, salvo quando constituírem, elas próprias, o corpo de delito. D) O arquivamento de inquérito policial mediante promoção do MP por ausência de provas impede a reabertura das investigações: a decisão que homologa o arquivamento faz coisa julgada material. E) De acordo com a Lei de Drogas, estando o indiciado preso por crime de tráfico de drogas, o prazo de conclusão do inquérito policial é de noventa dias, prorrogável por igual período desde que imprescindível para as investigações".* A assertiva correta foi a letra C.

12. INTERFERÊNCIA DA ESPÉCIE DE AÇÃO PENAL NA INSTAURAÇÃO DO INQUÉRITO POLICIAL (ART. 5º, §§ 4º E 5º, CPP)

Como é cediço, se a norma penal não estipular o tipo de ação penal a que está sujeito determinado crime, entende-se que ele estará submetido à ação penal pública incondicionada. Nesse caso, o inquérito policial pode ser iniciado por quaisquer das 5 (cinco) formas de instauração deste procedimento abordadas no tópico 7 deste capítulo.

De outro lado, a **ação penal pública condicionada** (à representação do ofendido e à requisição do Ministro da Justiça) e a **ação penal privada** vêm expressas na norma penal. Nessas situações, o inquérito policial **somente pode ser instaurado por provocação do ofendido ou de quem tiver qualidade para representá-lo ou ainda do Ministro da Justiça**, a depender do caso.

> **▸ Aplicação em concurso público:**
>
> No concurso do TJ/SC, em 2009, foi cobrado justamente o modo de início do inquérito policial em crime de ação penal pública condicionada. Nesse sentido, a assertiva *"Nos crimes de ação penal pública condicionada o inquérito policial só poderá ser iniciado com representação* (destacada)" foi considerada correta.

13. *NOTITIA CRIMINIS* OU NOTÍCIA DO CRIME

Notitia criminis (ou notícia do crime) é "a ciência pela autoridade policial da ocorrência de um fato criminoso" (NUCCI, 2008, p. 152), podendo ser:

1. **Direta ou espontânea ou de cognição imediata:** Ocorre quando a própria autoridade policial, investigando, por qualquer meio, toma conhecimento da prática do delito.
2. **Indireta ou provocada ou de cognição mediata:** Ocorre quando o delegado toma conhecimento da prática do delito por meio de provocação de terceiros, a exemplo da vítima ou de quem tenha qualidade para representá-la, do Ministério Público, juiz, Ministro da Justiça ou até por terceiro.

> **▸ Observação:**
>
> A prisão em flagrante pode estar inserida nas modalidades de *Notitia Criminis* tanto Direta (se é o próprio delegado ou seus agentes quem realiza a prisão em flagrante) como Indireta (se o flagrante é efetivado por um particular, conforme permitido pelo art. 301 do CPP). Em qualquer hipótese, ela é também tratada pela doutrina como *Notitia Criminis* Coercitiva.

> **▸ Qual o entendimento do STJ sobre o assunto?**
>
> De acordo com posicionamento do STJ, é possível a deflagração de investigação criminal com base em matéria jornalística. Inicialmente, para a configuração de justa causa, seguindo o escólio da doutrina, "torna-se necessário [...] a demonstração, *prima facie*, de que a acusação não (seja) temerária ou leviana, por isso que lastreada em um mínimo de prova. Este suporte probatório mínimo se relaciona com os indícios da autoria, existência material de uma conduta típica e alguma prova de sua antijuridicidade e culpabilidade. Somente diante de todo este conjunto probatório é que se coloca o princípio da obrigatoriedade da ação penal pública". Nesse sentido, consigne-se que é possível

> que a investigação criminal seja perscrutada pautando-se pelas atividades diuturnas da autoridade policial, *verbi gratia*, o conhecimento da prática de determinada conduta delitiva a partir de veículo midiático, no caso, a imprensa, como de fato ocorreu. É o que se convencionou a denominar, em doutrina, de *notitia criminis* de cognição imediata (ou espontânea), terminologia obtida a partir da exegese do art. 5º, inciso I, do CPP, do qual se extrai que "nos crimes de ação pública o inquérito policial será iniciado de ofício". Ademais, e por fim, há previsão, de jaez equivalente, no art. 3º da Resolução n. 181, de 2017 do Conselho Nacional do Ministério Público, *in verbis*: o procedimento investigatório criminal poderá ser instaurado de ofício, por membro do Ministério Público, no âmbito de suas atribuições criminais, ao tomar conhecimento de infração penal de iniciativa pública, por qualquer meio, ainda que informal, ou mediante provocação – redação dada pela Resolução n. 183, de 24 de janeiro de 2018 (Informativo nº 652).

14. INVESTIGAÇÕES CRIMINAIS CONTRA AUTORIDADES COM PRERROGATIVA DE FORO

Se o investigado possuir foro por prerrogativa de função, o delegado de polícia não poderá formalmente instaurar inquérito policial para apurar a sua conduta. Nesse caso, a investigação será instaurada no âmbito do foro privativo com competência para julgar o agente público. Na prática, as diligências investigatórias não serão colhidas pelos julgadores que compõem o foro, sob pena de violação ao sistema acusatório e à imparcialidade do juiz. O que ocorrerá é a delegação dos atos investigatórios a outros órgãos públicos, notadamente a Polícia Judiciária. Nessa esteira, atos que atinjam direitos fundamentais e demandem ordem judicial (cláusula de reserva de jurisdição) serão autorizados pelo foro, que, portanto, é responsável por centralizar as investigações. Fala-se assim em uma verdadeira *investigação supervisionada*.

A título de ilustração, se um Governador pratica um crime, será instaurado inquérito perante o STJ. Os Ministros deste tribunal delegarão as diligências investigatórias, como oitiva de testemunhas e do investigado, realização de perícias etc., à Polícia Judiciária, muito provavelmente à Polícia Federal.

De outro lado, se, no curso de um inquérito policial regularmente instaurado para, a princípio, apurar apenas a conduta de indivíduo sem prerrogativa de foro, o delegado perceber que há envolvimento de agente com foro privativo, deverá remeter os autos a este último foro. De qualquer forma, o foro competente poderá requisitar investigações por parte da autoridade policial, supervisionadas por ele e acompanhadas pelo Chefe do Ministério Público.

Assim conforme decidido pelo STF, em caso em que os autos do inquérito foram encaminhados à Suprema Corte pelo juízo de primeiro grau em razão da presença de um investigado com foro por prerrogativa de função neste Tribunal, entendeu-se que, vislumbrando o titular da ação penal a aparência de práticas criminosas contra indivíduos sem prerrogativa de foro antes desta declinação de competência, é adequado o encaminhamento dos autos originais ao juízo declinante para, se for o caso, o órgão do Ministério Público na origem prosseguir na investigação com o aproveitamento dos atos até então praticados (STF, Informativo nº 853).

Em outro julgado, o STF, por meio da sua 1ª Turma, em decisão proferida em 12/08/2014, negou seguimento ao Inquérito nº 3305, no qual um Deputado Federal era acusado de fazer parte de quadrilha destinada ao desvio de recursos públicos. A denúncia foi rejeitada em razão de o inquérito ter sido conduzido em primeira instância, mesmo depois da inclusão de parlamentar federal entre os investigados, usurpando a competência do Supremo Tribunal Federal. Concluiu-se, pois, que a competência do Tribunal para processar autoridades com prerrogativa de foro inclui a fase de inquérito. Uma vez identificada a participação dessas autoridades, os autos devem ser imediatamente remetidos à Corte.

Posteriormente, em 13/06/2016, em caso bastante emblemático no âmbito da operação Lava Jato, no qual o então juiz federal Sérgio Moro permitiu a divulgação de conversa telefônica mantida entre o, à época, ex-Presidente da República, Luiz Inácio Lula da Silva (agente sem prerrogativa de função), e a então Presidente da República, Dilma Rousseff (à época, com prerrogativa de função assegurada no STF), oportunidade em que esta última avisa ao ex-Presidente que enviaria assinado o termo de posse dele como Ministro da Casa Civil "para usar apenas em caso de necessidade", o STF decidiu anular essa gravação, considerando que foi realizada após o término da autorização proferida pelo mencionado magistrado para captação das conversas telefônicas mantidas por Lula. Com efeito, apontou-se a violação da competência do Pretório Excelso no momento em que o juiz, ao se deparar com possível envolvimento de autoridade com prerrogativa de foro, deixou de encaminhar à Corte o procedimento investigatório para análise do conteúdo interceptado e permitiu a divulgação pública desse mesmo conteúdo (STF, Reclamação nº 23.457/PR).

Esclareça-se, todavia, que conforme decidido pelo STJ, durante interceptação telefônica deferida em primeiro grau de jurisdição, a captação fortuita de diálogos mantidos por autoridade com prerrogativa de foro não impõe, por si só, a remessa imediata dos autos ao Tribunal competente para processar e julgar a referida autoridade, sem que antes se avalie a idoneidade e a suficiência dos dados colhidos para se firmar o convencimento acerca do possível envolvimento do detentor de prerrogativa de foro com a prática de crime.

De fato, uma simples conversa, um encontro casual ou mesmo sinais claros de amizade e contatos frequentes de indivíduo sob investigação com uma autoridade pública não pode, por si só, redundar na conclusão de que esta última participaria do esquema criminoso objeto da investigação. Nem mesmo a referência a favores pessoais, a contatos com terceiros, a negociações suspeitas implica, de per si, a inarredável conclusão de que se está diante de práticas criminosas merecedoras de imediata apuração, notadamente quando um dos interlocutores integra um dos Poderes da República e, portanto, pode ter sua honorabilidade e imagem pública manchadas pela simples notícia de que está sob investigação.

Nessa linha intelectiva, a remessa imediata de toda e qualquer investigação em que noticiada a possível prática delitiva de detentor de prerrogativa de foro ao órgão jurisdicional competente não só pode implicar prejuízo à investigação de fatos de particular e notório interesse público, como também representar sobrecarga acentuada aos tribunais, a par de, eventualmente, engendrar prematuras suspeitas sobre pessoa cujas honorabilidade e respeitabilidade perante a opinião pública são determinantes para a continuidade e o êxito de sua carreira. Portanto, é possível afirmar que, tão somente em um claro contexto fático do qual se possa com segurança depreender, a partir dos diálogos dos investigados com pessoa detentora de foro especial, que há indícios concretos de envolvimento dessa pessoa com a prática de crime(s), será imperativo o envio dos elementos de informação ao tribunal competente (STJ, Informativo nº 575).

O STF também decidiu nessa mesma direção, consignando que a simples menção a nome de autoridade com prerrogativa de foro — seja em depoimentos prestados por testemunhas ou investigados, seja na captação de diálogos travados por alvos de censura telefônica judicialmente autorizada —, assim como a existência de informações, até então fluidas e dispersas a seu respeito, são insuficientes para o deslocamento da competência para o juízo hierarquicamente superior. Por conta disso, apontou com acertada a conduta do juízo de primeiro grau em não declinar a competência a este Tribunal, embora tivessem sido captados diálogos que demonstrassem o envolvimento de autoridade com prerrogativa de foro, considerando que não houve a constatação da existência de indícios da participação ativa e concreta do titular da prerrogativa em ilícitos penais (STF, Informativo nº 854).

Noutro giro, verifica-se divergência na jurisprudência do STJ e do STF sobre a possibilidade de o Ministério Público, por meio de procedimento investigatório criminal (PIC), investigar agentes com prerrogativa de foro, senão vejamos:

a) posição do STJ: em decisão proferida em 11/11/2016, a 5ª Turma do STJ entendeu, em um primeiro momento, que o MP pode investigar autoridades com prerrogativa de foro, por meio de procedimento investigativo criminal (PIC). Em seguida, asseverou que esse procedimento pode ser instaurado pelo *Parquet* independente de autorização judicial. Em conclusão, destacou que, também neste caso, é garantido o controle da legalidade dos atos investigatórios pelo Poder Judiciário. O número desse julgado não foi divulgado pelo STJ em virtude de segredo judicial.

b) posição do STF: o STF tem posicionamento já consolidado em sentido contrário ao que decidido pelo STJ. O Regimento interno (com força de lei) do STF atribui a tal Corte competência para determinar a instauração de inquérito de investigados com foro neste tribunal, a pedido do Procurador-Geral da República, da autoridade policial ou do ofendido, bem como para supervisioná-lo (STF, RHC 135683). Esclareça-se, porém, que a Suprema Corte brasileira sustenta este posicionamento apenas e tão somente para investigação de agentes com prerrogativa de foro no próprio tribunal.

Quanto a agentes com prerrogativa em outros tribunais, a exemplo dos Tribunais de Justiça dos Estados, em face da ausência de previsão legal, o STF asseverava que não seria exigida qualquer autorização judicial para fins de início da investigação criminal, a qual poderia ser inclusive realizada pelo Ministério Público (STF, 1ª Turma, AP 912/PB, Rel. Min. Luiz Fux, j. 07.03.17). Havia precedentes seguindo a linha de intelecção do STF no âmbito do Conselho Nacional de Justiça – CNJ (Procedimentos de Controle Administrativos números 0006125-28.2011.2.00.0000 e 0002734-21.2018.2.00.000).

Ocorre que, mais recentemente, o STF decidiu de forma distinta, asseverando que é indispensável a existência de prévia autorização judicial para a instauração de inquérito ou outro procedimento investigatório em face de autoridade com foro por prerrogativa de função em tribunal de justiça. Nesse passo, afirmou-se que o Ministério Público deve requerer judicialmente a prévia instauração de investigação contra autoridade com foro por prerrogativa de função em tribunal de justiça — ou, ao menos, deve cientificar o aludido tribunal para fins de possibilitar o exercício da atividade de supervisão judicial. A exigência de supervisão judicial se impõe mesmo em relação aos procedimentos investigativos instaurados no âmbito do próprio Ministério Público. Até porque é necessária a prévia autorização judicial para a instauração de inquérito contra autoridade com foro por prerrogativa de função em tribunal de justiça (STF, Plenário, RE nº 1322854/GO, Rel. Min. Ricardo Lewandowski, j. 18.05.21; 2ª Turma, HC nº 201965/RJ, Rel. Min. Gilmar Mendes, j. 30.11.21).

Posteriormente, a Suprema Corte reafirmou esse seu entendimento, decidindo que é constitucional a norma de Regimento Interno de Tribunal de Justiça que condiciona a instauração de inquérito à autorização do desembargador-relator nos feitos de competência originária daquele órgão. Na hipótese, não há ofensa ao sistema acusatório, pois a previsão regimental decorre da normativa constitucional que determina o foro específico, sujeitando investigações contra determinadas autoridades a maior controle judicial, pela importância das funções que exercem. Quanto à necessidade de supervisão judicial dos atos investigatórios, tem-se, pela interpretação sistemática da CF/88 e com fulcro na jurisprudência consolidada da Corte, que o mesmo tratamento conferido às autoridades com foro por prerrogativa de função no STF deve ser aplicado, por simetria, àquelas com foro em outros tribunais, em observância ao princípio da isonomia, que garante o mesmo tratamento aos que estejam em situação igual. Ademais, inexiste usurpação das funções institucionais conferidas constitucionalmente ao Ministério Público, pois o órgão mantém a titularidade da ação penal e as prerrogativas investigatórias, devendo apenas submeter suas atividades ao controle judicial (STF, Plenário, ADI nº 7.083/AP, Rel. Min. Cármen Lúcia, julgamento virtual finalizado em 13.05.2022).

Se, de um lado, como visto, o STF entende indispensável a existência de prévia autorização judicial para a instauração de inquérito ou outro procedimento investigatório em face de autoridade com foro por prerrogativa de função em tribunal de justiça, de outro, decidiu que não se exige que o tribunal de justiça autorize o *prosseguimento* de investigações contra *magistrados*. Desse modo, a Suprema Corte fixou a seguinte tese: "É inconstitucional norma estadual de acordo com a qual compete a órgão colegiado do tribunal autorizar o prosseguimento de investigações contra magistrados, por criar prerrogativa não prevista na Lei Orgânica da Magistratura Nacional e não extensível a outras autoridades com foro por prerrogativa de função.". Com efeito, atualmente, a disciplina das matérias institucionais da magistratura nacional decorre da Lei complementar nº 35/1979 (Lei Orgânica da Magistratura Nacional – LOMAN), segundo a qual não há qualquer previsão dessa condicionante para a continuidade das investigações. Também não há se falar, na hipótese, em aplicação da *ratio decidendi* da ADI nº 7.083/AP (mencionada alhures). Nesse contexto, a norma estadual impugnada, ao dispor de modo distinto à lei federal, promove indevida inovação, afrontando o art. 93 da CF/1988. Ademais, ofende o princípio da isonomia, pois cria garantia mais extensa aos juízes estaduais mineiros do que a prevista aos demais membros da magistratura nacional e demais autoridades com foro por prerrogativa de função. Com base nesses entendimentos, o Plenário, por maioria, julgou parcialmente procedente o pedido para declarar a inconstitucionalidade da expressão "na primeira sessão" do art. 90, § 1º, da Lei Complementar 59/2001 do Estado de Minas Gerais, e atribuir interpretação conforme a Constituição à expressão "órgão competente do Tribunal de Justiça", prevista no mesmo dispositivo, a fim de estabelecer que caberá ao relator autorizar o prosseguimento das investigações (STF, Plenário, ADI nº 5.331/MG, Rel. Min. Rosa Weber, redator do acórdão Min. Roberto Barroso, julgamento virtual finalizado em 03.06.2022).

Saliente-se que o STF, historicamente, sempre entendeu ser possível o indiciamento de agente com prerrogativa de foro, o qual deve ser realizado pelo delegado de polícia, desde que possua a devida autorização do foro privativo.

Nesse prisma, em outro caso com grande repercussão nacional, desta feita envolvendo o então Governador de Minas Gerais, Fernando Pimentel, alvo de investigação criminal no STJ (foro por prerrogativa de função) – Inquérito nº 1.059/DF –, na Operação Acrônimo, o STF decidiu pela validade do seu indiciamento realizado pela Polícia Federal em virtude da suposta prática dos crimes de corrupção passiva, lavagem de dinheiro e ocultação de valores, eis que precedido de autorização do Relator da investigação originária do STJ. Aliás, a Suprema Corte deixou clara a ideia de que é possível o indiciamento por delegado de polícia (é ato privativo dele, consoante art. 2º, § 6º, da Lei nº 12.830/13) de qualquer autoridade detentora de prerrogativa de foro, mediante supervisão judicial do Tribunal competente (ou do Relator da causa). Para isso ocorrer, faz-se necessária também a motivação tanto do indiciamento em si quanto da autorização feita pelo foro por prerrogativa de função (STF, Informativo nº 825).

Porém, faz-se imprescindível destacar que, em caso mais recente, o Ministro da Suprema Corte Luís Roberto Barroso, em decisão monocrática proferida em inquérito que investigou o então Presidente da República Michel Temer, consignou que se a investigação tramitou regularmente com autorização e supervisão de Ministro do STF, o agente com foro privativo pode ser indiciado normalmente pelo delegado de polícia, independente de autorização judicial prévia. Nas palavras do Ministro, "o indiciamento, não representando mais do que a conclusão da autoridade policial, é ato muito menos estigmatizante do que o oferecimento de uma denúncia pelo Ministério Público, e nem por isso se cogita de uma autorização judicial prévia para que a peça acusatória possa ser apresentada. Tratando-se do Presidente da República, aliás, a denúncia é encaminhada diretamente à Câmara dos Deputados para deliberação sobre a acusação, sem qualquer juízo prévio do Supremo Tribunal Federal" (Inq. nº 4.621/DF, j. 23.10.18).

O STJ possui julgado seguindo essa mesma posição assumida pelo Ministro Roberto Barroso, tendo decidido que, apesar de as autoridades com prerrogativa de foro devam ser julgadas perante o juízo competente, a lei não ressalva a forma pela qual devem ser investigadas, daí porque se aplica a regra geral insculpida no art. 5º do CPP, isto é, o indiciamento independe de autorização judicial (STJ, AgRg no HC nº 404.228/RJ, Rel. Min. Jorge Mussi, j. 01.03.18).

O indiciamento é tema que ainda será tratado com maiores detalhes em tópico futuro deste capítulo.

15. IDENTIFICAÇÃO CRIMINAL (ART. 5º, LVIII, CF; ART. 3º DA LEI Nº 12.037/09 C/C LEI Nº 12.654/12 E LEI Nº 13.964/19 – "PACOTE ANTICRIME"; ART. 1º DA LEI Nº 14.069/20)

Ab initio, esclareça-se que a identificação criminal constitui o gênero, do qual são espécies a identificação datiloscópica e a identificação fotográfica (LOPES JR., 2010, p. 285). Nesse cenário, a identificação datiloscópica deve ser entendida como a "colheita das impressões digitais do indiciado, objetivando a sua correta identificação, por se tratar de método científico e seguro" (NUCCI, 2008, p. 160).

A esse respeito, em um primeiro momento, deve ser levada em consideração a regra prevista no art. 5º, inciso LVIII, da Constituição Federal, segundo o qual "o civilmente identificado não será submetido à identificação criminal, salvo nas hipóteses previstas em lei".

A lei mencionada pelo dispositivo constitucional é a Lei nº 12.037/09, que revogou a Lei nº 10.054/00, anterior diploma legal da matéria. No que tange à nova lei, vale a pena a leitura, principalmente, dos artigos 2º (que especifica os tipos de documentos que podem ser utilizados para a identificação civil) e 3º (elenca as hipóteses em que é possível a identificação criminal), a seguir transcritos:

> *Art. 2º A identificação civil é atestada por qualquer dos seguintes documentos:*
>
> *I – carteira de identidade;*
>
> *II – carteira de trabalho;*
>
> *III – carteira profissional;*
>
> *IV – passaporte;*
>
> *V – carteira de identificação funcional;*
>
> *VI – outro documento público que permita a identificação do indiciado.*

Parágrafo único. Para as finalidades desta Lei, equiparam-se aos documentos de identificação civis os documentos de identificação militares.

Art. 3º Embora apresentado documento de identificação, poderá ocorrer identificação criminal quando:

I – o documento apresentar rasura ou tiver indício de falsificação;

II – o documento apresentado for insuficiente para identificar cabalmente o indiciado;

III – o indiciado portar documentos de identidade distintos, com informações conflitantes entre si;

IV – a identificação criminal for essencial às investigações policiais, segundo despacho da autoridade judiciária competente, que decidirá de ofício ou mediante representação da autoridade policial, do Ministério Público ou da defesa;

V – constar de registros policiais o uso de outros nomes ou diferentes qualificações;

VI – o estado de conservação ou a distância temporal ou da localidade da expedição do documento apresentado impossibilite a completa identificação dos caracteres essenciais.

Parágrafo único. As cópias dos documentos apresentados deverão ser juntadas aos autos do inquérito, ou outra forma de investigação, ainda que consideradas insuficientes para identificar o indiciado.

De acordo com a Lei nº 12.654/12 ("Lei do Perfil Genético"), na hipótese do inciso IV do art. 3º, a identificação criminal poderá incluir a coleta de material biológico para a obtenção do perfil genético. Essa permissão, no entanto, merece ser lida à luz do princípio da não autoincriminação, daí porque a coleta de material biológico somente ocorrerá se o agente autorizar.

Nesse passo, o STJ entendeu que é nula, para fins de identificação criminal, a coleta compulsória de material orgânico não descartado de pessoas definitivamente não condenadas. Na oportunidade, consignou-se que não se olvida que há precedentes da Corte, no sentido de que a extração de saliva não representa método invasivo da intimidade. Sem embargo, são hipóteses em que o referido material genético se achava em objetos descartados – vale dizer, o exame do elemento orgânico não envolveu violação ao corpo do indivíduo (ilustrativamente, o suspeito fumou e desprezou cigarros, ou a saliva foi recolhida de copos ou talheres de plástico utilizados e eliminados) – ou se a arrecadação do material biológico é consentida (RHC 104.516/RN, Ministro Sebastião Reis Júnior, DJe 07/02/2020; HC 495.694/SP, Ministra Laurita Vaz, DJe 07/03/2019). A propósito, há dezenas de precedentes desta Casa que não confrontam com o caso em comento, porquanto aludem à coleta de elementos orgânicos de sentenciados e sujeitos à execução – como o HC 536.114/MG, Rel. Ministro Nefi Cordeiro, Sexta Turma, DJe 10/2/2020, e o HC 476.341/SP, Rel. Ministro Sebastião Reis Júnior, Sexta Turma, DJe 9/9/2019 – ou remetem a circunstâncias em que há consentimento do acusado com o recolhimento do material biológico ou fornecimento voluntário do dado perquerido – como o HC 651.424/BA, Rel. Ministra Laurita Vaz, Sexta Turma, DJe 31/5/2022, e o AgRg no REsp 1.979.815/PE, Rel. Ministro Jesuíno Rissato, Quinta Turma, DJe 16/3/2022 (STJ, Informativo nº 750).

Nessa esteira, conforme o art. 5º-A, *caput*, da Lei nº 12.037/09, acrescido pela referida Lei nº 12.654/12, os dados relacionados à coleta do perfil genético deverão ser armazenados em banco de dados de perfis genéticos, gerenciado por unidade oficial de perícia criminal. As informações genéticas contidas nos bancos de dados de perfis genéticos não poderão revelar traços somáticos ou comportamentais das pessoas, exceto determinação genética de gênero, consoante as normas constitucionais e internacionais sobre direitos humanos, genoma humano e dados genéticos (art. 5º-A, § 1º). Os dados constantes dos bancos de dados de perfis genéticos terão caráter sigiloso, respondendo civil, penal e administrativamente aquele que permitir ou promover sua utilização para fins diversos dos previstos na Lei nº 12.037/09 ou em decisão judicial (art. 5º-A, § 2º). As informações obtidas a partir da coincidência de perfis genéticos deverão ser consignadas em laudo pericial firmado por perito oficial devidamente habilitado (art. 5º-A, § 3º).

Nos termos do art. 7º-A, incisos I e II, da Lei nº 12.037/09, com a redação dada pela Lei nº 13.964/2019 ("Pacote Anticrime"), a exclusão dos perfis genéticos dos bancos de dados ocorrerá no caso de absolvição do acusado (I) ou, no caso de condenação, mediante requerimento, após decorridos 20 (vinte) anos do cumprimento da pena (II). A identificação do perfil genético será armazenada em banco de dados sigiloso, conforme regulamento a ser expedido pelo Poder Executivo (art. 7º-B).

O art. 7º-C, acrescido pela Lei nº 13.964/2019, estipula, em seu *caput*, que fica autorizada a criação, no Ministério da Justiça e Segurança Pública, do **Banco Nacional Multibiométrico e de Impressões Digitais**, o qual tem como objetivo armazenar dados de registros biométricos, de impressões digitais e, quando possível, de íris, face e voz, para subsidiar investigações criminais federais, estaduais ou distritais (art. 7º-C, § 2º). Seu funcionamento seguirá as diretrizes gerais indicadas nos parágrafos 1º a 11 deste dispositivo legal, devendo ser regulamentado por ato do Poder Executivo Federal (art. 7º-C, § 1º). Ele será integrado pelos registros biométricos, de impressões digitais, de íris, face e voz colhidos em investigações criminais ou por ocasião da identificação criminal (art. 7º-C, § 3º). Poderão ser colhidos os registros biométricos, de impressões digitais, de íris, face e voz dos presos provisórios ou definitivos quando não tiverem sido extraídos por ocasião da identificação criminal (art. 7º-C, § 4º). Poderão integrar o Banco Nacional Multibiométrico e de Impressões Digitais, ou com ele interoperar, os dados de registros constantes em quaisquer bancos de dados geridos por órgãos dos Poderes Executivo, Legislativo e Judiciário das esferas federal, estadual e distrital, inclusive pelo Tribunal Superior Eleitoral e pelos Institutos de Identificação Civil (art. 7º-C, § 5º). No caso de bancos de dados de identificação de natureza civil, administrativa ou eleitoral, a integração ou o compartilhamento dos registros do Banco Nacional Multibiométrico e de Impressões Digitais será limitado às impressões digitais e às informações necessárias para identificação do seu titular (art. 7º-C, § 6º). A integração ou a interoperação dos dados de registros multibiométricos constantes de outros bancos de dados com o Banco Nacional Multibiométrico e de Impressões Digitais ocorrerá por meio de acordo ou convênio com a unidade gestora (art. 7º-C, § 7º). Os dados constantes deste Banco terão caráter sigiloso, e aquele que permitir ou promover sua utilização para fins diversos dos previstos nesta Lei ou em decisão judicial responderá civil, penal e administrativamente (art. 7º-C, § 8º). As informações obtidas a partir da coincidência de registros biométricos relacionados a crimes deverão ser consignadas em laudo pericial firmado por perito oficial habilitado (art. 7º-C, § 9º). Fica vedada a comercialização, total ou parcial, da base de dados do Banco ora em referência (art. 7º-C, § 10). A autoridade policial e o Ministério Público poderão requerer ao juiz competente (cláusula de reserva de jurisdição), no caso de inquérito (ao juiz das garantias) ou ação penal (ao juiz do processo) instaurados, o acesso ao Banco (art. 7º-C, § 11).

A Lei nº 13.964/2019 também alterou a Lei de Execução Penal – LEP (Lei nº 7.210/84), cujo art. 9º-A passa a ter a seguinte redação: *"Art. 9º-A. O condenado por crime doloso praticado com violência grave contra a pessoa, bem como por crime contra a vida, contra a liberdade sexual ou por crime sexual contra vulnerável, será submetido, obrigatoriamente, à identificação do perfil genético, mediante extração de DNA (ácido desoxirribonucleico), por técnica adequada e indolor, por ocasião do ingresso no estabelecimento prisional. § 1º A identificação do perfil genético será armazenada em banco de dados sigiloso, conforme regulamento a ser expedido pelo Poder Executivo. § 1º-A. A regulamentação deverá fazer constar garantias mínimas de proteção de dados genéticos, observando as melhores práticas da genética forense. § 2º A autoridade policial, federal ou estadual, poderá requerer ao juiz competente, no caso de inquérito instaurado, o acesso ao banco de dados de identificação de perfil genético. § 3º Deve ser viabilizado ao titular de dados genéticos o acesso aos seus dados constantes nos bancos de perfis genéticos, bem como a todos os documentos da cadeia de custódia que gerou esse dado, de maneira que possa ser contraditado pela defesa. § 4º O condenado pelos crimes previstos no* ***caput*** *deste artigo que não tiver sido submetido à identificação do perfil genético por ocasião do ingresso no estabelecimento prisional deverá ser submetido ao procedimento durante o cumprimento da pena. § 5º A amostra biológica coletada só poderá ser utilizada para o único e exclusivo fim de permitir a identificação pelo perfil genético, não estando autorizadas as práticas de fenotipagem genética ou de busca familiar. § 6º Uma vez identificado o perfil genético, a amostra biológica recolhida nos termos do* ***caput*** *deste artigo deverá ser correta e imediatamente descartada, de maneira a impedir a sua utilização para qualquer outro fim. § 7º A coleta da amostra biológica e a elaboração do respectivo laudo serão realizadas por perito oficial. § 8º Constitui falta grave a recusa do condenado em submeter-se ao procedimento de identificação do perfil genético".* Mais à frente, reiterando o teor do art. 9º-A, § 8º, a LEP assevera, em seu art. 50, inciso VIII, que comete falta grave o condenado à pena privativa de liberdade que recusar submeter-se ao procedimento de identificação do perfil genético.

Acrescente-se que foi publicada a Lei nº 14.069/2020, que cria o Cadastro Nacional de Pessoas Condenadas por Crime de Estupro. Na dicção da lei, fica criado, no âmbito da União, o Cadastro Nacional de Pessoas Condenadas por Crime de Estupro, o qual conterá, no mínimo, as seguintes informações sobre as pessoas condenadas por esse crime: I – características físicas e dados de identificação datiloscópica; II – identificação do perfil genético; III – fotos; IV – local de moradia e atividade laboral desenvolvida, nos últimos 3 (três) anos, em caso de concessão de livramento condicional.

▸ Qual o entendimento do STJ sobre o assunto?

Antes do advento do "Pacote Anticrime", o STJ decidiu que a identificação criminal por meio da coleta de material genético, prevista no art. 9º-A da LEP, à época com a redação dada pela Lei nº 12.654/12, possível tanto na fase de investigação quanto após condenações por crimes dolosos com grave violência ou hediondos, não ofende a garantia constitucional da não autoincriminação – art. 5º, LXIII, da Carta Magna Federal (STJ, HC nº 407.627).

De outro lado, a Lei nº 9.034/95, no seu art. 5º (à época, de duvidosa constitucionalidade), estabelecia a obrigatoriedade da identificação criminal do indiciado pela prática de crime organizado. No entanto, a Lei nº 12.850/13 não só revogou expressamente a referida lei como também não trouxe em seu corpo qualquer dispositivo a esse respeito.

Por fim, ressalte-se que, segundo o STF, não há constrangimento ilegal na condução coercitiva do indiciado para que seja submetido à identificação datiloscópica em face da sua recusa imotivada.

▸ Aplicação no STF

Súmula nº 568 do STF: "A identificação criminal não constitui constrangimento ilegal, ainda que o indiciado já tenha sido identificado civilmente". Essa Súmula, porém, perdeu a razão de ser com a norma constitucional do art. 5º, LVIII, como já visto anteriormente.

16. DILIGÊNCIAS INVESTIGATÓRIAS (ARTS. 6º E 13 CPP)

O art. 6º do CPP, com a redação dada pela Lei nº 13.257, de 8 de março de 2016, elenca todas as diligências investigatórias que a autoridade policial deverá praticar, logo que tiver conhecimento da prática da infração penal. São estas as diligências previstas no citado dispositivo legal:

I – dirigir-se ao local, providenciando para que não se alterem o estado e conservação das coisas, até a chegada dos peritos criminais;

É providência obrigatória, dada a importância da atuação dos peritos para a elucidação do crime. Desse modo, apenas após essa atuação dos peritos é que os objetos poderão ser apreendidos e o local dos fatos poderá ser alterado. Contudo, a Lei nº 5.970/1973, no seu art. 1º, estatui que "em caso de acidente de trânsito, a autoridade ou agente policial que primeiro tomar conhecimento do fato poderá autorizar, independentemente de exame do local, a imediata remoção das pessoas que tenham sofrido lesão, se estiverem no leito da via pública e prejudicarem o tráfego".

Nessa direção, o art. 158-C, § 2º, do CPP, com a redação dada pela Lei nº 13.964/2019, assevera que "Fica proibida a entrada em locais isolados bem como a remoção de quaisquer vestígios de locais de crime antes da liberação por parte do perito responsável, sendo tipificada como fraude processual a sua realização".

II - apreender os objetos que tiverem relação com o fato, após liberados pelos peritos criminais;

A apreensão dos objetos relacionados à prática do crime encontra-se disciplinada nos artigos 240 a 250 do CPP. Aqueles instrumentos que foram utilizados para o cometimento do delito deverão ser submetidos a exame pericial, com o objetivo de se lhes verificar a natureza e a eficiência, nos termos do art. 175 do CPP. Ademais, segundo posicionamento do STJ, é possível que a autoridade policial realize a apreensão dos objetos ligados à infração penal mesmo antes de instaurado o inquérito policial.

III - colher todas as provas que servirem para o esclarecimento do fato e suas circunstâncias;

A autoridade policial deverá se preocupar em colher todos os elementos de provas que interessem tanto à acusação (autoria e materialidade) como à própria defesa (por exemplo, aqueles que excluam determinadas pessoas inocentes da condição de investigadas).

IV - ouvir o ofendido;

O ofendido, embora seja pessoa naturalmente interessada na solução da causa, pode prestar relevantes informações a respeito dos fatos delitivos, daí porque deve ser ouvido pela autoridade policial. Apesar de não prestar o compromisso de dizer a verdade, ele poderá ser conduzido coercitivamente para prestar depoimento perante a autoridade policial (art. 201, § 1º, do CPP), bem como ser responsabilizado pelo cometimento de crime de denunciação caluniosa (art. 339 do Código Penal), se der causa à instauração do inquérito policial ou do processo contra pessoa sabidamente inocente.

V - ouvir o indiciado, com observância, no que for aplicável, do disposto no Capítulo III do Título VII, deste Livro, devendo o respectivo termo ser assinado por duas testemunhas que lhe tenham ouvido a leitura;

O interrogatório do suspeito deverá seguir o procedimento previsto nos artigos 185 a 196 do CPP (interrogatório judicial), no que for cabível ao inquérito policial. Nesse sentido, impende rememorar que o inciso XXI, alínea "a", do art. 7º do Estatuto da OAB, incluído pela Lei nº 13.245/2016, expressamente confere ao advogado o direito de assistir a seus clientes investigados durante a apuração de infrações, sob pena de "nulidade absoluta" (termo empregado pela lei, embora tecnicamente incorreto, conforme anteriormente explicitado) do respectivo interrogatório ou depoimento e, subsequentemente, de todos os elementos investigatórios e probatórios dele decorrentes ou derivados, direta ou indiretamente, podendo, inclusive, no curso da respectiva apuração, apresentar razões (o que inclui a argumentação e a defesa do seu ponto de vista sobre algo que será decidido pelo delegado ou sobre alguma diligência a ser praticada) e quesitos (o que inclui a formulação de perguntas ao investigado, às testemunhas, ofendido, perito etc.). Desse modo, garante-se ao advogado o direito de estar presente ao interrogatório do investigado (e nos demais depoimentos colhidos pela autoridade policial), podendo inclusive formular perguntas. Reprise-se, há aqui um direito e não dever. Portanto, caso o advogado queira participar do interrogatório do seu cliente, terá esse direito. Mas se o investigado não indicar a existência de procurador constituído, o ato será realizado independentemente da presença do defensor, não sendo sequer necessária a nomeação de defensor dativo. É facultado ao delegado indeferir perguntas formuladas pelo advogado, nas situações expostas no art. 212 do CPP, aplicável à matéria por analogia, e com base também no próprio art. 14 do CPP. Certo é que o advogado também tem direito à entrevista prévia com o investigado, podendo orientá-lo. De outro lado, o investigado, nesse momento, já poderá exercer o seu direito constitucional ao silêncio (art. 5º, LXIII, CF). O termo de oitiva do indiciado deverá ser assinado por duas testemunhas, mas o descumprimento desta formalidade enseja apenas mera irregularidade do procedimento. Por fim, registre-se que o Plenário do STF decidiu que a condução coercitiva para interrogatório do acusado prevista no art. 260, *caput*, do CPP não foi recepcionada pela Constituição Federal de 1988, por violação ao direito ao silêncio, liberdade de locomoção, não autoincriminação e presunção de inocência (STF, ADPFs 399 e 444), o que, a toda evidência, deve incidir também para o depoimento do investigado colhido na etapa de inquérito policial.

> **Aplicação em concurso público:**
>
> No concurso de Delegado da Polícia Civil do Estado de São Paulo, promovido pela Vunesp, em 2014, questionou-se acerca do direito ao silêncio assegurado ao investigado no inquérito policial, com a seguinte redação: *"A respeito do direito ao silêncio do acusado no inquérito policial, é correto afirmar que: A) não importará em confissão, mas em presunção de culpabilidade. B) importará em confissão. C) importará em confissão, exceto se o acusado manifestar o direito constitucional de somente falar em juízo. D) não importará em confissão, entretanto, poderá constituir elemento para formação do convencimento do juiz em eventual processo penal. E) não importará em confissão"*. A resposta correta foi a letra E.

VI – proceder a reconhecimento de pessoas e coisas e a acareações;

Quanto ao reconhecimento de pessoas e coisas, deve ser aplicado, no que for cabível ao inquérito policial, o regramento previsto nos artigos 226 a 228 do CPP. Já no que tange às acareações, a sistemática, no que for cabível, é aquela prevista nos artigos 229 e 230 do CPP.

VII – determinar, se for caso, que se proceda a exame de corpo de delito e a quaisquer outras perícias;

Nos termos do art. 158, *caput*, do CPP, quando o crime deixar vestígios, exige-se a realização do exame de corpo de delito, seja de forma direta, seja de forma indireta, isto é, por outros meios de prova, geralmente a prova testemunhal, consoante previsto no art. 167 do CPP, não podendo suprir-lhe nem mesmo a confissão do investigado. Em razão desta exigência contida no CPP, entende-se que **a autoridade policial não poderá negar a realização do exame de corpo de delito se o crime deixar vestígios**. Ainda a respeito deste exame, será dada prioridade à realização dele quando se tratar de crime que envolva violência doméstica e familiar contra mulher (I) ou contra criança, adolescente, idoso ou pessoa com deficiência (II), de acordo com o parágrafo único, incisos I e II, do art. 158 do CPP, com a redação dada pela Lei nº 13.721/18. Registre-se, por fim, a possibilidade de que a autoridade policial determine a realização de outras perícias.

VIII – ordenar a identificação do indiciado pelo processo datiloscópico, se possível, e fazer juntar aos autos sua folha de antecedentes;

A identificação do indiciado pelo processo datiloscópico já foi abordada em tópico anterior deste capítulo. Quanto à juntada da folha de antecedentes do indiciado, é medida importante para "esclarecer a vida pregressa, identificar eventual reincidência e fornecer os elementos informadores de envolvimento do suspeito em outras infrações" (TÁVORA; ALENCAR, 2009, p. 93).

IX – averiguar a vida pregressa do indiciado, sob o ponto de vista individual, familiar e social, sua condição econômica, sua atitude e estado de ânimo antes e depois do crime e durante ele, e quaisquer outros elementos que contribuírem para a apreciação do seu temperamento e caráter.

Todas essas condições "vão ajudar a aferir eventual qualificadora, algum privilégio, eventual causa de isenção de pena ou qualquer outra circunstância que venha a interferir na sua fixação" (TÁVORA; ALENCAR, 2009, p. 93).

> ▸ **Advogado público federal como investigado:**
> Com fincas no art. 38, parágrafo 1º, da Lei nº 13.327/2016, no curso de investigação policial, quando houver indício de prática de infração penal por advogado público federal, a autoridade policial, civil ou militar, comunicará imediatamente o fato ao Advogado-Geral da União.

X – colher informações sobre a existência de filhos, respectivas idades e se possuem alguma deficiência e o nome e o contato de eventual responsável pelos cuidados dos filhos, indicado pela pessoa presa.

É providência que pretende tutelar a chamada "primeira infância", acrescida pela Lei nº 13.257/2016 (Estatuto da Primeira Infância).

O rol do art. 6º do CPP não é taxativo, até porque o art. 13 do CPP menciona outros atos de incumbência da autoridade policial (alguns deles inclusive no curso da ação penal), quais sejam:

> *I – fornecer às autoridades judiciárias as informações necessárias à instrução e julgamento dos processos;*
>
> *II – realizar as diligências requisitadas pelo juiz ou pelo Ministério Público;*
>
> *III – cumprir os mandados de prisão expedidos pelas autoridades judiciárias;*
>
> *IV – representar acerca da prisão preventiva.*

A Lei nº 13.344/2016 acrescentou ao CPP os arts. 13-A e 13-B, que possuem a seguinte redação:

> *Art. 13-A. Nos crimes previstos nos arts. 148, 149 e 149-A, no § 3º do art. 158 e no art. 159 do Decreto-Lei nº 2.848, de 7 de dezembro de 1940 (Código Penal), e no art. 239 da Lei nº 8.069, de 13 de julho de 1990 (Estatuto da Criança e do Adolescente), o membro do Ministério Público ou o delegado de polícia poderá requisitar, de quaisquer órgãos do poder público ou de empresas da iniciativa privada, dados e informações cadastrais da vítima ou de suspeitos.*
>
> *Parágrafo único. A requisição, que será atendida no prazo de 24 (vinte e quatro) horas, conterá:*
>
> *I – o nome da autoridade requisitante;*
>
> *II – o número do inquérito policial; e*
>
> *III – a identificação da unidade de polícia judiciária responsável pela investigação.*
>
> *Art. 13-B. Se necessário à prevenção e à repressão dos crimes relacionados ao tráfico de pessoas, o membro do Ministério Público ou o delegado de polícia poderão requisitar, mediante autorização judicial, às empresas prestadoras de serviço de telecomunicações e/ou telemática que disponibilizem imediatamente os meios técnicos adequados – como sinais, informações e outros – que permitam a localização da vítima ou dos suspeitos do delito em curso.*
>
> *§ 1º Para os efeitos deste artigo, sinal significa posicionamento da estação de cobertura, setorização e intensidade de radiofrequência.*
>
> *§ 2º Na hipótese de que trata o caput, o sinal:*
>
> *I – não permitirá acesso ao conteúdo da comunicação de qualquer natureza, que dependerá de autorização judicial, conforme disposto em lei;*
>
> *II – deverá ser fornecido pela prestadora de telefonia móvel celular por período não superior a 30 (trinta) dias, renovável por uma única vez, por igual período;*
>
> *III – para períodos superiores àquele de que trata o inciso II, será necessária a apresentação de ordem judicial.*
>
> *§ 3º Na hipótese prevista neste artigo, o inquérito policial deverá ser instaurado no prazo máximo de 72 (setenta e duas) horas, contado do registro da respectiva ocorrência policial.*
>
> *§ 4º Não havendo manifestação judicial no prazo de 12 (doze) horas, a autoridade competente requisitará às empresas prestadoras de serviço de telecomunicações e/ou telemática que disponibilizem imediatamente os meios técnicos adequados – como sinais, informações e outros – que permitam a localização da vítima ou dos suspeitos do delito em curso, com imediata comunicação ao juiz.*

Acerca do teor do art. 13-B, § 4º, do CPP alhures transcrito, é possível apontar a existência de uma **cláusula de reserva de jurisdição temporária**: não havendo manifestação judicial no prazo de 12 (doze) horas sobre o pleito formulado pelo membro do Ministério Público ou pelo delegado de polícia, estas autoridades podem requisitar às empresas prestadoras de serviço de telecomunicações e/ou telemática que disponibilizem imediatamente os meios técnicos adequados que permitam a localização da vítima ou dos suspeitos do delito em curso, com imediata comunicação ao juiz. Em outros termos, a lei confere um prazo (12 horas) dentro do qual a diligência somente poderá ser efetivada por meio de decisão judicial;

encerrado tal prazo e sendo omissa a autoridade judiciária, em face da urgência que o caso demanda, esta diligência poderá ser realizada diretamente, independente de ordem judicial, pelo membro do *Parquet* ou pelo delegado de polícia.

Ultrapassando os muros do CPP, a Lei nº 13.441/2017 acrescentou os artigos 190-A a 190-E ao Estatuto da Criança e do Adolescente – ECA (Lei nº 8.069/1990), disciplinando a **infiltração de agentes de polícia para a investigação de crimes contra a dignidade sexual de criança e de adolescente.** Assim, a infiltração de agentes de polícia na internet com o fim de investigar os crimes previstos nos arts. 240, 241, 241-A, 241-B, 241-C e 241-D do ECA e nos arts. 154-A, 217-A, 218, 218-A, 218-B do Código Penal será precedida de **autorização judicial** (cláusula de reserva de jurisdição) devidamente circunstanciada e fundamentada, que estabelecerá os limites da infiltração para obtenção de prova, ouvido o Ministério Público (art. 190-A, *caput* e inciso I, do ECA).

Esta ordem judicial dar-se-á mediante requerimento do Ministério Público ou representação de delegado de polícia e conterá a demonstração de sua necessidade, o alcance das tarefas dos policiais, os nomes ou apelidos das pessoas investigadas e, quando possível, os dados de conexão ou cadastrais que permitam a identificação dessas pessoas (art. 190-A, inciso II, do ECA).

A diligência investigatória não poderá exceder o prazo de 90 (noventa) dias, sem prejuízo de eventuais renovações, desde que o total não exceda a 720 (setecentos e vinte) dias e seja demonstrada sua efetiva necessidade, a critério da autoridade judicial (art. 190-A, inciso III, do ECA).

Ademais, a infiltração de agentes de polícia na internet não será admitida se a prova puder ser obtida por outros meios (medida de *extrema* ou *ultima ratio*) – art. 190-A, § 3º, do ECA.

As informações da operação de infiltração serão encaminhadas diretamente ao juiz responsável pela autorização da medida, que zelará por seu sigilo (art 190-B, *caput*, do ECA). Antes da conclusão da operação, o acesso aos autos será reservado ao juiz, ao Ministério Público e ao delegado de polícia responsável pela operação, com o objetivo de garantir o sigilo das investigações (art. 190-B, parágrafo único, do ECA).

Mais recentemente, previsão similar a esta do ECA foi trazida pelo "Pacote Anticrime" (Lei nº 13.964/2019), que incorporou à Lei nº 12.850/13 a figura do **agente de polícia infiltrado virtual**, cujo regramento consta nos arts. 10-A a 10-D e 11, parágrafo único, desta última Lei, os quais são a seguir transcritos:

> Art. 10-A. Será admitida a ação de agentes de polícia infiltrados virtuais, obedecidos os requisitos do ***caput*** *do art. 10, na internet, com o fim de investigar os crimes previstos nesta Lei e a eles conexos, praticados por organizações criminosas, desde que demonstrada sua necessidade e indicados o alcance das tarefas dos policiais, os nomes ou apelidos das pessoas investigadas e, quando possível, os dados de conexão ou cadastrais que permitam a identificação dessas pessoas.*
>
> *§ 1º Para efeitos do disposto nesta Lei, consideram-se:*

I – dados de conexão: informações referentes a hora, data, início, término, duração, endereço de Protocolo de Internet (IP) utilizado e terminal de origem da conexão;

II – dados cadastrais: informações referentes a nome e endereço de assinante ou de usuário registrado ou autenticado para a conexão a quem endereço de IP, identificação de usuário ou código de acesso tenha sido atribuído no momento da conexão.

§ 2º Na hipótese de representação do delegado de polícia, o juiz competente, antes de decidir, ouvirá o Ministério Público.

§ 3º Será admitida a infiltração se houver indícios de infração penal de que trata o art. 1º desta Lei e se as provas não puderem ser produzidas por outros meios disponíveis.

§ 4º A infiltração será autorizada pelo prazo de até 6 (seis) meses, sem prejuízo de eventuais renovações, mediante ordem judicial fundamentada e desde que o total não exceda a 720 (setecentos e vinte) dias e seja comprovada sua necessidade.

§ 5º Findo o prazo previsto no § 4º deste artigo, o relatório circunstanciado, juntamente com todos os atos eletrônicos praticados durante a operação, deverão ser registrados, gravados, armazenados e apresentados ao juiz competente, que imediatamente cientificará o Ministério Público.

§ 6º No curso do inquérito policial, o delegado de polícia poderá determinar aos seus agentes, e o Ministério Público e o juiz competente poderão requisitar, a qualquer tempo, relatório da atividade de infiltração.

§ 7º É nula a prova obtida sem a observância do disposto neste artigo.

Art. 10-B. As informações da operação de infiltração serão encaminhadas diretamente ao juiz responsável pela autorização da medida, que zelará por seu sigilo.

Parágrafo único. Antes da conclusão da operação, o acesso aos autos será reservado ao juiz, ao Ministério Público e ao delegado de polícia responsável pela operação, com o objetivo de garantir o sigilo das investigações.

Art. 10-C. Não comete crime o policial que oculta a sua identidade para, por meio da internet, colher indícios de autoria e materialidade dos crimes previstos no art. 1º desta Lei.

Parágrafo único. O agente policial infiltrado que deixar de observar a estrita finalidade da investigação responderá pelos excessos praticados.

Art. 10-D. Concluída a investigação, todos os atos eletrônicos praticados durante a operação deverão ser registrados, gravados, armazenados e encaminhados ao juiz e ao Ministério Público, juntamente com relatório circunstanciado.

Parágrafo único. Os atos eletrônicos registrados citados no caput deste artigo serão reunidos em autos apartados e apensados ao processo criminal juntamente com o inquérito policial, assegurando-se a preservação da identidade do agente policial infiltrado e a intimidade dos envolvidos.

Art. 11. ....

Parágrafo único. Os órgãos de registro e cadastro público poderão incluir nos bancos de dados próprios, mediante procedimento sigiloso e requisição da autoridade judicial, as informações necessárias à efetividade da identidade fictícia criada, nos casos de infiltração de agentes na internet.

Noutro giro, no âmbito da Lei Maria da Penha, o delegado, na apuração de infrações penais decorrentes de violência doméstica e familiar contra a vítima mulher, deve observar as diligências e cautelas expostas nos arts. 10-A, 12-A e 12-B, § 3º, da própria Lei nº 11.340/2006, acrescidos pela Lei nº 13.505/2017, conforme a seguir transcrito:

> *Art. 10-A. É direito da mulher em situação de violência doméstica e familiar o atendimento policial e pericial especializado, ininterrupto e prestado por servidores – preferencialmente do sexo feminino – previamente capacitados.*
>
> *§ 1º A inquirição de mulher em situação de violência doméstica e familiar ou de testemunha de violência doméstica, quando se tratar de crime contra a mulher, obedecerá às seguintes diretrizes:*
>
> *I – salvaguarda da integridade física, psíquica e emocional da depoente, considerada a sua condição peculiar de pessoa em situação de violência doméstica e familiar;*
>
> *II – garantia de que, em nenhuma hipótese, a mulher em situação de violência doméstica e familiar, familiares e testemunhas terão contato direto com investigados ou suspeitos e pessoas a eles relacionadas;*
>
> *III – não revitimização da depoente, evitando sucessivas inquirições sobre o mesmo fato nos âmbitos criminal, cível e administrativo, bem como questionamentos sobre a vida privada.*
>
> *§ 2º Na inquirição de mulher em situação de violência doméstica e familiar ou de testemunha de delitos de que trata esta Lei, adotar-se-á, preferencialmente, o seguinte procedimento:*
>
> *I – a inquirição será feita em recinto especialmente projetado para esse fim, o qual conterá os equipamentos próprios e adequados à idade da mulher em situação de violência doméstica e familiar ou testemunha e ao tipo e à gravidade da violência sofrida;*
>
> *II – quando for o caso, a inquirição será intermediada por profissional especializado em violência doméstica e familiar designado pela autoridade judiciária ou policial;*
>
> *III – o depoimento será registrado em meio eletrônico ou magnético, devendo a degravação e a mídia integrar o inquérito.*
>
> *Art. 12-A. Os Estados e o Distrito Federal, na formulação de suas políticas e planos de atendimento à mulher em situação de violência doméstica e familiar, darão prioridade, no âmbito da Polícia Civil, à criação de Delegacias Especializadas de Atendimento à Mulher (Deams), de Núcleos Investigativos de Feminicídio e de equipes especializadas para o atendimento e a investigação das violências graves contra a mulher.*
>
> *Art. 12-B. (VETADO).*
>
> *§ 1º (VETADO).*
>
> *§ 2º (VETADO.*
>
> *§ 3º A autoridade policial poderá requisitar os serviços públicos necessários à defesa da mulher em situação de violência doméstica e familiar e de seus dependentes.*

Ainda no âmbito da Lei Maria da Penha, importante registrar que, nos termos do art. 1º, *caput*, da Lei nº 10.778/03, com a redação dada pela Lei nº 13.931/19, constituem objeto de notificação compulsória, em todo o território nacional, os casos em que houver indícios ou confirmação de violência contra a mulher atendida em serviços de saúde públicos e privados, casos estes que serão obrigatoriamente comunicados à autoridade policial no prazo de 24 (vinte e quatro) horas, para as providências cabíveis e para fins estatísticos (art. 1º, § 4º, da Lei nº 10.778/03).

17. REPRODUÇÃO SIMULADA DOS FATOS OU RECONSTITUIÇÃO DO CRIME (ART. 7º CPP)

Para verificar a possibilidade de haver a infração sido praticada de determinado modo, a autoridade policial poderá proceder à reprodução simulada dos fatos. **É vedada, porém, a reconstituição que ofenda a moralidade ou a ordem pública**, como no caso de um crime contra a dignidade sexual violento ou de uma chacina quando a população ainda está em grande estado de revolta.

Ressalte-se que o investigado não está obrigado a dela participar, pois ninguém pode ser compelido a produzir prova contra si mesmo, segundo posição do STF. O STF também tem posição no sentido de que o investigado sequer está obrigado a comparecer ao local da reprodução simulada dos fatos, não cabendo, pois, condução coercitiva (RHC nº 64354). Ainda com base em entendimento do STF, a simples ausência do investigado a esta diligência, por si só, não permite a decretação da sua prisão preventiva.

> **▸ Aplicação em concurso público:**
>
> No concurso de Delegado da Polícia Civil do Maranhão, em 2018, promovido pelo Cespe, foi questionada acerca da participação do agente na reconstituição do crime, da seguinte forma: *"Quanto à reprodução simulada, também denominada de reconstituição do crime, assinale a opção correta: A) A ausência do indiciado poderá ocorrer por sua vontade, mas esse fato induzirá prova contra si. B) A participação do indiciado será obrigatória caso haja prova da materialidade e indícios de autoria. C) A participação do indiciado é obrigatória para que o ato seja considerado válido. D) A participação do indiciado é facultada à sua vontade. E) A ausência do indiciado nos crimes que deixem vestígios torna o ato ineficaz".* A resposta considerada correta foi a letra D.

Nesta diligência, poderá haver a participação do investigado (se quiser), da vítima e de outros agentes, acompanhada pelo advogado do investigado (que não tem direito de interferir no ato) e pelo Ministério Público.

18. PRAZO PARA CONCLUSÃO DO INQUÉRITO POLICIAL (ART. 10, *CAPUT* E § 3º, CPP)

Como **regra geral**, o CPP, no art. 10, *caput* e § 3º, fixa os seguintes prazos para o término do inquérito no âmbito da **Justiça Estadual**:

a) inquérito de investigado solto: se o inquérito policial tramitar perante a **Justiça Estadual**, em se tratando de **investigado solto**, ele deve ser concluído em 30 (trinta) dias, mas se o **fato for de difícil elucidação**, será possível que a autoridade policial represente ao juiz (das garantias) a **dilação deste prazo**, que poderá ser concedida ou não, após a oitiva do Ministério Público (mesmo sem previsão expressa no CPP acerca desta oitiva, ela é obrigatória, pois o *Parquet* é o titular da ação penal pública). Frise-se que não há restrições legais para o número de dilações e para o novo prazo a ser concedido. É muito comum, na prática, dilações indefinidas, por prazos elásticos, sem que, muitas vezes, sequer seja realizada uma única diligência investigatória, o que se dá pelas dificuldades operacionais das delegacias de polícia (precariedade de estrutura física, tecnologia, equipamentos, baixo número de delegados e servidores que prestam apoio a eles etc.). Cabe sobretudo ao Ministério Público, titular da ação penal pública e órgão responsável pelo controle externo da atividade policial, fiscalizar essas renovações indistintas de prazo, em prol do interesse público, para que não se consume a prescrição da pretensão acusatória indevidamente.

b) *inquérito de investigado preso*: se o inquérito policial tramitar perante a **Justiça Estadual**, em se tratando de **investigado preso**, ele deve ser concluído em **10 (dez) dias**, sendo que este prazo pode ser **prorrogado uma única vez por até 15 (quinze) dias**, desde que haja representação da autoridade policial ao juiz (das garantias), que decidirá após oitiva do Ministério Público. Encerrado o prazo sem o desfecho do inquérito, o juiz deverá relaxar a prisão, nos termos do art. 3º-B, inciso VIII e § 2º, do CPP, com a redação dada pelo "Pacote Anticrime".

É esse o cenário que se extrai com o advento da Lei nº 13.964/19 e que é plenamente aceito pela doutrina majoritária. Todavia, a nosso ver, algumas considerações devem ser tecidas a respeito da sistemática dos prazos trazida pelo "Pacote Anticrime". Em alguns pontos, críticas também merecem ser feitas. Senão vejamos.

De início, é de se registrar que, sendo o Ministério Público o titular da ação penal pública (art. 129, I, CF), no âmbito do sistema acusatório, não deveria o juiz participar de dilação de prazo de conclusão do inquérito policial de investigado solto. O CPP deveria ser reformado também nessa direção para prever expressamente que tal providência seria atribuída somente ao Ministério Público, já que o juiz apenas deve atuar na fase de investigação criminal em proteção aos direitos e garantias fundamentais do cidadão. E esta ponderação vale especialmente para o juiz das garantias: a matéria em apreço, por si só, não envolveria qualquer direito fundamental do indivíduo, não se justificando a sua atuação nesta hipótese. Talvez por isso o art. 3º-B do CPP, com a redação dada pela Lei nº 13.964/2019 ("Pacote Anticrime"), ao elencar as medidas de competência do juiz das garantias, tenha, em seu inciso VIII, se referido apenas à prorrogação do prazo de duração do inquérito de investigado preso, não mencionando, em nenhum momento, a situação do inquérito de investigado solto.

Por conta desta alteração promovida pela Lei nº 13.964/2019, bem como pelo teor do inciso IV do art. 3º-B e do art. 3º-A, ambos do CPP, a nosso ver, o inquérito policial deva tramitar diretamente entre o Ministério Público e a Polícia Judiciária. Com isso, a prorrogação do prazo para as investigações seria ajustada entre esses órgãos, salvo na hipótese de investigado preso, quando cabe ao juiz das garantias conceder mais tempo para a conclusão do inquérito (art. 3º-B, inciso VIII e § 2º, do CPP).

Questão mais tormentosa diz respeito à sistemática trazida pelo "Pacote Anticrime" referente ao prazo de conclusão do inquérito policial em se tratando de investigado preso.

Antes do advento da Lei nº 13.964/19, quando o CPP não autorizava a renovação do prazo de conclusão do inquérito do investigado preso (art. 10, *caput*), a jurisprudência já vinha admitindo que houvesse esta prorrogação se não houvesse prejuízo a ele, no sentido de que a soma do prazo para conclusão do inquérito (até então apenas de 10 dias) com o prazo para oferecimento da denúncia (5 dias) não deveria ultrapassar 15 (quinze) dias. Assim, por exemplo, se o inquérito policial fosse concluído em 12 (doze) dias, mas a denúncia fosse oferecida em 2 (dois) dias, não haveria prejuízo para o investigado, não sendo caso de relaxamento da prisão. Este posicionamento, porém, não encontrava guarida na doutrina, que afirmava que tal critério implicaria em desrespeito ao prazo fixado em lei e prejuízo ao investigado.

Ocorre que o art. 3º-B, § 2º, do CPP, com a redação conferida pela Lei nº 13.964/2019, passa a estatuir que, se o investigado estiver preso, o juiz das garantias poderá, mediante representação da autoridade policial e ouvido o Ministério Público, prorrogar, uma única vez, a duração do inquérito por até 15 (quinze) dias, após o que, se ainda assim a investigação não for concluída, a prisão será imediatamente relaxada.

Mas surge uma indagação: qual seria, enfim, o prazo inicial para o término do inquérito de investigado preso na Justiça estadual, 10 (dez) dias (art. 10, *caput*, CPP) ou 15 (quinze) dias (art. 3º-B, § 2º, CPP)?

Note-se, o art. 3º-B, § 2º, do CPP não afirma que este prazo inicial será de 15 (quinze) dias, apenas permite a prorrogação, uma única vez, por até 15 (quinze) dias.

Contudo, por uma interpretação sistemática, considerando que, conforme será visto adiante, o prazo inicial para conclusão do inquérito policial de investigado preso que tramite perante a Justiça Federal é de 15 (quinze) dias (sendo que neste juízo já era possível a prorrogação, uma única vez, por até 15 (quinze) dias, tudo nos termos do art. 66 da Lei nº 5.010/66), visando, portanto, unificar os prazos para conclusão do inquérito policial nas Justiças Estadual e Federal (já havia identidade para o inquérito de investigado solto), e considerando ainda que é possível extrair que o objetivo do art. 3º-B, § 2º, do CPP foi, em nosso sentir, prever o prazo inicial de 15 (quinze) dias, conclui-se que o prazo inicial do inquérito policial envolvendo investigado preso na Justiça Estadual passaria a ser também de 15 (quinze) dias.

Com efeito, a distinção dos prazos de conclusão do inquérito para o investigado preso na Justiça Estadual e na Justiça Federal já era absolutamente injustificada, até porque, na prática, a Polícia Federal, com melhor estrutura operacional do que a Polícia Civil, acabava possuindo prazo muito superior do que aquele conferido a este último órgão. A nosso ver, essa distinção não deve persistir com o advento do "Pacote Anticrime". É dizer, deve-se aproveitar a oportunidade da reforma produzida por esta legislação para se unificar por completo os prazos de conclusão do inquérito na Justiça Estadual e na Justiça Federal: 30 (trinta) dias, prorrogáveis, para o investigado solto; 15 (quinze) dias, prorrogáveis uma única vez por mais 15 (quinze) dias, para o investigado preso.

Por tudo, não concordamos com essa indevida distinção entre os prazos das Justiças Estadual e Federal e sustentamos que o "Pacote Anticrime" trouxe justamente a oportunidade para que fosse feita a necessária equiparação entre os prazos, passando a valer então um prazo único para conclusão do inquérito do investigado preso: 15 (quinze) dias, renováveis uma única vez por mais 15 (quinze) dias. Assim, o art. 3º-B, § 2º, do CPP, nesse ponto, teria revogado tacitamente o disposto no art. 10, *caput*, do Código.

Porém, por lealdade acadêmica, reconhecemos que, por ora, esta nossa posição é amplamente minoritária, preponderando a corrente que ainda mantém a distinção entre prazos. Para que não paire qualquer dúvida, prevalece o entendimento de que, na Justiça Estadual, o inquérito do investigado preso deve ser concluído em 10 (dez) dias, prorrogáveis uma única vez por mais 15 (quinze) dias, e, na Justiça Federal, o inquérito do investigado preso deve ser encerrado em 15 (quinze) dias, prorrogáveis uma única vez por mais 15 (quinze) dias. Quanto ao prazo para término do inquérito de investigado solto, já havia identidade nas Justiças Estadual e Federal e ela permanece com o "Pacote Anticrime": 30 (trinta) dias, prorrogáveis indistintamente.

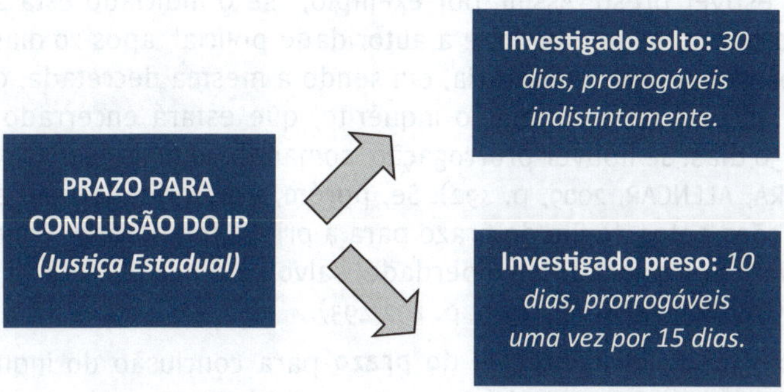

É de se registrar ainda que o art. 3º-B, § 2º, do CPP está com a eficácia suspensa em virtude de decisão monocrática proferida pelo Ministro Fux, daí porque, nesse momento, permaneceria, teoricamente, o cenário existente antes do "Pacote Anticrime". Na prática, no entanto, constata-se que a sistemática trazida pela Lei nº 13.964/19 já vem sendo regularmente aplicada.

Certo é que, na dicção do art. 3º-B, § 2º, do CPP, a nosso ver, não se deve permitir mais a adoção do critério jurisprudencial de ampliação (ainda maior) do prazo de conclusão do inquérito de investigado preso alhures apontado: após a dilação, uma única vez, por até 15 (quinze) dias, a investigação deve ser imediatamente concluída, sob pena de ilegalidade da prisão, a ser imediatamente relaxada, colocando-se o investigado em liberdade. O art. 3º-B, § 2º, do CPP é categórico em impor o imediato relaxamento da prisão nesta hipótese. Assim, se há a necessidade de novas diligências, deverá o juiz (das garantias) promover o relaxamento por excesso de prazo para que elas sejam efetuadas.

▸ Qual o entendimento do STJ sobre o assunto?

No entender do STJ, há excesso de prazo para conclusão de inquérito policial, quando, a despeito do investigado se encontrar solto e de não sofrer efeitos de qualquer medida restritiva, a investigação perdura por longo período (na hipótese, por mais de nove anos) e não resta demonstrada a complexidade apta a afastar o constrangimento ilegal. Com efeito, reconheceu-se que o prazo para a conclusão do inquérito policial, em caso de investigado solto, é impróprio. Assim, pode ser prorrogado a depender da complexidade das investigações. Contudo, consoante precedentes da Corte, é possível que se realize, por meio de *habeas corpus*, o controle acerca da razoabilidade da duração da investigação, sendo cabível, até mesmo, o trancamento do inquérito policial, caso demonstrada a excessiva demora para a sua conclusão (STJ, 6ª Turma, HC nº 653.299/SC, Rel. Min. Laurita Vaz, j. 16.08.2022).

Esclareça-se que se for decretada a **prisão temporária** do investigado, Nestor Távora e Rosmar Rodrigues Alencar asseveram que o prazo de duração da prisão temporária deverá ser somado ao prazo de conclusão do inquérito policial, se o investigado estiver preso. Assim, por exemplo, "se o indiciado está solto numa investigação por crime hediondo, e a autoridade policial, após 20 dias de investigação, representa pela temporária, em sendo a mesma decretada, o delegado ganha mais 30 dias para concluir o inquérito, que estará encerrado no tempo máximo de 50 dias. Se houver prorrogação, somando-se mais 30 dias, vamos a 80 dias" (TÁVORA; ALENCAR, 2009, p. 492). Se, porém, a autoridade policial encerrar as investigações antes do fim do prazo para a prisão temporária, em regra, o indivíduo deverá ser colocado em liberdade, salvo se o juiz decretar a sua prisão preventiva (TÁVORA; ALENCAR, 2009, p. 492-493).

Quanto ao modo de **contagem do prazo** para conclusão do inquérito policial, segundo a doutrina majoritária, o prazo deve ser contado como se prazo processual fosse, nos termos do art. 798, § 1º, do CPP (excluindo o dia do início e incluindo o dia do final; mas se o último dia do prazo for feriado ou final de semana, prorroga-se para o próximo dia útil, por força do art. 798, § 3º, do CPP). Havendo motivo de força maior (exemplo: greve dos servidores, acidente, obra urgente etc.), deve haver uma prorrogação na contagem do prazo para o primeiro dia útil, conforme previsto no art. 798, § 4º, do CPP.

Contudo, muito pertinente é a lembrança feita por Guilherme de Souza Nucci, no sentido de que, estando o investigado preso, envolvendo-se, pois, o direito de liberdade, a norma que versa sobre prazo para conclusão do inquérito policial é norma processual penal mista ou material, daí porque deve haver a contagem do prazo de acordo com a contagem do prazo penal indicado no art. 10 do Código Penal, incluindo o dia do início (da prisão) e excluindo o dia do final (NUCCI, 2008, p. 164-165). Por conta disso, se a prisão em flagrante ocorreu em dia não útil, o inquérito deverá ser imediatamente iniciado, assim como se o último dia do prazo for dia não útil não haverá qualquer prorrogação, devendo a autoridade policial providenciar a remessa dos autos ao Judiciário antes do marco final, tudo isso considerando a existência de sistema de plantão nas delegacias de polícia. Apesar da solidez dos argumentos apresentados por Nucci, a sua posição, em doutrina, é minoritária, prevalecendo a corrente que sustenta que o prazo para conclusão do inquérito não guarda qualquer relação com o prazo da prisão, afinal de contas o que está em jogo é apenas e tão somente o prazo para concluir as investigações, daí porque este último possui sempre natureza processual, mesmo se o investigado estiver preso.

Há, porém, prazos previstos na legislação especial, que continuam mantidos, mesmo com o advento da Lei nº 13.964/2019 em virtude do princípio da especialidade:

1. **Inquérito policial que tramita perante a Justiça Federal (art. 66 da Lei nº 5.010/66)**: 15 (quinze) dias em se tratando de investigado preso, podendo ser prorrogado por mais 15 (quinze) dias, mediante expressa autorização judicial. Se o investigado estiver solto, o prazo é o regular de 30 (trinta) dias do CPP (art. 10, caput e parágrafo 3º), permitindo prorrogações, por expressa autorização judicial. A nosso ver, a atuação do juiz na hipótese de investigado solto mereceria ser revista em face da incidência do disposto nos arts. 3º-A e 3º-B, incisos IV e VIII, e § 2º, do CPP, embora reconhecemos ser nossa posição minoritária em doutrina.
2. **Lei de Tóxicos (art. 51, *caput* e parágrafo único, da Lei nº 11.343/06)**: 30 (trinta) dias para investigado preso e 90 (noventa) dias para investigado solto. Esses prazos podem ser duplicados pelo juiz, ouvindo-se previamente o Ministério Público, mediante pedido justificado da autoridade policial. Reitere-se o nosso posicionamento de que a atuação do juiz na hipótese de investigado solto mereceria ser revista em face da incidência do disposto nos arts. 3º-A e 3º-B, incisos IV e VIII, e § 2º, do CPP.
3. **Crimes contra a economia popular (art. 10, §§ 1º e 2º, da Lei nº 1.521/51)**: prazo de 10 (dez) dias, esteja o investigado preso ou solto, não cabendo prorrogação.
4. **Inquérito militar (art. 20, *caput* e § 1º, CPPM)**: prazos de 20 (vinte) dias se o investigado estiver preso e 40 (quarenta) dias se estiver solto, podendo o prazo para conclusão do inquérito de investigado solto ser prorrogado por mais 20 (vinte) dias pela autoridade militar superior, desde que não estejam concluídos exames ou perícias já iniciados, ou haja necessidade de diligências indispensáveis à elucidação do fato; se o investigado estiver preso, não pode ocorrer essa prorrogação.

Prazos especiais para conclusão do IP	
Inquérito policial perante a Justiça Federal	15 dias, se o investigado estiver preso, duplicável; 30 dias, se o investigado estiver solto, prorrogáveis;
Lei de Tóxicos	30 dias, se o investigado estiver preso, duplicável; 90 dias, se o investigado estiver solto, duplicável;
Crimes contra a economia popular	10 dias, estando o investigado preso ou solto, improrrogáveis;
Inquérito militar	20 dias se o investigado estiver preso, improrrogável; 40 dias se o investigado estiver solto, prorrogáveis por 20 dias.

▸ Aplicação em concurso público:

No concurso de Juiz Substituto do Tribunal de Justiça do Estado de Minas Gerais, promovido em 2012, foi cobrado o prazo para conclusão do inquérito policial para crimes previstos na Lei de Tóxicos (Lei nº 11.343/06), conforme a seguir transcrito: *"Nos crimes definidos na Lei n.º 11.343/06, o inquérito será concluído em 30 (trinta) dias se o réu estiver preso e em 60 (sessenta) dias se estiver solto"*. A assertiva foi considerada incorreta.

▸ Aplicação em concurso público:

No concurso de Juiz Substituto do TJ/MG, promovido pela FGV em 2022, foram cobrados aspectos relevantes acerca dos prazos para conclusão do inquérito policial, da seguinte forma: *"Acerca do inquérito policial, com base no Código de Processo Penal, nas normas processuais penais especiais e na jurisprudência atualizada do Superior Tribunal de Justiça, assinale a afirmativa correta. A) A Lei n° 11.343/2006 (Lei de Tóxicos) prevê o prazo de 30 (trinta) dias, improrrogáveis, para a conclusão do inquérito policial, caso o indiciado esteja preso. B) Nos crimes previstos na Lei n° 11.101/2005 (Lei de Falências), o prazo para oferecimento da denúncia regula- se pelo Código de Processo Penal, salvo se o Ministério Público, estando o réu solto ou afiançado, decidir aguardar a apresentação da exposição circunstanciada de que trata o Art. 186 da Lei n° 11.101/2005, devendo, em seguida, oferecer a denúncia em 15 (quinze) dias. C) Como regra geral, o prazo para a conclusão do inquérito policial é de 10 (dez) dias, caso o indiciado esteja preso, e de 20 (vinte) dias, se o indiciado estiver solto. D) A participação de membro do Ministério Público na fase investigatória criminal acarreta seu impedimento ou suspeição para o oferecimento da denúncia."*. A assertiva considerada correta foi a de letra B.

19. RELATÓRIO FINAL E INDICIAMENTO (ART. 10, §§ 1º E 2º, CPP)

A autoridade policial, ao final do inquérito, deve relatar tudo quanto apurado nas investigações (art. 10, § 1º, do CPP), como forma de prestação de contas do Estado-investigação à sociedade. Neste relatório, a autoridade policial poderá indicar testemunhas que não tiverem sido inquiridas, mencionando o lugar onde possam ser encontradas (art. 10, § 2º, do CPP).

Ao longo do relatório, o delegado não deve proferir qualquer **juízo de valor**, exceto nos crimes regulados pela Lei nº 11.343/06, segundo a qual, no relatório, deve a autoridade policial justificar as razões que levaram à classificação do delito (art. 52). A falta do relatório, porém, enseja apenas mera irregularidade, respondendo o delegado por falta funcional.

É possível ainda que a autoridade policial, no relatório final, proceda ao **indiciamento** do investigado (embora, em tese, este ato possa ser realizado antes desse momento, a exemplo do que ocorre na prisão em flagrante, com a entrega da nota de culpa ao agente delitivo, nas prisões preventiva e temporária, com a entrega de cópia do mandado de prisão, ou no interrogatório policial, se o autor dos fatos estiver em liberdade). Entende-se como indiciamento a comunicação formal feita pelo Estado ao investigado de que, a partir daquele momento, ele passa a ser o principal suspeito da prática do crime, motivo pelo qual o foco das investigações volta-se ao mesmo.

Todo indiciamento gera um natural constrangimento à pessoa, afinal de contas constará contra ela, na sua folha de antecedentes, tal ato, ainda que o inquérito seja arquivado. Por conta disso, o indiciamento não é ato discricionário do delegado, que somente pode procedê-lo se presentes **indícios suficientes de autoria e prova da materialidade delitiva.**

Nessa linha de intelecção, sintomática é a redação da novel Lei nº 12.830/13, que, no seu art. 2º, parágrafo 6º, assevera que "O indiciamento, privativo do delegado de polícia, dar-se-á por ato fundamentado, mediante análise técnico-jurídica do fato, que deverá indicar a autoria, materialidade e suas circunstâncias".

Também de acordo com o dispositivo legal acima transcrito, o indiciamento é ato privativo da autoridade policial, não podendo ser dirigida a esta autoridade requisição expedida pelo juiz ou pelo Ministério Público determinando a realização de tal ato. Contudo, o indiciamento não vincula a atuação do *Parquet*, que poderá, por exemplo, promover o arquivamento do inquérito policial. Aliás, não só o indiciamento, mas também o próprio relatório final como um todo não vincula as atuações do Ministério Público (que possui a *opinio delicti*) e do magistrado (que possui plena independência para julgar).

▸ Qual o entendimento do STJ sobre o assunto?

Muito embora o indiciamento não tenha o condão de promover repercussões práticas relevantes para a persecução penal, o STJ decidiu que é indevida a manutenção de medidas protetivas na hipótese de conclusão do inquérito policial sem indiciamento do acusado (STJ, 6ª Turma, Processo sob segredo de justiça, Rel. Min. Antonio Saldanha Palheiro, j. 20.09.2022 – Informativo nº 750). *Data maxima venia*, discordamos desse posicionamento, considerando que o indiciamento não possui efeito vinculante, sendo que o Ministério Público, detentor da *opinio delicti*, pode perfeitamente discordar da autoridade policial e, por exemplo, oferecer a denúncia, pugnando, nesse momento, pela manutenção das medidas protetivas, especialmente se persistirem os motivos cautelares que ensejaram o seu decreto judicial. Caso o juiz venha a concordar com a providência adotada pelo Ministério Público, estaria mais do que justificada a manutenção de tais medidas, sendo irrelevante, pois, se ocorreu ou não o indiciamento do agente em sede de inquérito policial.

▸ **Aplicação em concurso público:**

No concurso de Delegado da Polícia Civil do Estado de São Paulo, promovido pela Vunesp, em 2014, questionou-se acerca de eventual interferência do relatório final juntado ao inquérito policial pelo delegado nas atuações do Ministério Público e do magistrado, do seguinte modo: *"O minucioso relatório policial que encerra determinado inquérito conclui pela ocorrência do crime de estelionato praticado por "X".*

O promotor de justiça, entretanto, com base nas descrições contidas no referido documento, denuncia "X" pela prática do crime de furto mediante fraude. Ao receber a peça acusatória, o magistrado: A) deverá, em juízo preliminar, modificar a classificação jurídica do crime feita na denúncia, a fim de que fique em consonância com o relatório policial, sob pena de inépcia da denúncia. B) poderá, em juízo preliminar, modificar a classificação jurídica do crime feita no relatório policial, a fim de que fique em consonância com a denúncia, sob pena de nulidade da sentença. C) poderá devolver os autos ao delegado de polícia responsável, caso entenda que a classificação do crime deva ser retificada. D) se não a rejeitar preliminarmente, deverá recebê-la e ordenar a citação do réu "X" para responder à acusação por crime de furto mediante fraude. E) deverá devolver os autos ao delegado de polícia responsável pelo relatório, a fim de que seja feita a retificação da classificação do crime, sob pena de inépcia da denúncia". A resposta correta foi a letra D.

Nessa esteira, impende noticiar que o STF já decidiu que o juiz não pode determinar, depois de aberta ação penal, o indiciamento formal de um dos réus. Ao determinar o indiciamento, o juiz assumiria função inerente à investigação, o que não integraria suas funções jurisdicionais e violaria o próprio sistema acusatório. Além disso, a partir do momento em que a denúncia é recebida pelo Judiciário, o suspeito passa a ser réu em ação penal e deixa de ser suspeito. Isso revela incompatibilidade entre o ato de recebimento da denúncia, que já pressupõe a existência de indícios mínimos de autoria, e a posterior determinação de indiciamento, ato que atribui a alguém no curso do inquérito a suposta autoria delitiva e que visa a subsidiar o oferecimento da peça acusatória. (STF, HC nº 115.015).

O STJ também seguiu essa postura ao decidir que o magistrado não pode requisitar o indiciamento em investigação criminal, pois, na inteligência do art. 2º, parágrafo 6º, da Lei nº 12.830/13, tal ato constitui atribuição exclusiva da autoridade policial (Informativo nº 552).

Em havendo o indiciamento do investigado, a autoridade policial deverá indicar objetivamente o tipo penal em que se encontra incurso o agente delitivo (classificação do crime). Embora igualmente a classificação do crime não vincule a atuação do Ministério Público (nem do magistrado), ela é de extrema importância, pois produz relevantes efeitos práticos: favorece o conhecimento dos procedimentos adotados pelo condutor do inquérito; reflete na concessão ou não da fiança e no valor dela; interfere no estabelecimento inicial da competência (se foro central ou regional, por exemplo); interfere na necessidade ou não de exame complementar, em caso de lesão corporal grave etc.

No caso de crimes envolvendo tóxicos, a classificação do delito torna-se ainda mais relevante, afinal de contas, no crime de uso de entorpecentes, não cabe qualquer modalidade de prisão (cautelar ou definitiva) e o procedimento, em regra, é o do Juizado Especial Criminal, ao passo que no crime de tráfico de entorpecentes cabe qualquer modalidade de prisão (cautelar ou definitiva), não se permite a liberdade provisória (art. 44 da Lei nº 11.343/06, embora este dispositivo legal tenha sido declarado inconstitucional pelo STF no julgamento do HC nº 104339/SP) e o procedimento é o especial da Lei de Tóxicos (Lei nº 11.343/06). Justamente por conta de tudo isso é que, como já afirmado, no relatório, deve a autoridade policial justificar as razões que levaram à classificação do delito (art. 52 da Lei nº 11.343/06).

Ocorrendo qualquer **ilegalidade** no indiciamento, o prejudicado poderá se valer do *habeas corpus* para solicitar o **desindiciamento** (é o chamado **desindiciamento coacto**, definido como aquele determinado judicialmente em habeas corpus impetrado contra indiciamento manifestamente ilegal) e até mesmo o trancamento do inquérito policial (o que é medida excepcional). Aliás, o desindiciamento pode ser feito também pelo próprio delegado, sem necessidade de provocação, no transcurso do procedimento ou no próprio relatório final, se concluir que a pessoa indiciada não está vinculada ao fato.

▸ Indiciamento e Lei de Lavagem de Dinheiro (art. 17-D da Lei nº 9.613/98):

O art. 17-D da Lei de Lavagem de Dinheiro (Lei nº 9.613/98), com a redação dada pela Lei nº 12.683/12, estatui que *"Em caso de indiciamento de servidor público, este será afastado, sem prejuízo de remuneração e demais direitos previstos em lei, até que o juiz competente autorize, em decisão fundamentada, o seu retorno"*. Tal dispositivo legal já era de duvidosa constitucionalidade, conferindo-se valor demasiado a ato do delegado em investigação criminal, sem que se exigisse, portanto, ordem judicial a esse respeito, excluindo-se ainda qualquer observância do contraditório e da ampla defesa. Em outras palavras, esta norma acabava concedendo ao delegado o poder de aplicar medida cautelar diversa da prisão, dispensando, pois, ordem judicial, violando a cláusula de reserva de jurisdição; além disso, determinava o afastamento do servidor público como consequência automática e obrigatória de um mero indiciamento, sem qualquer exigência de fundamentação expressa para este ato.

Por esse motivo, a Associação Nacional dos Procuradores da República (ANPR) ajuizou no STF Ação Declaratória de Inconstitucionalidade (ADI) nº 4911 em face da norma em comento, apontando violação ao devido processo legal, contraditório, ampla defesa, presunção de inocência e inafastabilidade da jurisdição. Esta ação foi julgada procedente pelo Plenário do STF, declarando-se a inconstitucionalidade do art. 17-D da Lei nº 9.613/98, por violação aos princípios da proporcionalidade (já que o afastamento do servidor pode ocorrer a partir de representação do delegado ou requerimento do Ministério Público), da presunção de inocência (a exigir que a imposição de medidas constritivas aos direitos dos acusados seja amparada em requisitos concretos que sustentem a fundamentação da decisão judicial impositiva, não se admitindo efeitos cautelares automáticos ou desprovidos de fundamentação idônea) e da igualdade entre acusados indiciados e não indiciados (sendo o indiciamento ato dispensável para o ajuizamento da ação penal, a norma que determina o afastamento automático de servidores públicos quebra a isonomia entre acusados indiciados e não indiciados, ainda que denunciados nas mesmas circunstâncias). Em conclusão, consignou-se que somente se justifica o afastamento do servidor para a investigação ou instrução processual quando demonstrado nos autos o risco da continuidade do desempenho de suas funções e a medida ser eficaz e proporcional à tutela da investigação e da própria administração pública, circunstâncias a serem apreciadas pelo Poder Judiciário (STF, Plenário, ADI nº 4911, Rel. Min. Edson Fachin, j. 23.11.20).

Portanto, à luz desta decisão proferida pelo STF, com o indiciamento do servidor público por crime de lavagem de capitais, pode o delegado representar ou o Ministério Público requerer, sempre justificadamente, ao juiz criminal competente (que seria o juiz das garantias) a aplicação da medida cautelar de afastamento deste servidor das suas funções, nos moldes do previsto no art. 319, inciso VI, do CPP.

▸ **Aplicação em concurso público:**

No concurso de Agente da Polícia Federal, em 2009, promovido pelo Cespe/Unb, foi cobrada a possibilidade de a autoridade policial, no relatório final do inquérito policial, indicar testemunhas que não tiverem sido inquiridas. Nesse sentido, a assertiva *"O término do inquérito policial é caracterizado pela elaboração de um relatório e por sua juntada pela autoridade policial responsável, que não pode, nesse relatório, indicar testemunhas que não tiverem sido inquiridas"* foi considerada incorreta.

▸ **Aplicação em concurso público:**

No concurso de Delegado da Polícia Civil de Minas Gerais, em 2018, promovido pela Fumarc, foram cobrados aspectos relevantes do indiciamento, a saber: *"Sobre o ato de indiciamento realizado no âmbito de investigação criminal conduzida por delegado de polícia, é* ***CORRETO*** *afirmar: A) É realizado mediante o mesmo grau de certeza de autoria que a situação de suspeito. B) Não é ato exclusivo do delegado de polícia que conduz a investigação. C) Não poderá o delegado de polícia retratar sua posição e "desindiciar" o investigado. D) Resulta de um juízo de probabilidade e não de mera possibilidade sobre a autoria delitiva".* A resposta considerada correta foi a letra D.

20. DESTINO DO INQUÉRITO POLICIAL (ARTS. 10, § 1º, 11, 19 E 23 CPP)

Conforme redação expressa do CPP, após ser concluído e devidamente relatado, o inquérito policial deve ser remetido ao juízo criminal competente (art. 10, § 1º), para que sejam acessados pelo titular da ação penal. Em alguns Estados, os autos são enviados às denominadas *centrais de inquérito*, as quais se encontram vinculadas ao Ministério Público, com o objetivo de permitir a distribuição direta ao Promotor de Justiça com atribuição para atuar no caso.

Se o delito estiver sujeito a ação penal privada, os autos, em regra, igualmente são encaminhados ao juízo competente, onde ficam aguardando a iniciativa do ofendido ou de seu representante legal, mas podem ser também entregues a ele, se o pedir, mediante traslado (art. 19 do CPP).

Ademais, em qualquer situação, a autoridade policial deve oficiar o Instituto de Identificação e Estatística ou repartição congênere, mencionando-se o juízo a que tiverem sido distribuídos os autos e os dados relativos à infração penal e à pessoa do indiciado (art. 23 do CPP).

Além disso, frise-se que devem acompanhar os autos do inquérito os instrumentos do crime (objetos ou aparelhos usados pelo agente para cometer a infração penal, como armas, documentos falsos, cheques adulterados, facas etc.) e os objetos de prova (objetos que possuam utilidade para demonstrar ao juiz a realidade do ocorrido, como livros contábeis, computadores, carro do indiciado ou da vítima contendo vestígios de violência etc.), para que fiquem à disposição das partes, possibilitando inclusive o requerimento de realização de contraprova (art. 11 do CPP).

Com o advento da Lei nº 13.964/2019 e a criação da figura do juiz das garantias, o art. 3º-C, § 3º, do CPP estipula que os autos que compõem as matérias de competência deste juiz ficarão acautelados na secretaria desse juízo, à disposição do Ministério Público e da defesa, e não serão apensados aos autos do processo enviados ao juiz da instrução e julgamento, ressalvados os documentos relativos às provas irrepetíveis, medidas de obtenção de provas ou de antecipação de provas, que deverão ser remetidos para apensamento em apartado.

Esclareça-se que a previsão legal não determina a destruição dos autos da investigação, mas apenas a sua guarda.

É elogiável a opção assumida pela lei. O que se pretende é que o juiz da fase processual não tenha qualquer contato com o material colhido na investigação criminal, para que não se contamine por ele, vindo a julgar a causa com plena imparcialidade. Até porque os elementos de convicção produzidos na investigação não observam o contraditório e a ampla defesa.

Queremos crer que deve ser absolutamente evitada a mera repetição pro-forma, ao longo do processo, de elementos de convicção produzidos na investigação, a exemplo da prática corriqueira de leitura durante a audiência de instrução e julgamento de um Boletim de Ocorrência lavrado no inquérito policial por um policial militar para que ele próprio venha a confirmar o seu teor, mesmo que, naquele momento da confirmação, ele não se recorde mais de nada dos fatos, apenas confirme o seu relato por visualizar a sua assinatura do documento.

O dispositivo legal em comento ressalva, no entanto, "os documentos relativos às provas irrepetíveis, medidas de obtenção de provas ou de antecipação de provas, que deverão ser remetidos para apensamento em apartado". É correta esta ressalva legal, considerando que, nos termos do art. 155, *caput*, do CPP, as provas cautelares, não repetíveis e antecipadas colhidas na investigação podem fundamentar a prolação de decisão judicial, inclusive de caráter condenatório.

Porém, o acautelamento dos autos é medida que tem como destinatário apenas e tão somente o juiz da fase processual, pois pretende garantir a sua imparcialidade, não atingindo, pois, as partes. Nessa esteira, o art. 3º-C, § 4º, do CPP preceitua que fica assegurado às partes o amplo acesso aos autos acautelados na secretaria do juízo das garantias. Note-se que não se menciona nada a respeito do acesso por parte do juiz do processo.

Impende registrar que o acautelamento dos autos da investigação não significa afirmar que o inquérito policial deixa de acompanhar a denúncia ou queixa, muito antes pelo contrário, estando mantido o teor do artigo 12 do CPP. É o que se extrai inclusive do Enunciado nº 13 PGJ-CGMP do Ministério Público do Estado de São Paulo a respeito da Lei nº 13.964/19: "*Os elementos informativos, assim como as provas cautelares, não repetíveis e antecipadas, colhidos na fase de investigação, acompanharão, obrigatoriamente, o processo enviado ao juiz da instrução e julgamento. Caso não sejam enviados, o membro do Ministério Público providenciará sua juntada*".

Por tudo, para que haja harmonia entre os arts. 3º-C, §§ 3º e 4º, e 12 do CPP, sustenta-se que o inquérito policial acompanha a denúncia, sendo ambos encaminhados ao juízo criminal competente (na dicção do CPP, o juiz das instrução e julgamento), que deverá sempre decidir expressamente se os autos da investigação devem ser desentranhados, permanecendo arquivados no juízo das garantias (o que é a regra geral), ou se eles permanecerão no processo, em apartado (exceção), para que sejam aproveitadas as provas que não serão repetidas em juízo (na linha do art. 155, *caput*, parte final, CPP).

De outra banda, pelo teor dos arts. 3º-A e 3º-B, incisos IV e VIII, e § 2º, do CPP, a nosso ver, o inquérito policial deve tramitar diretamente entre o Ministério Público e a Polícia Judiciária, conforme já exposto em tópicos anteriores deste capítulo. Nesse sentido, relembre-se que os arts. 3º-A a 3º-F do CPP estão com a eficácia suspensa por decisão monocrática do Ministro do STF Luiz Fux, daí porque a sistemática definida nos arts. 11, 19 e 23 do CPP permanece, no momento, inteiramente válida. O destino do inquérito policial, via de regra, é o juízo criminal competente. O trâmite direto do inquérito entre Polícia Judiciária e Ministério Público dependeria de ato normativo, a exemplo do que se operou na Justiça Federal com a Resolução nº 63/2009 do Conselho da Justiça Federal.

▸ **Aplicação em concurso público:**

No concurso de Procurador do Município de Belo Horizonte/MG, promovido pelo Cebraspe/Cespe, em 2017, cobrou-se o entendimento do STJ alhures mencionado a respeito do trâmite direto do inquérito policial entre Polícia Judiciária e Ministério Público, conforme assertiva adiante transcrita: "*Com base no entendimento do STJ, assinale a opção correta. [...] É ilegal portaria que, editada por juiz federal, estabelece a tramitação direta de inquérito policial entre a Polícia Federal e o MPF*". A alternativa foi considerada incorreta.

21. INQUÉRITO COMO BASE DA DENÚNCIA OU QUEIXA E SUA DISPENSABILIDADE (ART. 12 CPP)

O inquérito policial serve para preencher a justa causa da ação penal. Por isso, quando ele preenche esse requisito, deve acompanhar a denúncia ou queixa. Mas se há outros elementos que preencham esse requisito (sindicâncias, processos administrativos, inquéritos militares, inquéritos parlamentares, incidentes processuais, investigação criminal do Ministério Público etc.), ele é **dispensável**.

> ▸ **Aplicação em concurso público:**
>
> No concurso de Analista Judiciário do TRE/ES, em 2011, promovido pelo Cespe/Unb, foi cobrada a dispensabilidade do inquérito policial e a exigência de preenchimento de justa causa para o início da ação penal. Nesse sentido, a assertiva *"O inquérito policial não é indispensável à propositura de ação penal, mas denúncia desacompanhada de um mínimo de prova do fato e da autoria é denúncia sem justa causa"* foi considerada correta.

> ▸ **Aplicação em concurso público:**
>
> No concurso de Analista do TRF1, em 2011, promovido pela Fundação Carlos Chagas (FCC), dentre outros aspectos relevantes sobre a prova pericial, foi questionada a possibilidade de indicação de assistente técnico pelas partes. Nesse trilhar, afirmou-se o seguinte: *"Quanto ao exame de corpo de delito e às perícias em geral, de acordo com o Código de Processo Penal: a) Os exames de corpo de delito serão feitos por dois peritos oficiais. b) Se a infração deixar vestígios, a ausência do exame de corpo de delito pode ser suprida pela confissão do acusado. c) Ao assistente de acusação, ao ofendido, ao querelante e ao acusado é facultada a indicação de assistente técnico. d) Os peritos não oficiais ficarão dispensados de compromisso se forem especialistas na matéria objeto da perícia e tiverem prestado compromisso em entidade de classe. e) O laudo pericial será elaborado no prazo máximo de cinco dias, podendo este prazo ser prorrogado por igual período, a requerimento do Ministério Público"*. A resposta correta foi a letra C.

> ▸ **Aplicação em concurso público:**
>
> No concurso de Analista do TRF1, em 2011, promovido pela Fundação Carlos Chagas (FCC), dentre outros aspectos relevantes do inquérito policial, voltou a ser cobrada a dispensabilidade deste procedimento. Nesse trilhar, afirmou-se o seguinte: *"O inquérito policial a) poderá ser arquivado por determinação da autoridade policial, desde que através de despacho fundamentado. b) pode ser presidido pelo escrivão de polícia, desde que as diligências realizadas sejam acompanhadas pelo Ministério Público. c) não exige forma especial, é inquisitivo e pode não ser escrito, em decorrência do princípio da oralidade. d) será remetido a juízo sem os instrumentos do crime, os quais serão devolvidos ao indiciado. e) não é obrigatório para instruir a ação penal pública que poderá ser instaurada com base em peças de informação"*. A resposta correta foi a letra E.

22. DISCRICIONARIEDADE DO INQUÉRITO POLICIAL (ART. 14 CPP)

Nos termos do art. 14 do CPP, o requerimento para produção de provas feito pelo ofendido, seu representante legal ou até mesmo pelo indiciado pode ser indeferido pela autoridade policial sob a simples alegação de que a diligência não é recomendável para o andamento das investigações, afinal de contas vige no inquérito policial o princípio da **discricionariedade**.

Reforçando essa ideia, a novel Lei nº 12.830, em seu art. 2º, § 2º, estatui que "Durante a investigação criminal, cabe ao delegado de polícia a requisição de perícia, informações, documentos e dados que interessem à apuração dos fatos".

De se relembrar, porém, que o requerimento de realização de **exame de corpo de delito**, se o crime deixar vestígios, não pode ser indeferido pela autoridade policial, afinal de contas o art. 158, *caput*, do CPP exige a sua confecção para a demonstração da materialidade do crime desta natureza. É o que se extrai inclusive do art. 184 do CPP.

> **▸ Aplicação em concurso público:**
> No concurso de Agente da Polícia Federal, em 2009, promovido pelo Cespe/Unb, foi cobrada a discricionariedade do inquérito policial. Nesse sentido, a assertiva *"No inquérito policial, o ofendido, ou seu representante legal, e o indiciado poderão requerer qualquer diligência, que será realizada, ou não, a juízo da autoridade"* foi considerada correta.

23. DIREITO DE DEFESA DOS AGENTES DE SEGURANÇA PÚBLICA E DAS FORÇAS ARMADAS EM INVESTIGAÇÃO CRIMINAL (ART. 14-A CPP COM A REDAÇÃO DADA PELA LEI Nº 13.964/2019 – "PACOTE ANTICRIME")

A Lei nº 13.964/2019 ("Pacote Anticrime") inseriu no CPP o art. 14-A, que traz uma previsão, no mínimo, inusitada, atécnica, inócua e injustificada.

Em primeiro plano, o novel dispositivo legal pretende conferir aos agentes de segurança pública listados no art. 144 da Constituição Federal, quando figurarem como investigados em qualquer investigação criminal (não só no inquérito policial), inclusive no inquérito policial militar (e o Código de Processo Penal Militar também foi alterado nesse sentido, tendo o acréscimo por esta lei do art. 16-A), em determinadas hipóteses, o **direito de defesa**. É o que se extrai da simples leitura logo do caput do art. 14-A do CPP, segundo o qual *"Nos casos em que servidores vinculados às instituições dispostas no art. 144 da Constituição Federal figurarem como investigados em inquéritos policiais, inquéritos policiais militares e demais procedimentos extrajudiciais, cujo objeto for a investigação de fatos relacionados ao uso da força letal praticados no exercício profissional, de forma consumada ou tentada, incluindo as situações dispostas no art. 23 do Decreto-Lei nº 2.848, de 7 de dezembro de 1940 (Código Penal), o indiciado poderá constituir defensor."* Este direito de defesa também é estendido aos agentes das Forças Armadas (art. 142 da Carta Magna Federal), quanto a fatos ligados a missões para a Garantia da Lei e da Ordem, tendo em vista que este dispositivo é complementado pelo § 6º do art. 14-A do CPP, o qual assevera: "*As disposições constantes deste artigo se aplicam aos servidores militares vinculados às instituições dispostas no art. 142 da Constituição Federal, desde que os fatos investigados digam respeito a missões para a Garantia da Lei e da Ordem.*"

Nas situações anteriormente indicadas, não há uma ampla defesa (que, como é cediço, é constituída pela autodefesa e pela defesa técnica), mas sim um direito de defesa, ou seja, direito à defesa técnica (não há qualquer menção à autodefesa), consistente na prerrogativa assegurada em lei aos referidos agentes públicos, enquanto investigados, de serem assistidos por defensor.

Mas a previsão legal é suscetível a algumas críticas. De início, questiona-se o motivo pelo qual esse direito de defesa em investigação criminal é fixado somente àqueles agentes públicos. O objetivo da lei foi conferir uma proteção especial a agentes de segurança pública e das Forças Armadas que atuem em situações extremas, de alto risco e/ou em grandes operações. No entanto, o reconhecimento do direito de defesa em investigação criminal deveria ser estipulado apenas para estes investigados? Não seria razoável estender a todos os demais investigados no país? Não se pretende defender neste espaço o direito de defesa em investigações criminais, apenas se cobra do legislador uma coerência lógica: ou não se assegura o direito de defesa em nenhuma hipótese, ou se estende tal prerrogativa a todos os investigados. Prever este direito apenas a alguns agentes públicos, ainda que em situações delicadas, soa como opção legislativa discriminatória e, como tal, injustificada.

Indo além na discussão, é possível formular outro questionamento: há, de fato, um efetivo direito de defesa para os agentes públicos em referência? Ou, em outros termos: o que a lei asseguraria de especial por parte do defensor do investigado? Qual seria o papel extraordinário a ser exercido por ele?

Pela análise do inteiro teor do art. 14-A do CPP, a resposta ao primeiro questionamento tende a ser negativa. É que o dispositivo legal apenas assegura àquela espécie de investigado o direito de constituir defensor. E só. Não há qualquer outra garantia diferenciada reconhecida em favor do agente. Ora, em alguma investigação criminal no país é proibida a constituição de defensor pelo investigado? A nosso ver, trata-se de uma proteção legal inócua, estéril, sem maiores repercussões práticas.

E as críticas não param por aí. O § 1º do art. 14-A do CPP comete uma atecnia que salta aos olhos, ao se referir à citação em plena investigação criminal, senão vejamos: "*Para os casos previstos no* caput *deste artigo, o investigado deverá ser citado da instauração do procedimento investigatório, podendo constituir defensor no prazo de até 48 (quarenta e oito) horas a contar do recebimento da citação*". Não é preciso muito esforço para explanar que a citação é instituto típico do processo penal, que ocorre após o recebimento da denúncia ou queixa, comunicando ao réu a existência de ação penal em seu desfavor e abrindo prazo para que ele venha a se defender por escrito. Desse modo, afigura-se como absolutamente equivocado o emprego deste instituto em investigação criminal, etapa da persecução penal que não envolve qualquer imputação a quem quer que seja, existindo apenas o esclarecimento dos fatos e de sua eventual autoria.

Pois bem, há a citação do investigado sobre a instauração do procedimento investigatório, mas com que finalidade? Abrir prazo para que ele encaminhe manifestação escrita? A lei nada fala a esse respeito. Lamentável o seu silêncio. Revela mais uma vez que o direito de defesa aqui é realmente inócuo.

Parece que o § 1º do art. 14-A do CPP estabelece a "citação" para que o investigado venha a constituir defensor no prazo de 48 (quarenta e oito) horas. Precisaria a lei prever uma suposta "citação" para este fim?

De qualquer sorte, o Enunciado nº 05 do Grupo Nacional de Coordenadores de Centro de Apoio Criminal (GNCCRIM) esclarece que *"Não obstante a terminologia utilizada no § 1º, admite-se qualquer forma efetiva de comunicação do investigado acerca da instauração de procedimento investigatório criminal (pessoal, e-mail, carta, whatsapp, SMS ou qualquer outro meio de comunicação), aplicando-se, analogicamente, o teor do § 4º do artigo 19 da Resolução CNMP nº 181"*.

Se, transcorrido o aludido prazo, o investigado não constitui defensor, o § 2º do art. 14-A do CPP impõe à autoridade responsável pela investigação que adote a seguinte providência: *"Esgotado o prazo disposto no § 1º deste artigo com ausência de nomeação de defensor pelo investigado, a autoridade responsável pela investigação deverá intimar a instituição a que estava vinculado o investigado à época da ocorrência dos fatos, para que essa, no prazo de 48 (quarenta e oito) horas, indique defensor para a representação do investigado"*. Assim, por exemplo, se o investigado é um policial civil, o delegado da Polícia Civil deve citá-lo a constituir defensor em até 48 (quarenta e oito) horas; não o fazendo, o mesmo delegado intimará a Polícia Civil para que, também em 48 (quarenta e oito) horas, indique um defensor em prol do investigado. Chegamos aqui, enfim, ao verdadeiro objetivo pretendido (mas muito mal disciplinado) pela lei: estipular a defesa técnica obrigatória aos investigados ora tratados em investigações criminais.

Portanto, a defesa técnica não se revela, nessas situações, uma mera possibilidade, mas sim uma necessidade. Em um primeiro momento, é facultado ao investigado constituir o seu próprio defensor (algo sempre existente no legítimo exercício do direito de defesa). Caso, no prazo legal, ele não venha a constituir profissional em sua defesa, a instituição da qual fazia parte o investigado à época dos fatos indicará este defensor em até 48 (quarenta e oito) horas.

Diante disso, infere-se que a ausência de constituição de defensor pelo investigado não exigirá da autoridade responsável pela investigação a nomeação de defensor dativo. A providência de suprir a falta do investigado compete diretamente à instituição da qual o investigado fazia parte à época da prática da infração penal.

Na redação original do "Pacote Anticrime", os §§ 3º a 5º do art. 14-A do CPP tinham sido vetados pelo Presidente da República. Com tais vetos, não havia definição no Código sobre qual órgão ficaria responsável por arcar com o pagamento dos honorários do defensor que atuasse em favor do investigado, ou seja, se o pagamento desses valores seria realizado especificamente pela própria instituição a que estava vinculado o investigado à época dos fatos ou pelo Estado em sentido amplo, considerando o defensor como dativo.

Foram apresentadas estas razões para o veto presidencial: *"A propositura legislativa, ao prever que os agentes investigados em inquéritos policiais por fatos relacionados ao uso da força letal praticados no exercício profissional serão defendidos prioritariamente pela Defensoria Pública e, nos locais em que ela não tiver instalada, a União ou a Unidade da Federação correspondente deverá disponibilizar profissional, viola o disposto no art. 5º, inciso LXXIV, combinado com o art. 134, bem como os arts. 131 e 132, todos da Constituição da República, que confere à Advocacia-Geral da União e às Procuradorias dos Estados e do Distrito Federal, também Função Essencial à Justiça, a representação judicial das respectivas unidades federadas, e destas competências constitucionais deriva a competência de representar judicialmente seus agentes públicos, em consonância com a jurisprudência do Supremo Tribunal (v.g. ADI 3.022, rel. min. Joaquim Barbosa, j. 2-8-2004, P, DJ de 4-3-2005)".*

Ocorre que, em 19 de abril de 2021, o Congresso Nacional derrubou os vetos presidenciais a estes dispositivos. Por consequência, tais normas foram promulgadas pelo Presidente da República no dia 30 de abril de 2021.

Destarte, o art. 14-A do CPP passa a ter os §§ 3º a 5º, com as seguintes redações: *"Havendo necessidade de indicação de defensor nos termos do § 2º deste artigo, a defesa caberá preferencialmente à Defensoria Pública, e, nos locais em que ela não estiver instalada, a União ou a Unidade da Federação correspondente à respectiva competência territorial do procedimento instaurado deverá disponibilizar profissional para acompanhamento e realização de todos os atos relacionados à defesa administrativa do investigado."* (§ 3º); *"A indicação do profissional a que se refere o § 3º deste artigo deverá ser precedida de manifestação de que não existe defensor público lotado na área territorial onde tramita o inquérito e com atribuição para nele atuar, hipótese em que poderá ser indicado profissional que não integre os quadros próprios da Administração."* (§ 4º); *"Na hipótese de não atuação da Defensoria Pública, os custos com o patrocínio dos interesses dos investigados nos procedimentos de que trata este artigo correrão por conta do orçamento próprio da instituição a que este esteja vinculado à época da ocorrência dos fatos investigados."* (§ 5º).

Os §§ 3º a 5º do art. 16-A do Código de Processo Penal Militar (CPPM) possuem redações idênticas, respectivamente, aos §§ 3º a 5º do art. 14-A do CPP.

É possível sistematizar o conteúdo dos §§ 3º a 5º do art. 14-A do CPP da seguinte forma:

(i) via de regra, a defesa caberá preferencialmente à *Defensoria Pública*, o que naturalmente dispensará o pagamento de quaisquer honorários por quem quer que seja, consoante o disposto no § 3º, 1ª parte, do art. 14-A do CPP. Nessa hipótese, haverá uma **atuação atípica** da Defensoria Pública, que é aquela que se verifica mesmo se não houver hipossuficiência econômica do agente por ela representado. Tal atuação é admitida em virtude de a Constituição Federal não exaurir todas as atribuições da Defensoria Pública. Desse modo, o termo "necessitado" ganha ampla interpretação. É que o acusado que não constituiu defensor resta indefeso, estando em condição de vulnerabilidade em face do órgão acusatório estatal. Em favor do contraditório e da ampla defesa e para que se permita a igualdade material, permitindo que o réu litigue livremente, em igualdade de condições com a acusação, a Defensoria Pública recebe do Estado legitimidade para atuar em benefício de quem até então estava sem qualquer defensor. Na Lei Complementar nº 80/94, ela é extraída a partir do teor do art. 3º, inciso IV.

(ii) excepcionalmente, nos locais em que a Defensoria Pública não estiver instalada, a União ou a Unidade da Federação correspondente à respectiva competência territorial do procedimento instaurado deverá disponibilizar profissional para acompanhamento e realização de todos os atos relacionados à defesa administrativa do investigado, nos termos do § 3º, parte final, do art. 14-A do CPP. Ou seja, o ente federativo (União ou Estado, a depender do caso) disponibilizará um membro da sua respectiva Procuradoria (Procurador da Fazenda Nacional ou Procurador do Estado) para que atue em favor do investigado. Nessa situação, obviamente também não haverá pagamento de quaisquer valores, pois o exercício de função dessa natureza por este profissional já é devidamente remunerado pelo ente público por meio do pagamento de subsídio. Em complemento, tem-se que a indicação deste profissional deverá ser precedida de manifestação de que não existe defensor público lotado na área territorial onde tramita o inquérito e com atribuição para nele atuar, como prevê o § 4º, 1ª parte, do art. 14-A do Código.

(iii) também no caso de não existir defensor público lotado na área territorial onde tramita o inquérito e com atribuição para nele atuar, pressupondo-se inexistir membro da Procuradoria a ser indicado pelo ente público, poderá ser indicado profissional que não integre os quadros próprios da Administração, na dicção do § 4º, parte final, do art. 14-A do CPP. É dizer, atuará em favor do investigado um advogado na condição de defensor dativo. Nessa situação, serão devidos os honorários advocatícios, os quais serão pagos pela própria instituição a que esteja vinculado o investigado à época da ocorrência dos fatos investigação. Nessa esteira, o § 5º do art. 14-A do Código é categórico ao afirmar que "na hipótese de não atuação da Defensoria Pública, os custos com o patrocínio dos interesses dos investigados nos procedimentos de que trata este artigo correrão por conta do orçamento próprio da instituição a que este esteja vinculado à época da ocorrência dos fatos investigados".

Portanto, os novos dispositivos legais têm o importante papel de superar a omissão encontrada no "Pacote Anticrime" à época em que ele foi publicado no que diz respeito à atuação do defensor técnico na hipótese do art. 14-A do CPP e à sua respectiva remuneração, diminuindo um pouco os problemas técnicos encontrados nessa norma.

Noutro giro, será obrigatória a presença do defensor, mas isso significa que o caráter inquisitivo de uma investigação criminal, notadamente o inquérito policial, resta mitigado? A nosso ver, não, nada ou muito pouco muda. O que a lei prevê é tão somente a obrigatoriedade da presença do defensor na investigação, mas os seus poderes são os mesmos de qualquer outro defensor, na linha inclusive do que vem reconhecido no Estatuto da OAB (Lei nº 8.906/94), mais precisamente no art. 7º, inciso XXI, alínea "a", conforme já exposto neste capítulo em tópico anterior. E ainda assim, devem ser relembrados os limites de atuação de qualquer defensor (inclusive este) delineados na Súmula Vinculante nº 14 do STF e no art. 7º, parágrafo 11, do Estatuto da OAB.

Nessa perspectiva, o Enunciado nº 06 do Grupo Nacional de Coordenadores de Centro de Apoio Criminal (GNCCRIM) assevera que *"O conhecimento da investigação em curso preconizado no art. 14-A não veda que o presidente da investigação delimite o acesso do investigado ou seu defensor aos elementos de prova relacionados a diligências em andamento e ainda não documentados nos autos, quando houver risco de comprometimento da eficiência, da eficácia ou da finalidade das diligências (art. 9º, § 4º, Res. 181/CNMP)"*.

Ademais, afirmar que a presença do defensor na investigação é obrigatória não significa exigir que em todo e qualquer ato colhido ao longo do procedimento deva ele participar. Salvo atos que envolvam a presença do investigado (na dicção do art. 7º, inciso XXI, alínea "a", do Estatuto da OAB), todos os demais podem ser regularmente praticados pela autoridade que preside a investigação sem a presença do defensor.

Nesse trilhar, relembre-se que, quanto ao teor do art. 7º, inciso XXI, alínea "a", do Estatuto da OAB, o STF já decidiu que é desnecessário que o advogado seja intimado previamente para acompanhar tomada de depoimentos no inquérito policial. Apenas se o advogado quiser valer a sua prerrogativa é que o ato será realizado com a sua presença (STF, Segunda Turma, PET 7.612, Rel. Min. Luiz Edson Fachin).

Em resumo, pode-se concluir que, nas situações expostas neste tópico, há a necessidade de se observar o direito de defesa do investigado, sem se mitigar o caráter inquisitivo da investigação, não sendo conferida ao defensor qualquer prerrogativa especial. De uma forma muito atabalhoada, a legislação prevê uma defesa técnica inócua, sem maiores repercussões práticas, até mesmo injustificada, retardando (ainda mais) o andamento da investigação, que tem seu prazo ampliado por, no mínimo, 48 (quarenta e oito) horas (o que pode prejudicar o próprio agente público, se ele estiver preso), sem que, em contrapartida, haja efetivos ganhos ao investigado.

24. CURADOR (ART. 15 CPP)

Quando o Código de Processo Penal foi promulgado, em 1941, a figura do curador existia nos interrogatórios policial e judicial como forma de proteger o investigado menor de 21 (vinte e um) anos de idade e maior de 18 (dezoito), dada a sua imaturidade à época presumida, afinal de contas, embora ele fosse maior na órbita penal, não era maior na seara civil.

Entretanto, com a redução da maioridade civil para 18 (dezoito) anos feita pelo Código Civil de 2002, a presença do curador no processo penal perdeu o seu sentido. Nesse contexto, a Lei nº 10.792/03 revogou o art. 194 do CPP, eliminando a presença do curador no interrogatório judicial. Embora não revogado expressamente, por uma interpretação sistemática e analógica, entende-se que o **art. 15 do CPP também foi revogado (tacitamente)**. Assim, não há mais a necessidade de a autoridade policial nomear curador ao investigado maior de 18 (dezoito) anos e menor de 21 (vinte e um) anos de idade. A figura do curador somente persiste para agentes inimputáveis ou semi-imputáveis, que atuará notadamente no incidente de insanidade mental (art. 149, § 2º, do CPP), por nomeação do juiz, seja na fase do inquérito policial (art. 149, § 1º, do CPP), seja na fase da ação penal.

> **▸ Aplicação em concurso público:**
> No concurso de Promotor de Justiça do Ministério Público do Estado de Minas Gerais, em 2011, foi cobrada, de forma implícita, a desnecessidade de atuação do curador no interrogatório policial, que, desse modo, somente passa a ter atuação no incidente de insanidade mental. Assim, questionou-se: *"Assinale a alternativa CORRETA. Há necessidade de curador no Processo Penal A) no interrogatório judicial. B) no interrogatório do inquérito policial. C) no incidente de sanidade mental. D) no oferecimento de queixa-crime"*. A resposta correta foi a letra C.

25. NOVAS DILIGÊNCIAS REQUERIDAS PELO MINISTÉRIO PÚBLICO (ARTS. 16 E 47 CPP)

O Ministério Público somente pode pedir ao juiz a devolução dos autos do inquérito policial à Delegacia de Polícia se houver a necessidade da prática de **diligências imprescindíveis ao oferecimento da denúncia**, nos termos do art. 16 do CPP. Se isso ocorre, não pode o magistrado indeferir o requerimento formulado pelo Ministério Público, sob pena de recurso de **correição parcial**.

> **▸ Aplicação em concurso público:**
> No concurso de Delegado de Polícia do Estado do Paraná, em 2013, UEL, cobrou-se exatamente a redação do art. 16 do CPP, da seguinte forma: *"Com relação ao inquérito policial, segundo o Código de Processo Penal, assinale a alternativa correta. A) A polícia judiciária será exercida pelas autoridades policiais em todo o território nacional, independente de circunscrição, com o fim de apurar as infrações penais e sua autoria. B) Na legislação processual penal, é inaplicável a interpretação extensiva e analógica, bem como o suplemento dos princípios gerais do direito. C) O inquérito deverá terminar no prazo de trinta dias, se o indiciado tiver sido preso em flagrante, ou estiver preso preventivamente, contado o prazo a partir do dia da prisão. D) O Ministério Público não poderá requerer a devolução do inquérito à autoridade policial, senão para novas diligências, imprescindíveis ao oferecimento da denúncia. E) O ofendido, ou seu representante legal, poderá requerer qualquer diligência, a qual será realizada obrigatoriamente, considerados os princípios do contraditório e da ampla defesa"*. A resposta da questão foi a letra D.

A regra do art. 16 do CPP deve ser complementada pelo art. 47 do CPP, segundo o qual se o Ministério Público julgar necessários maiores esclarecimentos e documentos complementares ou novos elementos de convicção, **deverá requisitá-los, diretamente**, de quaisquer autoridades ou funcionários que devam ou possam fornecê-los.

26. ARQUIVAMENTO DO INQUÉRITO POLICIAL (ART. 17 CPP)

O "Pacote Anticrime" modificou o art. 28 do CPP, alterando radicalmente a sistemática do arquivamento do inquérito policial. Todavia, o "novo" art. 28 do Código está, no momento, com a sua eficácia suspensa, por decisão monocrática proferida pelo Ministro do STF Luiz Fux. Diante disso, atualmente é aplicável o modelo de arquivamento do inquérito encontrado no art. 28 do CPP antes do advento da Lei nº 13.964/19. De início, passaremos a estudar então o arquivamento à luz do "antigo" art. 28 do CPP. Posteriormente é que analisaremos o tema conforme a reforma promovida pelo "Pacote Anticrime".

O arquivamento do inquérito policial é providência a ser adotada única e exclusivamente pelo Ministério Público se preenchidos dois requisitos, a saber:

(1) esgotamento de diligências investigatórias cabíveis; e

(2) não ser caso de oferecimento de denúncia ou de adoção de alguma outra providência.

Não será caso de oferecimento de denúncia quando não estiverem presentes as condições e os requisitos que autorizam esta providência pelo Ministério Público, não se vislumbrando mais a possibilidade de complemento da investigação. Em outras palavras, em sendo caso de futura rejeição da denúncia (art. 395 do CPP) ou de absolvição sumária (397 do CPP), deverá ser promovido pela instituição o arquivamento do inquérito.

Nesse trilhar, ressalte-se que, em um primeiro momento, o STF possuía o entendimento de que não seria possível o arquivamento do inquérito policial com base na existência manifesta de causa excludente da ilicitude do fato (art. 397, I, CPP) ou de causa excludente de culpabilidade (art. 397, II, CPP), pois seria muito prematuro afirmar, ainda em fase de investigações, a existência de tais excludentes, sendo mais recomendável o oferecimento da ação penal para que a instrução processual esclareça se realmente elas estão presentes (STF, 1ª Turma, HC nº 79359/RJ, Rel. Min. Ilmar Galvão, DJ 8/10/1999, p. 39). Todavia, em um segundo momento, o STF alterou o seu entendimento, atendendo assim a antigo reclamo da doutrina, passando a permitir o arquivamento do inquérito policial com base na existência de causas excludentes da ilicitude ou da culpabilidade, embora tenha sido autorizado o desarquivamento do procedimento em caso de surgimento de novas provas (STF, 1ª Turma, HC nº 95211/ES, Rel. Min. Cármen Lúcia, DJ 22/8/2011, p. 169; HC nº 87395/PR, Rel. Min. Ricardo Lewandowski, j. 23/3/2017 – Informativo 858).

Noticie-se, contudo, que o STJ entendeu que a decisão de arquivamento do inquérito policial reconhecendo a existência de excludentes de ilicitude faria coisa julgada material, impedindo o desarquivamento da investigação. Assim, a permissão legal contida no art. 18 do CPP, e pertinente Súmula 524/STF, de desarquivamento do inquérito pelo surgimento de provas novas, somente teria incidência quando o fundamento daquele arquivamento fosse a insuficiência probatória – indícios de autoria e prova do crime. A decisão que faria juízo de mérito do caso penal, reconhecendo atipicidade, extinção da punibilidade, ou excludentes da ilicitude, exigiria certeza juridical – sem esta, a prova de crime com autor indicado geraria a continuidade da persecução criminal – que, por tal, possuiria efeitos de coisa julgada material, ainda que contida em acolhimento a pleito ministerial de arquivamento das peças investigatórias. Portanto, promovido o arquivamento do inquérito policial pelo reconhecimento de legítima defesa, a coisa julgada material impediria a rediscussão do caso penal em qualquer novo feito criminal, descabendo perquirir a existência de novas provas (STJ, 6ª Turma, REsp nº 791.471/RJ, Rel. Min. Nefi Cordeiro, DJe 16/12/2014).

Ademais, é certo que o ato de arquivamento do inquérito policial promovido pelo Ministério Público deve ser fundamentado. Mais do que isso, ele deve ser sempre expresso, não sendo admissível, pois, o chamado **arquivamento implícito ou tácito**.

A respeito do **arquivamento implícito ou tácito**, convém destacar que ele consiste na espécie de arquivamento em que, havendo vários investigados ou vários crimes, o membro do Ministério Público promove o arquivamento do inquérito policial ou oferece denúncia apenas em face de alguns deles, não se manifestando expressamente sobre a exclusão dos demais, passando o juiz ao recebimento dessa "denúncia parcial" sem perceber a omissão do *Parquet*.

Há duas espécies de arquivamento implícito ou tácito, quais sejam, (1) o *objetivo* (arquivamento relacionado a fato delitivo) e (2) o *subjetivo* (arquivamento relacionado a agente delitivo).

Entretanto, como já afirmado alhures, **a doutrina e a jurisprudência não admitem a figura do arquivamento implícito do inquérito policial.** Isso porque se impõe a existência de decisão judicial expressa acerca dos fatos e/ou agentes. Assim, ou o juiz homologa o arquivamento ou o Ministério Público oferece a denúncia. Não se permite, pois, o arquivamento implícito, sob pena de se criar insegurança jurídica.

Como já decidido pelo STJ, "ausente expresso pedido ministerial de arquivamento da investigação em face de agentes, não se tem arquivamento implícito, hoje diretamente inexistente, mas opção de imediata acusação contra os investigados em face de quem já se encontra presente a justa causa, podendo a persecução penal em face dos demais ser ainda desenvolvida por aditamento à denúncia ou em ação penal autônoma" (STJ, RHC nº 75.856/SP, Rel. Min. Nefi Cordeiro, j. 06.12.16). O STF, por sua vez, decidiu que o arquivamento implícito não foi concebido pelo ordenamento jurídico pátrio (STF, AgRg no HC nº 127.011/RJ, Rel. Min. Cármen Lúcia, j. 12.05.15).

Caso o membro do *Parquet* não se manifeste sobre determinados fatos e/ou agentes da infração penal quando do arquivamento do inquérito ou do oferecimento da denúncia, deve o juiz, fiscalizando o cumprimento do princípio da obrigatoriedade da ação penal pública, determinar a devolução dos autos ao mesmo agente ministerial para que, desta feita, se manifeste expressamente a respeito da matéria, sob pena de, não o fazendo, ser invocado o disposto no art. 28 do CPP.

Conclui-se, portanto, que *não há o arquivamento implícito ou tácito*, sendo o arquivamento do inquérito policial sempre expresso.

27. CONTROLE DO ARQUIVAMENTO DO INQUÉRITO POLICIAL E DE PEÇAS DE INFORMAÇÃO (ART. 28 CPP COM A REDAÇÃO DADA PELA LEI Nº 13.964/2019 – "PACOTE ANTICRIME")

Como já afirmado anteriormente, o controle do arquivamento do inquérito policial e de peças de informação foi matéria radicalmente alterada pela Lei nº 13.964/2019 ("Pacote Anticrime"), com profunda reforma no art. 28 do CPP (que inclusive passa a ter um *caput* e §§ 1º e 2º). Por fins didáticos, vale a pena analisar no presente tópico como era a redação do dispositivo legal antes desta reforma, até porque é essa a sistemática que atualmente se aplica no país, tendo em vista a decisão do Ministro do STF Luiz Fux suspendendo a eficácia do "novo" art. 28 do CPP com a redação dada pelo "Pacote Anticrime". Em tópico futuro deste capítulo, será apreciada a alteração realizada pela Lei nº 13.964/19.

No modelo concebido antes do advento daquela Lei, o juiz é a fonte de controle do arquivamento do inquérito e de peças de informação. Ao promover o arquivamento da investigação, o Ministério Público dirige esta promoção ao magistrado. Este, por sua vez, em uma atuação administrativa, anômala, age como fiscal do princípio da obrigatoriedade da ação penal, podendo concordar ou discordar da promoção de arquivamento. Vejamos essas duas opções a seguir:

a) **juiz concorda com a promoção de arquivamento**: nesta hipótese, o juiz deverá proferir decisão **homologatória**, concluindo-se o arquivamento do inquérito policial.

Esta decisão homologatória de arquivamento do inquérito **não é jurisdicional, mas sim judicial**, isto é, ela não tem cunho de ato jurisdicional, possuindo natureza meramente administrativa, ainda que proferida por um juiz (por isso judicial), embora fora do processo (por isso não jurisdicional). Em outras palavras, trata-se de ato atípico ou anômalo proferido por juiz.

Via de regra, a decisão homologatória de arquivamento do inquérito não comporta recurso ou remédio processual, por ausência de previsão legal a esse respeito (taxatividade dos recursos).

Excepcionalmente, porém, nos crimes contra a economia popular ou contra a saúde pública, é previsto o recurso de ofício, nos termos do art. 7º da Lei nº 1.521/51. Se o tribunal der provimento a este recurso, remeterá os autos ao Procurador-Geral de Justiça para que atue em consonância ao art. 28 do CPP (oferecendo denúncia, ou designando outro membro da instituição para fazê-lo, ou ainda insistindo no arquivamento, quando então nada mais poderá ser feito).

Ademais, o art. 6º, parágrafo único, da Lei nº 1.508/51 permite a interposição de recurso em sentido estrito contra a decisão de arquivamento da representação dirigida por qualquer do povo ao Ministério Público nas contravenções do jogo do bicho e de aposta de corrida de cavalos fora do hipódromo (artigos 58 e 60 do Decreto-lei nº 6.259/44). Não obstante, a doutrina afirma que tal dispositivo legal não foi sido recepcionado pela Constituição Federal, já que, em sendo a ação penal pública privativa do Ministério Público (art. 129, inciso I, CF), promovendo o membro do *Parquet* o arquivamento, não haveria a possibilidade de que terceira pessoa recorresse.

Acrescente-se que há corrente minoritária na doutrina sustentando a possibilidade de interposição do recurso de apelação contra a decisão judicial de arquivamento definitivo do inquérito policial (isto é, arquivamento por motivo capaz de formar a coisa julgada material, tal como nas hipóteses de absolvição sumária previstas no art. 397 do CPP). Para essa corrente, esta decisão constituiria uma verdadeira decisão com força de definitiva, para os fins do previsto no art. 593, inciso II, do CPP. Por exemplo, a decisão judicial de arquivamento definitivo do inquérito possuiria natureza de sentença cuja parte declarativa teria a aptidão de formar coisa julgada material, o que permitiria aos interessados a interposição de recurso para combater aquela deliberação.

De qualquer sorte, conforme já decidido pelo STJ, **o ofendido não possui direito líquido e certo para impedir o arquivamento do inquérito promovido pelo Ministério Público** (STJ, MS nº 21.081/DF, Rel. Min. Raul Araújo, j. 17.05.15). Ora, como há um controle judicial do arquivamento, que deve ser feito de forma técnica e com rigor, a vítima acaba ficando excluída da sua sistemática, razão pela qual não tem legitimidade para impedir que o arquivamento ocorra. Isso não impede, porém, que o ofendido leve ao conhecimento do Ministério Público novas provas, as quais, a depender do motivo que provocou o arquivamento, podem resultar no desarquivamento do inquérito, nos termos do art. 18 do CPP.

De igual modo, o arquivamento do inquérito promovido pelo Ministério Público não permite o ajuizamento por parte da vítima de ação penal privada subsidiária da pública. Como será estudado no capítulo próprio de "Ação Penal", esta espécie de ação somente tem lugar na hipótese de absoluta inércia do Ministério Público no prazo que possui para oferecimento da denúncia. É dizer, deve o Ministério Público deixar esse prazo transcorrer em branco (*in albis*), não adotando qualquer providência, sendo, pois, absolutamente omisso. Promover o arquivamento do inquérito, ainda que implique no não ajuizamento da ação, não significa inércia do *Parquet*, mas sim a adoção de providência permitida em lei.

De outro lado, se o Ministério Público deixa o prazo para a denúncia transcorrer em branco, admite-se a ação penal privada subsidiária da pública. Nessa hipótese, a posterior promoção de arquivamento do inquérito pelo *Parquet*, por ser tardia, não interfere em nada na ação ajuizada pelo particular. Em suma, o direito de queixa não é afetado por conduta posterior e tardia do Ministério Público, como a promoção do arquivamento do inquérito, ou mesmo a requisição de diligências ou o oferecimento de denúncia (STF, RG-ARE nº 859.251/DF, Rel. Min. Gilmar Mendes, j. 16.04.15).

A vítima também não possui legitimidade para provocar a Chefia do Ministério Público (Procurador-Geral de Justiça ou Procurador-Geral da República) para que venha designar outro membro da instituição para o oferecimento da denúncia, em respeito ao princípio da independência funcional (art. 127, § 1º, CF). Aliás, conforme decidido pelo STJ, o membro do Ministério Público que promove o arquivamento do inquérito, de forma fundamentada, apontando a atipicidade do fato, não poderá ser punido, em decorrência justamente da independência funcional (STJ, RMS nº 12.479/SP, Rel. Min. Maria Thereza de Assis Moura, j. 21.08.07).

Em regra, na linha do que já foi abordado neste tópico, não cabe mandado de segurança para atacar a homologação de arquivamento de inquérito militar. Porém, há de se ressaltar que o arquivamento deste inquérito promovido pela Justiça Militar em se tratando de crime de competência da Justiça Comum não produz efeitos. Por exemplo, se um policial militar pratica crime de competência da Justiça Comum, apurado em inquérito policial militar que tramitou perante a Justiça Militar, deve a Justiça castrense remeter os autos à Justiça Comum, não podendo arquivar os autos da investigação. Se, porém, a Justiça Militar determina o arquivamento deste inquérito, será admitida excepcionalmente a impetração de mandado de segurança *para se garantir que a Justiça competente atue e analise o arquivamento*. Caberá ao Ministério Público com atribuições para atuar no caso efetivamente se manifestar se é caso ou não de arquivamento do inquérito, o que deve ser feito perante a Justiça competente (STJ, RMS nº 24.328/PR, Rel. Min. Felix Fischer, j. 13.12.07).

Destarte, como já decidido pelo STJ, "não se há, outrossim, de conferir grau de imutabilidade a decisão proferida por juízo constitucionalmente incompetente, notadamente porque lançada em fase ainda investigativa, onde não há ação e, portanto, não há processo e menos ainda jurisdição, máxima em situação como a versada nos autos, na qual, como destacado, o Ministério Público Militar não pleiteou o arquivamento do inquérito, mas tão somente a sua remessa para o Juízo comum estadual, competente para o exame da causa" (STJ, CC nº 145.660/SP, Rel. Min. Rogerio Schietti Cruz, j. 11.05.16).

Em complemento quanto a esta matéria, esclareça-se que se o arquivamento ocorreu em virtude de causa excludente de ilicitude, perante a Justiça Comum, não se admite o ajuizamento de ação penal perante a Justiça Especializada, considerando que o Estado-juiz já se manifestou *sobre o fato* (STJ, HC nº 362.054/PB, Rel. Min. Maria Thereza de Assis Moura, j. 09.08.16).

b) **juiz discorda da promoção de arquivamento**: atuando de forma anômala, como fiscal do cumprimento do princípio da obrigatoriedade da ação penal pública, o juiz poderá discordar da promoção de arquivamento apresentada pelo Ministério Público, alegando que não houve esgotamento das diligências investigatórias ou que é caso de oferecimento de denúncia.

Nessa situação, respeitando a independência funcional do membro do Ministério Público que promoveu o arquivamento, o juiz, na Justiça Estadual, deve remeter os autos ao Procurador-Geral de Justiça, nos termos do art. 28 do CPP. Já na hipótese de o inquérito tramitar perante a Justiça Federal, se o juiz discorda da promoção de arquivamento formulada pelo Ministério Público Federal, remete os autos às Câmaras de Coordenação e Revisão do Ministério Público Federal, por força do art. 62, inciso IV, da Lei Complementar nº 75/93 (Lei Orgânica do Ministério Público da União).

Fala-se aqui na aplicação do chamado **princípio da devolução**, pois a causa é devolvida ao âmbito do Ministério Público, permitindo que este órgão avalie eventuais providências a serem adotadas.

Por consequência, não se autoriza que o juiz, de ofício, devolva os autos do inquérito à Delegacia de Polícia para complemento da investigação ou mesmo remeta o feito ao agente ministerial que promoveu o arquivamento com a finalidade de que ele venha a rever a sua manifestação. Comportamento do juiz dessa natureza poderia ser combatido por meio de correição parcial.

Ao receber os autos do inquérito, o órgão de revisão ministerial (Procurador-Geral de Justiça, na esfera estadual, ou Câmara de Coordenação e Revisão, na esfera federal) poderá adotar uma das seguintes providências:

(i) *concordar com o membro do Ministério Público que promoveu o arquivamento*: se o órgão superior do Ministério Público concorda com o agente ministerial que promoveu o arquivamento do inquérito, há necessariamente tal arquivamento, estando o juiz obrigado a acolher esse posicionamento, afinal de contas o *Parquet* é o titular da ação penal pública, sendo sua, portanto, a última palavra em matéria de arquivamento.

(ii) *concordar com o juiz*: se o órgão superior concorda com o juiz, entendendo que não era caso de arquivamento, há 3 (três) caminhos que podem ser seguidos pelo Procurador-Geral de Justiça:

I – ele próprio pode oferecer denúncia: o que, na prática, sempre foi raro, considerando que o grande número de atribuições (não só jurídicas, mas também institucionais e administrativas) que o Chefe do Ministério Público possui.

II –designar novo membro do Ministério Público para oferecer denúncia: é situação mais comum na prática. O novo membro do Ministério Público age por delegação (*longa manus*), em nome do próprio Procurador-Geral de Justiça, motivo pelo qual ele não pode se negar a oferecer a denúncia, sob pena de falta funcional (art. 43, XIV, Lei nº 8.625/93). Entende-se que não há qualquer violação ao princípio do promotor natural, pois a atuação se dá nos termos da lei, além de ser medida que pretende aplicar o princípio da obrigatoriedade da ação penal pública (STF, HC nº 92.885/CE, Rel. Min. Cármen Lúcia, j. 29.04.08). Violação a este princípio ocorreria apenas se o Procurador-Geral de Justiça obrigasse o primeiro membro do Ministério Público a oferecer a denúncia; a vontade deste último, portanto, foi respeitada, em atendimento ao princípio da independência funcional (art. 127, § 1º, CF), conforme posição do STJ. Todavia, impende registrar a posição respeitável, embora minoritária, de Marcellus Polastri Lima, para quem essa delegação seria inconstitucional, eis que violadora da independência funcional dos membros do Ministério Público (LIMA, 2010, p. 727-748).

Nos dois primeiros caminhos até aqui apontados, sendo oferecida a denúncia (pelo Procurador-Geral de Justiça ou pelo novo membro do Ministério Público por ele designado), entende-se que o juiz não poderá rejeitá-la, salvo se for inepta (não preencher os requisitos legais obrigatórios para a sua apresentação). Não há qualquer sentido lógico em o juiz discordar do arquivamento e, após o oferecimento da denúncia, rejeitá-la. Por coerência, o juiz deve escolher: ou discorda do arquivamento e recebe a denúncia, ou concorda com o arquivamento e o homologa, não sendo oferecida denúncia alguma.

III – designar novo membro do Ministério Público para a realização de novas diligências: entendendo que não é caso nem de arquivamento, nem de oferecimento de denúncia, mas sim de novas diligências investigatórias, o Procurador-Geral de Justiça designará novo membro do Ministério Público para que venha a acompanhar as investigações.

Já na esfera federal, se a Câmara de Coordenação e Revisão concorda com o juiz, entendendo que não era caso de arquivamento, deverá *designar novo membro do Ministério Público Federal para atuar no caso.*

28. ARQUIVAMENTO INDIRETO

Se o membro do Ministério Público entender que o juízo criminal em que oficia não possui competência para processar e julgar a infração penal apurada no inquérito, e, por consequência, não possui ele atribuições para atuar no caso, deverá declinar de suas atribuições, requerendo a remessa dos autos ao juízo competente, no qual atuará o agente ministerial com atribuições legais. Nessa situação, opera-se o chamado *arquivamento indireto* do inquérito policial, devendo o requerimento ministerial de remessa dos autos ao juízo competente ser compreendido como uma promoção de arquivamento do inquérito no juízo de origem, passando a investigação a tramitar em um outro juízo, no qual atuará nos autos um segundo membro do Ministério Público.

É o exemplo de um Promotor de Justiça que atue perante o Tribunal do Júri e venha a receber autos de inquérito policial versando sobre crime de latrocínio, que não é da competência de tal juízo (Súmula nº 603 do STF), motivo pelo qual requer o envio dos autos à Vara Criminal comum, onde oficia outro agente ministerial. É o que ocorre também quando um Procurador da República (MPF), entendendo que um inquérito investiga delito que não é de competência da Justiça Federal, requer o envio dos autos à Justiça Estadual, juízo em que atuará um Promotor de Justiça (MPE).

A manifestação em que o membro do Ministério Público declina de suas atribuições deve ser sempre dirigida ao juiz criminal competente, ainda que se adote a sistemática do art. 28 do CPP trazida pelo "Pacote Anticrime". É que deve se aplicar a regra *kompetenz-kompetenz* (todo juiz tem competência para analisar sua própria competência), sendo assegurado ao juiz o direito de apreciar se ele próprio possui ou não competência para atuar no caso.

Ao receber essa manifestação ministerial, o juiz pode adotar duas providências distintas, a saber:

i) *o juiz concorda com a manifestação ministerial*: nessa situação, ele deverá remeter os autos ao juízo criminal que considerar como o competente para processar e julgar a infração penal.

ii) *o juiz discorda da manifestação ministerial*: nessa hipótese, não se permite que o juiz obrigue o membro do Ministério Público a oferecer a denúncia, sob pena de violação da sua independência funcional (art. 127, § 1º, CF). Não se identifica aqui um conflito de jurisdição (não há conflito entre dois juízes), nem mesmo conflito de atribuições (não há conflito entre dois agentes ministeriais). O conflito que se estabelece é entre o juiz e o membro do Ministério Público. O CPP não apresenta solução para o caso. Para dirimir o conflito, a manifestação ministerial deve ser interpretada pelo juiz como uma *promoção indireta de arquivamento* do inquérito.

Desse modo, invocando, por analogia, o disposto no art. 28 do CPP, na sistemática anterior ao "Pacote Anticrime" (que é a atualmente aplicada, em virtude da suspensão da eficácia da reforma promovida neste dispositivo pela Lei nº 13.964/19, suspensão esta determinada por decisão monocrática do Ministro Luiz Fux), o juiz deverá remeter os autos ao Chefe do Ministério Público, ou seja, ao Procurador-Geral de Justiça, na esfera do Ministério Público Estadual, ou à Câmara de Coordenação e Revisão Criminal, no âmbito do Ministério Público Federal. A manifestação da Chefia do órgão vinculará o juiz. É essa a posição do STJ (AgRg nos EDcl no REsp nº 1.550.432/SP, Rel. Min. Maria Thereza de Assis Moura, j. 18.02.16).

A nosso ver, a mesma solução deve ser adotada na sistemática do art. 28 do CPP trazida pelo "Pacote Anticrime". Como já afirmado alhures, em face da regra *kompetenz kompetenz*, deve o juiz ter a possibilidade de provocar a Chefia ministerial para rediscutir a atribuição do *Parquet* para atuar no caso, o que envolve também o debate a respeito da sua própria competência.

Por sua vez, a instância de revisão do Ministério Público pode concordar ou discordar da manifestação oferecida anteriormente pelo seu membro. Se concorda, o juiz está obrigado a acatá-la. Se não acata, deverá o Ministério Público providenciar cópia dos autos para provocar o juízo competente Se discorda, deve designar outro agente ministerial para seguir atuando no inquérito naquele juízo de origem, por força de aplicação analógica do disposto no art. 10, inciso IX, alínea "d", da Lei nº 8.625/93.

Dando sequência ao *iter* do inquérito ora analisado na hipótese de arquivamento indireto, se houver a remessa dos autos pelo juízo de origem a um segundo juízo criminal, o juiz que ali atua poderá discordar da posição assumida pelo juiz daquele primeiro juízo. Nessa situação, deverá ser suscitado conflito negativo de jurisdição, a ser dirimido pelo tribunal a que esses juízes estão vinculados ou, se pertencem a tribunais distintos, pelo STJ (art. 105, I, "d", CF).

Se, no entanto, este segundo juiz concorda com o primeiro juiz e abre vista dos autos ao órgão do Ministério Público que ali oficia, vindo este a discordar da posição manifestada pelo primeiro agente ministerial, será suscitado conflito de atribuições entre eles. O desafio passa a ser definir qual o órgão competente para solucionar o conflito de atribuições entre membros do Ministério Público. Vejamos conforme as situações em que pode ser constatado o conflito:

(i) *conflito entre membros de um mesmo Ministério Público do Estado*: o conflito será dirimido pelo Procurador-Geral de Justiça (art. 10, inciso X, da Lei nº 8.625/93);

(ii) *conflito entre membros do Ministério Público Federal*: o conflito entre membros do MPF será resolvido pela Câmara de Coordenação e Revisão Criminal (art. 62, VII, da Lei Complementar nº 75/93);

(iii) *conflito entre membros de ramos distintos do Ministério Público da União*: o conflito será decidido pelo Procurador-Geral da República (art. 26, VII, da Lei Complementar nº 75/93);

(iv) *conflito entre membros de Ministérios Públicos de Estados distintos ou entre membros de Ministério Público do Estado e do Ministério Público Federal*: conforme posição atual do STF, compete ao Conselho Nacional do Ministério Público (CNMP) dirimir o conflito de atribuições entre os diversos ramos do Ministério Público (STF, PETs números 4891, 5091 e 5756, j. 15.06.2020).

29. ARQUIVAMENTO PROVISÓRIO

Ocorre na hipótese de ausência de uma condição de procedibilidade, como no caso de representação da vítima nos crimes de ação penal pública condicionada a essa representação. Se a vítima se retrata antes do oferecimento da denúncia (art. 25 do CPP), caberá o arquivamento, que perdurará até que ela se arrependa e volte a representar. Se ultrapassado o prazo para tanto (6 meses contados a partir da descoberta da autoria do delito – art. 38 do CPP) e a vítima não representa, o arquivamento se torna definitivo.

30. ARQUIVAMENTO ORIGINÁRIO

Nos casos de competência originária dos tribunais, mais especificamente nos de prerrogativa de foro, a denúncia é oferecida pelo próprio Procurador-Geral de Justiça (ou, na esfera federal, pelo Procurador-Geral da República ou por quem lhe faça as vezes, como o Subprocurador-Geral da República, que oficia perante o STJ). Desse modo, é ele também o órgão ministerial que possui atribuição para promover o arquivamento da investigação criminal.

Ora, como é o próprio Chefe do Ministério Público quem formula a promoção de arquivamento da investigação, nesta hipótese não é aplicada a sistemática prevista no art. 28 do CPP, estando, pois, o Tribunal obrigado a homologar este arquivamento, o que se convencionou chamar de *arquivamento originário*.

Há decisões importantes na jurisprudência a respeito do arquivamento originário, sendo duas delas, proferidas pelo STF, inclusive bem polêmicas, senão vejamos.

Inicialmente, convém esclarecer que os Tribunais superiores, de um modo geral, reconhecem a ideia de que o arquivamento da investigação promovido pela Chefia do Ministério Público não pode ser recusado pelo foro privativo.

Assim, por exemplo, o STJ já decidiu que não se aplica o disposto no art. 28 do CPP nos procedimentos de competência originária (STJ, QO-Inq. 1.041/DF, Rel. Min. Luis Felipe Salomão, j. 05.10.16).

Em outro julgado relevante, a Corte Especial do STJ já decidiu que se é membro do MPF, atuando no próprio STJ, quem promove o arquivamento do inquérito policial e de peças de informação que tramitem originariamente perante esse Tribunal Superior, este, ainda que considere improcedentes as razões invocadas, deve determinar o arquivamento, sem a possibilidade de remessa ao Procurador-Geral da República, não se aplicando o teor do art. 28 do CPP. Isso porque a jurisprudência do STJ é no sentido de que os membros do MPF atuam por delegação do Procurador-Geral da República na instância especial. Assim, em decorrência do sistema acusatório, nos casos em que o titular da ação penal se manifesta pelo arquivamento de inquérito policial e de peças de informação, não há alternativa, senão acolher a promoção e determinar o arquivamento. Nesse passo, não há que se falar em aplicação do conteúdo do art. 28 do CPP nos procedimentos de competência originária do STJ (STJ, Inq. nº 967/DF, Rel. Min. Humberto Martins, j. 18.03.15).

O STF, por sua vez, via de regra, vem proferindo decisões nesta mesma direção, sustentando que, nos casos de competência originária da Suprema Corte, o arquivamento da investigação promovido pelo Procurador-Geral da República não pode ser recusado (Inq. nº 3.609/GO, Rel. Min. Rosa Weber, j. 13.08.14; QO-Inq. nº 1.030/DF, Rel. Min. Néri da Silveira, j. 20.06.96). Este Tribunal reconhece ainda que não se admite a retratação, expressa ou tácita, do arquivamento, mas se permite o desarquivamento com o surgimento de novas provas (Inq. nº 2.028/BA, Rel. Min. Ellen Gracie, j. 28.04.04).

Ocorre que há duas decisões do STF referentes ao arquivamento originário que são bastante polêmicas.

Na primeira, proferida pela 2ª Turma em 2018 (STF, Informativo 912), foi determinado o arquivamento de investigação criminal sem a necessária promoção por parte da Procuradoria-Geral da República, na linha do previsto no art. 231, § 4º, "e", do Regimento Interno do próprio Tribunal, o qual dispõe que o relator deve determinar o arquivamento do inquérito quando verificar a ausência de indícios mínimos de autoria ou materialidade, nos casos em que forem descumpridos os prazos para instrução. Outrossim, a pendência de investigação, por prazo irrazoável, sem amparo em suspeita contundente, ofenderia o direito à razoável duração do processo (art. 5º, LXXVIII, CF) e a dignidade da pessoa humana (art. 1º, III).

Na segunda, ainda mais polêmica, proferida em 2019, o Ministro Alexandre de Moraes negou o arquivamento do chamado "inquérito do fim do mundo" (instaurado de ofício pelo Ministro Dias Toffoli para apurar supostas ameaças e ofensas – *fake news* – contra Ministros do tribunal) promovido pela então

Procuradora-Geral da República, Raquel Dodge, sob os argumentos de que o "pedido" de arquivamento foi feito de modo genérico, ilegal, inconstitucional, baseando-se em premissas equivocadas, sem qualquer respaldo legal e intempestivo (STF, Inquérito 4.781/DF).

Aliás, a doutrina aponta diversos vícios neste inquérito, ligados especialmente à violação ao sistema acusatório, como a instauração pelo Ministro Dias Toffoli de ofício, em ato individual, que não restou submetido à apreciação do Plenário da Corte; o descumprimento do critério de distribuição do Relator, sendo a relatoria atribuída pelo próprio Ministro Toffoli ao Ministro Alexandre de Moraes; não aplicação ao caso do art. 43, *caput*, do Regimento Interno do STF (*"Ocorrendo infração à lei penal na sede ou dependência do Tribunal, o Presidente instaurará inquérito, se envolver autoridade ou pessoa sujeita à sua jurisdição, ou delegará esta atribuição a outro Ministro."*), que foi utilizado pelo Ministro Toffoli para justificar a instauração do inquérito e a escolha do Relator, considerando que as infrações penais em apuração não foram cometidas "na sede ou dependência do Tribunal"; a ausência de delimitação do objeto da investigação e dos investigados; inconstitucionalidade deste dispositivo do Regimento Interno do STF, por ofensa ao sistema acusatório; a impertinência de a investigação tramitar no STF, pois o foro por prerrogativa de função não é determinado pela condição dos ofendidos (no caso, os Ministros da própria Corte); dentre outros. Nesse passo, chegou a ser inclusive ajuizada no STF a ADPF nº 572/DF, com o objetivo de ver reconhecida a inconstitucionalidade da Portaria nº 69/2019, ato responsável pela instauração do inquérito. No entanto, o tribunal julgou improcedente esta ação, reconhecendo a inteira constitucionalidade do inquérito em comento (Informativo nº 982).

Noticie-se que, no dia 1º de julho de 2021, o Ministro Alexandre de Morares determinou o arquivamento do Inquérito nº 4.781/DF que apura atos antidemocráticos e, ao mesmo tempo, ordenou a instauração de inquérito específico para investigar a existência de uma organização criminosa responsável pela prática e disseminação de *fake news*.

Nesse cenário, abrindo um breve adendo, curioso notar que, em 19 de fevereiro de 2021, à semelhança do que foi realizado pelo STF no inquérito alhures citado, o STJ, por meio do seu Presidente, Ministro Humberto Martins, que baixou a Portaria STJ/GP nº 58/21, também instaurou de ofício inquérito, desta feita para apurar mensagens hackeadas de Procuradores da República atuantes na "Operação Lava Jato" e apreendidas pela denominada "Operação Spoofing" que revelaram uma suposta tentativa de integrantes da operação de investigar de maneira, em tese, ilegal, Ministros desta Corte. A instauração se deu com fundamento no art. 21, inciso II, do Regimento Interno do STJ, que trata da atribuição do Presidente para velar pelas prerrogativas do tribunal, bem como no art. 58, § 1º, referente à instauração de inquérito e que possui redação idêntica ao art. 43 do Regimento Interno do STF. Este inquérito é relatado pelo próprio Ministro Humberto Martins e tramita sob sigilo. A nosso ver, com o devido respeito, há aqui mais uma clara violação ao sistema acusatório. Tanto assim que, mais recentemente, a Ministra do STF Rosa Weber determinou liminarmente a suspensão da tramitação deste inquérito, até o julgamento de mérito pela 1ª Turma da Suprema Corte (STF, HC nº 198.013, Rel. Min. Rosa Weber, j. 30.03.2021).

Voltando ao arquivamento originário, tema objeto deste tópico, as polêmicas decisões proferidas pelo STF são suscetíveis de críticas, podendo nelas ser apontada violação ao sistema acusatório. Conforme vem sendo estudado neste tópico, nas hipóteses de arquivamento originário, o Ministério Público não "pede" o arquivamento da investigação, apenas o promove, dando-se ciência ao foro competente. Isto posto, não há nada a ser apreciado por este foro, não se falando, pois, em decisão de indeferimento do arquivamento. Outro grave problema é o Tribunal determinar de ofício o arquivamento, ou seja, sem a indispensável promoção do *Parquet*, o que desrespeita por completo o sistema acusatório.

Certo é que, no final de 2019, em 10 de dezembro, a 1ª Turma do STF, em respeito ao sistema acusatório, voltou a acatar a sistemática do arquivamento originário, não admitindo a incidência do art. 28 do CPP na hipótese de arquivamento de investigação promovido pelo Procurador-Geral de Justiça. Com efeito, a Turma anulou determinação do Conselho Nacional do Ministério Público (CNMP) de submeter ao Tribunal de Justiça do Maranhão (TJ-MA) decisão do Procurador-Geral de Justiça do Estado de arquivar os autos de um procedimento investigativo criminal (PIC). O Ministro Luiz Fux, relator do Mandado de Segurança (MS) 34730, observou que não há previsão legal para que a determinação do Procurador-Geral seja submetida ao controle do Judiciário. Para ele, o arquivamento de PIC determinado pelo Procurador-Geral de Justiça não necessita de prévia submissão ao Judiciário, pois pode ser revisto caso apareçam novos meios de prova, ou seja, não acarreta coisa julgada material. Consignou que, como o Procurador é a autoridade própria para aferir a legitimidade do arquivamento desses procedimentos, não há motivo para que sua decisão seja objeto de controle jurisdicional. O Ministro ressaltou ainda que a decisão de arquivamento de inquérito policial ou de peças de informações determinada pelo Procurador-Geral nos casos que sejam de sua atribuição originária pode ser revista pelo Colégio de Procuradores, mediante recurso dos legítimos interessados, conforme prevê a Lei Orgânica do Ministério Público (Lei 8625/1993). Entretanto, nas hipóteses em que não sejam de competência originária do Procurador-Geral, aplica-se a norma do Código de Processo Penal (artigo 28) que desobriga o encaminhamento dos autos ao Judiciário (STF, 1ª Turma, MS 34730, Rel. Min. Luiz Fux, j. 10.12.19).

Aliás, frise-se que, como se verifica deste último julgado, a sistemática do arquivamento originário é aplicada também ao PIC, cujo arquivamento promovido pelo Procurador-Geral da República ou Procurador-Geral de Justiça não se submete ao controle do Poder Judiciário, embora se admita que o órgão superior, no âmbito do próprio Ministério Público, possa rever este ato. Esclareça-se, no entanto, que o arquivamento do PIC fora das hipóteses de foro por prerrogativa de função se submete regularmente ao modelo reconhecido pelo art. 28 do CPP.

Noutro giro, impende ressaltar que, apesar de o arquivamento originário não ser controlado pelo Poder Judiciário, há previsão legal de que eventual legítimo interessado possa formular requerimento de revisão deste ato, quando promovido pelo Procurador-Geral de Justiça, requerimento este a ser apreciado por um órgão interno do Ministério Público, qual seja, o **Colégio de Procuradores de Justiça**, consoante o art. 12, inciso XI, da Lei nº 8.625/93. Com efeito, conforme este dispositivo legal, compete ao Colégio de Procuradores de Justiça "rever, mediante requerimento de legítimo interessado, nos termos da Lei Orgânica, decisão de arquivamento de inquérito policial ou peças de informações determinada pelo Procurador-Geral de Justiça, nos casos de sua atribuição originária".

Por fim, já antecipando a análise que será feita em tópico futuro deste capítulo do modelo de arquivamento da investigação desenhado pela Lei nº 13.964/19 com o "novo" art. 28 do CPP, tem-se que a nova redação deste dispositivo legal consolida definitivamente a ideia de que o arquivamento promovido pelo Procurador-Geral de Justiça não será submetido à instância revisória. Nesse sentido é muito claro o Enunciado nº 10 do GNCCRIM: *"Salvo no caso de competência originária do Procurador-Geral (foro por prerrogativa de função), a decisão de arquivamento deverá ser obrigatoriamente submetida à instância de revisão ministerial, para fins de homologação, ainda que não exista recurso da vítima ou de seu representante legal"*.

> ▸ **Aplicação em concurso público:**
>
> No concurso de Delegado da Polícia Civil do Estado do Mato Grosso, promovido pelo Cebraspe/Cespe, em 2017, cobrou-se aspecto relevante a respeito do arquivamento originário, de acordo com entendimento da jurisprudência, consoante assertiva adiante transcrita: *"O requerimento de arquivamento do inquérito policial formulado pelo MP [...]não está sujeito a controle jurisdicional nos casos de competência originária do STF ou do STJ"*. A alternativa foi considerada correta.

> ▸ **Aplicação em concurso público:**
>
> No concurso de Delegado da Polícia Federal, em 2018, promovido pelo Cespe, questionou-se acerca do arquivamento de investigação criminal em matéria de competência originária do STF, com os seguintes dizeres: *"Requerido pelo procurador-geral da República o arquivamento de IP, os autos foram encaminhados ao STF, órgão com competência originária para o processamento e o julgamento da matéria sob investigação, para as providências cabíveis. Nessa situação, o pedido do procurador-geral da República não estará sujeito a controle jurisdicional, devendo ser atendido"*. A assertiva foi considerada correta.

31. TRANCAMENTO DO INQUÉRITO POLICIAL

É possível o trancamento do inquérito policial, por meio de *habeas corpus*, se a investigação é absolutamente infundada, abusiva, não indica o menor indício de prova da autoria ou da materialidade, ainda mais se há o indiciamento do investigado, que não se apaga, mesmo com o arquivamento do citado procedimento investigatório. Ocorre geralmente nas situações que envolvem fatos manifestamente atípicos.

A esse respeito, o STF tem posicionamento consolidado no sentido de que é possível o trancamento do inquérito policial por meio de *habeas corpus* quando, **de modo flagrante, e que não demande o exame aprofundado dos elementos probatórios**, ficar evidenciada a **atipicidade da conduta**, a **extinção da punibilidade** ou a **ausência de elementos indiciários demonstrativos de autoria e prova da materialidade**, ou seja, **falta de justa causa para a ação penal** (Informativo nº 576). O STJ segue idêntico posicionamento (Informativo nº 427).

Entretanto, a hipótese de trancamento das investigações deve ser sempre excepcional, uma vez que investigar não significa necessariamente processar, não exigindo, pois, justa causa e provas suficientes para tanto. Desse modo, coíbe-se apenas o abuso, nunca a atividade regular da polícia judiciária.

Hipóteses de trancamento do IP por meio de *habeas corpus*
1. Atipicidade da conduta;
2. Causa de extinção da punibilidade;
3. Ausência de justa causa para a ação penal.

A competência para o julgamento do *habeas corpus* oscilará conforme a autoridade coatora que determinou a instauração do inquérito: se este foi iniciado a partir de portaria do delegado de polícia, a ação será julgada por juiz de primeiro grau; se ele foi iniciado a partir de requisição do Ministério Público ou do juiz, a competência recairá sobre o tribunal a que o exercício funcional desta autoridade está vinculado.

O art. 3º-B, inciso IX, do CPP, com a redação dada pela Lei nº 13.964/2019 ("Pacote Anticrime"), passou a prever que o trancamento do inquérito policial será determinado pelo juiz das garantias quando não houver fundamento razoável para sua instauração ou prosseguimento. Desse modo, o *habeas corpus* que objetiva o trancamento, tendo como alvo ato de delegado de polícia, deve ser impetrado perante juiz de primeiro grau, justamente o juiz das garantias. O inciso XII do art. 3º-B do CPP reforça essa competência.

A previsão do "Pacote Anticrime" permite agora que o trancamento também se dê informalmente, nos próprios autos da investigação. Ademais, seguindo a linha de intelecção dos tribunais superiores, o trancamento nos autos do inquérito pode ter como fundamento a ocorrência de fato manifestamente atípico ou ainda a existência evidente de causa de extinção da punibilidade. Nessa esteira, o Enunciado nº 9 PGJ-CGMP do Ministério Público do Estado de São Paulo a respeito da Lei nº 13.964/19 chega a afirmar que: "*Entende-se por fundamento razoável para o trancamento do inquérito policial, nos termos do inciso IX do art. 3º-B do CPP, tão somente a manifesta atipicidade do fato ou a ocorrência de causa extintiva da punibilidade que impeça o prosseguimento da investigação*".

De qualquer forma, a doutrina vem entendendo que o trancamento do inquérito policial tratado no inciso IX do art. 3º-B do CPP tem natureza jurídica de concessão de ordem de *habeas corpus*, daí porque deve ser aplicado o disposto no inciso I do art. 574 (previsão de recurso de ofício para atacar sentença concessiva de *habeas corpus*), e no inciso X do art. 581 (previsão de recurso em sentido estrito para atacar decisão concessiva de *habeas corpus*) do CPP. É o que apregoa o Enunciado nº 8 PGJ-CGMP do Ministério Público do Estado de São Paulo a respeito da Lei nº 13.964/19: *"O trancamento do inquérito policial previsto no inciso IX do art. 3º-B do CPP tem natureza jurídica de concessão de ordem de habeas corpus, sendo aplicável o disposto no inciso I do art. 574, e no inciso X do art. 581 do mesmo diploma legal"*.

32. DESARQUIVAMENTO DO INQUÉRITO POLICIAL (ART. 18 CPP E SÚMULA 524 STF)

Via de regra, a decisão judicial que homologa o arquivamento do inquérito produz tão somente **coisa julgada formal**. Isso se dá em situações em que o fundamento para o arquivamento foi de ordem exclusivamente **processual**, como a ausência de condições da ação ou de pressupostos processuais, ou ainda de justa causa, hipóteses que poderiam levar à rejeição da peça acusatória eventualmente oferecida, nos termos do art. 395, incisos II e III, do CPP. Enfim, na dicção do art. 18 do CPP, a coisa julgada formal é constituída quando o arquivamento se deu por "falta de base para a denúncia".

Havendo coisa julgada meramente formal, admite-se a sua revisão a qualquer tempo, *desde que não extinta a punibilidade*, como por exemplo, pela prescrição, exigindo-se ainda o *surgimento de provas novas*.

Destarte, entende-se que a decisão homologatória do arquivamento do inquérito está submetida à cláusula *rebus sic stantibus*, persistindo enquanto não surgirem novas provas (STF, Inq. nº 1.604/AL, Rel. Min. Sepúlveda Pertence, j. 13.11.02). Nesse sentido é claro o teor da Súmula nº 524 do STF: *"Arquivado o inquérito policial, por despacho do juiz, a requerimento do Promotor de Justiça, não pode a ação penal ser iniciada, sem novas provas"*.

Para se permitir a busca das provas novas pelo Estado, o art. 18 do CPP estabelece que, depois de ordenado o arquivamento do inquérito pela autoridade judiciária, por falta de base para a denúncia, a autoridade policial poderá proceder a novas pesquisas, se de outras provas tiver notícia.

Isso significa dizer que, na prática, uma vez homologado o arquivamento, os autos do inquérito ficam arquivados nas dependências do Poder Judiciário, o que, no entanto, não proíbe que o delegado continue realizando diligências investigatórias. Naturalmente haverá uma dificuldade maior para a colheita destas diligências, pois o delegado não terá em mãos os autos do inquérito. Mas elas poderão ser regularmente produzidas, sendo autuadas no âmbito interno da própria Delegacia de Polícia. Uma vez concluídas, serão comunicadas pelo delegado ao Ministério Público.

Ao receber estas novas provas, o Ministério Público, enquanto titular da ação penal, é o órgão responsável por promover o **desarquivamento** do inquérito policial (assim como é ele que promove o arquivamento). Trata-se, pois, de ato privativo do Ministério Público. Caso o desarquivamento seja negado pelo juiz, o Ministério Público pode requisitar novas investigações ao delegado de polícia ou, se preferir, atacar a decisão judicial por correição parcial. Ademais, conforme será visto em tópico futuro, se aplicado o "novo" art. 28 do CPP com a redação dada pela Lei nº 13.964/19, o desarquivamento a partir de prova nova não depende de qualquer autorização judicial.

Quanto ao termo "prova nova", é preciso, primeiro, fazer uma distinção apontada pela doutrina. Assim, existiriam duas espécies de "prova nova", quais sejam:

a) *prova formalmente nova*: é aquela em que a fonte da prova já é conhecida, isto é, já foi produzida no inquérito, mas que passa a receber nova interpretação ou informa algum elemento novo. É o exemplo de uma testemunha, ouvida no início do inquérito, e que, em momento posterior, ao arquivamento da investigação, presta novo depoimento, oferecendo nova versão, alegando que, quando do primeiro depoimento, havia sido ameaçada. Nesse caso, a fonte da prova, a testemunha, é conhecida, mas o seu depoimento, a prova em si, é formalmente novo.

b) *prova substancialmente nova*: é aquela em que a fonte da prova não é conhecida, é inédita. É o exemplo do cadáver que não havia sido encontrado porque o agente havia o ocultado quando da prática do crime de homicídio. Nessa situação, a fonte da prova e a produção da prova em si resultam em uma inovação do contexto probatório.

No entender da jurisprudência do STJ, para fins de desarquivamento do inquérito, **não é suficiente a prova formalmente nova.** Em outras palavras, **apenas a prova substancialmente nova permite o desarquivamento do inquérito** (STJ, HC nº 122.328/SP, Rel. Min. Og Fernandes, j. 19.11.09). Portanto, "por novas provas entendem-se aquelas que produzem alteração no panorama probatório da época do requerimento do arquivamento, não se tratando de mero reexame de provas antigas" (STJ, RHC nº 63.510/RS, Rel. Min. Jorge Mussi, j. 20.09.16). Em doutrina, afirma-se, pois, que a prova nova funciona como uma autêntica condição de procedibilidade para o exercício da ação penal.

Nessa ordem de ideias, interpretando o art. 18 do CPP, o STF já decidiu que a reabertura da investigação não pode decorrer da simples mudança de opinião ou reavaliação da situação. É indispensável que haja novas provas ou, ao menos, novas linhas de investigação em perspectiva. Não é possível, ademais, a reabertura de investigações para aprofundar linhas investigativas já disponíveis para exploração anterior (STF, Informativo nº 815).

Até aqui, falamos do cenário do desarquivamento dentro da regra geral de existência de coisa julgada formal na decisão do juiz que homologa o arquivamento, o que se dá quando o fundamento para esta decisão é de ordem processual. Todavia, *excepcionalmente*, a decisão de arquivamento formará **coisa julgada material**, tendo **caráter definitivo**, impedindo, portanto, o desarquivamento da investigação (e, por consequência, o oferecimento de denúncia). Isso ocorrerá quando o fundamento do arquivamento for matéria de **mérito**.

Destarte, opera-se o **arquivamento definitivo do inquérito policial** quando a decisão judicial homologatória tem como fundamento motivo capaz de constituir coisa julgada material, o que impede a instauração de nova persecução penal referente aos mesmos fatos, ainda que surjam novas provas a respeito deles.

Na esfera penal, o mérito envolve a (1) tipicidade, (2) antijuridicidade, (3) culpabilidade e (4) punibilidade. Nesse prisma, o arquivamento por esses fundamentos tem como marco normativo o teor do art. 397 do CPP, que elenca as hipóteses de absolvição sumária respaldadas nesses elementos. É dizer, se o Ministério Público vislumbra, desde o inquérito, que, ajuizada a ação penal, haverá a decisão de absolvição sumária, não deverá prosseguir na persecução penal, promovendo, pois, o arquivamento deste procedimento. Algumas considerações a respeito destes elementos ligados ao mérito penal merecem ser feitas:

(1) tipicidade: segundo posição consolidada do STF (Inq. nº 2164/DF, Rel. Min. Gilmar Mendes, j. 05.09.06), se o arquivamento do inquérito ocorrer por atipicidade do fato, há a coisa julgada material, não sendo possível o desarquivamento. É o exemplo do reconhecimento do princípio da insignificância, que retira a tipicidade material da conduta.

(2) antijuridicidade: há divergência entre o STJ e o STF se o arquivamento do inquérito com base em causa excludente de ilicitude produz ou não coisa julgada material.

Para o STJ, a decisão de arquivamento do inquérito policial reconhecendo a existência de excludentes de ilicitude faria coisa julgada material, impedindo o desarquivamento da investigação. Assim, a permissão legal contida no art. 18 do CPP, e pertinente Súmula 524/STF, de desarquivamento do inquérito pelo surgimento de provas novas, somente teria incidência quando o fundamento daquele arquivamento fosse a insuficiência probatória - indícios de autoria e prova do crime. A decisão que faria juízo de mérito do caso penal, reconhecendo atipicidade, extinção da punibilidade, ou excludentes da ilicitude, exigiria certeza juridical - sem esta, a prova de crime com autor indicado geraria a continuidade da persecução criminal - que, por tal, possuiria efeitos de coisa julgada material, ainda que contida em acolhimento a pleito ministerial de arquivamento das peças investigatórias. Portanto, promovido o arquivamento do inquérito policial pelo reconhecimento de legítima defesa, a coisa julgada material impediria a rediscussão do caso penal em qualquer novo feito criminal, descabendo perquirir a existência de novas provas (STJ, 6ª Turma, REsp nº 791.471/RJ, Rel. Min. Nefi Cordeiro, DJe 16/12/2014).

Em complemento, o STJ esclarece que o arquivamento alicerçado em causa excludente de ilicitude somente pode ocorrer a partir de uma "certeza jurídica" (STJ, 5ª Turma, RHC nº 17.389/SE, Rel. Min. Laurita Vaz, j. 20.11.07).

Já o STF não reconhece a formação de coisa julgada material na decisão de arquivamento do inquérito policial com fundamento em causa excludente de ilicitude, permitindo-se, pois, o desarquivamento deste procedimento na hipótese de surgimento de novas provas (STF, 1ª Turma, HC nº 95211/ES, Rel. Min. Cármen Lúcia, DJ 22/8/2011, p. 169; HC 87395/PR, Rel. Min. Ricardo Lewandowski, j. 23/3/2017 - Informativo 858).

Em acréscimo, a Suprema Corte entende que o arquivamento do inquérito por excludente de ilicitude respaldado em *provas fraudadas* não enseja a formação de coisa julgada material. Em caso concreto julgado pelo Tribunal, verificou-se que, depois do arquivamento do inquérito, o Ministério Público constatou que os depoimentos prestados nas investigações foram alterados pelo delegado, o que permitiu ao órgão oferecer nova denúncia (STF, HC nº 87.395/PR, Rel. Min. Ricardo Lewandowski, j. 23.03.17).

(3) culpabilidade: via de regra, o arquivamento que se dá com base em causa excludente de culpabilidade, a exemplo da coação irresistível, produz coisa julgada material, impedindo o desarquivamento da investigação. Há, porém, uma ressalva: se a excludente de culpabilidade for a inimputabilidade (art. 26 CP), ela não permitirá o arquivamento da investigação. É que a inimputabilidade é motivo para o ajuizamento de ação penal (chamada pela doutrina de ação de prevenção penal), para que se permita, ao seu final, seja aplicada medida de segurança, na chamada sentença absolutória imprópria (art. 386, parágrafo único, III, CPP). Assim, não sendo causa de rejeição da denúncia, não será hipótese de arquivamento do inquérito.

(4) punibilidade: a decisão que reconhece a existência de alguma causa de extinção da punibilidade gera coisa julgada material. No entanto, mais prudente do que determinar o arquivamento do inquérito policial é o Ministério Público pleitear ao juiz o reconhecimento expresso da extinção da punibilidade. Ressalva seja feita à decisão que extingue a punibilidade pela morte do agente (art. 107, I, CP) a partir de certidão de obtido falsa: esta decisão é tida pela jurisprudência como inexistente, não tendo o condão, portanto, de formar coisa julgada.

▸ Aplicação em concurso público:

No concurso de Delegado da Polícia Federal, em 2018, promovido pelo Cespe, questionou-se acerca da possibilidade de desarquivamento do inquérito policial se o arquivamento se deu com fundamento na atipicidade da conduta, nesses termos: *"Relatado o IP, sob a tese de atipicidade penal do fato, o MP requereu o arquivamento dos autos, o que foi determinado pelo competente juízo, em acolhimento à tese do MP. Nessa situação, o arquivamento dos autos nos termos do requerimento do MP impede a reabertura das investigações pela autoridade policial"*. A assertiva foi considerada correta.

33. ARQUIVAMENTO E DESARQUIVAMENTO NO "PACOTE ANTICRIME"

A Lei nº 13.964/2019 ("Pacote Anticrime") conferiu nova redação ao art. 28 do CPP, provocando profunda reformulação da sistemática do arquivamento e, por consequência, também do desarquivamento do inquérito policial.

Todavia, em 22 de janeiro de 2020, o Ministro do STF Luiz Fux, na ADI 6.305 ajuizada pela Associação Nacional dos Membros do Ministério Público (CONAMP), proferiu decisão monocrática concedendo a medida cautelar requerida em tal ação para suspender a eficácia *sine die, ad referendum* do Plenário, da alteração do procedimento de arquivamento do inquérito policial previsto no art. 28, *caput*, do CPP com a redação dada pela Lei nº 13.964/2019.

No entender do Ministro Fux, o "Congresso Nacional desconsiderou a dimensão superlativa dos impactos sistêmicos e financeiros que a nova regra de arquivamento do inquérito policial ensejará ao funcionamento dos órgãos ministeriais. Nesse sentido, a inovação legislativa viola as cláusulas que exigem prévia dotação orçamentária para a realização de despesas, além da autonomia financeira dos Ministérios Públicos".

Com isso, atualmente, na prática, é aplicada a sistemática anterior do art. 28 do CPP. Todos os tópicos anteriores referentes ao arquivamento e ao desarquivamento do inquérito permanecem válidos.

No presente tópico, serão tecidas considerações sobre o regramento trazido pelo "Pacote Anticrime". Mesmo ciente de que ele não tem aplicabilidade prática, é medida que se impõe para um estudo completo da matéria, até porque o Plenário do STF pode reverter a decisão do Ministro Fux e reconhecer eficácia do "novo" art. 28 do CPP.

Com efeito, mesmo antes do advento da Lei nº 13.964/19, a doutrina majoritária já sustentava que o controle do arquivamento do inquérito policial deveria ficar no âmbito exclusivamente interno do Ministério Público, já que é ele o titular da ação penal pública, não sendo, portanto, recomendável a atuação do magistrado nesta fase, sob pena de violação do sistema acusatório.

Acolhendo esse posicionamento da doutrina, a Lei nº 13.964/2019 consagrou no art. 28 do CPP o sistema de controle do arquivamento do inquérito policial e de peças de informação no âmbito interno do Ministério Público. Assim, o arquivamento continua sendo promovido pelo Ministério Público, se preenchidos os mesmos requisitos anteriormente válidos (esgotamento de diligências investigatórias e não ser caso de oferecimento de denúncia), mas ele deixou de ser dirigido a um juiz para fins de homologação, ficando no âmbito interno da própria instituição.

É o que se prevê no art. 28, *caput*, do CPP: *"Ordenado o arquivamento do inquérito policial ou de quaisquer elementos informativos da mesma natureza, o órgão do Ministério Público comunicará à vítima, ao investigado e à autoridade policial e encaminhará os autos para a instância de revisão ministerial para fins de homologação, na forma da lei"*.

Com esta mudança, não significa que o arquivamento promovido pelo membro do *Parquet* não estará submetido a algum tipo de controle, apenas que tal controle não ficará mais sob a responsabilidade de um juiz e sim de um órgão interno do Ministério Público, a ser indicado por lei orgânica da instituição.

Nessa esteira, veja-se o conteúdo dos Enunciados números 07 e 08 do GNCCRIM: *"Compete exclusivamente ao Ministério Público o arquivamento do inquérito policial ou de quaisquer elementos informativos da mesma natureza. Trata-se de ato composto, constituído de decisão do promotor natural e posterior homologação pela instância de revisão ministerial (Procurador-Geral de Justiça ou órgão delegado).*" (Enunciado nº 07); "*A nova redação do artigo 28 do Código de Processo Penal, em harmonia com o princípio acusatório, dispõe que o arquivamento do inquérito policial não se reveste mais de um mero pedido, requerimento ou promoção, mas de verdadeira decisão de não acusar, isto é, o promotor natural decide não proceder à ação penal pública, de acordo com critérios de legalidade e oportunidade, tendo em vista o interesse público e as diretrizes de política criminal definidas pelo próprio Ministério Público.*" (Enunciado nº 08).

A alteração é extremamente positiva e deve ser celebrada, eis que contribui para a consolidação do sistema acusatório no país. Não havia qualquer motivo que justificasse a atuação do juiz em matéria de arquivamento do inquérito, não estando em jogo, ao menos não diretamente, nenhum direito fundamental do cidadão. O magistrado que porventura negasse homologar o arquivamento seria o mesmo que julgaria eventual ação penal instaurada, colocando assim em risco a sua plena imparcialidade. Como órgão de acusação, é de atribuição exclusiva do Ministério Público definir se é caso ou não de arquivamento do inquérito, não havendo espaço para que o juiz invada função acusatória, venha a divergir da instituição e negue o arquivamento. Andou muito bem o legislador da reforma.

O desafio passa a ser identificar qual o órgão interno do Ministério Público funcionará como "instância de revisão ministerial" para fins de controle do arquivamento da investigação. O art. 28, *caput*, do CPP menciona que este órgão será indicado "na forma da lei". A lei referida é a lei orgânica da respectiva instituição.

Quanto ao **Ministério Público Federal**, não há qualquer alteração a esse respeito: o órgão permanece sendo as **Câmaras de Coordenação e Revisão do Ministério Público Federal**, por força do art. 62, inciso IV, da Lei Complementar nº 75/93 (Lei Orgânica do Ministério Público da União).

Já em relação ao **Ministério Público dos Estados**, não há em sua lei orgânica (Lei nº 8.625/93) a previsão expressa de atribuição para que algum órgão ministerial venha a atuar revendo o arquivamento do inquérito policial (e de peças de informação). Recomenda-se, pois, que ocorra alteração nesta lei para que surja previsão expressa a esse respeito. Ou ao menos seja editada Resolução do CNMP que venha a disciplinar a matéria.

Enquanto isso não se verifica, há entendimento minoritário sustentando que, para superar o silêncio da lei, deve ser empregada analogia ao disposto no art. 30 da Lei nº 8.625/93: o **Conselho Superior**, que já é o órgão de revisão do inquérito civil, deveria atuar também como órgão de revisão do inquérito policial (e de peças de informação, a exemplo do procedimento investigatório criminal – PIC – presidido pelo Ministério Público).

Porém, prevalece em doutrina o entendimento de que deveria continuar atuando o próprio **Procurador-Geral de Justiça**, como já vinha ocorrendo na sistemática do "antigo" art. 28 do CPP (desta feita, sem provocação do juiz). Para tanto, é invocado, por analogia, o teor do art. 10, inciso IX, alínea "d", da

Lei nº 8.625/93, segundo o qual compete ao Procurador-Geral de Justiça designar membros do Ministério Público para oferecer denúncia nas hipóteses de não confirmação de arquivamento de inquérito policial, bem como de quaisquer peças de informações.

Seja como for, com fincas no Enunciado nº 11 do GNCCRIM, *"Ao receber os autos com a decisão de arquivamento, o órgão de revisão ministerial (Procurador-Geral de Justiça ou órgão delegado) poderá homologá-la, ou, em caso de discordância, designar outro membro para continuar as investigações ou oferecer denúncia"*.

Além disso, *"O órgão revisor do Ministério Público poderá constituir jurisprudência própria, em enunciados cujo conteúdo servirá de fundamento para o arquivamento pelos órgãos de execução."* (Enunciado nº 12 do Grupo Nacional de Coordenadores de Centro de Apoio Criminal (GNCCRIM).

Observando outros aspectos do art. 28, *caput*, do CPP, o órgão do Ministério Público que promover o arquivamento da investigação deverá, além de remeter os autos para a instância de revisão, comunicar à vítima, ao investigado e à autoridade policial. Como se vê, estas comunicações devem ser feitas pelo próprio Ministério Público, não sendo possível a utilização de aparato do Poder Judiciário (por exemplo, oficiais de justiça) para o cumprimento desta determinação legal. Para a instituição, esse tipo de comunicação não é exatamente novidade, considerando que já se impõe em lei orgânica e em atos normativos próprios a comunicação a todos os interessados a respeito do arquivamento do inquérito civil. Em matéria penal, a instituição deverá se adaptar para praticar atos já por ela realizados na esfera cível. Ademais, as mencionadas comunicações conferem uma maior legitimidade ao controle da legalidade do arquivamento do inquérito promovido pelo *Parquet*.

Em acréscimo, o art. 28, § 1º, do CPP, prevê que *se a vítima, ou seu representante legal, não concordar com o arquivamento do inquérito policial, poderá, no prazo de 30 (trinta) dias do recebimento da comunicação, submeter a matéria à revisão da instância competente do órgão ministerial, conforme dispuser a respectiva lei orgânica*. As razões do seu inconformismo devem ser apresentadas na origem (Enunciado nº 15 do GNCCRIM). *O encaminhamento dos autos à instância de revisão ministerial já é determinado pelo membro do Ministério Público que promoveu o arquivamento do inquérito. O que é realizado pela vítima ou seu representante legal é o oferecimento de razões da sua discordância quanto ao arquivamento promovido pelo agente ministerial. Desse modo, deve o membro do Parquet que promoveu o arquivamento aguardar* o decurso do prazo de 30 (trinta) dias, da intimação da vítima; findo este prazo, com ou sem razões oferecidas por ela (ou o seu representante legal), remeterá os autos à instância revisora para fins de homologação. Corroborando com esse entendimento, tem-se o Enunciado nº 13 do Grupo Nacional de Coordenadores de Centro de Apoio Criminal (GNCCRIM): *"Após efetivadas as comunicações formais e tendo transcorrido o prazo de 30 dias sem que exista pedido voluntário de revisão do arquivamento pela vítima (ou seu representante), o órgão de execução encaminhará os autos ao órgão revisor do Ministério Público para fins de homologação"*.

Em outro Enunciado, o de nº 14, o GNCCRIM ainda esclarece que "*Ordenado o arquivamento do inquérito policial ou de qualquer elemento de informação, o órgão de execução do Ministério Público comunicará a vítima, o investigado e a autoridade policial, da forma mais célere possível, preferencialmente por meio eletrônico, inclusive por aplicativos de troca de mensagens ou recurso tecnológico similar, na forma de regulamentação própria. Não sendo localizados, a comunicação da vítima e/ou investigado poderá ser por edital no Diário Oficial do Ministério Público, na forma de regulamentação própria*".

O § 2º do art. 28 do CPP, por sua vez, estabelece que *nas ações penais relativas a crimes praticados em detrimento da União, Estados e Municípios, a revisão do arquivamento do inquérito policial poderá ser provocada pela chefia do órgão a quem couber a sua representação judicial. O dispositivo legal permite a atuação da procuradoria judicial em qualquer crime praticado em detrimento do respectivo ente federativo. Ou seja, não se restringe a atuação apenas, por exemplo, aos crimes contra a administração pública. No mais, é de se lamentar a omissão deste dispositivo quanto aos casos em que é vítima o Distrito Federal.*

Certo é que "os atos de comunicação, o pedido de revisão e a submissão dos autos ao órgão revisor para homologação poderão ser realizados por meios eletrônicos, na forma de regulamentação própria." (Enunciado nº 18 do GNCCRIM).

São apenas essas as pessoas que têm direito de provocar a revisão do arquivamento, como esclarece o Enunciado nº 19 PGJ-CGMP do Ministério Público do Estado de São Paulo a respeito da Lei nº 13.964/19: "*O direito de provocar a revisão do arquivamento limita-se às pessoas mencionadas nos §§ 1º e 2º do art. 28 do CPP*".

Impende ainda registrar que, se "homologado o arquivamento pelo órgão revisor do Ministério Público, os autos serão remetidos ao juízo competente a fim de (i) comunicar o juízo, bem como (ii) permitir que as partes tenham amplo acesso aos autos acautelados na respectiva secretaria, a teor da norma inserta no art. 3.º-C, § 4º, do CPP." (Enunciado nº 16 do GNCCRIM). E "os bens apreendidos vinculados a inquéritos policiais arquivados devem ter a destinação prevista em lei, isto é, sua restituição ao investigado, à vítima ou a terceiros de boa-fé; ou a destinação a órgãos de persecução criminal e de segurança pública; ou a alienação antecipada em leilão; ou a entrega em museu público." (Enunciado nº 17 do GNCCRIM).

Art. 28 do CPP – Redação anterior à Lei nº 13.964/19	Art. 28 do CPP – Redação após a Lei nº 13.964/19
Art. 28. *Se o órgão do Ministério Público, ao invés de apresentar a denúncia, requerer o arquivamento do inquérito policial ou de quaisquer peças de informação, o juiz, no caso de considerar improcedentes as razões invocadas, fará remessa do inquérito ou peças de informação ao procurador-geral, e este oferecerá a denúncia, designará outro órgão do Ministério Público para oferecê-la,*	Art. 28. *Ordenado o arquivamento do inquérito policial ou de quaisquer elementos informativos da mesma natureza, o órgão do Ministério Público comunicará à vítima, ao investigado e à autoridade policial e encaminhará os autos para a instância de revisão ministerial para fins de homologação, na forma da lei.* § 1º *Se a vítima, ou seu representante legal, não concordar com o arquivamento do inquérito policial, poderá, no prazo*

ou insistirá no pedido de arquivamento, ao qual só então estará o juiz obrigado a atender. Como era antes: a promoção de arquivamento da investigação criminal era dirigida a um juiz para fins de homologação. Se o magistrado discordasse desse arquivamento, remeteria os autos ao Procurador-Geral de Justiça.	*de 30 (trinta) dias do recebimento da comunicação, submeter a matéria à revisão da instância competente do órgão ministerial, conforme dispuser a respectiva lei orgânica.* *§ 2º Nas ações penais relativas a crimes praticados em detrimento da União, Estados e Municípios, a revisão do arquivamento do inquérito policial poderá ser provocada pela chefia do órgão a quem couber a sua representação judicial.* O que mudou: o dispositivo legal passa a prever que a promoção de arquivamento da investigação criminal será dirigida à instância de revisão ministerial para fins de homologação, na forma da lei. Deve o membro do Ministério Público que promover o arquivamento comunica-lo à vítima, ao investigado e à autoridade policial. É possível que o arquivamento seja impugnado pela vítima ou seu representante legal (§ 1º) ou ainda pela chefia do órgão a quem couber a representação judicial da União, Estados e Municípios, se a infração penal for praticada em detrimento de um desses entes (§ 2º).

Caso seja reconhecida pelo STF eficácia ao "novo" art. 28 do CPP, haverá repercussão também em matéria de desarquivamento do inquérito policial, senão vejamos.

Como já destacado neste tópico, a Lei nº 13.964/2019, ao conferir nova redação ao art. 28 do CPP, fez com que o ato de arquivamento do inquérito seja agora praticado pelo Ministério Público, não mais pelo juiz. Com isso, deixa de existir uma decisão judicial de arquivamento, daí porque não há que se falar em formação de coisa julgada (como é cediço, apenas decisão judicial tem o poder de constituí-la), nem material, sequer formal. É o que reconhece o Enunciado nº 09 do Grupo Nacional de Coordenadores de Centro de Apoio Criminal (GNCCRIM): *"Considerando que o arquivamento do inquérito policial ou de quaisquer elementos informativos da mesma natureza não se subordina à apreciação judicial, a decisão não está mais sujeita aos efeitos da coisa julgada formal ou material"*.

A nosso ver, a promoção de arquivamento efetivada pelo *Parquet* fica submetida à **preclusão** (preclusão lógica, aquela que se verifica quando há incompatibilidade de um determinado ato com um outro anteriormente praticado).

Não se deve olvidar que o instituto da preclusão somente incide em ato processual e o ato ora em apreço é praticado ainda na etapa pré-processual, na investigação criminal. Tecnicamente, portanto, não se deveria falar em preclusão para este ato. No entanto, há muito tempo a doutrina vem permitindo a extensão deste instituto ao âmbito do Direito Administrativo, para alcançar atos administrativos. Além disso, já se sustentava que a própria decisão do juiz que homologava o arquivamento por motivo processual não era ato jurisdicional propriamente dito, exatamente porque praticado antes do início do processo, em sede de procedimento administrativo, constituindo um ato jurisdicional atípico, anômalo, muito mais de caráter administrativo. Destarte, defendia-se à época, em sede de doutrina, que este ato jurisdicional seria atingido pela preclusão, embora a jurisprudência reconhecesse a ocorrência de coisa julgada (em regra) formal, sob o argumento de que se tratava de uma decisão judicial. Com a atual sistemática do arquivamento, não só é plenamente possível retomar esse entendimento da doutrina como também recomendável, haja vista que, não há dúvidas, o ato de arquivamento passa a não ter qualquer caráter jurisdicional, sendo meramente administrativo.

Com essa mudança, tem-se que, em regra, o comportamento do Ministério Público promovendo o arquivamento do inquérito resultará em preclusão. Como não se fala em coisa julgada (de qualquer natureza, formal ou material), não há a marca da imutabilidade neste ato, motivo pelo qual, em tese, ele poderia ser sempre revisto. Diante disso, a princípio, seria permitido o desarquivamento do inquérito (mesmo nas hipóteses que anteriormente resultavam em coisa julgada material na decisão de arquivamento), desde que surjam novas provas. Restariam, pois, mantidos o art. 18 do CPP e a Súmula nº 524 do STF, muito embora eles devam ser relidos, desconsiderando-se qualquer menção a ato do juiz determinando o arquivamento da investigação.

Isto posto, adaptando o teor do art. 18 ao conteúdo do art. 28, *caput*, com a alteração realizada pela Lei nº 13.964/2019, ambos do CPP, é possível afirmar que depois de ordenado o arquivamento do inquérito pelo Ministério Público, por falta de base para a denúncia, a autoridade policial poderá proceder a novas pesquisas, se de outras provas tiver notícia. Já a Súmula nº 524 do STF deve ser lida no sentido de que arquivado o inquérito policial, por ato do promotor de justiça, não pode a ação penal ser iniciada, sem novas provas.

Com idêntico sentir é a redação do Enunciado nº 18 PGJ-CGMP do Ministério Público do Estado de São Paulo a respeito da Lei nº 13.964/19: "*O desarquivamento do procedimento investigatório com base em prova nova prescinde de autorização judicial, sendo inoponível óbice da coisa julgada*".

Não obstante, impende registrar relevante advertência apontada por Rogério Sanches Cunha, segundo o qual, nas hipóteses de oferecimento de denúncia pelo Ministério Público com base em investigação criminal arquivada por atipicidade da conduta ou mesmo havendo causa extintiva da punibilidade, "faltará ao titular da ação pressuposto processual, objeto de rigorosa análise do juiz no momento do recebimento da inicial (art. 395 do CPP) ou da absolvição sumária (CUNHA, 2020, p. 119).

Portanto, a partir desse entendimento, para efeitos práticos, em matéria de desarquivamento do inquérito, pode-se afirmar que nada muda com a Lei nº 13.964/19: se o arquivamento foi promovido por motivo de ordem processual, ele está submetido a preclusão, podendo ser revisto, desde que surjam novas provas e não esteja extinta a punibilidade; já se o arquivamento se deu com base em motivo ligado ao mérito, faltará ao Ministério Público pressuposto processual (a nosso ver, condição da ação, interesse de agir), a impedir o ajuizamento da ação penal, mantendo-se, pois, o arquivamento.

No mais, o "novo" art. 28 do CPP ainda tornaria prejudicadas as hipóteses legais em que são previstos recursos contra a decisão de arquivamento do inquérito (art. 7º da Lei nº 1.521/51 e art. 6º, parágrafo único, da Lei nº 1.508/51): ora, não sendo mais o arquivamento do inquérito determinado pelo juiz e sim promovido por ato próprio do Ministério Público, não subsiste decisão judicial nestas hipóteses, não havendo que se falar em qualquer tipo de recurso.

34. "COMPETÊNCIA" EM INQUÉRITO POLICIAL (ART. 22 CPP)

Por não ser processo, o inquérito policial não obedece às regras de competência processual. Para a autoridade policial, fala-se não em competência, mas sim em **atribuição**, sendo que a delimitação territorial na qual ela exerce as suas atribuições é conhecida como **circunscrição**.

Quanto ao critério **territorial**, a circunscrição é determinada pelo local da consumação do delito.

Há ainda o critério **material** de fixação da atribuição, que diz respeito, em um primeiro momento, à divisão de atribuições entre a polícia federal (tem a atribuição de investigar, em regra, crimes de competência da Justiça Federal, de acordo com art. 144, § 1º, CF) e a polícia civil (tem a atribuição residual de investigar crimes que não sejam da competência da Justiça Federal e que não sejam militares) e, em um segundo momento, dentro da polícia civil, às delegacias especializadas (exemplos: furto e roubo, homicídios, entorpecentes etc.).

Quanto à atribuição da polícia federal em específico, convém esclarecer que todos os crimes de competência da Justiça Federal são investigados por esta instituição (art. 144, § 1º, CF), mas nem todos os crimes apurados por tal polícia são julgados por um juízo federal. É o que se constata da leitura do art. 1º da Lei nº 10.446/2002 (que dispõe sobre infrações penais de repercussão interestadual ou internacional que exigem repressão uniforme, para os fins do disposto no inciso I do § 1º do art. 144 da Constituição), a exemplo do seu inciso VI, acrescido pela Lei nº 13.124/2015, que prevê que a polícia federal deverá realizar a investigação dos crimes de furto, roubo ou dano contra instituições financeiras, incluindo agências bancárias ou caixas eletrônicos, quando houver indícios da atuação de associação criminosa em mais de um Estado da Federação, bem como do seu inciso VII, acrescido pela Lei nº 13.642/2018, o qual aponta como atribuição desta mesma polícia a apuração de quaisquer crimes praticados por meio da rede mundial de computadores que difundam conteúdo misógino, definidos como aqueles que propagam o ódio ou a aversão às mulheres.

Também há o critério **em razão da pessoa**, considerando-se a vítima, o que permite, por exemplo, delegacias de proteção à mulher, ao turista, à pessoa idosa etc.

Em virtude de o inquérito policial não se submeter às regras de competência do processo penal, o art. 22 do CPP afirma que não necessariamente a autoridade da circunscrição onde ocorreu o crime é a que deve investigar o fato – a autoridade "providenciará, até que compareça a autoridade competente, sobre qualquer fato que ocorra em sua presença, noutra circunscrição" (se o contrário ocorre na prática, deve valer apenas internamente, para fins de organização administrativa dos trabalhos).

Não obstante, se o inquérito policial tramita violando os critérios acima expostos, embora não vicie a futura ação penal, pode ser trancado por meio do *habeas corpus*, em face da manifesta irregularidade. Nesse sentido é o posicionamento de Nestor Távora e Rosmar Rodrigues Alencar (2009, p. 79).

Ademais, de acordo com o teor do art. 2º, § 4º, da Lei nº 12.830/13, "O inquérito policial ou outro procedimento previsto em lei em curso somente poderá ser avocado ou redistribuído por superior hierárquico, mediante despacho fundamentado, por motivo de interesse público ou nas hipóteses de inobservância dos procedimentos previstos em regulamento da corporação que prejudique a eficácia da investigação".

Por fim, ainda com espeque no art. 22 do CPP, frise-se que a prática de um ato investigatório em outra circunscrição independe de precatória e requisição – a autoridade "poderá, nos inquéritos a que esteja procedendo, ordenar diligências em circunscrição de outra, independentemente de precatórias ou requisições".

35. TERMO CIRCUNSTANCIADO DE OCORRÊNCIA (ART. 69, *CAPUT*, DA LEI Nº 9.099/95)

Havendo a prática de infração penal de menor potencial ofensivo (crime com pena máxima igual ou inferior a dois anos e contravenções penais), a autoridade policial deverá proceder à lavratura do termo circunstanciado de ocorrência (TCO), não instaurando inquérito policial, embora, caso o instaure, não provoque qualquer futuro vício à ação penal, tratando-se de mera irregularidade. Aliás, há casos, inclusive, em que se recomenda a feitura do inquérito, como ocorre se um crime for de alta complexidade, ou se não for conhecido o autor da infração penal ou ainda se houver conexão ou continência com crime que comporte inquérito policial.

O termo circunstanciado de ocorrência é uma "investigação simplificada, com o resumo das declarações das pessoas envolvidas e das testemunhas, e eventualmente com a juntada de exame de corpo de delito para os crimes que deixam vestígios. Objetiva-se, como se infere, coligir elementos que atestem autoria e materialidade delitiva, ainda que de forma sintetizada" (TÁVORA; ALENCAR, 2009, p. 644). Em apertada síntese, pode-se afirmar que o TCO constitui um boletim de ocorrência mais detalhado, elaborado. É espécie de investigação criminal que se adequa perfeitamente aos princípios que regem o Juizado Especial Criminal, principalmente a celeridade, informalidade e simplicidade (art. 62 da Lei nº 9.099/95). Ademais, o delegado, nos autos do TCO, "tomará o compromisso do autuado de comparecer ao juizado especial em dia e horário designados previamente" (TÁVORA; ALENCAR, 2009, p. 644). Com a conclusão do TCO, o delegado o remete imediatamente ao Juizado Especial Criminal.

Em acréscimo, tem-se que o art. 48 da Lei nº 11.343/06 (Lei de Tóxicos) prevê a presidência da lavratura do TCO pelo juiz, nos crimes de porte para uso de substância entorpecente e cultivo ou semeio para consumo, tipificados no art. 28 desta lei (§ 2º), sendo que, na ausência do magistrado, a lavratura será feita pela autoridade policial (§ 3º). Há crítica doutrinária à função do magistrado de lavratura do TCO, por violação ao sistema acusatório e à imparcialidade do juiz, apontando-se a inconstitucionalidade da previsão legal.

Nessa senda, a doutrina também aponta que a lavratura do TCO seria função ligada à investigação criminal, constituindo espécie deste gênero (espécie esta simplificada em virtude do perfil do Juizado Especial Criminal), daí porque seria função constitucional exclusiva da polícia judiciária (art. 144, §§ 1º e 4º, CF), o que vedaria fosse feita a lavratura não só pelo juiz, mas também por outros órgãos públicos, como a Polícia Rodoviária Federal (PRF) e a Polícia Militar (PM).

Na prática, no entanto, já vinha sendo admitida a lavratura do TCO pela PRF e pela PM.

Assim, a lavratura de TCO pela PRF era alvo de Termos de Cooperação entre este órgão e Ministérios Públicos Estaduais ou o próprio Ministério Público Federal em determinados Estados (Termos estes entendidos como válidos pelo Conselho Nacional do Ministério Público no Pedido de Providências nº 1461/2013-22), daí porque já vinha sendo realizada regularmente na prática, a exemplo do que se verificava nos Estados de Santa Catarina e Goiás. Havia também decisões do STF admitindo esta prática (RE 1.051.393/SE; RE 979.730/SC). Posteriormente, a Portaria número 224, de 5 de dezembro de 2018, do Ministério da Segurança Pública, aprovando o Regimento Interno da PRF, assegura ao órgão, no art. 1º, inciso VII, do seu Anexo I, esta atribuição. Ela é também assegurada no Decreto nº 10.073/2019, por meio de alteração promovida no art. 47, inciso XII, do Anexo I do Decreto nº 9.662/2019.

Não obstante, como já afirmado, persistia sério e respeitável entendimento doutrinário em sentido oposto, sustentando que a lavratura de TCO é atividade típica de investigação criminal, logo exclusiva da polícia judiciária, conforme art. 144, parágrafos 1º, IV (Polícia Federal) e 4º (Polícia Civil), da Constituição Federal, não se coadunando com o perfil constitucional da PRF, órgão com a atribuição de promover o patrulhamento ostensivo das rodovias federais (art. 144, § 2º, CF). Nessa esteira, noticie-se que a Associação Nacional dos Delegados de Polícia Federal ajuizou no STF a ADI nº 6.245 atacando o Decreto nº 10.073/2019, sob os argumentos de usurpação da atribuição da Polícia Federal e violação aos princípios da legalidade estrita, da eficiência e da supremacia do interesse público. Esta ADI ainda não foi julgada.

Discussão semelhante é igualmente travada em relação a PM. Para muitos autores, o perfil constitucional da PM (art. 144, § 5º, CF) não vedaria que ela também assumisse a atribuição de lavratura de TCO. Garantir esta função a PM teria relevância prática, pois permitiria que o TCO fosse lavrado em locais que não contariam com um Delegado titular, mas que certamente estariam atendidos por Policiais Militares, o que ainda observaria princípios regentes do próprio Juizado Especial

Criminal, como celeridade e informalidade (art. 62 da Lei nº 9.099/95). Ademais, a lavratura do TCO não constituiria função de investigação criminal, servindo apenas como um mero registro de ocorrência de crime, à semelhança de um Boletim de Ocorrência, tendo o caráter de notícia do crime. Diante disso, não só a PM e a PRF poderiam lavrar o TCO, mas qualquer outra autoridade pública, a exemplo da Guarda Municipal, até porque o termo "autoridade policial" mencionado no art. 69, *caput*, da Lei nº 9.099/95 não seria sinônimo de Delegado de Polícia.

Nesse trilhar, a Lei Estadual de Minas Gerais nº 22.257/2016, em seu art. 191, permite expressamente a lavratura de TCO pela PMMG.

Contra este dispositivo da lei mineira, a Associação dos Delegados de Polícia do Brasil (ADEPOL) chegou a ajuizar no STF a ADI nº 5.637/MG, alegando, em apertada síntese, que a função de lavratura de TCO seria de investigação criminal e, como tal, exclusiva da polícia judiciária, de acordo com o perfil constitucional deste órgão e da interpretação restritiva que deveria ser dada ao termo "autoridade policial" constante do art. 69, *caput*, da Lei nº 9.099/95. A favor desta corrente, havia precedente do STF no julgamento da ADI nº 3614/PR, firmando-se o entendimento de que a lavratura de TCO é função exclusiva da polícia judiciária. Ademais, o Conselho Nacional de Justiça (CNJ), em decisão liminar proferida no âmbito do Procedimento de Controle Administrativo nº 0003967-53.2018.2.00.0000, em 10/07/2018, suspendeu a eficácia do Provimento nº 9 – CGJUS/ASPCGJUS do Tribunal de Justiça do Tocantins (TJTO) que autorizava os magistrados de 1º grau a conhecer de TCOs por PMs deste Estado.

No entanto, em 2022, esta ADI foi julgada improcedente pelo STF, tendo o tribunal decidido que é constitucional norma estadual que prevê a possibilidade da lavratura de termos circunstanciados pela Polícia Militar e pelo Corpo de Bombeiro Militar. Consignou-se que o termo circunstanciado é o instrumento legal que se limita a constatar a ocorrência de crimes de menor potencial ofensivo, motivo pelo qual não configura atividade investigativa e, por via de consequência, não se revela como função privativa de polícia judiciária. A Constituição Federal conferiu aos Estados e ao Distrito Federal, a partir da competência concorrente, a competência para editar normas legislativas que garantam maior eficiência e eficácia na aplicação da Lei 9.099/1995 (art. 24, X e XI, CF). A norma federal contida no art. 69 da Lei nº 9.099/95 viabiliza a lavratura do termo por qualquer autoridade legalmente reconhecida e não há impeditivo para que os estados-membros indiquem quais são elas ou, de qualquer modo, disciplinem essa atribuição (STF, Plenário, ADI nº 5.637/MG, Rel. Min. Edson Fachin, julgamento virtual finalizado em 11.03.2022).

Aliás, nessa mesma linha de intelecção, noticie-se que, em 27/06/2020, o Plenário Virtual do STF, na ADI nº 3.807, ajuizada pela ADEPOL para fins de reconhecimento da inconstitucionalidade do art. 48, § 3º, da Lei nº 11.343/06, já havia decidido que a lavratura do TCO, previsto no art. 69, *caput*, da Lei nº 9.099/95, não é ato de polícia judiciária. Considerou-se que o TCO não é procedimento investigativo, mas peça informativa com descrição detalhada do fato e as declarações do condutor do flagrante e do autor do fato. Desse modo, a lavratura do TCO não constitui função exclusiva do delegado de polícia, daí porque o juiz também poderá fazê-lo, conforme permitido pelo art. 48, § 3º, da Lei nº 11.343/06 acima referido, dispositivo que foi considerando então constitucional, inexistindo violação à imparcialidade do julgador.

Neste julgado, considerou-se expressamente que "o termo circunstanciado não é procedimento investigativo, mas peça informativa com descrição detalhada do fato e as declarações do condutor do flagrante e do autor do fato, deve-se reconhecer que a possibilidade de sua lavratura pelo órgão judiciário não ofende os §§ 1º e 4º do art. 144 da Constituição, nem interfere na imparcialidade do julgador. As normas dos §§ 2º e 3º do art. 48 da Lei n. 11.343/2006 foram editadas em benefício do usuário de drogas, visando afastá-lo do ambiente policial quando possível e evitar que seja indevidamente detido pela autoridade policial. Assim, havendo disponibilidade do juízo competente, o autor do crime previsto no art. 28 da Lei n. 11.343/2006 deve ser até ele encaminhado imediatamente, para lavratura do termo circunstanciado e requisição dos exames e perícias necessários. Se não houver disponibilidade do juízo competente, deve o autor ser encaminhado à autoridade policial, que então adotará as providências previstas no § 2º do art. 48 da Lei n. 11.343/2006. Não há, pois, incompatibilidade entre o disposto na norma questionada e no sistema normativo constitucional".

À guisa de conclusão, por força desses julgamentos proferidos pelo STF em sede de controle concentrado de constitucionalidade (portanto, com efeitos vinculantes, *erga omnes*), é possível deduzir que a lavratura do TCO, não sendo função exclusiva da polícia judiciária, pode ser realizada pela PRF e pela PM.

Posteriormente ao julgado paradigmático proferido pelo STF na ADI nº 3.807, o Plenário do CNJ, em 02 de dezembro de 2020, ao analisar o Procedimento de Controle Administrativo nº 0008430-38.2018.2.00.0000, instaurado por entidade representativa de Delegados de Polícia do Distrito Federal, decidiu que a lavratura de TCO não é atividade exclusiva dos delegados de polícia. Por conseguinte, no entender do CNJ, a lavratura do TCO pode ser realizada pela PM e pela PRF, sem que isso implique em ofensa à atribuição da Polícia Judiciária, além de atender aos objetivos da Lei nº 9.099/95 (efetividade, oralidade, simplicidade, informalidade, economia processual e celeridade). Consignou-se que, na esteira daquele julgado do STF, a expressão "autoridade policial" constante no art. 69 desta Lei deve ser interpretada em sentido amplo, alcançando também outros órgãos de segurança pública.

> **▸ Aplicação em concurso público:**
>
> No LII concurso de Promotor de Justiça Substituto do Estado de Minas Gerais, promovido em 2012 pelo MPMG, foram cobrados diversos aspectos relevantes do inquérito policial, nesses termos: "*Assinale a alternativa* **CORRETA**. *Sobre o inquérito policial, é possível dizer que:* **A)** *O interrogatório deve ser feito na presença de advogado, sendo possível a condução do investigado que não comparece.* **B)** *A confissão mediante tortura obtida no inquérito é nula e invalida a ratificação da confissão obtida em juízo.* **C)** *É obrigatório o exame de corpo de delito quando houver vestígios, admitindo-se o assistente técnico a partir de sua admissão pelo juiz.* **D)** *A autoridade policial poderá declarar-se suspeita de ofício, sendo inadmissível a oposição de exceção*". A assertiva tida como correta foi a letra D.

Capítulo VII

Ação penal

1. CONCEITO, NATUREZA JURÍDICA E FUNDAMENTO CONSTITUCIONAL

Segundo Guilherme de Souza Nucci, a ação penal "É o direito do Estado-acusação ou do ofendido de ingressar em juízo, solicitando a prestação jurisdicional, representada pela aplicação das normas de direito penal ao caso concreto" (NUCCI, 2008, p. 183).

Em essência, de acordo com entendimento doutrinário prevalecente, a ação penal possui a **natureza jurídica de um direito público, subjetivo, abstrato, autônomo e instrumental**. Público porque ela é exercida contra o Estado. Subjetivo porque o seu titular é sempre determinado, seja o Ministério Público, seja a vítima. Abstrato porque ela independe do resultado do processo penal – "Mesmo que a demanda seja julgada improcedente, o direito de ação terá sido exercido" (TÁVORA; ALENCAR, 2009, p. 119). Autônomo porque ela independe do direito material, é preexistente ao direito de punir. E instrumental porque a ação penal é meio para se permitir o exercício do direito de punir.

Direito de ação

É direito público, subjetivo, abstrato, autônomo e instrumental.

Verifica-se que a ação penal tem fundamento constitucional, constituindo-se em direito fundamental, pois o art. 5º, inciso XXXV, da Carta Magna Federal estatui que "a lei não excluirá da apreciação do Poder Judiciário lesão ou ameaça a direito", o que consagra o princípio da *inafastabilidade da jurisdição*, sendo que a jurisdição deve ser provocada justamente por intermédio do direito de ação.

Nesse sentido, como a jurisdição, enquanto poder de dizer o direito no caso concreto, é monopólio do Estado, não se admite, em regra, que o particular promova a autodefesa (cabível excepcionalmente nos casos em que o Estado não pode estar presente, como nas hipóteses de legítima defesa e de estado de necessidade) e a autocomposição (as hipóteses de composição civil dos danos e de transação penal previstas, respectivamente, nos artigos 74 e 76 da Lei nº 9.099/95, embora impliquem em acordo entre as partes envolvidas, somente passam a operar efeitos a partir da intervenção do Estado, por meio da homologação judicial de tal ajuste).

Ademais, o art. 5º, inciso LIX, da Constituição Federal admite a ação penal privada subsidiária da pública, que também está ligada à ideia de inafastabilidade da jurisdição.

2. ESPÉCIES (ART. 100 CP E ART. 24, *CAPUT*, CPP)

O critério adotado para se definir a espécie de ação penal é o da **titularidade do exercício da ação penal**, consoante o art. 100 do Código Penal, repetido no art. 24, *caput*, do Código de Processo Penal.

Nesse sentido, a regra é a ação penal pública, cujo titular privativo é o Ministério Público (art. 129, inciso I, CF e art. 257, inciso I, CPP), e a exceção a ação penal privada, cujo titular é o ofendido ou seu representante legal, desde que haja previsão legal expressa a esse respeito (art. 100, *caput*, CP).

Dentre as ações penais públicas, a regra é a ação penal pública incondicionada (independe de qualquer autorização do ofendido ou de outro órgão estatal para que seja iniciada), as exceções, se autorizadas por lei, a ação penal pública condicionada à representação do ofendido e a ação penal pública condicionada à requisição do Ministro da Justiça (art. 100, § 1º, CP).

Assim, se não houver qualquer menção, no tipo penal, à espécie de ação penal, entende-se que o crime está submetido a ação penal pública incondicionada. De outro lado, para que o crime esteja submetido a ação penal privada, o tipo penal deve estipular expressamente que tal delito "somente se procede mediante queixa". Na mesma linha de raciocínio, a ação penal somente será pública condicionada à representação do ofendido se o tipo penal informar que o crime "somente se procede mediante representação". E o crime ficará sujeito a ação penal pública condicionada à requisição do Ministro da Justiça se o tipo penal asseverar que o mesmo "procede-se mediante requisição do Ministro da Justiça".

3. CASOS ESPECIAIS

Há determinados casos especiais envolvendo o estudo da ação penal que merecem uma maior atenção, seja porque eles envolvem posicionamento sumulado do STF, seja porque há recentes leis disciplinando de modo diferenciado a matéria, seja simplesmente porque eles se referem a classificações doutrinárias pouco usuais de algumas espécies de ação penal, como adiante passa a ser exposto.

3.1. Ação penal nos crimes contra a honra de funcionário público praticado no exercício de suas funções (Súmula 714 STF)

Embora o art. 145, parágrafo único, do Código Penal informe que, em havendo crime contra a honra de funcionário público praticado no exercício de suas funções (*propter officium*), a ação é penal pública condicionada à representação do ofendido, a Súmula nº 714 do STF afirma que haverá um caso de **legitimidade concorrente**, podendo o próprio funcionário público ingressar com a ação penal privada, sem prejuízo da legitimidade conferida ao Ministério Público para oferecer a ação penal pública condicionada à representação do ofendido: "É concorrente a legitimidade do ofendido, mediante queixa, e do Ministério Público, condicionada à representação do ofendido, para a ação penal por crime contra a honra de servidor público em razão do exercício de suas funções".

Registre-se que o STF entende que se o funcionário público optar por representar ao Ministério Público, estará preclusa a possibilidade de oferecimento da ação penal privada (STF, HC nº 84.659-MS, Rel. Min. Sepúlveda Pertence, j. 29/6/2005). Ademais, descabe ação penal privada subsidiária da pública se, oferecida a representação pelo ofendido, o Ministério Público se mantém inerte e, entendendo insuficientes os elementos de informação, requer diligências indispensáveis (STF, HC nº 84.659-MS, Rel. Min. Sepúlveda Pertence, j. 29/6/2005).

▸ Aplicação em concurso público:

No XXIV concurso do MPF, em 2007, foi cobrado justamente o teor da Súmula nº 714 do STF, nesses termos: **PARA PERSECUÇÃO DE CRIMES CONTRA A HONRA DE FUNCIONÁRIO PÚBLICO EM RAZÃO DE SUAS FUNÇÕES:** **a)** *"somente se procede mediante ação penal pública condicionada à representação do ofendido;* **b)** *é concorrente a legitimidade do ofendido, mediante queixa, e do Ministério Público, condicionada à representação do ofendido;* **c)** *a exigência de representação do ofendido para a iniciativa do Ministério Público se estende aos crimes de imprensa e aos crimes eleitorais;* **d)** *a iniciativa do ministério público fica condicionada a nota verbal da missão diplomática respectiva, quando o ofendido for chefe de estado estrangeiro"*. A assertiva considerada correta foi a de letra B.

▸ Aplicação em concurso público:

No concurso do MP/BA, em 2008, promovido pela Fesmip, foi cobrado se, na esteira da Súmula nº 714 do STF, a representação oferecida pelo ofendido ao Ministério Público impediria o ajuizamento da ação penal privada. Nesse sentido, a assertiva *"Segundo entendimento do Supremo Tribunal Federal, nos casos de crime contra a honra praticado contra funcionário público em razão de suas funções, oferecida a representação pelo ofendido ao Ministério Público, e requisitada instauração de inquérito policial, impossibilitada está a propositura da ação penal privada propriamente dita"* foi considerada correta.

▸ Aplicação em concurso público:

No concurso de Delegado Civil de Pernambuco, promovido pelo Cespe, em 2016, dentre outros aspectos relevantes da ação penal, voltou a ser questionada a redação da Súmula 714 do STF, conforme consta a seguir: *"Acerca da ação penal, suas características, espécies e condições, assinale a opção correta. A) A perempção incide tanto na ação penal privada exclusiva quanto na ação penal privada subsidiária da ação penal pública. B) Os prazos prescricionais e decadenciais incidem de igual forma tanto na ação penal pública condicionada à representação do ofendido quanto na ação penal pública condicionada à representação do ministro da Justiça. C) De regra, não há necessidade de a queixa-crime ser proposta por advogado dotado de poderes específicos para tal fim, em homenagem ao princípio do devido processo legal. D) Tanto na ação pública condicionada à representação quanto na ação penal privada, se o ofendido tiver menos de vinte e um anos de idade e mais de dezoito anos de idade, o direito de queixa ou de representação poderá ser exercido por ele ou por seu representante legal. E) É concorrente a legitimidade do ofendido, mediante queixa, e do MP, condicionada à representação do ofendido, para a ação penal por crime contra a honra de servidor público em razão do exercício de suas funções"*. A assertiva considerada correta foi a letra E.

3.2. Ação penal nos crimes contra a dignidade sexual (art. 225 CP)

Antes do advento da Lei nº 12.015/09, os então conhecidos crimes contra os costumes estavam submetidos, em regra, a ação penal privada (art. 225, *caput*, CP). Porém, se a vítima ou seus pais não pudessem prover às despesas do processo, sem privar-se de recursos indispensáveis à manutenção própria ou da família, a ação penal se tornava pública condicionada à representação do ofendido (art. 225, §§ 1º, inciso I, e 2º, CP). E se o crime fosse cometido com abuso do pátrio poder, ou da qualidade de padrasto, tutor ou curador, o crime estava sujeito a ação penal pública incondicionada (art. 225, § 1º, inciso II, CP).

> **▸ Qual o entendimento do STF sobre o assunto?**
>
> O STF entendeu que em crime de atentado violento ao pudor com violência presumida ocorrido antes do advento da Lei nº 12.015/09 (CP, art. 214, c/c art. 224, "a", do Código Penal, na redação originária), não sendo admitida a ação penal privada, o Ministério Público teria legitimidade para iniciar a ação penal por meio de denúncia. Com efeito, asseverou-se que a controvérsia acerca da recepção do art. 225 do CP (na redação originária) pela atual ordem constitucional não poderia levar à eventual desproteção da vítima. Em outras palavras, não se poderia, num primeiro momento, declarar a inviabilidade de ação penal privada e, posteriormente, a impossibilidade de ação penal pública, para deixar o bem jurídico violado sem tutela. Assim, necessário interpretar esse dispositivo à luz do art. 227 da CF ("É dever da família, da sociedade e do Estado assegurar à criança, ao adolescente e ao jovem, com absoluta prioridade, o direito à vida, à saúde, à alimentação, à educação, ao lazer, à profissionalização, à cultura, à dignidade, ao respeito, à liberdade e à convivência familiar e comunitária, além de colocá-los a salvo de toda forma de negligência, discriminação, exploração, violência, crueldade e opressão"). Dessa forma, interpretar o art. 225 do CP de modo a não entender cabível qualquer tipo de sanção em face da conduta perpetrada implicaria negar aplicação ao art. 227 da CF. Necessário, portanto, excepcionar a aplicabilidade da redação antiga do art. 225 do CP para a situação do caso em tela, tendo em conta a relevância do aludido dispositivo constitucional (Informativo nº 815).

Com o advento da Lei nº 12.015/09, os agora chamados crimes contra a dignidade sexual (antigos crimes contra os costumes) passaram a estar sujeitos à ação penal pública condicionada à representação do ofendido, conforme a redação que tal Lei conferiu ao então art. 225, *caput*, do Código Penal. No entanto, excepcionando a regra deste *caput* do artigo 225 do Código Penal, à época existia um parágrafo único neste dispositivo legal que contemplava a hipótese de ação penal pública incondicionada se o ofendido fosse menor de 18 (dezoito) anos ou pessoa vulnerável.

> **▸ Aplicação em concurso público:**
>
> No concurso de Juiz de Direito Substituto do Tribunal de Justiça do Estado de Pernambuco, promovido pela Fundação Carlos Chagas, em 2015, foi cobrado o teor do art. 225 do CP com a redação dada pela Lei nº 12.015/09 em

um determinado caso prático, a saber: "*Ana, estudante de 20 anos, relatou à assistência social da universidade pública onde estuda que foi vítima de estupro no campus, não sofrendo lesões. É correto afirmar que: (A) pode ocorrer, no caso, perempção e decadência. (B) Ana precisa oferecer representação, para que seja instaurado inquérito policial. (C) existe legitimidade concorrente de Ana e do Ministério Público, mediante representação, para propositura de ação penal. (D) isso é suficiente para que o agressor seja também investigado criminalmente, independentemente de lesão sofrida, porque a assistente social é funcionária pública e, sob pena de prevaricação, deve comunicar o fato à autoridade competente. (E) Ana precisa oferecer queixa-crime para apuração dos fatos também em âmbito penal*". A resposta correta foi a letra B.

Nesse cenário, rememore-se que crime praticado contra vulnerável, na verdade, à época da vigência da Lei nº 12.015/09, seria qualquer um dos crimes previstos nos artigos 217-A, 218, 218-A e 218-B do Código Penal. Por conta disso, em apertada síntese, poderia ser entendido como vulnerável o menor de 14 (catorze) anos de idade (artigos 217-A, 218 e 218-A) ou o menor de 18 (dezoito) anos submetido, induzido ou atraído à prostituição ou aquele que, por enfermidade ou deficiência mental, não tem o necessário discernimento para a prática do ato (artigo 218-B). Estas hipóteses de definição do indivíduo vulnerável eram muito semelhantes às situações que caracterizavam a vítima de violência presumida, outrora definidas no hoje revogado artigo 224 do Código Penal (aliena "a", menor de 14 anos; alínea "b", pessoa alienada ou débil mental; alínea "c", pessoa que não pode, por qualquer outra causa, oferecer resistência).

▸ Súmula nº 593 do STJ e Lei nº 13.718/18:

Quanto ao crime de estupro de vulnerável tipificado no art. 217-A do Código Penal, vale a pena registrar o teor da Súmula nº 593 do STJ, segundo a qual "*O crime de estupro de vulnerável se configura com a conjunção carnal ou prática de ato libidinoso com menor de 14 anos, sendo irrelevante eventual consentimento da vítima para a prática do ato, sua experiência sexual anterior ou existência de relacionamento amoroso com o agente*". *Mais recentemente, o texto desta Súmula foi incorporado ao próprio corpo do Código Penal, tendo em vista que a Lei nº 13.718/18 inseriu no mencionado art. 217-A o parágrafo 5º, de acordo com o qual as penas previstas em todo este dispositivo legal são aplicadas independentemente do consentimento da vítima ou do fato de ela ter mantido relações sexuais anteriormente ao crime.*

▸ Aplicação em concurso público:

No concurso de Promotor de Justiça Substituto do Ministério Público do Estado de Minas Gerais, promovido pela Fundep, em 2017, dentre outros aspectos relevantes da ação penal, cobrou-se a natureza da ação penal em crime de estupro de vulnerável à época da vigência da Lei nº 12.015/09, da seguinte forma: "*Sobre ação penal, é **CORRETO** afirmar: A) A legitimação para promover ação penal no crime praticado contra a honra do servidor* *público, em razão do exercício de suas funções, é concorrente, pelo que, mesmo após ofertada representação ao Ministério Público e por ele requeridas diligências, não perde o ofendido a legitimidade para oferecer queixa. B) O crime de estupro de vulnerável é de ação penal pública incondicionada, havendo, porém, quem defenda solução diversa, em caso de vulnerabilidade temporária. C) São de ação penal pública condicionada os crimes de violação de direito autoral caracterizados pela reprodução, mesmo em parte, por qualquer meio, de obra intelectual, sem autorização e com intuito de lucro. D) Praticada injúria real de que decorram lesões corporais leves, não há discrepância, entre os doutrinadores, quanto a ser o crime sujeito a ação penal privada".* A alternativa correta é a letra B.

Ainda no cenário de vigência da Lei nº 12.015/09, o STJ, todavia, já havia decidido que não seria qualquer crime contra a dignidade sexual contra vulnerável que ensejaria a ação penal pública incondicionada. Com efeito, no julgamento de crime de estupro contra suposta pessoa vulnerável, a 6ª Turma deste Tribunal entendeu que, embora a suposta vítima tenha sido considerada incapaz de oferecer resistência na ocasião da prática dos atos libidinosos, esta não seria considerada pessoa vulnerável, a ponto de ensejar a modificação da ação penal. Ou seja, a vulnerabilidade pôde ser configurada apenas na ocasião da ocorrência do crime. Assim, a ação penal para o processamento do crime seria pública condicionada à representação. A vulnerabilidade detectada apenas nos instantes em que ocorreram os atos libidinosos não seria capaz, por si só, de atrair a incidência do dispositivo legal em questão - art. 225, parágrafo único, CP (STJ, Informativo nº 553). Posteriormente, este órgão colegiado voltou a decidir que no crime sexual cometido durante vulnerabilidade temporária da vítima, sob a égide do art. 225 do Código Penal com a redação dada pela Lei nº 12.015/2009, a ação penal pública é condicionada à representação (Informativo nº 675).

Também de acordo com o STJ, nos crimes sexuais contra vulnerável, a inexistência de registro de nascimento em cartório civil não é impedimento a que se faça a prova de que a vítima era menor de 14 anos à época dos fatos por outros elementos hábeis, em respeito inclusive ao sistema do livre convencimento motivado que prevalece no país quanto à avaliação das provas (Informativo nº 563).

Ocorre que, em 24 de setembro de 2018, todo esse cenário é alterado radicalmente com o advento da Lei nº 13.718. Revogando expressamente o parágrafo único do art. 225 do Código Penal, a novel legislação estipula no atual art. 225 do CP uma regra geral, absoluta e sem qualquer exceção, de **ação penal pública incondicionada** para todos os crimes contra a dignidade sexual. Desse modo, deixa-se de existir qualquer hipótese de ação penal pública condicionada à representação do ofendido para os delitos desta natureza.

Questão interessante refere-se à aplicação da Lei nº 13.718/18 no tempo. Isso porque não há dúvidas de que esta lei, no que tange à ação penal dos crimes contra a dignidade sexual, tem natureza híbrida ou mista. De um lado, ao tratar de ação penal, ela apresenta um caráter formalmente processual penal. No entanto, ao determinar que a ação penal nesses crimes deixa de ser, em regra, pública condicionada à representação do ofendido para se tornar sempre pública incondicionada, é claro que tal lei atinge diretamente instituto tipicamente de direito material, a saber, a decadência, causa de extinção da punibilidade do agente delitivo (artigo 107, inciso IV, do Código Penal), relacionado, portanto, ao direito de liberdade deste último.

Desse modo, para que se conclua se a referida lei se aplica ou não de forma imediata (art. 2º do CPP), é preciso considerar todas as situações possíveis, abaixo listadas.

A) *Se o crime, antes do advento da Lei nº 13.718/18, estava submetido a ação penal pública condicionada à representação do ofendido (regra)*: Entre a ação penal pública condicionada à representação do ofendido e a ação penal pública incondicionada, é melhor para o agente do delito que o crime esteja submetido àquela primeira, pois ela permite o instituto da decadência, responsável pela extinção da punibilidade, o que não acontece nesta segunda espécie de ação. Diante disso, se o crime era de ação penal pública condicionada à representação do ofendido (regra geral à época da Lei nº 12.015/09), assim permanecerá, independentemente de a Lei nº 13.718/18 ter tornado a ação penal pública incondicionada, hipótese, pois, prejudicial ao agente, daí porque a Lei nº 13.718/18 não retroagirá. **Nessa hipótese, portanto, não haverá qualquer alteração.** Por isso, se o fato ainda está sendo investigado em sede de inquérito policial, a vítima do delito deve estar atenta ao prazo decadencial que ainda resta para que ofereça a representação.

B) *Se o crime, antes do advento da Lei nº 13.718/18, estava submetido a ação penal pública incondicionada (exceção)*: Se, à época da Lei nº 12.015/09, o crime era excepcionalmente de ação penal pública incondicionada, a qual passa a ser a regra absoluta de ação penal a partir da Lei nº 13.718/18, não haverá qualquer diferença, permanecendo, pois, tudo como está.

Aplicação da Lei nº 13.718/18 no tempo (ação penal)
A) Se o crime contra a dignidade sexual, antes do advento da Lei nº 13.718/18, estava submetido a ação penal pública condicionada à representação do ofendido, a lei não deve retroagir, persistindo o crime como de ação penal pública condicionada à representação do ofendido.
B) Se o crime contra a dignidade sexual, antes do advento da Lei nº 13.718/18, estava submetido a ação penal pública incondicionada, não haverá qualquer diferença, permanecendo, pois, tudo como está.

Sobre a ação penal nos crimes contra a dignidade sexual, há ainda de se registrar que, em período anterior à vigência da Lei nº 12.015/09, o STF, no enunciado da Súmula nº 608, consagrou o entendimento segundo o qual "No crime de estupro, praticado mediante violência real, a ação penal é pública incondicionada". Todavia, com o advento da Lei nº 12.015/09, a doutrina majoritária, contando com a discordância de Fernando da Costa Tourinho Filho (TOURINHO FILHO, 2010, p. 83), vinha se inclinando pela eliminação desta Súmula. Isso porque a intenção do STF ao editar essa Súmula foi consertar distorções que ocorriam por ser o crime de estupro, em regra, de ação penal privada (política criminal). Contudo, a partir do momento em que a citada lei trazia regra expressa determinando que o delito de estupro seria sempre de ação penal pública (ora condicionada à representação do ofendido, ora incondicionada), a Súmula perderia a sua razão de existir. Nesse sentido Paulo Rangel (2009, p. 304-306) e Guilherme de Souza Nucci (2009, p. 62-63), o qual externava o seguinte magistério:

> *[...] Elimina-se a Súmula 608 do STF, vale dizer, em caso de estupro de pessoa adulta, ainda que cometido com violência, a ação é pública condicionada à representação. Lembremos ser tal Súmula fruto de Política Criminal, com o objetivo de proteger a mulher estuprada, com receio de alertar os órgãos de segurança, em especial, para não sofrer preconceito e ser vítima de gracejos inadequados. Chegou-se, inclusive, a criar a Delegacia da Mulher, para receber tais tipos de ocorrência. Não há razão técnica para a subsistência do preceito sumular, em particular pelo advento da reforma trazida pela Lei 12.015/2009. Unificaram-se o estupro e o atentado violento ao pudor e conferiu-se legitimidade ao Ministério Público para a ação penal, desde que a vítima concorde em representar. Mais que justo no cenário presente.*

O entendimento sustentando pela doutrina majoritária era também acolhido pelo STJ, segundo o qual a Súmula nº 608 do STF, editada em 17 de outubro de 1984, não teria sido recepcionada pela Lei nº 12.015/09, até porque uma súmula não poderia superar uma lei, ainda mais se esta era cronologicamente posterior àquela (REsp nº 1332540).

Contudo, posteriormente, o próprio STF enfim se pronunciou acerca da sua Súmula 608, asseverando que ela incidiria mesmo após o advento da Lei nº 12.015/09 (STF, Informativo 892), encerrando com isso a longa discussão sobre o tema alhures apontada.

Com o advento da Lei nº 13.718/18, a discussão se torna por completo inócua, considerando que ela define a ação penal pública incondicionada para todo e qualquer crime contra a dignidade sexual.

Noutro giro, antes da vigência da Lei nº 13.718/18, ponto polêmico dizia respeito à ação penal nos crimes contra a dignidade sexual que resultassem em lesão corporal grave ou morte. O Código Penal, antes mesmo do advento da Lei nº 12.015/09, estipulava no seu artigo 223 que, se do crime contra o costume resultasse lesão corporal grave ou morte, a ação penal seria pública incondicionada. Esse artigo, porém, com o surgimento da mencionada Lei nº 12.015/09, foi expressamente revogado, daí porque, a princípio, a ação penal para esses crimes seria pública condicionada à representação do ofendido.

Todavia, surgiria uma grave distorção: se a vítima de crime que resultasse em lesão corporal grave ou morte, sendo maior e capaz, falecesse sem deixar sucessores, não haveria como oferecer a representação em face do ofensor, que ficaria impune, eis que beneficiado pela extinção da punibilidade.

Certamente não foi isso que pretendeu a Lei nº 12.015/09, que foi criada para punir com maior rigor crimes deste *jaez*. Em sendo assim, admitir que a ação penal, nessas hipóteses, seria pública condicionada à representação do ofendido significaria ir contra o próprio espírito da legislação, sem falar na notória violação ao princípio da proporcionalidade. Diante disso, recomendava-se, à época, fosse feita uma interpretação conforme a Constituição para que a ação penal, no caso em tela, continuasse a ser pública incondicionada. Disso não discrepava Paulo Rangel (2009, p. 301-303):

> *Não é crível nem razoável que o legislador tenha adotado uma política de repressão a esses crimes e tornado a ação penal pública condicionada à representação. Até mesmo pelo absurdo de se ter a morte da vítima no crime de estupro e não haver quem, legitimamente, possa representar para punir o autor do fato. O crime, sendo a vítima maior e capaz, ficaria impune. Com certeza, por mais confuso que esteja o Congresso Nacional com seus sucessivos escândalos, não foi isso que se quis fazer [...].*
>
> *Sem dúvida será de ação penal de iniciativa pública incondicionada e a razão [...] é* que o princípio da interpretação conforme a Constituição recomenda que os seus aplicadores, diante de textos infraconstitucionais de significados múltiplos e de duvidosa constitucionalidade, escolham o sentido que as torne constitucionais e não aquele que resulte na sua declaração de inconstitucionalidade, aproveitando ou conservando, assim, as leis, evitando o surgimento de conflitos sociais e, *porque não dizer, no caso penal, evitando também a impunidade, caso os juízes, sem o devido cuidado, se pusessem a invalidar os atos da legislatura.*
>
> *Destarte, se o que se quer com a Lei 12.015/09 é estabelecer uma nova política repressiva dos crimes conta a dignidade sexual, protegendo-se a pessoa vítima do descontrole humano, em especial, quando houver morte ou lesão grave [...], é intuitivo que a ação penal seja pública incondicionada.*

Seguindo esta tendência da doutrina, a Procuradoria Geral da República (PGR) chegou a ajuizar Ação Direta de Inconstitucionalidade (ADI 4301) no STF contra a redação do art. 225 do CP dada pela Lei nº 12.015/09 no que diz respeito à previsão de ação penal pública condicionada à representação do ofendido para crimes contra a dignidade sexual que resultassem em lesão corporal grave ou morte, por violação aos princípios da razoabilidade e proporcionalidade. Além disso, a ADI ressaltava que em todos os demais crimes definidos na legislação penal que acarretassem lesão grave ou morte a ação penal seria sempre pública incondicionada. No entanto, considerando que a Lei atacada por esta ADI (a de nº 12.015/09) foi posteriormente revogada pela Lei nº 13.718/18, o STF entendeu que esta ação perdeu o seu objeto, motivo pelo qual, em 21/02/2019, julgou extinto o processo sem resolução do mérito.

Não obstante o posicionamento alhures mencionado da doutrina majoritária, impende noticiar que o STJ já decidiu que a ação penal nos crimes contra a dignidade sexual, ainda que resultassem em lesão grave ou morte da vítima, seria pública condicionada à representação do ofendido, nos termos da redação do art. 225, *caput*, do Código Penal conferida pela Lei nº 12.015/09, com exceção apenas para os casos de vítima menor de 18 (dezoito) anos ou pessoa vulnerável, de acordo com o parágrafo único do art. 225 do Código Penal à época vigente (REsp nº 1227746/RS).

No entanto, mais uma vez, toda a discussão perde por inteiro a sua razão de ser com o advento da Lei nº 13.718/18, tendo em vista que ela estipula, em qualquer hipótese, a ação penal pública incondicionada a todos os crimes contra a dignidade sexual.

Por fim, vale o registro de que, nos termos do art. 111, inciso V, do Código Penal, com a redação dada pela Lei nº 14.344/22 (Lei Henry Borel), a prescrição, antes de transitar em julgado a sentença final, começa a correr nos crimes contra a dignidade sexual ou que envolvam violência contra a criança e o adolescente, previstos neste Código ou em legislação especial, da data em que a vítima completar 18 (dezoito) anos, salvo se a esse tempo já houver sido proposta a ação penal.

3.3. Ação penal no crime de injúria racial (art. 2º-A da Lei nº 7.716/89, com a redação dada pela Lei nº 14.532/23)

Inicialmente, o crime de "injúria qualificada" era, na íntegra, previsto no art. 140, § 3º, do Código Penal, que tipificava a injúria consistente na "utilização de elementos referentes a raça, cor, etnia, religião, origem ou a condição de pessoa idosa ou portadora de deficiência", estipulando a pena de reclusão de um a três anos e multa. Desde o advento da Lei nº 12.033/09, que alterou a redação do art. 145, parágrafo único, do Código Penal, todo esse tipo penal deixou de estar sujeito a ação penal privada e passou a ser submetido a ação penal condicionada à representação do ofendido.

No que tange à aplicação da Lei nº 12.033/09 no tempo, deveriam ser seguidos os mesmos raciocínios expendidos no tópico anterior com relação à Lei nº 13.718/18: ela não deveria retroagir, persistindo o crime cometido antes do seu advento como de ação penal privada, daí porque a legislação em tela somente seria aplicada para crimes cometidos após a sua entrada em vigor. Nesse sentido inclusive o STJ (HC 182714).

Posteriormente, o STJ decidiu que a injúria racial, espécie do gênero "injúria qualificada", seria também uma espécie de racismo, daí porque mereceria o mesmo tratamento destinado a este último (STJ, AResp nº 686.965/DF, Rel. Min. Ericson Maranho, j. 12.05.15).

Em seguida, o STF também se pronunciou a respeito da matéria, se alinhando ao entendimento do STJ (STF, HC nº 154248). Com efeito, o Plenário da Suprema Corte decidiu que o crime de injúria racial é espécie do gênero racismo, motivo pelo qual é imprescritível. Nesta oportunidade, o tribunal esclareceu que a prática de injuria racial, até então prevista no art. 140, § 3º, do Código Penal, trazia em seu bojo o emprego de elementos associados aos que se definem como raça, cor, etnia, religião ou origem para se ofender ou insultar alguém. Consistindo o racismo em processo sistemático de discriminação que elege a raça como critério distintivo para estabelecer desvantagens valorativas e materiais, a injúria racial consumaria os objetivos concretos da circulação de estereótipos e estigmas raciais. Nesse sentido, apontou-se que é insubsistente a alegação de que há distinção ontológica entre as condutas previstas na Lei nº 7.716/1989 e aquela constante do art. 140, § 3º, do CP. Em ambos os casos, haveria o emprego de elementos discriminatórios baseados naquilo que sociopoliticamente constitui raça, para a violação, o ataque, a supressão de direitos fundamentais do ofendido. Sendo assim, excluir o crime de injúria racial do âmbito do mandado constitucional de criminalização por meras considerações formalistas desprovidas de substância, por uma leitura geográfica apartada da busca da compreensão do sentido e do alcance do mandado constitucional de criminalização, seria restringir-lhe indevidamente a aplicabilidade, negando-lhe vigência (STF, Plenário, HC nº 154.248/DF, Rel. Min. Edson Fachin, j. 28.10.2021).

Advirta-se, no entanto, que, nesse julgado, o STF não fazia qualquer referência explícita quanto à natureza da ação penal para o delito de injúria racial, o que, para alguns, permitiria concluir que ela continuaria sendo pública condicionada à representação do ofendido. O que não deixaria de ser um tanto quanto inusitado, pois, de um lado, o crime não seria atingido jamais pela prescrição, mas, de outro, a ação penal poderia deixar de ser oferecida se não fosse apresentada a representação do ofendido dentro do prazo decadencial, ensejando assim a extinção da punibilidade (art. 107, IV, CP).

A mesma discussão havia quanto à fiança: para uns, no silêncio do STF no acórdão acima referido, em uma interpretação literal do art. 5º, inciso XLII, da Constituição Federal, a injúria racial seria crime afiançável; para outros, em uma interpretação social, teleológica e sistemática daquela norma constitucional, a injúria racial, assim como o racismo, seria delito inafiançável.

Mais recentemente, com o advento da Lei nº 14.532, de 11 de janeiro de 2023, toda essa discussão se encerrou, considerando que a novel lei tipificou como crime de racismo a injúria racial. Desse modo, não há mais qualquer dúvida: **a injúria racial é crime sujeito a ação penal pública incondicionada**. Por consequência, a injúria racial é também crime inafiançável.

A Lei nº 14.532/23 acabou subdividindo o gênero "injúria qualificada" em duas espécies, quais sejam:

(i) injúria racial: a conduta de injuriar alguém, ofendendo-lhe a dignidade ou o decoro, "em razão de raça, cor, etnia ou procedência nacional" é retirada do art. 140, § 3º, do Código Penal e passa a estar tipificada no art. 2º-A, *caput*, da própria Lei nº 7.716/89 (Lei do Crime Racial), fixando-se a pena de 2 (dois) a 5 (cinco) anos, e multa. Com isso, tal conduta é legalmente definida como racismo, recebendo o mesmo tratamento conferido pelo ordenamento jurídico a esse último. Logo, a injúria racial é delito não só imprescritível, como já havia definido o STF, mas também inafiançável (art. 5º, XLII, CF) e submetido a ação penal pública incondicionada.

Complementando o regramento da injúria racial na Lei nº 7.716/89 a partir das mudanças trazidas pela Lei nº 14.532/23, vale o registro de que a pena é aumentada de metade se o crime for cometido mediante concurso de 2 (duas) ou mais pessoas (art. 2º-A, parágrafo único, da Lei nº 7.716/89). Além disso, "os crimes previstos nesta Lei terão as penas aumentadas de 1/3 (um terço) até a metade, quando ocorrerem em contexto ou com intuito de descontração, diversão ou recreação." (art. 20-A). Acrescente-se que "os crimes previstos nos arts. 2º-A e 20 desta Lei terão as penas aumentadas de 1/3 (um terço) até a metade, quando praticados por funcionário público, conforme definição prevista no Decreto-Lei nº 2.848, de 7 de dezembro de 1940 (Código Penal), no exercício de suas funções ou a pretexto de exercê-las." (art. 20-B). Ademais, "na interpretação desta Lei, o juiz deve considerar como discriminatória qualquer atitude ou tratamento dado à pessoa ou a grupos minoritários que cause constrangimento, humilhação, vergonha, medo ou exposição indevida, e que usualmente não se dispensaria a outros grupos em razão da cor, etnia, religião ou procedência." (art. 20-C). Imprescindível ainda destacar que "em todos os atos processuais, cíveis e criminais, a vítima dos crimes de racismo deverá estar acompanhada de advogado ou defensor público." (art. 20-D).

Quanto à aplicação da Lei nº 14.532/23 no tempo, especificamente no que diz respeito à ação penal em crime de injúria racial, tem-se que ela **não deve retroagir**, por ser uma norma processual penal mista ou híbrida prejudicial ao réu, tendo em vista que, antes da lei, a ação penal era pública condicionada à representação do ofendido (cenário mais benéfico ao réu), e, após a lei, a ação penal passou a ser pública incondicionada (cenário desfavorável ao réu).

(ii) injúria pela utilização de elementos referentes a religião ou à condição de pessoa idosa ou com deficiência: a conduta de injúria consistente na utilização de elementos referentes a "religião ou à condição de pessoa idosa ou com deficiência" foi mantida pela Lei nº 14.532/23 no art. 140, § 3º, do Código Penal, sendo estabelecida a pena de reclusão de 1 (um) a 3 (três) anos, e multa. Para essa conduta, portanto, a ação penal continua a ser pública condicionada à representação do ofendido, conforme estipulado pelo art. 145, parágrafo único, do CP.

3.4. Ação penal nos crimes de lesões corporais leves e culposas na Lei Maria da Penha (art. 41 da Lei nº 11.340/06)

Nos termos do art. 88 da Lei nº 9.099/95, os crimes de lesões corporais leves e culposas seriam de ação penal pública condicionada à representação do ofendido. No entanto, se tais crimes forem praticados no contexto de violência doméstica e familiar contra a mulher, deve incidir o regramento previsto na Lei Maria da Penha (Lei nº 11.340/06), a qual, no seu art. 41, veda integralmente a aplicação da Lei nº 9.099/95 a todos os crimes cometidos justamente com violência doméstica e familiar contra a mulher.

Diante disso, por muito tempo, se questionou acerca da natureza da ação penal dos crimes de lesões corporais leves e culposas no âmbito da Lei Maria da Penha. De acordo com uma primeira corrente, não sendo possível a aplicação do art. 88 da Lei nº 9.099/95 a tais crimes, valeria a regra prevista no art. 100, *caput*, do Código Penal, segundo a qual, no silêncio da lei, a ação penal deveria ser pública incondicionada. Para uma segunda corrente, no entanto, o art. 41 da Lei nº 11.340/06 seria inconstitucional, por violação de princípios como proporcionalidade, igualdade, dignidade da pessoa humana etc., daí porque os crimes em referência continuariam sendo de ação penal pública condicionada à representação do ofendido.

Encerrando de uma vez por toda essa discussão, o STF, no julgamento da ADI 4424 e da ADC 19, dentre outras matérias, decidiu que o art. 41 da Lei Maria da

Penha é constitucional, assentando dessa forma a natureza incondicionada da ação penal em caso de crime de lesão, pouco importando a extensão desta, praticado contra a mulher no ambiente doméstico.

Assim, **os crimes de lesões corporais leves e culposas no contexto da Lei Maria da Penha são de ação penal pública incondicionada**. Todavia, crimes que não sejam de lesões corporais e que eram de ação penal pública condicionada à representação do ofendido, a exemplo do crime de ameaça, continuam com a natureza desta ação penal inalterada, não sendo alcançados pela decisão do STF.

Mais recentemente, o STJ, seguindo o julgado do STF, também consolidou este mesmo entendimento no âmbito da sua jurisprudência, editando a Súmula nº 542, segundo a qual *"A ação penal relativa ao crime de lesão corporal resultante de violência doméstica contra a mulher é pública incondicionada"*.

▸ Aplicação em concurso público:

No concurso de Juiz de Direito Substituto/RJ, em 2016, promovido pela Vunesp, foi questionada a espécie de ação penal em crimes de lesões corporais leves e ameaça no âmbito da Lei Maria da Penha a partir de um caso prático: *"A, casada com B, durante uma discussão de casal, levou um soco, sendo ameaçada de morte. Diante dos gritos e ameaças, os vizinhos acionaram a Polícia que, ao chegar ao local, conduziu todos à Delegacia. A, inicialmente, prestou depoimento na Delegacia e manifestou o desejo de que o marido fosse processado criminalmente pelos crimes de lesão corporal leve e ameaça. Entretanto, encerradas as investigações policiais e remetidos os autos ao Fórum, em sede de audiência preliminar, A informou o Juízo que havia se reconciliado com B, não desejando que o marido fosse processado por ambos os crimes. Diante da nova manifestação de vontade de A, é correto afirmar que o procedimento (A) será arquivado quanto ao crime de ameaça, já que a ação é condicionada à representação da vítima. Quanto ao crime de lesão corporal, ocorrida em âmbito doméstico, o procedimento terá seguimento, por tratar-se de ação penal pública incondicionada. Todavia, é possível ao órgão de acusação, desde logo, ofertar a transação penal. (B) terá seguimento, tanto para o crime de ameaça quanto para o crime de lesão corporal. Todavia, é possível ao órgão de acusação, desde logo, ofertar a transação penal. (C) terá seguimento quanto ao crime de lesão corporal, visto que a ação penal é pública incondicionada, por ter se dado em âmbito doméstico. Já quanto ao crime de ameaça, a retratação de A obsta o prosseguimento, visto que a ação penal continua condicionada à representação, ainda que praticada em âmbito doméstico. (D) deverá ser arquivado, vez que a ação penal, seja para o crime de ameaça, seja para o de lesão corporal de natureza leve, é condicionada à representação da vítima, e a retratação de A obsta o prosseguimento do feito. (E) terá seguimento, tanto para o crime de ameaça quanto para o crime de lesão corporal, pois em se tratando de crimes ocorridos no âmbito doméstico, a ação penal é pública incondicionada, pouco importando a retratação de A"*.
A assertiva correta foi a letra C.

3.5. Ação penal nos crimes previstos no ECA (arts. 226, § 1º, com a redação dada pela Lei Henry Borel, e 227 do ECA)

Conforme mencionado no item anterior, a Lei Maria da Penha traz em seu próprio bojo norma (qual seja, o art. 41) que veda a aplicação da Lei nº 9.099/95 aos crimes praticados com violência doméstica e familiar contra a mulher, independentemente da pena prevista.

Em apertada síntese, pode-se afirmar que a Lei Henry Borel (Lei nº 14.344/22) busca essencialmente reproduzir a sistemática da Lei Maria da Penha no âmbito do contexto de violência doméstica e familiar contra crianças e adolescentes. Desse modo, verifica-se que diversos dispositivos da Lei Maria da Penha acabam se repetindo, com as devidas adaptações, na Lei Henry Borel.

No entanto, especificamente quanto à incidência da Lei nº 9.099/95, a Lei Henry Borel não possui em seu corpo dispositivo semelhante ao art. 41 da Lei Maria da Penha. Ao contrário, a Lei Henry Borel preferiu inserir norma dessa natureza no Estatuto da Criança e do Adolescente (ECA), em seção que trata dos crimes nela previstos, em um capítulo introdutório a tais delitos. Com efeito, nos termos do art. 226, § 1º, do ECA, com a redação dada pela Lei Henry Borel, "aos crimes cometidos contra a criança e o adolescente, independentemente da pena prevista, não se aplica a Lei nº 9.099, de 26 de setembro de 1995.". Por questões de hermenêutica, obviamente o § 1º deve ser lido à luz do caput do art. 226 do ECA, o qual se refere apenas e tão somente aos "crimes definidos nesta Lei".

Com isso, chega-se à inarredável conclusão de que a proibição de incidência da Lei nº 9.099/95 se restringe aos crimes previstos no ECA, ainda que não sejam praticados mediante violência doméstica e familiar contra crianças e adolescentes. Logo, se os crimes não forem previstos no ECA, ainda que cometidos no contexto de violência doméstica e familiar contra crianças e adolescentes, e não estiverem inseridos no cenário da Lei Maria da Penha, é perfeitamente possível a aplicação da Lei nº 9.099/95 para eles.

De forma didática, pode-se então afirmar:

(i) os crimes previstos no ECA, ainda que não sejam praticados mediante violência doméstica e familiar contra crianças e adolescentes, não permitem a aplicação da Lei nº 9.099/95, por força do que dispõe o art. 226, § 1º, do ECA. Portanto, quando possuírem pena privativa de liberdade máxima inferior a 2 (dois) anos, não serão de competência do Juizado Especial Criminal, não sendo cabíveis os institutos da transação penal e da suspensão condicional do processo;

(ii) os crimes não previstos no ECA, mas se praticados no contexto de violência doméstica e familiar contra crianças e adolescentes do gênero feminino, também não permitem a aplicação da Lei nº 9.099/95, em virtude do estipulado no art. 41 da Lei Maria da Penha. É o exemplo do tipo penal simples de maus-tratos (art. 136, caput, do CP) praticado contra criança ou adolescente do gênero feminino: muito embora possua pena máxima de detenção de um ano, não será julgado pelo Juizado Especial Criminal, não sendo cabíveis ainda os institutos da transação penal e da suspensão condicional do processo (Súmula nº 536 do STJ);

(iii) os crimes não previstos no ECA, se praticados no contexto de violência doméstica e familiar contra crianças e adolescentes do gênero masculino, permitem perfeitamente a aplicação da Lei nº 9.099/95. São os exemplos dos crimes de maus-tratos (art. 136, caput, do CP) e de ameaça (art. 147 do CP), infrações de menor potencial ofensivo, portanto, de competência do Juizado Especial Criminal, para as quais, em tese, são cabíveis os institutos da transação penal e da suspensão condicional do processo.

Disso não destoa a doutrina. A título de ilustração, para Rogério Sanches Cunha e Thiago Pierobom de Ávila, "a interpretação sistemática a partir da inserção topográfica deste dispositivo sinaliza no sentido de que a retirada do sistema do JEC é apenas para os crimes previstos no ECA (mesmo que não sejam de violência doméstica) e não para todos os delitos do CP e legislação especial. Pois se a intenção da norma fosse retirar tudo do sistema do JEC, a alteração teria sido feita diretamente no corpo da Lei n. 14.344/2022, assim como o fez a LMP, e não no capítulo introdutório dos crimes previstos no ECA." (CUNHA; ÁVILA, 2022, p. 29).

No que diz respeito ao objeto do presente tópico, qual seja, a ação penal, tem-se que o art. 227 do ECA assevera que os crimes definidos nesta Lei são de ação penal pública incondicionada. Esta previsão legal naturalmente se aplica a qualquer crime tipificado no ECA, ocorra ou não no contexto de violência doméstica e familiar contra crianças e adolescentes.

Já se os delitos não estiverem tipificados no ECA e forem praticados no cenário de violência doméstica e familiar contra crianças e adolescentes, é preciso averiguar a natureza do crime praticado e o respectivo regramento legal a ser aplicado para se definir a espécie de ação penal. Por exemplo, no crime de lesões corporais, quando praticados mediante violência doméstica e familiar contra crianças e adolescentes, do gênero masculino (art. 129, § 9º, do CP) ou feminino (art. 129, § 13, do CP), a ação penal será pública incondicionada. De outro lado, crimes como os de ameaça (art. 147 do CP) e de perseguição (art. 147-A do CP), mesmo se cometidos no contexto de violência doméstica e familiar contra crianças e adolescentes, do gênero feminino ou masculino, continuarão sendo de ação penal pública condicionada à representação do ofendido, conforme, respectivamente, os arts. 147, parágrafo único, e 147-A, § 3º, do CP.

Em resumo:

(i) os crimes previstos no ECA são sempre de ação penal pública incondicionada, pouco importando se são praticados ou não no contexto de violência doméstica e familiar contra crianças e adolescentes;

(ii) os crimes não previstos no ECA, quando praticados no contexto de violência doméstica e familiar contra crianças e adolescentes, demandam análise da natureza do crime e do respectivo regramento legal para fins de definição da espécie de ação penal. Por exemplo, o crime de lesões corporais contra crianças e adolescentes, do gênero masculino (art. 129,

§ 9º, do CP) ou feminino (art. 129, § 13, do CP), é de ação penal pública incondicionada. Já os crimes de ameaça (art. 147 do CP) e de perseguição (art. 147-A do CP), mesmo se praticados no contexto de violência doméstica e familiar contra crianças e adolescentes, do gênero feminino ou masculino, são de ação penal pública condicionada à representação do ofendido (arts. 147, parágrafo único, e 147-A, § 3º, do CP, respectivamente).

3.6. Ação penal popular (art. 14 da Lei nº 1.079/50)

Segundo o teor do art. 14 da Lei nº 1.079/50, "É permitido a qualquer cidadão denunciar o Presidente da República ou Ministro de Estado, por crime de responsabilidade, perante a Câmara dos Deputados". Com base neste dispositivo legal, parcela da doutrina sustenta a existência, no ordenamento jurídico brasileiro, de hipótese de ação penal popular, ou seja, ação penal iniciada por qualquer pessoa do povo. Nesse sentido é a lição de Ada Pelegrini Grinover, Antonio Magalhães Gomes Filho e Antônio Scarance Fernandes (GRINOVER; GOMES FILHO; FERNANDES, 2009).

No entanto, esse posicionamento é minoritário, prevalecendo o entendimento de que o mencionado dispositivo legal disciplina, na verdade, uma notícia do crime (*notitia criminis*), que de fato pode ser oferecida por qualquer pessoa do povo, mas que não implica no oferecimento de uma ação penal, "uma vez que a proposição acusatória depende de órgão fracionário do Poder Legislativo" (NUCCI, 2008, p. 186).

É nesse sentido que se conclui que o dispositivo legal em comento não viola o disposto no art. 129, inciso I, da Constituição Federal (que consagra a titularidade da ação penal pública por parte do Ministério Público), já que, como aludido alhures, o termo "denúncia" não significa peça inicial acusatória, mas sim mera notícia do crime (*notitia criminis*).

Em verdade, os ilícitos elencados na Lei nº 1.079/50 não são sequer infrações penais (pois não há previsão para eles de sanções penais), mas infrações político-administrativas punidas, igualmente, com sanções político-administrativas. O que é previsto, portanto, no citado mandamento legal é apenas um julgamento político realizado pelo Parlamento (e não pelo Poder Judiciário), o famigerado processo de *Impeachment*.

Aliás, com relação ao processo de *Impeachment* da Presidente da República Dilma Rousseff deflagrado na Câmara dos Deputados no final de 2015, importante noticiar que o STF, durante o julgamento da Arguição de Descumprimento de Preceito Fundamental (ADPF) nº 378, ajuizada pelo Partido Comunista do Brasil (PCdoB), fixou as regras procedimentais a serem seguidas neste processo, interpretando dispositivos da Lei nº 1.079/50 à luz da Constituição Federal, assentando, dentre outros, os seguintes critérios: não há direito à defesa prévia antes do recebimento da "denúncia" pelo Presidente da Câmara dos Deputados; a eleição da comissão especial do *Impeachment* deve ser feita por indicação dos líderes e voto aberto do Plenário; a decisão da Câmara autorizando o *Impechament* não vincula o Senado, que poderá, portanto, negar a instauração do processo (a decisão da Câmara é mera condição de procedibilidade para o seguimento da acusação no Senado, que ainda poderá, em um segundo juízo de admissibilidade, recusá-la).

Assim, pode-se afirmar que a "única ação penal popular em vigor, porém sem natureza condenatória, é o *habeas corpus*, em razão da ampla legitimidade para propositura (art. 5º, inciso LXVIII, CF)" (TÁVORA; ALENCAR, 2009, p. 144).

3.7. Ação penal *ex officio* (art. 654, § 2º, CPP)

Ação penal *ex officio* é aquela modalidade de ação penal que pode ser iniciada de ofício pelo magistrado.

O art. 531 do CPP, antes do advento da Lei nº 11.719/08, consagrava uma das espécies de ação penal ex *officio*, o chamado **processo judicialiforme**, que consistia na possibilidade de início da ação penal das contravenções penais por meio do auto de prisão em flagrante delito ou por portaria expedida pelo delegado ou pelo magistrado, de ofício ou a requerimento do Ministério Público. No entanto, o citado diploma legal extirpou do art. 531 do CPP o processo judicialiforme. Consequência disso é que se conclui pela revogação tácita do art. 26 do CPP, que tinha conteúdo idêntico àquele dispositivo legal alterado.

Desse modo, a única espécie de ação penal ex *officio* encontrada no ordenamento jurídico brasileiro vem prevista no art. 654, § 2º, do CPP, que permite a concessão, de ofício, de ordem de *habeas corpus* por juízes e tribunais sempre que alguém sofrer ou estiver na iminência de sofrer coação ilegal à liberdade de locomoção.

3.8. Ação de prevenção penal

Ação de prevenção penal é "aquela iniciada com o fito de aplicar exclusivamente ao demandado medida de segurança" (TÁVORA; ALENCAR, 2009, p. 143).

Visa, portanto, o início da ação penal para que, ao final do procedimento, o magistrado possa aplicar aos absolutamente inimputáveis (art. 26 do Código Penal) a medida de segurança, na chamada sentença absolutória imprópria (art. 386, parágrafo único, inciso III, do CPP).

3.9. Ação penal adesiva

Ação penal adesiva é a "possibilidade de militarem no polo ativo, em conjunto, o Ministério Público e o querelante, nos casos onde houver hipótese de conexão ou continência entre crimes de ação penal de iniciativa pública e de ação penal de iniciativa privada" (TÁVORA; ALENCAR, 2009, p. 147).

É instituto que se assemelha ao litisconsórcio do Processo Civil, guardando a peculiaridade de que, no Processo Penal, "ao invés de uma petição única (litisconsórcio originário), a regra é que haja a propositura de denúncia pelo *Parquet* e a de queixa pela vítima do delito conexo, surgindo assim um "litisconsórcio" (impróprio) em momento ulterior, qual seja, o da reunião das demandas" (TÁVORA; ALENCAR, 2009, p. 147-148).

Denilson Feitoza destaca ainda que a ação penal adesiva, nos termos em que foi criada na Alemanha, pode ser entendida no Brasil também como a atividade do assistente de acusação (FEITOZA, 2009, p. 262).

3.10. Ação penal secundária

Ação penal secundária "ocorre quando a lei, como regra geral, estabelece um titular para o ajuizamento de ação penal visando à apuração de determinado crime, mas, em decorrência do surgimento de circunstâncias especiais, prevê, **secundariamente**, uma nova espécie de ação para aquela mesma infração, modificando-se (*v.g.*, a ação penal de privada transforma-se em pública) ou condicionando-se (*v.g.*, a ação penal de pública incondicionada transforma-se em pública condicionada) a legitimidade para intentá-la" (AVENA, 2009, p. 200).

Exemplo clássico operava-se na ação penal para os crimes contra a dignidade sexual à época da vigência da Lei nº 12.015/09, pois ela, em regra, era pública condicionada à representação do ofendido (art. 225, *caput*, CP, com a redação dada por esta lei e anterior à Lei nº 13.718/18), mas que, secundariamente, ou seja, se a vítima fosse vulnerável ou menor de 18 (dezoito) anos de idade, se tornaria pública incondicionada (art. 225, parágrafo único, CP, igualmente com a redação dada pela Lei nº 12.015/09 e anterior à Lei nº 13.718/18).

Atualmente, pode ser citada como exemplo de ação penal secundária a ação penal nos crimes de injúria: o crime de injúria comum (art. 140, *caput*, do Código Penal) é de ação penal privada, nos termos do art. 145, *caput*, do Código Penal, ao passo que a injúria qualificada (art. 140, § 3º, do Código Penal) é de ação penal pública condicionada à representação do ofendido, conforme previsto no art. 145, parágrafo único, do Código Penal. Outro exemplo é a ação penal em crimes de estelionato: em regra, ela será pública condicionada à representação do ofendido; excepcionalmente, a depender da condição da vítima delineada no art. 171, § 5º, do Código Penal, com a redação dada pela Lei nº 13.964/2019, será pública incondicionada.

Insta esclarecer que a ação penal secundária não pode ser confundida com as hipóteses de legitimidade concorrente, já que, nestas, há uma regra geral permitindo o oferecimento da ação penal por mais de um agente (como no caso tratado pela Súmula nº 714 do STF - ação penal nos crimes contra a honra de funcionário público praticado no exercício das suas funções), ao passo que, naquela, há uma regra geral prevendo uma espécie de ação penal, que é afastada por determinadas circunstâncias, as quais alteram a natureza da ação penal.

> ▸ **Aplicação em concurso público:**
>
> No XLVIII concurso do MP/MG, em 2009, na Prova Especializada de Direito Processual Penal, foi indagado ao candidato: *"Uma ação penal pode ser, ao mesmo tempo, secundária e adesiva? Justifique sua resposta"*. A questão deveria ser respondida de acordo com os conceitos (distintos) destes institutos oferecidos nos tópicos anteriores.

3.11. Princípio da suficiência da ação penal

O princípio da suficiência da ação penal tem ligação direta com o estudo das questões prejudiciais, estudo este que será feito com mais vagar em capítulo futuro ainda desta obra.

Neste espaço, impende saber primeiramente que a questão prejudicial é toda questão relacionada ao mérito da causa, que necessita ser julgada antes deste. Nesse trilhar, o CPP consagra duas espécies de questões prejudiciais, as obrigatórias (art. 92) e as facultativas (art. 93). As primeiras estão relacionadas ao estado civil das pessoas e necessariamente suspendem o curso da ação penal até que seja proferida decisão a seu respeito na esfera cível.

Já as questões prejudiciais facultativas são todas aquelas que não têm como objeto o estado civil das pessoas. Elas não provocam a suspensão obrigatória da ação penal, como se percebe da simples leitura do art. 93 do CPP. Assim, cabe ao magistrado analisar, caso a caso, se há necessidade ou não desta suspensão, constituindo-se, pois, em uma verdadeira faculdade do julgador. Destarte, concluindo o juiz pelo prosseguimento da ação penal, ou seja, pela resolução do incidente dentro do próprio processo penal, reconhecerá que tal ação é **suficiente** para solucionar a questão prejudicial não relacionada ao estado civil da pessoa: eis aí o princípio da suficiência da ação penal.

Portanto, em apertada síntese, o princípio da suficiência da ação penal significa que a ação penal é capaz de, por si só, prestar a tutela jurisdicional reclamada, sendo desnecessário o oferecimento de outras demandas para a solução de questões prejudiciais que surjam no desenrolar do processo penal.

3.12. Ação penal extensiva

Nos termos do art. 101 do Código Penal, "Quando a lei considera como elemento ou circunstâncias do tipo legal fatos que, por si mesmos, constituem crimes, cabe ação pública em relação àquele, desde que, em relação a qualquer destes, se deva proceder por iniciativa do Ministério Público". Desse modo, nos chamados crimes complexos (crimes originados da soma de condutas que constituem delitos autônomos), se um dos crimes é de ação penal pública, o crime decorrente da junção também o será, por **extensão**. É o que ocorre, por exemplo, na injúria real, que tem como objeto a violência ou vias de fato, e que, pela natureza ou meio empregado, são considerados aviltantes. Nesta hipótese, o crime será de ação penal pública incondicionada.

3.13. Ação penal de segundo grau

Também conhecida como **ação originária**, a ação penal de segundo grau é aquela oferecida diretamente perante tribunais, dispensando, portanto, a atuação do juiz de primeiro grau. É o que ocorre nos casos de aplicação de regra de competência por prerrogativa de função (competência originária). Nas ações autônomas de impugnação (revisão criminal, *habeas corpus* e mandado de segurança em matéria criminal), costumeiramente a competência para julgamento também é atribuída a tribunais.

3.14. Ação penal nos crimes de estelionato (art. 171, § 5º, CP, com a redação dada pela Lei nº 13.964/2019 – "Pacote Anticrime")

Antes do advento da Lei nº 13.964/2019 ("Pacote Anticrime"), os crimes de estelionato estavam sempre submetidos a ação penal pública incondicionada.

Com o surgimento desta lei, a ação penal para tais delitos, em regra, deixou de ser pública incondicionada e passou a ser pública condicionada à representação do ofendido. Apenas excepcionalmente é que ela se tornará pública incondicionada, o que, conforme o art. 171, § 5º, incisos I a IV, do Código Penal, ocorrerá quando a vítima for:

> I – a Administração Pública, direta ou indireta;
>
> II – criança ou adolescente;
>
> III – pessoa com deficiência mental; ou
>
> IV – maior de 70 (setenta) anos de idade ou incapaz.

Como se trata de crime contra o patrimônio, está em jogo interesse de ordem privada, daí porque o legislador entendeu por bem respeitar o espaço íntimo da vítima delimitada, exigindo a sua autorização para que seja deflagrada a persecução penal. Aliás, é essa a tendência para todo e qualquer crime contra o patrimônio, desde que praticado sem violência ou grave ameaça contra a pessoa, considerando que o Projeto de Novo Código Penal pretende implementar no país a regra de ação penal pública condicionada à representação do ofendido em delitos desta espécie.

Neste ponto, a Lei nº 13.964/2019 se revela uma norma processual penal mista ou híbrida, motivo pelo qual, por ser mais benéfica ao réu (ao menos na regra geral de ação penal pública condicionada à representação do ofendido, que permite a extinção da punibilidade pelo instituto da decadência, o que não ocorre em hipótese de ação penal pública incondicionada), deverá ser aplicada retroativamente, atingindo fatos pretéritos.

Nessa esteira, passa a existir debate na doutrina e na jurisprudência sobre a extensão dessa retroatividade. Assim, duas situações distintas devem ser ponderadas, quais sejam, (1) se a denúncia já tiver sido oferecida e (2) se a denúncia ainda não tiver sido oferecida.

Vejamos, primeiro, qual a posição da **doutrina** a esse respeito:

1ª) Se a denúncia já tiver sido oferecida: há entendimento doutrinário segundo o qual o oferecimento da representação do ofendido configuraria verdadeira **condição de prosseguibilidade** da ação penal, ou seja, sem ela, não seria possível o prosseguimento do feito em seus regulares termos. Desse modo, o ofendido deveria ser intimado judicialmente para oferecer a sua representação, no prazo, para uns, de 6 (seis) meses (contados, para alguns, da entrada em vigor da Lei nº 13.964/2019, para outros da intimação judicial), para outros em 30 (trinta) dias desde a intimação judicial do ofendido, por analogia ao disposto no art. 91 da Lei nº 9.099/95 (que, à época, serviu como norma de transição para uma situação bastante semelhante a esta, quando a Lei do Juizado Especial Criminal, em seu art. 88, transformou a ação penal em crimes de lesões corporais leves e culposas de pública incondicionada para pública condicionada à representação do ofendido; neste dispositivo legal, foi conferido justamente este prazo de 30 (trinta) dias para a vítima representar). Nesse passo, tem-se o Enunciado nº 04 do Grupo Nacional de Coordenadores de Centro de Apoio Criminal (GNCCRIM): *"Nas investigações e* *processos em curso, o ofendido ou seu representante legal será intimado para oferecer representação no prazo de 30 dias, sob pena de decadência".*

No entanto, em doutrina, acabou prevalecendo posicionamento em sentido contrário sustentando a dispensabilidade da representação do ofendido para processos em andamento, em respeito ao ato jurídico perfeito (art. 5º, XXXVI, CF) e considerando que a Lei nº 13.964/2019 não exigiu essa condição de prosseguibilidade (diferente do que ocorreu, por exemplo, com o art. 88 da Lei nº 9.099/95). É o que vem estampado no Enunciado nº 3 PGJ-CGMP do Ministério Público do Estado de São Paulo a respeito da Lei nº 13.964/19: *"É dispensável a representação do ofendido no crime de estelionato se oferecida a denúncia antes da eficácia da Lei nº 13.964/19, em respeito ao ato jurídico perfeito".*

2ª) **Se a denúncia ainda não tiver sido oferecida:** a doutrina não diverge, entendendo que deve o Ministério Público aguardar eventual representação do ofendido para iniciar a ação penal, observado o prazo decadencial de 6 (seis) meses contados da intimação judicial da vítima. É o que apregoa o Enunciado nº 4 PGJ-CGMP do Ministério Público do Estado de São Paulo a respeito da Lei nº 13.964/19: *"Conhecida a autoria, é necessária a representação da vítima no crime de estelionato se não oferecida a denúncia até a eficácia da Lei nº 13.964/19, observado o prazo decadencial de seis meses a contar de sua intimação".*

Já na **jurisprudência**, no âmbito do STJ, inicialmente havia divergência entre a 5ª e a 6ª Turmas acerca da retroatividade da norma em comento, conforme adiante exposto:

a) *entendimento da 5ª Turma do STJ*: esta Turma chegou a decidir que a retroatividade somente deveria ocorrer se a denúncia ainda não tivesse sido oferecida; se a peça acusatória já foi apresentada, não ocorreria a retroatividade. Em outros termos, a retroatividade da representação do ofendido no crime de estelionato deveria se restringir à fase policial, não alcançando o processo. Portanto, quanto a fatos anteriores ao "Pacote Anticrime", a representação funcionaria apenas como condição de procedibilidade, não como condição de prosseguibilidade (STJ, 5ª Turma, HC nº 573.093, Rel. Min. Reynaldo Soares da Fonseca, j. 09.06.2020).

b) *entendimento da 6ª Turma do STJ*: havia decisões da 6ª Turma do STJ em sentidos diametralmente opostos. Com efeito, este órgão colegiado chegou a decidir que a retroatividade do art. 171, § 5º, do Código Penal alcançaria todos os processos em curso, funcionando a representação do ofendido, pois, como condição de prosseguibilidade. Em processos em curso, a vítima deveria ser intimada para oferecer a representação, o que se daria em até 30 (trinta) dias desde a sua intimação judicial, por analogia ao disposto no art. 91 da Lei nº 9.099/95 (STJ, 6ª Turma, HC nº 583.837/SC, Rel. Min. Sebastião Reis Júnior, j. 04.08.2020). Todavia, posteriormente, a 6ª Turma do STJ decidiu que, considerando que a fase instrutória da ação penal movida contra os réus e a prolação da sentença se deram durante a vigência da lei anterior, deveria o rito desta prevalecer sobre o estabelecido pela lei nova (STJ, 6ª Turma, AgRg no HC nº 568.337/SP, Rel. Min. Sebastião Reis Júnior, j. 09.02.21).

Ocorre que qualquer divergência entre a 5ª e a 6ª Turmas do STJ, atualmente, resta superada por completo, pois a 3ª Seção do Tribunal da Cidadania pacificou a matéria, tendo decidido que a mudança apresentada pelo "Pacote Anticrime" quanto à ação penal no delito de estelionato não pode ser aplicada retroativamente para beneficiar o réu em processos cuja **denúncia já tenha sido oferecida** pelo Ministério Público (STJ, Terceira Seção, HC nº 610.201/SP, Rel. Min. Ribeiro Dantas, j. 08.04.2021).

Portanto, é possível concluir que a jurisprudência do STJ segue o mesmo entendimento da doutrina majoritária, apregoando que não se aplica retroativamente o disposto na Lei nº 13.964/19 no que diz respeito à ação penal em delito de estelionato se a denúncia já tiver sido oferecida pelo *Parquet*.

No STF, o tema encontrava-se igualmente pacificado, havendo concordância entre a 1ª e a 2ª Turmas no sentido de que a retroatividade apenas deveria ocorrer se a denúncia ainda não tivesse sido oferecida; se a peça acusatória já foi apresentada, não ocorreria a retroatividade (STF, 1ª Turma, HC nº 187.341/SP, Rel. Min. Alexandre de Moraes, j. 13.10.2020; STF, 2ª Turma, HC nº 583.837/SC, Rel. Min. Sebastião Reis Júnior, j. 04.08.2020). Aliás, no julgado da 2ª Turma da Suprema Corte, chegou-se a consignar que o art. 171, § 5º, do Código Penal é norma processual penal pura e, como tal, não retroage, não sendo exigida, portanto, a representação em processos em andamento quando do advento da Lei nº 13.964/19.

Advirta-se, no entanto, que, curiosamente, a 2ª Turma do STF, em julgado posterior àquele, decidiu em sentido contrário, entendendo que a alteração promovida pela Lei nº 13.964/2019, que introduziu o § 5º ao art. 171 do Código Penal, ao condicionar o exercício da pretensão punitiva do Estado à representação da pessoa ofendida, deve ser aplicada de forma retroativa a abranger tanto as ações penais não iniciadas *quanto as ações penais em curso até o trânsito em julgado*.

Com efeito, neste julgado, o órgão colegiado asseverou que, ainda que a Lei nº 13.964/2019 não tenha introduzido, no CP dispositivo semelhante ao contido no art. 91 da Lei 9.099/1995, a jurisprudência da Corte é firme no sentido de que, em razão do princípio constitucional da lei penal mais favorável, a modificação da natureza da ação penal de pública para pública condicionada à representação, por obstar a própria aplicação da sanção penal, deve retroagir e ter aplicação mesmo em ações penais já iniciadas. Mesmo que o legislador ordinário tenha silenciado sobre o tema, o art. 5º, XL, da Constituição Federal, é norma constitucional de eficácia plena e aplicação imediata. É dizer, não se pode condicionar a aplicação do referido dispositivo constitucional à regulação legislativa. Além disso, consoante o art. 3º do CPP, a lei processual penal é norma que admite "a interpretação extensiva e aplicação analógica", de modo que não há óbice, por exemplo, na aplicação, por analogia, do art. 91 da Lei nº 9.099/1995, nem da incidência do art. 485, § 3º, do CPC, que informa que os pressupostos de desenvolvimento válido e regular do processo, assim como a legitimidade de agir podem ser conhecidas pelo magistrado de ofício, "em qualquer tempo e grau de jurisdição, enquanto não ocorrer o trânsito em julgado". Com base nesse entendimento, a 2ª Turma, ao final, concedeu ordem de *habeas corpus*, de ofício, para trancar a ação penal, com a aplicação retroativa, até o trânsito em julgado, do disposto no art. 171, § 5º, do CP, com a alteração introduzida pela Lei nº 13.964/2019 (STF, 2ª Turma, HC nº 180.421 AgR/SP, Rel. Min. Edson Fachin, j. 22.06.2021).

Mais recentemente, a 2ª Turma da Suprema Corte voltou a julgar nessa direção (STF, 2ª Turma, AgRg no ARE nº 1.385.977/SP, Rel. Min. Edson Fachin, julgamento virtual finalizado em 30.09.2022).

Em virtude dessas decisões discrepantes da 2ª Turma do STF, aguarda-se que, logo em breve, o tribunal venha pacificar, de uma vez por todas, o seu posicionamento a respeito da matéria.

Como houve reabertura da discussão da matéria no âmbito do STF, a Terceira Seção acolheu a proposta de afetação dos REsps 1.923.354/SC e 1.930.192/SP ao rito dos recursos repetitivos, a fim de uniformizar o entendimento a respeito da controvérsia sobre a retroatividade ou não da Lei n. 13.964/2019, relativamente à natureza jurídica da ação penal no delito de estelionato.

De qualquer sorte, o caso em tela reflete mais um exemplo de ação penal secundária, instituto já explicitado em tópico anterior deste capítulo.

3.15. Ação penal nos crimes de perseguição (art. 147-A CP, com a redação dada pela Lei nº 14.132/21)

A Lei nº 14.132/21 inseriu no Código Penal o art. 147-A, tipificando no país o crime de "perseguição", prática conhecida no Direito Comparado como *stalking*. Assim, é punida com pena de reclusão, de 6 (seis) meses a 2 (dois) anos, e multa, a conduta de perseguir alguém, reiteradamente e por qualquer meio, ameaçando-lhe a integridade física ou psicológica, restringindo-lhe a capacidade de locomoção ou, de qualquer forma, invadindo ou perturbando sua esfera de liberdade ou privacidade (art. 147-A, *caput*, CP).

A pena é aumentada de metade se o crime é cometido: I – contra criança, adolescente ou idoso; II – contra mulher por razões da condição de sexo feminino, nos termos do § 2º-A do art. 121 do CP; III – mediante concurso de 2 (duas) ou mais pessoas ou com o emprego de arma (art. 147-A, § 1º, CP).

As penas do art. 147-A do CP são aplicáveis sem prejuízo das correspondentes à violência (art. 147-A, § 2º, CP).

No que diz respeito especificamente à **ação penal**, o art. 147-A, § 3º, do Código Penal prevê para o delito em comento a **ação penal pública condicionada à representação do ofendido**.

Acrescente-se que o art. 3º da Lei nº 14.132/21 revogou o art. 65 da Lei de Contravenções Penais, que punia como contravenção penal a conduta de "molestar alguém ou perturbar-lhe a tranquilidade, por acinte ou por motivo reprovável", previsão legal que, até então, vinha sendo utilizada para punir a conduta de "perseguição".

A esse respeito, quanto à aplicação da Lei nº 14.132/21 no tempo em matéria de ação penal, verifica-se que há uma norma processual penal mista ou híbrida, que, portanto, somente deveria retroagir se mais benéfica ao réu. O art. 65 da Lei de

Contravenções Penais era de ação penal pública incondicionada; já o art. 147-A do Código Penal é de ação penal pública condicionada à representação do ofendido. Como se percebe, a nova previsão de ação penal trazida pela Lei nº 14.132/21 é mais benéfica ao acusado, o que, em tese, permitiria a aplicação retroativa desta lei.

Todavia, à semelhança do que ocorreu no âmbito da jurisprudência com a mudança da ação penal do crime de estelionato operada pelo "Pacote Anticrime", vem prevalecendo o entendimento de que a retroatividade da Lei nº 14.132/21 apenas ocorre para atingir fatos que ainda estejam na fase de investigação criminal. Isto é, a representação do ofendido é exigida somente para fatos pretéritos à Lei nº 14.132/21 se eles ainda estão na fase de investigação criminal; se já houve **oferecimento da denúncia**, não se exige mais a representação do ofendido para fatos anteriores ao advento da novel legislação, em respeito ao ato jurídico perfeito e considerando que a representação, na hipótese, é uma condição de procedibilidade da ação penal pública (e não de prosseguibilidade).

Nessa esteira, tem-se o Enunciado nº 9 do Centro de Apoio Operacional Criminal (CAOCRIM) do Ministério Público do Estado de São Paulo, segundo o qual "*Para os processos em que houve oferecimento de denúncia pelo artigo 65 LCP não há necessidade de se intimar a vítima para oferecimento de representação. A necessidade de representação somente retroage para alcançar fatos ainda na fase de investigação*".

Por fim, esclareça-se que, mesmo na hipótese de o crime de "perseguição" ser praticado no contexto de violência doméstica e familiar contra a mulher, a ação penal será pública condicionada à representação do ofendido. É o que estabelece inclusive o Enunciado nº 10 do CAOCRIM do MPSP: "*A representação da vítima é necessária para o oferecimento da inicial, mesmo no caso de perseguição cometida no ambiente doméstico e familiar contra a mulher*".

4. CONDIÇÕES DA AÇÃO PENAL (ART. 395, II E III, CPP)

Para que ocorra o recebimento da denúncia ou da queixa, é imprescindível o preenchimento das condições da ação penal, que são requisitos mínimos indispensáveis ao julgamento do mérito da causa. Se ausentes as condições da ação, deve haver a rejeição da peça inicial, nos termos do art. 395, incisos II e III, do CPP.

Frise-se que, com fincas na **teoria da asserção (*in status assertionis*) ou da *prospettazione***, o momento propício para a análise da presença das condições da ação é, de fato, esta primeira análise feita pelo magistrado acerca da narrativa contida na denúncia ou queixa. Em outros termos, oferecida a inicial, o juiz deve analisar se as condições da ação estão presentes ou não de acordo com o que foi narrado pelo autor da demanda (TÁVORA; ALENCAR, 2009, p. 125). Desse modo é que, ausentes as condições da ação, deverá rejeitar a inicial acusatória (art. 395, incisos II e III, do CPP). De outro lado, se, em juízo prelibatório (juízo de admissibilidade), superficial, precário, constata a presença das condições da ação, deve receber a inicial acusatória, mas se, ao longo do feito, principalmente após a instrução criminal, percebe a ausência de uma determinada condição da ação (exemplo: a parte não é legítima porque não teria sido a autora do delito), deverá proferir um verdadeiro julgamento de mérito da causa, absolvendo ou condenando o réu.

Nas palavras de Nestor Távora e Rosmar Rodrigues Alencar, "Num esforço de síntese [...], o momento oportuno para a discussão acerca das condições da ação seria o da admissibilidade da inicial. Superada esta fase, resta ao magistrado o enfrentamento meritório" (TÁVORA; ALENCAR, 2009, p. 125).

O CPC de 2015 suprimiu por completo do seu texto qualquer menção ao termo "condição da ação". Também deixou de fazer referência à "possibilidade jurídica do pedido". No entanto, continua a consagrar a "legitimidade" e o "interesse processual", *ex vi* do seu art. 485, inciso VI, segundo o qual o juiz não resolverá o mérito quando verificar ausência de legitimidade ou de interesse processual. Essas alterações ocorridas na esfera processual civil não causam tanto impacto na esfera processual penal. É que o art. 395, inciso II, do CPP, ainda plenamente em vigor, assevera que a denúncia ou queixa será rejeitada quando faltar [...] condição para o exercício da ação penal. Desse modo, as condições da ação ainda seguem existindo na seara processual penal. Dentre tais condições (genéricas) da ação penal, continuam também prevalecendo a legitimidade de parte e o interesse de agir. Talvez a única influência marcante do CPC de 2015 no Processo Penal em relação a esta matéria seja realmente o desaparecimento da "possibilidade jurídica do pedido" como condição da ação, o que acaba sendo louvável, diante da imensa dificuldade que a doutrina enfrentava em conceituá-la com precisão.

As condições da ação podem ser **genéricas** (presentes em qualquer ação penal) e **específicas** (presentes apenas em algumas espécies de ação penal).

As condições da ação **genéricas** são:

I. **Possibilidade jurídica do pedido**: É a possibilidade de, em tese, o Estado obter a condenação do réu, o que implica na exigência de que o fato narrado na denúncia seja considerado infração penal. Para tanto, o fato deve ser *típico, antijurídico e culpável*. A possibilidade jurídica do pedido não se prende à tipificação do delito contida na denúncia ou queixa, mas sim à narrativa dos fatos realizada em tal peça processual. Conforme afirmado anteriormente, relembre-se que o CPC de 2015 deixou de empregar, ao longo de todo o seu texto, a expressão "possibilidade jurídica do pedido", daí porque a doutrina processual penal já afirma que ela não valeria mais como condição (genérica) da ação penal.

> ▸ **Observação:**
>
> Excepcionalmente, permite-se o oferecimento de ação penal no caso de inexistência de crime, se faltar o requisito da culpabilidade, caso o agente delitivo seja inimputável – a inimputabilidade prevista no art. 26, *caput*, do Código Penal –, para que seja possível a aplicação de medida de segurança, respeitando-se, pois, o devido processo legal. Haverá aqui uma sentença absolutória imprópria, nos termos do art. 386, parágrafo único, inciso III, do CPP. É hipótese de ação de prevenção penal, como já abordado no tópico anterior.

▸ Princípio da insignificância, Súmula 599 STJ e crime de descaminho (art. 334 do Código Penal):

Ab initio, impende esclarecer que a Súmula nº 599 do STJ (*"O princípio da insignificância é inaplicável aos crimes contra a Administração Pública."*) não é válida para o crime de descaminho (art. 334 do Código Penal), embora ele seja um crime contra a Administração Pública, exceção esta reconhecida pelo próprio STJ (AgRg no REsp 1346879/SC). Aliás, o STF, discordando da Súmula do STJ, entende que o princípio da insignificância é aplicável não só ao crime de descaminho, mas também a outros crimes contra a Administração Pública. Desse modo, a prática de crimes desta natureza, por si só, não inviabilizaria a incidência do princípio em comento, devendo haver uma análise do caso concreto para se examinar se seria aplicável ou não este postulado (STF, HC 107370 e HC 112388). Contudo, por lealdade acadêmica, registre-se que, curiosamente, em 2018, no Informativo nº 897, a Primeira Turma do STF entendeu não incidir o princípio da insignificância no crime de descaminho. Asseverou que a lei que disciplina o executivo fiscal não repercute no campo penal. Tal entendimento, com maior razão, deveria ser adotado em relação à Portaria 75/2012 do Ministério da Fazenda (que prevê o montante de tributo não recolhido inferior ao limite de R$ 20.000,00 como marco para o não ajuizamento de ações fiscais). O art. 935 do Código Civil explicita a independência das esferas civil, penal e administrativa. A repercussão no âmbito penal se dá apenas quando decisão proferida em processo--crime declarar a inexistência do fato ou da autoria.

Já a Segunda Turma do Pretório Excelso, no Informativo posterior àquele, voltou a reafirmar a jurisprudência consolidada deste tribunal, decidindo que é aplicável o princípio da insignificância ao crime de descaminho quando o montante do tributo não recolhido for inferior ao limite de R$ 20.000,00 – valor estipulado pelo art. 20, Lei 10.522/2002, atualizado pelas portarias 75 e 130/2012, do Ministério da Fazenda (Informativo nº 898).

Ressalvado este julgado da Primeira Turma do STF ora explicitado, pela jurisprudência a aplicação do princípio da insignificância ao crime de descaminho, retirando-se a tipicidade material da conduta, não se permitindo, pois, o oferecimento da ação penal, STF e STJ vinham entendendo que ele incidiria neste crime quando o valor dos tributos iludidos não ultrapassasse o montante de R$ 10 mil, valor este fixado pela Lei nº 10.522/2002 para servir como piso para arquivamento, sem baixa nos autos, de execuções fiscais.

Ocorre que, mais recentemente, o Ministério da Fazenda editou a Portaria MF nº 75/2012, a qual elevou o valor de arquivamento para R$ 20 mil. Diante disso, atualmente a jurisprudência do STF e do STJ tem empregado o referido patamar para reconhecer a aplicação do princípio da insignificância ao descaminho, quando o valor dos tributos iludidos não ultrapassar o montante de R$ 20 mil.

Esse posicionamento também é aplicável a crimes tributários federais. Quanto a crimes de sonegação fiscal que envolvam tributos estaduais e municipais, é preciso verificar a existência de lei estadual ou municipal dispensando a execução fiscal na hipótese de tributos abaixo de certo valor (STJ, REsps 1.688.878 e 1.709.029).

▸ **Princípio da insignificância na Lei Maria da Penha (Súmula nº 589 do STJ):**

De acordo com o teor da Súmula nº 589 do STJ, *"É inaplicável o princípio da insignificância nos crimes ou contravenções penais praticados contra a mulher no âmbito das relações domésticas".*

▸ **Princípio da insignificância, Súmula 606 STJ e crime de transmissão clandestina de sinal de internet via radiofrequência (art. 183 da Lei nº 9.472/97):**

Nos termos da Súmula nº 606 do STJ, *"Não se aplica o princípio da insignificância a casos de transmissão clandestina de sinal de internet via radiofrequência, que caracteriza o fato típico previsto no art. 183 da Lei 9.472/97". Isso porque a instalação de estação clandestina de radiofrequência, sem a devida autorização, por si só, já é suficiente para comprometer a segurança, a operabilidade e a regularidade do sistema de telecomunicações do país, não podendo, pois, ser interpretada como uma ofensa insignificante.*

II. **Interesse de agir**: O interesse de agir é dividido em três subespécies, quais sejam, a *necessidade*, a *adequação* e a *utilidade* da ação penal. A *necessidade*, no processo penal, é sempre presumida, pois não há aplicação de pena sem o devido processo legal. Por conta disso, afirma-se que o processo penal é hipótese de **jurisdição obrigatória ou necessária**. A *adequação* diz respeito à obrigatoriedade de que o órgão de acusação promova a ação penal nos moldes procedimentais previstos no CPP, bem como com base em prova pré-constituída (NUCCI, 2008, p. 192). Exemplo disso verifica-se no cabimento apenas de mandado de segurança (e não de *habeas corpus*) em caso de condenação por pena de multa ou se a infração penal apenas preveja pena pecuniária, nos termos da Súmula nº 693 do STF. A *utilidade* impõe que a ação penal seja útil para a realização da pretensão punitiva do Estado (NUCCI, 2008, p. 192). Assim, por exemplo, não haverá o interesse-utilidade se a ação penal for oferecida quando já estiver extinta a punibilidade do réu. É também com base no interesse-utilidade que parcela da doutrina (NUCCI, 2008, p. 193; TÁVORA; ALENCAR, 2009, p. 121) vem sustentando a rejeição da denúncia ou queixa se houver a chamada **prescrição virtual ou antecipada ou projetada ou em perspectiva**, que é aquela que incide na infração penal tendo em vista a *provável pena a ser aplicada* (levando-se em consideração as condições pessoais do agente – primário, bons antecedentes –, condições da causa, experiências semelhantes, processos semelhantes etc.). Entretanto, a jurisprudência majoritária não admite essa modalidade de prescrição, sob os argumentos de que ela não está prevista em lei e que o réu tem o direito a uma sentença absolutória de mérito. Nesse trilhar é a **Súmula nº 438 do STJ**, que apregoa: "É inadmissível a extinção da punibilidade pela prescrição da pretensão punitiva com fundamento em pena hipotética, independentemente da existência ou sorte do processo penal". É esse também o posicionamento do STF (Informativo nº 788).

▸ **Termo de Ajustamento de Conduta (TAC) em matéria ambiental:**

Há respeitável posicionamento doutrinário sustentando que a realização de Termo de Ajustamento de Conduta (TAC) entre o Ministério Público e o autor de crime contra o meio ambiente previsto na Lei nº 9.605/98 impediria o futuro exercício da ação penal pública por parte do *Parquet*, em face da ausência do interesse de agir (interesse-utilidade). Nesse sentido, por exemplo, Rômulo de Andrade Moreira (MOREIRA, 2009). Nessa esteira, o novo Código Florestal (Lei nº 12.651/12) passou a estipular, no seu art. 60, *caput*, que "A assinatura de termo de compromisso para regularização de imóvel ou posse rural perante o órgão ambiental competente, mencionado no art. 59, suspenderá a punibilidade dos crimes previstos nos arts. 38, 39 e 48 da Lei nº 9.605, de 12 de fevereiro de 1998, enquanto o termo estiver sendo cumprido". De acordo com a novel legislação, portanto, para os crimes ambientais tipificados nos arts. 38, 39 e 48 da Lei nº 9.605/98, o TAC seria **causa suspensiva da punibilidade**. Ademais, a prescrição ficará interrompida durante o período de suspensão da pretensão punitiva (art. 60, § 1º, da Lei nº 12.651/12). A punibilidade será extinta com a efetiva regularização anteriormente mencionada (art. 60, § 2º).

Todavia, no âmbito da jurisprudência, a Corte Especial do STJ já decidiu que a assinatura do TAC com órgão ambiental não impede a instauração de ação penal, com fundamento na independência das instâncias penal e administrativa. Ficou consignado que a celebração deste acordo não elide a tipicidade formal da conduta imputada ao acusado, repercutindo apenas, em hipótese de condenação criminal, na dosimetria da pena (Informativo nº 625).

▸ **Refis/parcelamento de crédito tributário e interesse de agir:**

De acordo com a Lei nº 9.964/2000, que institui o Programa de Recuperação Fiscal (Refis), fica suspensa a pretensão punitiva do Estado, referente aos crimes previstos nos arts. 1º e 2º da Lei nº 8.137, de 27 de dezembro de 1990, e no art. 95 da Lei nº 8.212, de 24 de julho de 1991, durante o período em que a pessoa jurídica relacionada com o agente dos aludidos crimes estiver incluída no Refis, desde que a inclusão no referido Programa tenha ocorrido antes do *recebimento* da denúncia criminal (art. 15, *caput*). Durante esse período, portanto, não se poderia apontar a existência de interesse de agir (interesse-utilidade).

A prescrição criminal não correria durante o período de suspensão da pretensão punitiva (art. 15, § 1º). De outro lado, seria extinta a punibilidade dos crimes alhures referidos quando a pessoa jurídica relacionada com o agente efetuasse o pagamento integral dos débitos oriundos de tributos e contribuições sociais, inclusive acessórios, que tiverem sido objeto de concessão de parcelamento antes do *recebimento* da denúncia criminal (art. 15, § 3º).

Posteriormente, as leis de números 12.350/2010 e 12.382/2011 alteraram a redação da Lei nº 9.430/96 (dispõe sobre a legislação tributária federal, as contribuições para a seguridade social, o processo administrativo de consulta e dá outras providências), a qual passou a asseverar que a representação fiscal para fins penais relativa aos crimes contra a ordem tributária previstos nos arts. 1º e 2º da Lei nº 8.137, de 27 de dezembro de 1990, e aos crimes contra a Previdência Social, previstos nos arts. 168-A e 337-A do Código Penal, será encaminhada ao Ministério Público depois de proferida a decisão final, na esfera administrativa, sobre a exigência fiscal do crédito tributário correspondente (art. 83, *caput*).

Na hipótese de concessão de parcelamento do crédito tributário, a representação fiscal para fins penais somente será encaminhada ao Ministério Público após a exclusão da pessoa física ou jurídica do parcelamento (art. 83, § 1º).

Fica suspensa a pretensão punitiva do Estado referente aos crimes anteriormente mencionados, durante o período em que a pessoa física ou a pessoa jurídica relacionada com o agente de tais delitos estiver incluída no parcelamento, desde que o pedido de parcelamento tenha sido formalizado antes do *recebimento* da denúncia criminal (art. 83, § 2º).

Mais uma vez, durante esse período, está ausente o interesse de agir (interesse-utilidade). A prescrição criminal não corre durante o período de suspensão da pretensão punitiva (art. 83, § 3º).

Extingue-se a punibilidade dos crimes ora em comento quando a pessoa física ou a pessoa jurídica relacionada com o agente efetuar o pagamento integral dos débitos oriundos de tributos, inclusive acessórios, que tiverem sido objeto de concessão de parcelamento (art. 83, § 4º).

Ademais, o disposto nos §§ 1º a 4º do art. 83 da Lei nº 9.430/96 não se aplica nas hipóteses de vedação legal de parcelamento (art. 83, § 5º).

▸ **Furto de energia elétrica e pagamento do débito antes do recebimento da denúncia:**

De acordo com entendimento mais recente do STJ, não configura causa de extinção de punibilidade o pagamento de débito oriundo de furto de energia elétrica antes do oferecimento da denúncia. O furto de energia elétrica não pode receber o mesmo tratamento dado ao inadimplemento tributário, de modo que o pagamento do débito antes do recebimento da denúncia não configura causa extintiva de punibilidade, mas causa de redução de pena relativa ao arrependimento posterior. Isso porque nos crimes contra a ordem tributária, o legislador (Leis n. 9.249/1995 e n. 10.684/2003), ao consagrar a possibilidade da extinção da punibilidade pelo pagamento do débito, adota política que visa a garantir a higidez do patrimônio público, somente. A sanção penal é invocada pela norma tributária como forma de fortalecer a ideia de cumprimento da obrigação fiscal. Já nos crimes patrimoniais, como o furto de energia elétrica, existe previsão legal específica de causa de diminuição da pena para os casos de pagamento da "dívida" antes do recebimento da denúncia. Em tais hipóteses, o Código Penal, em seu art. 16, prevê o instituto do arrependimento posterior, que em nada afeta a pretensão punitiva, apenas constitui causa de diminuição da pena. Outrossim, a jurisprudência se consolidou no sentido de que a natureza jurídica da remuneração pela prestação de serviço público, no caso de fornecimento de energia elétrica, prestado por concessionária, é de tarifa ou preço público, não possuindo caráter tributário. Não há como se atribuir o efeito pretendido aos diversos institutos legais, considerando que os dispostos no art. 34 da Lei n. 9.249/1995 e no art. 9º da Lei n. 10.684/2003 fazem referência expressa e, por isso, taxativa, aos tributos e contribuições sociais, não dizendo respeito às tarifas ou preços públicos (Informativos números 622 e 645).

▸ **Regime Especial de Regularização Cambial e Tributária (RERCT) de recursos, bens ou direitos de origem ilícita, não declarados ou declarados incorretamente, remetidos, mantidos no exterior ou repatriados por residentes ou domiciliados no País (Lei nº 13.254/2016):**

A Lei nº 13.254/2016, publicada em 14/01/2016, ao dispor sobre o RERCT, acaba trazendo novamente a discussão quanto ao interesse de agir (interesse-utilidade). É que o seu art. 5º, § 1º, com a alteração promovida pela Lei nº 13.428/2017, estabelece que o cumprimento integral das condições impostas para adesão ao programa (indicadas no *caput* deste mesmo dispositivo legal), antes de decisão criminal (entenda-se, antes do trânsito em julgado da decisão criminal condenatória, conforme consta no § 2º do dispositivo em comento), em relação a recursos, bens e direitos a serem regularizados nos termos desta Lei, extinguirá a punibilidade dos crimes ali elencados. Ora, para quem aderiu ao citado programa, enquanto está em cumprimento das condições fixadas, não se permite o prosseguimento da persecução penal, por ausência justamente do interesse de agir (interesse-utilidade).

III. **Legitimidade de parte:** A legitimidade pode ser ***ad causam*** ou ***ad processum***. Há ainda a legitimidade **ativa** e a **passiva** A legitimidade ***ad causam*** é a legitimidade para a causa. Possui legitimidade *ad causam* ativa o Ministério Público ou o ofendido, este último como substituto processual, já que age em nome próprio defendendo direito alheio, no caso, direito do Estado (*jus puniendi*), podendo ser representado ou sucedido, nos termos dos artigos 30 e 31 do CPP. Por sua vez, por aplicação do princípio da intranscendência, possui legitimidade *ad causam* passiva apenas o agente da infração penal, que, na ação penal privada, é conhecido como querelado. De outro lado, a **legitimidade *ad processum*** é a legitimidade para o processo. Possui legitimidade *ad processum* ativa o membro do Ministério Público (por aplicação do princípio do promotor natural) ou o ofendido, este último devidamente representado por advogado (exceto se ele mesmo for advogado, hipótese em que poderá advogar em causa própria), sendo que, se for menor de 18 (dezoito) anos, deverá estar acompanhado também do seu representante legal. Possui legitimidade *ad processum* passiva o agente que cometeu a infração penal que for maior de idade.

▸ **Observação:**

A **legitimação concorrente** ocorre quando dois ou mais órgãos ou agentes estão igualmente legitimados para figurar no polo ativo da demanda. São exemplos de legitimação concorrente: a ação penal privada subsidiária da pública (art. 29 do CPP) – nela o ofendido e o Ministério Público podem oferecer a ação penal; a ação penal em crime contra honra praticado contra funcionário público no exercício de suas funções – nela o funcionário e o Ministério Público, se autorizado por este (ação penal pública condicionada à representação do ofendido), podem oferecer a ação penal (Súmula nº 714 do STF).

▸ **Atenção:**

Quanto à **legitimidade da pessoa jurídica**, entende-se que ela pode ajuizar ação penal privada se houver, por exemplo, ofensa à sua honra objetiva (pode ser vítima de calúnia ou difamação, não de injúria, pois este último crime viola a honra subjetiva, que é exclusiva de pessoa física). Nos termos do art. 37 do CPP, ela será representada em juízo por quem os respectivos contratos ou estatutos designarem ou, no silêncio destes, pelos seus diretores ou sócios-gerentes. Pode ainda a pessoa jurídica ser ré em crimes de ação penal pública, a saber, nos **crimes contra a ordem econômica e financeira e contra a economia popular**, se houver revisão legal a esse respeito (art. 173, § 5º, CF), e nos **crimes ambientais** (art. 225, § 3º, CF e art. 3º da Lei nº 9.605/98). Nessas hipóteses, o STJ vinha reconhecendo a chamada **teoria da dupla imputação**, segundo a qual a ação deve ser interposta em face da pessoa jurídica e da pessoa física que atua em nome e em benefício do ente moral, formando-se assim um verdadeiro litisconsórcio passivo necessário. Nesse sentido, o julgado do STJ REsp nº 865.864, 5ª Turma, Rel. Min. Arnaldo Esteves Lima, DJE 13/10/2009. Todavia, registre-se que o STF, em decisão mais recente, não aceitou a existência da teoria da dupla imputação, sob o argumento de que, "[...] ao se condicionar a imputabilidade da pessoa jurídica à da pessoa humana, estar-se-ia quase que a subordinar a responsabilização jurídico-criminal do ente moral à efetiva condenação da pessoa física.

Ressaltou-se que, ainda que se concluísse que o legislador ordinário não estabelecera por completo os critérios de imputação da pessoa jurídica por crimes ambientais, não haveria como pretender transpor o paradigma de imputação das pessoas físicas aos entes coletivos". Por conta disso, concluiu que é "[...] admissível a condenação de pessoa jurídica pela prática de crime ambiental, ainda que absolvidas as pessoas físicas ocupantes de cargo de presidência ou de direção do órgão responsável pela prática criminosa" (Informativo nº 714). Posteriormente, em agosto de 2015, o próprio STJ também negou a aplicação desta teoria, com os mesmos argumentos oferecidos pelo STF, unificando assim a jurisprudência dos tribunais superiores a respeito da matéria (STJ, RMS nº 39173).

▸ **Aplicação em concurso público:**

No concurso de Promotor de Justiça Substituto do Ministério Público do Estado de Minas Gerais, promovido pela Fundep, em 2014, na segunda etapa, levando em consideração a recente decisão do STF que não acatou a existência da teoria da dupla imputação (Informativo nº 714), questionou-se se tal entendimento permitiria a responsabilização criminal de um município pela prática de crime ambiental. A pergunta foi formulada com a seguinte redação: "*Admitido, tal como recentemente decidiu a Primeira Turma do Supremo Tribunal Federal no RE 548181, o afastamento da teoria da dupla imputação, pergunta-se: é possível responsabilizar criminalmente um município que muito se beneficiou com o despejamento irregular de esgoto em determinado rio, poluindo-o? Exige-se resposta completa e devidamente justificada, que deverá levar em conta o fato de que o Prefeito, que determinou a realização da prática poluidora, faleceu no curso das investigações"*. Pela extrema relevância do polêmico tema e considerando que ele ainda não foi muito explorado em concursos público, merece ser transcrita, na íntegra, a resposta sugerida pela banca examinadora: "*A par dos argumentos contrários à possibilidade de a pessoa jurídica poder delinquir ante a incapacidade de ação, de culpabilidade e até mesmo de recebimento de pena, a resposta à questão tem por pressuposto a tese de que o Supremo Tribunal Federal, por sua Primeira Turma, entendeu possível criminalizar a pessoa jurídica independentemente da responsabilidade do seu gestor, com o argumento de que a Constituição Federal não estabeleceu nenhum condicionamento para tal responsabilização. Contudo, a questão vai mais adiante, pois trabalha a possibilidade ou não de responsabilização da pessoa jurídica de direito público interno por prática criminosa. E sobre isso, duas correntes existem: a primeira, que entende não ser possível, escuda-se no argumento de que nunca um ente público pode ter como interesse uma conduta criminosa, e nem mesmo dela beneficiar-se, já que se submete aos princípios constitucionais da legalidade, moralidade e eficiência, sendo a supremacia do interesse público um norte não vinculado à prática de crime. A segunda, no entanto, trabalha a ideia da possibilidade, com o argumento de que a lei não restringe a sujeição ativa e que seria inconcebível blindar o Estado de praticar ilícitos. Se o Estado tributa a si próprio, por que não poderia punir-se?*".

IV. Justa causa: Antes do advento da Lei nº 11.719/08, a doutrina afirmava que a justa causa não era uma condição autônoma da ação, estando inserida na condição da ação interesse de agir. Contudo, a referida lei passou a tratar a justa causa como uma condição autônoma da ação, destacando-a no inciso III do art. 395 do CPP, em separado com as demais condições da ação, que figuram genericamente no inciso II deste dispositivo legal. Em verdade, a justa causa pode ser entendida como uma síntese de todas as condições da ação – inexistindo uma delas, inexiste a justa causa (NUCCI, 2008, p. 195). Isso porque ela envolve o suporte probatório mínimo, indício mínimo para o oferecimento da ação penal, o somatório de indícios suficientes de autoria com prova da materialidade do delito. É, pois, o *fumus boni iuris* (*fumus comissi delicti*) para o exercício da ação penal. Conforme entendimento pacífico do STJ e do STF, a ausência de justa causa permite o trancamento da ação penal por meio de habeas corpus, impetrado com fundamento no art. 648, inciso I, do CPP. Porém, com base na Súmula nº 648 do STJ, "*A superveniência da sentença condenatória prejudica o pedido de trancamento da ação penal por falta de justa causa feito em habeas corpus*". Isso porque a sentença penal condenatória aprecia a existência de justa causa em uma cognição muito mais aprofundada do que aquela encontrada na decisão de recebimento da peça acusatória ou de rejeição da absolvição sumária, após a regular instrução processual, observados o contraditório e a ampla defesa. É dizer, não haverá mais qualquer lógica no exame por parte do Tribunal do recebimento da peça acusatória ou mesmo da rejeição da absolvição sumária se, em seu lugar, foi proferida uma decisão de cognição mais aprofundada. Assim, será a sentença a decisão a ser eventualmente impugnada pelo acusado, o que deverá ser feito por meio da interposição do recurso de apelação.

▸ Justa causa duplicada e Justa causa triplicada:

A justa causa duplicada é aquela exigida para fins de oferecimento de denúncia envolvendo crime de lavagem de capitais, na qual o Ministério Público deverá demonstrar o suporte probatório mínimo não apenas em relação ao crime de lavagem em si, mas também quanto à infração penal antecedente. Ela é extraída do teor do art. 2º, parágrafo 1º, da Lei nº 9.613/98, segundo o qual "A denúncia será instruída com indícios suficientes da existência da infração penal antecedente, sendo puníveis os fatos previstos nesta Lei, ainda que desconhecido ou isento de pena o autor, ou extinta a punibilidade da infração penal antecedente".

Nesse passo, o STJ já decidiu que a aptidão da denúncia relativa ao crime de lavagem de dinheiro não exige uma descrição exaustiva e pormenorizada do suposto crime prévio, bastando, com relação às condutas praticadas antes da Lei nº 12.683/2012, a presença de indícios suficientes de que o objeto material da lavagem seja proveniente, direta ou indiretamente, de uma daquelas infrações penais mencionadas nos incisos do art. 1º da Lei n. 9.613/1998 (Informativo nº 657).

A doutrina aponta ainda para a existência de uma justa causa triplicada, que ocorre quando a infração penal antecedente à lavagem de capitais também possui uma infração penal antecedente para a sua configuração. É o exemplo de um crime de lavagem que tem como infração penal antecedente o crime de receptação, o qual, por sua vez, tem como infração penal antecedente o crime de roubo. Quando do oferecimento da denúncia, cabe ao *Parquet* revelar o suporte probatório mínimo em relação a estes 3 (três) delitos, daí porque a justa causa se apresenta, de fato, triplicada.

Condições genéricas da ação penal
1. Possibilidade jurídica do pedido;
2. Interesse de agir;
3. Legitimidade de parte;
4. Justa causa.

▸ Qual o entendimento do STF sobre o assunto?

Quanto à causa objetiva de punibilidade prevista no art. 86 da Constituição Federal (declaração de procedência da acusação pela Câmara dos Deputados, no julgamento do Presidente da República), o Plenário do STF, em inquérito que apura supostos delitos de obstrução de justiça e organização criminosa praticados pelo então Presidente da República

Michel Temer, decidiu que este juízo político de admissibilidade exercido pela Câmara dos Deputados precede a análise jurídica pelo Tribunal para conhecer e julgar qualquer questão ou matéria defensiva suscitada pelo denunciado. Em outros termos, somente após a autorização da Câmara dos Deputados é que se pode dar sequência à persecução penal no âmbito do STF. Assim, apenas após tal autorização, o STF determinará, com fincas no art. 4º da Lei nº 8.038/1990, a notificação do denunciado para, no prazo de 15 dias, apresentar sua defesa preliminar. Não cabendo ao STF proferir juízo de admissibilidade sobre denúncia oferecida contra o presidente da República antes da autorização da Câmara dos Deputados, igualmente não cabe proferir juízo antecipado a respeito de eventuais teses defensivas, cuja ambiência própria é o momento previsto no referido dispositivo legal, o qual prevê a apresentação de mencionada defesa preliminar após o oferecimento da denúncia. O Ministro Dias Toffoli ainda ressaltou que, teoricamente, o relator, antes de encaminhar a denúncia ao Congresso Nacional, pode remetê-la ao Plenário da Suprema Corte para a sua rejeição, quando não estiverem presentes pressupostos processuais, houver carência da ação ou não existir justa causa (Informativo nº 878). Em outra oportunidade, o Plenário da Suprema Corte esclareceu que a imunidade formal prevista no art. 51, I, e no art. 86, *caput*, da Constituição Federal, tem por finalidade tutelar o exercício regular dos cargos de Presidente da República e de Ministro de Estado, razão pela qual não é extensível a codenunciados que não se encontram investidos em tais funções. A Corte registrou que o regime de imunidades previsto na Constituição Federal, por se tratar de exceção à norma de responsabilização por atos que afrontem regras dispostas no ordenamento jurídico positivo, não admite interpretação extensiva, sendo legítima a incidência apenas nas restritas hipóteses elencadas pelo Poder Constituinte. Assim, assentado o caráter restritivo das imunidades formais previstas no art. 86, *caput*, e art. 51, I, da Constituição Federal, a negativa de autorização por parte da Câmara dos Deputados impede o processamento da denúncia, exclusivamente, em relação ao Presidente da República e aos Ministros de Estado denunciados, sendo inviável a extensão dos efeitos de tal decisão, de natureza eminentemente política, aos corréus que não se encontram investidos nos referidos cargos. Por outro lado, na linha de entendimento já sedimentado no STF, deve-se proceder, como regra, ao desmembramento dos inquéritos e ações penais originárias no tocante a coinvestigados ou a corréus não detentores de foro por prerrogativa de função, admitindo-se, apenas excepcionalmente, a atração da competência originária quando se verifique que a separação seja apta a causar prejuízo relevante, aferível em cada caso concreto (Informativo nº 888).

Já as condições da ação **específicas** são algumas condições exigidas, em determinados casos, para que o Ministério Público possa oferecer a denúncia. Elas são consideradas **condições de procedibilidade**, entendidas como aquelas que "vinculam o próprio exercício da ação penal e que são exigidas em determinados casos a partir de previsão legal expressa" (AVENA, 2009, p. 156). São condições de procedibilidade a *representação do ofendido* e a *requisição do Ministro da Justiça*, ambas indispensáveis ao oferecimento da ação penal pública condicionada e que serão estudadas no tópico seguinte.

Condições específicas da ação penal (condições de procedibilidade)
1. Representação do ofendido;
2. Requisição do Ministro da Justiça.

▸ **Observação:**

Existem ainda as chamadas **condições objetivas de punibilidade**, tidas como "aquelas das quais depende o aperfeiçoamento de elementos ou circunstâncias não previstas no tipo penal. Trata-se de circunstâncias exteriores ao crime, não integrantes do tipo e de acontecimento futuro e incerto (o agente não sabe se acontecerá ou não a condição à época do crime)" (AVENA, 2009, p. 157). Nesse sentido, "A decisão que considera inexistente esta ordem de condição ingressa em aspectos de mérito" (AVENA, 2009, p. 157). Por isso, "Não há confundir as condições, genéricas ou específicas, da ação com as chamadas condições objetivas de punibilidade. Os institutos não têm qualquer relação, a despeito de a nomenclatura ser semelhante. As condições da ação constituem fatos relacionados ao direito processual e que são necessários para que o exercício da ação penal possa originar validamente um processo penal.

Já as condições objetivas da punibilidade são institutos contidos no plano do direito material" (BONFIM, 2010, p. 183-184). São hipóteses de condições objetivas de punibilidade: *a sentença anulatória do casamento, no crime de induzimento a erro essencial e ocultação de impedimento* (art. 236, parágrafo único, do CP); o *ingresso no país do autor do crime praticado no estrangeiro* (art. 7º, §§ 2º, alíneas "a" e "b", e 3º, do CP); a *declaração de procedência da acusação pela Câmara dos Deputados, no julgamento do Presidente da República* (art. 86 da Constituição Federal); a *sentença que decreta a falência, concede a recuperação judicial ou extrajudicial, nas infrações falimentares* (art. 180 da Lei nº 11.101/05).

Causas objetivas de punibilidade
1. Sentença anulatória do casamento, no crime do art. 236 CP;
2. Ingresso no país do autor do crime praticado no estrangeiro;
3. Declaração de procedência da acusação pela Câmara dos Deputados, no julgamento do Presidente da República;
4. Sentença que decreta a falência, concede a recuperação judicial ou extrajudicial, nas infrações falimentares.

▸ **Aplicação em concurso público:**

No concurso de Juiz de Direito Substituto/RJ, em 2016, promovido pela Vunesp, cobrou-se a respeito da causa objetiva de punibilidade referente às infrações falimentares a partir de um caso prático: "Analise o caso a seguir e assinale a alternativa correta. X, empresário do ramo alimentício, teve decretada a falência de sua empresa, em 20 de outubro de 2009. Tendo o administrador judicial, em relatório circunstanciado, apontado indícios de desvio e venda das mercadorias da massa falida, o Ministério Público requisitou a instauração de inquérito, a fim de apurar a prática de crime falimentar por X, sócio gerente da empresa. Encerradas as investigações, o Ministério Público ofereceu denúncia, junto ao Juízo Criminal da Jurisdição em que foi decretada a falência, sendo a exordial recebida, iniciando-se o processo. Citado, X apresenta resposta à acusação, postulando por sua absolvição sumária, alegando faltar justa causa para a ação penal, uma vez que, por força de agravo interposto junto ao Tribunal, a falência da empresa foi revertida. O Juízo não absolve sumariamente X, dando prosseguimento ao processo. X então impetra habeas corpus, junto ao Tribunal de Justiça. (A) O Tribunal de Justiça haveria de conceder a ordem, para trancar a ação penal, por ausência de condição de punibilidade do crime falimentar. (B) O Ministério Público não poderia ter oferecido denúncia em face de X, por crime falimentar, por faltar condição de procedibilidade, já que a ação é pública condicionada à representação dos credores. (C) O Tribunal de Justiça haveria de denegar a ordem, haja vista a independência das esferas. (D) A ação penal é nula, por incompetência do Juízo, pois, nos termos da Lei nº 11.101/2005, é competente para julgar crime falimentar o Juízo que decretou a falência. (E) Tendo a Lei nº 1.101/2005 previsto o procedimento sumário para o processo e julgamento de crime falimentar, não é possível ao acusado apresentar resposta à acusação, prevista no artigo 396-A, do CPP". A assertiva correta foi a letra A.

▸ **Súmula Vinculante nº 24 do STF:**

A **Súmula Vinculante nº 24 do STF**, ao estatuir que "Não se tipifica crime material contra a ordem tributária, previsto no art. 1º, incisos I a IV, da Lei nº 8.137/1990, antes do lançamento definitivo do tributo", acabou exigindo a configuração deste último instituto (lançamento definitivo do tributo) como uma verdadeira condição objetiva de punibilidade para crime daquela natureza (crime material contra a ordem tributária). No entanto, o próprio STF já decidiu que é possível a instauração de inquérito policial para apuração de crime contra a ordem tributária, antes do encerramento do processo administrativo fiscal, quando for absolutamente imprescindível para viabilizar a fiscalização, para que não se assegure a impunidade da sonegação fiscal (Informativo nº 573). Em julgado bem mais recente, o STF ampliou bastante essa ideia ao asseverar que, embora os crimes de sonegação tributária condicionem a persecução penal à existência do lançamento tributário definitivo, na verdade, o mesmo não ocorre quanto à investigação preliminar (Informativo nº 819).

De qualquer forma, conforme posicionamento do STJ, para o início da ação penal, basta a prova da constituição definitiva do crédito tributário, sendo desnecessária a juntada integral do Procedimento Administrativo Fiscal correspondente (Informativo nº 627). Noutro giro, o STF (HC nº 99740) e o STJ (RHC nº 34770) entendem que a Súmula Vinculante nº 24 do STF não se aplica ao crime de descaminho (art. 334 do Código Penal).

Por ser crime formal, ele independe de apuração administrativo-fiscal do valor do imposto iludido, não se falando, pois, na existência da referida condição objetiva de punibilidade para tal delito.

Ademais, em 2019, o STJ decidiu que a Súmula Vinculante em análise tem aplicação aos fatos ocorridos anteriormente à sua edição. Nesta oportunidade, consignou-se ainda que o curso do prazo da prescrição da pretensão punitiva tem início com a própria constituição definitiva do crédito, após o encerramento do processo administrativo de lançamento previsto no art. 142 do Código Tributário Nacional, conforme prevê o art. 111, inciso I, do Código Penal (STJ, Informativo nº 619).

Correlato ao teor da Súmula Vinculante nº 24 do STF, tem-se julgado do STJ segundo o qual, embora o compartilhamento de dados entre os órgãos de inteligência e fiscalização e o Ministério Público para fins penais seja plenamente aceitável, ele não pode acontecer sem autorização judicial antes de concluída a fiscalização tributária do contribuinte suspeito (STJ, 5ª Turma, RHC nº 119.297, j. 29.06.2022).

▸ Aplicação em concurso público:

No concurso do MP/GO, em 2009/2010, foi cobrado justamente o teor da Súmula Vinculante nº 24 do STF. Nesse sentido, a assertiva "*Nas proposições abaixo, assinale a alternativa incorreta à luz das decisões sedimen tadas pelo Supremo Tribunal Federal: Não se tipifica crime material contra a ordem tributária, previsto no art. 1º, incisos I a IV, da Lei nº 8.137/90, antes do lançamento definitivo do tributo*" foi considerada correta.

▸ Aplicação em concurso público:

No concurso de Promotor de Justiça do Ministério Público do Estado de Sergipe, em 2010, promovido pelo Cespe/Unb, foi cobrado exatamente o posicionamento do próprio STF que acaba excepcionando o teor da sua Súmula Vinculante nº 24, conforme acima mencionado. Nesse trilhar, a assertiva "*Em recente decisão, o STF entendeu que é possível a instauração de inquérito policial para apuração de crime contra a ordem tributária, antes do encerramento do processo administrativo-fiscal, quando isso for imprescindível para viabilizar a fiscalização*" foi considerada correta.

▸ Atenção:

Diferentes das condições de procedibilidade são as **condições de prosseguibilidade**, tidas como condições indispensáveis à "continuidade da ação já deflagrada" (TÁVORA; ALENCAR, 2009, p. 124). É exemplo de condição de prosseguibilidade atualmente "a necessidade do agente recobrar a higidez mental nas hipóteses de insanidade superveniente, pois, enquanto isso não ocorre, o processo fica paralisado, e a prescrição corre normalmente [...] (art. 152, *caput*, CPP)" (TÁVORA; ALENCAR, 2009, p. 124). Há, neste exemplo, uma situação de **crise de instância**.

5. AÇÃO PENAL PÚBLICA

5.1. Princípios regentes

5.1.1. Princípio da obrigatoriedade (ou legalidade processual) e princípio consequencial da indisponibilidade

O **princípio da obrigatoriedade** da ação penal pública consiste no dever imposto à Polícia Judiciária e ao Ministério Público de, respectivamente, investigar e processar crimes desta espécie de ação penal. Para estes crimes, portanto, não há que se falar em princípio da oportunidade da atuação dos referidos órgãos estatais – tal princípio somente tem aplicação nos crimes de ação penal privada. Assim, por exemplo, se o membro do Ministério Público entende que há no inquérito policial indícios suficientes de autoria e prova da materialidade delitiva, deverá necessariamente oferecer a denúncia para a instauração da ação penal.

Já na ação penal pública condicionada à representação do ofendido, tem-se que a representação é regida pelo princípio da oportunidade, ao passo que o oferecimento de denúncia pelo Ministério Público é regido pela obrigatoriedade.

O princípio da obrigatoriedade da ação penal pública é um princípio constitucional implícito que decorre dos seguintes princípios constitucionais expressos:

1. **Legalidade penal (art. 5º, XXXIX, CF)**: não há crime sem prévia lei que o defina, nem pena sem prévia cominação legal; logo, se há tipicidade penal, há obrigatoriedade da aplicação da sanção penal.
2. **Titularidade da ação penal pública exclusivamente pelo Ministério Público (art. 129, I, CF e art. 257, I, CPP) e, em caráter excepcional, pelo ofendido (art. 5º, LIX, CF).**

Em decorrência do princípio da obrigatoriedade da ação penal pública é que o art. 27 do CPP estabelece que qualquer pessoa do povo poderá provocar a iniciativa do Ministério Público, nos casos em que caiba a ação pública, fornecendo-lhe, por escrito, informações sobre o fato e a autoria e indicando o tempo, o lugar e os elementos de convicção. Além disso, o art. 40 do CPP assevera que quando, em autos ou papéis de que conhecerem, os juízes ou tribunais verificarem a existência de crime de ação pública, remeterão ao Ministério Público as cópias e os documentos necessários ao oferecimento da denúncia.

> ▸ **Qual o entendimento do STJ sobre o assunto?**
>
> A Terceira Seção do STJ, superando divergência até então existente entre a 5ª e a 6ª Turmas deste tribunal, definiu, à luz dos princípios da adequação e da razoabilidade, que é desnecessária a remessa de cópias dos autos ao Órgão Ministerial prevista no art. 40 do CPP, que, atuando como custos legis, já tenha acesso aos autos (Informativo nº 649).

Registre-se que o princípio da obrigatoriedade da ação penal pública é mitigado com o instituto da **transação penal** (art. 76 da Lei nº 9.099/95), que consagra o **princípio da discricionariedade regrada (ou da obrigatoriedade mitigada)**, ou seja, discricionariedade de acordo com os parâmetros da lei: uma vez preenchidos os requisitos legais (requisitos previstos no art. 76, § 2º, da Lei nº 9.099/95), surge para o Ministério Público o poder-dever de oferecer a proposta deste benefício ao agente delitivo, evitando-se o início da ação penal.

Sobreleva destacar ainda que o instituto da colaboração premiada, nos termos do art. 4º da Lei nº 12.850/13, o acordo de leniência (ou acordo de brandura ou doçura), previsto nas hipóteses dos arts. 86 e 87 da Lei nº 12.529/11 e dos arts. 16 e 17 da Lei nº 12.846/13, e o acordo de não persecução penal, anteriormente regulamentado pelo art. 18 da Resolução nº 181/2017 do Conselho Nacional do Ministério Público e atualmente disciplinado pelo art. 28-A do CPP, com a redação dada pela Lei nº 13.964/2019 ("Pacote Anticrime"), também mitigam o princípio da obrigatoriedade da ação penal pública.

Outrossim, o **princípio da indisponibilidade da ação penal pública** decorre do princípio da obrigatoriedade e implica na proibição de que o Ministério Público desista da ação penal instaurada (art. 42 do CPP). No campo dos recursos, tal princípio implica na impossibilidade de o Ministério Público desistir do mesmo (art. 576 do CPP) – embora não se exija que o *Parquet* recorra –, o que é lógico, afinal de contas o recurso tem natureza jurídica de mero desdobramento do direito de ação.

O princípio da indisponibilidade da ação penal pública é também mitigado por um instituto previsto na Lei nº 9.099/95, qual seja, a **suspensão condicional do processo**, disciplinada no art. 89 deste diploma legal. A esse respeito, insta salientar que o *caput* do art. 89 da Lei nº 9.099/95 assevera: "Nos crimes em que a pena mínima cominada for igual ou inferior a um ano, abrangidas ou não por esta Lei, o Ministério Público, ao oferecer a denúncia, poderá propor a suspensão do processo, por dois a quatro anos, desde que o acusado não esteja sendo processado ou não tenha sido condenado por outro crime, presentes os demais requisitos que autorizariam a suspensão condicional da pena (art. 77 do Código Penal)". Se o período de prova for encerrado sem que haja descumprimento das condições estipuladas na proposta de suspensão, o juiz declarará a extinção da punibilidade, consoante o art. 89, § 5º, da lei.

Espécie de ação penal	Princípio regente
Ação penal pública incondicionada	Princípio da obrigatoriedade
Ação penal pública condicionada à representação do ofendido	Princípio da oportunidade para a representação do ofendido e princípio da obrigatoriedade para o oferecimento da ação penal
Ação penal no juizado especial criminal (Lei nº 9.099/95)	Princípio da discricionariedade regrada (transação penal)
Ação penal privada	Princípio da oportunidade

5.1.2. Princípio da oficialidade

O princípio consiste no fato de que a atividade persecutória será exercida necessariamente por órgãos **oficiais** do Estado, não sendo possível o particular exercê-la. Em juízo, o órgão oficial que atuará na ação penal pública é o Ministério Público.

Em outras palavras, a persecução penal é uma atividade obrigatória do Estado que é cumprida por meio de 3 (três) dos seus órgãos, quais sejam, a Polícia Judiciária (investiga), o Ministério Público (acusa) e o Juiz (julga). Decorre das normas constitucionais previstas nos artigos 129, inciso I (titularidade da ação penal pública por parte do Ministério Público), e 144, §§ 1º, IV (determina que a função de polícia judiciária da União será exercida pela polícia federal), e 4º (determina que a função de polícia judiciária, no âmbito estadual, será exercida pela polícia civil).

É princípio que se aplica apenas aos **crimes de ação penal pública**, já que, na ação penal privada, o autor da ação é um particular.

Ressalte-se que este princípio não deve ser confundido com o princípio da oficiosidade, que é a seguir apreciado.

5.1.3. Princípio da oficiosidade

É princípio segundo o qual "as autoridades públicas incumbidas da persecução penal devem agir de **ofício**, sem necessidade de provocação ou de assentimento de outrem" (CAPEZ, 2007, p. 22) – destacamos.

No entanto, tal princípio somente se aplica aos **crimes de ação penal pública incondicionada**. Isso, porém, não impede que qualquer do povo provoque a atuação do órgão público, conforme permitido pelo art. 27 do CPP.

Princípio da oficialidade	Princípio da oficiosidade
A atividade persecutória deverá ser executada por órgão **oficial** do Estado (em juízo, pelo Ministério Público).	A atividade persecutória deverá ser iniciada **de ofício** por órgão oficial do Estado (em juízo, pelo Ministério Público).

5.1.4. Princípio da autoritariedade

É princípio segundo o qual "os órgãos investigantes e processantes devem ser **autoridades públicas** (delegado de polícia e promotor ou procurador de justiça)" (CAPEZ, 2007, p. 30) – destacamos. Em juízo, a ação penal deve ser oferecida pelo Promotor de Justiça ou pelo Procurador da República, na esfera federal.

O princípio, porém, **não se aplica aos crimes de ação penal privada**, pois ela é oferecida por particular.

5.1.5. Princípio da (in)divisibilidade

Segundo **entendimento do STF**, a **ação penal pública é regida pelo princípio da divisibilidade**, afinal de contas o Ministério Público poderia sempre, até a sentença final (art. 569 do CPP), incluir novos agentes delitivos por meio de aditamento à denúncia ou oferecer contra eles nova ação penal, caso já tenha sido prolatada a sentença final do feito (STF, HC 104356/RJ e HC 117589/SP). É esse também o mais recente posicionamento do STJ (STJ, HC 178406/RS e APn 691/DF).

Por conta desse entendimento, STF (AP 470-DF) e STJ (RHC 52.465-PE) já decidiram que o reconhecimento da inépcia da denúncia em relação ao acusado de corrupção ativa (art. 333 do CP) não induz, por si só, o trancamento da ação penal em relação ao denunciado, no mesmo processo, por corrupção passiva (art. 317 do CP). Segundo os tribunais superiores, os crimes de corrupção passiva e ativa, por estarem previstos em tipos penais distintos e autônomos, são independentes, de modo que a comprovação de um deles não pressupõe a do outro. Assim, para que seja oferecida denúncia em face do autor da corrupção passiva é desnecessária a identificação ou mesmo a condenação do corruptor ativo, justamente porque o princípio da indivisibilidade não se aplica às ações penais públicas.

Registre-se, porém, que prevalece na doutrina o entendimento de que a ação penal pública é regida pelo princípio da indivisibilidade, já que a ação penal deve se estender "a todos aqueles que praticaram a infração penal" (TÁVORA; ALENCAR, 2009, p. 127).

Em verdade, a nosso sentir, é de pouca relevância discutir se a ação penal pública é regida pelo princípio da divisibilidade ou pelo princípio da indivisibilidade. O que realmente importa é ter em mente que a ação penal pública é regida pelo princípio da obrigatoriedade, daí porque o Ministério Público tem o dever de incluir todos os agentes delitivos na demanda, desde que existam indícios suficientes de autoria e prova da materialidade contra eles. De outro lado, caso só surjam estes elementos contra novos agentes ao longo da ação penal, até a sentença final, é óbvia a possibilidade de aditamento à denúncia para inclusão dos mesmos, conforme permitido expressamente pelo art. 569 do CPP. E se tais elementos surgem após a sentença final é possível o oferecimento de nova ação penal em face dos coautores.

> **▸ Aplicação em concurso público:**
>
> No concurso de Delegado da Polícia Civil do Estado do Mato Grosso, promovido pelo Cebraspe/Cespe, em 2017, cobrou-se o entendimento da jurisprudência a respeito da aplicação do princípio da divisibilidade à ação penal pública, conforme assertiva adiante transcrita: *"O princípio da indivisibilidade, quando não observado, impõe ao juiz a rejeição da denúncia nas ações penais públicas"*. A alternativa foi considerada incorreta.

5.1.6. Princípio da intranscendência ou da pessoalidade

É princípio que decorre do princípio penal da culpabilidade (ninguém pode ser processado sem prova do dolo ou culpa). Por força de tal princípio, exige-se que o processo penal seja instaurado apenas em face de quem efetivamente cometeu o crime. Por conta disso, não é possível que o responsável civilmente pelo ato figure como réu em uma ação penal. Exemplo: se um empregado, usando o carro da sociedade empresarial em que trabalha, atropela e mata, culposamente, terceira pessoa, o sócio responsável por tal sociedade não poderá constar como réu em um eventual processo penal, apenas o empregado.

Nesse cenário, registre-se que, no entender do STJ, o princípio da intranscendência da pena tem aplicação às pessoas jurídicas, de modo que, extinta legalmente a pessoa jurídica – sem nenhum indício de fraude -, aplica-se analogicamente o art. 107, I, do Código Penal, com a consequente extinção de sua punibilidade (STJ, Terceira Seção, REsp nº 1.977.172/PR, Rel. Min. Ribeiro Dantas, j. 24.08.2022).

5.2. Representação do ofendido

A representação do ofendido é uma condição de procedibilidade para o exercício da ação penal pública que consiste em uma modalidade de *delatio criminis* postulatória, pois, por meio dela, não só o ofendido informa a prática do crime como também postula que seja instaurada a persecução penal (NUCCI, 2008, p. 196). Desse modo, a persecução penal (inquérito policial, o que inclui o auto de prisão em flagrante delito, e ação penal) não poderá ser instaurada sem que haja manifestação do ofendido nos crimes que dela dependam (ação penal pública condicionada à representação do ofendido). Abaixo seguem informações relevantes sobre este instituto.

1. **Prazo para oferecimento**: Em regra, ela deve ser oferecida no **prazo decadencial de 6 (seis) meses, contados do conhecimento da autoria** (art. 38 do CPP). Na hipótese de ação penal privada subsidiária da pública, o prazo é contado do dia em que se esgotar o prazo para o oferecimento da denúncia por parte do Ministério Público (art. 38, parte final, do CPP). Por ser prazo decadencial (penal), ele é contado nos termos do art. 10 do CP: inclui-se o dia do começo e exclui-se o do vencimento. Além disso, ele não se interrompe, não se suspende nem se prorroga. Caso o prazo se encerre em dia não útil, o ofendido deverá oferecer a representação à autoridade de plantão, pois não será possível a prorrogação deste prazo para o primeiro dia útil subsequente.

O prazo para oferecimento da representação previsto no art. 41 da Lei de Imprensa (Lei nº 5.250/67), qual seja, de 3 (três) meses, contados da data da publicação ou transmissão da notícia, não tem mais aplicabilidade, tendo em vista que o STF declarou a revogação do mencionado diploma legal no julgamento da ADPF nº 130/DF.

2. **Legitimidade e capacidade para oferecimento**: A representação pode ser feita pessoalmente ou por procurador (não precisa ser advogado, basta que seja pessoa maior de 18 anos), desde que possua poderes especiais para tanto, nos termos do art. 39, *caput*, do CPP.

No caso de o **ofendido ser menor de 18 (dezoito) anos de idade**, quem pode representar por ele são o ascendente, tutor ou curador (art. 24, *caput*, parte final, do CPP).

Ainda sobre a representação do ofendido menor de 18 (dezoito) anos de idade, com a redução da maioridade civil para 18 (dezoito) anos operada pelo Código Civil de 2002, não há mais que se falar em duplicidade do prazo (um para o ofendido e outro para o seu representante legal), que ocorria na hipótese de agente maior de 18 (dezoito) e menor de 21 (vinte e um) anos de idade.

Assim, tem-se que o direito de representação é único. Se o menor de 18 (dezoito) anos levar ao conhecimento do representante legal a autoria delitiva, o prazo de 6 (seis) meses começa a fluir. Se o responsável legal não oferecer a representação, não poderá o menor, ao atingir a maioridade, oferecê-la, pois se operou a decadência do direito em testilha. Entretanto, se o menor não levar ao conhecimento do representante legal a autoria do crime, contra ele não flui o prazo (já que menor) e contra o representante também não (eis que não tem ciência). Logo, quando completar a maioridade, poderá representar, dentro do prazo decadencial de 6 (seis) meses (LOPES JR., 2010, p. 276).

Por tudo isso, não é mais aplicável o teor da Súmula nº 594 do STF ("Os direitos de queixa e de representação podem ser exercidos, independentemente, pelo ofendido ou por seu representante legal"). O art. 34, parte final, do CPP também se encontra tacitamente derrogado ("Se o ofendido for menor de 21 e maior de 18 anos, o direito de queixa poderá ser exercido por ele ou por seu representante legal" – grifo nosso).

De outro lado, se o **ofendido for emancipado**, ele ainda não poderá oferecer representação pessoalmente. Nesta hipótese, ou deve ser designado pelo juiz um curador especial para oferecer a representação em favor do ofendido emancipado, ou se deve aguardar o ofendido completar os 18 (dezoito) anos de idade para oferecê-la pessoalmente. Nesse segundo caso, o prazo decadencial só começa a ser contado a partir da maioridade do ofendido, o que, porém, gera o risco de se efetivar a prescrição do crime, que já começa a correr desde sempre.

O art. 33 do CPP prevê a figura do **curador especial** para oferecer a representação nos casos de ausência de representante legal de menores de idade, bem como em se tratando de retardados mentais e pessoas mentalmente enfermas. É possível também para a hipótese de colisão de interesses do representante legal com o do representado, como no caso de crimes praticados por aquele contra este. O curador especial é nomeado pelo juiz competente para o processo penal, de ofício ou a requerimento do Ministério Público. Ele é um substituto processual, atuando em nome próprio defendendo direito alheio. No entanto, o curador não está obrigado a oferecer a representação, cabendo a ele "ponderar a conveniência ou não da representação em face dos interesses da vítima" (TÁVORA; ALENCAR, 2009, p. 131).

No caso de **vítima morta ou declarada ausente judicialmente**, quem pode representar por ela são seus parentes mencionados no art. 24, § 1º, CPP, necessariamente nessa ordem: cônjuge, ascendente, descendente ou irmão. Entretanto, no conflito entre representar ou não, deve sempre prevalecer a vontade de quem deseja representar (art. 36 do CPP). É de se registrar que, neste dispositivo legal, deve ser incluído também o companheiro, por força do princípio constitucional da igualdade. Há de se conferir legitimidade ativa inclusive ao(à) companheiro(a) em união estável homoafetiva.

As pessoas jurídicas, se forem vítimas de infrações penais, podem oferecer representação por quem os respectivos contratos ou estatutos designarem ou, no silêncio destes, pelos seus diretores ou sócios-gerentes, em analogia ao disposto no art. 37 do CPP, que versa sobre o exercício do direito de ação por esta entidade.

Ademais, ressalte-se que a **mulher casada** pode representar sem o consentimento do marido, pois o art. 35 do CPP, que exigia tal consentimento, foi expressamente revogado pela Lei nº 9.520/97.

3. **Destinatários: Deve ser dirigida à autoridade policial, ao juiz ou ao membro do Ministério Público** (art. 39, *caput*, do CPP). Em sendo dirigida à autoridade policial, esta última procederá a inquérito, ou, não sendo competente, remetê-lo-á à autoridade que o for (art. 39, § 3º, do CPP). Se, porém, for dirigida ao juiz ou perante este reduzida a termo, será remetida à autoridade policial para que esta proceda a inquérito (art. 39, § 4º, do CPP). E se ela for encaminhada ao membro do Ministério Público, este dispensará o inquérito, se com a representação forem oferecidos elementos que o habilitem a promover a ação penal e, neste caso, oferecerá a denúncia no prazo de 15 (quinze) dias (art. 39, § 5º, do CPP).

Apresentada a representação ao Ministério Público, este fica atrelado àquela, não podendo alargá-la, incluindo, por exemplo, crime não mencionado em tal peça (**eficácia objetiva da representação**). Poderá, entretanto, "enquadrar a conduta delituosa em dispositivo legal diverso daquele eventualmente apontado pela vítima" (TÁVORA; ALENCAR, 2009, p. 131).

De outro lado, a representação oferecida contra um dos autores ou partícipes de uma infração penal permite que o Ministério Público a considere para todos os demais, por força do princípio da obrigatoriedade da ação penal (**eficácia objetiva - e não subjetiva - da representação**). É a posição do STF (HC nº 54083/SP, 1ª Turma, Rel. Min. Antônio Neder, DJ 8/7/1976, p. 16).

Ademais, **a representação não obriga o Ministério Público a oferecer a ação penal**: ele somente oferecerá denúncia se houver justa causa para tanto; caso não haja, pode promover o arquivamento do inquérito policial, sem que caiba ação penal privada subsidiária da pública.

4. **Ausência de formalismo: Não há formalismo para a elaboração da peça**, bastando que seja possível apurar a intenção do ofendido de instaurar a persecução penal contra o ofensor. Apenas por cautela é que ela deve ser colhida por termo - art. 39, § 1º, do CPP. O STJ tem posicionamento no sentido de que o oferecimento equivocado de queixa-crime, imaginando a vítima que seria caso de ação penal privada, implica no exercício do direito de representação. Este tribunal já decidiu que, no crime de lesão corporal culposa, de competência do Juizado Especial Criminal, a lavratura de boletim de ocorrência por delegado de polícia supre a representação exigida pelo art. 88 da Lei nº 9.099/95, demonstrando a intenção da vítima de responsabilizar o autor do delito (HC nº 7.771-SP). O mesmo foi decidido em relação aos crimes praticados mediante violência doméstica e familiar contra a mulher, disciplinados pela Lei nº 11.340/06 (Lei Maria da Penha): o registro de ocorrência perante autoridade policial (boletim de ocorrência) serve para demonstrar a vontade da vítima de crimes desta natureza em dar seguimento à ação penal contra o agressor (HC nº 101742). Há precedentes do STF também nesse sentido (HC nº 73.226-7).

Ela pode ser, pois, escrita com a assinatura autenticada do ofendido ou oral (art. 39, *caput*, do CPP). Porém, se a representação for feita oralmente ou por escrito, sem assinatura devidamente autenticada do ofendido, de seu representante legal ou procurador, será reduzida a termo, perante o juiz ou autoridade policial, presente o órgão do Ministério Público, quando a este houver sido dirigida (art. 39, § 1º, do CPP).

Em ambos os casos, deve haver a menção ao autor e ao fato criminoso, já que o art. 39, § 2º, do CPP exige que a representação contenha todas as informações que possam servir à apuração do fato e da autoria.

É certo que a jurisprudência do STF é firme no sentido de que a representação da vítima, em crimes de ação penal pública condicionada, dispensa maiores formalidades. Contudo, quando não houver inequívoca manifestação de vontade da vítima no sentido do interesse na persecução criminal, cumpre intimar a pessoa ofendida para oferecer representação, nos moldes do previsto no art. 91 da Lei 9.099/95, aplicado por analogia ao procedimento comum ordinário, consoante o art. 3º do CPP. Destarte, o comparecimento da vítima em Delegacia ou em Juízo para prestar declarações não traduz, necessariamente, manifestação de vontade inequívoca dessa de representar criminalmente contra o acusado. Nesse sentido, cumpre memorar que vítimas, assim como testemunhas, são intimadas a comparecer na fase inquisitorial ou processual sob pena de sofrer sanções processuais – arts. 201, § 1º e 224, do CPP (STF, 2ª Turma, AgRg no ARE nº 1.385.977/SP, Rel. Min. Edson Fachin, julgamento virtual finalizado em 30.09.2022).

5. **Retratação:** Cabe **retratação da representação até antes do oferecimento da denúncia** (art. 25 do CPP), *sem limites*. Contudo, nos **crimes praticados mediante violência doméstica e familiar contra a mulher**, consoante o art. 16 da Lei Maria da Penha (Lei nº 11.340/06), a retratação da representação pode ser feita **até o recebimento da denúncia**, exigindo-se que ela seja feita **perante o juiz, em audiência especial para esse fim, ouvido o Ministério Público**. Esta audiência especial somente deverá ser designada pelo juiz se houver algum elemento nos autos indicando que a vítima pretende se retratar. Não se admite, portanto, que, ausente este elemento, o magistrado designe tal audiência para que a vítima, uma vez, intimada, confirme em juízo a sua representação. Em outros termos, a citada audiência deverá ser utilizada somente para a retratação (e não para que se confirme a representação já oferecida). Enfim, a realização da audiência prevista no art. 16 da Lei nº 11.340/06 somente se faz necessária se a vítima houver manifestado, de alguma forma, em momento anterior ao recebimento da denúncia, ânimo de desistir da representação (STJ, 5ª Turma, AgRg no REsp nº 1.946.824/SP, Rel. Min. Joel Ilan Paciornik, j. 14.06.2022). Impende registrar, porém, que a Terceira Seção do STJ acolheu a proposta de afetação dos REsps 1.964.293/MG e 1.977.547/MG, ao rito dos recursos repetitivos, a fim de uniformizar o entendimento a respeito da seguinte controvérsia: definir se a audiência preliminar prevista no art. 16 da Lei n. 11.340/2006 (Lei Maria da Penha) é ato processual obrigatório determinado pela lei ou se configura apenas um direito da ofendida, caso manifeste o desejo de se retratar.

▸ Qual o entendimento do STJ sobre o assunto?

O STJ já decidiu que não atende ao disposto no art. 16 da Lei Maria da Penha a retratação da suposta ofendida ocorrida em cartório de Vara, sem a designação de audiência específica necessária para a confirmação do ato (Informativo nº 656).

▸ Aplicação em concurso público:

No concurso da Defensoria Pública do Estado de Minas Gerais, promovido em 2019 pela Fundep, foi cobrado o teor do art. 16 da Lei Maria da Penha, da seguinte forma: "*Concluído inquérito policial que apurou crime de ameaça (art. 147 do Código Penal) praticado em situação de violência doméstica, a defesa técnica, antes do oferecimento da denúncia, apresentou carta na qual a vítima dizia que não tinha mais interesse na condenação do suposto autor do fato. Diante disso, o juiz deverá A) declarar a extinção da punibilidade pela renúncia ao direito de representação. B) designar audiência especial para confirmar a renúncia ao direito de representação. C) designar audiência de conciliação, na qual será possibilitada a composição civil e a transação penal. D) conceder vistas ao Ministério Público para eventual oferecimento de denúncia.*" A assertiva correta foi a letra B.

Nesse cenário, faz-se imprescindível relembrar que o STF, no julgamento da ADI 4424 e da ADC 19, assentou a natureza incondicionada da ação penal em caso de crime de lesão, pouco importando a extensão desta, praticado contra a mulher no ambiente doméstico. Assim, por exemplo, os crimes de lesões corporais leves e culposas no contexto da Lei Maria da Penha são de ação penal pública incondicionada, não podendo se falar, pois, em retratação da representação. Todavia, crimes que não sejam de lesões corporais e que eram de ação penal pública condicionada à representação do ofendido, a exemplo do crime de ameaça, continuam com a natureza desta ação penal inalterada, não sendo alcançados pela decisão do STF. É esse também o teor da recente Súmula nº 542 do STJ ("*A ação penal relativa ao crime de lesão corporal resultante de violência doméstica contra a mulher é pública incondicionada*").

A retratação da representação, em qualquer caso, pode ser *expressa* ou *tácita* (quando, por exemplo, o ofendido se reconcilia com o agressor). É possível a retratação da retratação, desde que não haja a decadência. Guilherme de Souza Nucci ainda acrescenta que "a retratação da retratação pode ser considerada inviável se ficar evidenciada a má-fé do ofendido, que vem ameaçando o agente e conseguindo vantagens, graças à possibilidade de 'ir e vir' no seu desejo de representar" (NUCCI, 2008, p. 200).

▸ Lembrete:

Seja qual for o crime, quando praticado em detrimento do patrimônio ou interesse da União, Estado e Município, a ação penal será pública, conforme previsão do art. 24, § 2º, do CPP. Nesse contexto, registre-se que o crime de dano praticado contra patrimônio da União, de Estado, do Distrito Federal, de Município ou de autarquia, fundação pública, empresa pública, sociedade de economia mista ou empresa concessionária de serviços públicos está submetido a ação penal pública incondicionada, consoante os artigos 163, parágrafo único, inciso III, com a redação dada pela Lei nº 13.531/2017, e 167 do Código Penal. Além disso, se o crime for de estelionato e a vítima for a Administração Pública, direta ou indireta, igualmente a ação penal será pública incondicionada, com base no art. 171, parágrafo 5º, incisos I, do Código Penal, com a redação dada pela Lei nº 13.964/2019 ("Pacote Anticrime").

▸ **Aplicação em concurso público:**

No XLIX concurso do MP/MG, em 2010, foi cobrado justamente o teor dos artigos 163, parágrafo único, inciso III, e 167 do CP. Nesse sentido, a assertiva *"Nos crimes praticados em detrimento do patrimônio dos municípios, a ação penal imprescinde de representação"* foi considerada incorreta.

▸ **Aplicação em concurso público:**

No concurso de Promotor de Justiça do Ministério Público do Estado de Minas Gerais, em 2011, foram cobradas importantes características da representação do ofendido, da seguinte forma: *"Quanto à representação, assinale a alternativa CORRETA. A) A representação deve ser expressa, depende de forma específica para produzir efeitos. B) A representação admite retratação, que pode ser exercida pela própria vítima até a sentença final. C) A representação é direito renunciável, pode ser exercida por procurador com poderes especiais e sujeita-se à decadência. D) A representação deve ser manifestada na presença do juiz, nos casos de violência doméstica"*. A resposta correta foi a letra C.

▸ **Aplicação em concurso público:**

No LII concurso de Promotor de Justiça Substituto do Estado de Minas Gerais, promovido em 2012 pelo MPMG, voltou-se a cobrar a representação do ofendido, nesses termos: "*Assinale a alternativa* **CORRETA. A)** *A representação é condição objetiva de punibilidade exigida do ofendido ou de quem tiver qualidade para representá-lo e, no caso de morte, pode ser exercida pelo cônjuge, ascendente, descendente ou irmão.* **B)** *A representação não depende de fórmula sacramental prescrita em lei, podendo ser oral ou escrita, dirigida ao juiz, Ministério Público ou autoridade policial e será irretratável, depois de recebida a denúncia.* **C)** *Tanto o ofendido quanto o Ministério Público, este mediante representação, têm legitimidade para a ação penal no caso de crime contra a honra de servidor público em razão do exercício de suas funções.* **D)** *Salvo disposição em contrário, o ofendido, ou seu representante, decairá do direito de representar, se não o exercer no prazo de seis meses, contado do dia em que o fato aconteceu*". A assertiva correta foi a letra C.

5.3. Requisição do Ministro da Justiça

Trata-se de um "ato de conveniência política, a cargo do Ministro da Justiça, autorizando a persecução criminal nas infrações que a exijam" (TÁVORA; ALENCAR, 2009, p. 133). Ela é exigida, pois, apenas em algumas situações, "diante da complexidade do tema e da conveniência política de se levar o caso à apreciação do Poder Judiciário" (NUCCI, 2008, p. 200). É também modalidade de *delatio criminis* postulatória. Abaixo seguem informações relevantes sobre este instituto.

1. **Prazo para oferecimento**: No silêncio da lei, não há prazo decadencial para formulá-la, desde que não extinta a punibilidade do agente.
2. **Destinatário**: Ela deve ser dirigida ao Ministério Público, na figura do seu Procurador-Geral de Justiça.
3. **Discricionariedade**: Essa requisição está sujeita à discricionariedade do Ministro da Justiça, no sentido de, fazendo um juízo de conveniência e oportunidade, fica a seu critério decidir se a oferece ou não.
4. **Ausência de vinculação do Ministério Público e eficácia objetiva**: Assim como acontece com a representação do ofendido, a requisição do Ministro da Justiça **não vincula a atuação do Ministério Público** e possui **eficácia objetiva**, nos termos já explicitados no item anterior.
5. **Retratação**: Há séria polêmica na doutrina se seria possível a retratação da requisição do Ministro da Justiça. Para parcela da doutrina, em analogia ao que ocorre com a representação do ofendido, a requisição do Ministro da Justiça poderia ser retratada até o oferecimento da denúncia (art. 25 do CPP). Nesse sentido, Guilherme de Souza Nucci (2008, p. 201) e Luiz Flávio Gomes (2005, p. 97). Em sentido oposto, sustentando que não há previsão legal a esse respeito e que a requisição é ato político a cargo do Ministro da Justiça e, por isso mesmo, exige serenidade e ponderação antes de ser apresentada, não admitem a retratação Nestor Távora e Rosmar Rodrigues Alencar (2009, p. 133) e Fernando da Costa Tourinho Filho (2003, p. 358).
6. **Hipóteses**: São hipóteses de ação penal pública condicionada à requisição do Ministro da Justiça: os crimes cometidos por estrangeiro contra brasileiro fora do Brasil (art. 7º, § 3º, alínea "b", do Código Penal); os crimes contra a honra praticados contra o Presidente da República ou chefe de governo estrangeiro (art. 145, parágrafo único, 1ª parte, do Código Penal).

6. AÇÃO PENAL PRIVADA

Determinado crime fica submetido a ação penal privada quando o Estado legitima o ofendido ou seu representante legal (art. 30 do CPP) a "agir em seu nome, ingressando com ação penal e pleiteando a condenação do agressor, em hipóteses excepcionais" (NUCCI, 2008, p. 202). O particular, portanto, passa a ter o direito de ação, a legitimidade para o oferecimento da ação penal privada, embora a pretensão punitiva (*jus puniendi*), a titularidade da ação penal permaneça em mãos do Estado.

Nessas hipóteses, o interesse particular prevalece sobre o público. Isso porque se entende que, nas situações sujeitas a ação penal privada, a vítima deve ter o direito de "optar entre expor a sua intimidade em juízo ou quedar-se inerte, pois, muitas vezes, o sofrimento causado pela exposição ao processo é maior do que a própria impunidade do criminoso" (TÁVORA; ALENCAR, 2009, p. 134). Com o regime da ação penal privada, evita-se, portanto, o *strepitus iudicii*, o "[...] escândalo provocado pelo ajuizamento da ação penal [...]" (OLIVEIRA, 2008, p. 116), com a finalidade de que a vítima não provoque "[...] a produção de novos danos em seu patrimônio – moral, social, psicológico etc. – diante de possível repercussão negativa trazida pelo conhecimento generalizado do fato criminoso [...]" (OLIVEIRA, 2008, p. 116).

6.1. Legitimação ativa

À semelhança do que ocorre com a representação do ofendido, em regra, possui legitimidade ativa para o oferecimento da ação penal privada o **ofendido ou o seu representante legal** (art. 30 do CPP).

Em havendo a **morte ou declaração de ausência do ofendido**, passam a ter legitimidade ativa o cônjuge, ascendentes, descendentes e irmãos, nesta ordem de preferência (art. 31 do CPP), embora qualquer um deles possa prosseguir na ação, caso o querelante desista da instância ou a abandone (art. 36 do CPP). É de se registrar que, neste dispositivo legal, deve ser inserido também o companheiro, por força do princípio constitucional da igualdade. É esse o posicionamento do STJ, que inclusive já decidiu no sentido de conferir legitimidade ativa à companheira em união estável homoafetiva (Informativo nº 654).

> ▸ **Qual o entendimento do STF sobre o assunto?**
>
> O STF reconheceu a legitimidade ativa *ad causam* de mulher de deputado federal para formalizar queixa-crime com imputação do crime de injúria, prevista no art. 140 do Código Penal, em tese perpetrada por senador contra a honra de seu marido. Na queixa-crime, a querelante se diz ofendida com a declaração do querelado, no Twitter, na qual insinua que seu marido mantém relação homossexual extraconjugal com outro parlamentar. O Pretório Excelso considerou que a afirmação do senador pode configurar injúria contra a honra da mulher do deputado federal, em face da apontada traição, o que lhe confere a legitimidade ativa. Citou, ademais, entendimento doutrinário que reconhece a legitimidade ativa do homem casado que é chamado de "corno" em relação a conduta desonrosa atribuída a sua mulher. Concluiu que o mesmo tratamento deve ser dado a uma mulher que se sente ofendida, em decorrência de alegada traição. (Informativo nº 919).

> ▸ **Aplicação em concurso público:**
>
> No concurso de Promotor de Justiça do Ministério Público do Estado do Ceará, promovido pelo Cebraspe, em 2020, foi cobrada a legitimidade ativa do companheiro em união estável homoafetiva para fins de ajuizamento de ação penal privada em caso de morte do ofendido, nesses termos: *"João sofreu calúnia, mas veio a falecer dentro do prazo decadencial de seis meses, antes de ajuizar ação contra o ofensor. Ele não tinha filhos e mantinha um relacionamento homoafetivo com Márcio, em união estável reconhecida. João era filho único e tinha como parente*

próximo sua mãe. Nessa situação hipotética, o ajuizamento de ação pelo crime de calúnia: A) somente poderá ser promovido pela mãe de João. B) poderá ser realizado pelo Ministério Público. C) poderá ser realizado por Márcio. D) não é cabível, haja vista a morte de João. E) deverá ser realizado por curador especial, a ser nomeado para essa finalidade". A resposta correta foi a letra C.

É possível ainda a figura do **curador especial**, se o ofendido for menor de 18 (dezoito) anos, ou mentalmente enfermo, ou retardado mental, e não tiver representante legal, ou colidirem os interesses deste com os daquele. Esse curador será nomeado, de ofício ou a requerimento do Ministério Público, pelo juiz competente para o processo penal (art. 33 do CPP).

Todavia, para o ofendido maior de 18 (dezoito) anos de idade e menor de 21 (vinte e um), por ser ele absolutamente capaz, conforme o Código Civil de 2002, a legitimidade é apenas e tão somente dele, não havendo mais a figura do representante legal para o mesmo, motivo pelo qual houve a derrogação tácita do art. 34, parte final, do CPP, bem como a Súmula nº 594 do STF perdeu a sua eficácia, como já exposto anteriormente.

Registre-se também que é possível o **oferecimento de ação penal privada por parte de pessoa jurídica**, por meio de quem os respectivos contratos ou estatutos designarem ou, no silêncio destes, pelos seus diretores ou sócios-gerentes, nos termos do art. 37 do CPP.

Em qualquer caso, **o autor da ação penal deve estar devidamente acompanhado de advogado** (salvo se ele próprio for advogado, hipótese em que advogará em causa própria). A esse respeito, frise-se que o art. 32, *caput*, do CPP dispõe que "Nos crimes de ação privada, o juiz, a requerimento da parte que comprovar a sua pobreza, nomeará advogado para promover a ação penal". O art. 32, § 1º, do CPP, por sua vez, estabelece que "Considerar-se-á pobre a pessoa que não puder prover às despesas do processo, sem privar-se dos recursos indispensáveis ao próprio sustento ou da família". Em complemento, o art. 32, § 2º, do CPP esclarece que "Será prova suficiente de pobreza o atestado da autoridade policial em cuja circunscrição residir o ofendido".

6.2. Princípios regentes

6.2.1. Princípio da oportunidade ou da conveniência

A vítima tem a faculdade de ofertar ou não a ação penal, já que é ela a titular desse direito. Por isso é que há a possibilidade de transcurso do prazo decadencial *in albis*, o que provoca a decadência do direito de ação, e de renúncia (expressa ou tácita, conforme artigos 49 e 50 do CPP) a esse mesmo direito, ambas causas de extinção da punibilidade (art. 107, incisos IV e V, do Código Penal).

6.2.2. Princípio da disponibilidade

Em decorrência do princípio da disponibilidade, o particular pode desistir da ação penal privada já instaurada, seja pelo instituto do perdão (artigos 51 a 59 do CPP), seja pela perempção (art. 60 do CPP). É consequência direta do princípio da oportunidade ou da conveniência.

6.2.3. Princípio da indivisibilidade da ação penal privada (art. 48 CPP)

Não pode o ofendido escolher contra qual agente oferecerá ação penal privada, se possuir justa causa em face de todos os agentes delitivos. Ou ele ingressa com a ação penal em face de todos os agentes ou não ingressa em face de nenhum deles. A esse respeito, o art. 48 do CPP assevera que a queixa contra qualquer dos autores do crime obrigará ao processo de todos. Evita-se assim que a ação penal seja utilizada como instrumento de **vingança privada**.

Ademais, ainda nos termos do art. 48 do CPP, o Ministério Público, atuando como *custos legis* na ação penal privada, deverá velar pelo princípio em comento.

6.2.4. Princípio da intranscendência ou da pessoalidade

O princípio em referência exige que o processo penal seja instaurado apenas em face do autor do delito, como já visto anteriormente.

> **▸ Aplicação em concurso público:**
>
> No concurso de Promotor de Justiça Substituto do Ministério Público do Estado da Bahia, realizado em 2015, dentre outros aspectos relevantes da ação penal, foi cobrada a aplicação do princípio da intranscendência ou pessoalidade, da seguinte forma: *"Em relação à ação penal e seus desdobramentos processuais, assinale a alternativa CORRETA: a) Com base no princípio da suficiência da ação penal, o Código de Processo Penal determina que o juiz, nas ações penais públicas, deverá resolver questões heterogêneas de prejudicialidade obrigatória e, ao proferir sentença condenatória, fixar valor mínimo para reparação dos danos causados pela infração penal. b) A imputação alternativa originária, enquanto técnica acusatória estabelecida em algumas leis processuais penais especiais, é uma das características da ação penal secundária. c) Segundo o princípio da intranscendência da ação penal, a acusação, formalizada via denúncia ou queixa, somente poderá recair sobre o provável autor, coautor ou partícipe do fato delituoso apurado na investigação preliminar. d) Conceitualmente, as condições da ação penal também podem ser denominadas de condições de prosseguibilidade. e) De acordo com a jurisprudência do Superior Tribunal de Justiça, nas ações penais públicas condicionadas à representação denomina-se eficácia objetiva da representação a desnecessidade de formalismo para a manifestação de vontade do ofendido quanto ao início da persecução penal"*. A resposta correta foi a letra C.

6.3. Decadência

A decadência é "a perda do direito de agir pelo decurso de determinado lapso temporal, estabelecido em lei, provocando a extinção da punibilidade do agente" (NUCCI, 2008, p. 202). Ela atinge a ação penal pública condicionada à representação do ofendido e a ação penal privada.

Nos termos do art. 38 do CPP, o prazo decadencial para oferecimento da queixa-crime é de **6 (seis) meses, contados a partir do conhecimento da autoria**. A contagem desse prazo é feita a partir da regra contida no art. 10 do CP (conta-se o dia de início e exclui-se o dia do vencimento), não se interrompendo, suspendo ou prorrogando. De qualquer forma, em havendo dúvida, ela deve ser resolvida em favor do ajuizamento da ação (NUCCI, 2008, p. 203).

O prazo decadencial tem seu cômputo finalizado com o simples oferecimento da peça acusatória da ação penal privada, que é a queixa-crime. Pouco importa, portanto, se houve ou não o recebimento desta peça. Nesse sentido, o oferecimento da queixa-crime em juízo sem **competência territorial (competência relativa)** para processar e julgar o feito tem o condão de promover a interrupção do prazo decadencial, "desde que seja o próprio juiz a remeter os autos a outro magistrado, sem que o processo finde. Caso a parte desista da ação, propondo outra no foro correto, é preciso estar dentro do prazo de seis meses, pois nova demanda está sendo ajuizada e a interrupção perdeu efeito" (NUCCI, 2008, p. 204). No entanto, o oferecimento da queixa em juízo sem **competência absoluta (em razão da matéria ou por prerrogativa de foro)** para processar e julgar o feito não tem o condão de interromper o prazo decadencial.

Noutro giro, **a demora para a conclusão do inquérito policial não interrompe a decadência**. Nessa situação, é prudente que o querelante ofereça a ação penal e requeira ao magistrado, na inicial, o apensamento do inquérito concluído ao processo criminal.

> **▸ Aplicação em concurso público:**
>
> No concurso de Juiz de Direito do Tribunal de Justiça do Estado de Pernambuco, em 2011, promovido pela Fundação Carlos Chagas (FCC), foi cobrado justamente o fato de que, nos crimes de ação penal privada, a instauração do inquérito policial não interrompe o prazo para oferecimento de queixa, da seguinte forma: *"Se o crime for de alçada privada, a instauração de inquérito policial a) não interrompe o prazo para o oferecimento de queixa. b) é indispensável para a propositura da ação penal. c) constitui causa de interrupção da prescrição. d) suspende o prazo para o oferecimento de queixa. e) não pode ocorrer de ofício, admitindo-se, porém, requisição da autoridade judiciária".* A resposta correta foi a de letra A.

No **crime continuado** previsto no art. 71 do Código Penal, conta-se o prazo decadencial **individualmente**, para cada delito, regra idêntica àquela da contagem da prescrição para este crime, de acordo com o art. 119 do Código Penal (NUCCI, 2008, p. 204).

Já para o **crime permanente**, a regra não deve ser a mesma da contagem da prescrição (da data em que cessar a permanência, como dispõe o art. 111, inciso III, do Código Penal), devendo ser seguida a regra geral de que se conta o prazo a partir do **conhecimento da autoria**. Se houver o término do prazo de 6 (seis) meses e ainda assim o crime persistir, continua sendo possível o oferecimento da ação penal, mas apenas para os fatos posteriores aos 6 (seis) meses já vencidos. Essa regra geral também deve ser aplicada para os **crimes habituais** (NUCCI, 2008, p. 204-205).

Há, porém, **prazos decadenciais especiais** para o oferecimento da queixa-crime: I - 6 (seis) meses, a partir do trânsito em julgado da sentença que, por motivo de erro ou impedimento, anule o casamento (art. 236, parágrafo único, CP); II - 30 (trinta) dias, a contar da homologação do laudo (art. 529 CPP), é o prazo para a queixa-crime no caso de crime contra a propriedade imaterial que deixar vestígios. Com relação a este segundo prazo, porém, é preciso compatibilizá-lo com o prazo geral indicado no art. 38 do CPP (seis meses, contados do conhecimento da autoria), daí porque, "conhecido o infrator, é deflagrado o prazo decadencial de seis meses. Ficando pronto o laudo, com a respectiva homologação, terá então a vítima no máximo trinta dias para deflagrar a ação. É como se o prazo geral fosse limitado pela homologação do laudo" (TÁVORA; ALENCAR, 2009, p. 670).

> **Atenção:**
>
> O prazo decadencial de 3 (três) meses para o oferecimento da queixa-crime, a contar da transmissão ou publicação da notícia, nos crimes de imprensa, previsto no art. 41, § 1º, da Lei nº 5.250/67 (Lei de Imprensa), não mais subsiste, tendo em vista que o STF, no julgamento da Ação de Descumprimento de Preceito Fundamental (ADPF) nº 130/DF, julgou pela não recepção ou revogação de toda essa lei, daí porque, para esse caso, há de se aplicar a regra geral prevista no art. 38 do CPP.

> **Aplicação em concurso público:**
>
> No concurso de Juiz Federal do TRF5, em 2011, promovido pelo Cespe/Unb, foi cobrado o prazo decadencial de oferecimento da queixa-crime de acordo com o previsto no art. 529 do CPP. Desse modo, a assertiva *"Tratando-se de delitos contra a propriedade imaterial que deixem vestígios, o prazo para o oferecimento de queixa-crime é de trinta dias contados da ciência da homologação do laudo pericial produzido na medida preparatória de busca e apreensão"* foi considerada correta.

6.4. Renúncia

Na ação penal privada, a renúncia ocorre quando a "vítima se recusa a tomar providência contra o seu agressor" (NUCCI, 2008, p. 205). Ela se opera sempre **até o oferecimento da ação (pré-processual)**. É **irretratável**, já que enseja a extinção da punibilidade (art. 107, inciso V, do Código Penal).

Pelo princípio da indivisibilidade da ação penal privada, **a renúncia feita para um agressor necessariamente beneficia os demais** (art. 49 do CPP).

É ato **unilateral** do ofendido, não necessitando de aceitação do agressor. Ela pode ser **expressa** (art. 104 CP - pode ser por petição dirigida ao juiz - *procedimental* - ou correspondência dirigida ao agressor - *extraprocedimental*; em ambos os casos, exige-se que a peça seja assinada pelo ofendido, por seu representante legal ou por procurador com poderes especiais, que não precisa ser advogado) ou **tácita** (por meio de gestos feitos para o agressor incompatíveis como o desejo de processá-lo, como, por exemplo, convidá-lo a ser padrinho de seu filho - art. 104, parágrafo único, CP - valem todos os meios de prova lícitos para sua demonstração, conforme o art. 57 do CPP).

Há de se salientar que o mero convívio social (exemplo: cumprimentos ao longo do dia) ou comercial (exemplo: sentar-se em uma mesa de negócio) não implica em renúncia.

É preciso ponderar que, consoante entendimento do STJ, a não inclusão de eventuais suspeitos na queixa-crime não configura, por si só, renúncia tácita ao direito de queixa. Com efeito, para o reconhecimento desta espécie de renúncia, exige-se a demonstração de que a não inclusão de determinados autores ou partícipes na queixa-crime se deu de forma deliberada pelo querelante - portanto, de má-fé (Informativo nº 562).

Relembre-se que, em face do Código Civil de 2002, o art. 50, parágrafo único, do CPP, que prevê a figura do representante legal para os maiores de 18 (dezoito) anos e menores de 21 (vinte e um) anos de idade, encontra-se revogado tacitamente. Assim, se o ofendido for maior de 18 (dezoito) anos, somente ele poderá oferecer a renúncia ao direito de queixa.

O fato de o ofendido receber a indenização do dano causado pelo crime não implica em renúncia ao direito de queixa (art. 104, parágrafo único, CP), exceto no Juizado Especial Criminal, em que a composição civil dos danos implica em renúncia (art. 74, parágrafo único, da Lei nº 9.099/95).

▸ **Qual o entendimento do STJ sobre o assunto?**

O STJ, por meio da sua Corte Especial, decidiu que, caso o querelante proponha, na própria queixa-crime, composição civil de danos para parte dos querelados, a peça acusatória deverá ser rejeitada em sua integralidade - isto é, em relação a todos os querelados. Isso porque a composição pelos danos, sendo aceita e homologada judicialmente, implica a renúncia ao direito de queixa, nos termos do disposto no art. 74, parágrafo único, da Lei nº 9.099/1995, tratando-se a renúncia, expressa ou tácita (art. 104 do CP), de causa extintiva da punibilidade, sendo irretratável (art. 107, V, CP). Por força do princípio da indivisibilidade, a todos se estende a manifestação do intento de não processar parte dos envolvidos, de modo que a renúncia beneficia a todos eles (Informativo nº 547).

▸ **Observação:**

Não há que se falar em arquivamento de inquérito policial em crime de ação penal privada - para esta espécie de ação penal, se a vítima não deseja prosseguir com a persecução criminal, basta que, no prazo decadencial de 6 (seis) meses, permaneça inerte, o que provoca a extinção da punibilidade do investigado (art. 107, inciso IV, CP). No entanto, caso ela faça requerimento expresso de arquivamento do inquérito, entende-se que está se operando a renúncia ao direito de queixa, o que igualmente enseja a extinção da punibilidade do agente delitivo (art. 107, inciso V, CP).

6.5. Perdão

É a desistência da demanda, o que somente pode ocorrer quando **a ação já estiver iniciada** (NUCCI, 2008, p. 207). Ela também enseja a extinção da punibilidade do agente (art. 107, V, CP). Porém, ao contrário da renúncia, é ato **bilateral**, dependendo da aceitação do agressor, já que ele pode recusá-lo, prosseguindo no feito visando obter uma sentença absolutória.

Essa aceitação do perdão pode ser feita por procurador, desde que possua poderes especiais, não necessitando ser advogado (artigos 55 e 59 do CPP). A aceitação pode ser **processual** ou **extraprocessual** (ela constará de declaração assinada pelo agente do delito ou por procurador com poderes especiais, que deve ser juntada ao processo – é exemplo de aceitação extraprocessual o envio de uma carta pelo agente delitivo ao querelante concordando com o perdão oferecido).

> **▸ Aplicação em concurso público:**
>
> No concurso de Procurador do Tribunal de Contas de São Paulo, em 2011, promovido pela Fundação Carlos Chagas (FCC), dentre outros aspectos relevantes do perdão na ação penal privada, foi cobrada a possibilidade da aceitação deste instituto de forma extraprocessual. Nesse sentido, indagou-se: *"O perdão, nos crimes de ação penal privada, a) não poderá ser aceito por procurador com poderes especiais. b) poderá ser aceito fora do processo por meio de declaração assinada pelo próprio querelado. c) será concedido pelo querelante mediante declaração expressa nos autos, ensejando a intimação do querelado para aceitação ou não no prazo de 10 dias. d) não poderá ser concedido pelo querelante pela via extraprocessual. e) concedido a um dos querelados aproveitará a todos, inclusive aos que recusarem"*. A resposta correta foi a letra B.

Se o querelado for mentalmente enfermo ou retardado mental e não tiver representante legal, ou colidirem os interesses deste com os do querelado, a aceitação do perdão caberá ao curador que o juiz lhe nomear, nos termos do art. 53 do CPP.

O perdão pode ocorrer **até o trânsito em julgado da sentença condenatória** (art. 106, § 2º, CP). Ele pode ser **expresso** (*processual*: petição dirigida ao juiz, podendo ser feita por procurador, desde que possua poderes especiais – **o querelado será intimado para, no prazo de 3 (três) dias, se manifestar, sendo que o seu silêncio importará em aceitação**, consoante o art. 58 do CPP – essa intimação do querelado deverá ser pessoal, salvo se o seu procurador possui poderes especiais para a aceitação do perdão; ou *extraprocessual* – deve-se firmar um termo nos autos, pessoalmente ou por procurador com poderes especiais) ou **tácito** (quando o ofendido toma atitudes incompatíveis com o desejo de processar, a exemplo de se casar com o seu ofensor – art. 106, § 1º, CP – valem todos os meios de prova lícitos para sua demonstração – art. 57 CPP).

Por força do princípio da indivisibilidade, o perdão dirigido a um dos agentes **pode** beneficiar todos os demais, devendo o juiz intimar todos os querelados para que se manifestem se aceitam ou não este perdão. No entanto, como ele é ato bilateral, é possível que alguns aceitem e outros não, sendo que a ação penal continuará para aqueles agentes que não aceitaram – art. 51 CPP e art. 106, incisos I e III, CP.

De outro lado, se há mais de uma vítima, o perdão de uma não afeta a situação da outra (art. 106, II, CP).

Havendo vários processos envolvendo vítima e agressor, o perdão feito em um deles não atinge os demais processos.

Há de se salientar que o mero convívio social (exemplo: cumprimentos ao longo do dia) ou comercial (exemplo: sentar-se em uma mesa de negócio) não implica em perdão.

> ▸ **Atenção:**
>
> Considerando que o Código Civil de 2002 reduziu a maioridade para 18 (dezoito) anos, entende-se que os artigos 52 e 54 do CPP foram tacitamente revogados, pois a legitimidade para perdoar é apenas do maior de 18 (dezoito) anos, não havendo legitimidade concorrente em relação ao menor de 21 (vinte e um) anos, pois ele já é absolutamente capaz.

Renúncia	Perdão
É instituto pré-processual, pois se opera antes do início da ação penal.	É instituto processual, pois se opera após o início da ação penal, até o trânsito em julgado da sentença condenatória.
É ato unilateral, pois não depende da concordância do agente delitivo.	É ato bilateral, dependendo da concordância do querelado.
A renúncia feita a apenas um dos agentes delitivos necessariamente se estende aos demais (art. 49 CPP).	O perdão concedido a apenas um dos agentes delitivos não necessariamente se estende aos demais, tendo como único efeito a obrigatoriedade da intimação dos outros querelados, que podem ou não aceitar este perdão, sendo que a ação continuará para quem não aceitá-lo (art. 51 CPP).

> ▸ **Retratação do agressor nos crimes de calúnia e difamação (art. 143 CP) e posição do STJ:**
>
> Nos termos do art. 143 do Código Penal, "o querelado que, antes da sentença, se retrata cabalmente da calúnia ou da difamação, fica isento de pena" (*caput*). "Nos casos em que o querelado tenha praticado a calúnia ou a difamação utilizando-se de meios de comunicação, a retratação dar-se-á, se assim desejar o ofendido, pelos mesmos meios em que se praticou a ofensa" (parágrafo único). Nessa esteira, conforme decidido pelo STJ, a retratação, admitida nos crimes de calúnia e difamação, não é ato bilateral, ou seja, não pressupõe aceitação da parte ofendida para surtir seus efeitos na seara penal, porque a lei não exige isso. O Código, quando quis condicionar o ato extintivo da punibilidade à aceitação da outra parte, o fez de forma expressa, como no caso do perdão ofertado pelo querelante depois de instaurada a ação privada (STJ, Informativo nº 687).

> ▸ **Aplicação em concurso público:**
>
> No concurso de Juiz de Direito Substituto do Tribunal de Justiça de Pernambuco, em 2013, promovido pela Fundação Carlos Chagas, cobrou-se

o teor do art. 51 do CPP, nos seguintes termos: "*Nos crimes de ação penal de iniciativa privada, A) a renúncia ao exercício do direito de queixa se estenderá a todos os querelantes. B) a renúncia é ato unilateral, voluntário e necessariamente expresso. C) a perempção pode ocorrer no curso do inquérito policial. D) o perdão do ofendido somente é cabível antes do exercício do direito de ação. E) o perdão concedido a um dos querelados aproveitará a todos, sem que produza, todavia, efeito em relação ao que o recusar*". A resposta da questão foi a letra E.

▸ **Aplicação em concurso público:**

No concurso de Juiz de Direito Substituto do Tribunal de Justiça do Estado de Minas Gerais, promovido pela EJEF (Escola Judicial Desembargador Edésio Fernandes), em 2014, dentre outros aspectos relevantes da ação penal privada, cobrou-se a diferença entre renúncia e perdão do ofendido extraída dos arts. 49 e 51 do CPP, como se segue: "*Assinale a alternativa INCORRETA. A) Na ação penal privada subsidiária da pública, o Promotor de Justiça pode repudiar a queixa e oferecer denúncia substitutiva, quando a queixa apresentada for inepta. B) Tanto a renúncia ao exercício do direito de queixa como o perdão do ofendido em relação a um dos autores do crime, a todos se estenderá, extinguindo-se a punibilidade. C) A renúncia, nas ações penais privadas, pode ser tácita e admite, para tanto, todos os meios de prova, conforme previsto no Código de Processo Penal. D) Tratando-se de ação penal privada personalíssima, a morte da vítima extingue a punibilidade.*". A alternativa considerada incorreta foi a letra B.

6.6. Perempção (art. 60 CPP)

A perempção da ação penal exclusivamente privada ocorre "quando o querelante, por desídia, demonstra desinteresse pelo prosseguimento da ação penal" (NUCCI, 2008, p. 209). Desse modo, ela funciona "como autêntica penalidade imposta ao negligente querelante, incapaz de conduzir corretamente a ação penal, da qual é titular" (NUCCI, 2008, p. 209). Por consequência, a perempção acarreta a extinção da punibilidade do agente (art. 107, IV, CP).

As hipóteses de perempção estão previstas no art. 60 do CPP:

> *Art. 60. Nos casos em que somente se procede mediante queixa, considerar-se-á perempta a ação penal:*
>
> *I – quando, iniciada esta, o querelante deixar de promover o andamento do processo durante 30 dias seguidos;*

Para que se opere esta hipótese de perempção, exige-se a intimação do advogado do querelante e do próprio querelante pessoalmente, com a finalidade de que este último não seja punido pela inércia do seu procurador. Além disso, somente haverá a perempção se a inércia por mais de 30 (trinta) dias se der sem motivo justificado (se, por exemplo, se deve a greve do Judiciário, está justificada, não se configurando a perempção). Por fim, registre-se que o prazo de

30 (trinta) dias não pode ser reunido (deve-se contar de uma vez só, e não com a junção de intervalos menores).

> *II - quando, falecendo o querelante, ou sobrevindo sua incapacidade, não comparecer em juízo, para prosseguir no processo, dentro do prazo de 60 (sessenta) dias, qualquer das pessoas a quem couber fazê-lo, ressalvado o disposto no art. 36;*

Esse prazo de 60 (sessenta) dias começa a correr do evento morte ou incapacidade do querelante, não sendo preciso, portanto, haver a intimação do cônjuge (o que também deve incluir o companheiro), ascendente, descendente ou irmão (art. 31 do CPP) para o início do seu curso.

> *III - quando o querelante deixar de comparecer, sem motivo justificado, a qualquer ato do processo a que deva estar presente, ou deixar de formular o pedido de condenação nas alegações finais;*

Na primeira hipótese tratada por este dispositivo legal ("quando o querelante deixar de comparecer, sem motivo justificado, a qualquer ato do processo a que deva estar presente"), somente se reconhece a perempção quando a presença do querelante não pode ser suprida pela presença do advogado (como no caso de necessidade de oitiva pessoal do querelante em juízo).

Na segunda hipótese ("quando o querelante deixar de formular o pedido de condenação nas alegações finais"), deve estar claro o desejo de o querelante não mais ver o querelado punido. Se não consta pedido expresso de condenação, mas o contexto das alegações finais permite concluir que é esse o desejo do querelante, não há que se falar em perempção. Noutro giro, se o querelante não apresentar as alegações finais dentro do prazo de 30 (trinta) dias, deverá ser igualmente reconhecida a perempção, mas com base no inciso I do art. 60 do CPP. Em havendo concurso de infrações penais, pode-se operar a perempção apenas em relação a algumas delas, prosseguindo o feito para as demais. Havendo vários querelantes, a perempção referente a alguns deles não atinge os demais.

> *IV - quando, sendo o querelante pessoa jurídica, esta se extinguir sem deixar sucessor.*

A simples extinção da pessoa jurídica não é causa de perempção, sendo ainda necessário, para que isso ocorra, que ela se extinga sem deixar sucessor.

> ▸ **Aplicação em concurso público:**
>
> No concurso da Defensoria Pública do Estado do Pará, em 2009, promovido pela Fundação Carlos Chagas (FCC), foram cobradas as hipóteses de perempção previstas no art. 60 do CPP, nesses termos: *"Nos casos em que somente se procede mediante queixa, considera-se perempta a ação penal:* **A)** *quando, iniciada esta, o querelante deixar de promover o andamento do processo durante 60 dias seguidos.* **B)** *quando, falecendo o querelante, ou*

sobrevindo sua incapacidade, não comparecer em juízo, para prosseguir no processo, dentro do prazo de 30 dias, qualquer das pessoas a quem couber fazê-lo. **C)** *quando o querelante deixar de comparecer, sem motivo justificado, a qualquer ato do processo a que deva estar presente, ou deixar de formular o pedido de condenação nas alegações finais.* **D)** *quando, sendo o querelante pessoa jurídica, esta se extinguir.* **E)** *quando houver perdão judicial"*. A assertiva considerada correta foi a de letra C.

▸ **Aplicação em concurso público:**

No LII concurso de Promotor de Justiça Substituto do Estado de Minas Gerais, promovido em 2012 pelo MPMG, voltou-se a cobrar o instituto da perempção, da seguinte forma: "*Assinale a alternativa* **CORRETA**. **A)** *A perempção é causa de extinção da punibilidade decorrente da perda do prazo para a realização de ato processual.* **B)** *A perempção acontece quando o autor da ação for pessoa jurídica e esta se extinguir sem deixar sucessor.* **C)** *A perempção fica caracterizada na ausência do autor da ação em audiência conciliatória, ainda que presente seu procurador.* **D)** *A perempção ocorre quando o Ministério Público deixa de promover o andamento do processo durante trinta dias seguidos*". A assertiva correta foi a letra B.

6.7. Espécies de ação penal privada

6.7.1. Ação penal exclusivamente privada ou propriamente dita

Ocorre quando o ofendido, seu representante legal (no caso de menoridade do ofendido - art. 30 do CPP), seus sucessores (no caso de morte ou declaração judicial de ausência do ofendido - art. 31 do CPP) ou seu curador especial (nas hipóteses do art. 33 do CPP) podem ingressar com a ação penal.

6.7.2. Ação penal privada personalíssima

Ocorre quando a legitimidade ativa é **privativa da pessoa ofendida**, não se admitindo que o representante legal, seus sucessores ou o curador especial da mesma assumam o polo ativo. Diante disso, se o ofendido é menor de 18 (dezoito) anos, o prazo decadencial só passa a ser contado a partir da sua maioridade. Se doente mental, só é contado a partir de quando recobra sua sanidade. Enquanto essas circunstâncias não acontecem, não correrá o prazo decadencial. Ademais, se o ofendido falecer, não será possível o início ou o prosseguimento da ação penal, operando-se a extinção da punibilidade do agente delitivo por decadência (se a ação ainda não foi instaurada) ou por perempção (se a ação já foi instaurada).

Atualmente, o único exemplo de ação penal privada personalíssima existente no ordenamento jurídico brasileiro é o **crime de induzimento a erro essencial e ocultação de impedimento ao casamento (art. 236, parágrafo único, CP)**, pois o crime de adultério (art. 240 CP), que também estava submetido a esta espécie de ação penal, foi revogado pela Lei nº 11.106/05.

6.7.3. Ação penal privada subsidiária da pública ou supletiva (art. 5º, LIX, CF, e art. 29 CPP)

Ocorre quando o ofendido ou seu representante legal ingressa "diretamente, com ação penal, através do oferecimento de queixa, quando o Ministério Público, nos casos de ações públicas, deixe de fazê-lo no prazo legal (art. 46, CPP)" (NUCCI, 2008, p. 211).

> **▸ Aplicação em concurso público:**
>
> No concurso de Analista do TRF1, em 2011, promovido pela Fundação Carlos Chagas (FCC), foi cobrado o conceito de ação penal privada subsidiária da pública. Nesse trilhar, afirmou-se o seguinte: *"A ação penal ajuizada pelo ofendido ou por quem tenha condições de representá-lo, nos crimes de ação pública, quando não for intentada pelo Ministério Público no prazo legal, denomina-se ação penal a) privada exclusiva. b) pública incondicionada. c) privada subsidiária da pública. d) pública condicionada. e) privada personalíssima"*. A resposta correta foi a letra C.

Esta espécie de ação penal privada tem autorização constitucional, mais precisamente no art. 5º, LIX, da Carta Magna Federal, o que permite a sua sobrevivência no ordenamento jurídico e consequentemente a validade do art. 29 do CPP, afinal de contas, como regra geral, a ação penal pública é privativa do Ministério Público, conforme estabelece o art. 129, inciso I, do Texto Constitucional. Aliás, ela está elencada na Constituição Federal como direito fundamental do cidadão porque visa promover um controle feito pelo ofendido contra abusos do Estado-acusação, quando houver demora excessiva no oferecimento da ação penal.

> **▸ Ação penal privada subsidiária da pública na Lei de abuso de autoridade:**
>
> A Lei de abuso de autoridade (Lei nº 13.869/2019) também prevê a ação penal privada subsidiária da pública, ao dispor, em seu art. 3º, parágrafo 1º, que "Será admitida ação privada se a ação penal pública não for intentada no prazo legal, cabendo ao Ministério Público aditar a queixa, repudiá-la e oferecer denúncia substitutiva, intervir em todos os termos do processo, fornecer elementos de prova, interpor recurso e, a todo tempo, no caso de negligência do querelante, retomar a ação como parte principal". Esta ação será exercida no prazo de 6 (seis) meses, contado da data em que se esgotar o prazo para oferecimento da denúncia (art. 3º, parágrafo 2º).
>
> A anterior Lei de abuso de autoridade (Lei nº 4.898/65) possuía previsão semelhante de ação penal privada subsidiária da pública no teor do seu art. 16. À época de vigência deste diploma normativo, o aludido dispositivo legal ganhou ainda mais notoriedade em novembro de 2016, quando o então ex-Presidente da República, Luiz Inácio Lula da Silva, ajuizou no TRF da 4ª Região ação penal privada em face do então Juiz Federal Sérgio Moro, sob a alegação de que este último teria cometido contra aquele uma série de arbitrariedades, no curso da operação Lava Jato, no deferimento de condução coercitiva, busca e apreensão e gravação de conversas.

Pode-se afirmar que ela é uma faculdade do ofendido, pois ele só oferecerá a ação se quiser. Para valer-se dela, o ofendido tem o **prazo decadencial de 6 (seis) meses** para oferecer a chamada **queixa-crime substitutiva**, prazo este **contado desde o fim do prazo que possui o Ministério Público para oferecer denúncia.**

A esse respeito configura-se a **decadência imprópria**, que é aquela que incide na ação penal privada subsidiária da pública. Assim, como já registrado alhures, após o transcurso do prazo em branco ("in albis") para o Ministério Público oferecer a denúncia, inicia-se o prazo de 6 (seis) meses para o particular oferecer essa ação penal (art. 38, *caput*, parte final do CPP), encaminhando ao juízo criminal competente a queixa-crime substitutiva. No entanto, a perda de tal prazo não enseja a extinção da punibilidade, caracterizando-se assim uma decadência, de fato, imprópria. O único efeito dessa decadência é a exclusão da legitimidade ativa desse agente, autorizando o órgão ministerial a iniciar a ação como seu autor.

Portanto, esse prazo "não atinge o Estado-acusação, que mantém o dever de denunciar, até que ocorra a prescrição" (NUCCI, 2008, p. 212), havendo, pois, hipótese de *legitimidade concorrente*. Nesse sentido, o Ministério Público figura como um **interveniente adesivo obrigatório** (TÁVORA; ALENCAR, 2009, p. 141) ou **assistente litisconsorcial** (NUCCI, 2008, p. 211-214), atuando em todos os termos do processo, sob pena de nulidade (art. 564, inciso III, alínea "d", do CPP), tendo amplos **poderes de parte** nesse tipo de ação (art. 29 do CPP): pode aditar a queixa-crime substitutiva (para incluir novo agente e/ou fato delitivo); oferecer *denúncia substitutiva*, repudiando a queixa-crime (não por mera arbitrariedade, mas sim se a queixa é inepta e não preenche os requisitos legais, do contrário, o juiz deverá rejeitar a denúncia substitutiva e manter a queixa-crime substitutiva); intervir em todos os termos do processo; fornecer elementos de prova; interpor recurso; retomar a ação principal, se houver negligência do querelante, nos casos de perempção – art. 60 CPP (por conta disso, afirma-se que o instituto da **perempção não se aplica na ação penal privada subsidiária da pública**). Ademais, por força do art. 105 do Código Penal, **não cabe o perdão do ofendido nesse tipo de ação** – se o querelante perdoar o seu ofensor, o Ministério Público retoma o curso da ação penal.

Fala-se então em **ação penal indireta**, que é aquela que se verifica justamente quando, na hipótese de ação penal privada subsidiária da pública, há inércia ou negligência do querelante, o que permite que o Ministério Público retome o polo ativo da ação como parte principal. É situação prevista no art. 29, parte final do CPP. Nessa esteira, os institutos da decadência, renúncia, perdão do ofendido e perempção não provocam a extinção da punibilidade na ação penal privada subsidiária da pública, tendo como consequência apenas a exclusão da legitimidade ativa do particular, abrindo espaço para o *Parquet* iniciar/prosseguir a ação como seu autor.

> ▸ **Aplicação em concurso público:**
>
> No XLIX concurso do MP/MG, em 2010, foi cobrado em que espécie de ação penal incide a perempção. Nesse sentido, a assertiva *"A perempção afeta a ação penal pública, mas não tem eficácia sobre a ação penal privada subsidiária da pública"* foi considerada incorreta.

▸ **Aplicação em concurso público:**

No concurso do MP/SC, em 2010, foi cobrada a atuação do Ministério Público na ação penal privada subsidiária da pública. Nesse sentido, a assertiva "*A renúncia do titular da queixa substitutiva, ou seja, no caso de ação penal privada subsidiária da pública, impede que o órgão do Ministério Público ofereça a denúncia, iniciando a ação penal pública*" foi considerada incorreta.

▸ **Aplicação em concurso público:**

No concurso do MP/SC, em 2010, foi cobrada também a atuação do Ministério Público na ação penal privada subsidiária da pública. Nesse sentido, a assertiva "*Embora o art. 29 do CPP admita expressamente a ação penal privada nos crimes de ação pública se esta não for intentada no prazo legal, cabe ao Ministério Público aditar a queixa, repudiá-la e oferecer denúncia substitutiva, intervindo em todos os termos do processo, fornecendo elementos de prova. Contudo, em caso de negligência do querelante, que assumiu a iniciativa da propositura da ação, não poderá o Ministério Público retomar a ação como parte principal*" foi considerada incorreta.

▸ **Aplicação em concurso público:**

No concurso do MP/SP, em 2015, dentre outros aspectos relevantes sobre a ação penal, foi cobrada mais uma vez a atuação do Ministério Público na ação penal privada subsidiária da pública, da seguinte forma: "*Assinale a alternativa correta: a) A vítima poderá, em hipótese específica, provocar a prestação da tutela jurisdicional, mesmo em crime de ação pública. Neste caso, o Promotor de Justiça atuará como interveniente obrigatório subsidiário. b) A requisição do Ministro da Justiça é, por definição, uma ordem legal e, portanto, impõe o oferecimento da denúncia e o início da ação penal nos delitos a ela condicionados. c) O princípio da indivisibilidade da ação privada não comporta exceções. d) O crime de lesões corporais dolosas de natureza leve, quando envolver violência doméstica contra mulher, é de ação pública condicionada à representação. e) O fenômeno da assistência no processo penal pode se verificar nas ações penais públicas e privadas, nos termos do artigo 268 do Código de Processo Penal.*" A assertiva considerada correta foi a letra A.

Se o Ministério Público entender que a ação oferecida pelo ofendido não possui justa causa, deverá oferecer parecer pugnando pela rejeição da peça acusatória. O magistrado, porém, não está vinculado ao parecer ministerial, podendo receber a queixa-crime substitutiva. Restará ao *Parquet* (e ao próprio réu) o oferecimento de *habeas corpus* visando o trancamento da ação penal.

Ainda com relação ao Ministério Público, assevere-se que o art. 801 do CPP ("Findos os respectivos prazos, os juízes e os órgãos do Ministério Público, responsáveis pelo retardamento, perderão tantos dias de vencimentos quantos forem os excedidos. Na contagem do tempo de serviço, para o efeito de promoção e aposentadoria, a perda será do dobro dos dias excedidos.") não tem mais aplicabilidade, já que a Constituição Federal assegura a irredutibilidade dos vencimentos aos membros do *Parquet*, bem como os critérios de promoção encontram-se previstos nas respectivas Leis Orgânicas (TÁVORA; ALENCAR, 2009, p. 142).

Quanto à figura do ofendido, registre-se que, na hipótese de ele ser afastado do polo ativo desta demanda, ainda assim poderá habilitar-se como assistente de acusação.

Ressalte-se que **a promoção de arquivamento do inquérito policial pelo Ministério Público não permite o manejo dessa ação**, que só é permitido se houver absoluta inércia do órgão ministerial. Nesse sentido é a posição do STF (RT 653/389, 431/419, 534/456, 597/421 e 613/431). O mesmo se diga se o Ministério Público procurar complementar o inquérito policial, adotando as providências mencionadas nos artigos 16 e 47 do CPP, ou ainda se este órgão firmar com o investigado, o acordo de não persecução penal anteriormente regulamentado pelo art. 18 da Resolução nº 181/2017 do Conselho Nacional do Ministério Público e atualmente disciplinado pelo art. 28-A do CPP, com a redação dada pela Lei nº 13.964/2019 ("Pacote Anticrime").

Por fim, registre-se que **não há pagamento de custas ou demais despesas processuais neste tipo de ação**.

▸ Ação penal pública subsidiária da pública:

A ação penal pública subsidiária da pública, que não deve ser confundida com a ação penal privada subsidiária da pública, é verificada quando, em virtude de absoluta inércia do Ministério Público no prazo legal para oferecimento da denúncia, outro órgão público passa a ter legitimidade para iniciar a ação penal pública. A doutrina aponta as seguintes hipóteses desta modalidade de ação penal: 1) art. 2º, parágrafo 2º, do Decreto-lei nº 201/67 (versando sobre os crimes de responsabilidade de Prefeitos, prevê, na hipótese de inércia do Ministério Público Estadual, na figura do Procurador-Geral de Justiça – em virtude da prerrogativa de foro no Tribunal de Justiça assegurada pelo art. 29, X, da Carta Magna Federal a tais agentes públicos –, poderá este ser substituído pelo Procurador-Geral da República), dispositivo de duvidosa constitucionalidade (por promover uma alteração de atribuição não prevista constitucionalmente, mesclando, de forma indevida, as esferas federal e estadual); 2) art. 357, parágrafos 3º e 4º, do Código Eleitoral (assevera que, sendo o Ministério Público Eleitoral inerte no prazo legal para oferecimento da denúncia – 10 dias –, o juiz solicitará ao Procurador Regional Eleitoral a designação de outro Promotor, para, no mesmo prazo, oferecer a peça acusatória, sendo ainda permitido a qualquer eleitor provocar a representação contra o órgão do Ministério Público se o juiz, no prazo de 10 dias, não agir de ofício), dispositivo igualmente de duvidosa constitucionalidade, por violar, de um lado, a independência funcional dos membros do Ministério Público e, de outro, a imparcialidade do juiz e o próprio sistema acusatório; 3) art. 27 da Lei nº 7.492/86 (tratando dos crimes contra o sistema financeiro nacional, prevê que, quando a denúncia não for intentada no prazo legal, o ofendido poderá representar ao Procurador-Geral da República, para que este a ofereça, designe outro órgão do Ministério Público Federal para oferecê-la ou determine o arquivamento das peças de informação recebidas); 4) art. 5º, parágrafo 4º, da Constituição Federal (possibilidade de deslocamento de competência para o Tribunal Penal Internacional – TPI, na hipótese de inércia dos órgãos internos brasileiros envolvendo crimes contra a humanidade); 5) art. 109, parágrafo 5º, do Texto Constitucional (incidente de deslocamento de competência para a Justiça Federal no caso de grave violação de direitos humanos).

6.8. Custas e honorários advocatícios

Com relação às custas e demais despesas processuais, como já afirmado no tópico anterior, não haverá o pagamento das mesmas na ação penal privada subsidiária da pública. Nas demais espécies de ação penal privada, ocorrerá esse pagamento, nos termos previstos no art. 806 do CPP:

> *Art. 806. Salvo o caso do art. 32, nas ações intentadas mediante queixa, nenhum ato ou diligência se realizará, sem que seja depositada em cartório a importância das custas.*
>
> *§ 1º Igualmente, nenhum ato requerido no interesse da defesa será realizado, sem o prévio pagamento das custas, salvo se o acusado for pobre.*
>
> *§ 2º A falta do pagamento das custas, nos prazos fixados em lei, ou marcados pelo juiz, importará renúncia à diligência requerida ou deserção do recurso interposto.*
>
> *§ 3º A falta de qualquer prova ou diligência que deixe de realizar-se em virtude do não pagamento de custas não implicará a nulidade do processo, se a prova de pobreza do acusado só posteriormente foi feita.*

No que tange aos honorários advocatícios, é possível a fixação do seu pagamento por parte do querelante vencido ao advogado que patrocinou a defesa do querelado (TÁVORA; ALENCAR, 2009, p. 142). Por fim, com fincas nos ensinamentos de Nestor Távora e Rosmar Rodrigues Alencar, "Nas hipóteses de nomeação do advogado pelo juiz para ajuizar a ação, sendo a vítima pobre, em razão da impossibilidade ou inexistência de Defensor Público na comarca, os honorários devem ser fixados pelo magistrado, de acordo com a tabela organizada pelo Conselho Seccional da OAB, e são devidos pelo Estado, ao amparo do art. 22, § 1º da Lei nº 8.906/94" (TÁVORA; ALENCAR, 2009, p. 142).

▸ Qual o entendimento do STJ sobre o assunto?

O STJ já decidiu que é possível condenar o querelante em honorários advocatícios sucumbenciais na hipótese de rejeição de queixa-crime por ausência de justa causa, com fundamento nos arts. 3º e 804 do CPP, em harmonia com o art. 20 do CPC/1973 (Informativo nº 586).

7. DENÚNCIA OU QUEIXA-CRIME

A denúncia é a peça privativa do Ministério Público que dá início à ação penal pública. Já a queixa-crime é a peça privativa do ofendido ou de seu representante legal ou seu sucessor ou ainda seu curador que dá início à ação penal privada.

A ação penal é iniciada com o simples oferecimento da denúncia ou queixa, mas, segundo posicionamento do STF, o **ajuizamento da ação** se opera no momento do **recebimento da inicial acusatória**, que permitirá a citação do réu, o que ficou claro com a redação do art. 363, *caput*, do CPP, dada pela Lei nº 11.719/08, segundo o qual "O processo terá completada a sua formação quando realizada a citação do acusado". É também o recebimento da denúncia ou queixa o marco de **interrupção da prescrição** (art. 117, inciso I, CP).

7.1. Formalidades essenciais para a elaboração da denúncia ou queixa-crime (arts. 41 e 44 CPP)

O art. 41 do CPP apresenta os requisitos formais para oferecimento da denúncia ou queixa-crime:

I. **Exposição do fato criminoso, com todas as suas circunstâncias**: O autor da ação penal deve imputar todos os fatos relacionados ao tipo penal principal e às qualificadoras e causas especiais de aumento de pena, podendo não incluir na inicial, porém, as circunstâncias agravantes, que, inclusive, podem ser reconhecidas de ofício pelo juiz, consoante o art. 385 do CPP (embora essa postura do CPP seja criticável para parcela minoritária da doutrina, eis que implicaria em violação ao sistema acusatório e à própria imparcialidade do magistrado). Também devem ser narradas as circunstâncias de tempo, lugar e *modus operandi*.

É de se destacar a extrema importância deste requisito da inicial acusatória, haja vista que o que vincula a defesa (e o próprio juiz) é a narrativa dos fatos e não a tipificação do delito. Nesse sentido, peça acusatória sem narrativa dos fatos ou com narrativa inócua, frágil ou sem individualização de condutas é considerada inepta, devendo ser rejeitada (art. 395, inciso I, do CPP). Se tal peça for recebida, haverá nulidade do feito. Contudo, registre-se que, segundo posicionamento do STF, "a inépcia da inicial só pode ser suscitada até antes da prolação da sentença. Advindo sentença, o que se pode questionar, a partir de então, é a própria decisão condenatória, e não mais a denúncia que deu ensejo à mesma" (TÁVORA; ALENCAR, 2009, p. 148).

II. **Qualificação do acusado ou esclarecimentos pelos quais se possa identificá-lo**: É suficiente que o autor da ação proceda à *identificação física do autor*, o que geralmente inclui a menção à nacionalidade, ao estado civil, profissão, data de nascimento, naturalidade, filiação, endereço, documentos de identidade e CPF, e, na falta de um ou alguns desses elementos, recorre-se à identificação através de apelido, tatuagens, características físicas marcantes, a exemplo de uma deficiência física.

Nesse sentido, vale a pena registrar que o art. 259 do CPP estatui que "a impossibilidade de identificação do acusado com o seu verdadeiro nome ou outros qualificativos não retardará a ação penal, quando certa a identidade física. A qualquer tempo, no curso do processo, do julgamento ou da execução da sentença, se for descoberta a sua qualificação, far-se-á a retificação, por termo, nos autos, sem prejuízo da validade dos atos precedentes". Esse requisito da peça inicial confere importância especial à identificação datiloscópica do acusado, que é permitida nos termos da Lei nº 12.037/09, que revogou a anterior Lei nº 10.054/00.

III. **Classificação do crime**: É a tipicidade ou a definição jurídica do fato, que não vincula a defesa e o juiz, já que o acusado se defende dos fatos alegados. Recomenda-se sempre que o autor da ação penal insira não só o dispositivo legal em que se encontra incurso o agente delitivo (exemplo: artigo 155, *caput*, do Código Penal), mas também o nome do crime por este cometido - *nomen juris* (exemplo: furto simples). A esse respeito, vale a pena registrar que o art. 383 do CPP, consagrando o instituto da *emendatio libelli*, assevera que "O juiz, sem modificar a descrição do fato contida na denúncia ou queixa, poderá atribuir-lhe definição jurídica diversa, ainda que, em consequência, tenha de aplicar pena mais grave".

Conforme posicionamento clássico do STF, o momento correto para que o juiz opere a *emendatio libelli* é o da prolação da sentença, daí porque se entende que o magistrado, quando do recebimento da denúncia ou queixa, não poderá alterar a classificação do delito que ali conste, mesmo que dela discorde, sob pena de violação da sua parcialidade e do sistema acusatório (STF, 1ª Turma, Rel. Min. Carmen Lúcia, HC nº 87.324/SP, DJ 18/05/2007). Este Tribunal Superior, no entanto, admite excepcionalmente a *emendatio libelli* no momento do recebimento da denúncia ou queixa, quando realizada em benefício do réu (a exemplo do que ocorreria se a nova tipificação da conduta permitisse ao acusado o recebimento da proposta de suspensão condicional do processo) ou para permitir a correta fixação da competência ou do procedimento a ser adotado (STF, 1ª Turma, Rel. Min. Rosa Weber, HC nº 115831/MA, DJe 18/11/2013).

O STJ, também segue este posicionamento do STF, tanto em relação à regra geral (STJ, 5ª Turma, HC nº 213043/MS, Rel. Min. Laurita Vaz, DJe 13/08/2013) como também no que diz respeito às ressalvas alhures indicadas (STJ 5ª Turma, RHC nº 27628/GO, Rel. Min. Jorge Mussi, julgado em 13/11/2012). Aliás, em relação à possibilidade excepcional de *emendatio libelli* no recebimento da denúncia ou queixa, o STJ, em julgamento marcante proferido em 2015, asseverou que matérias de ordem pública, de enfrentamento necessário em qualquer fase processual - como competência, inexistência de justa causa, trancamento da ação, transação penal, suspensão condicional do processo ou prescrição -, podem exigir como fundamento inicial o adequado enquadramento típico dos fatos acusatórios, como descritos (assim independendo da instrução) - Informativo nº 553.

Contudo, isso não impede que o juiz proceda a uma **rejeição parcial da denúncia ou queixa**. Constatando a ausência de justa causa, seja em relação a alguns acusados, seja para alguns fatos delitivos, seja no que se refere a qualificadoras ou causas especiais de aumento de pena, o magistrado poderá decotá-los. Contra essa decisão caberá **recurso em sentido estrito**, por interpretação extensiva do art. 581, inciso I, do CPP.

> **Aplicação em concurso público:**
>
> No XLVIII concurso do MP/MG, em 2009, na Prova Especializada de Direito Processual Penal, foi indagado ao candidato: *"O Juiz de Direito poderá receber parcialmente a denúncia, decotando qualificadora que entenda ser impertinente? Poderá, no mesmo ato, alterar a imputação para reconhecer a prática de crime diverso do narrado?"*. É possível o recebimento parcial da denúncia, com o decote da qualificadora impertinente, mas não é possível a alteração para reconhecimento da prática de crime diverso do narrado, conforme exposto nos parágrafos anteriores.

IV. **Rol das testemunhas**: É elemento facultativo da denúncia ou queixa. Tradicionalmente, a jurisprudência brasileira sempre entendeu que este seria o momento correto e único para o oferecimento do rol de testemunhas, sob pena, portanto, de preclusão. No entanto, mais recentemente, o STJ decidiu que seria aplicável ao Processo Penal o disposto no art. 321 do CPC/15, que permite a emenda da inicial. Por conta disso, o tribunal permitiu que o Ministério Público emendasse a inicial acusatória (desde que antes da formação da relação processual) para incluir o rol de testemunhas (STJ, 5ª Turma, RHC nº 37.587/SC; Informativo nº 577). O dispositivo legal em comento é reflexo do princípio da cooperação processual estampado no art. 6º do CPC/15, perfeitamente aplicável à esfera processual penal. Ademais, é possível ainda que o juiz, a seu exclusivo critério, colha o depoimento de testemunhas não arroladas pelas partes, de acordo com o art. 209, *caput*, do CPP: "O juiz, quando julgar necessário, poderá ouvir outras testemunhas, além das indicadas pelas partes". O número de testemunhas varia de acordo com o procedimento a ser seguido. No procedimento ordinário, por exemplo, são 8 (oito) testemunhas. Esse número diz respeito a **cada fato criminoso**, no caso de concurso de crimes.

Além dos requisitos formais previstos pelo art. 41 do CPP, outros requisitos da denúncia ou queixa ainda podem ser apontados, a saber:

V. **Pedido de condenação**: O pedido de condenação é genérico, no sentido de que o autor da ação penal não precisa pleitear ao magistrado a pena que desejaria fosse aplicada ao agente do delito, sendo suficiente a solicitação tão somente de condenação. Compete ao juiz aplicar a pena cabível no caso concreto. De outro lado, o pedido de condenação não necessariamente precisa ser expresso, podendo defluir do contexto da peça inicial. Nesse momento, permite-se ainda que sejam formulados alguns requerimentos que decorram da condenação do agente. Assim, por exemplo, se há pretensão de se pleitear valor mínimo para reparação dos danos causados pela infração penal, com fundamento no art. 387, inciso IV, do CPP, este pleito deve ser encaminhado na queixa-crime ou, nas hipóteses em que é possível a atuação do Ministério Público, na denúncia. Além disso, se houver interesse do *Parquet* no reconhecimento da figura do confisco alargado (tema abordado nesta obra no tópico referente à restituição das coisas apreendidas, para onde se remete o leitor), objeto do art. 91-A do Código Penal, com a redação dada pela Lei nº 13.964/2019 ("Pacote Anticrime"), deve ocorrer requerimento expresso do órgão na denúncia, com indicação da diferença apurada (art. 91-A, § 3º, do Código Penal).

Ademais, já existindo nos autos elementos suficientes que demonstrem a absoluta inimputabilidade do agente, o autor da ação penal poderá formular o pedido de absolvição imprópria, para que o juiz aplique a medida de segurança.

> ▸ **Aplicação em concurso público:**
>
> No concurso de Promotor de Justiça Substituto do Ministério Público de Minas Gerais, em 2013, foram cobrados aspectos relevantes da denúncia, dentre eles o pedido, da seguinte forma: *"Considerando a formalização da ação penal pública, assinale a alternativa* **FALSA**: *A) Nos crimes de autoria coletiva, aos sócios com poder de gerência e administração podem ser imputados fatos correlatos, não individualizados, desde que sem prejuízo ao exercício da defesa. B) A peça acusatória deve delimitar, com precisão, as ações praticadas pelos autores, distinguindo-as das condutas dos partícipes. C) É insuficiente, nos crimes societários, a denúncia atribuir responsabilidade penal à pessoa física, considerando apenas o cargo ou função desempenhados na empresa. D) A inicial acusatória deve trazer pedido de condenação e de imposição da suspensão dos direitos políticos, viabilizando o contraditório imediato"*. A resposta da questão foi a letra D.

VI. Endereçamento: O autor da ação deverá indicar o órgão jurisdicional competente para processá-la e julgá-la. No entanto, segundo posicionamento do STF, o erro quanto ao endereçamento não enseja inépcia da inicial (RHC nº 60216, DJU 24/9/1982, p. 9444).

VII. Nome e assinatura: A peça acusatória deve conter o nome e a assinatura do autor da ação. Se não for firmada assinatura na denúncia, o ato será inexistente, salvo se, ainda assim, for possível a identificação do seu subscritor, como no caso de um Promotor de Justiça que lança cota nos autos, assinando-a, afirmando que acaba de oferecer denúncia, hipótese em que ocorrerá mera irregularidade, de acordo com jurisprudência consolidada dos tribunais superiores. Guilherme de Souza Nucci, entretanto, alerta para o fato de que a queixa-crime será sempre inexistente se não contiver a assinatura do seu subscritor, devendo ser rejeitada (NUCCI, 2008, p. 219).

> ▸ **Aplicação em concurso público:**
>
> No concurso de Promotor de Justiça Substituto do Ministério Público do Estado de Minas Gerais, promovido pela Fundep, em 2014, foi questionada a posição dos tribunais superiores anteriormente aludida segundo a qual há mera irregularidade da denúncia que, embora não tenha sido assinada por Promotor de Justiça, permita a perfeita identificação do seu verdadeiro autor, nos termos a seguir expostos: "*Segundo os Tribunais Superiores e posição doutrinária dominante, uma denúncia, sabidamente autêntica, que não contém assinatura do Promotor de Justiça, é: A) Absolutamente nula. B) Formalmente correta. C) Inexistente. D) Meramente irregular.*" A alternativa correta é a letra D.

Com relação à queixa-crime, o art. 44 do CPP ainda exige que ela venha acompanhada de **procuração com poderes especiais** (não sendo suficiente a mera cláusula *ad juditia*), devendo constar em tal instrumento de mandato **o nome do querelado** (embora o dispositivo legal se refira ao nome do querelante, que, por óbvio, já vai aparecer na procuração) **e a menção ao fato criminoso**, salvo quando esses esclarecimentos dependerem de diligências que devem ser previamente requeridas ao juízo criminal. A menção ao fato criminoso diz respeito a uma descrição sucinta e direta do acontecimento delitivo, embora o STJ já tenha decidido que seria suficiente a mera indicação de artigo de lei (STJ, RHC nº 7762/SP, DJU 14/9/98, p. 92).

Frise-se que a queixa-crime pode ser oferecida pelo próprio querelante, se ele for advogado. Ressalte-se ainda que eventuais defeitos da procuração serão supridos se o querelante assinar a petição inicial juntamente com o advogado.

> ▸ **Qual o entendimento do STJ sobre o assunto?**
>
> O STJ já decidiu que é nula a queixa-crime oferecida por advogado substabelecido com reserva de direitos por procurador que recebera do querelante apenas os poderes da cláusula *ad judicia et extra* – poderes para o foro em geral –, ainda que ao instrumento de substabelecimento tenha sido acrescido, pelo substabelecente, poderes especiais para a propositura de ação penal privada (Informativo nº 544).

Ademais, omissões formais da procuração podem ser sanadas até o final do prazo decadencial para oferecimento da queixa-crime (TÁVORA; ALENCAR, 2009, p. 152), embora o STF já tenha julgado que tais omissões podem ser supridas até a prolação da sentença (STF, HC nº 84397/DF, 1ª Turma, Rel. Min. Sepúlveda Pertence, DJ 12/11/2004, p. 29).

Se não preenchidos os requisitos formais da denúncia ou queixa acima previstos (itens I a VII) e isso implicar em prejuízo à ampla defesa (*vício insanável, que não pode ser retificado por meio de aditamento*), deverá ocorrer a **rejeição** da inicial acusatória por inépcia, conforme previsto no art. 395, inciso I, do CPP. Em doutrina, essa imputação realizada com grave deficiência é conhecida como **criptoimputação** (termo que deriva de "criptografia", linguagem codificada, impenetrável, incompreensível ao leitor ordinário). Aliás, a denúncia ou queixa também será rejeitada se faltar alguma condição da ação ou pressuposto processual (art. 395, inciso II, do CPP) ou ainda se faltar justa causa à ação penal (art. 395, inciso III, do CPP).

> **Aplicação em concurso público:**
>
> No concurso da Defensoria Pública do Estado de Minas Gerais, promovido em 2019 pela Fundep, dentre outros aspectos relevantes da ação penal, foi cobrada a consequência do descumprimento do teor do art. 41 do CPP, nos seguintes termos: "*Sobre ação penal, assinale a alternativa incorreta. A) Embora não possa ocorrer mutatio libelli no julgamento de recurso de apelação, pode ser promovida emendatio libelli. B) Verificando que a denúncia não preencheu seus requisitos formais estabelecidos no art. 41 do Código de Processo Penal, o juiz deverá determinar a sua emenda. C) Nos termos da lei processual penal, em razão do princípio da indisponibilidade da ação penal de iniciativa pública, ainda que o promotor de justiça tenha sugerido a absolvição nas alegações finais, o juiz poderá proferir sentença condenatória. D) A representação do ofendido e a requisição do Ministro da justiça são condições de procedibilidade eventualmente exigidas para o exercício da ação penal de iniciativa pública.*" A assertiva incorreta foi a letra B.

Nesse contexto, é importante destacar que a doutrina majoritária não acata a distinção entre *rejeição* e *não recebimento* da denúncia ou queixa engendrada por José Antônio Paganella Boschi, para quem a rejeição envolveria decisões de mérito, formando-se a coisa julgada material, evitando-se o oferecimento de nova ação penal e permitindo-se a interposição de recurso de apelação, ao passo que o não recebimento seria uma decisão de caráter processual, que permitiria a repropositura da ação em sendo superado o vício anterior, devendo ser oferecido contra tal decisão o recurso em sentido estrito (BOSCHI, 2002, p. 233). Prevalece, pois, o entendimento doutrinário de que as expressões são idênticas (TÁVORA; ALENCAR, 2009, p. 157-158).

Contra a decisão de rejeição da denúncia ou queixa, em regra, cabe **recurso em sentido estrito**, no prazo de 5 (cinco) dias, nos termos do art. 581, inciso I, do CPP. Há, contudo, **exceções**: *1. Art. 82 da Lei nº 9.099/95*: contra a rejeição da denúncia ou queixa no procedimento do Juizado Especial Criminal cabe o recurso de apelação, no prazo de 10 (dez) dias. *2. Lei nº 8.038/90*: Não cabe recurso ordinário contra a rejeição ou recebimento da denúncia ou queixa nos procedimentos de competência originária, apenas recurso extraordinário ou recurso especial, se presentes as hipóteses de cabimento exigidas pela Constituição Federal.

Seja ele qual for, o recurso oferecido contra a decisão de rejeição da denúncia ou queixa, se julgado procedente, pode resultar em 2 (dois) efeitos distintos. O primeiro efeito ocorre se esta decisão estiver eivada de *error in procedendo* (erro no procedimento): é o de anulação da decisão e retorno dos autos ao juízo *a quo* para que ele profira nova decisão, recebendo ou rejeitando a peça acusatória. O segundo se opera na hipótese de existência de *error in judicando* (erro no julgamento): o acórdão do Tribunal substituirá a decisão de primeiro grau, já servindo como recebimento da inicial. Nessa esteira é o teor da Súmula nº 709 do STF: "Salvo quando nula a decisão de primeiro grau, o acórdão que provê o recurso contra a rejeição da denúncia vale, desde logo, pelo recebimento dela".

Considerando justamente essa possibilidade de que a decisão do Tribunal, em grau recursal, sirva como recebimento da inicial acusatória é que se entende que o réu da ação penal tem o direito de oferecer contrarrazões recursais, ainda que não tenha se manifestado em primeiro grau. É o que assevera a Súmula nº 707 do STF: "Constitui nulidade a falta de intimação do denunciado para oferecer contrarrazões ao recurso interposto da rejeição da denúncia, não a suprindo a nomeação de defensor dativo".

Assevere-se, porém, que, uma vez superado o erro que provocou a rejeição da inicial, será possível a sua **repropositura**, desde que não extinta a punibilidade do agente.

De outro lado, frise-se que eventuais deficiências na denúncia ou queixa que não prejudiquem o exercício da ampla defesa (*vício sanável*) podem ser supridas a todo tempo, antes da sentença de primeiro grau, por meio de aditamento, como estatui o art. 569 do CPP. No caso de ação penal privada, porém, esse suprimento somente pode ocorrer se dentro do prazo decadencial de 6 (seis) meses, contados desde o conhecimento da autoria, para o oferecimento da queixa-crime, consoante entendimento de Guilherme de Souza Nucci (NUCCI, 2008, p. 219).

▸ **Observação:**

Por não existir previsão legal de recurso contra o recebimento da denúncia ou queixa, será possível atacar essa decisão judicial por meio do *habeas corpus*, com base no art. 648, inciso I, do CPP.

Porém, com base na Súmula nº 648 do STJ, *"A superveniência da sentença condenatória prejudica o pedido de trancamento da ação penal por falta de justa causa feito em habeas corpus"*. Isso porque a sentença penal condenatória aprecia a existência de justa causa em uma cognição muito mais aprofundada do que aquela encontrada na decisão de recebimento da peça acusatória ou de rejeição da absolvição sumária, após a regular instrução processual, observados o contraditório e a ampla defesa. É dizer, não haverá mais qualquer lógica no exame por parte do Tribunal do recebimento da peça acusatória ou mesmo da rejeição da absolvição sumária se, em seu lugar, foi proferida uma decisão de cognição mais aprofundada. Assim, será a sentença a decisão a ser eventualmente impugnada pelo acusado, o que deverá ser feito por meio da interposição do recurso de apelação.

▸ **Atenção:**

O art. 44, § 2º, da Lei nº 5.250/67 (Lei de Imprensa) asseverava que contra a decisão de rejeição da denúncia ou queixa por crime de imprensa era cabível o recurso de apelação, enquanto o recebimento da inicial deveria ser combatido por meio do recurso em sentido estrito. Entretanto, essas previsões especiais não são mais válidas, tendo em vista que o STF, no julgamento da Ação de Descumprimento de Preceito Fundamental (ADPF) nº 130/DF, julgou pela não recepção ou revogação de toda essa lei, daí porque, para esses casos, passa a valer a regra geral de cabimento do recurso em sentido estrito contra a rejeição da denúncia ou queixa.

7.2. Concisão da denúncia ou queixa. Denúncia ou queixa genérica. Denúncia ou queixa alternativa

É sempre recomendável que a denúncia ou queixa sejam concisas, contendo apenas o necessário, sendo absolutamente não recomendável a inclusão de doutrina e jurisprudência, o que deverá ser feito em fase de alegações finais.

Com efeito, a concisão da denúncia ou queixa não pode implicar em peças lacônicas, não sendo, pois, admissível, em regra, denúncia ou queixa **genérica**, que é aquela feita sem individualização precisa da autoria ou participação de cada acusado e/ou sem a narrativa de cada fato criminoso, eis que violadora do princípio constitucional da ampla defesa.

Isso é excepcionado, porém, quando não for possível, de nenhuma forma, identificar a conduta de cada agente no cometimento do crime, como no caso de um crime de rixa envolvendo centenas ou milhares de torcedores em um estádio de futebol (crime praticado sob influência de multidão). Entretanto, se as condutas de cada agente estiverem bem individualizadas no inquérito policial, deve o autor da ação penal proceder à narrativa detalhada das respectivas condutas, sob pena de inépcia da peça acusatória.

Não se admite também a chamada denúncia ou queixa **alternativa**, aquela que implica *alternância de imputação*. Ao contrário do processo civil, em que a petição inicial pode conter pedidos alternativos, tal prática não é admitida no processo penal. Assim, se houver dúvida sobre determinado fato ou sobre sua imputação (exemplo: dúvida se o homicídio é por motivo fútil ou torpe) - *imputação alternativa objetiva* - ou ainda sobre a participação ou autoria de dois ou mais agentes - *imputação alternativa subjetiva* -, o autor da ação penal deve fazer a opção antes de oferecer a peça inicial, não podendo colocar ambos de forma alternativa, sob pena de violação da ampla defesa.

> ▸ **Observação:**
>
> Os chamados *crimes societários*, a exemplo dos crimes contra a ordem tributária previstos na Lei nº 8.137/90, são tidos como crimes de gabinetes, eis que cometidos a portas fechadas, dentro, portanto, de gabinetes. Em razão disso, torna-se praticamente impossível elaborar a peça inicial expondo o fato criminoso, com todas as suas circunstâncias, como exigido pelo art. 41 do CPP. Sendo assim, para que o oferecimento da inicial em tais crimes não seja inviabilizado, o que acabaria consagrando uma indesejável impunidade, a jurisprudência do STJ e do STF vem autorizando que ela seja apresentada sem a individualização da conduta do agente com todas as suas circunstâncias, excepcionando-se, portanto, a regra prevista no art. 41 do CPP. Contudo, a denúncia ou queixa não poderá deixar de narrar o nexo de imputação, a vinculação mínima entre a conduta do acusado e o crime por ele cometido, enfim, como aquele concorreu para a prática deste. De outro lado, porém, a mesma jurisprudência do STJ e do STF entende que a simples condição de sócio de determinada sociedade não autoriza que o agente seja incluído no polo passivo da demanda, exigindo-se a demonstração de

que ele concorreu de alguma forma para a prática do delito, ou, do contrário, teríamos uma responsabilidade penal objetiva, que deve ser sempre evitada. Por fim, ressalte-se que o STF também admite a formulação de denúncia ou queixa genérica nos *crimes* de autoria coletiva, como é o caso dos crimes multitudinários. Entende o Pretório Excelso que se deve permitir que a instrução processual possa fornecer os elementos de individualização de conduta dos agentes delitivos.

▸ **Aplicação em concurso público:**

No concurso do MP/GO, em 2009/2010, foram cobrados os requisitos para o oferecimento da denúncia, nesses termos: *"Leia as afirmativas sobre a Denúncia e, após, escolha a alternativa correta: I - Será inepta, mesmo que parcialmente, quando a peça, embora descreva os elementos do tipo, não narre a circunstância qualificadora, mesmo que a capitule ao final da exordial acusatória. II - Pode narrar a conduta de forma genérica, quando tratar-se de concurso de agentes, quando não se conseguir, por absoluta impossibilidade, identificar claramente a conduta de cada um. III - A inicial acusatória deve constar as agravantes e as minorantes. IV - Deverão constar em seu corpo, todas as circunstâncias, inclusive as causas de aumento e de diminuição de pena. V - Deverão constar em seu texto as circunstâncias agravantes e atenuantes, causas de aumento e de diminuição de pena. VI - Nos delitos de homicídio não poderão constar na Denúncia as circunstâncias agravantes, visto que tais igualmente não constarão da Pronúncia. VII - Não poderá constar da Denúncia qualificadoras e agravantes genéricas idênticas por constituir bis in idem"*. São verdadeiras as assertivas de números I, II e VII.

7.3. Prazo para oferecimento da denúncia (art. 46, *caput*, CPP)

O prazo para oferecimento de denúncia, em se tratando de **investigado preso**, é de **5 (cinco) dias**, contados da data em que o órgão do Ministério Público receber os autos do inquérito policial e, para o **investigado solto**, é de **15 (quinze) dias**, nos termos do art. 46, *caput*, do CPP.

Embora seja prerrogativa do membro do Ministério Público receber intimação pessoal de qualquer feito (art. 41, inciso IV, da Lei nº 8.625/93), o STJ e o STF entendem que o prazo começa a contar desde a entrada dos autos na Promotoria de Justiça. Ademais, quando o Ministério Público dispensar o inquérito policial, o prazo para o oferecimento da denúncia contar-se-á da data em que tiver recebido as peças de informações ou a representação, nos termos do art. 46, § 1º, do CPP.

No caso de investigado solto, esse prazo para o Ministério Público é impróprio, pois a denúncia pode ser apresentada a qualquer tempo, sem que ocorra qualquer sanção processual, desde que o crime não esteja prescrito. A única consequência concreta é a permissão da ação penal privada subsidiária da pública (art. 29 do CPP), isso sem falar em uma possível responsabilização criminal do agente ministerial desidioso por prevaricação (art. 319 CP), caso tenha concorrido dolosamente, sem esquecer da responsabilização funcional no âmbito interno do *Parquet*.

Já se o investigado estiver preso, caso o prazo não seja observado, além das consequências anteriormente mencionadas, haverá constrangimento ilegal na prisão e a determinação da soltura do mesmo. Se existirem investigados presos e soltos, conta-se o prazo como se todos estivessem presos.

Segundo a doutrina majoritária, o prazo deve ser contado como se prazo processual fosse, nos termos do art. 798, § 1º, do CPP (excluindo o dia do início e incluindo o dia do final; mas se o último dia do prazo for feriado ou final de semana, prorroga-se para o próximo dia útil, por força do art. 798, § 3º, do CPP). Havendo motivo de força maior (exemplo: greve dos servidores, acidente, obra urgente etc.), deve haver uma prorrogação na contagem do prazo para o primeiro dia útil, conforme previsto no art. 798, § 4º, do CPP.

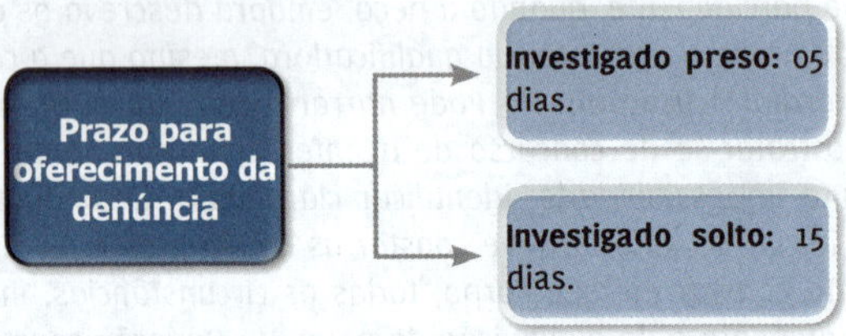

Há, porém, **prazos especiais para o oferecimento da denúncia:**

I. **10 (dez) dias para crime eleitoral** (art. 357 do Código Eleitoral);

II. **10 (dez) dias para crimes previstos na Lei de Tóxicos** (art. 54, inciso III, da Lei nº 11.343/06);

III. **2 (dois) dias para crimes contra a economia popular** (art. 10, § 2º, da Lei nº 1.521/51);

IV. **15 (quinze) dias para os crimes falimentares**, se o Ministério Público, quando o investigado estiver solto, resolver aguardar a apresentação de relatório a ser feito pelo administrador judicial, hipótese em que o prazo começa a ser contado após a apresentação desse relatório – art. 187, § 1º, da Lei nº 11.101/05; caso o *Parquet* resolva não esperar pela apresentação deste relatório, o prazo será contado da forma prevista no art. 46 do CPP.

> **Denúncia para crime de abuso de autoridade:**
>
> O art. 13 da Lei nº 4.898/65 estipulava o prazo de 48 (quarenta e oito) horas para o oferecimento da denúncia para crime de abuso de autoridade. No entanto, a nova Lei de Abuso de Autoridade (Lei nº 13.869/19) não traz qualquer previsão desta natureza, até porque, em seu art. 39, assevera que "Aplicam-se ao processo e ao julgamento dos delitos previstos nesta Lei, no que couber, as disposições do Decreto-Lei nº 3.689, de 3 de outubro de 1941 (Código de Processo Penal), e da Lei nº 9.099, de 26 de setembro de 1995." Desse modo, não sendo o crime de abuso de autoridade de menor potencial ofensivo, serão observados

os prazos de denúncia previstos no art. 46, *caput*, do CPP (5 dias se o investigado estiver preso, 15 dias se estiver solto). Caso este delito seja de menor potencial ofensivo, a denúncia será oferecida oralmente ao final da audiência preliminar (art. 77, *caput*, da Lei nº 9.099/95).

▸ **Atenção:**

O prazo de 10 (dez) dias para o oferecimento de denúncia nos crimes de imprensa, previsto no art. 40, § 1º, da Lei nº 5.250/67 (Lei de Imprensa), não mais subsiste, tendo em vista que o STF, no julgamento da Ação de Descumprimento de Preceito Fundamental (ADPF) nº 130/DF, julgou pela não recepção ou revogação de toda essa lei, daí porque, para esse caso, há de se aplicar a regra geral prevista no art. 46, *caput*, do CPP.

Prazos especiais para oferecimento da denúncia
1. 10 dias para crime eleitoral;
2. 10 dias para crimes previstos na Lei de Tóxicos;
3. 2 dias para crimes contra a economia popular;
4. 15 dias para crimes falimentares.

7.4. Prazo para oferecimento da queixa-crime (art. 38 CPP)

Nos termos do art. 38 do CPP, o prazo decadencial para oferecimento da queixa-crime é de **6 (seis) meses, contados a partir do conhecimento da autoria**. A contagem desse prazo é feita a partir da regra contida no art. 10 do CP (conta-se o dia de início e exclui-se o dia do vencimento), não se interrompendo, suspendo ou prorrogando. De qualquer forma, em havendo dúvida, ela deve ser resolvida em favor do ajuizamento da ação (NUCCI, 2008, p. 203).

O prazo decadencial tem seu cômputo finalizado com o simples oferecimento da peça acusatória da ação penal privada, que é a queixa-crime. Pouco importa, portanto, se houve ou não o recebimento desta peça. Nesse sentido, o oferecimento da queixa-crime em juízo sem **competência territorial (competência relativa)** para processar e julgar o feito tem o condão de promover a interrupção do prazo decadencial, "desde que seja o próprio juiz a remeter os autos a outro magistrado, sem que o processo finde. Caso a parte desista da ação, propondo outra no foro correto, é preciso estar dentro do prazo de seis meses, pois nova demanda está sendo ajuizada e a interrupção perdeu efeito" (NUCCI, 2008, p. 204). Entretanto, o oferecimento da queixa em juízo sem **competência absoluta (em razão da matéria ou por prerrogativa de foro)** para processar e julgar o feito não tem o condão de interromper o prazo decadencial.

Noutro giro, **a demora para a conclusão do inquérito policial não interrompe a decadência**. Nessa situação, é prudente que o querelante ofereça a ação penal e requeira ao magistrado, na inicial, o apensamento do inquérito concluído ao processo criminal.

No **crime continuado** previsto no art. 71 do Código Penal, conta-se o prazo decadencial **individualmente**, para cada delito, regra idêntica àquela da contagem da prescrição para este crime, de acordo com o art. 119 do Código Penal (NUCCI, 2008, p. 204).

Já para o **crime permanente**, a regra não deve ser a mesma da contagem da prescrição (da data em que cessar a permanência, como dispõe o art. 111, inciso III, do Código Penal), devendo ser seguida a regra geral de que se conta o prazo a partir do **conhecimento da autoria**. Se houver o término do prazo de 6 (seis) meses e ainda assim o crime persistir, continua sendo possível o oferecimento da ação penal, mas apenas para os fatos posteriores aos 6 (seis) meses já vencidos. Essa regra geral também deve ser aplicada para os **crimes habituais** (NUCCI, 2008, p. 204-205).

Há, porém, **prazos decadenciais especiais** para o oferecimento da queixa-crime:

I. **6 (seis) meses, a partir do trânsito em julgado da sentença que, por motivo de erro ou impedimento, anule o casamento (art. 236, parágrafo único, CP);**

II. **30 (trinta) dias, a contar da homologação do laudo (art. 529 CPP)**, é o prazo para a queixa-crime no caso de crime contra a propriedade imaterial que deixar vestígios. Com relação a este segundo prazo, porém, é preciso compatibilizá-lo com o prazo geral indicado no art. 38 do CPP (seis meses, contados do conhecimento da autoria), daí porque, "conhecido o infrator, é deflagrado o prazo decadencial de seis meses. Ficando pronto o laudo, com a respectiva homologação, terá então a vítima no máximo trinta dias para deflagrar a ação. É como se o prazo geral fosse limitado pela homologação do laudo" (TÁVORA; ALENCAR, 2009, p. 670).

> ▸ **Atenção:**
> O prazo decadencial de 3 (três) meses para o oferecimento da queixa-crime, a contar da transmissão ou publicação da notícia, nos crimes de imprensa, previsto no art. 41, § 1º, da Lei nº 5.250/67 (Lei de Imprensa), não mais subsiste, tendo em vista que o STF, no julgamento da Ação de Descumprimento de Preceito Fundamental (ADPF) nº 130/DF, julgou pela não recepção ou revogação de toda essa lei, daí porque, para esse caso, há de se aplicar a regra geral prevista no art. 38 do CPP.

Prazo para oferecimento da queixa-crime

6 meses, contados da descoberta da autoria.

Prazos especiais para oferecimento da queixa-crime

1. 6 meses, a partir do trânsito em julgado da sentença que, por erro ou impedimento, anule o casamento (art. 236 CP);
2. 30 dias, a contar da homologação do laudo pericial (art. 529 CPP).

8. INTERVENÇÃO DO MINISTÉRIO PÚBLICO NA AÇÃO PENAL PRIVADA

A atuação do Ministério Público é também obrigatória na ação penal privada, devendo operar como fiscal da lei (*custos legis*), sob pena de nulidade relativa do feito (art. 564, inciso III, "d", do CPP).

Nesta espécie de ação penal, o órgão ministerial possui o **poder de aditar a queixa, no prazo de 3 (três) dias** – se não se pronuncia nesse prazo, entende-se que não há o que aditar, devendo a ação prosseguir normalmente (art. 46, § 2º, CPP). Como o STF decidiu pela revogação da Lei de Imprensa no julgamento da ADPF nº 130/DF, não há mais de ser aplicado o prazo de aditamento de 10 (dez) dias então previsto no art. 40, § 3º, deste diploma legal.

> ▸ **Aplicação em concurso público:**
>
> No concurso de Procurador do Tribunal de Contas de São Paulo, em 2011, promovido pela Fundação Carlos Chagas (FCC), foi cobrado exatamente o prazo que possui o Ministério Público para aditar a queixa-crime, da seguinte forma: *"O prazo para o Ministério Público aditar a queixa na ação privada subsidiária ou exclusiva, contado da data do recebimento dos autos, será de a) 02 dias. b) 03 dias. c) 05 dias. d) 08 dias. e) 10 dias"*.
>
> A resposta correta foi a letra B.

No exercício desta atividade, o *Parquet* poderá elaborar correções de ordem formal e incluir novos fatos delitivos. Porém, **na ação penal exclusivamente privada, não pode o Ministério Público incluir agente que o ofendido não incluiu**, por faltar-lhe legitimidade *ad causam* ativa, sob pena de violação do princípio da oportunidade. Nessa hipótese, velando pelo princípio da indivisibilidade, percebendo que o querelante não agiu de má-fé, deve o Ministério Público propor ao mesmo que adite a queixa para incluir autores que ficaram de fora, sob pena de implicar renúncia do direito de queixa contra um deles, extensível aos demais. Se, no entanto, o querelante excluiu outros agentes dolosamente, deverá o órgão ministerial oferecer parecer pugnando pela extinção da punibilidade de todos os envolvidos, por força da renúncia. Na ação penal privada subsidiária da pública, porém, os poderes do *Parquet* são amplíssimos, o que inclui a possibilidade de incluir novos agentes delitivos.

Por fim, registre-se que o Ministério Público, **na ação penal exclusivamente privada, não pode oferecer recurso contra a absolvição do querelado se o querelante não recorreu, sob pena de violação do princípio da disponibilidade**. Como já afirmado anteriormente, na ação penal privada subsidiária da pública, porém, os poderes do *Parquet* são amplíssimos (eis que o órgão atua como verdadeira parte), o que inclui a possibilidade de recorrer nesta hipótese ora apontada.

> ▸ **Aplicação em concurso público:**
>
> No concurso do MP/SC, em 2010, foi cobrado justamente o prazo que possui o Ministério Público para aditamento da queixa-crime (3 dias). Nesse sentido, a assertiva *"O prazo para aditamento da queixa será de cinco dias, contado da data em que o órgão do Ministério Público receber os autos. Findo tal prazo sem manifestação, entender-se-á que não tem o que aditar, prosseguindo-se nos demais termos do processo"* foi considerada incorreta.

9. RECONHECIMENTO DA EXTINÇÃO DA PUNIBILIDADE (ARTS. 61 E 62 CPP)

O reconhecimento da extinção da punibilidade do agente delitivo pode ser feito a qualquer tempo e de ofício pelo juiz. Se, porém, houver requerimento da parte, deve-se autuar o pedido em apartado, ouvindo a parte contrária; caso esse procedimento não seja necessário, determina-se a produção de prova em 5 (cinco) dias, decidindo o juiz em 5 (cinco) dias ou na sentença final (art. 61 do CPP).

Em havendo morte do réu, a extinção da punibilidade só pode ser declarada com a juntada da certidão de óbito e ouvido o Ministério Público (art. 62 do CPP, que é mera aplicação do disposto no art. 155, parágrafo único, do CPP). Questão interessante diz respeito ao decreto de extinção da punibilidade com base em **certidão de óbito falsa**. Para Guilherme de Souza Nucci, nada mais poderia ser feito, não sendo possível, portanto, a reabertura do caso, sob pena de revisão criminal em prol da sociedade, o que é vedado pelo CPP, cabendo apenas o processo de quem falsificou a decisão (NUCCI, 2008, p. 230-231). Entretanto, não é essa a posição do STJ (Informativo nº 433) e do STF (HC nº 84.525-8-MG, DJ 3/12/2004; Informativo nº 613), que entendem que a decisão de extinção da punibilidade não formaria coisa julgada em sentido estrito, podendo ser, portanto, revogada, até porque o agente não poderia ser beneficiado pela própria torpeza. Na doutrina, é a posição também de Eugênio Pacelli de Oliveira (OLIVEIRA, 2008, p. 36-37).

Capítulo VIII

Ação civil *ex delicto*

1. CONCEITO

A ação civil *ex delicto* é a ação "ajuizada pelo ofendido, na esfera cível, para obter indenização pelo dano causado pelo crime, quando existente". (NUCCI, 2008, p. 233). Nesse contexto, esclareça-se que ela envolve tanto a **execução**, no juízo cível, da sentença penal condenatória (art. 63 do CPP), a qual, por tornar certa a obrigação de reparar o dano causado pelo crime (art. 91, inciso I, do Código Penal), servirá de título executivo judicial, com base no art. 475-N, inciso II, do Código de Processo Civil de 1973 e art. 515, inciso VI, do Código de Processo Civil de 2015, como também a **ação civil de conhecimento (ação para ressarcimento do dano)**, em que se pleiteia a reparação dos danos causados à vítima (art. 64 do CPP).

Ação civil ex delicto
1. Execução da sentença penal condenatória (art. 63 CPP);
2. Ação civil de conhecimento – ação para ressarcimento do dano (art. 64 CPP).

Há de se ressaltar ainda, com fincas nos ensinamentos de Guilherme de Souza Nucci, que o "dano pode ser material ou moral, ambos sujeitos à indenização, ainda que cumulativa" (NUCCI, 2008, p. 233). Em se tratando de dano material, a parte interessada pode pleitear tanto os danos emergentes como os lucros cessantes. Além disso, quando possível, poderá também solicitar a restituição da coisa.

2. SENTENÇA PENAL CONDENATÓRIA COMO TÍTULO EXECUTIVO (ART. 63 CPP)

Como regra geral, a responsabilidade civil é independente da criminal (**separação ou independência da jurisdição**), não se podendo, porém, questionar mais sobre a existência do fato, ou sobre quem seja o seu autor, quando estas questões se acharem decididas no juízo criminal, consoante o art. 935 do Código Civil. A respeito destas hipóteses excepcionais, acrescente-se que o Código Penal, no seu art. 91, inciso I, determina como efeito da condenação a obrigação de reparar o dano.

Nesse trilhar é que o art. 63, *caput*, do CPP apregoa que transitada em julgado a sentença condenatória, poderão promover-lhe a execução, no juízo cível, para o efeito da reparação do dano, o ofendido, seu representante legal ou seus herdeiros. Com efeito, quanto à indenização, tem-se que, no juízo cível, "não se discutirá se esta é devida (*an debeatur*), mas tão somente o quanto é devido pelo réu (*quantum debeatur*)" (NUCCI, 2008, p. 236).

Ainda sobre o teor do art. 63, *caput*, do CPP, é imprescindível notar que a **legitimidade ativa** para a propositura da ação civil *ex delicto* é amplíssima, incluindo o ofendido, seu representante legal (se aquele for menor de 18 anos ou doente mental) e seus herdeiros (na hipótese de morte ou declaração judicial de ausência), sendo que tais herdeiros não são apenas o cônjuge, ascendentes, descendentes e irmãos, mas todos os potenciais herdeiros existentes.

> ▸ **Aplicação em concurso público:**
>
> No concurso de Delegado da Polícia Civil do Estado do Espírito Santo, em 2011, promovido pelo Cespe/Unb, foi cobrada a legitimidade para o oferecimento da ação civil *ex delicto*. Nesse trilhar, a assertiva "*Rose recebeu sentença penal condenatória transitada em julgado pela prática do crime de roubo qualificado pelo uso de arma de fogo. Nessa situação, considerando que Lina tenha sido a única vítima do delito, a correspondente ação civil ex delicto somente poderá ser promovida pela ofendida*" foi considerada incorreta.

De outro lado, o art. 63, parágrafo único, do CPP, com a redação dada pela Lei nº 11.719/08, estatui que transitada em julgado a sentença condenatória, a execução poderá ser efetuada pelo valor mínimo da reparação do dano fixado na sentença condenatória (art. 387, IV, CPP), sem prejuízo da liquidação para a apuração do dano efetivamente sofrido.

> ▸ **Valor mínimo da reparação do dano fixado em sentença condenatória e crimes ambientais (art. 20 da Lei nº 9.605/98):**
>
> Em matéria de crimes ambientais, o art. 20 da Lei nº 9.605/98 possui redação bastante similar àquela encontrada nos artigos 63 e 387, IV, do CPP. Assim, a sentença penal condenatória, sempre que possível, fixará o valor mínimo para reparação dos danos causados pela infração, considerando os prejuízos sofridos pelo ofendido ou pelo meio ambiente (art. 20, *caput*). Transitada em julgado a sentença condenatória, a execução poderá efetuar-se pelo valor fixado nos termos do *caput* do art. 20, sem prejuízo da liquidação para apuração do dano efetivamente sofrido (art. 20, parágrafo único).

> ▸ **Valor mínimo da reparação do dano fixado em sentença condenatória e crimes de abuso de autoridade (art. 4º, inciso I, da Lei nº 13.869/19):**
>
> Em matéria de crimes de abuso de autoridade, o art. 4º, inciso I, da Lei nº 13.869/19 possui conteúdo correlato ao que vem previsto nos artigos 63 e 387, IV, do CPP. O novel dispositivo legal assevera que é efeito da condenação, dentre outros, tornar certa a obrigação de indenizar o dano causado pelo crime, devendo o juiz, a requerimento do ofendido, fixar na sentença o valor mínimo para reparação dos danos causados pela infração, considerando os prejuízos por ele sofridos.

▸ Reparação do dano e Lei Maria da Penha (art. 9º, §§ 4º a 6º, da Lei nº 11.340/06, com a redação dada pela Lei nº 13.871/19):

A Lei Maria da Penha (Lei nº 11.340/06), no seu art. 9º, parágrafo 4º, com a redação dada pela Lei nº 13.871/19, prevê que "Aquele que, por ação ou omissão, causar lesão, violência física, sexual ou psicológica e dano moral ou patrimonial a mulher fica obrigado a ressarcir todos os danos causados, inclusive ressarcir ao Sistema Único de Saúde (SUS), de acordo com a tabela SUS, os custos relativos aos serviços de saúde prestados para o total tratamento das vítimas em situação de violência doméstica e familiar, recolhidos os recursos assim arrecadados ao Fundo de Saúde do ente federado responsável pelas unidades de saúde que prestarem os serviços". Ademais, os dispositivos de segurança destinados ao uso em caso de perigo iminente e disponibilizados para o monitoramento das vítimas de violência doméstica ou familiar amparadas por medidas protetivas terão seus custos ressarcidos pelo agressor (art. 9º, § 5º, da Lei Maria da Penha). Todo esse ressarcimento não poderá importar ônus de qualquer natureza ao patrimônio da mulher e dos seus dependentes, nem configurar atenuante ou ensejar possibilidade de substituição da pena aplicada." (art. 9º, § 6º). Naturalmente, a reparação do dano ora em destaque pode ser fixada pelo juiz na sentença penal condenatória com fundamento no art. 387, inciso IV, do CPP.

▸ Qual o entendimento do STJ sobre o assunto?

Conforme decidido pelo STJ, a prestação pecuniária prevista no art. 45, § 1º, do Código Penal pode ser compensada com o montante fixado com fundamento no art. 387, IV, do CPP, ante a coincidência de beneficiários (STJ, 5ª Turma, REsp nº 1.882.059/SC, Rel. Min. Joel Ilan Paciornik, j. 19.10.2021).

A inovação trazida pelo referido diploma legal nos artigos 63, parágrafo único, e 387, inciso IV, do CPP é bastante significativa e, por isso mesmo, merece especial atenção. Em primeiro lugar, constata-se que a novel legislação mitigou o sistema da separação ou independência das instâncias cível e criminal, até então adotado como regra geral no Brasil (art. 935 do Código Civil), passando a consagrar o **sistema da confusão**, já que as pretensões cível e penal podem ser discutidas em ação única, no juízo criminal. Em outras palavras, o pedido formulado no juízo criminal "engloba ao mesmo tempo a condenação e a reparação dos danos" (TÁVORA; ALENCAR, 2009, p. 182).

Contudo, esse sistema da confusão somente poderá ser adotado se as partes tiverem a possibilidade, durante a ação penal, de produzirem provas a respeito do valor da indenização, o que apenas ocorrerá se tais provas não interferirem nem tumultuarem a instrução processual penal. Assim, se o *quantum* indenizatório for de evidente aferição, de complexidade mínima ou inexistente, será adotado o referido sistema da confusão. Mas se a causa cível for tão ou mais complexa do que a causa criminal, o juiz deverá remeter as partes à esfera cível, para que o valor indenizatório possa ser discutido de modo exauriente (TÁVORA; ALENCAR, 2009, p. 183).

Nesse contexto, é extremamente relevante esclarecer que, a nosso ver, o magistrado só poderá fixar o valor mínimo da reparação do dano se houver **pedido expresso** nesse sentido do ofendido formulado na inicial acusatória, não podendo, portanto, arbitrá-lo de ofício, sob pena de julgamento *extra petita*. A esse respeito, Nestor Távora e Rosmar Rodrigues Alencar afirmam:

> *[...] não acreditamos que o magistrado possa reconhecer o pleito indenizatório sem que tenha havido requerimento neste sentido. Não funcionaria como um efeito automático da sentença condenatória, que até então apenas tornava certa a obrigação de indenizar. O magistrado não pode julgar* extra petita, *de sorte que só estabelecerá o valor da indenização se tal requerimento lhe foi apresentado, em regra, com a apresentação da inicial acusatória.* (TÁVORA; ALENCAR, 2009, p. 182-183).

É esse também o entendimento de Guilherme de Souza Nucci:

> *De todo modo, parece-nos que somente o ofendido poderia solicitar a indenização e o juiz não teria condições de fixá-la de ofício, sem nenhum pedido. Afinal, não tendo havido requerimento expresso, inexistiria discussão nos autos em relação ao valor, motivo pelo qual seria incabível a fixação de um montante qualquer, que não foi objeto de debate entre as partes interessadas.* (NUCCI, 2008, p. 235).

O STJ acata integralmente a posição alhures exposta. Assim, por exemplo, no julgamento dos Embargos de Declaração em Recurso Especial nº 1286810/RS, chegou-se a asseverar categoricamente que "Para que seja fixado na sentença o valor mínimo para reparação dos danos causados à vítima, com base no art. 387, inciso IV, do Código Penal, deve haver pedido formal nesse sentido pelo ofendido, além de ser oportunizada a defesa pelo réu, sob pena de violação aos princípios da ampla defesa e do contraditório".

Em matéria de crimes de abuso de autoridade, a novel Lei nº 13.869/19 é categórica ao prever, em seu art. 4º, inciso I, a necessidade de requerimento do ofendido para que o juiz possa fixar na sentença penal condenatória o valor mínimo para reparação dos danos causados pela infração, considerando os prejuízos por ele sofridos.

No entanto, por lealdade acadêmica, registre-se que há entendimento doutrinário em sentido contrário, sustentando que seria hipótese de um julgamento *extra petita* autorizado, ou seja, haveria a possibilidade de reconhecimento de um pedido implícito pelo juiz quanto a este valor. É o que apregoam Eugênio Pacelli de Oliveira e Rômulo de Andrade Moreira (MOREIRA, 2009b, p. 220).

Nesse cenário, impende noticiar que o STF, no julgamento do caso do "Mensalão" (Ação Penal nº 470), deixou de fixar valor mínimo para reparação dos danos causados pelas infrações cometidas pelos réus alegando, dentre outros motivos, justamente a inexistência de pedido formal a esse respeito na denúncia, não sendo mais possível a formulação deste requerimento em sede de alegações finais.

▸ **Qual o entendimento do STJ sobre o assunto?**

O STJ decidiu que, não havendo na sentença condenatória transitada em julgado determinação expressa de reparação do dano ou de devolução do produto do ilícito, não pode o juízo das execuções inserir referida condição para fins de progressão de regime (art. 33, § 4º, CP), sob pena de se ter verdadeira revisão criminal contra o réu. Anotou-se que o art. 91, inciso I, do Código Penal, que torna certa a obrigação de indenizar o dano causado pelo crime, deve ser lido em conjunto com os arts. 63 e 64 do Código de Processo Penal, uma vez que, de fato, a sentença condenatória é título executivo judicial, nos termos do art. 515, inciso VI, do Código de Processo Civil. Desse modo, deve referido título ser liquidado e executado na seara cível. Para que a reparação do dano ou a devolução do produto do ilícito faça parte da própria execução penal, condicionando a progressão de regime, mister se faz que conste expressamente da sentença condenatória, de forma individualizada e em observância aos princípios da ampla defesa e do contraditório, tão caros ao processo penal, observando-se, assim, o devido processo legal (STJ, 5ª Turma, HC nº 686.334/PE, Rel. Min. Reynaldo Soares da Fonseca, j. 14.09.2021).

Quanto à **legitimidade para requerer a indenização**, devem ser consideradas as seguintes situações:

1. Se *a ação penal for privada*: Terá legitimidade a *vítima do delito*, na condição de autor desta ação penal (*querelante*).
2. Se *a ação penal for pública*: A princípio, o Ministério Público não terá legitimidade, salvo se atuar em favor de vítima pobre em local em que a Defensoria Pública não se encontra estruturada, como permitido pelo art. 68 do CPP. Desse modo, como regra geral, a legitimidade é igualmente da *vítima do delito*, devendo, porém, habilitar-se nos autos como *assistente de acusação* para que possa formular requerimento desta natureza (TÁVORA; ALENCAR, 2009, p. 183). Contudo, importa destacar a existência de entendimento doutrinário segundo o qual o Ministério Público teria legitimidade para pleitear a fixação de valor mínimo de indenização em casos de ação penal pública e quando ocorresse prejuízo efetivo ao patrimônio público, a exemplo do que ocorre em alguns crimes contra a Administração Pública, como o peculato. O STF já chegou a se pronunciar a esse respeito, inclusive no julgamento do processo do "Mensalão" (Ação Penal nº 470). Todavia, tal requerimento deverá ser formulado na peça acusatória, não sendo possível que ele se opere em momentos posteriores, como, por exemplo, em alegações finais, pois não haveria mais a oportunidade de as partes produzirem provas sobre tal matéria nesta etapa processual.

Caso haja pedido expresso de valor mínimo da reparação dos danos, mas o magistrado deixe de reconhecê-lo ou mesmo o fixe em patamar que desagrade a parte, será possível a interposição do recurso de **apelação**, com fincas no art. 593, inciso I, do CPP. Na primeira hipótese (juiz deixa de reconhecer o valor mínimo da reparação dos danos), podem recorrer tanto o Ministério Público como a vítima, enquanto assistente de acusação. Já na segunda hipótese (juiz fixa valor da reparação dos danos que desagrade a parte), só poderá recorrer a vítima enquanto assistente de acusação, faltando interesse ao Ministério Público, "porque se trata de assunto meramente privado e de interesse da vítima" (GRINOVER; GOMES FILHO; FERNANDES, 2009, p. 105).

Noutro giro, se o juiz, pelos elementos acostados nos autos, pôde fixar o valor exato da indenização, este poderá ser executado no juízo cível independente de prévia liquidação. Mas se isso não foi possível, fixando, pois, o magistrado apenas o valor mínimo da indenização, deverá a vítima, no juízo cível, realizar a prévia liquidação do título judicial (art. 63, parágrafo único, do CPP) para, em momento posterior, executá-lo. Nesta segunda hipótese, a vítima, na fase de liquidação, poderá inclusive impugnar o valor mínimo atribuído pelo juiz, sob o argumento de que ele é insuficiente para a cobertura dos danos por ela sofridos.

Nestor Távora e Rosmar Rodrigues Alencar destacam hipótese em que a execução poderá ocorrer no próprio juízo penal:

> *Caso o juiz penal fixe o quanto da indenização e o réu condenado tenha prestado fiança, entendemos que excepcionalmente a execução pode ser feita na própria esfera penal, bastando ao ofendido requerer ao próprio juízo criminal o levantamento do valor da fiança para satisfação do seu direito.* (TÁVORA; ALENCAR, 2009, p. 185).

Quanto à aplicação no tempo do disposto no art. 387, inciso IV, do CPP a partir do advento da Lei nº 11.719/08, o STJ já decidiu que a norma em comento seria processual penal pura, motivo por que, nos termos do art. 2º do CPP, deveria ser aplicada desde então, mesmo para os processos já em andamento (STJ, 6ª Turma, REsp nº 1176708/RS, Rel. Min. Sebastião Reis Júnior, julgado em 12.06.2012). Contudo, há entendimento doutrinário no sentido de que tal norma seria processual penal mista ou híbrida e, como tal, somente poderia incidir para crimes cometidos após a sua vigência, a exemplo do que apregoa Rômulo de Andrade Moreira (MOREIRA, 2012). Nessa esteira, o STF, mais recentemente, no julgamento do caso "Donadon" (Revisão Criminal nº 5437), por meio do seu Plenário, decidiu que a norma em questão não poderia retroagir, não sendo possível, portanto, a sua aplicação para fatos ocorridos e ações penais deflagradas antes do seu advento.

▸ Qual o entendimento do STJ sobre o assunto?

O STJ já decidiu que o juiz, ao proferir sentença penal condenatória, no momento de fixar o valor mínimo para a reparação dos danos causados pela infração (art. 387, IV, CPP), pode, sentindo-se apto diante de um caso concreto, quantificar, ao menos o mínimo, o valor do dano moral sofrido pela vítima, desde que fundamente essa opção (Informativo nº 588).

Em outro julgado, o Tribunal decidiu que, nos casos de violência contra a mulher praticados no âmbito doméstico e familiar, é possível a fixação de valor mínimo indenizatório (art. 387, IV, CPP) a título de dano moral, desde que haja pedido expresso da acusação ou da parte ofendida, mesmo que não especificada a quantia, e independentemente de instrução probatória (Informativo nº 621).

Ainda no âmbito da Lei Maria da Penha, em outra oportunidade, o STJ asseverou que a reconciliação entre a vítima e o agressor não é fundamento suficiente para afastar a necessidade de fixação do valor mínimo para reparação dos danos causados pela infração penal, seja porque não há previsão legal nesse sentido, seja porque compete à própria vítima decidir se irá promover a execução ou não do título executivo, sendo vedado ao Poder Judiciário omitir-se na aplicação da legislação processual penal que determina a fixação de valor mínimo em favor da vítima (Informativo nº 657).

▸ **Sentença que concede o perdão judicial**

Embora o STJ, na sua Súmula nº 18, consagre o entendimento de que a sentença que concede o perdão judicial tem natureza declaratória, prevalece na doutrina o entendimento de que ela possui **natureza condenatória e, como tal, pode ser executada no juízo cível**. Nesse sentido, Guilherme de Souza Nucci (2008, p. 236-237), Mirabete (2004) e Nestor Távora e Rosmar Rodrigues Alencar (2009, p. 185).

▸ **Aplicação em concurso público:**

No concurso do TJ/SC, em 2009, foi cobrado justamente o teor da Súmula nº 18 do STJ. Nesse sentido, a assertiva *"Conforme entendimento pacificado no Superior Tribunal de Justiça, assinale a alternativa correta: Não subsiste qualquer efeito condenatório, uma vez extinta a punibilidade pela concessão do perdão judicial"* foi considerada correta.

▸ **Extinção das pretensões punitiva e executória:**

Se houver a **extinção da pretensão punitiva** (extinção da punibilidade antes da sentença definitiva), pela prescrição da pretensão punitiva ou por qualquer outra causa prevista no art. 107 do Código Penal, como não haverá qualquer efeito da eventual sentença condenatória porventura prolatada, **não será possível a sua execução no juízo cível**, pois não haverá a formação de um título executivo judicial. Diferente ocorre se a **extinção for da pretensão executória** (extinção da punibilidade depois da sentença definitiva), pela prescrição da pretensão executória ou por qualquer outra causa prevista no art. 107 do Código Penal: como todos os efeitos secundários da sentença condenatória prolatada persistem (maus antecedentes, reincidência etc.), há formação de um título executivo judicial, motivo pelo qual **será possível a sua execução no juízo cível.**

▸ **Sentença penal condenatória proferida em país estrangeiro:**

Relembre-se que a sentença penal condenatória proferida em país estrangeiro pode ser homologada no Brasil, pelo STJ (art. 105, inciso I, alínea "i", da Constituição Federal), quando a lei brasileira na espécie produzir as mesmas consequências (art. 788 do CPP); se isso ocorrer, igualmente **será possível a sua execução no juízo cível.**

▸ **Revisão criminal e ação rescisória:**

Como a revisão criminal apaga a anterior sentença condenatória proferida, eliminando-se, portanto, o título executivo judicial, entende-se que **tal sentença não mais poderá ser executada no juízo cível**. Assim, "se ainda não iniciada a execução, não mais pode ocorrer; caso tenha começado, deverá o juiz extingui-la por inexigibilidade do título. E, derradeiramente, se já tiver sido paga a indenização - uma vez que não houve processo de conhecimento para apurar a culpa na esfera cível - caberia ação de restituição, onde se poderia então debater a culpa do pretenso autor de ato ilícito" (NUCCI, 2008, p. 237). Nestor Távora e Rosmar Rodrigues Alencar ainda acrescentam que "Pode ocorrer ainda o trânsito em julgado da sentença cível assegurando a indenização. Se posteriormente, advier no âmbito penal sentença absolutória reconhecendo a inexistência do fato, admite-se agora, na esfera civil, o manejo da **ação rescisória**" (art. 485 do CPC de 1973 e art. 996 do CPC de 2015) - destacamos (TÁVORA; ALENCAR, 2009, p. 187).

3. AÇÃO PARA RESSARCIMENTO DO DANO (ART. 64 CPP)

Caso a parte prejudicada não queira aguardar o trânsito em julgado de uma sentença penal condenatória, poderá, desde já, oferecer a ação para ressarcimento do dano, no juízo cível, contra o autor do crime e, se for o caso, contra o responsável civil (art. 64, *caput*, do CPP), o que apenas reforça a regra geral de separação da jurisdição. Registre-se que os civilmente responsáveis pelo pagamento da indenização são aqueles indivíduos elencados no art. 932 do Código Civil.

Vale a pena abrir aqui um parêntese para esclarecer que a **legitimidade passiva** da ação civil *ex delicto*, como afirmado alhures, envolve o autor do crime e o responsável civil, mas este último "só poderá ser sujeito passivo da ação de conhecimento, não se admitindo a execução da sentença penal condenatória em seu detrimento, afinal, não foi parte no processo penal, não servindo o título contra aquele que não figurou no polo passivo da demanda" (TÁVORA; ALENCAR, 2009, p. 180). Do contrário, haveria violação dos princípios constitucionais do devido processo legal, do contraditório e da ampla defesa. Nesse sentido também é Guilherme de Souza Nucci (2008, p. 238-240).

Em sede de doutrina, vem prevalecendo o entendimento de que o responsável civil, por não participar do processo penal, poderá arguir qualquer matéria de defesa durante a ação civil de conhecimento, inclusive rediscutir a autoria e a materialidade delitivas, ainda que elas já estejam assentadas na sentença penal condenatória transitada em julgado (TÁVORA; ALENCAR, 2009, p. 181).

No entanto, deve-se rememorar que, no procedimento sumaríssimo do Juizado Especial Criminal, o responsável civil é notificado para comparecer à audiência preliminar, oportunidade em que poderá firmar acordo de composição civil dos danos, o que ensejará uma sentença homologatória, título executivo judicial que vinculará tal pessoa (artigos 72 e 74 da Lei nº 9.099/95).

De outro lado, dispõe o art. 64, parágrafo único, do CPP que, uma vez intentada a ação penal, para evitar decisões contraditórias, o juiz da ação civil *poderá* suspender o curso desta, até o julgamento definitivo daquela. Seguindo o teor da norma processual penal, o CPC de 1973, em seu art. 110, *caput*, estipula que se o conhecimento da *lide* depender necessariamente da verificação da existência de fato delituoso, *pode* o juiz mandar *sobrestar* no andamento do processo até que se pronuncie a justiça criminal. Já o CPC de 2015, em seu art. 315, *caput*, com conteúdo semelhante ao diploma anterior, apenas com pequenas mudanças em relação ao emprego de alguns termos, assevera que se o conhecimento do *mérito* depender de verificação da existência de fato delituoso, o juiz *pode* determinar a *suspensão* do processo até que se pronuncie a justiça criminal.

Nesse sentido, embora seja sempre recomendável a suspensão da ação civil, prevalece na doutrina o entendimento de que essa **suspensão é meramente facultativa**. É a posição de Nestor Távora e Rosmar Rodrigues Alencar (TÁVORA; ALENCAR, 2009, p. 184) e Eugênio Pacelli de Oliveira (OLIVEIRA, 2008). Na jurisprudência, é a posição do STJ no julgado REsp nº 47246/RJ, 3ª Turma, Rel. Min. Costa Leite, DJ 30/08/1994.

Ressalte-se também que, ainda que a ação penal não tenha sido deflagrada, será possível a suspensão da ação civil. De acordo com o CPC de 1973 (art. 110, parágrafo único), se a ação penal não for exercida dentro de *30 (trinta)* dias, contados da *intimação do despacho de sobrestamento*, cessará o efeito deste, decidindo o juiz cível a questão prejudicial. O CPC de 2015 amplia este prazo, ao afirmar, no seu art. 315, § 1º, que se a ação penal não for proposta no prazo de *3 (três) meses*, contado da *intimação do ato de suspensão*, cessará o efeito desse, incumbindo ao juiz cível examinar incidentemente a questão prévia.

Frise-se, por fim, que se as ações civil e penal tramitarem simultaneamente, a ação civil somente poderá ficar suspensa pelo prazo de até 1 (um) ano, em conformidade com o disposto no art. 265, § 5º, do Código de Processo Civil de 1973 e no art. 315, § 2º, do CPC de 2015. Caso o juízo cível determine o prosseguimento da demanda civil e, no seu curso, sobrevenha sentença criminal, tal juízo poderá levá-la em consideração para julgamento da questão civil prejudicada, conforme permitido pelo art. 462 do CPC de 1973. O CPC de 2015 possui norma semelhante a esta, consagrada no art. 493, o qual ainda acrescenta que, surgindo fato novo (o advento da sentença penal), deverá ser respeitado o contraditório, impondo-se ao juízo cível a oitiva das partes sobre este fato antes de decidir.

4. COMPETÊNCIA NA AÇÃO CIVIL *EX DELICTO*

Na vigência do CPC de 1973, em sede de doutrina, prevalecia o entendimento de que a competência para o processamento e julgamento da ação civil *ex delicto* (pouco importava se a ação era de conhecimento ou executória) seria do juízo cível do domicílio da vítima ou do local do fato, devendo a opção ser feita pela própria vítima, com base no art. 100, parágrafo único, do referido diploma legal. Seria ainda possível que a vítima optasse pelo domicílio do réu (TÁVORA; ALENCAR, 2009, p. 181).

Todavia, o CPC de 2015 dá novo tratamento à matéria, fornecendo regras de competência distintas para a ação de conhecimento e para a ação executória. Desse modo, para a ação de conhecimento, é aplicável o teor do art. 53, inciso V, segundo o qual é competente o foro do domicílio do autor ou do local do fato, para a ação de reparação de dano sofrido em razão de delito ou acidente de veículos, inclusive aeronaves, o que acaba constituindo regra semelhante àquela encontrada no CPC de 1973 (art. 100, parágrafo único). A grande novidade é encontrada então na regra de competência para a ação executória, firmada no art. 516, parágrafo único, do CPC de 2015: o exequente poderá optar pelo juízo do atual domicílio do executado, pelo juízo do local onde se encontrem os bens sujeitos à execução ou pelo juízo do local onde deva ser executada a obrigação de fazer ou de não fazer, casos em que a remessa dos autos do processo será solicitada ao juízo de origem.

5. EXCLUDENTES DE ILICITUDE (ART. 65 CPP)

O art. 65 do CPP prevê as situações em que a sentença penal fará coisa julgada no juízo cível. São os casos de reconhecimento das **excludentes de ilicitude** do *estado de necessidade, legítima defesa, estrito cumprimento do dever legal* e *exercício regular de direito*.

Pondere-se que o art. 65 do CPP deve ser lido em conjunto com o art. 188 do Código Civil, que assevera:

> *Art. 188. Não constituem atos ilícitos:*
>
> *I – os praticados em legítima defesa ou no exercício regular de um direito reconhecido;*
>
> *II – a deterioração ou destruição da coisa alheia, ou a lesão a pessoa, a fim de remover perigo iminente.*
>
> *Parágrafo único. No caso do inciso II, o ato será legítimo somente quando as circunstâncias o tornarem absolutamente necessário, não excedendo os limites do indispensável para a remoção do perigo.*

No que tange ao art. 188, inciso I, do Código Civil, é preciso destacar que a legítima defesa putativa e a hipótese de erro na execução do crime (*aberratio ictus*) permitem a indenização cível.

Com relação ao que consta no art. 188, inciso II, do Código Civil, há de se afirmar que se a pessoa lesada ou o dono da coisa deteriorada ou destruída não for o causador do perigo, terá direito à indenização (art. 929 do Código Civil). Nessa situação, o agente que atuou em estado de necessidade e foi absolvido na justiça penal deverá indenizar, cabendo ação regressiva contra o causador do perigo para reaver aquilo que pagou (art. 930 do Código Civil).

De outro lado, é de se registrar ainda que as excludentes de culpabilidade previstas no art. 22 do Código Penal (coação irresistível e obediência hierárquica) não afastam a possibilidade de oferecimento de ação civil indenizatória.

Por fim, noticie-se que o art. 386, incisos I a VII, do CPP, ao tratar das hipóteses de sentença absolutória, traz situações que excluem a indenização cível e outras que não afastam esse direito. Abaixo, são analisados, em separado, todos os incisos do referido dispositivo legal.

I. **Estar provada a inexistência do fato**: Nesta situação, a sentença absolutória exclui a responsabilidade civil.

II. **Não haver prova da existência do fato**: É hipótese consagradora do princípio do *in dubio pro reo*, que, no entanto, não afasta a responsabilidade civil.

III. **Não constituir o fato infração penal**: Como, nesta hipótese, ainda poderá ser provado que o ilícito civil subsiste, permite-se a responsabilidade civil.

> **Aplicação em concurso público:**
>
> No concurso do TJ/SC, em 2009, foi cobrada justamente a repercussão na responsabilidade civil da sentença absolutória que decidir não constituir crime o fato imputado. Nesse sentido, a assertiva *"Não impede a ação civil sentença de absolvição que decidir não constituir crime o fato imputado"* foi considerada correta.

IV. **Estar provado que o réu não concorreu para a infração penal**: É hipótese que afasta a responsabilidade civil.

V. **Não existir prova de ter o réu concorrido para a infração penal**: Segundo Guilherme de Souza Nucci, é possível ainda a responsabilidade civil, se provado que o réu participou do ilícito civil (NUCCI, 2008, p. 669).

VI. **Existirem circunstâncias que excluam o crime ou isentem o réu de pena, ou mesmo se houver fundada dúvida sobre sua existência**: Em regra, as excludentes de ilicitude excluem a possibilidade de ajuizamento da ação indenizatória, conforme já abordado anteriormente, nos termos do art. 65 do CPP. No entanto, excepcionalmente, em algumas situações indicadas no art. 188 do Código Civil, também já apreciadas alhures, será possível o oferecimento da ação indenizatória. Com relação às excludentes de culpabilidade, em regra, elas não afastam a obrigação de indenizar. Ademais, se o juiz absolve o réu em virtude de fundada dúvida sobre a existência de ambas as excludentes (parte final deste dispositivo), não se impede, em tese, a reparação civil do dano.

VII. **Não existir prova suficiente para condenação**: Este dispositivo legal, com redação dada pela Lei nº 11.690/08, consagra novamente o princípio do *in dubio pro reo*, permitindo, pois, a responsabilidade civil.

6. CAUSAS QUE POSSIBILITAM A AÇÃO CIVIL INDENIZATÓRIA (ARTS. 66 E 67 CPP)

O CPP prevê expressamente **causas que não impedem** o oferecimento da ação civil indenizatória. São elas:

I. **sentença penal absolutória que não reconhecer categoricamente a inexistência material do fato** (art. 66 CPP);

> **▸ Qual o entendimento do STJ sobre o assunto?**
>
> Conforme decidido pelo STJ, a independência das instâncias deve ser mitigada quando, nos casos de inexistência material ou de negativa de autoria, o mesmo fato for provado na esfera administrativa, mas não o for na esfera criminal. A absolvição criminal só afasta a responsabilidade administrativa quando restar proclamada a inexistência do fato ou de autoria. Embora não se possa negar a independência entre as esferas - segundo a qual, em tese, admite-se repercussão da absolvição penal nas demais instâncias apenas nos casos de inexistência material ou de negativa de autoria -, não há como ser mantida a incoerência de se ter o mesmo fato por não provado na esfera criminal e por provado na esfera administrativa. Assim, quando o único fato que motivou a penalidade administrativa resultou em absolvição no âmbito criminal, ainda que por ausência de provas, a autonomia das esferas há que ceder espaço à coerência que deve existir entre as decisões sancionatórias (STJ, 6ª Turma, AgRg nos EDcl no HC nº 601.533/SP, Rel. Min. Sebastião Reis Júnior, j. 21.09.2021).

II. **despacho de arquivamento do inquérito ou das peças de informação** (art. 67, I, CPP): este dispositivo resta prejudicado, considerando que não há mais despacho de arquivamento do inquérito ou das peças de informação, o qual, com o advento da Lei nº 13.964/2019, passa a ocorrer com ato do próprio Ministério Público, conforme previsto no art. 28, *caput*, do CPP;

III. **decisão que julgar extinta a punibilidade** (art. 67, II, CPP);

> **▸ Qual o entendimento do STJ sobre o assunto?**
>
> O STJ já decidiu que a decretação da prescrição da pretensão punitiva do Estado na ação penal não fulmina o interesse processual no exercício da pretensão indenizatória a ser deduzida no juízo cível pelo mesmo fato (Informativo nº 666).

IV. **sentença absolutória que decidir que o fato imputado não constitui crime** (art. 67, III, CPP).

7. LEGITIMIDADE PARA OFERECIMENTO DA AÇÃO CIVIL *EX DELICTO* NO CASO DE INTERESSADO POBRE (ART. 68 CPP)

Segundo o art. 68 do CPP, quando o titular do direito à reparação do dano for pobre, a execução da sentença penal condenatória (art. 63 do CPP) ou a ação civil de conhecimento (art. 64 do CPP) será promovida, a seu requerimento, pelo Ministério Público, que age como verdadeiro substituto processual. Nesse sentido, relembre-se que, nos termos do art. 32, § 1º, do CPP, é considerado pobre aquele que não pode prover às despesas do processo, sem privar-se dos recursos indispensáveis à sua manutenção ou de sua família. Além disso, "Prova-se a pobreza pela simples apresentação de declaração de próprio punho" (NUCCI, 2008, p. 243).

O STF entende, porém, que o art. 68 do CPP é eivado de **inconstitucionalidade progressiva** (RE nº 147.776-SP, 1ª Turma, Rel. Min. Sepúlveda Pertence, DJ 19/05/1998), no sentido de que o Ministério Público só tem legitimidade para o oferecimento da ação enquanto a Defensoria Pública não se estruturar adequadamente; caso isso venha a ocorrer, a legitimidade deixa de ser do Ministério Público, passando à Defensoria Pública, instituição constitucionalmente formatada para o exercício de funções desta natureza, nos termos do art. 134 da Carta Magna Federal.

De qualquer forma, é possível também que o magistrado nomeie defensor dativo em favor do interessado pobre para o oferecimento da ação.

8. PRAZO PRESCRICIONAL

Nos termos do art. 200 do Código Civil, quando a ação civil "se originar de fato que deva ser apurado no juízo criminal, não correrá a prescrição antes da respectiva sentença definitiva". A partir do trânsito em julgado da sentença penal condenatória é que o prazo prescricional para a ação civil começa a ter curso. Nesta hipótese, a prescrição se opera no prazo de 3 (três) anos, consoante o art. 206, § 3º, inciso V, do Código Civil.

> **▸ Qual o entendimento do STJ sobre o assunto?**
>
> O STJ já decidiu que, para fins de incidência do art. 200 do Código Civil, é fundamental que exista processo penal em curso ou, pelo menos, a tramitação de inquérito policial até o seu arquivamento. Assim, não havendo sequer a instauração de inquérito policial, tampouco iniciada a ação, não se estabelece a relação de prejudicialidade entre a ação penal e a ação indenizatória em torno da existência de fato que devesse ser apurado no juízo criminal como exige o texto legal (art. 200 do CC). Portanto, nesta hipótese, não ocorre a suspensão ou óbice da prescrição da pretensão indenizatória prevista no art. 200 do CC, pois a verificação da circunstância fática não é prejudicial à ação indenizatória (Informativo nº 500).

Por fim, há de se ressaltar a situação excepcional tratada pela Súmula nº 647 do STJ, segundo a qual "*São imprescritíveis as ações indenizatórias por danos morais e materiais decorrentes de atos de perseguição política com violação de direitos fundamentais ocorridos durante o regime militar*".

Capítulo IX

Jurisdição e competência

1. JURISDIÇÃO

Jurisdição é o poder soberano do Estado de dizer o direito no caso concreto, resolvendo conflitos, em substituição à vontade das partes. A **substitutividade** é, pois, a característica mais marcante desse poder.

Nesse sentido, são **características da jurisdição**:

a) ***substitutividade***: é nota marcante da jurisdição, implicando na atuação do Estado em substituição à vontade das partes na resolução das lides, o que impede, em regra, a autotutela;

b) ***inércia***: em regra, os órgãos jurisdicionais, para atuarem, precisam ser provocados (*ne procedat judex ex officio*);

c) ***existência de lide***: para o exercício da jurisdição, pressupõe-se uma lide, um conflito de interesses qualificado pela pretensão resistida, nas clássicas lições de Carnelutti (CARNELUTTI, 2000, p. 93). Embora seja esse o posicionamento doutrinário prevalecente, deve-se chamar a atenção para o fato de que, modernamente, vem sendo entendido que, no processo penal, não há, a rigor, um conflito de interesses, "já que defesa e acusação possuem o mesmo objetivo, que é o justo provimento jurisdicional. O MP há muito tempo deixou de ser mero órgão de acusação, passando a funcionar como fiscal da lei e guardião da sociedade" (TÁVORA; ARAÚJO, 2010, p. 103);

d) ***atuação do direito***: é objetivo da jurisdição a aplicação do direito no caso concreto, resolvendo-se a lide, para que seja garantida a paz social;

e) ***imutabilidade***: a jurisdição tem o seu exercício concluído em uma sentença, que, visando a pacificação social, deve ter caráter definitivo, salvo exceções expressamente previstas em lei, a exemplo da revisão criminal *pro reo*.

Características da jurisdição
1. Substitutividade;
2. Inércia;
3. Existência de lide;
4. Atuação do direito;
5. Imutabilidade.

De outro lado, são **princípios regentes da jurisdição criminal**:

I. ***Investidura***: "Para exercer jurisdição é necessário ser magistrado; logo, estar devidamente investido na função" (TÁVORA; ALENCAR, 2009, p. 193);

II. ***Indeclinabilidade***: "o juiz não pode abster-se de julgar os casos que lhe forem apresentados" (NUCCI, 2008, p. 247); é, pois, a proibição do *non liquet*;

III. ***Inevitabilidade ou irrecusabilidade***: "A jurisdição não está sujeita à vontade das partes. Impõe-se" (TÁVORA; ALENCAR, 2009, p. 194);

IV. ***Improrrogabilidade***: "as partes, mesmo que queiram, não podem subtrair ao juízo natural o conhecimento de determinada causa, na esfera criminal" (NUCCI, 2008, p. 247);

V. ***Indelegabilidade***: o juiz não pode delegar a função jurisdicional a quem não possui. Nesse sentido, convém esclarecer que a carta precatória e a carta de ordem não implicam em delegação de jurisdição, mas sim em delegação de competência;

VI. ***Juiz natural***: encontra previsão constitucional no art. 5º, incisos LIII ("ninguém será processado nem sentenciado senão pela autoridade competente") e XXXVII ("não haverá juízo ou tribunal de exceção"), da Carta Magna Federal;

VII. ***Inafastabilidade***: também encontra previsão constitucional, mais precisamente no art. 5º, inciso XXXV, da Carta Magna Federal ("a lei não excluirá da apreciação do poder judiciário lesão ou ameaça a direito");

VIII. ***Devido processo legal***: possui guarida constitucional no art. 5º, inciso LIV, da Carta Magna Federal ("ninguém será privado da liberdade ou de seus bens sem o devido processo legal");

IX. ***Unidade***: "a jurisdição é única, pertencente ao Poder Judiciário, diferenciando-se apenas no tocante à sua aplicação e grau de especialização, podendo ser civil – federal ou estadual; penal – federal ou estadual; militar – federal ou estadual; eleitoral ou trabalhista" (NUCCI, 2008, p. 247).

Princípios da jurisdição
1. Investidura;
2. Indeclinabilidade;
3. Inevitabilidade ou irrecusabilidade;
4. Improrrogabilidade;
5. Indelegabilidade;
6. Juiz Natural;
7. Inafastabilidade;
8. Devido processo legal;
9. Unidade.

2. COMPETÊNCIA

Competência é a medida da jurisdição, espaço dentro do qual o poder jurisdicional pode ser exercido. Jurisdição todo juiz possui, mas competência não. Assim, por exemplo, o STF tem competência sobre todo território nacional, enquanto um juiz de direito tem competência apenas na comarca em que exerce as suas funções. Para melhor compreensão da matéria competência no processo penal, fundamental é o estudo dos princípios do juiz natural e do juiz imparcial, o que já foi feito no capítulo de princípios do processo penal, para onde remetemos novamente o leitor.

No processo penal, a competência poderá ser **absoluta** ou **relativa**. A **competência absoluta** é aquela que não permite prorrogação, por envolver interesse público, podendo ser arguida a qualquer tempo e em qualquer grau de jurisdição, inclusive de ofício, sob pena de nulidade absoluta de todos os atos praticados no feito (decisórios ou instrutórios), segundo posicionamento doutrinário mais abalizado. Há **três hipóteses de competência absoluta**:

I. **Competência em razão da matéria (*ratione materiae*)**: é aquela que leva em conta a natureza da infração a ser julgada;

II. **Competência por prerrogativa de função (*ratione personae*)**: é aquela que leva em conta o cargo público ocupado por determinada pessoa que cometeu a infração penal, o que implica em um foro por prerrogativa de função;

III. **Competência funcional**: é aquela que leva em conta a distribuição dos atos processuais praticados. Ela envolve três critérios:

1. **Fase do processo**: quando dois juízes atuam em fases distintas do feito, a exemplo do juiz que instrui e sentencia a causa criminal e daquele

responsável pela fase de execução penal, consoante o art. 65 da Lei de Execução Penal;

2. **Objeto do juízo**: quando há distribuição de tarefas dentro de um mesmo processo, a exemplo do que ocorre no Tribunal do Júri, em que o juiz-presidente é responsável pela resolução das questões de direito, pela prolação da sentença e pela dosimetria da pena, ao passo que compete aos jurados a votação dos quesitos;

3. **Grau de jurisdição**: também conhecido como competência funcional vertical, resulta no duplo grau de jurisdição, com o oferecimento de recursos, ou na competência originária dos Tribunais, em casos de foro por prerrogativa de função.

Já a **competência relativa** permite prorrogação, caso não seja arguida a tempo a incompetência do foro, afinal de contas ela interessa sobretudo às partes. O desrespeito às normas de competência relativa, segundo posicionamento doutrinário prevalente, leva apenas à nulidade relativa dos atos decisórios (não são anulados os atos instrutórios, conforme melhor interpretação conferida ao art. 567 do CPP). No Processo Penal, é hipótese de competência relativa à **competência territorial (*ratione loci*)**. Ressalte-se, porém, que, **no Processo penal, a competência territorial pode ser reconhecida de ofício pelo juiz**, motivo pelo qual a **Súmula nº 33 do STJ**, que apregoa que "A incompetência relativa não pode ser declarada de ofício", **só tem aplicabilidade no Processo Civil**. Contudo, de acordo com entendimento majoritário da doutrina, o magistrado só poderá declarar-se de ofício incompetente até a absolvição sumária (art. 397, CPP), ao passo que a defesa deverá alegar a matéria até o prazo final de apresentação da resposta escrita à acusação, que é de dez dias (art. 396, CPP), sob pena de preclusão.

> **Observação:**
> Para se alcançar o juiz competente para julgar determinado processo penal, devem ser seguidos os critérios que determinam a competência previstos no art. 69 do CPP, quais sejam, o lugar da infração (inciso I), o domicílio ou residência do réu (II), a natureza da infração (III), a distribuição (IV), a conexão ou continência (V), a prevenção (VI) e a prerrogativa de função (VII), os quais passam a ser analisados adiante.

Competência absoluta	Competência relativa
Envolve interesse público.	Envolve sobretudo interesse das partes.
Não permite prorrogação, podendo ser arguida a qualquer tempo e em qualquer grau de jurisdição, inclusive de ofício pelo juiz.	Permite prorrogação, caso não seja oferecida a tempo a exceção de incompetência pela parte. Pode, porém, ser reconhecida de ofício pelo juiz, até a absolvição sumária.

O seu desrespeito implica em nulidade absoluta de todos os atos praticados no feito, decisórios ou instrutórios.	O seu desrespeito implica em nulidade relativa dos atos decisórios, não sendo anulados os atos instrutórios (art. 567 CPP).
Espécies: I. Competência em razão da matéria (*ratione materiae*); II. Competência por prerrogativa de função (*ratione personae*); III. Competência funcional.	Espécie: Competência territorial (*ratione loci*).

▸ **Qual o entendimento do STF sobre o assunto?**

O STF vem mitigando bastante as diferenças entre competência absoluta e competência relativa. Assim, por exemplo, ao reconhecer a incompetência (absoluta) da justiça militar em hipótese de crime que deveria ser julgado pela justiça federal, entendeu que caberia a este tribunal somente anular a decisão condenatória. Nesse sentido, asseverou-se que se deveria deixar ao juízo que o Supremo estaria a considerar competente a decisão de anular, ou não, os demais atos do processo, pois, do contrário, haveria um salto jurisdicional. Destarte, destacou-se caber ao juiz federal decidir acerca da subsistência, ou não, dos atos já praticados. Acrescentou-se ainda que, atualmente, *a divisão de competência em absoluta ou relativa deveria ter como única consequência remeter os autos ao juízo competente*, pois a jurisdição seria una. Registrou-se tratar-se de tendência decorrente da ***translatio iudicii*** (reassunção do processo e remessa dos autos ao juízo competente, nos casos em que é declarada a incompetência do juízo – absoluta ou relativa). Conclui-se que o juízo competente, ao receber o processo, absorveria a causa e a julgaria e, se entendesse necessário, poderia renovar os atos processuais (Informativo nº 755 do STF).

3. COMPETÊNCIA TERRITORIAL (*RATIONE LOCI*)

3.1. O lugar da infração penal como regra geral (art. 70 CPP)

Como regra geral para definição da competência territorial, adota-se o **local em que ocorreu a consumação do delito ou, no caso de tentativa, o local em que foi praticado o último ato de execução** (art. 70, *caput*, do CPP). Essa regra consagra, no âmbito do processo penal, a **teoria do resultado** (local do resultado).

Se, porém, for incerto o limite territorial entre duas ou mais jurisdições, ou quando incerta a jurisdição por ter sido a infração consumada ou tentada nas divisas de duas ou mais jurisdições, a competência firmar-se-á pela **prevenção**, consoante o art. 70, § 3º, do CPP, o que significa a adoção excepcional da **teoria da ubiquidade ou mista ou eclética** (local da ação ou omissão ou local do resultado).

A competência também será definida pela **prevenção** no caso de **infração continuada ou permanente, praticada em território de duas ou mais jurisdições**, nos termos do art. 71 do CPP, resultando também na aplicação excepcional da **teoria da ubiquidade**.

Na hipótese de **crime à distância** - que é aquele em que a ação ou omissão ocorre em um país e o resultado em outro -, há de se aplicar também, por exceção, a **teoria da ubiquidade**, que encontra guarida no ordenamento jurídico brasileiro no art. 6º do Código Penal, segundo o qual "Considera-se praticado o crime no lugar em que ocorreu a ação ou omissão, no todo ou em parte, bem como onde se produziu ou deveria produzir-se o resultado" (como se vê, para o Direito Penal, quanto ao lugar do crime, vale, como regra geral, a teoria da ubiquidade, ao passo que, como já visto, no Processo Penal, na definição do juízo territorialmente competente, a regra geral é a teoria do resultado).

Desse modo, nos casos em que se permite a aplicação da lei penal brasileira, embora para crimes cometidos no estrangeiro (extraterritorialidade da lei penal brasileira, de acordo com o art. 7º do Código Penal), em apertada síntese, pode-se afirmar que será competente o juízo do local que tocar por último o território nacional, pouco importando se é o local da ação ou omissão ou do resultado, daí porque se fala na aplicação da teoria da ubiquidade.

É o exemplo de um indivíduo que envia pelos correios do Brasil uma carta-bomba dirigida ao Presidente da República que se encontra na Argentina, provocando a sua morte (art. 7º, inciso I, alínea "a", do Código Penal). Nessa hipótese, incidindo-se a lei penal brasileira, aplica-se, para fins de definição do foro competente, a regra prevista no art. 70, § 1º, CPP: se, iniciada a execução no território nacional, a infração se consumar fora dele, a competência será determinada pelo **lugar em que tiver sido praticado, no Brasil, o último ato de execução**. No exemplo fornecido, competente será o foro do local do Brasil em que o agente enviou a carta-bomba pelos correios.

Ainda com relação ao **crime à distância**, o art. 70, § 2º, CPP, determina que quando o último ato de execução for praticado fora do território nacional, será competente o juiz do lugar em que o crime, embora parcialmente, tenha produzido ou devia produzir seu resultado. Para ilustrar essa situação, basta inverter o exemplo acima fornecido.

▸ Aplicação em concurso público:

No concurso de Analista do TRE/AP, em 2011, promovido pela Fundação Carlos Chagas (FCC), dentre outros temas relacionados à competência no processo penal, foram cobrados aspectos relevantes sobre a competência territorial, do seguinte modo: *"Analise as seguintes assertivas sobre a competência, de acordo com o Código de Processo Penal: I. A competência será, de regra, determinada pelo lugar em que se consumar a infração, ou, no caso de tentativa, pelo lugar em que for praticado o último ato de execução. II. Quando o último ato de execução for praticado fora do território nacional, será competente o juiz do lugar em que o crime, embora parcialmente, tenha produzido ou devia produzir seu resultado. III. A competência será determinada pela continência quando a prova de uma infração ou de qualquer de suas circunstâncias elementares influir na prova de outra infração. Está correto o que se afirma somente em a) I e II. b) I e III. c) II e III. d) I. e) III"*. A resposta correta foi a letra A.

▸ **Aplicação em concurso público:**

No concurso de Analista do TRE/TO, em 2011, promovido pela Fundação Carlos Chagas (FCC), foi questionado a respeito do juízo competente em caso de crime à distância. Nesse sentido, indagou-se: "*Na hipótese de crime cuja execução tenha sido iniciada no território nacional, mas a consumação tenha ocorrido fora dele, a competência será determinada a) pelo lugar em que tiver sido praticado, no Brasil, o último ato de execução. b) pelo lugar em que tiver sido praticado, no Brasil, o primeiro ato de execução. c) pela prevenção. d) pela residência ou domicílio do réu. e) pelo lugar onde ocorreu a consumação*". A resposta correta foi a letra A.

▸ **Crimes plurilocais:**

Embora semelhantes com os crimes à distância, os crimes plurilocais com estes não se confundem, inclusive para fins de definição do foro competente. São crimes plurilocais aqueles nos quais a ação ou omissão se dá em um lugar e o resultado em outro, desde que ambos os locais se encontrem dentro do mesmo território nacional (crimes à distância envolvem sempre países distintos, sendo que a ação ou omissão ocorre em um país e o resultado em outro). É o exemplo de um indivíduo que envia pelos correios de Belo Horizonte/MG uma carta-bomba dirigida à residência da vítima em Salvador/BA, provocando a sua morte. Para tais crimes, há de ser aplicada, em regra, a **teoria do resultado** prevista no **art. 70, *caput*, do CPP**.

No exemplo fornecido, o foro competente seria de Salvador/BA. Registre-se, porém, que há **entendimento jurisprudencial** no sentido de que, no caso de **homicídio**, deve prevalecer o **juízo da ação ou omissão (teoria da atividade)**, como forma de privilegiar a verdade real, facilitando-se a colheita de prova, bem como para garantir uma efetiva resposta à sociedade do local em que o crime foi executado, eis que naturalmente mais interessada na sua punição. No exemplo mencionado, o foro competente seria alterado, passando a ser o de Belo Horizonte/MG. É esse o posicionamento do STJ (Informativo nº 489) e do STF (Informativo nº 715).

▸ **Crimes preterdolosos ou qualificados pelo resultado:**

Para crimes desta natureza, é igualmente aplicada a regra geral prevista no art. 70, *caput*, do CPP (**teoria do resultado**), embora Guilherme de Souza Nucci (2008, p. 253) defenda o local da ação ou omissão como foro competente (teoria da atividade), como forma de privilegiar a verdade real, facilitando-se a colheita de prova.

▸ **Competência em hipóteses de crimes de estelionato:**

De um modo geral, para os crimes de estelionato (art. 171 CP), em suas mais diversas modalidades, é aplicada a teoria do resultado (art. 70, *caput*, CPP). Competente é então o local da consumação, ou seja, lugar em que o agente obtém a vantagem ilícita em prejuízo alheio, havendo efetivamente algum proveito patrimonial. Algumas modalidades de estelionato devem ser destacadas:

a) **estelionato praticado mediante falsificação de cheque (art. 171, *caput*, CP)**: esta hipótese configura a prática de crime de estelionato em sua modalidade simples. Será **competente o local da obtenção da vantagem ilícita**, nos termos da **Súmula nº 48 STJ**. É, pois, o local em que a vítima possui conta bancária. Por exemplo, se o agente falsifica um cheque para comprar um certo bem em Porto Alegre/RS, o delito será julgado neste juízo criminal. Nessa esteira, conforme firme jurisprudência do STJ, há que se diferenciar a situação em que o estelionato ocorre por meio do saque (ou compensação) de cheque clonado, adulterado ou falsificado, da hipótese em que a própria vítima, iludida por um ardil, voluntariamente, efetua depósitos e/ou transferências de valores para a conta corrente de estelionatário. Quando se está diante de estelionato cometido por meio de cheques adulterados ou falsificados, a obtenção da vantagem ilícita ocorre no momento em que o cheque é sacado, pois é nesse momento que o dinheiro sai efetivamente da disponibilidade da entidade financeira sacada para, em seguida, entrar na esfera de disposição do estelionatário. Em tais casos, entende-se que o local da obtenção da vantagem ilícita é aquele em que se situa a agência bancária onde foi sacado o cheque adulterado, seja dizer, onde a vítima possui conta bancária. (....)" (STJ, Terceira Seção, AgRg no CC nº 171.632/SC, Rel. Ministro Reynaldo Sores da Fonseca, DJe 16/06/2020). Logo, o crime de estelionato praticado por meio de saque de cheque fraudado compete ao Juízo do local da agência bancária da vítima (STJ, Terceira Seção, CC nº 182.977/PR, Rel. Min. Laurita Vaz, DJe 14/03/2022).

b) **estelionatos praticados mediante depósito, mediante emissão de cheques sem suficiente provisão de fundos em poder do sacado ou com o pagamento frustrado (art. 171, § 2º, VI, CP) ou mediante transferência de valores**: nos termos do art. 70, § 4º, do CPP, com a redação dada pela Lei nº 14.155/21, a competência será definida pelo **local do domicílio da vítima** e, em caso de **pluralidade de vítimas**, a competência firmar-se-á pela **prevenção**.

A regra trazida pela Lei nº 14.155/21 implica importante inovação, até porque, até o seu advento, a jurisprudência não vinha adotando o critério do domicílio da vítima para a fixação da competência territorial na maioria dos delitos de estelionato ora em análise.

Assim, por exemplo, no estelionato em que a vítima é enganada por telefone para depositar/transferir quantia na conta bancária do estelionatário, a Terceira Seção do STJ chegou a decidir que seria competente para processá-lo e julgá-lo o juízo do foro onde se encontra localizada a agência bancária por meio da qual o suposto estelionatário recebeu o proveito do crime – e não ao juízo do foro em que está situada a agência na qual a vítima possui conta bancária (STJ, Informativos números 565 e 663).

No que diz respeito ao estelionato mediante emissão de cheques sem suficiente provisão de fundos em poder do sacado ou com o pagamento frustrado (art. 171, § 2º, VI, CP), a Súmula nº 521 do STF e a Súmula nº 244 do STJ determinavam que o juízo competente seria o do local onde houver a recusa do pagamento do cheque, ou seja, seria o lugar em que estaria situada a agência bancária que não pagou o cheque por falta de provisão de fundos, isto é, a agência onde o agente possuiria sua conta (banco sacado). Com o teor do art. 70, § 4º, do CPP, essas Súmulas restam prejudicadas.

Com relação ao estelionato por meio virtual, a inovação legislativa não destoa muito do que vinha entendendo a jurisprudência. A título de ilustração, o Enunciado nº 8 aprovado na I Jornada de Direito e Processo Penal do Conselho da Justiça Federal (CJF) estabelecia que "nos casos de Estelionato (art. 171, CP) cometido por meio virtual, a competência para processo e julgamento da ação será do local da agência bancária da conta depositária, se a vítima realizou depósito bancário em dinheiro, ou o local da agência bancária da vítima, se ela realizou transferência bancária (TED)". A primeira parte desse Enunciado fica prejudicada, mas a segunda parte está de acordo com o disposto no art. 70, § 4º, do CPP.

Em síntese, as modalidades de estelionato referidas neste tópico passam a ser processadas e julgadas pelo **local do domicílio da vítima** e, em caso de **pluralidade de vítimas**, a competência firmar-se-á pela **prevenção** (art. 70, § 4º, do CPP, com a redação dada pela Lei nº 14.155/21).

É esse inclusive o entendimento do STJ, que, por meio da sua Terceira Seção, decidiu que nos crimes de estelionato, quando praticados mediante depósito, por emissão de cheques sem suficiente provisão de fundos em poder do sacado ou com o pagamento frustrado ou por meio da transferência de valores, a competência será definida pelo local do domicílio da vítima, em razão da superveniência da Lei nº 14.155/2021, ainda que os fatos tenham sido anteriores à nova lei. Como essa nova lei é norma processual penal (pura), deve ser aplicada de imediato (art. 2º CPP), ainda que os fatos tenham sido anteriores à lei, notadamente quando a persecução penal ainda estiver em fase de inquérito policial (STJ, Terceira Seção, CC nº 180.832/RJ, Rel. Min. Laurita Vaz, j. 25.08.2021).

Ademais, a mesma Terceira Seção do STJ também decidiu que no crime de estelionato, não identificadas as hipóteses descritas no § 4º do art. 70 do CPP, a competência deve ser fixada no local onde o agente delituoso obteve, mediante fraude, em benefício próprio e de terceiros, os serviços custeados pela vítima (STJ, Terceira Seção, CC nº 185.983/DF, Rel. Min. Joel Ilan Paciornik, j. 11.05.2022).

▸ **Crimes praticados no contexto de violência doméstica e familiar contra a mulher:**

De acordo com entendimento do STJ, a competência para julgar crimes praticados no contexto de violência doméstica e familiar contra a mulher é do juízo do local dos fatos, nos termos do art. 13 da Lei nº 11.340/06 c/c o art. 70, *caput*, do CPP, não se alterando em razão de a vítima ter fixado domicílio em outro local, ou mesmo por ter requerido e obtido medidas protetivas junto a esse local do seu domicílio. Nesse prisma, asseverou-se que a previsão do art. 15 da Lei Maria da Penha é expressa e não deixa dúvida de que a sua aplicação é limitada aos feitos cíveis. Havendo regra expressa de fixação da competência penal, o deslocamento da competência da persecução criminal para juízo diverso daquele estabelecido no CPP, pela aplicação de regra processual civil, caracterizaria evidente ofensa ao princípio do juízo natural. Além disso, admitir a possibilidade da ação ser proposta no domicílio da vítima, inclusive quando decorrentes de mudança de domicílio posterior aos fatos delituosos, abriria a possibilidade de "escolha" do juízo em que seria proposta a ação penal, ofendendo também o referido princípio constitucional. Sem prejuízo da fixação da competência para a persecução penal, incumbe ao juízo do domicílio da vítima apreciar o pedido urgente de concessão de medidas protetivas, sem que isso gere qualquer tipo de prevenção para a análise do feito criminal. Isso possibilita à vítima obter a tutela jurisdicional com a rapidez e urgência necessárias, recebendo do Poder Judiciário a proteção devida, de caráter imediato (STJ, Terceira Seção, CC nº 187.852/SP, Rel. Min. Laurita Vaz, j. 18.11.2022).

▸ **Aplicação em concurso público:**

No XLIX concurso do MP/MG, em 2010, foi cobrado justamente o teor da Súmula nº 48 do STJ. Nesse sentido, a assertiva *"Compete ao juízo do local da obtenção da vantagem ilícita processar e julgar crime de estelionato mediante falsificação de cheque"* foi considerada correta.

▸ **Competência em crime de contrabando ou descaminho:**

No caso do crime de **contrabando ou descaminho** (art. 334, CP), o juízo competente é definido pela **prevenção do Juízo Federal do lugar da apreensão dos bens,** nos termos da **Súmula nº 151 do STJ.**

▸ **Atenção:**

Nas **infrações de menor potencial ofensivo,** consoante o art. 63 da Lei nº 9.099/95, será competente para o seu julgamento o local onde foi **praticada** a infração, que, segundo entendimento majoritário, é o **local da ação ou omissão,** adotando-se, portanto, a **teoria da atividade** (local da ação ou omissão).

▸ **Competência territorial em crimes contra a honra praticados por meio da internet:**

Conforme pacífica jurisprudência do STJ, no caso de delitos contra a honra praticados por meio da *internet*, o local da consumação do delito é aquele onde incluído o conteúdo ofensivo na rede mundial de computadores, sendo esse, portanto, em regra, o juízo competente para o seu julgamento. Deve-se esclarecer, porém, que tal entendimento diz respeito aos casos em que a publicação é possível de ser visualizada por terceiros, indistintamente, a partir do momento em que veiculada por seu autor. Diferente é a situação em que, embora tenha sido utilizada a *internet* para a suposta prática do crime de injúria, o envio da mensagem de áudio com o conteúdo ofensivo à vítima ocorreu por meio de aplicativo de troca de mensagens entre usuários em caráter privado, denominado *instagram direct*, no qual somente o autor e o destinatário têm acesso ao seu conteúdo, não sendo acessível para visualização por terceiros, após a sua inserção na rede de computadores. Nesse caso, aplica-se o entendimento geral de que o crime de injúria se consuma no local onde a vítima tomou conhecimento do conteúdo ofensivo. Assim, concluiu-se que o crime de injúria praticado pela *internet* por mensagens privadas, as quais somente o autor e o destinatário têm acesso ao seu conteúdo, consuma-se no local em que a vítima tomou conhecimento do conteúdo ofensivo, sendo esse, excepcionalmente, o juízo competente para julgá-lo (STJ, Terceira Seção, CC nº 184.269/PB, Rel. Min. Laurita Vaz, j. 09.02.2022).

▸ **Competência na lei de imprensa:**

Nos crimes de imprensa, consoante o art. 42 da Lei nº 5.250/67 (Lei de Imprensa), o foro competente era definido pelo local da impressão do jornal ou periódico, e pelo local onde estivesse situado o estúdio do permissionário ou concessionário do serviço de radiodifusão, bem como o da administração principal da agência noticiosa. Todavia, esse critério de fixação de competência não mais subsiste, tendo em vista que o STF, no julgamento da Ação de Descumprimento de Preceito Fundamental (ADPF) nº 130/DF, julgou pela não recepção ou revogação de toda essa lei, daí porque, para esse caso, há de se aplicar a regra geral prevista no art. 70, *caput*, do CPP.

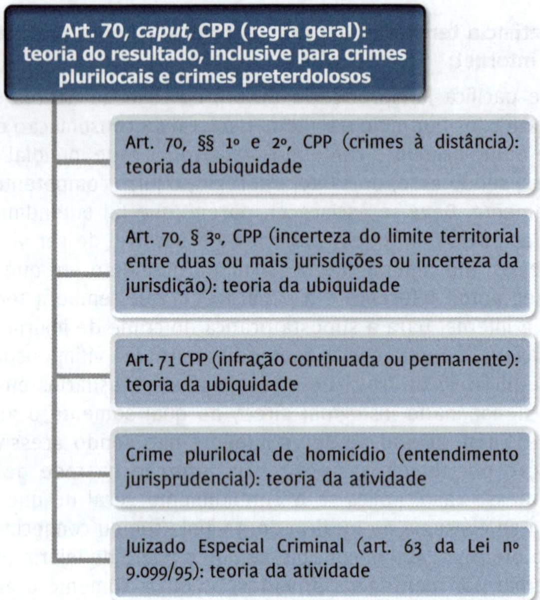

3.2. O domicílio ou residência do réu como foro supletivo (art. 72 CPP)

Quando não se tem conhecimento sobre o local da consumação do crime, vale a **regra supletiva do foro do domicílio ou residência do réu**. Se o réu tiver **mais de um domicílio ou residência**, a competência será firmada pela **prevenção** (art. 72, § 1º, do CPP). E se o réu não tiver residência certa ou for ignorado o seu paradeiro, será competente o **juiz que primeiro tomar conhecimento do fato** (art. 72, § 2º, do CPP).

3.3. Ação penal exclusivamente privada (art. 73 CPP)

No caso de **ação penal exclusivamente privada** (o que exclui, portanto, a hipótese de crime submetido a ação penal privada subsidiária da pública, mas inclui a ação penal privada personalíssima), **mesmo que conhecido o local da infração,** o querelante pode optar pelo foro do domicílio ou residência do réu.

> ▸ ***Fórum shopping:***
>
> A expressão *"fórum shopping"* é empregada na doutrina por Alexandre Morais da Rosa (MORAIS DA ROSA, 2017), em tom irônico e crítico, para se referir à manipulação do juízo natural, criando-se critério que permite que a parte escolha o juízo mais conveniente para a sua pretensão dentre aqueles existentes no momento da imputação. No âmbito do Processo Penal, exemplo deste instituto está previsto justamente no teor do art. 73 do CPP alhures referido.

> ▸ **Aplicação em concurso público:**
>
> No concurso do MP/SC, em 2010, foi cobrado justamente o teor do art. 73 do CPP. Nesse sentido, a assertiva *"Quando a ação penal for exclusivamente privada o querelante poderá preferir o foro de domicílio ou da residência do réu, ainda quando conhecido o lugar da infração"* foi considerada correta.

4. COMPETÊNCIA EM RAZÃO DA MATÉRIA (*RATIONE MATERIAE*) OU PELA NATUREZA DA INFRAÇÃO (ART. 74 CPP)

4.1. Competência do Tribunal do Júri

A competência do Tribunal do Júri envolve o julgamento dos **crimes dolosos contra a vida**. Os crimes dolosos contra a vida são apenas aqueles previstos entre os **artigos 121 e 127 do Código Penal, consumados ou tentados** (art. 74, § 1º, do CPP). Assim, o Tribunal do Júri não julga outros crimes com resultado morte, como o latrocínio (Súmula 603 do STF), estupro seguido de morte, lesão corporal seguida de morte etc.

> ▸ **Qual o entendimento do STF sobre o assunto?**
>
> A Primeira Turma do STF decidiu que resta configurada a ocorrência de dolo eventual em relação a homicídio cometido por motorista embriagado na direção de veículo automotor, firmada a competência do tribunal do júri. No caso em apreciação, verificou-se a existência de dolo eventual no ato de dirigir veículo automotor sob a influência de álcool, além de fazê-lo na contramão. O condutor assumiu o risco ou, no mínimo, não se preocupou com o risco de, eventualmente, causar lesões ou mesmo a morte de outrem (Informativo nº 904).

> ▸ **Competência para o julgamento do crime de remoção ilegal de órgãos, praticado em pessoa viva e que resulta morte (art. 14, § 4º, da Lei nº 9.434/97):**
>
> A 1ª Turma do STF decidiu que é do juízo criminal singular a competência para julgar o crime de remoção ilegal de órgãos, praticado em pessoa viva e que resulta morte, previsto no art. 14, § 4º, da Lei nº 9.434/97 (Lei de Transplantes). Nesse sentido, o órgão colegiado esclareceu que o objeto jurídico tutelado pelo tipo penal em questão é a incolumidade pública, a ética e a moralidade, no contexto da doação e do transplante de órgãos e tecidos, e a preservação da integridade física das pessoas e respeito à memória dos mortos. A proteção da vida apresenta-se como objeto de tutela do tipo penal de forma mediata, não se podendo estabelecer que se cuida de crime doloso contra a vida a fixar a competência do Júri, tal como posto no art. 5º, XXXVIII, "d", da Constituição Federal. Com base nesse entendimento, a Turma, por maioria, deu provimento ao recurso extraordinário para fixar a competência do juízo criminal singular para processar e julgar a causa, afastando a competência do Tribunal do Júri, nos termos do voto do relator (STF, Informativo nº 1.030).

Trata-se de hipótese de **competência constitucional** (art. 5º, XXXVIII, "d", CF – é cláusula pétrea) e **mínima** (a lei ordinária pode ampliá-la, disciplinando que outros crimes ficarão sujeitos ao julgamento do Tribunal do Júri; não pode, porém, reduzi-la, disciplinando que algum crime doloso contra a vida deixará de ser julgado pelo Tribunal do Júri).

Essa competência prevista na Constituição Federal necessita ser complementada pelo CPP, art. 78, inciso I, tendo em vista que o Tribunal do Júri também terá competência para o julgamento dos crimes conexos ou continentes aos crimes dolosos contra a vida.

Sobre a competência para julgamento do crime doloso contra a vida, vale a pena destacar as hipóteses de **desclassificação** deste delito para outro que não seja doloso contra a vida, de competência do juiz singular, e indicar o órgão jurisdicional que passará a ter a competência para o seu julgamento. As situações são as seguintes:

1. *Se a desclassificação do crime doloso contra a vida é feita pelo juiz no momento da análise da pronúncia do réu, os autos devem ser remetidos ao juízo competente (art. 74, § 3º, CPP)*: Nessa hipótese, caso não haja alteração fática do delito, mas sim apenas novo enquadramento legal, não é necessário o aditamento da inicial, sendo recomendável, porém, em respeito ao contraditório, que o juízo competente possibilite que as partes se manifestem, inclusive indicando provas, requerendo diligências e apresentando alegações finais. De outro lado, se houver alteração fática do delito por força da desclassificação, deve o juízo competente determinar que o autor da ação penal adite a inicial (*mutatio libelli*, consoante art. 384 do CPP), indicando provas, após o que a defesa deve se manifestar, prosseguindo-se logo após a instrução criminal. Nesse sentido Guilherme de Souza Nucci (NUCCI, 2008, p. 752) e Nestor Távora e Rosmar Rodrigues Alencar (TÁVORA; ALENCAR, 2009, p. 693).
2. *Se a desclassificação do crime doloso contra a vida é feita pelo Conselho de Sentença em plenário, o juiz-presidente do Tribunal do Júri é quem vai julgar singularmente o feito, não o remetendo ao juízo competente, por economia processual (arts. 74, § 3º, e 492, § 1º, CPP)*: O mesmo raciocínio se aplica se há um crime doloso contra a vida e um crime conexo ou continente de outra natureza (não doloso contra a vida): feita a desclassificação do crime doloso contra a vida, o juiz-presidente do Tribunal do Júri julgará o crime conexo ou continente (art. 492, § 2º, do CPP). Em ambas as situações, se, por força da desclassificação, for possível a aplicação dos institutos previstos na Lei nº 9.099/95, o magistrado assim deverá proceder, conforme disposto no art. 492, § 1º, parte final, do CPP.

4.2. Competência da Justiça Eleitoral

A Justiça Eleitoral tem competência para o julgamento dos crimes eleitorais e aqueles que lhes são conexos ou continentes. Essa competência tem previsão na Carta Magna Federal (arts. 118 a 121).

▸ **Competência da Justiça Eleitoral para julgamento de crimes comuns:**

Aplicando o teor do art. 78, inciso IV, do CPP e do art. 35, inciso II, do Código Eleitoral, o Plenário do STF, por 6x5 votos, decidiu, em 2019, que a Justiça Eleitoral é competente para o julgamento de crimes eleitorais e dos crimes comuns que lhes forem conexos. É o exemplo, frequente no âmbito da Operação Lava Jato, de um crime de falsidade ideológica eleitoral ("caixa dois eleitoral"), crime eleitoral tipificado no art. 350 do Código Eleitoral, praticado em conexão com algum crime de corrupção (ativa e/ou passiva) e/ou crime de lavagem de dinheiro (ambos crimes comuns): eles serão reunidos para julgamento simultâneo perante a Justiça Eleitoral. A Corte definiu ainda que cabe à Justiça especializada (Eleitoral) analisar, caso a caso, a existência de conexão de delitos comuns aos delitos eleitorais e, em não havendo, remeter os casos à Justiça competente (STF, Plenário, Inq. 4435).

A decisão ora em análise sofreu críticas por boa parte da comunidade jurídica, sob o argumento de que os dispositivos legais anteriormente mencionados, que fundamentaram o julgado do STF, seriam, na verdade, inconstitucionais, pois concederiam à Justiça especializada competência para apreciar matéria que não lhe diria respeito e, ademais, esta Justiça não estaria bem estruturada (inclusive contando com funcionamento por meio de rodízio entre juízes eleitorais, que exercem funções eleitorais apenas pelo período de 2 anos) para processar e julgar crimes muitas vezes de extrema complexidade, como a lavagem transnacional de valores elevados.

Data maxima venia ao entendimento do STF, a nosso ver, ele realiza uma subversão hermenêutica, dando preferência à lei (CPP e Código Eleitoral) em detrimento do que dispõe a Constituição Federal, mais especificamente no seu art. 109, inciso IV. Esta norma constitucional prevê a competência da Justiça Federal, que integra a Justiça Comum (logo, os crimes julgados por ela são também crimes comuns). Desse modo, na hipótese de conexão entre crime eleitoral e crime de competência da Justiça Federal (crime comum), mais acertada seria a disjunção, com cada crime sendo julgado em sua respectiva Justiça competente. O conteúdo do CPP e do Código Eleitoral somente deveria prevalecer se o crime comum não tivesse foro constitucional. A esse respeito, vale a pena relembrar a noção básica de que, em havendo crimes conexos, se um deles possui foro constitucional e o outro não, ambos, via de regra, são atraídos para julgamento no foro constitucional (foro de atração), ao passo que se ambos os foros são constitucionais (é o caso dos crimes eleitorais e dos crimes da Justiça Federal), como não há hierarquia entre normas constitucionais, é recomendável que ocorra a disjunção. Não há dúvidas de que a competência da Justiça Eleitoral é constitucional, sendo que o art. 121 da Carta Magna prevê que lei complementar disporá sobre a competência desta Justiça. Mas, a uma, a lei complementar não é superior à norma constitucional e, a duas, o próprio art. 109, inciso IV, da Constituição, ao estabelecer a competência da Justiça Federal, ressalva a competência da Justiça Eleitoral (o que permite concluir que, em havendo conexão, mais correto seria promover a disjunção).

A decisão do STF não anula toda a Operação Lava Jato, mas, sem dúvida, coloca em risco a validade de algumas condenações criminais já proferidas pela Justiça Comum (Federal). O tribunal deveria se pronunciar sobre a validade destas decisões, modulando efeitos, mas não o fez.

Tentando superar toda esta discussão, o Projeto de Lei Complementar 38/2019 (integrante originariamente do "Pacote Anticrime"), procura promover a disjunção de feitos na hipótese de conexão entre crime eleitoral e crime comum, propondo nesse sentido a alteração do art. 79, inciso III, do CPP e dos arts. 35, inciso II, e 364 do Código Eleitoral.

Certo é que, posteriormente, a 2ª Turma do STF decidiu que a Justiça Eleitoral é competente para processar e julgar crime comum conexo com crime eleitoral, *ainda que haja o reconhecimento da prescrição da pretensão punitiva do delito eleitoral*. Isso porque, fixada a competência da Justiça Eleitoral por conexão ou continência, essa permanece para os demais feitos — mesmo quando não mais subsistirem processos de sua competência própria em razão de sentença absolutória ou de desclassificação da infração (STF, 2ª Turma, RHC nº 177.243/MG, Rel. Min. Gilmar Mendes, j. 29.06.2021).

Na esteira do entendimento do STF, o STJ também decidiu que a Justiça Eleitoral é competente para processar e julgar os crimes eleitorais e os comuns que lhe forem conexos (STJ, 5ª Turma, HC nº 612.636/RS, Rel. Min. Jesuíno Rissato, Desembargador convocado pelo TJDFT, Rel. Acd. Min. Ribeiro Dantas, j. 05.10.2021).

▸ **Qual o entendimento do STJ sobre o assunto?**

A Terceira Seção do STJ já decidiu que compete à Justiça Federal – e não à Justiça Eleitoral – processar e julgar o crime caracterizado pela destruição de título eleitoral de terceiro, quando não houver qualquer vinculação com pleitos eleitorais e o intuito for, tão somente, impedir a identificação pessoal (Informativo nº 555).

▸ **Conexão entre crime eleitoral e crime doloso contra a vida:**

Considerando que ambos os crimes têm competência prevista na Constituição Federal e que, nos dois casos, a competência é especializada, em havendo conexão entre crime eleitoral e crime doloso contra a vida, deve ser operada a **disjunção** (separação) deles, vindo o crime eleitoral a ser julgado pela Justiça Eleitoral e o crime doloso contra a vida pelo Tribunal do Júri, segundo posicionamento doutrinário prevalente.

4.3. Competência da Justiça Militar

A competência da Justiça Militar está prevista expressamente na Constituição Federal, art. 125, §§ 3º a 5º. Assim, em um primeiro momento, a Carta Magna Federal assevera que a lei estadual poderá criar, mediante proposta do Tribunal de Justiça, a Justiça Militar estadual, que é constituída, em **primeiro grau**, pelos

juízes de direito e pelos **Conselhos de Justiça** e, em **segundo grau**, pelo próprio **Tribunal de Justiça**, ou por **Tribunal de Justiça Militar nos Estados em que o efetivo militar seja superior a vinte mil integrantes** (art. 125, § 3º).

Em seguida, o Texto Constitucional esclarece que compete à Justiça Militar estadual processar e julgar os militares dos Estados, nos crimes militares definidos em lei e as ações judiciais contra atos disciplinares militares, ressalvada a competência do júri quando a vítima for civil, cabendo ao tribunal competente decidir sobre a perda do posto e da patente dos oficiais e da graduação das praças (art. 125, § 4º).

Finalmente, a Constituição Federal, no art. 125, § 5º, apregoa que compete aos **juízes de direito** do juízo militar processar e julgar, singularmente, os crimes militares cometidos contra civis e as ações judiciais contra atos disciplinares militares, cabendo ao **Conselho de Justiça**, sob a presidência de juiz de direito, processar e julgar os demais crimes militares.

> ▸ **Aplicação em concurso público:**
>
> No concurso de Promotor de Justiça do Ministério Público do Estado da Paraíba, em 2010, foi cobrada a competência de cada órgão que integra a Justiça Militar, da seguinte forma: *"Considere as proposições abaixo e, em seguida, indique a alternativa que contenha o julgamento devido sobre elas: I – Em razão de vedação constitucional de criação e instalação de novos Tribunais de Justiça Militares nos estados, a competência recursal para as causas penais militares é dos Tribunais de Justiça. II – As ações judiciais contra atos disciplinares militares serão julgadas pelo Juiz de Direito do Juízo Militar, de forma monocrática. III – Aos Conselhos de Justiça, Permanente ou Especial, competem o julgamento de policiais militares ou bombeiros militares por crimes militares cometidos contra militares, e, ainda, por crimes militares praticados em desfavor de civis, excetuados os delitos dolosos contra a vida, de competência do Tribunal do Júri. A) Apenas a proposição II está correta. B) Apenas a proposição I está correta. C) Apenas a proposição III está correta. D) Todas as proposições estão corretas. E) Todas as proposições estão incorretas"*. A assertiva correta foi a letra A.

Atualmente, há uma tendência na comunidade jurídica em geral em se defender o esvaziamento da jurisdição militar. A esse respeito, há quem sustente que ela deva ser extinta por completo.

Para outros, ela deve existir apenas para se ocupar dos crimes em que existe uma real afetação do interesse militar (LOPES JR., 2017). Nesse sentido, a jurisprudência inclusive consagrou o entendimento de que não basta ser crime militar, praticado por militar nas hipóteses definidas em lei, para que haja o julgamento pela Justiça Castrense: é preciso ainda que exista a efetiva violação de dever militar ou afetação direta de bens jurídicos das forças armadas ou uma situação de interesse militar. A título de ilustração, o STJ já decidiu que, na definição da competência da Justiça Militar, considera-se o critério subjetivo do militar em atividade, em serviço ou não, aliado ao critério objetivo, do bem ou serviço militar juridicamente tutelado. Assim, no caso concreto apreciado, consignou-se que o crime de homicídio, na forma tentada, tipificado no art. 205 do CPM, se praticado por policial militar, mesmo de folga, quando envolver disparos contra os colegas de corporação e a viatura, é de competência da Justiça Militar, pois se atinge a regularidade da Instituição Militar, bem como há vulneração dos princípios da hierarquia e disciplina (Informativo nº 675).

Finalmente, há autores em doutrina para os quais, em um Estado Democrático de Direito, não se admite uma Justiça Militar, ao menos em tempo de paz e para julgar crimes cuja tipificação já se encontra na legislação penal ordinária; ela deveria existir, apenas e excepcionalmente, para julgar crimes militares próprios (ou propriamente militares), ou seja, aqueles tipificados exclusivamente na legislação especial militar e, por óbvio, cometidos em tempo de guerra (MOREIRA, 2017).

Certo é que a Justiça Militar julga crimes militares (além das ações judiciais contra atos disciplinares militares). O primeiro desafio que surge no estudo da competência desta Justiça é, portanto, apontar com precisão o que se entende por crime militar.

A doutrina estabelece seis critérios para tornar mais concreta a definição deste conceito, quais sejam: ratione personae, *ratione materiae, ratione temporis, ratione loci, ratione legis* e o critério processual.

Segundo o critério *ratione personae*, crime militar estaria relacionado com o sujeito ativo do crime, ou seja, a qualidade do agente enquanto militar seria elemento necessário para caracterização do crime. Pelo critério *ratione materiae*, o crime militar seria uma violação de um dever militar, conforme disposto nos artigos 183 a 203 do Código Penal Militar. O critério *ratione temporis* refere-se ao contexto da prática da conduta delituosa, que impõe uma diferenciação entre tempo de guerra e tempo de paz. Pelo critério *ratione loci*, infere-se que o crime militar seria o praticado em local que esteja sujeito à administração militar. Quanto ao critério processual, tem-se que a competência de foro seria responsável por diferenciar os crimes militares dos crimes comuns. Por fim, o critério *ratione legis* traz a ideia de que crime militar é aquele definido por lei competente para tanto.

Conforme se verifica da redação dos artigos 124 e 125, § 4º, da Constituição Federal, o ordenamento jurídico brasileiro adotou como parâmetro para a definição de crime militar o critério *ratione legis*.

Pois bem, os crimes militares em tempo de paz estão previstos no art. 9º do Código Penal Militar, enquanto os crimes militares em tempo de guerra estão capitulados no art. 10 do mesmo diploma legal.

▸ Qual o entendimento do STJ sobre o assunto?

O STJ já decidiu que compete à Justiça Comum Federal – e não à Justiça Militar – processar e julgar a suposta prática, por militar da ativa, de crime previsto apenas na Lei de Licitações, ainda que praticado contra a administração militar, já que, tecnicamente, ele não constitui crime militar (Informativo nº 586).

Em mais um julgado relevante, asseverou que compete à Justiça Militar processar e julgar o crime de furto, praticado por civil, de patrimônio que, sob administração militar, encontra-se nas dependências desta, eis que resta configurado o crime militar, nos termos do art. 9º, inciso III, alínea "a", do Código Penal Militar (Informativo nº 621).

Em outro julgado, o STJ determinou que compete à Justiça comum (Tribunal do Júri) o julgamento de homicídio praticado por militar contra outro quando ambos estejam fora do serviço ou da função no momento do crime. Nos termos da orientação sedimentada na Terceira Seção desta Corte, só é crime militar, na forma do art. 9º, inciso II, alínea "a", do Código Penal Militar, o delito perpetrado por militar da ativa, em serviço, ou quando tenha se prevalecido de sua função para a prática do crime. Interpretação consentânea com a jurisprudência da Suprema Corte. Em se tratando de crimes dolosos contra a vida, deve ser observado, ainda, o disposto no art. 9º, § 1º, do Código Penal Militar, de modo que tais delitos, quando perpetrados por policial militar contra civil, mesmo que no exercício da função, serão da competência da Justiça comum (Tribunal do Júri). No caso, o fato não se amoldou à hipótese prevista no art. 9º, II, "a", do CPM, notadamente porque o evento tido como delituoso envolveu policiais militares fora de serviço, sendo que o agente ativo não agiu, mesmo com o transcorrer dos acontecimentos, como um policial militar em serviço (Informativo nº 667).

Quanto aos crimes militares em tempo de paz (art. 9º do CPM), a matéria foi radicalmente alterada pela Lei nº 13.491/2017. A seguir, são sistematizadas as modificações mais relevantes promovidas por esta legislação:

1) Os crimes previstos no CPM e os **previstos na legislação penal**, quando praticados nas hipóteses do art. 9º, inciso II, alíneas "a" a "e", do CPM, são de competência da Justiça Militar;

2) Os crimes previstos no art. 9º do CPM, quando **dolosos contra a vida** e cometidos por **militares estaduais** contra **civil**, serão de competência do **Tribunal do Júri** (art. 9º, § 1º, do CPM);

3) Os crimes previstos no art. 9º do CPM, quando **dolosos contra a vida** e cometidos por **militares das Forças Armadas (Exército, Marinha e Aeronáutica)** contra **civil**, serão de competência da **Justiça Militar da União**, se praticados no contexto (art. 9º, § 2º, do CPM):

I – do cumprimento de atribuições que lhes forem estabelecidas pelo Presidente da República ou pelo Ministro de Estado da Defesa;

II – de ação que envolva a segurança de instituição militar ou de missão militar, mesmo que não beligerante; ou

III – de atividade de natureza militar, de operação de paz, de garantia da lei e da ordem ou de atribuição subsidiária, realizadas em conformidade com o disposto no art. 142 da Constituição Federal e na forma dos seguintes diplomas legais:

a) Lei no 7.565, de 19 de dezembro de 1986 - Código Brasileiro de Aeronáutica;

b) Lei Complementar no 97, de 9 de junho de 1999;

c) Decreto-Lei no 1.002, de 21 de outubro de 1969 - Código de Processo Penal Militar; e

d) Lei no 4.737, de 15 de julho de 1965 - Código Eleitoral.

▸ Qual o entendimento do STJ sobre o assunto?

O STJ já decidiu que é possível a aplicação imediata da Lei nº 13.491/2017, que amplia a competência da Justiça Militar e possui conteúdo híbrido (lei processual material), aos fatos perpetrados antes do seu advento, mediante observância da legislação penal (seja ela militar ou comum) mais benéfica ao tempo do crime. Com efeito, no julgado, restou inicialmente destacado que a Lei nº 13.491/2017 não tratou apenas de ampliar a competência da Justiça Militar, também ampliou o conceito de crime militar, circunstância que, isoladamente, autoriza a conclusão no sentido da existência de um caráter de direito material na norma. Esse aspecto, embora evidente, não afasta a sua aplicabilidade imediata aos fatos perpetrados antes de seu advento, já que a simples modificação da classificação de um crime como comum para um delito de natureza militar não traduz, por si só, uma situação mais gravosa ao réu, de modo a atrair a incidência do princípio da irretroatividade da lei penal mais gravosa (arts. 5º, XL, da Constituição Federal e 2º, I, do Código Penal). Por outro lado, a modificação da competência, em alguns casos, pode ensejar consequências que repercutem diretamente no *jus libertatis*, inclusive de forma mais gravosa ao réu. É inegável que a norma possuiu conteúdo híbrido (lei processual material) e que, em alguns casos, a sua aplicação retroativa pode ensejar efeitos mais gravosos ao réu. Tal conclusão, no entanto, não impossibilita a incidência imediata, sendo absolutamente possível e desejável conciliar sua aplicação com o princípio da irretroatividade de lei penal mais gravosa. A jurisprudência da Corte não admite a cisão da norma de conteúdo híbrido (AgRg no REsp n. 1.585.104/PE, Ministro Nefi Cordeiro, Sexta Turma, DJe 23/4/2018). Ocorre que a aplicação imediata, com observância da norma penal mais benéfica ao tempo do crime, não implicaria uma cisão da norma, pois, o caráter material, cujo retroatividade seria passível de gerar prejuízo ao réu, não está na norma em si, mas nas consequências que dela advém. Logo, é absolutamente possível e adequado a incidência imediata da norma aos fatos perpetrados antes do seu advento, em observância ao princípio *tempus regit actum* (tal como decidido no julgamento do CC n. 160.902/RJ), desde que observada, oportunamente, a legislação penal (seja ela militar ou comum) mais benéfica ao tempo do crime. Ademais, importante ressaltar que tal ressalva é inafastável da declaração de competência. Primeiro, porque a solução do julgado dela depende. Segundo, porque a simples declaração de competência em favor da Justiça Militar, sem a ressalva acima estabelecida, poderia dar azo a ilegalidade futura, decorrente de eventual inobservância da norma penal mais benéfica (STJ, Terceira Seção, Informativo nº 642).

Estas alterações sofreram, de imediato, severas críticas por parte da doutrina, com fundamento, respectivamente, nos argumentos abaixo elencados:

1) Em virtude da primeira alteração anteriormente explicitada, conclui-se que a Justiça Militar (federal ou estadual) passa a ter competência para julgar os crimes previstos no CPM **e na legislação penal (comum e especial/extravagante)**. Isso significa uma ampliação substancial da competência da Justiça Castrense, que julgará crimes não previstos no CPM, tais como abuso de autoridade, tortura, associação para o tráfico, organização criminosa etc. Diante disso, estariam inclusive superadas as Súmulas números 75 ("Compete à Justiça Comum Estadual processar e julgar o policial militar por crime de promover ou facilitar a fuga de preso de estabelecimento penal"; este crime está tipificado no art. 351 do Código Penal) e 172 ("Compete à Justiça Comum Estadual processar e julgar militar por crime de abuso de autoridade, ainda que praticado em serviço"; o crime de abuso de autoridade é disciplinado atualmente pela Lei nº 13.869/19) do STJ. Nessa linha de intelecção, para alguns doutrinadores, seria possível até defender a competência da Justiça Militar para julgar os crimes previstos na Lei Maria da Penha, quando praticados por militar. Ora, como muito bem aponta Aury Lopes Jr., tudo isso se revela um grande exagero, na medida em que esbarra na absoluta falta de interesse militar, afetação de bens militares ou aderência à atividade militar. Existiu, portanto, um gravíssimo retrocesso. Não só pela falta de estrutura e condições de investigar e julgar tantos crimes, mas também porque alcança crimes não afetos diretamente às atividades militares. Também cria o risco de efetivo corporativismo, especialmente em relação a crimes como abuso de autoridade e tortura, nos quais existe, em geral, uma percepção e valoração por parte dos militares que é completamente distinta da população civil acerca da gravidade e tipificação dessas condutas. Há o risco concreto de um entulhamento das Justiças militares para julgar crimes que não deveriam a ela ser afetos, inclusive com o agravante de que isso vai se operar de forma imediata. Não se pode esquecer que a lei processual penal no tempo é regida pelo princípio da imediatidade, de modo que muitos processos atualmente em andamento na Justiça comum poderão (ou melhor, deverão!) ser imediatamente enviados para a respectiva Justiça Militar (LOPES JR., 2017).

2) Pelo que se percebe das duas últimas alterações acima indicadas, a lei deu um tratamento diferenciado conforme o militar seja estadual ou membro das Forças Armadas (Exército, Marinha e Aeronáutica). Assim, o policial militar **estadual** em atividade que cometa **crime doloso contra a vida de civil** será sempre julgado pelo **Tribunal do Júri**. No entanto, se o militar membro das **Forças Armadas** cometer **crime doloso contra a vida de civil nas hipóteses do art. 9º, parágrafo 2º, do CPM** será julgado na **Justiça Militar Federal**, e não no Tribunal do Júri. Isso implicaria em violação ao princípio constitucional da igualdade (clara diferenciação no tratamento dos militares agindo em idêntica situação), bem como ao próprio pacto federativo (tratamento

diferenciado, de modo injustificado, da União e do Estado). Nesse contexto, registre-se que, em uma operação conjunta entre um policial militar estadual e um membro das Forças Armadas, se, em uma abordagem, eles cometerem um crime doloso contra a vida de um civil em alguma das hipóteses do já citado art. 9º, parágrafo 2º, do CPM, ocorrerá a disjunção do processo, sendo aquele julgado no Tribunal do Júri e este na Justiça Militar Federal (LOPES JR., 2017). Ademais, haveria desrespeito à competência constitucional mínima do Tribunal do Júri, retirando deste Juízo o julgamento de crimes que seriam dolosos contra a vida. Estes argumentos fundamentaram o ajuizamento da Ação Declaratória de Inconstitucionalidade (ADI) nº 5901 no STF, atacando o art. 9º, parágrafo 2º, do CPM, com a redação conferida pela Lei nº 13.491/2017. Até o momento, a ADI ainda não foi julgada. Finalmente, pondere-se que, contra este último argumento, alguns doutrinadores, a exemplo de Rômulo de Andrade Moreira, sustentam que não haveria afronta à competência constitucional do Júri justamente porque os crimes cometidos nas situações expostas no art. 9º, parágrafo 2º, do CPM não seriam dolosos contra a vida e sim crimes militares, conforme definição estabelecida por lei, definição esta autorizada pela própria Constituição Federal – art. 124, *caput* (MOREIRA, 2017).

3) O principal motivo para a terceira alteração alhures exposta, realizada no art. 9º, § 2º, do CPM, sobretudo em seu inciso III, foi uma tentativa de ampliação do papel das Forças Armadas na segurança pública urbana, considerando os recentes eventos violentos no país, relacionados especialmente ao contexto de tráfico de drogas e crime organizado, merecendo destaque o aumento das chamadas Operações de Garantia da Lei e da Ordem (GLO), reguladas pelo art. 15 da Lei Complementar nº 97/1999, o qual define tais operações como atividades militares para os fins do art. 124 da Constituição Federal. A situação por que passa a cidade do Rio de Janeiro desde meados do ano de 2016, culminando com a intervenção federal decretada em 2018 pelo então Presidente da República Michel Temer, é exemplo de hipótese de aplicação dessa norma. Tendo em vista a autorização do Presidente da República para a realização destas Operações, tem-se que todos os crimes dolosos contra a vida em que figurem como vítimas civis, ocorridos em virtude das GLOs, a competência para a investigação, eventual processamento e julgamento será da Justiça Militar da União. Nesse diapasão, cumpre destacar a nota emitida pelo Alto Comissariado das Nações Unidas para os Direitos Humanos (ACNUDH) e a Comissão Interamericana de Direitos Humanos (CIDH), nº160/17, de 13 de outubro de 2017, que manifestou sua contrariedade e preocupação com a recente aprovação pelo Congresso brasileiro da Lei nº 13.491/17. Isso porque entenderam os órgãos supranacionais que a alteração legislativa promovida viola diversos princípios fundamentais de Direito Internacional relacionados aos Direitos Humanos, que inclusive estão protegidos por instrumentos internacionais dos quais o Brasil é signatário e incorporou ao seu ordenamento interno. Destaca-se, ademais, nesta seara, o conteúdo do artigo 8.1 do Pacto de San José da Costa Rica, que garante

a qualquer indivíduo o direito a ser julgado por um tribunal competente, independente e imparcial, que não esteja sujeito a nenhum tipo de hierarquia, o que não ocorre na esfera dos tribunais militares, os quais contam com juízes de direito e juízes provenientes de carreira militar.

Acrescente-se ainda o fato de que, nos termos do art. 3º da Lei nº 13.491/2017, todas as alterações ora apreciadas terão vigência imediata, sem tempo de vacância, daí porque elas se aplicam aos inquéritos e ações penais em andamento, o que pode provocar o deslocamento de um número considerável de feitos, sobrecarregando indevidamente a Justiça Militar.

À guisa de conclusão a respeito das modificações estabelecidas pela Lei nº 13.491/2017, Aury Lopes Jr. sintetiza:

Enfim, a nova lei vai muito além da questão da competência do júri. Representa uma significativa ampliação da competência das Justiças militares da União e dos estados, que agora terão de dar conta de uma imensa demanda para a qual não estão preparadas e tampouco foram criadas. Esse entulhamento exigirá um substancial investimento na estrutura das Justiças militares e também na própria investigação preliminar no âmbito militar, o que dificilmente ocorrerá a médio prazo. Como se trata de lei processual penal, com aplicação imediata – inclusive para os processos em curso, repita-se –, é evidente que esse deságue inesperado de processos irá gerar grande impacto na administração da Justiça Militar. (LOPES JR., 2017).

Noutro giro, no que tange à **competência territorial da Justiça Militar Estadual**, assevere-se que ela é estipulada pelo **local em que o policial estadual exerce as suas funções, pouco importando o Estado-membro onde houve a consumação do delito.** Nesse sentido, se um policial militar de Minas Gerais praticar algum crime militar na Bahia deverá ser julgado pela Justiça Militar Estadual mineira. É o que afirma a **Súmula nº 78 do STJ**: "Compete à Justiça Militar processar e julgar policial de corporação estadual, ainda que o delito tenha sido praticado em outra unidade federativa".

▸ Conexão entre crime militar e crime comum (Súmula nº 90 do STJ):

Havendo conexão entre crime militar e crime comum, haverá disjunção do feito, por força do art. 79, inciso I, do CPP e da Súmula nº 90 do STJ, que dispõe: "Compete à Justiça Estadual Militar processar e julgar o policial militar pela prática do crime militar, e à Comum pela prática do crime comum simultâneo àquele".

Ocorre que, na dicção do art. 9º, inciso II, do CPM, teria que ser verificado se o crime tido como comum, isto é, previsto na legislação penal comum, se encaixaria ou não em uma das situações estipuladas pelas alíneas "a" a "e" daquele dispositivo. Em caso positivo, a aplicação da Súmula nº 90 do STJ e do art. 79, I, do CPP estaria prejudicada, pois ocorreria a junção dos crimes para julgamento na Justiça Militar. Apenas em caso negativo é que persistiria a aplicação do enunciado sumular e da norma do CPP, promovendo-se a disjunção do feito.

▸ **Civil acusado de prática de crime contra instituições militares estaduais (Súmula nº 53 do STJ):**

Nos termos da Súmula nº 53 do STJ, "Compete à Justiça Comum Estadual processar e julgar civil acusado de prática de crime contra instituições militares estaduais".

▸ **Execução de pena aplicada pela Justiça Militar (Súmula nº 192 do STJ):**

Consoante disposto na Súmula nº 192 do STJ, "Compete ao Juízo das Execuções Penais do Estado a execução das penas impostas a sentenciados pela Justiça Federal, Militar ou Eleitoral, quando recolhidos a estabelecimentos sujeitos à administração estadual." Com fundamento no teor desta Súmula, o próprio STJ já decidiu que compete à Justiça Estadual a execução de medida de segurança imposta a militar licenciado (Informativo nº 626).

▸ **Observação:**

Crime praticado por militar, fora do serviço, com arma da corporação, passou a ser de competência da Justiça comum, pois a Lei nº 9.299/96 revogou a alínea "f" do art. 9º do Código Penal Militar, que cuidava do tema.

4.4. Competência da Justiça Federal

A competência da Justiça Federal é sempre **expressa e taxativa**, ao passo que a competência da Justiça Estadual é residual. Por conta disso, em havendo conexão ou continência entre crime de competência da Justiça Federal e crime de competência da Justiça Estadual, prevalece a competência da Justiça Federal, nos termos da **Súmula nº 122 do STJ**. Embora não haja hierarquia entre a Justiça Federal e a Justiça Estadual, já que ambas fazem parte da Justiça Comum, entende-se que a Justiça Federal é especial em relação à Justiça Estadual.

▸ **Teoria do juízo aparente:**

A produção de provas determinada por juízo que se revele posteriormente incompetente não será anulada se, pelas circunstâncias fáticas existentes no momento desta produção, tal juízo *aparentemente* era o competente para tanto. Assim, por exemplo, se, em um primeiro momento, o crime processado é o de tráfico local de drogas, de competência da Justiça Estadual, a ordem proferida por juiz estadual que permite a interceptação das comunicações telefônicas não será anulada e esta prova não será tida como ilícita ainda que, com o passar do tempo, as circunstâncias fáticas sejam alteradas, evidenciando, na verdade, o caráter internacional deste crime, o que desloca o feito à Justiça Federal. É esse o posicionamento do STF ao consagrar a aplicação da teoria do juízo aparente (Informativo nº 701).

O STJ também acata esta teoria, já tendo decidido com fundamento nela que é legítima a obtenção de elementos relacionados a pessoa que detenha foro por prerrogativa de função por juiz que até aquele momento era competente para o processamento dos fatos. Assim, a homologação de acordo de colaboração premiada por juiz de primeiro grau de jurisdição, que mencione autoridade com prerrogativa de foro no STJ, não traduz em usurpação de competência desta Corte Superior. Na hipótese, como as investigações até então se referiam a pessoas sem prerrogativa de foro e a informação a respeito do possível envolvimento de autoridade com prerrogativa de foro no STJ somente surgiu com a formalização do acordo de colaboração premiada, o juízo de primeiro grau de jurisdição era competente para sua homologação, não havendo, portanto, nulidade a ser declarada em relação ao ponto. Todavia, ocorrendo a descoberta fortuita de indícios do envolvimento de pessoa com prerrogativa de foro, os autos devem ser encaminhados imediatamente ao foro prevalente, definido segundo o art. 78, III, do CPP, o qual é o único competente para resolver sobre a existência de conexão ou continência e acerca da conveniência do desmembramento do processo (Informativo nº 612).

Aliás, o STJ igualmente já decidiu que é aplicável a teoria do juízo aparente para ratificar medidas cautelares no curso do inquérito policial quando autorizadas por juízo aparentemente competente (Informativo nº 733).

▸ **Aplicação em concurso público:**

No concurso de Promotor de Justiça do MP/GO, promovido pela FGV em 2022, foi cobrada a teoria do juízo aparente, da seguinte forma: "*Segundo a orientação do Supremo Tribunal Federal, de acordo com a teoria do juízo aparente, as provas colhidas ou autorizadas por juízo aparentemente competente à época da autorização ou produção: A) não podem ser usadas; B) devem ser novamente produzidas; C) são válidas, independentemente de ratificação; D) podem ser ratificadas; E) dependem de prova de reforço.*". A assertiva considerada correta foi a de letra D.

As hipóteses de competência da Justiça Federal de primeiro grau estão previstas nos incisos IV, V, V-A c/c § 5º, VI, VII, IX, X, XI e § 3º do art. 109 da Constituição Federal.

> *Art. 109 – Aos juízes federais compete processar e julgar:*
>
> *IV – os crimes políticos e as infrações penais praticadas em detrimento de bens, serviços ou interesse da União ou de suas entidades autárquicas ou empresas públicas, excluídas as contravenções e ressalvada a competência da Justiça Militar e da Justiça Eleitoral;*

▸ **Qual o entendimento do STJ sobre o assunto?**

O STJ já decidiu que compete à Justiça estadual o julgamento de crime ambiental decorrente de construção de moradias de programa habitacional popular, nas hipóteses em que a Caixa Econômica Federal – CEF (empresa pública da União) atue, tão somente, na qualidade de agente financiador da obra. O fato de a CEF atuar como financiadora da obra não tem o condão de atrair a competência da Justiça Federal. Isto porque para sua responsabilização não basta que figure como financeira, sendo imprescindível sua atuação na elaboração do projeto, ou seja, deve ter atuado na qualidade de fiscalizadora da segurança e higidez da obra (agente executor de políticas públicas federais de promoção à moradia) – Informativo nº 615.

Em outro julgado relevante, definiu que compete à Justiça Federal o processamento e o julgamento da ação penal que versa sobre crime praticado no exterior que tenha sido transferida para a jurisdição brasileira, por negativa de extradição, sendo aplicável à espécie o teor do art. 109, IV, da Constituição Federal. Isso porque cabe à União, segundo dispõem os arts. 21, I, e 84, VII e VIII, da Carta da República, manter relações com estados estrangeiros e cumprir os tratados firmados, fixando-se a sua responsabilidade na *persecutio criminis* nas hipóteses de crimes praticados por brasileiros no exterior, na qual haja incidência da norma interna, no caso, o Direito Penal interno e não seja possível a extradição. No plano interno, em decorrência da repercussão das relações da União com estados estrangeiros e o cumprimento dos tratados internacionais firmados, a cooperação passiva, a teor dos arts. 105 e 109, X, da CF/88, impõe a execução de rogatórias pela Justiça Federal após a chancela pelo STJ (Informativo nº 625).

▸ Qual o entendimento do STF sobre o assunto?

Conforme decidido pelo STF, a prática do crime de homicídio por brasileiro nato no exterior não ofende bens, serviços ou interesses da União, sendo da Justiça estadual (tribunal do júri estadual) a competência para processar e julgar a respectiva ação penal (Informativo nº 936).

É muito importante ter em mente as exceções previstas no dispositivo constitucional em comento. Assim, nos termos da **Súmula nº 38 do STJ**, "Compete à **Justiça Estadual Comum**, na vigência da Constituição de 1988, o processo por **contravenção penal**, ainda que praticada em detrimento de bens, serviços ou interesse da União ou de suas entidades".

Também de acordo com entendimento do STJ, é da competência da Justiça estadual o julgamento de contravenções penais, mesmo que conexas com delitos de competência da Justiça Federal (Informativo nº 511).

▸ Aplicação em concurso público:

No concurso de Procurador da República do Ministério Público Federal, em 2013, questionou-se acerca do posicionamento do STJ alhures mencionado (Informativo nº 511), do seguinte modo: *"Assinale a alternativa correta: a) Não obstante evidente conexão entre crimes de competência da Justiça Federal e contravenções penais, compete à Justiça Estadual julgar acusado da contravenção penal, devendo haver desmembramento da persecução penal; b) Pessoa condenada na Justiça Estadual é transferida de presídio estadual para presídio federal. A competência para a execução penal permanece na Justiça Estadual; c) A competência para julgamento de crimes ambientais é, em regra, da Justiça Federal, com exceção daqueles cometidos em terras indígenas; d) Segundo a Lei n. 9.613/98, os crimes de lavagem de capitais não têm persecução penal na Justiça Estadual".* A resposta da questão foi a letra A.

Note-se ainda que se a infração penal for praticada em detrimento de bens, serviços ou interesse de **sociedade de economia mista**, a competência será da **Justiça Comum Estadual**, nos termos da **Súmula nº 42 do STJ**.

▸ **Qual o entendimento do STF sobre o assunto?**

Conforme definido pelo Plenário do STF, no âmbito da "Operação Lava Jato", a competência da 13ª Vara Federal da Subseção Judiciária de Curitiba é restrita aos crimes praticados de forma direta em detrimento apenas da Petrobras S/A. Na hipótese apreciada, restou demonstrado que as condutas atribuídas ao paciente não foram diretamente direcionadas a contratos específicos celebrados entre o Grupo OAS e a Petrobras S/A, constatação que, em cotejo com precedentes do Plenário e da Segunda Turma do STF, permite a conclusão pela não configuração da conexão que autorizaria, no caso concreto, a modificação da competência jurisdicional. O caso, portanto, não se amolda ao que se tem decidido, majoritariamente, no âmbito do Plenário e da Segunda Turma, a partir de 2015, a respeito da competência da 13ª Vara Federal de Curitiba, delimitada exclusivamente aos ilícitos praticados em detrimento da Petrobras S/A. As mesmas circunstâncias fáticas, ou seja, a ausência de condutas praticadas de forma direta em detrimento da Petrobras S/A, são encontradas nas demais ações penais deflagradas em desfavor do paciente perante a 13ª Vara Federal da Subseção Judiciária de Curitiba, tornando-se imperiosa a extensão da ordem concedida, nos termos do art. 654, § 2º, do CPP.

A superveniência de circunstâncias fáticas aptas a alterar a competência da autoridade judicial, até então desconhecidas, autoriza a preservação dos atos praticados por juízo aparentemente competente em razão do quadro fático subjacente no momento em que requerida a prestação jurisdicional. No caso, no entanto, à época do ajuizamento da denúncia, datada de 14.9.2016, já era do conhecimento do Ministério Público Federal, bem como do Juízo da 13ª Vara Federal da Subseção Judiciária de Curitiba, que os fatos denunciados não diziam respeito a delitos praticados direta e exclusivamente em detrimento da Petrobras S/A, sendo certo que o primeiro precedente a reduzir a competência daquele juízo foi proferido em 23.9.2015 (Inq 4.130 QO), motivo pelo qual a "teoria do juízo aparente" não se aplica à hipótese.

Nada obstante a Procuradoria-Geral da República pugne pela aplicação ao caso da norma extraída do art. 64, § 4º, do CPC, é certo que o Direito Processual Penal vem dotado de regra própria que estabelece a sanção de nulidade aos atos decisórios praticados por juízo incompetente, nos termos do art. 567 do CPP, em plena vigência no ordenamento jurídico pátrio.

Trata-se de agravos regimentais interpostos contra decisão monocrática do relator de habeas corpus que: a) assentou a incompetência do Juízo da 13ª Vara Federal da Subseção Judiciária de Curitiba e anulou os atos decisórios praticados nas ações penais ali julgadas contra o então ex-Presidente da República Luís Inácio Lula da Silva; e b) afetou os referidos recursos ao Plenário.

Com base nesse entendimento, o Plenário, por maioria, negou provimento ao agravo regimental em agravo regimental em habeas corpus, relativo à afetação, pelo relator, do julgamento dos recursos interpostos ao Plenário.

O Plenário, também, por maioria, em complemento ao julgamento da sessão do dia 15.4.2021, negou provimento ao agravo regimental em habeas corpus, concernente à competência do juízo, para assentar a competência da Justiça Federal do Distrito Federal para julgamento das ações penais (STF, Plenário, HC nº 193726 AgR/PR e HC nº 193726 AgR-AgR/PR, Rel. Min. Edson Fachin, j. 22.04.2021 e 14.04.2021).

Segundo ensinamentos de Nestor Távora e Rosmar Rodrigues Alencar, por falta de previsão constitucional, outros entes estão também excluídos da competência da Justiça Federal, a saber, **concessionárias de serviço público, sindicatos e entidade particular de ensino superior** (TÁVORA; ALENCAR, 2009, p. 203).

Em complemento, conforme decidido pelo STF, compete à Justiça Estadual processar e julgar fatos envolvendo **entidades integrantes do denominado "Sistema S"**. No entender do tribunal, as entidades do "Sistema S" (Sesc, Senac, Sebrae) são pessoas jurídicas de direito privado dotadas de recursos próprios, definitivamente incorporados aos seus patrimônios, ainda que com base em contribuições parafiscais pagas pelos contribuintes e a elas repassadas imediatamente pela Receita Federal. Portanto, mesmo que esses recursos sejam fiscalizados pelo Tribunal de Contas da União, não se trata de recursos que integram os bens ou o patrimônio da União. Ressalta-se que, para fins de subsunção à regra prevista no art. 109, IV, da CF, o interesse da União precisa ser direto e específico, não sendo suficiente o interesse genérico da coletividade (STF, Informativo nº 1.025).

▸ Qual o entendimento do STJ sobre o assunto?

Consoante decisão do STJ, não compete à Justiça Federal processar e julgar o desvio de valores do auxílio emergencial pagos durante a pandemia da covid-19, por meio de violação do sistema de segurança de instituição privada, sem que haja fraude direcionada à instituição financeira federal. O tribunal entendeu que não houve ofensa direta à Caixa Econômica Federal ou à União, ocorrendo tão somente fraude ao sistema de segurança de instituição privada, não incidindo, pois, a hipótese de competência da Justiça Federal prevista no art. 109, IV, CF (STJ, Terceira Seção, CC nº 182.940/SP, Rel. Min. Joel Ilan Paciornik, j. 27.10.2021).

As regras de competência da **Justiça Militar** e da **Justiça Eleitoral** também devem prevalecer sobre a regra de competência tratada no dispositivo constitucional, afinal de contas ambas envolvem **competências constitucionais especiais**. Nessa linha de intelecção, convém informar que, nos termos da novel **Súmula Vinculante nº 36 do STF**, *"Compete à Justiça Federal comum processar e julgar civil denunciado pelos crimes de falsificação e de uso de documento falso quando se tratar de falsificação da Caderneta de Inscrição e Registro (CIR) ou de Carteira de Habilitação de Amador (CHA), ainda que expedidas pela Marinha do Brasil"*. No presente caso, a competência não será da Justiça Militar, pois não está em jogo o julgamento de crime militar. Portanto, reserva-se a competência à Justiça Comum, mais precisamente a Justiça Federal, considerando que os documentos anteriormente mencionados interessam à União.

Embora o dispositivo constitucional em apreço não faça menção expressa, entende-se que os crimes praticados em detrimento de uma **fundação pública federal** são também processados e julgados pela Justiça Federal, afinal de contas tais entidades seriam espécies do gênero autarquia (TÁVORA; ALENCAR, 2009, p. 203).

De outro lado, o crime cometido contra **Conselhos de fiscalização profissional**, como os Conselhos Regionais Federais, deve ser julgado pela Justiça Federal, pois tais entes têm natureza de **autarquia**, consoante posicionamento do STF firmado no julgamento da ADIN nº 1.717-DF, que decidiu pela inconstitucionalidade do art. 58 da Lei nº 9.649/98, o qual retirava essa natureza dos citados entes.

Saliente-se que o simples fato de um réu ser servidor público federal (delegado da polícia federal, por exemplo) não atrai a competência da Justiça Federal: para fins de definição desta competência, é preciso, além disso, que o crime viole bens, serviços ou interesses da União e de suas autarquias públicas ou empresas públicas, conforme entendimento do STJ (Informativo nº 430) e do STF (Informativo nº 963).

▸ **Qual o entendimento do STJ sobre o assunto?**

O STJ já decidiu que compete à Justiça Federal julgar crime contra a vida em desfavor de policiais militares, consumado ou tentado, praticado no contexto de crime de roubo armado contra órgãos, autarquias ou empresas públicas da União. Assim, no caso de roubo praticado em detrimento de empresa pública federal – por exemplo, Empresa de Correios e Telégrafos, Caixa Econômica Federal -, havendo a imediata perseguição com troca de tiros, eventual homicídio, consumado ou tentado, implicará conexão consequencial entre os dois delitos. O crime contra a vida, nessa hipótese, só existe em razão do delito contra a empresa federal e seu objetivo último é o exaurimento da infração patrimonial. Em outros termos, no mundo fenomenológico, esse homicídio orbita em torno do roubo em detrimento da empresa pública federal em total dependência deste (Informativo nº 659).

Em outro julgado relevante a respeito da matéria, o STJ decidiu que compete à Justiça Federal processar e julgar o crime de esbulho possessório (art. 161, § 1º, II, CP) de imóvel vinculado ao Programa Minha Casa Minha Vida. Isso porque, além da vítima do crime, ou seja, a possuidora direta e devedora fiduciária, a Caixa Econômica Federal, enquanto credora fiduciária e possuidora indireta, também possui legitimidade para, no âmbito cível, propor eventual ação de reintegração de posse do imóvel esbulhado. Essa legitimação ativa concorrente da empresa pública federal, embora seja na esfera civil, é suficiente para evidenciar a existência do seu interesse jurídico na apuração do referido delito. E, nos termos do art. 109, IV, CF, a existência de interesse dos entes nele mencionados é suficiente para fixar a competência penal da Justiça Federal. Outro motivo para a definição da competência da Justiça Federal é o fato de que no programa Minha Casa Minha Vida os imóveis são subsidiados pela União, a qual efetiva parte do pagamento do bem, com recursos orçamentários, no momento da assinatura do contrato com o agente financeiro (STJ, Informativo nº 700).

Finalmente, a jurisprudência do STJ é no sentido de que os desvios de verbas do Sistema Único de Saúde - SUS - atrai a competência da Justiça Federal, tendo em vista o dever de fiscalização e supervisão do governo federal (STJ, Informativo nº 733).

O STJ também entende que a competência para processo e julgamento do delito previsto no art. 304 do Código Penal (uso de documento falso) deve ser fixada com base na qualificação do órgão ou entidade à qual foi apresentado o documento falsificado, que efetivamente sofre prejuízo em seus bens ou serviços, pouco importando, em princípio, a natureza do órgão responsável pela expedição do documento. Assim, por exemplo, em se tratando de apresentação de Certificado de Registro e Licenciamento do Veículo (CRLV) falso à Polícia Rodoviária Federal, órgão da União, em detrimento do serviço de patrulhamento ostensivo das rodovias federais, previsto no art. 20, II, do Código de Trânsito Brasileiro, afigura-se inarredável a competência da Justiça Federal para o julgamento da causa, nos termos justamente do art. 109, IV, da Constituição Federal. (Informativo nº 511). É esse inclusive o teor de recente Súmula do STJ, de nº 546: *"A competência para processar e julgar o crime de uso de documento falso é firmada em razão da entidade ou órgão ao qual foi apresentado o documento público, não importando a qualificação do órgão expedidor"*.

▸ **Qual o entendimento do STJ sobre o assunto?**

A Justiça do Distrito Federal é a competente para julgar o crime de falso testemunho praticado em processos sob sua jurisdição. Entende-se que não há interesse da União. Considera-se que o TJDFT possui natureza híbrida, pois sua competência jurisdicional corresponde à dos Tribunais estaduais (ou seja, não se trata de Justiça especializada). Logo, a índole ***sui generis*** da Justiça do Distrito Federal e dos Territórios, distinta por sua atribuição jurisdicional equivalente à dos Tribunais estaduais, impede o reconhecimento de interesse direto da União na causa (STJ, Informativo nº 681).

Ainda quanto à competência da Justiça Federal prevista no art. 109, inciso IV, do Texto Constitucional, a Terceira Seção do STJ modificou o entendimento a respeito da competência para julgamento do crime previsto no art. 297, § 4º, do

CP (caracterizado pela omissão de anotação de vínculo empregatício na CTPS), passando a reconhecer que tal competência deve ser atribuída ao Juízo Federal, pois o sujeito passivo deste delito é o Estado (Informativo nº 554).

Noutro giro, a Lei de Terrorismo (Lei nº 13.260/2016), em seu art. 11, *caput*, assevera que *"Para todos os efeitos legais, considera-se que os crimes previstos nesta Lei são praticados contra o interesse da União, cabendo à Polícia Federal a investigação criminal, em sede de inquérito policial, e à Justiça Federal o seu processamento e julgamento, nos termos do inciso IV do art. 109 da Constituição Federal"*.

Crimes políticos e Lei nº 14.197/21:

Os crimes políticos mencionados no dispositivo constitucional alhures transcrito, durante muito tempo, eram aqueles definidos nos artigos 8º a 29 da Lei de Segurança Nacional (Lei nº 7.170/83). Sobre estes crimes, merece registro o fato de que o Ministério Público Federal chegou a oferecer denúncia em face de Adelio Bispo de Oliveira, autor do atentado contra o então candidato a Presidente da República Jair Bolsonaro durante a campanha eleitoral de 2018, tipificando a conduta como o crime político definido no art. 20, parágrafo único, da Lei nº 7.170/83. Posteriormente, este réu foi absolvido por ter sido considerado inimputável, lhe tendo sido aplicada medida de segurança (absolvição imprópria). Ademais, registre-se que o art. 30 do referido diploma, que estatuía que os crimes contra a segurança nacional seriam julgados pela Justiça Militar, não foi recepcionado pela Constituição Federal de 1988.

Mais recentemente, porém, a Lei nº 7.170/83 foi revogada pela Lei nº 14.197/21, a qual tipifica os novos crimes contra o Estado Democrático de Direito, criando o Título XII na Parte Especial do Código Penal (arts. 359-I a 359-T CP). Desse modo, os crimes políticos passam a ser entendidos como crimes contra o Estado Democrático de Direito, ensejando, via de regra, a competência da Justiça Federal para julgá-los, nos termos do art. 109, inciso IV, da Constituição.

Registre-se, no entanto, que há discussão doutrinária quanto à competência para o julgamento dos crimes contra o funcionamento das instituições democráticas no processo eleitoral, tipificados nos arts. 359-N e 359-P do Código Penal. Para uns, a competência seria da Justiça Eleitoral. Para outros, persistiria a competência da Justiça Federal, pois tais delitos também se encaixariam na concepção de crimes políticos para a definição da competência neste juízo. Concordamos com esta última posição e ela tende a se tornar majoritária.

Ademais, contra a decisão proferida pelo juiz federal em processo envolvendo crime político caberá o **recurso ordinário constitucional**, que é dirigido diretamente ao **STF**, consoante o art. 102, inciso II, alínea *b*, da Constituição Federal.

Por fim, deve-se salientar que eventual *habeas corpus* impetrado contra ato de juiz federal em processo envolvendo crimes contra o Estado Democrático de Direito (crimes políticos) é de competência do respectivo Tribunal Regional Federal, com base no art. 108, inciso I, alínea *d*, da Constituição.

▸ **Crimes de descaminho e contrabando e competência da Justiça Federal (Súmula nº 151 STJ):**

Nos termos da Súmula nº 151 do STJ, a competência para o processo e julgamento por crime de descaminho (ou até de contrabando) define-se pela prevenção do Juízo Federal do lugar da apreensão dos bens.

Nesse sentido, o próprio STJ já decidiu que compete à Justiça Federal a condução do inquérito que investiga o cometimento do delito previsto no art. 334, § 1º, IV, do Código Penal, na hipótese de venda de mercadoria estrangeira (a exemplo de cigarros estrangeiros), permitida pela ANVISA, desacompanhada de nota fiscal e sem comprovação de pagamento de imposto de importação. Desse modo, como o descaminho tutela prioritariamente interesses da União (ordem tributária), é de se reconhecer a competência da Justiça Federal para conduzir o inquérito policial e, eventualmente, caso seja oferecida denúncia, julgar a ação penal (Informativo nº 631).

Em outro julgado relevante, a Terceira Seção do STJ entendeu que compete à Justiça Federal o julgamento dos crimes de contrabando e de descaminho, ainda que inexistentes indícios de transnacionalidade na conduta. Isso porque estes crimes tutelam prioritariamente interesse da União, que é a quem compete privativamente (arts. 21, XXII e 22, VII, ambos da CF) definir os produtos de ingresso proibido no país, além de exercer a fiscalização aduaneira e das fronteiras, mediante atuação da Receita Federal e Polícia Federal (Informativo nº 635).

▸ **Aplicação no STJ:**

O STJ possui outras relevantes Súmulas referentes à competência da Justiça Estadual e da Justiça Federal, que merecem ser destacadas, quais sejam: **Súmula nº 62** (*"Compete à Justiça Estadual processar e julgar o crime de falsa anotação na Carteira de Trabalho e Previdência Social, atribuído à empresa privada"*); **Súmula nº 73** (*"A utilização de papel-moeda grosseiramente falsificado configura, em tese, o crime de estelionato, da competência da Justiça Estadual"*); **Súmula nº 104** (*"Compete à Justiça Estadual o processo e julgamento dos crimes de falsificação e uso de documento falso relativo a estabelecimento particular de ensino"*); **Súmula nº 147** (*"Compete à Justiça Federal processar e julgar os crimes praticados contra funcionário público federal, quando relacionados com o exercício da função"*); **Súmula nº 165** (*"Compete à Justiça Federal processar e julgar crime de falso testemunho cometido no processo trabalhista"*); **Súmula nº 200** (*"O Juízo Federal competente para processar e julgar acusado de crime de uso de passaporte falso é o do lugar onde o delito se consumou"*); **Súmula nº 208** (*"Compete à Justiça Federal processar e julgar prefeito municipal por desvio de verba sujeita a prestação de contas perante órgão federal"*); **Súmula nº 209** (*"Compete à Justiça Estadual processar e julgar prefeito por desvio de verba transferida e incorporada ao patrimônio municipal"*). Quanto ao teor da Súmula nº 73 do STJ, impende esclarecer que se o agente utiliza papel-moeda que não é grosseiramente falsificado, responderá pelo crime contra a fé pública previsto no art. 289, § 1º, do Código Penal (moeda falsa), o qual, por lesar diretamente os interesses da União, é de competência da Justiça Federal, nos moldes do art. 109, inciso IV, da Constituição Federal, consoante entendimento também do STJ (Conflito de Competência nº 119010/PR).

▸ **Atenção:**

A **Súmula nº 91 do STJ**, que dispunha que "Compete à Justiça Federal processar e julgar os crimes praticados contra a fauna", foi **cancelada**, sob o argumento de que a competência para proteger o meio ambiente, florestas, fauna e flora não é exclusiva da União, mas comum da União e dos Estados, nos termos do art. 23, incisos VI e VII, da Constituição Federal, motivo pelo qual o crime praticado contra a fauna somente será julgado pela Justiça Federal se de fato houver violação a bem, serviço ou interesse da União (art. 109, inciso IV, da Constituição Federal).

A esse respeito, o STF definiu que a competência da Justiça Federal aplica-se aos seguintes crimes ambientais, que também se enquadram nas hipóteses previstas na Constituição, quando: a) atentarem contra bens, serviços ou interesses diretos e específicos da União ou de suas entidades autárquicas; b) previstos tanto no direito interno quanto em tratado ou convenção internacional, tiverem a execução iniciada no País, mas o resultado tenha ou devesse ter ocorrido no estrangeiro, ou na hipótese inversa; c) tiverem sido cometidos a bordo de navios ou aeronaves; d) houver grave violação de direitos humanos; ou ainda e) guardarem conexão ou continência com outro crime de competência federal, ressalvada a competência da Justiça Militar e da Justiça Eleitoral, conforme previsão expressa da Constituição. Por conta disso, estabeleceu que compete à Justiça Federal processar e julgar o crime ambiental de caráter transnacional que envolva animais silvestres, ameaçados de extinção e espécimes exóticas ou protegidas por compromissos internacionais assumidos pelo Brasil Isso porque a razão de ser das normas consagradas no direito interno e no direito convencional conduz à conclusão de que a transnacionalidade do crime ambiental de exportação de animais silvestres atinge interesse direto, específico e imediato da União, voltado à garantia da segurança ambiental no plano internacional, em atuação conjunta com a comunidade das nações (Informativo nº 853).

O STJ, por sua vez, apreciando caso concreto emblemático, envolvendo o rompimento da barragem em Brumadinho/MG, decidiu que a Justiça Federal é competente para processar e julgar os crimes ambientais e contra a vida decorrentes desta tragédia. No caso, entendeu-se que houve ofensa a bem e interesse direto e específico de órgão regulador federal e da União: as Declarações de Estabilidade da Barragem, apresentadas ao antigo DNPM (autarquia federal), seriam ideologicamente falsas; os acusados teriam omitido informações essenciais à fiscalização da segurança da barragem, ao não fazê-las constar do SIGBM, sistema de dados acessado pela Agência Nacional de Mineração – ANM; e danos a sítios arqueológicos, bem da União (art. 20, X, da CF), dados como atingidos pelo rompimento da barragem. Dessa forma, considerando a apuração de fatos correlatos em ambas as esferas – federal e estadual – e, ainda, os indícios de danos ambientais aos "sítios arqueológicos", aplicou-se o verbete nº 122 da Súmula desta Corte Superior (STJ, 6ª Turma, RHC nº 151.405/MG, Rel. Min. Olindo Menezes, Desembargador convocado do TRF 1ª Região, j. 19.10.2021). Mais recentemente, a 2ª Turma do STF reafirmou a competência da Justiça Federal no caso em tela (STF, 2ª Turma, REs nºs 1.378.054/MG e 1.384.414, Rel. Min. Edson Fachin, julgamento virtual finalizado em 16.12.2022).

> *V – os crimes previstos em tratado ou convenção internacional, quando, iniciada a execução no País, o resultado tenha ou devesse ter ocorrido no estrangeiro, ou reciprocamente;*

Este dispositivo constitucional está a se referir, na verdade, aos **crimes à distância**, já estudados neste capítulo. Exemplos desta espécie de crime são o tráfico internacional de drogas e o tráfico internacional de crianças.

A respeito do **crime de tráfico internacional de drogas**, vale a pena registrar o teor da Súmula nº 522 STF, que assevera: "Salvo ocorrência de tráfico para o exterior, quando, então, a competência será da Justiça Federal, compete à Justiça dos Estados o processo e o julgamento dos crimes relativos a entorpecentes".

Além disso, estipulava a Súmula nº 528 do STJ que *"Compete ao juiz federal do local da apreensão da droga remetida do exterior pela via postal processar e julgar o crime de tráfico internacional"*.

Todavia, impende destacar que, em um primeiro momento, a Terceira Seção do STJ proferiu importante decisão que flexibilizou a aplicação desta Súmula, definindo que compete ao Juízo Federal do endereço do *destinatário da droga*, importada via Correio, processar e julgar o crime de tráfico internacional (STJ, Terceira Seção, CC nº 177.882/PR, Rel. Min. Joel Ilan Paciornik, j. 26.05.2021).

Conforme restou explicitado neste julgamento, o núcleo da controvérsia consistiu em verificar a possibilidade de redimensionar o alcance da Súmula nº 528 do STJ, a qual cuida de tráfico de drogas praticado via postal. Registrou-se ainda que o Ministro Rogerio Schietti Cruz, no julgamento do CC 134.421/TJ (DJe 4/12/2014), propôs a revisão do seu posicionamento para, exclusivamente no caso de importação de droga via correio (ou seja, quando conhecido o destinatário), reconhecer como competente o Juízo do local de destino da droga. Malgrado tenha vencido a tese pela competência do local da apreensão da droga, em nome da segurança jurídica, a dinâmica do tempo continua revelando as dificuldades investigativas no caso de importação via correios, quando a droga é apreendida em local distante do destino conhecido.

Com efeito, "em situações excepcionais, a jurisprudência desta Corte tem admitido a fixação da competência para o julgamento do delito no local onde tiveram início os atos executórios, em nome da facilidade para a coleta de provas e para a instrução do processo, tendo em conta os princípios que atendem à finalidade maior do processo que é a busca da verdade real" (CC 151.836/GO,

Rel. Min. Reynaldo Soares da Fonseca, TERCEIRA SEÇÃO, DJe 26/6/2017). Ademais, uma vez abraçada a tese de que a consumação da importação da droga ocorre no momento da entabulação do negócio jurídico, o local de apreensão da mercadoria em trânsito não se confunde com o local da consumação do delito, o qual já se encontrava perfeito e acabado desde a negociação.

Ressalte-se que a prestação jurisdicional efetiva depende de investigação policial eficiente. Caso inicialmente o local da apreensão da droga possa apresentar-se como facilitador da colheita de provas no tocante à materialidade delitiva, em um segundo momento, a distância do local de destino da droga dificulta sobremaneira as investigações da autoria delitiva, sendo inegável que os autores do crime possuem alguma ligação com o endereço aposto na correspondência.

A fixação da competência no local de destino da droga, quando houver postagem do exterior para o Brasil com o conhecimento do endereço designado para a entrega, proporcionará eficiência da colheita de provas relativamente à autoria e, consequentemente, também viabilizará o exercício da defesa de forma mais ampla. Desse modo, na hipótese de importação da droga via correio cumulada com o conhecimento do destinatário por meio do endereço aposto na correspondência, a Súmula nº 528 do STJ deva ser flexibilizada para se fixar a competência no Juízo do local de *destino da droga*, em favor da facilitação da fase investigativa, da busca da verdade e da duração razoável do processo (STJ, Informativo nº 698).

Em um segundo momento, em sessão realizada no dia 23 de fevereiro de 2022, a mesma Terceira Seção do STJ, ao apreciar o Projeto de Súmula n. 1.258, determinou o **cancelamento da Súmula nº 528 do tribunal**, motivo pelo qual se definiu de uma vez que a competência para julgamento do crime de tráfico internacional da droga remetida do exterior pela via postal é do **local do destino da droga**.

Para fins de definição da competência da Justiça Federal, é desnecessária a efetiva transposição de fronteira do Brasil, sendo suficiente a demonstração inequívoca da intenção de realizar o tráfico internacional de substâncias entorpecentes. Nessa esteira, muito embora trate de matéria de aplicação da pena, sintomático é o comando contido na Súmula nº 607 do STJ, que preconiza: "*A majorante do tráfico transnacional de drogas (artigo 40, inciso I, da Lei 11.343/06) configura-se com a prova da destinação internacional das drogas, ainda que não consumada a transposição de fronteiras*".

De outra banda, o STJ já decidiu que a conduta de transportar folhas de coca melhor se amolda, em tese e para a definição de competência, ao tipo descrito no § 1º, I, do art. 33 da Lei n. 11.343/2006, que criminaliza o transporte de matéria-prima destinada à preparação de drogas, daí porque a competência para o julgamento deste delito fica a cargo da Justiça Federal (Informativo nº 673). Já o pedido de *habeas corpus* preventivo para viabilizar, para fins medicinais, o cultivo, uso, porte e produção artesanal da *Cannabis* (maconha), bem como porte em outra unidade da federação, quando não demonstrada a internacionalidade da conduta, compete à Justiça Estadual (Informativo nº 673).

Quanto ao **crime de tráfico internacional de crianças**, tipificado no art. 239 do Estatuto da Criança e do Adolescente ("Promover ou auxiliar a efetivação de ato destinado ao envio de criança ou adolescente para o exterior com inobservância das formalidades legais ou com o fito de obter lucro"), o STF também já decidiu pela competência da Justiça Federal (Informativo nº 755).

Registre-se que os crimes previstos nos artigos 241 ("Vender ou expor à venda fotografia, vídeo ou outro registro que contenha cena de sexo explícito ou pornográfica envolvendo criança ou adolescente") e 241-A ("Oferecer, trocar, disponibilizar, transmitir, distribuir, publicar ou divulgar por qualquer meio, inclusive por meio de sistema de informática ou telemático, fotografia, vídeo ou outro registro que contenha cena de sexo explícito ou pornográfica envolvendo criança ou adolescente") do ECA, quando envolverem a rede mundial de computadores (*internet*), serão julgados pela Justiça Federal, no local em que o material pornográfico foi publicado, que é o local da consumação do delito (art. 70, *caput*, do CPP), pouco importando o local onde se encontra o provedor em que tal material está armazenado ou onde houve sua efetivação visualização pelos usuários. Nesse sentido é o entendimento pacificado do STJ (CC 94423/DF, 3ª Seção, Rel. Min. Napoleão Nunes Maia Filho, j. 25/6/2008, DJe 8/8/2008).

Em julgado posterior, esclarecendo com mais detalhes a competência para o julgamento do crime tipificado no art. 241-A do ECA, a Terceira Seção do STJ definiu que compete à Justiça Federal a condução do inquérito que investiga o cometimento deste delito nas hipóteses em que há a constatação da internacionalidade da conduta e à Justiça Estadual nos casos em que o crime é praticado por meio de troca de informações privadas, como nas conversas via *Whatsapp* ou por meio de chat na rede social *Facebook* (Informativo nº 603).

Ademais, ainda de acordo com o STJ, não tendo sido identificado o responsável e o local em que ocorrido o ato de publicação de imagens pedófilo-pornográficas em site de relacionamento de abrangência internacional, competirá ao juízo federal que primeiro tomar conhecimento do fato apurar o suposto crime de publicação de pornografia envolvendo criança ou adolescente (art. 241 do ECA), em respeito ao critério da prevenção - art. 72, parágrafo 2º, do CPP (Informativo nº 532).

Aliás, noticie-se que o Plenário do STF, no julgamento do RE nº 628624, reconheceu repercussão geral à matéria e firmou o entendimento de que "Compete à Justiça Federal processar e julgar os crimes consistentes em disponibilizar ou adquirir material pornográfico envolvendo criança ou adolescente [artigos 241, 241-A e 241-B da Lei 8.069/1990] quando praticados por meio da rede mundial de computadores".

> **▸ Aplicação em concurso público:**
>
> No concurso do TJ/MG, em 2009/2010, promovido pela Escola Judicial Desembargador Edésio Fernandes (EJEF), na Prova Escrita, foi indagado ao candidato: *"Luiz Bernardino, conhecido fotógrafo estabelecido na Rua Goiás, 253, em Belo Horizonte, expôs à venda, via "internet", fotografias pornográficas com cenas de sexo explícito, todas envolvendo crianças, cujo acesso se deu além das fronteiras nacionais. A sua conduta foi tipificada no artigo 241 da Lei 8.069/90 (Estatuto da Criança e do Adolescente). Explique, indicando o texto legal que dê sustentação aos seus argumentos, qual o juízo competente para processar e julgar a ação penal respectiva"*. A competência será da Justiça Federal de Belo Horizonte, pelo que foi exposto nos parágrafos anteriores.

> **Aplicação em concurso público:**
>
> No concurso de Juiz de Direito Substituto do Tribunal de Justiça do Estado da Bahia, promovido em 2019 pelo Cespe, dentre outros aspectos relevantes da competência no Processo Penal, foi cobrada a competência da Justiça Federal para julgamento da conduta de divulgação por meio da Internet de material com conteúdo pornográfico envolvendo criança e adolescente, nos seguintes termos: "*Acerca da competência no processo penal, assinale a opção correta, de acordo com o entendimento dos tribunais superiores. A) O julgamento de crime de roubo perpetrado contra agência franqueada da Empresa Brasileira de Correios e Telégrafos competirá à justiça federal. B) O julgamento de crime de uso de documento falso decorrente de apresentação de certificado de registro de veículo falso a policial rodoviário federal competirá à justiça estadual. C) Compete à justiça federal julgar crime de divulgação e publicação na rede mundial de computadores de imagens com conteúdo pornográfico envolvendo criança ou adolescente. D) Compete à justiça federal o julgamento de contravenções praticadas em detrimento de interesses da União, quando elas forem conexas aos crimes de sua competência. E) Compete à justiça estadual o julgamento de crime de redução de trabalhador a condição análoga à de escravo.*" A assertiva correta foi a letra C.

Ainda quanto a crimes praticados na *internet*, é fundamental esclarecer que, segundo posicionamento do STJ, o simples fato de o delito ter sido cometido por meio da rede mundial de computadores, mesmo que em páginas eletrônicas internacionais, tais como redes sociais (*Facebook*, *Twitter*), não atrai, por si só, a competência da Justiça Federal. Para que a competência seja deslocada para a Justiça Federal, é preciso que o crime ofenda a bens, serviços ou interesses da União ou esteja previsto em tratado ou convenção internacional em que o Brasil se comprometeu a combater, como, por exemplo, mensagens que veiculassem pornografia infantil, racismo, xenofobia, dentre outros, conforme preceitua o art. 109, incisos IV e V, da Constituição Federal (CC 121431/SE, 3ª Seção, Rel. Min. Marco Aurélio Bellizze, j. 11/04/2012, DJe 07/05/2012).

Nessa linha de intelecção, o STF também já decidiu que compete à Justiça Estadual processar e julgar crime de incitação à discriminação cometido via *internet*, quando praticado contra pessoas determinadas e que não tenha ultrapassado as fronteiras territoriais brasileiras (Informativo nº 744).

Entretanto, o STJ já decidiu que, na hipótese de divulgação de falas de suposto cunho homofóbico divulgadas pela *internet*, em perfis abertos da rede social *Facebook* e da plataforma de compartilhamento de vídeos *Youtube*, ambos de abrangência internacional, está configurada a competência da Justiça Federal para o processamento e julgamento do feito. Isso porque, tendo sido firmado pelo STF o entendimento de que a homofobia traduz expressão de racismo, compreendido em sua dimensão social (Ação Direta de Inconstitucionalidade por Omissão nº 26, de relatoria do Ministro Celso de Mello), caberá a casos de homofobia o tratamento legal conferido ao crime de racismo. No caso em apreço, demonstrou-se que a conduta do agente não se restringiu a uma pessoa determinada, ainda que tenha feito menção a ato atribuído a um professor da rede pública, mas diz respeito a uma coletividade de pessoas (STJ, Terceira Seção, CC nº 191.970/RS, Rel. Min. Laurita Vaz, j. 14.12.2022).

▸ Lei Maria da Penha e Hipótese de Competência da Justiça Federal:

De acordo com entendimento da Terceira Seção do STJ, compete à Justiça Federal apreciar o pedido de medida protetiva de urgência decorrente de crime de ameaça contra a mulher cometido, por meio de rede social de grande alcance, quando iniciado no estrangeiro e o seu resultado ocorrer no Brasil. Neste julgado, inicialmente, relembrou-se que, segundo o art. 109, V, da Constituição Federal, aos juízes federais compete processar e julgar "os crimes previstos em tratado ou convenção internacional, quando iniciada a execução no País, o resultado tenha ou devesse ter ocorrido no estrangeiro, ou reciprocamente". No caso concreto em apreciação, encontrando-se o suposto autor das ameaças em território estrangeiro, uma vez que não se tem notícia do seu ingresso no país, tem-se um possível crime à distância, tendo em vista que as ameaças foram praticadas nos EUA, mas a suposta vítima teria tomado conhecimento do seu teor no Brasil. Observe-se que, de fato, não se tem, propriamente, crime previsto em tratado ou convenção internacional. Isto porque, embora o Brasil seja signatário de acordos internacionais que asseguram os direitos das mulheres, tais convenções não descrevem tipos penais. Em outras palavras, referidas convenções apenas apresentam conceitos e recomendações sobre a erradicação de qualquer forma de discriminação e violência contra as mulheres. Entretanto, em situação semelhante ao caso concreto, o argumento de ausência de tipificação em convenção internacional foi derrubado pelo Supremo quando da análise de crimes de pedofilia na *Internet* (RE 628.624). Segundo a tese vencedora, o Estatuto da Criança e do Adolescente é produto de tratado e convenção internacional subscritos pelo Brasil. Dessarte, à luz do entendimento firmado pelo Supremo Tribunal Federal, embora as convenções internacionais firmadas pelo Brasil não tipifiquem ameaças à mulher, a Lei Maria da Penha, que prevê medidas protetivas, veio concretizar o dever assumido pelo Estado Brasileiro de proteção à mulher. Assim, é evidente a internacionalidade das ameaças que tiveram início nos EUA, por meio de rede social de grande alcance, o que resulta na competência da Justiça Federal (Informativo nº 636).

▸ Qual o entendimento do STJ sobre o assunto?

Com fundamento no art. 109, inciso V, da Constituição Federal, a Terceira Seção do STJ decidiu que compete à Justiça Federal processar e julgar os crimes de violação de direito autoral e contra a lei de *software* decorrentes do compartilhamento ilícito de sinal de TV por assinatura, via satélite ou cabo, por meio de serviços de *card sharing*. *Com efeito*, de acordo com a mencionada norma constitucional, a competência da jurisdição federal se dá pela presença concomitante da transnacionalidade do delito e da assunção de compromisso internacional de repressão, constante de tratados ou convenções internacionais. A previsão normativa internacional, na hipótese, é a Convenção de Berna, integrada ao ordenamento jurídico nacional através

> do Decreto n. 75.699/1975, e reiterada na Organização Mundial do Comércio – OMC por acordos como o TRIPS (Trade-Related Aspects of Intellectual Property Rights) – Acordo sobre Aspectos dos Direitos de Propriedade Intelectual Relacionados ao Comércio (AADPIC), incorporado pelo Decreto n. 1.355/1994, com a previsão dos princípios de proteção aos direitos dos criadores. O outro requisito constitucional, de tratar-se de crime à distância, com parcela do crime no Brasil e outra parcela do *iter criminis* fora do país, foi constatado no caso concreto apreciado pela inicial prova da atuação transnacional dos agentes, por meio da *internet*. Nesse contexto, tem-se por evidenciados os requisitos da previsão das condutas criminosas em tratado ou convenção internacional e do caráter de internacionalidade dos delitos objeto de investigação, constatando-se, à luz do normativo constitucional, a competência da jurisdição federal para o processamento do feito (Informativo nº 620).

> *V-A – as causas relativas a direitos humanos a que se refere o § 5º deste artigo;*
>
> [...]
>
> *§ 5º Nas hipóteses de grave violação de direitos humanos, o Procurador-Geral da República, com a finalidade de assegurar o cumprimento de obrigações decorrentes de tratados internacionais de direitos humanos dos quais o Brasil seja parte, poderá suscitar, perante o Superior Tribunal de Justiça, em qualquer fase do inquérito ou processo, incidente de deslocamento de competência para a Justiça Federal.*

Os dispositivos constitucionais acima transcritos, com a redação dada pela Emenda Constitucional nº 45/2004, dizem respeito ao chamado **incidente de deslocamento de competência**, ou, como ficou popularmente conhecido, federalização dos crimes envolvendo direitos humanos. Esse incidente tem como **objetivo precípuo assegurar e preservar a competência da Justiça Federal** (competência absoluta) para processar e julgar crimes que envolvam grave violação a direitos humanos previstos em tratados internacionais dos quais o Brasil seja signatário, caso os magistrados e delegados de polícia estaduais não declinem de ofício, respectivamente, de sua competência e atribuição ou não reconheçam (os juízes) a procedência da exceção de incompetência do juízo oferecida pela parte.

Nesse contexto, esclareça-se que, em havendo a instauração de inquérito policial na esfera estadual, haverá mera irregularidade do feito, sendo possível o aproveitamento por parte da Polícia Federal de todas as diligências praticadas pela Polícia Civil. No entanto, se houver início de processo criminal na Justiça Estadual, todos os atos praticados por este juízo (instrutórios ou decisórios) serão nulos, devendo ser refeitos na Justiça Federal (arts. 564, inciso I, e 573 do CPP).

Não basta simples violação a direito humano para que ocorra este incidente (um crime de homicídio, por exemplo, por si só, constituiria uma violação a direito humano, a vida, o que banalizaria o instituto): é preciso que a **violação**

seja grave, a exemplo de uma chacina, assim como que **tal direito humano seja objeto de tratado internacional do qual o Brasil seja parte.**

Como adendo, vale a pena registrar que, com fundamento no Enunciado nº 27 aprovado na I Jornada de Direito e Processo Penal do Conselho da Justiça Federal (CJF), "são imprescritíveis e insuscetíveis de anistia, graça ou indulto crimes que caracterizam graves violações de direitos humanos, praticados por agentes públicos ou particulares, diante da Convenção Americana de Direitos Humanos e da pacífica jurisprudência da Corte Interamericana de Direitos Humanos, de observância obrigatória por todos os órgãos e poderes do Estado brasileiro".

Ademais, quem pode suscitar esse incidente é apenas o **Procurador-Geral da República**, perante exclusivamente o **STJ**. O incidente pode ser suscitado em **qualquer fase do inquérito ou do processo.** Caso o STJ acate o pedido formulado no incidente, a causa tramitará perante a Justiça Federal.

Interessante destacar que o incidente em apreço foi instaurado pelo Procurador-Geral da República no caso da missionária americana Doroty Stang, brutalmente assassinada no Estado do Pará. O STJ, no entanto, não acolheu o incidente, ao argumento de que, além da violação de direitos humanos previstos em tratado ou convenção internacional do qual o Brasil seja signatário, seria preciso também que a polícia ou justiça estaduais não cumprissem o seu papel, isto é, **seria necessário que houvesse algum empecilho na esfera estadual que dificultasse ou impedisse o êxito das investigações ou do processo** (STJ, IDC-1/PA, Rel. Min. Arnaldo Esteves Lima, j. 8/6/2005), enfim, que a esfera estadual não atuasse com eficiência (TÁVORA; ALENCAR, 2009, p. 206-207).

Rogério Sanches Cunha e Thales Tácito Pontes Luz de Pádua Cerqueira apontam para a inconstitucionalidade do incidente ora em evidência, sob o argumento de que ele violaria os princípios constitucionais do juiz e do promotor natural (pois criaria regra de competência que só seria fixada de acordo com conceitos fluidos, como "grave violação de direitos humanos", e com o subjetivismo do Procurador-Geral da República, que poderia ou não, a seu bel-prazer, instaurar tal incidente), da ampla defesa (já que não se permite a impugnação do incidente por parte de interessados, principalmente do próprio Ministério Público) e do pacto federativo (já que implica em intervenção federal nos Estados fora das hipóteses previstas na própria Constituição Federal, art. 34, incisos I a VII). Além disso, noticiam que tramita no STF a ADIN nº 3.486/DF para atacar este incidente com os mesmos argumentos que acabam de ser expostos (CUNHA; CERQUEIRA, 2010, p. 713-726).

▸ Qual o entendimento do STJ sobre o assunto?

A Terceira Seção do STJ deferiu o incidente de deslocamento de competência para a Justiça Federal em razão da incapacidade dos agentes públicos na condução de investigações, de identificar os autores dos homicídios/execuções cometidos nos casos conhecidos como "Maio Sangrento" e "Chacina do Parque Bristol" (STJ, Terceira Seção, IDC nº 9/SP, Rel. Min. João Otávio de Noronha, j. 10.08.2022).

VI – os crimes contra a organização do trabalho e, nos casos determinados por lei, contra o sistema financeiro e a ordem econômico-financeira;

Quanto aos **crimes contra a organização do trabalho**, que são aqueles previstos nos artigos 197 a 207 do Código Penal, o STJ e o STF entendem que só incide a competência da Justiça Federal no caso de **ofensa às instituições do trabalho ou aos direitos coletivos dos trabalhadores**. Desse modo, seriam de competência da Justiça Federal os crimes previstos nos artigos 201, 202, 204, 206 e 207 do Código Penal. De outro lado, seria de competência da Justiça Estadual o crime previsto no art. 205 do Código Penal. Ademais, podem ser de competência, conforme o caso, de uma ou outra Justiça os crimes definidos nos artigos 197, 198, 199, 200 e 203 do Código Penal.

Noutro giro, os **crimes contra o sistema financeiro nacional são aqueles previstos na Lei nº 7.492/86**. Nesse trilhar, o art. 26 do citado diploma legal assevera que nos crimes nela previstos a ação será promovida pelo Ministério Público Federal, perante a Justiça Federal. Os **crimes contra a ordem econômico-financeira**, por sua vez, **são aqueles disciplinados pelas Leis de números 8.137/90 e 8.176/91**. No entanto, estas duas últimas leis não trazem previsão expressa de competência da Justiça Federal para julgamento dos crimes contra a ordem econômico-financeira, motivo pelo qual se entende que, em regra, eles são de competência da Justiça Estadual, somente sendo julgados pela Justiça Federal se houver violação a bens, serviços ou interesses de ente federal (art. 109, inciso IV, da Constituição Federal). Nesse sentido é o posicionamento do STJ (STJ, CC 15206/RJ, Rel. Min. Fernando Gonçalves, DJ 23/6/1997, p. 29942).

▸ **Qual o entendimento do STJ sobre o assunto?**

Com base no art. 109, inciso VI, da Constituição Federal, a Terceira Seção do STJ entendeu que a simulação de consórcio por meio de venda premiada, operada sem autorização do Banco Central do Brasil, configura crime contra o sistema financeiro, tipificado pelo art. 16 da Lei n. 7.492/1986, o que atrai a competência da Justiça Federal (Informativo nº 637).

Em outro julgado, a Sexta Turma do tribunal entendeu que para os crimes relacionados à efetiva oferta pública de contrato de investimento coletivo em criptomoedas incidiriam as disposições contidas na Lei nº 7.492/1986, notadamente porque tal espécie de contrato consubstanciaria valor mobiliário, nos termos do art. 2º, IX, da Lei nº 6.385/1976. Assim, considerando os fatos narrados na denúncia, especificamente os crimes tipificados nos arts. 4º, 5º, 7º, II, e 16, todos da Lei nº 7.492/1986, seria competente o Juízo Federal para processar a ação penal (art. 26 da Lei n. 7.492/1986), inclusive no que se refere às infrações conexas, por força do entendimento firmado no Enunciado Sumular nº 122/STJ (Informativo nº 667).

Esclareça-se, porém, que a Terceira Seção do STJ já decidiu que competiria à Justiça Estadual processar e julgar crimes relacionados a pirâmide financeira em investimento de grupo em criptomoeda, se ausentes os elementos que revelem ter havido evasão de divisas ou lavagem de dinheiro em detrimento de interesses da União. Com efeito, ponderou-se que a captação de recursos decorrente de "pirâmide financeira" não se enquadraria no conceito de atividade financeira, razão pela qual o deslocamento do feito para a Justiça Federal se justificaria apenas se demonstrada a prática de evasão de divisas ou de lavagem de dinheiro em detrimento de bens e serviços ou interesse da União. Não sendo esse o caso, a conduta seria tipificada como crime contra a economia popular, cuja apuração compete à Justiça Estadual, nos termos da Súmula nº 498 do STF. Assim, ausentes elementos que revelem ter havido evasão de divisas ou lavagem de dinheiro em detrimento de interesses da União, os autos deveriam permanecer na Justiça Estadual (Informativo nº 673).

Nesse passo, noticie-se que, com o advento do tipo penal do art. 171-A do Código Penal ("Fraude com a utilização de ativos virtuais, valores mobiliários ou ativos financeiros"), com a redação dada pela Lei nº 14.478/22, havendo fraude com a utilização de ativos virtuais, valores mobiliários ou ativos financeiros, a exemplo da criação de site na *internet* sob o falso pretexto de investimento em criptomoedas, e se verificando a determinação das vítimas, é possível o concurso de crimes entre o delito contra a economia popular e aquele previsto no art. 171-A do CP.

Ressalte-se ainda que, com o advento da Lei nº 14.478/22, se vislumbra uma tendência de que o tipo penal contido no art. 171-A do CP seja de competência da Justiça Federal. Isso porque as peculiaridades desse delito (atividade destinada à gestão financeira) determinam que o autor do fato, pelo menos, se organize sob o formato de instituição financeira, mesmo que informalmente. Desse modo, resta configurado o interesse da União, inclusive no que diz respeito aos ativos virtuais, tanto assim que a Lei nº 14.478/22, em seu art. 2º, *caput*, assevera que as prestadoras de serviços de ativos virtuais somente poderão funcionar no País mediante prévia autorização de órgão ou entidade da Administração Pública federal.

▸ **Atenção:**

Com base no dispositivo constitucional em comento, o STJ entende que o **crime de redução à condição análoga à de escravo (art. 149 do Código Penal) é de competência da Justiça Federal**, pois haveria violação tanto à atividade do trabalhador em si como à dignidade humana do trabalhador (CC nº 113428/MG). É o mesmo posicionamento do STF, firmado no julgamento do RE nº 398.041/PA e do RE nº 459510/MT.

▸ **Competência em crimes de lavagem de dinheiro (art. 2º, III, da Lei nº 9.613/98):**

Em regra, os crimes de lavagem de dinheiro previstos na Lei nº 9.613/98 são de competência da Justiça Estadual. No entanto, nas hipóteses indicadas pelo art. 2º, inciso III, desta lei, passam a ser julgados pela Justiça Federal, a saber: a) quando praticados contra o sistema financeiro e a ordem econômico-financeira, ou em detrimento de bens, serviços ou interesses da União, ou de suas entidades autárquicas ou empresas públicas; b) quando a infração penal antecedente for de competência da Justiça Federal.

▸ **Competência em crimes de pirâmide financeira:**

A pirâmide financeira, via de regra, é tipificada apenas como crime contra a economia popular, nos termos do art. 2º, inciso IX, da Lei nº 1.521/51. Assim, configura crime contra a economia popular "obter ou tentar obter ganhos ilícitos em detrimento do povo ou de número indeterminado de pessoas mediante especulações ou processos fraudulentos" (art. 2º, IX, Lei nº 1.521/51). Desse modo, em regra, configura *bis in idem* tipificar a conduta também como crime de estelionato – art. 171 CP (STJ, 6ª Turma, RHC nº 132.655/RS, Rel. Min. Rogerio Schietti Cruz, j. 30.09.2021). Destarte, narrados casos de prejuízos genéricos por infinidade de usuários, sem verificação de conduta transcendente, mas mera cooptação pelo site eletrônico, ainda que possível identificar algumas vítimas, verifica-se apenas o crime contra a economia popular. Porém, havendo o aliciamento particularizado, mediante induzimento e convencimento de vítimas determinadas, através de emissários dos agentes criminosos principais, torna-se possível falar, em tese, em concurso de crimes entre o delito contra a economia popular e o estelionato (STJ, 5ª Turma, RHC nº 161.635/DF, Rel. Min. Ribeiro Dantas, j. 30.08.2022). Aliás, com o advento do tipo penal do art. 171-A do Código Penal ("Fraude com a utilização de ativos virtuais, valores mobiliários ou ativos financeiros"), com a redação dada pela Lei nº 14.478/22, nessa última situação de determinação das vítimas, havendo fraude com a utilização de ativos virtuais, valores mobiliários ou ativos financeiros, a exemplo da criação de site na *internet* sob o falso pretexto de investimento em criptomoedas, é possível o concurso de crimes entre o delito contra a economia popular e aquele previsto no art. 171-A do CP.

Quanto à competência, via de regra, o crime de pirâmide financeira, por não constituir crime contra o sistema financeiro nacional (Lei nº 7.492/86), é de competência da Justiça Estadual, incidindo o teor da Súmula nº 498 do STF ("Compete à Justiça dos Estados, em ambas as instâncias, o processo e o julgamento dos crimes contra a economia popular.") (STJ, Terceira Seção, CC nº 146.153/SP, Rel. Min. Reynaldo Soares da Fonseca, j. 17.05.2016). Somente haverá competência da Justiça Federal se ocorrer violação a interesse da União, como exigido pelo art. 109, inciso IV, da Constituição Federal (STJ, Terceira Seção, CC nº 170.392/SP, Rel. Min. Joel Ilan Paciornik, j. 16.06.2020).

Contudo, ressalte-se que, com o advento da Lei nº 14.478/22, se vislumbra uma tendência de que o tipo penal contido no art. 171-A do CP seja de competência da Justiça Federal. Isso porque as peculiaridades desse delito (atividade destinada à gestão financeira) determinam que o autor do fato, pelo menos, se organize sob o formato de instituição financeira, mesmo que informalmente. Desse modo, resta configurado o interesse da União, inclusive no que diz respeito aos ativos virtuais, tanto assim que a Lei nº 14.478/22, em seu art. 2º, *caput*, assevera que as prestadoras de serviços de ativos virtuais somente poderão funcionar no País mediante prévia autorização de órgão ou entidade da Administração Pública federal.

> *VII – os habeas corpus, em matéria criminal de sua competência ou quando o constrangimento provier de autoridade cujos atos não estejam diretamente sujeitos a outra jurisdição;*

Haverá competência da Justiça Federal se a autoridade coatora do *habeas corpus* ou do mandado de segurança em matéria criminal estiver sujeita à jurisdição federal.

> *IX – os crimes cometidos a bordo de navios ou aeronaves, ressalvada a competência da Justiça Militar;*

Salvo as embarcações e aeronaves militares, os crimes cometidos a bordo de navios e aeronaves civis são de competência da Justiça Federal. Saliente-se que o conceito de **navio** vem previsto no art. 11 da Lei nº 2.180/54. A esse respeito, somente haverá competência da Justiça Federal **se o navio for de grande porte e tiver a capacidade de realizar viagens internacionais** (ou seja, se estiver em situação de deslocamento internacional ou de potencial deslocamento), conforme jurisprudência do STJ (Informativo nº 560). Por conta disso, estão excluídos desse conceito botes, jangadas, canoas, lanchas etc. Se algum crime for cometido a bordo destas embarcações a competência será da Justiça Estadual.

Por sua vez, o conceito de **aeronave** vem previsto no art. 106 da Lei nº 7.565/86 (Código Brasileiro de Aeronáutica), que **não contém as mesmas exigências acima mencionadas**, quais sejam, o grande porte e a capacidade de realização de viagens internacionais: "Considera-se aeronave todo aparelho manobrável em voo, que possa sustentar-se e circular no espaço aéreo, mediante reações aerodinâmicas, apto a transportar pessoas ou coisas".

▸ Qual o entendimento do STJ sobre o assunto?

No que diz respeito ao teor do art. 109, inciso IX, da Constituição Federal, o STJ decidiu que compete à Justiça Estadual o julgamento de crimes ocorridos a bordo de balões de ar quente tripulados. Assim, inicialmente foi esclarecido que a definição de aeronave está prevista no artigo 106 da Lei nº 7.565, de 19 de dezembro de 1986, Código Brasileiro de Aeronáutica – CBA, a qual dispõe que: considera-se aeronave todo aparelho manobrável em voo, que possa sustentar-se e circular no espaço aéreo, mediante reações aerodinâmicas, apto a transportar pessoas ou coisas. Restringindo-se o alcance do termo "aeronave", previsto no art. 109, IX, da Constituição Federal, a interpretação que foi dada ao referido dispositivo agregou o disposto no artigo 106 da Lei 7.565/1986, pois os balões e dirigíveis não são manobráveis, mas apenas controlados em voo, já que são guiados pela corrente de ar. De outro lado, sua sustentação não ocorre por reações aerodinâmicas, mas por impulsão estática, decorrente do aquecimento do ar ao seu redor, tornando-o menos denso, sobe e o faz alçar voo. Desse modo, concluiu-se que a competência para o processo e julgamento de eventual ação penal é da Justiça Estadual, porquanto o aeróstato (balões e dirigíveis), por não ser aparelho manobrável em voo e de sustentação por reações aerodinâmicas, não se amolda ao conceito de aeronave, previsto no art. 106 da Lei n. 7.565/1986. (Informativo nº 648).

O tema voltará a ser debatido quando da análise dos artigos 89 a 91 do CPP ainda neste capítulo.

> *X – os crimes de ingresso ou permanência irregular de estrangeiro, a execução de carta rogatória, após o exequatur, e de sentença estrangeira, após a homologação, as causas referentes à nacionalidade, inclusive a respectiva opção, e à naturalização;*

Tem-se que o art. 338 do Código Penal tipifica a conduta de reingressar no território nacional o estrangeiro que dele foi expulso. Por sua vez, o art. 309, *caput*, do CP considera também ser crime a conduta de usar o estrangeiro, para entrar ou permanecer no território nacional, nome que não é seu. O parágrafo único deste dispositivo legal tipifica ainda a conduta de atribuir a estrangeiro falsa qualidade para promover-lhe a entrada em território nacional. Acrescente-se que o art. 310 do CP pune a conduta de quem se presta a figurar como proprietário ou possuidor de ação, título ou valor pertencente a estrangeiro, nos casos em que a este é vedada por lei a propriedade ou a posse de tais bens. Finalmente, registre-se que o art. 232-A do Código Penal considera como crime a conduta de promover, por qualquer meio, com o fim de obter vantagem econômica, a entrada ilegal de estrangeiro em território nacional ou de brasileiro em país estrangeiro.

> *XI – a disputa sobre direitos indígenas.*

Deve-se esclarecer que a causa somente será de competência da Justiça Federal **se ela envolver o direito indígena propriamente dito**. Assim, por exemplo, segundo o STJ, **compete à Justiça Federal – e não à Justiça Estadual – processar e julgar ação penal referente aos crimes de calúnia e difamação praticados no contexto de disputa pela posição de cacique em comunidade indígena (Informativo nº 527).**

Se, porém, o interesse em jogo é meramente individual do índio, o feito é julgado pela Justiça Comum Estadual, em consonância com a Súmula nº 140 do STJ: "Compete à Justiça Comum Estadual processar e julgar crime em que o indígena figure como autor ou vítima".

Ademais, em havendo **genocídio contra índios**, o feito será de competência do **juiz federal singular** (e não do Júri federal), segundo entendimento do **STF** exarado no RE nº 351487/RR.

> **▸ Aplicação em concurso público:**
>
> No XXIV concurso do MPF, em 2007, foi cobrada justamente a competência para julgamento do crime de genocídio praticado contra grupo indígena, nesses termos: ***"O CRIME DE GENOCÍDIO PRATICADO CONTRA GRUPO INDÍGENA: a)*** *É da competência do Tribunal Penal Internacional, por se tratar de crime previsto no art. 5º e definido no art. 6º, ambos do Estatuto de Roma, incorporado ao direito brasileiro por força de sua ratificação, pela República Federativa do Brasil e do disposto no art. 5º, § 4º, da Constituição Federal;* ***b)*** *É da competência originária do tribunal do júri federal, por se tratar de crime contra a vida e envolver disputa sobre direitos indígenas (art. 109, XI da Constituição Federal);* ***c)*** *É da competência originária de juiz singular federal – afastadas as hipóteses de foro por prerrogativa*

de função – porque, a par de envolver disputa sobre direitos indígenas (art. 109, XI da Constituição Federal), o bem jurídico tutelado não é a vida do indivíduo considerado em si mesmo, mas sim a vida em comum do grupo de homens ou parte deste, ou seja, da comunidade de povos; **d)** *É da competência originária da justiça estadual, por incidir a Súmula 140 do STJ, segundo a qual "compete a justiça comum estadual processar e julgar crime em que o indígena figure como autor ou vítima".* A assertiva considerada correta foi a de letra C.

§ 3º Lei poderá autorizar que as causas de competência da Justiça Federal em que forem parte instituição de previdência social e segurado possam ser processadas e julgadas na justiça estadual quando a comarca do domicílio do segurado não for sede de vara federal.

A redação do art. 109, § 3º, da Constituição anterior à Emenda Constitucional nº 103/2019 asseverava o seguinte: *"Serão processadas e julgadas na justiça estadual, no foro do domicílio dos segurados ou beneficiários, as causas em que forem parte instituição de previdência social e segurado, sempre que a comarca não seja sede de vara do juízo federal, e, se verificada essa condição, a lei poderá permitir que outras causas sejam também processadas e julgadas pela justiça estadual"*.

A partir dessa redação, entendia-se que o dispositivo constitucional trazia hipótese de **delegação da competência federal**: em sendo, em tese, caso de competência da Justiça Federal, mas não havendo, no local, vara federal, **desde que houvesse expressa previsão legal nesse sentido**, deveria atuar no feito o juiz de direito estadual (e, por consequência, o Ministério Público do Estado) como se juiz federal fosse, tanto assim que eventual recurso deveria ser oferecido ao Tribunal Regional Federal (e não ao Tribunal de Justiça), consoante estampado no art. 109, § 4º, da Carta Magna.

Destarte, prevendo inicialmente a delegação da competência federal para ações previdenciárias, a última parte da norma constitucional em análise permitia que o legislador criasse outras situações de delegação, nas mais diversas áreas jurídicas, inclusive na esfera penal. Nesse cenário, no âmbito do Processo Penal, o crime de tráfico internacional de drogas chegou a ser exemplo clássico de aplicação desta regra, conforme disciplina prevista no art. 27 da antiga Lei de Tóxicos (Lei nº 6.368/76). Mas a atual Lei de Tóxicos (Lei nº 11.343/06), em seu art. 70, parágrafo único, deixa de reconhecer essa possibilidade de delegação da competência federal, estatuindo que se o crime for praticado em Município que não seja sede de Vara Federal, será processado e julgado **na vara federal da circunscrição respectiva**. Na prática, portanto, não havia nenhum exemplo de delegação da competência federal no Processo Penal.

A não aplicação prática desta regra ao Processo Penal restou consolidada com o advento da Emenda Constitucional nº 103/2019, que limitou a delegação da competência federal apenas e tão somente às causas previdenciárias, passando o art. 109, § 3º, da Constituição a possuir a seguinte redação: *"Lei poderá autorizar que as causas de competência da Justiça Federal em que forem parte instituição de previdência social e segurado possam ser processadas e julgadas na justiça estadual quando a comarca do domicílio do segurado não for sede de vara federal".*

No mais, frise-se que o crime de uso de documento falso apresentado em ação previdenciária quando a Justiça Estadual estiver investida de delegação da competência federal (art. 109, § 3º, CF) será de competência da Justiça Federal (STJ, CC nº 161.117/SP, Rel. Min. Reynaldo Soares da Fonseca, j. 12.12.18).

> **▸ Aplicação em concurso público:**
>
> No concurso do MP/GO, em 2009/2010, foram cobrados diversos aspectos relevantes da competência no processo penal, nesses termos: *"Leia as afirmativas sobre a competência e, após, escolha a alternativa correta: I – Compete à Justiça Estadual Comum, na vigência da Constituição de 1988, o processo por contravenção penal, ainda que praticada em detrimento de bens, serviços ou interesse da União ou de suas entidades. II – Compete ao juízo do local da obtenção da vantagem ilícita processar e julgar crime de estelionato cometido mediante falsificação de cheque. III – Compete à Justiça Comum Estadual processar e julgar civil acusado de prática de crime contra instituições militares estaduais. IV – Compete à Justiça Militar processar e julgar o policial militar por crime de promover ou facilitar a fuga de preso de estabelecimento penal. V – Compete à Justiça Estadual Militar processar e julgar o policial militar pela prática do crime militar e do crime comum cometidos simultaneamente"*. São corretas as assertivas de números I, II e III.

5. A DISTRIBUIÇÃO COMO ALTERNATIVA À COMPETÊNCIA CUMULATIVA SUPLETIVA (ART. 75 CPP)

A distribuição (sorteio) fixará a competência quando, em um mesmo juízo, existirem juízes igualmente competentes para o julgamento de determinada infração penal (art. 75, *caput*, do CPP). No entender da doutrina, o desrespeito a este critério enseja nulidade relativa do feito.

Além disso, consoante o art. 75, parágrafo único, do CPP, a distribuição realizada para o efeito da concessão da fiança ou da decretação da prisão preventiva ou de qualquer diligência anterior à denúncia ou queixa (exemplos: prisão temporária; medidas cautelares pessoais diversas da prisão; medidas assecuratórias; dilação do prazo de conclusão do inquérito policial; interceptação telefônica; busca e apreensão; comunicação de flagrante etc.) prevenirá a da ação penal. Nesse caso, a ação penal já vai ser distribuída por meio da distribuição por dependência (é direta, sem sorteio).

O impedimento da atuação do juiz das garantias na fase processual (arts. 3º-C, *caput*, e 3º-D, *caput*, do CPP, com a redação dada pela Lei nº 13.964/2019) implica em uma mitigação desta regra de prevenção definida no art. 75 do CPP. A partir do recebimento da denúncia ou queixa, o juiz das garantias não poderá mais seguir na persecução penal.

A esse respeito, é preciso destacar que a doutrina vinha criticando o critério da prevenção para fins de determinação da competência no Processo Penal, pois ele colocaria em xeque a imparcialidade do juiz, implicando em violação ao sistema acusatório. É que o juiz que proferisse decisões no inquérito policial autorizando medidas como interceptação telefônica, busca e apreensão e prisão preventiva, teria sua imparcialidade comprometida quando do julgamento da futura ação penal, estando, no mínimo psicologicamente (teoria da dissonância cognitiva), atrelado àquelas decisões anteriores, ficando tendente a manter a validade e o conteúdo delas no momento da prolação da sentença. Por conta disso, a doutrina sustentava que, na verdade, a prevenção não deveria determinar a competência e sim estabelecer o impedimento do juiz para julgar o processo penal.

Nessa direção, o "Pacote Anticrime" (Lei nº 13.964/19) não só reforçou a adoção pelo país do sistema acusatório (art. 3º-A do CPP), como também trouxe a previsão do juiz das garantias, asseverando que, na fase de investigação, o juiz que praticar qualquer ato incluído nas competências do juiz das garantias ficará impedido de funcionar no processo (art. 3º-D, *caput*, do CPP). A competência do juiz das garantias cessará com o ato de recebimento da denúncia ou queixa, a partir do qual o juiz da instrução terá a competência para processar e julgar o feito.

Por consequência, entendemos que o critério da prevenção contido no art. 75, parágrafo único, do CPP, de fato, deve ser relido, passando a se aplicar apenas e tão somente entre os juízes das garantias, não repercutindo na fase processual. Em outras palavras, relendo o teor do art. 75, parágrafo único, do CPP: existindo mais de um juiz das garantias competente, a competência será definida para o juiz das garantias que primeiro proferir decisão nos autos da investigação criminal. Definida a competência do juiz das garantias, resta automaticamente determinada a competência do juiz da instrução que atuará na sequência da persecução penal, com o curso do processo penal.

Por tudo, a prevenção, na linha do previsto pelo "Pacote Anticrime", subsiste apenas como critério para definição da competência entre os juízes das garantias. Havendo dois ou mais juízes das garantias igualmente competentes, atuará o juiz das garantias prevento, ou seja, aquele que primeiro decidir nos autos da investigação criminal. Uma vez definida esta competência, resta estabelecido também o juiz da instrução que irá atuar a partir do recebimento da denúncia ou queixa.

Mas relembre-se que, até o fechamento desta edição, permanece suspensa a eficácia de todos os dispositivos legais referentes à figura do juiz das garantias, por força de decisão monocrática proferida pelo Ministro Fux na ADI nº 6.298/DF.

> **▸ Aplicação em concurso público:**
>
> No concurso do MP/SC, em 2010, foi cobrado justamente o teor do art. 75, parágrafo único, do CPP. Nesse sentido, a assertiva *"A distribuição realizada para o efeito de concessão de fiança prevenirá a da ação penal"* foi considerada correta.

6. A COMPETÊNCIA POR CONEXÃO E CONTINÊNCIA - ALTERAÇÃO DE COMPETÊNCIA (ARTS. 76 E 77 CPP)

Na verdade, a conexão e a continência não são critérios de definição da competência e sim de sua **alteração**. Isso porque, sem tais institutos, haveria julgamento regular por parte de um juiz competente. Em virtude de ambas, há o deslocamento do feito de um juiz competente para outro que passa a ser o legitimamente competente. Porém, se houver violação dos critérios de conexão e continência, haverá nulidade meramente relativa do feito (dependente da demonstração de prejuízo).

A **conexão** é o vínculo, o liame entre duas ou mais infrações penais, que, em regra, enseja a união entre os feitos para facilitar a produção da prova e para evitar decisões contraditórias. Entretanto, ela não determina a reunião dos processos se um deles já foi julgado, como preceitua a Súmula nº 235 do STJ. O mesmo deve valer em relação à continência.

> ▸ **Aplicação em concurso público:**
>
> No concurso de Defensor Público do Estado da Bahia, em 2010, promovido pelo Cespe/Unb, houve cobrança a respeito da impossibilidade de reunião dos feitos, em virtude de continência, se um deles já foi julgado. Nesse sentido, a assertiva *"Júlio e Lauro foram denunciados, em processos distintos, pela prática da mesma infração penal. Nessa situação, a continência pode ser reconhecida em qualquer fase da persecução penal, ainda que um dos processos esteja em sede recursal ou, ainda, na fase de execução penal"* foi considerada incorreta.

De outro lado, a princípio, a conexão é instituto que permite a reunião apenas de processos, não de inquéritos policiais. Assim, em tese, para cada infração haverá um inquérito policial tramitando na respectiva circunscrição em que ela se consumou. No entanto, a doutrina alerta para o fato de que, havendo utilidade, pode-se determinar a reunião dos inquéritos em uma mesma delegacia, desde que exista autorização judicial nesse sentido, ouvido o Ministério Público (TÁVORA; ALENCAR, 2009, p. 222).

As **espécies** de conexão vêm previstas no art. 76 do CPP, o qual constitui rol taxativo (STJ, 5ª Turma, AgRg no AgRg no RHC nº 161.096/SC, Rel. Min. Joel Ilan Paciornik, j. 04.10.2022). São elas:

I. **Conexão intersubjetiva (art. 76, I, CPP)**: É a espécie de conexão em que duas ou mais infrações, interligadas, são praticadas necessariamente por **duas ou mais pessoas** (daí porque intersubjetiva). Ela é dividida nas seguintes subespécies:

   A) **Conexão intersubjetiva por simultaneidade ou ocasional (art. 76, I, 1ª parte, CPP)**: se, ocorrendo duas ou mais infrações, houverem sido praticadas, *ao mesmo tempo*, por várias pessoas reunidas. Nesta hipótese, *não há prévio ajuste entre os agentes, isto é, não há concurso de agentes, sendo as infrações penais praticadas nas mesmas condições de tempo e de lugar*. Exemplos: saque simultâneo a um mesmo estabelecimento comercial, cometido por várias pessoas, que sequer se conhecem; furto da mercadoria de um caminhão que tombou em uma rodovia, praticado por moradores de uma região, os quais não se conhecem, nem ajustam previamente a conduta. Outro exemplo: vários torcedores, sem estarem previamente ajustados, depredam um estádio de futebol.

B) **Conexão intersubjetiva por concurso ou concursal (art. 76, I, 2ª parte, CPP)**: se, ocorrendo duas ou mais infrações, houverem sido praticadas por várias pessoas em concurso, embora diversos o tempo e o lugar. É hipótese de *concurso de agentes* dilatado no tempo. Nesta espécie, *há prévio ajuste entre os agentes*. Exemplo: A pratica um furto de um documento, B o falsifica futuramente e C, com esse documento, pratica futuramente estelionato. Outro exemplo: grupo de pessoas que comete vários delitos em uma mesma cidade, porém em bairros diferentes.

C) **Conexão intersubjetiva por reciprocidade (art. 76, I, 3ª parte, CPP)**: se, ocorrendo duas ou mais infrações, houverem sido praticadas por várias pessoas, umas contra as outras. Há nesta espécie reciprocidade na violação a bens jurídicos. Exemplo: lesões corporais recíprocas. O crime de rixa não é exemplo desta espécie de conexão, pois ele é um crime único, ao passo que, na conexão intersubjetiva por reciprocidade, deve haver duas ou mais infrações, embora cometidas em reciprocidade.

II. **Conexão objetiva ou material (art. 76, II, CPP)**: opera-se quando há relação entre duas infrações penais que decorrem da mesma causa. Ela se subdivide em:

A) **Conexão objetiva teleológica ou lógica ou finalista (art. 76, II, 1ª parte, CPP)**: se, ocorrendo duas ou mais infrações, houverem sido umas praticadas para facilitar as outras. Há, pois, vínculo na motivação da primeira infração penal em relação à segunda. Ou seja, é em virtude da segunda infração penal que se pratica a primeira infração. Exemplo: A mata B, segurança do empresário C, para que venha a sequestrar este último (é o denominado homicídio conexivo). Pelo que se percebe, a conexão objetiva teleológica envolve a prática de um crime intermediário pelo agente que almeja um crime final (mata-se o segurança objetivando o sequestro do empresário).

B) **Conexão objetiva consequencial (art. 76, II, 2ª parte, CPP)**: se, ocorrendo duas ou mais infrações, houverem sido umas praticadas para ocultar as outras, ou para conseguir impunidade ou vantagem em relação a qualquer delas. Há vínculo na motivação de uma infração penal posterior quanto à infração penal anterior, isto é, a infração penal posterior é praticada em virtude da infração penal anterior. Por tudo, a infração penal posterior é "consequência" da infração antecedente. Exemplos: A e B matam C e, em seguida, A mata B para que fique, sozinho, com todo o produto daquele primeiro crime; A mata B e, em seguida, C, testemunha daquele primeiro delito, no intuito de garantir a impunidade deste mesmo crime. Como se vê, esta conexão envolve a prática de um crime como decorrência de outro anteriormente cometido (mata-se a testemunha para se garantir a impunidade de um crime anteriormente cometido pelo indivíduo).

III. **Conexão instrumental ou probatória ou processual ou ocasional (art. 76, III, CPP)**: quando a prova de uma infração ou de qualquer de suas circunstâncias elementares influir na prova de outra infração. Exemplo: A pratica furto, repassando a *res furtiva* para B, que, com isso, comete receptação; como é cediço, a prova do crime de furto influencia de forma decisiva na demonstração e consequente responsabilização do agente receptador. Conforme já decidido pelo STF, apesar de ser possível, não há conexão obrigatória entre o delito de organização criminosa e os demais delitos cometidos em seu contexto, daí porque é admitida a tramitação simultânea das respectivas acusações em juízos diferentes (STF, 2º AgRg no Inq nº 4.327/DF, Rel. Min. Edson Fachin, j. 19.12.17).

> ▸ **Aplicação em concurso público:**
>
> No concurso de Agente da Polícia Civil do Distrito Federal, em 2009, promovido pela Fundação Universa (Funiversa), foram cobradas as espécies de conexão no processo penal, nesses termos: "*Manoel, Joaquim e Maria resolvem obter vantagem para si em prejuízo de Ana, induzindo-a em erro mediante ardil, cuja conduta foi, por fim, praticada por Manoel e amolda-se à figura típica do art. 171, caput, do Código Penal Brasileiro. A Joaquim coube subtrair carteira de identidade alheia, tipificando a conduta descrita no art. 155, caput, do Código Penal Brasileiro; a Maria, falsificar o produto do furto, amoldando-se à figura do art. 297 do Código Penal Brasileiro. Considerando essa situação hipotética, haverá unidade de processo e julgamento em virtude da conexão: (A) intersubjetiva por concurso. (B) intersubjetiva por simultaneidade. (C) objetiva. (D) teleológica. (E) intersubjetiva por reciprocidade*". A assertiva considerada correta foi a de letra A.

A **continência**, por sua vez, ocorre quando um fato criminoso engloba outro fato desta natureza. Ela está prevista no art. 77 do CPP, possuindo as seguintes **espécies**:

I. **Continência por cumulação subjetiva (art. 77, I, CPP)**: quando duas ou mais pessoas forem acusadas pela *mesma infração*. Exemplo: coautoria em crime de homicídio.

II. **Continência por cumulação objetiva (art. 77, II, CPP)**: quando a infração for cometida nas condições previstas nos artigos 70, 73 e 74 do Código Penal, isto é, quando houver diversos resultados lesivos decorrentes de uma só conduta, ou seja, advindos de *concurso formal de crimes* (art. 70 CP: o agente, por meio de uma só conduta, pratica dois ou mais delitos), da *aberratio ictus* (art. 73 CP: o agente atinge a pessoa que pretendia e também outra) e do *aberratio criminis* (art. 74 CP: o agente atinge o resultado que pretendia e também outro). Há, pois, mais de um resultado lesivo, porém decorrente de uma só conduta. Exemplo: A, pretendendo matar B, dispara contra ele, vindo a atingi-lo e a C, que se encontrava ao seu lado; temos aqui uma só conduta e dois resultados.

> ▸ **Conexão e continência nas infrações de menor potencial ofensivo:**
>
> Em havendo conexão ou continência entre infração de menor potencial ofensivo e outra infração qualquer, inclusive crime doloso contra a vida, deve haver a **junção** dos feitos **no juízo comum ou no Tribunal do Júri** (e não no Juizado Especial Criminal), embora, no juízo competente, seja possível a **aplicação dos institutos da transação penal e da composição civil dos danos**, nos termos do art. 60, parágrafo único, da Lei nº 9.099/95, com a redação dada pela Lei nº 11.313/06. Nesse sentido, entende-se que, primeiramente, o magistrado deverá determinar a realização de audiência preliminar para que sejam oferecidas as propostas dos respectivos benefícios. Se não houver acordo a respeito de tais benefícios é que a ação penal deverá ser iniciada no juízo comum ou no Tribunal do Júri, incluindo a infração de menor potencial ofensivo.
>
> Segundo decidido pelo STF na ADI nº 5.264, a competência dos Juizados Especiais Criminais para julgamento das infrações de menor potencial ofensivo é relativa e não exclusiva, daí porque o art. 60, parágrafo único, da Lei nº 9.099/95 com a redação dada pela Lei nº 11.313/06 é inteiramente constitucional. Com efeito, consignou-se que este dispositivo não afronta o princípio do juiz natural, nem descumpre o previsto no art. 98, inciso I, da Constituição Federal, que prevê a garantia de que aos processos nos quais julgados infrações de menor potencial ofensivo devem ser observadas as peculiaridades procedimentais e a incidência de institutos despenalizadores. Asseverou-se que a Constituição não prevê a determinação de exclusividade aos Juizados Especiais Criminais para o julgamento das infrações de menor potencial ofensivo. A especialização dos Juizados tem como razão de ser tornar o procedimento célere e informal e a possibilidade de transação penal e composição dos danos a serem observados, não sendo definida aquela competência em virtude do direito material tutelado (STF, Plenário Virtual, ADI nº 5.264, Rel. Min. Cármen Lúcia, j. 04.12.20).

7. FORO PREVALENTE (ART. 78 CPP)

Havendo conexão ou continência, impõe-se a junção dos feitos (*simultaneus processus*) para facilitar a prova e evitar decisões contraditórias. Há aqui hipótese de prorrogação de competência. Mas é preciso saber qual o foro será o prevalente para o julgamento das infrações conexas ou continentes. Nesse sentido, insta advertir que, regra geral, se houver em jogo duas infrações conexas ou continentes, cada uma com competência distinta prevista na Constituição Federal, será o caso de disjunção do feito, ao passo que, em havendo uma infração sem competência prevista na Carta Magna Federal e outra com competência nela prevista, ocorrerá a junção dos feitos e ambas serão julgadas neste último foro (foro de atração).

Feito esse esclarecimento, passa-se à análise do art. 78 do CPP, que apresenta as regras de fixação do foro prevalente:

I. **Competência prevalecente do Júri (art. 78, I, CPP)**: no concurso entre a competência do júri e a de outro órgão da jurisdição comum, prevalecerá a competência do júri. Nesse sentido, registre-se que se houver conexão ou continência entre um crime de competência do Tribunal do Júri e um crime de competência da Justiça Federal, ambos serão apreciados no Júri instalado na órbita federal. Contudo, se houver concurso entre a competência do Júri e a competência de jurisdição especial (militar ou eleitoral), ocorrerá a disjunção dos feitos.

II. **Jurisdição da mesma categoria (art. 78, II, CPP):** Magistrados da mesma categoria são aqueles aptos a julgar o mesmo tipo de causa (exemplo: ambos os juízes são de primeiro grau). No concurso de jurisdições de mesma categoria, preponderará a do:

A) **Foro onde foi cometida a infração mais grave (art. 78, II, "a", CPP).** Exemplo: roubo em Belo Horizonte/MG e receptação em Contagem/MG – ambos os crimes serão julgados em Belo Horizonte/MG.

B) **Foro onde foi cometido o maior número de infrações (art. 78, II, "b", CPP):** Regra aplicada caso a gravidade das infrações seja a mesma. Exemplo: dois furtos simples em Salvador/BA e uma receptação simples em Feira de Santana/BA – ambos os crimes serão julgados em Salvador/BA.

C) **Foro residual estabelecido pela prevenção (art. 78, II, "c", CPP):** Regra aplicada na hipótese de a gravidade e o número de infrações serem os mesmos.

> **▸ Aplicação em concurso público:**
>
> No concurso de Juiz de Direito Substituto do Tribunal de Justiça do Estado de Minas Gerais, promovido pela EJEF (Escola Judicial Desembargador Edésio Fernandes), em 2014, foram questionados diversos aspectos relevantes da competência no Processo Penal, dentre eles a regra contida no art. 78, II, "a", CPP, com a seguinte redação: *"A respeito da jurisdição e competência, analise as afirmativas a seguir. I – O princípio da identidade física do juiz no processo penal se reveste de caráter absoluto. II – Na competência por conexão ou continência, havendo concurso de jurisdições da mesma categoria, preponderá a do lugar da infração à qual for cominada pena mais grave. III – A competência será determinada pela continência nas hipóteses de concurso formal, erro na execução e resultado diverso do pretendido. IV – Tratando-se de infração permanente, praticada em território de duas ou mais jurisdições, a competência será determinada pelo lugar em que for praticado o último ato de execução. A partir da análise, conclui-se que estão CORRETAS. a) I, II e III apenas. b) II e III apenas. c) I, II e IV apenas. d) I e IV apenas".* A resposta correta foi a letra B.

III. **Jurisdição de categoria diversa (art. 78, III, CPP):** jurisdições de categorias diversas envolvem a concorrência de órgãos jurisdicionais de diferente hierarquia, ou, em outros termos, implicam na distinção entre jurisdição superior (tribunais que podem rever as decisões de outras cortes e de juízes monocráticos) e jurisdição inferior (tribunais que não podem rever as decisões de outras cortes). Isto posto, no concurso de jurisdições de diversas categorias, predominará a de maior graduação (a jurisdição superior).

Esse critério se aplica de forma muito clara na hipótese de **concurso de agentes, um com prerrogativa de foro, o outro sem**. Exemplo: crime praticado por quem tem prerrogativa de foro, como um Governador, em concurso com indivíduo que não a possua - ambos agentes serão julgados pelo foro por prerrogativa de função (no caso, o STJ). A esse respeito, vale a pena registrar o teor da Súmula nº 704 do STF: *"Não viola as garantias do juiz natural, da ampla defesa e do devido processo legal a atração por continência ou conexão do processo do corréu ao foro por prerrogativa de função de um dos denunciados"*.

Não obstante, esclareça-se que o disposto no art. 78, inciso III, do CPP e na Súmula nº 704 do STF não implica ser a unidade processual obrigatória. É dizer, nada impede que ocorra a separação dos feitos em relação aos agentes, até mesmo com fundamento no art. 80 do CPP, que assevera ser possível a separação dos processos (separação facultativa) quando as infrações tiverem sido praticadas em circunstâncias de tempo ou de lugar diferentes, ou, quando pelo excessivo número de acusados e para não lhes prolongar a prisão provisória, ou por outro motivo relevante, o juiz reputar conveniente a separação (STF, QO-Inq. Nº 2.601/RJ, Rel. Min. Celso de Mello, j. 10.10.11).

Evoluindo a sua jurisprudência, o STF passou a consagrar a seguinte regra geral: a extensão do foro por prerrogativa de função a agente que não o possui, na hipótese de concurso com agente detentor do foro, é medida restrita, somente justificada em situações em que as condutas se revelem intimamente ligadas, de modo que a disjunção resultaria, por si só, em prejuízo ao esclarecimento dos fatos ou ao andamento processual, tendo em conta ainda que a prerrogativa de foro é exceção constitucional aos princípios republicanos, demandando assim aplicação comedida (STF, 1ª Turma, AgRg no Inq. 4.435/DF, Rel. Min. Rosa Weber, j. 19.09.17).

Nessa esteira, o STF passou a adotar como regra o desmembramento dos inquéritos e ações penais originárias no tocante a coinvestigados ou corréus não detentores de foro por prerrogativa de função, admitindo-se, apenas excepcionalmente, a atração da competência originária quando se verifique que a separação seja apta a causar prejuízo relevante, aferível em cada caso concreto (STF, 2ª Turma, AgRg na Pet. nº 6.727/DF, Rel. Min. Edson Fachin, j. 30.06.17).

De outro lado, o STF, apreciando inquérito envolvendo o então Senador Aécio Neves, sua irmã, seu primo e mais um investigado, entendeu que, no estágio em que a investigação se encontrava, não deveria ocorrer o desmembramento, motivo pelo qual a apuração dos fatos deveria permanecer na Suprema Corte em relação a todos os agentes, sob o argumento de que o desmembramento resultaria em inequívoco prejuízo às investigações (STF, AgRg no Inq. nº 4.506/DF, Rel. Min. Alexandre de Moraes, j. 14.11.17).

Em arremate, define-se que, havendo concurso de agentes, um com prerrogativa de foro, o outro sem, a regra estabelecida pela jurisprudência atual do STF é a do **desmembramento** do processo: o agente com o foro privativo nele permanece, ao passo que o indivíduo sem o foro é deslocado ao juízo de primeiro grau. Mas, sendo necessário, em prol da elucidação dos fatos ou do andamento do processo, por motivos práticos de facilidade probatória, nada impede que ocorra a unidade processual no foro por prerrogativa de função, mesmo quanto ao indivíduo sem foro, não havendo que se falar em violação ao juiz natural, contraditório e ampla defesa, conforme previsto na Súmula nº 704 do STF (STF, RHC nº 137.381/AP, Rel. Min. Rosa Weber, j. 14.09.17).

Ademais, cabe ao próprio foro por prerrogativa de função decidir se é hipótese de reunião ou desmembramento do processo (STF, AgRg na AP nº 974/SE, Rel. Min. Gilmar Mendes, j. 26.04.16). Por consequência, se o foro entende que, pelas circunstâncias do caso concreto, não há motivos que recomendem a reunião dos processos, deverá remeter os autos ao juízo de primeiro grau para que continue a apuração quanto aos agentes sem prerrogativa de foro (STF, AgRg no Inq. nº 3.158/RO, Rel. Min. Rosa Weber, j. 07.02.17).

▸ Aplicação em concurso público:

No concurso de Promotor de Justiça do Ministério Público do Estado de Minas Gerais, promovido pela Fundep, em 2021, dentre outros aspectos relevantes referentes à competência, foi questionado a respeito do entendimento do STF de que cabe ao foro por prerrogativa de função decidir sobre a própria competência, nesses termos: *"Sobre jurisdição e competência, é CORRETO afirmar: A) O entendimento restritivo adotado pelo Supremo Tribunal Federal acerca do foro por prerrogativa de função não dispensa o Tribunal mais graduado de decidir sobre a própria competência, apreciando, ainda que em cognição não exauriente, o vínculo entre o crime praticado e o exercício das funções. B) No concurso entre a jurisdição comum e a militar, a separação dos processos é obrigatória, exceto nas hipóteses de conexão intersubjetiva. C) Havendo conexão entre crimes comuns e crimes eleitorais, a Justiça Eleitoral tem competência para processar e julgar apenas os últimos, sendo, portanto, hipótese de separação obrigatória de processos. D) A "Teoria do Juízo Aparente" foi desenvolvida para validar atos decisórios proferidos por juízo incompetente, não sendo aplicável às hipóteses de incompetência absoluta"*. A alternativa considerada correta foi a letra A.

De igual modo, havendo a descoberta fortuita de indícios de envolvimento de agente com prerrogativa de foro (o que se dá no fenômeno da serendipidade subjetiva, conforme será estudado no capítulo de "Prova"), os autos devem ser imediatamente encaminhados a este foro, único órgão com competência para deliberar acerca da existência de conexão ou continência referente à conveniência do desmembramento do feito, sob risco de usurpação da competência do tribunal (STJ, Rcl nº 31.629/PR, Rel. Min. Nancy Andrighi, j. 20.09.17).

▸ Qual o entendimento do STJ sobre o assunto?

O STJ já decidiu que a prerrogativa de foro não se estende a terceiro que compartilhe imóvel com autoridade não investigada. No caso em apreço, considerando que o detentor de foro por prerrogativa de função não era objeto da investigação, não haveria razão para se estender a terceiro a prerrogativa de foro, ainda que compartilhassem o mesmo domicílio. Na oportunidade, registrou-se que o STF também já decidiu que a prerrogativa de foro se relaciona à autoridade, e não à titularidade de um imóvel. No julgamento da Reclamação 36.956/SP, de relatoria do Ministro Gilmar Mendes, ficou definido que a questão central para validar a admissibilidade da diligência é a incomunicabilidade do seu resultado com o titular da prerrogativa de foro (STJ, 5ª Turma, Processo sob segredo de justiça, Rel. Ministro Reynaldo Soares da Fonseca, j. 25.10.2022 - Informativo nº 759).

Até o momento, tudo foi analisado quando incide a hipótese de concurso de agentes, um com prerrogativa de foro, o outro não. A partir daqui, passa a ser analisada a situação de **concurso de agentes com prerrogativas de foro distintas e ambas com previsão na Constituição Federal**. Por exemplo, se um Governador (foro constitucional no STJ) pratica crime em concurso com um Deputado Federal (foro constitucional no STF), será hipótese de disjunção ou junção dos processos? E se houver a junção, qual o foro competente para julgar ambos os agentes?

No entender da doutrina, se os dois agentes possuírem foros por prerrogativa de função previstos na Constituição Federal, deveria ocorrer a disjunção do feito. A norma infraconstitucional (art. 78, III, CPP) não poderia modificar o previsto na Constituição Federal, até porque estaria em jogo critério de competência absoluta. Além disso, não há hierarquia entre normas constitucionais, razão pela qual as normas de previsão dos foros devem ser igualmente observadas, sem qualquer preponderância de uma sobre a outra. No exemplo acima oferecido, os agentes deveriam ser julgados em seus respectivos foros (o Governador no STJ, o Deputado Federal no STF), sendo hipótese de separação dos processos.

Não é esse, porém, o posicionamento atual da jurisprudência do STF (HC nº 91.437/PI, Rel. Min. Cezar Peluso, j. 04.09.07) e do STJ (HC nº 317.299/AM, Rel. Min. Reynaldo Soares da Fonseca, j. 01.12.16), que entende que, nesta hipótese de concurso de agentes públicos com prerrogativas de foro constitucionais distintas, ambos os agentes devem ser julgados por um órgão da jurisdição superior, incidindo assim o critério estampado no art. 78, inciso III, do CPP. No exemplo anteriormente oferecido, o Governador e o Deputado Federal serão julgados no STF, foro constitucional de maior graduação.

Outro tema polêmico referente ao art. 78, inciso III, do CPP diz respeito ao **concurso de agentes, um com foro por prerrogativa de função estabelecido na Constituição Federal, outro sem foro, quando da prática de crime doloso contra a vida**. Nessa situação, estão envolvidas competências constitucionais, sendo que não há hierarquia entre normas constitucionais. Logo, a hipótese será de **disjunção**, vindo o agente detentor do foro a ser julgado nele e o indivíduo sem foro sendo submetido a julgamento perante o Tribunal do Júri. A norma constitucional que prevê a competência do Júri (art. 5º, XXXVIII, "d", CF) afasta a norma infraconstitucional que estipula a unidade do processo (art. 77, I, CPP). Desse modo, por exemplo, se um Desembargador comete crime de homicídio doloso em concurso com uma pessoa do povo sem prerrogativa de função, haverá a disjunção do feito, sendo o Desembargador julgado no STJ e o cidadão comum no Tribunal do Júri.

▸ **Aplicação em concurso público:**

No concurso da Defensoria Pública do Estado do Pará, em 2009, promovido pela Fundação Carlos Chagas (FCC), foi cobrado justamente o teor do art. 78 do CPP para definição do foro prevalente, nesses termos: *"Na determinação da competência por conexão ou continência, no concurso de jurisdições da mesma categoria, será observada a seguinte regra:* **A** *no concurso entre a competência do júri e a de outro órgão da jurisdição comum, prevalecerá a competência do júri.* **B** *no concurso entre a justiça militar e a comum prevalecerá a da justiça castrense.* **C** *prevalecerá a do lugar em que houver ocorrido o maior número de infrações.* **D** *firmar-se-á a competência pela prevenção, em qualquer caso.* **E** *preponderará a do lugar da infração, à qual for cominada a pena mais grave"*. A assertiva considerada correta foi a de letra E.

▸ **Aplicação em concurso público:**

No XXIV concurso do MPF, em 2007, foi cobrado o foro prevalente em caso de concurso de jurisdições de categorias diversas, nesses termos: ***"O CO-RÉU SEM DIREITO A FORO POR PRERROGATIVA DE FUNÇÃO, EM AÇÃO PENAL MOVIDA CONTRA DEPUTADO FEDERAL:*** ***a)*** *Será julgado em processo separado, na primeira instância, em respeito às garantias do juiz natural, da ampla defesa e do devido processo legal;* ***b)*** *será julgado no mesmo processo, pelo Supremo Tribunal Federal, sempre que se verificar conexão e continência;* ***c)*** *será julgado no mesmo processo, pelo Supremo Tribunal Federal, quando se verificar a continência;* ***d)*** *somente poderá ser julgado com o deputado federal na primeira instância e somente quando encerrado o mandato deste, suspensa, até então, a prescrição da pretensão punitiva do Estado"*. A assertiva considerada correta foi a de letra C.

IV. **Jurisdição comum e especial (art. 78, IV, CPP)**: a jurisdição comum, que envolve a Justiça Federal e a Justiça Estadual, tem competência residual. Já a jurisdição especial, o que inclui a Justiça Eleitoral e a Justiça militar, tem competência expressa. Logo, no caso de concurso entre a jurisdição comum e a especial, prevalece a especial.

Assim, se houver um crime eleitoral e um crime comum, ambos serão julgados na Justiça Eleitoral, até porque esta tem competência para o julgamento dos crimes eleitorais e aqueles que lhes são conexos ou continentes.

Nesse cenário, acrescente-se que, em caso envolvendo o então candidato a Governador de São Paulo, Geraldo Alckmin, que versava sobre fatos imputados a diretor de empresa de comunicação que teria recebido supostos pagamentos irregulares no contexto de campanha eleitoral deste mesmo candidato, o STF asseverou que a matéria em questão é única e exclusivamente eleitoral, e, por se tratar de delitos eleitorais conexos com crimes comuns, seu processamento é da competência da justiça especializada. Com base nesse entendimento, determinou-se o envio dos termos de depoimento dos colaboradores e de eventual documentação correlata à Justiça Eleitoral (STF, Informativo nº 895).

Contudo, o critério do art. 78, inciso IV, do CPP não se aplica à Justiça Militar, nos termos do art. 79, inciso I, do CPP, bem como da Súmula nº 90 do STJ. Destarte, havendo crime militar em concurso com crime comum, haverá a disjunção do feito. Relembre-se, no entanto, que o art. 79, I, do CPP é relativamente mitigado pela alteração promovida pela Lei nº 13.491/2017 no art. 9º, inciso II, do Código Penal Militar.

Por fim, registre-se que, em havendo concurso entre a justiça estadual e a justiça federal, prevalece esta, que é especial em relação àquela, nos termos da Súmula nº 122 do STJ.

8. SEPARAÇÃO OBRIGATÓRIA DE PROCESSOS (ART. 79 CPP)

O art. 79 do CPP apresenta situações nas quais a conexão e a continência não importarão unidade de processo e julgamento, excepcionando-se, assim, a regra prevista no art. 78 do CPP. As situações são as seguintes:

I. **Jurisdição comum e jurisdição militar (art. 79, I, CPP)**: Haverá a disjunção dos processos. A esse respeito, relembre-se o teor da Súmula nº 90 do STJ: "Compete à Justiça Estadual Militar processar e julgar o policial militar pela prática de crime militar, e à Comum pela prática de crime comum simultâneo àquele". Vale novamente o registro de que, na dicção do art. 9º, inciso II, do CPM, teria que ser verificado se o crime tido como comum, isto é, previsto na legislação penal comum, se encaixaria ou não em uma das situações estipuladas pelas alíneas "a" a "e" daquele dispositivo. Em caso positivo, a aplicação da Súmula nº 90 do STJ e do art. 79, I, do CPP estaria prejudicada, pois ocorreria a junção dos crimes para julgamento na Justiça Militar. Apenas em caso negativo é que persistiria a aplicação do enunciado sumular e da norma do CPP, promovendo-se a disjunção do feito.

II. **Justiça comum e Justiça da Infância e Juventude (art. 79, II, CPP)**: Haverá igualmente disjunção do feito, pois o agente menor de 18 (dezoito) anos será julgado pelo Juizado da Infância e da Juventude, no qual haverá a aplicação de medida socioeducativa prevista no Estatuto da Criança e do Adolescente, enquanto o agente maior de idade será julgado na Justiça Criminal, na qual receberá uma pena.

III. **Superveniência de doença mental (art. 79, § 1º, CPP)**: Essa situação ocorre quando, após a prática de um crime, um dos réus vem a sofrer de doença mental, exigindo-se que haja a suspensão do processo até que se recupere e possa acompanhar a instrução (art. 152 do CPP). Nesse caso, desaparece a conveniência de se manter os processos reunidos, daí porque haverá a disjunção, prosseguindo-se regularmente o feito com relação ao outro réu.

IV. **Fuga de um dos réus (art. 79, § 2º, CPP)**: Se um dos réus estiver foragido e não for possível seu julgamento à revelia, não haverá a junção dos feitos, ocorrendo, portanto, disjunção ou desmembramento dos processos. A situação em que o réu não pode ser julgado à revelia é conhecida como **crise de instância**. É a hipótese prevista, por exemplo, no art. 366 do CPP, segundo o qual o réu revel citado por edital que não comparecer aos autos nem constituir advogado não poderá ser julgado, devendo o processo ficar suspenso. Outro exemplo é a impossibilidade de julgamento no plenário do Tribunal do Júri de réu preso, salvo se ele e seu defensor pedirem a dispensa da presença daquele (art. 457, § 2º, do CPP).

> ▸ **Observação:**
>
> Antes do advento da Lei nº 11.689/08, a doutrina ainda apontava para a existência de outra hipótese de separação obrigatória de processos. Ela ocorria no Tribunal do Júri, com a **recusa imotivada ou peremptória.** Nesse sentido, essa recusa consiste na possibilidade que tem cada parte de, durante o sorteio dos jurados que irão compor o Conselho de Sentença, recusar, sem justificativa, até 3 (três) jurados. Em havendo dois réus com defensores distintos, é possível que estes últimos optem por fazer a recusa individualmente (3 recusas por defensor). Em assim sendo, se um defensor recusasse um jurado, mas o outro o aceitasse (e o Ministério Público também), haveria a separação obrigatória dos feitos. Na prática, isso funcionava como um estímulo para que os defensores provocassem a separação dos processos. No entanto, a Lei nº 11.689/08, alterando a redação do art. 469, § 1º, do CPP, deu nova sistemática ao tema: nesta situação, não haverá mais separação dos feitos e sim simples afastamento do jurado recusado por um dos defensores. O máximo que poderá ocorrer a partir de agora é o adiamento do julgamento se, por força das recusas, não se atingir o número de 7 (sete) jurados para o Conselho de Sentença.

9. SEPARAÇÃO FACULTATIVA DE PROCESSOS (ART. 80 CPP)

Diferente das hipóteses previstas no art. 79 do CPP, nas quais a separação dos feitos é obrigatória, o art. 80 do CPP traz situações em que a separação dos processos é meramente facultativa. Tais situações podem ser arguidas pelas partes ou reconhecidas de ofício pelo juiz:

I. **Separação facultativa em caso de tempo ou lugar diferenciado (art. 80, 1ª parte, CPP):** quando as infrações tiverem sido praticadas em circunstâncias de tempo ou de lugar diferentes e o juiz reputar conveniente a separação.

II. **Separação facultativa em virtude do excessivo número de acusados (art. 80, 2ª parte, CPP):** quando pelo excessivo número de acusados e para não lhes prolongar a prisão provisória, o juiz reputar conveniente a separação. Visa efetivar o princípio constitucional da duração razoável do processo (art. 5º, inciso LXXVIII, CF), que deságua no princípio da duração razoável das prisões cautelares.

III. **Separação facultativa em face de motivo relevante (art. 80, 3ª parte, CPP):** por outro motivo relevante, o juiz reputar conveniente a separação.

> ▸ **Qual o entendimento do STJ sobre o assunto?**
>
> Conforme decidido pelo STJ, a eventual incidência da causa de aumento descrita na parte final do § 4º do art. 1º da Lei de Lavagem de Dinheiro, na redação dada pela Lei nº 12.683/2012, não constitui empecilho para o juiz manter a separação dos feitos, nos termos do art. 80 do CPP (Informativo nº 735).

▸ **Aplicação em concurso público:**

No concurso de Defensor Público do Estado do Amazonas, em 2013, promovido pela Fundação Carlos Chagas, dentre outros aspectos relevantes sobre a competência no Processo Penal, questionou-se acerca do teor do art. 80 do CPP, nos seguintes termos: *"Em relação à competência em processo penal, é correto afirmar que A) será determinada pela continência quando a prova de uma infração ou de qualquer de suas circunstâncias elementares influir na prova de outra infração. B) é absoluta a nulidade decorrente da inobservância da competência penal por prevenção. C) será facultativa a separação dos processos quando as infrações tiverem sido praticadas em circunstâncias de tempo ou de lugar diferentes, ou, quando pelo excessivo número de acusados e para não lhes prolongar a prisão provisória, ou por outro motivo relevante, o juiz reputar conveniente a separação. D) nos casos de ação penal de iniciativa pública, não sendo conhecido o lugar da infração, a competência regular-se-á pelo domicílio ou residência do ofendido. E) na determinação da competência por conexão ou continência, no concurso entre a jurisdição especial e a comum, prevalecerá esta, em regra".* A resposta da questão foi a letra C.

10. PERPETUAÇÃO DA JURISDIÇÃO – *PERPETUATIO JURISDICTIONIS* (ART. 81 CPP)

No caso de junção dos feitos, se constatada a incompetência do juízo que exerceu a força atrativa (por absolvição ou desclassificação), por questões de economia processual (pois a prova já foi produzida), o crime conexo ou continente será julgado também pelo juízo de atração, nos termos do art. 81, *caput*, do CPP, o que constitui a perpetuação da jurisdição (*perpetuatio jurisdictionis*).

Consequência extremamente relevante desta regra reside no fato de que, em sendo **criada uma nova vara criminal** em uma determinada comarca, os processos que versem sobre infração penal que passa a ser de competência da nova vara não devem ser remetidas para esta, permanecendo na vara anterior. Nestor Távora e Rosmar Rodrigues Alencar apresentam exemplo interessante desta consequência:

Seria o caso da Lei nº 11.343/2006 (nova Lei Anti-drogas), que tratando do tráfico internacional, dispõe que a competência será da vara federal da circunscrição respectiva. Imaginemos que um processo por tráfico internacional de drogas esteja tramitando na vara estadual do local onde ocorreu a consumação do delito. Com o advento da nova lei de tóxicos, acreditamos que não deve haver a remessa para a vara federal da circunscrição respectiva, em razão da perpetuatio jurisdicionis. (TÁVORA; ALENCAR, 2009, p. 229).

No entanto, registre-se que o STJ já decidiu que a redistribuição do feito decorrente da criação de vara com idêntica competência com a finalidade de igualar os acervos dos juízos e dentro da estrita norma legal, não viola o princípio do juiz natural, uma vez que a garantia constitucional permite posteriores alterações de competência (HC 102.193-SP, **Rel. Min. Laurita Vaz, julgado em 2/2/2010). No mesmo sentido é o STF** (HC 91.253-MS, DJ 14/11/2007).

> ▸ **Aplicação em concurso público:**
> No concurso do MP/PR, em 2016, foi cobrado o posicionamento do STJ alhures referido a respeito da criação de nova vara e não violação do princípio do juiz natural e da *perpetuatio jurisdictionis*. Nesse sentido, a assertiva *"A redistribuição de processos pela instalação de novas varas ofende os princípios do devido processo legal, do juiz natural e da perpetuatio jurisdictionis"* foi considerada incorreta.

Em julgamento que envolveu a famigerada "chacina de Unaí", o STF entendeu que a criação superveniente de vara federal na localidade de ocorrência de crime doloso contra a vida (Unaí/MG, local da prática de homicídios de auditores-fiscais do trabalho) não enseja a incompetência do juízo em que já se tenha iniciado a ação penal (Belo Horizonte/MG), em respeito à regra da *perpetuatio jurisdictionis* (Informativo nº 783).

As **exceções** a essa regra ocorrem no Tribunal do Júri. Nesse juízo, em primeiro lugar, se o juiz singular profere decisão de absolvição sumária, impronúncia ou desclassificação do crime doloso contra vida para crime que não é doloso contra a vida, não deve julgar tal crime e nem o crime conexo ou continente, devendo remeter os autos ao juízo competente para o seu julgamento (art. 81, parágrafo único, do CPP).

A segunda hipótese no Júri ocorre se a desclassificação do crime doloso contra a vida é feita pelo Conselho de Sentença. Nesse caso, igualmente o crime doloso contra a vida e o crime conexo ou continente deverão ser julgados pelo juiz-presidente (não pelo juiz competente ou pelos jurados), consoante o art. 492, § 2º, do CPP. Todavia, se o Conselho de Sentença julga pela **absolvição** do réu pelo crime doloso contra a vida, será o próprio Conselho de Sentença que continuará julgando o crime conexo ou continente.

11. AUTORIDADE DA JURISDIÇÃO PREVALENTE (ART. 82 CPP)

Consoante o art. 82 do CPP, se, não obstante a conexão ou continência, forem instaurados processos diferentes, o juízo prevalente pode **avocar** os processos instaurados em outros juízos, desde que não tenha havido **sentença definitiva**. Por sentença definitiva deve-se entender como aquela que "encerrou a primeira fase processual, contudo pode ainda ser passível de recurso" (TÁVORA; ALENCAR, 2009, p. 225).

Caso não seja possível a reunião dos feitos por já ter sido prolatada sentença definitiva, a unidade dos processos ocorrerá **ulteriormente**, para o efeito de **soma ou unificação de penas na fase de execução penal, pelo próprio juiz da execução** (art. 66, inciso III, alínea *a*, da Lei nº 7.210/84 – Lei de Execução Penal).

12. A PREVENÇÃO COMO CRITÉRIO RESIDUAL DE FIXAÇÃO DA COMPETÊNCIA (ART. 83 CPP)

A prevenção é critério residual de fixação da competência aplicada quando dois ou mais juízes poderiam conhecer do caso. Por força dela, deve-se escolher o juiz que **primeiro tomar conhecimento do caso**, o que implica naquele que **primeiro tomou algum ato decisório**, ainda que essa decisão tenha sido proferida em sede de inquérito policial (art. 75, parágrafo único, do CPP) – exemplo: decreto de prisão preventiva.

Contudo, é preciso registrar que as decisões proferidas por magistrados de plantão em dias não úteis ou relacionadas ao julgamento de *habeas corpus* interposto contra ato praticado pelo delegado na fase de inquérito policial não firmam o juízo prevento para o julgamento da ação penal principal (TÁVORA; ALENCAR, 2009, p. 220).

A prevenção é critério residual porque é aplicada quando todas as outras regras aqui estudadas são insuficientes para apontar o juízo competente. Ela incide nas hipóteses previstas nos artigos 70, § 3º, 71, 72, §§ 1º e 2º, e 78, II, alínea c, do CPP, já apreciados ao longo deste capítulo, mas que merecem ser relidos.

13. COMPETÊNCIA EM RAZÃO DA PRERROGATIVA DE FORO (*RATIONE PERSONAE*)

É competência que, ao menos em tese, visa privilegiar o cargo ocupado, nunca, pois, a pessoa propriamente dita que o exerce, o que levaria a uma injusta desigualdade entre os cidadãos. Diante disso, não é recomendável o uso do termo "foro privilegiado" para designar esta espécie de competência, pois, em verdade, privilégio não há, apenas proteção a um cargo de relevância pública. É de todo inconveniente também fazer menção a esta competência como uma competência em razão da pessoa (*ratione personae*), apesar de a expressão já ter sido amplamente consagrada. O termo mais técnico, portanto, é competência em razão da "prerrogativa de foro".

No entanto, tudo isso acaba funcionando apenas em tese, afinal de contas, na prática, esta competência viola frontalmente o princípio da igualdade, não existindo motivo especial que possa sustentá-la. Nesse sentido, convém relembrar que a prerrogativa de função não existe em causas cíveis, apenas em feitos criminais.

Muitos doutrinadores afirmam que o foro por prerrogativa de função evitaria, em algumas hipóteses, uma subversão hierárquica, o que poderia ocorrer, por exemplo, se um magistrado singular julgasse um crime cometido por um Desembargador. Contudo, é argumento inócuo, já que qualquer magistrado, em qualquer processo, de qualquer natureza, deverá proferir julgamento sempre de forma imparcial, independente do cidadão que venha a ocupar o polo passivo da relação jurídica processual.

Outros autores asseveram que esta modalidade de competência serviria para aliviar o magistrado de pressões políticas. É, porém, mais um argumento que não merece prevalecer, pois, a uma, o magistrado pressionado poderá comunicar tal fato aos órgãos competentes (como a Corregedoria do Tribunal, o Conselho Nacional de Justiça, o órgão do qual faça parte o agente opressor, o Ministério Público etc.), e, a duas, ainda que a pressão surta os efeitos pretendidos, a parte prejudicada sempre poderá impugnar a decisão por via recursal.

Certo é que o foro por prerrogativa de função tem previsão na Constituição Federal, daí porque continua sendo válido.

▸ **Qual o entendimento do STF sobre o assunto?**

O Plenário do STF julgou procedente pedido formulado em ação direta para declarar a inconstitucionalidade do art. 81, IV, da Constituição do Estado do Maranhão, acrescentado pela Emenda Constitucional 34/2001. O dispositivo impugnado inclui, entre as autoridades com foro criminal originário perante o tribunal de justiça, os procuradores de Estado, os procuradores da assembleia legislativa, os defensores públicos e os delegados de polícia. Prevaleceu o voto do ministro Alexandre de Moraes, redator para o acórdão. Para ele, ao dispor sobre os órgãos do Poder Judiciário, o art. 92 da Constituição Federal previu como regra que a primeira e a segunda instâncias constituem juízo natural com cognição plena para a questão criminal. Apenas excepcionalmente a CF conferiu prerrogativas de foro para as autoridades federais, estaduais e municipais. No ponto, citou, como exemplo, a competência do STF para processar e julgar o presidente da República, o vice-presidente, membros do Congresso Nacional, seus próprios ministros e o procurador-geral da República; a competência do STJ para processar e julgar os desembargadores; e a competência dos tribunais de justiça para processar e julgar os membros do ministério público estadual, os próprios magistrados e os prefeitos municipais. Sublinhou a inviabilidade de se aplicar, nesse caso, o princípio da simetria, uma vez que a CF estabelece prerrogativa de foro nos três níveis: federal, estadual e municipal. Ressaltou que interpretação que conferisse às constituições estaduais a possibilidade de definir foro, considerando o princípio federativo e com esteio no art. 125, § 1º, da CF, permitiria aos Estados dispor, livremente, sobre essas prerrogativas, o que seria equivalente a assinar um cheque em branco. Por fim, esclareceu que o vice-governador, os secretários de Estado e o comandante dos militares estaduais, por determinação expressa do art. 28 da CF, também possuem prerrogativa de foro, independentemente de a constituição estadual fixá-la ou não (STF, Informativo nº 940).

Posteriormente, em outro julgado, o STF decidiu que as normas que estabelecem hipóteses de foro por prerrogativa de função são excepcionais e, como tais, devem ser interpretadas restritivamente (ADI 2.553). A regra geral é que todos devem ser processados pelos mesmos órgãos jurisdicionais, em atenção ao princípio republicano (CF, art. 1º), ao princípio do juiz natural (CF, art. 5º, LIII) e ao princípio da igualdade (CF, art. 5º, *caput*). Apenas excepcionalmente, e a fim de assegurar a independência e o livre exercício de alguns cargos, admite-se a fixação do foro privilegiado. O legislador constituinte não disciplinou a matéria apenas na esfera federal, mas determinou quais seriam as autoridades em âmbito estadual e municipal que seriam detentoras dessa prerrogativa. Fora dessas hipóteses, a Constituição estadual só pode conceder o foro privilegiado a autoridades do Poder Executivo estadual por simetria com o Poder Executivo federal.

Ademais, há o risco de que processos criminais contra procuradores de estado e defensores públicos tramitem perante tribunais de justiça, o que pode suscitar discussões a respeito de eventual nulidade processual por ofensa às normas de definição de competência. Com base nesse entendimento, o Plenário referendou medidas cautelares deferidas em ações diretas de inconstitucionalidade, para confirmar a suspensão da eficácia das expressões: 1) "e da Defensoria Pública", constante do art. 161, I, a, da Constituição do estado do Pará; 2) "Defensor Público-Geral e da Defensoria Pública", constantes do art. 87, IV, a e b, da Constituição do Estado de Rondônia; 3) "da Procuradoria Geral do Estado e da Defensoria Pública", constante do art. 72, I, a, da Constituição do estado do Amazonas; e 4) "bem como os Procuradores de Estado e os Defensores Públicos", constante do art. 133, IX, a, da Constituição do estado de Alagoas (STF, Informativo nº 1.000).

Em seguida, em mais uma decisão relevante, o Plenário do STF consignou que a autonomia dos estados para dispor sobre autoridades submetidas a foro privilegiado não é ilimitada, não pode ficar ao arbítrio político do constituinte estadual e deve seguir, por simetria, o modelo federal. Com efeito, o poder dos estados-membros de definirem, em suas constituições, a competência dos tribunais de justiça está limitado pelos princípios da Constituição Federal (arts. 25, § 1º, e 125, § 1º). Dessa forma, extrapola a autonomia do estado previsão, em constituição estadual, que confere foro privilegiado a Delegado Geral da Polícia Civil. Na linha de precedentes da Corte, atribuir foro privilegiado a Delegado Geral da Polícia Civil viola o art. 129, VII, da CF, que confere ao Ministério Público a função de exercer controle externo da atividade policial. Com base nesse entendimento, julgou-se procedente pedido formulado em ação direta para declarar a inconstitucionalidade da expressão "o Delegado Geral da Polícia Civil" contida no inciso II do art. 74 da Constituição do estado de São Paulo, na redação originária e após a alteração pela Emenda Constitucional 21/2006 (STF, Informativo nº 1.010).

Em mais um julgado importante, o Plenário do STF reafirmou que as constituições estaduais não podem instituir novas hipóteses de foro por prerrogativa de função além daquelas previstas na Constituição Federal. Asseverou-se que as normas que estabelecem o foro por prerrogativa de função são excepcionais e devem ser interpretadas restritivamente, não cabendo ao legislador constituinte estadual estabelecer foro por prerrogativa de função a autoridades diversas daquelas listadas na Constituição Federal, a qual não cita defensores públicos nem procuradores. Em atenção ao princípio republicano, ao princípio do juiz natural e ao princípio da igualdade, a regra geral é que todos devem ser processados pelos mesmos órgãos jurisdicionais. Apenas a fim de assegurar a independência e o livre exercício de alguns cargos, admite-se a fixação do foro privilegiado. Com base nesse entendimento, o órgão colegiado julgou procedentes pedidos formulados em ações diretas para declarar, com efeitos *ex nunc*, a inconstitucionalidade da expressão "e da Defensoria Pública", constante do art. 161, I, a, da Constituição do Estado do Pará; das expressões "o Defensor Público-Geral" e "e da Defensoria Pública", constante do art. 87, IV, a e b, da Constituição do Estado de Rondônia;

da expressão "Procuradoria Geral do Estado e da Defensoria Pública", constante do art. 72, I, a, da Constituição do Estado do Amazonas; e das expressões "bem como os Procuradores de Estado e os Defensores Públicos", constante do art. 133, IX, a, da Constituição do Estado de Alagoas. Ao final, foi fixada a seguinte tese: "É inconstitucional norma de constituição estadual que estende o foro por prerrogativa de função a autoridades não contempladas pela Constituição Federal de forma expressa ou por simetria." (STF, Informativo nº 1.026).

Mais recentemente, a Suprema Corte voltou a reafirmar esse entendimento, decidindo que não cabe aos Estados atribuir prerrogativa de foro a autoridades não abarcadas pelo legislador constituinte federal. Com isso, reconheceu a inconstitucionalidade material de dispositivos das Constituições dos Estados do Rio de Janeiro, Mato Grosso do Sul e Maranhão quanto à instituição da referida prerrogativa para procuradores do Estado e da Assembleia Legislativa, defensores públicos e delegados de polícia (STF, Plenário, ADIs nºs 6.505, 6.507 e 6.509, Rel. Min. Nunes Marques, julgamento virtual finalizado em 13.05.2022).

Posteriormente, julgou que é inconstitucional, por violação ao princípio da simetria, norma de Constituição Estadual que confere foro por prerrogativa de função a autoridades que não guardam semelhança com as que o detém na esfera federal. Explicitou-se que a jurisprudência da Corte se firmou em torno de uma compreensão restritiva acerca da matéria, de modo que os estados-membros devem observância ao modelo adotado na CF/1988. Assim, não pode o ente estadual, de forma discricionária, estender o foro por prerrogativa de função à cargos diversos daqueles abarcados pelo legislador federal, sob pena de violação às regras de reprodução automática. Com base nesse entendimento, o Plenário, por unanimidade, julgou procedente a ação para declarar a inconstitucionalidade material das expressões "Reitores de Universidades Públicas" e "Diretores Presidentes das entidades da Administração Estadual Indireta", previstas no art. 77, X, **a** e **b**, da Constituição do Estado de Roraima. Além disso, por razões de segurança jurídica, o Tribunal modulou a decisão, a fim de conferir efeitos *ex nunc* à declaração de inconstitucionalidade (STF, Plenário, ADI nº 6.511/RR, Rel. Min. Dias Toffoli, julgamento virtual finalizado em 13.09.2022).

Nesse trilhar, frise-se novamente que ele deve ser lido sempre como uma proteção ao cargo ocupado pelo agente delitivo, daí porque só persiste enquanto ele permanecer em tal cargo. Uma vez encerrado o citado cargo, os autos devem ser encaminhados ao juízo singular, sendo válidos todos os atos processuais praticados naquele juízo, inclusive o recebimento da denúncia, não sendo necessária a ratificação de tais atos no novo juízo criminal (STJ, Informativo nº 556).

Questão bastante tormentosa na jurisprudência do STF diz respeito ao efeito que a **renúncia ao cargo público** poderia provocar na competência por prerrogativa de função. Como *regra geral*, o Pretório Excelso firmou o entendimento de que a renúncia a este cargo público, seja por qual motivo e independente do momento processual, determina o término da competência por prerrogativa de foro. Assim, por exemplo, se um Deputado Federal estava sendo processado perante o STF e, no curso da ação penal, vem a renunciar a este cargo público, tal ação deveria ser encaminhada ao juízo de primeiro grau para prosseguimento do feito, sem prejuízo da validade dos atos anteriormente praticados.

Contudo, aos poucos, a Suprema Corte passou a perceber que a renúncia ao cargo público poderia servir de expediente para protelar ainda mais o andamento do processo e com isso buscar alcançar a prescrição da pretensão punitiva da conduta em julgamento. Desse modo, com a finalidade de não mais tutelar a má-fé processual, o STF, no julgamento do então Deputado Federal Natan Donadon, abriu uma exceção à regra acima explicitada e determinou que referido agente continuaria a ser julgado por este tribunal, ainda que tenha renunciado ao cargo público, uma vez que a renúncia ocorreu após o feito ter sido incluído na pauta para julgamento do Plenário da Corte (aliás, às vésperas deste julgamento), ou seja, com abuso de direito, fraude processual e iminente risco de prescrição da pretensão punitiva. Assim, entendeu-se que a renúncia de mandato seria ato legítimo, porém não deslocaria a competência considerando que não cabe ao réu escolher por qual instância será julgado (STF, Ação Penal nº 396/RO).

A partir desse julgamento, os Ministros do STF passaram a discutir até que momento processual a renúncia ao cargo público poderia alterar a competência por prerrogativa de foro. Nesse sentido, é marcante o debate relatado no Informativo nº 740 da Corte, segundo o qual, para alguns Ministros (Luís Roberto Barroso, Teori Zavascki, Luiz Fux e Joaquim Barbosa), a partir do recebimento da inicial acusatória, mesmo que o parlamentar viesse a renunciar, a competência para o processo e julgamento da ação penal não se deslocaria, ao passo que, para a Ministra Rosa Weber, a renúncia somente alteraria a competência por prerrogativa de função se realizada até o término da instrução criminal. Entretanto, o tribunal acabou deliberando pela apreciação do tema em outra ocasião, já que não fora alcançada a maioria absoluta no sentido da definição, para o futuro, de critério objetivo referente à preservação da competência penal originária da Corte na hipótese de renúncia do réu ao mandato parlamentar.

Posteriormente, em outro julgamento, veio a prevalecer na 1ª Turma do STF o entendimento da Ministra Rosa Weber acima indicado, no sentido de que, nas ações penais originárias da Suprema Corte, eventual renúncia de parlamentar ao cargo eletivo – ***após o final da instrução criminal*** – não gera o efeito de cessar a competência do Supremo para julgar o processo (Informativo nº 754 do STF). Assim, com fincas no art. 11 da Lei nº 8.038/90 ("Realizadas as diligências, ou não sendo estas requeridas nem determinadas pelo relator, serão intimadas a acusação e a defesa para, sucessivamente, apresentarem, no prazo de quinze dias, alegações escritas"), o réu, ao invés de encaminhar suas alegações finais, deveria oferecer sua renúncia, sob pena de prevalecer a competência do foro por prerrogativa de função até o julgamento final.

Foi exatamente isso que acabou acontecendo no processo do então Deputado Federal Eduardo Azeredo, réu em ação penal envolvendo o famigerado "mensalão tucano" ou "mensalão mineiro" em virtude da prática de crimes de lavagem de dinheiro e peculato: como ele apresentou a sua renúncia no momento processual em que deveria encaminhar as suas alegações finais, o STF declinou a sua competência para a primeira instância da Justiça de Minas Gerais (STF, Ação Penal nº 536/MG). Aliás, noticie-se que, em dezembro de 2015, o referido agente foi condenado pelo juízo criminal de primeiro grau de Belo Horizonte/MG à pena privativa de liberdade de 20 (vinte) anos e 10 (dez) meses de reclusão, além de 1.904 (mil novecentos e quatro) salários-mínimos. Em agosto de 2017, o Tribunal de Justiça de Minas Gerais (TJMG), no julgamento de recurso de apelação, decidiu, de forma não unânime (permitindo, pois, o recurso de embargos infringentes e de nulidade), manter a condenação, reduzindo, porém, levemente a pena para 20 (vinte) anos e 1 (um) mês de reclusão. Em seguida, após improvimento dos recursos de embargos infringentes e de nulidade e de embargos de declaração interpostos pela defesa, o TJMG emitiu, em 22 de maio de 2018, ordem de prisão, na linha do entendimento do STF prevalecente à época acerca da constitucionalidade da execução provisória de pena, ordem esta cumprida em 24/05/2018. Com a mudança de entendimento da Suprema Corte, que em 07/11/2019 decidiu nas Ações Declaratórias de Constitucionalidade de números 43, 44 e 54 pela inconstitucionalidade da execução provisória da pena privativa de liberdade, o TJMG determinou a soltura do réu em 08/11/2019.

Mais recentemente, o STF, por meio do seu Plenário, voltou a se dedicar ao momento processual em que a renúncia ao cargo público poderia alterar a competência por prerrogativa de foro, bem como se preocupou em limitar a existência do próprio critério de prerrogativa de função. Na Ação Penal nº 937, em sessão realizada no dia 03 de maio de 2018, decidiu-se que: 1) após o final da instrução processual, com a publicação do despacho de intimação para apresentação de alegações finais, a competência para processar e julgar ações penais não será mais afetada em razão de o agente público vir a ocupar outro cargo ou deixar o cargo que ocupava, qualquer que seja o motivo (ou seja, não apenas com fundamento na renúncia) – cria-se, pois, hipótese de *perpetuatio jurisdictionis*; 2) o foro por prerrogativa de função de **Deputados Federais e Senadores** aplica-se **apenas aos crimes cometidos durante o exercício do cargo e relacionados às funções desempenhadas**.

Em face da relevância das ideias desenvolvidas pelo STF e para que a compreensão da matéria reste bem clara, a seguir sistematizamos todo o posicionamento sufragado pela Suprema Corte:

a) **o foro por prerrogativa de função apenas é aplicável às infrações penais praticadas durante o exercício do cargo público**: e não basta que a infração penal seja cometida durante o exercício do cargo público; para se ter direito ao foro, o agente público deve permanecer ocupando o cargo público. Logo, encerrado o cargo, encerra-se o foro, devendo os autos serem remetidos ao juiz de primeiro grau, sem necessidade de refazimento dos atos processuais até então realizados. A esse respeito, deve ser conferido o teor da Súmula nº 451 do STF: *"A competência especial por prerrogativa* *de função não se estende ao crime cometido após a cessação definitiva do exercício funcional".*

b) **o foro por prerrogativa de função apenas é aplicável às infrações penais que possuam relação com o cargo público**: portanto, não é suficiente que o agente pratique a infração no exercício do cargo público; ela deve ter íntima ligação com este último. Assim, por exemplo, se um Governador, enquanto no exercício do mandato eletivo, pratica o crime de lesões corporais contra a sua esposa, no âmbito do lar conjugal, não terá direito ao foro, pois o fato foi cometido no âmbito doméstico e familiar, sem qualquer vínculo com o cargo público. Deverá então ser julgado perante o juiz de primeiro grau. Não se nega, porém, que, em muitas situações, esse critério seja de difícil aplicação na prática, existindo certa zona cinzenta, isto é, indefinição ou imprecisão se o delito é ou não correlato ao exercício funcional. Nessas situações, caberá ao bom senso do foro analisar as circunstâncias do caso concreto para concluir a respeito do vínculo funcional. E aqui há um ponto importante a se destacar: a apreciação sobre o liame com o cargo público deverá ser feita pelo foro, em decorrência da regra *kompetenz-kompetenz*.

c) ***perpetuatio jurisdictionis*** **com o término da instrução processual e abertura de prazo para alegações finais (critério da fase processual)**: via de regra, a perda do cargo público resulta no encerramento do foro. No entanto, se a perda do cargo, seja por qual motivo for (renúncia, não renovação do mandato eletivo, exoneração, aposentadoria etc.), ocorrer após o término da instrução processual e a abertura de prazo para alegações finais, não resultará na perda do foro, o qual continuará competente para julgar o acusado, perpetuando a jurisdição.

> **▸ Aplicação em concurso público:**
>
> No concurso de Promotor de Justiça do Ministério Público do Estado do Ceará, promovido pelo Cebraspe, em 2020, foi cobrada a eventual aplicação do critério de foro por prerrogativa de função na hipótese da prática de infração penal antes de o agente assumir o cargo público. Vejamos a questão: *"Deputado federal eleito pelo estado do Ceará que praticar crime de estelionato em São Luís – MA antes de entrar em exercício no cargo eletivo deverá ser processado no(a): A) Supremo Tribunal Federal. B) Superior Tribunal de Justiça. C) justiça federal do Ceará, em razão do cargo ocupado. D) justiça estadual comum do Ceará, na comarca de Fortaleza. E) justiça estadual comum do Maranhão, na comarca de São Luís".* A resposta correta foi a letra E.

Noutro giro, esclareça-se que, na Ação Penal nº 937, o STF fixou todo esse entendimento apenas e tão somente quanto aos Deputados Federais e Senadores. Contudo, pouco a pouco, outros tribunais do país invocaram o entendimento do STF por simetria, estendendo-o a outras autoridades. Como será destacado em breve, o próprio STF, em momento posterior, também aplicou esse critério para outros agentes públicos.

Assim, por exemplo, o STJ, em 08/05/2018, por meio de decisão monocrática do seu Ministro Luis Felipe Salomão, no julgamento da Ação Penal 866, aplicou o princípio da simetria e estendeu o entendimento do STF firmado na Ação Penal 937 a Governador do Estado, determinando a remessa dos autos da ação penal que ali tramitava, tendo como réu o Governador da Paraíba, por supostos crimes anteriores ao cargo, à Justiça deste Estado.

Seguindo esta linha de raciocínio, a Corte Especial do STJ, na mesma Ação Penal 866 anteriormente mencionada, decidiu que Governadores e Conselheiros de Tribunais de Contas só têm direito ao foro por prerrogativa de função por fatos ocorridos durante o exercício do cargo e em razão deste (STJ, AgRg na Ação Penal 866).

Ainda com base no princípio da simetria, o Ministro do STF Celso de Mello, em 22/05/2018, também estendeu o precedente alhures aludido deste tribunal a Governador do Estado, remetendo com isso investigação que ali tramitava (em virtude do concurso de agentes com Deputado Federal e Senador, além de Prefeito) e envolvia o Governador de Pernambuco, por crime anterior ao mandato, ao STJ (STF, Inq. 4.292).

Já a 1ª Turma do STF ampliou a restrição do foro por prerrogativa de função (válido apenas se o crime ocorrer no cargo público e em virtude dele) para Ministro de Estado e Conselheiro do Tribunal de Contas do Estado (STF, 1ª Turma, Inq. 4703).

Neste cenário, convém destacar que o Ministro do STF Dias Toffoli, em 09/05/2018, propôs súmulas vinculantes para ampliar a limitação ao foro por prerrogativa de função, nesses termos: 1) o critério definido pelo Plenário do STF na Ação Penal 937 deve ser aplicado a todos os agentes públicos dos Poderes Legislativo, Executivo e Judiciário e do Ministério Público; 2) são inconstitucionais normas de Constituições Estaduais e da Lei Orgânica do Distrito Federal que contemplem hipóteses de prerrogativa de foro não previstas expressamente na Constituição Federal, vedada a invocação da simetria. Todavia, até o fechamento desta edição, o STF não havia se manifestado a respeito destas propostas.

Imperioso ainda relembrar que tramita na Câmara dos Deputados a Proposta de Emenda à Constituição (PEC) nº 333/2017 cujo objetivo é conferir o foro por prerrogativa de função apenas e tão somente ao Presidente e Vice da República, bem como aos Presidentes da Câmara dos Deputados, do Senado e do STF. Pretende-se ainda extinguir o foro por prerrogativa de função nos casos de crimes comuns. Até o fechamento desta edição, ela ainda não havia sido votada, mas, em 11/12/2018, a Comissão Especial da Câmara dos Deputados chegou a aprovar por unanimidade o seu texto.

Outro tema polêmico envolvendo a competência por prerrogativa de foro, que ganhou ainda mais relevo com o posicionamento do STF firmado na Ação Penal nº 937, diz respeito à subsistência do foro em hipóteses em que o agente pratica a infração penal no exercício de um determinado cargo público, dele se afasta e vem a ocupar outro cargo público.

Via de regra, entende-se que a infração penal cometida no exercício de cargo público anterior deverá ser remetida ou permanecer no juiz de primeiro grau. Como reconhecido pelo STF, o foro é válido apenas se a infração penal é cometida durante o cargo público (e em virtude dele); cessado o cargo, cessa o foro.

Mas há discussão na jurisprudência sobre a persistência ou não do foro na hipótese de **reeleição** para o mesmo cargo ocupado quando da prática da infração penal. Por exemplo, um determinado Governador pratica um crime no exercício do seu primeiro mandato; vindo a ser reeleito para o mesmo cargo de Governador, terá direito ao foro no STJ por aquele crime?

A doutrina sustenta que, sendo caso de reeleições sucessivas, a jurisdição fixada se perpetua, considerando a ausência de solução de continuidade de um mandato a outro. Logo, neste exemplo, o STJ continuaria competente para julgar aquela infração penal.

No âmbito da jurisprudência, STJ (Informativo nº 649) e STF (Informativos números 933 e 940) concordam com o posicionamento da doutrina. Asseveram, portanto, que se houve reeleição, desde que **sucessiva**, o foro existente à época do primeiro mandato, quando a infração penal foi praticada, permanece sendo aplicado.

Nesse sentido, vale a pena registrar decisão paradigmática do Plenário do STF asseverando que é irrelevante a circunstância de o delito ter sido praticado durante o mandato anterior, bastando que a atual diplomação decorra de sucessiva e ininterrupta reeleição. Voltando ao exemplo acima proposto, se o Governador praticou o crime em um primeiro mandato e foi reeleito para um segundo mandato imediatamente subsequente, o STJ continuará como o foro competente para julgá-lo.

Situação diferente ocorre se o agente público pratica a infração penal no exercício de um mandato, este se encerra e, tempos depois, ele vem a ser eleito novamente para aquele cargo. Se houve **interregnos de mandatos**, isto é, se os mandatos em um mesmo cargo público não foram sucessivos, contínuos, subsequentes, o foro anterior não mais subsiste. Naquele exemplo, se o Governador pratica o crime no cargo, o mandato se encerra, ele não é imediatamente reeleito, mas, anos depois, em novas eleições, ele conquista mais uma vez o cargo de Governador, não terá mais direito ao foro no STJ.

Nesse passo, a Corte Especial do STJ decidiu que o tribunal é incompetente para examinar o recebimento de denúncia por crime supostamente praticado durante mandato anterior de Governador, ainda que atualmente ocupe referido cargo por força de nova eleição, ocorrida anos depois do término daquele primeiro mandato. Deduziu-se, assim, que o propósito do foro por prerrogativa de função é a proteção ao legítimo exercício do cargo, no interesse da sociedade. Entender de forma diversa, com a perpetuação de referida garantia, poderia acarretar sua transmutação em um privilégio de natureza pessoal, haja vista passar a estar atrelado, individualmente, à pessoa que ocupa a função pública. O término de um determinado mandato acarreta, por si só, a cessação do foro por prerrogativa de função em relação ao ato praticado nesse intervalo, tendo como

consequência o encaminhamento do processo que o apura ao órgão jurisdicional do primeiro grau de jurisdição. Dessa forma, consignou-se que a interpretação que melhor contempla a preservação do princípio republicano e isonômico é a de que o foro por prerrogativa de função deve observar os critérios de concomitância temporal e da pertinência temática entre a prática do fato e o exercício do cargo (STJ, Corte Especial, Informativo nº 649).

O STF acompanhou este posicionamento do STJ, decidindo que, após o término do primeiro mandato do Prefeito, no qual supostamente praticados os delitos apurados, a ação deveria ter sido encaminhada para a primeira instância. O fato de o denunciado ter assumido novo mandato de Prefeito quatro anos depois do exercício do primeiro mandato não enseja a prorrogação do foro. Este critério de competência é aplicado apenas quanto aos crimes cometidos durante o exercício do cargo e relacionados às funções desempenhadas. Logo, ele está relacionado às funções desempenhadas na atualidade, não abrangendo os interregnos de mandatos (STF, 1ª Turma, Informativo nº 940).

Insta salientar que subsistente o foro por prerrogativa de função na hipótese de **mandatos cruzados**. Destarte, o STF já decidiu que permanece o foro se o parlamentar federal apenas trocou de casa legislativa, ou seja, se ele praticou um crime enquanto Senador, saiu deste cargo, mas veio a ocupar o cargo de Deputado Federal, é mantido o foro por prerrogativa de função, pois não houve descontinuidade do exercício do cargo público (STF, 2ª Turma, Inq 4342 ED, Rel. Min. Edson Fachin, p. 02.12.19).

Faz-se imprescindível esclarecer que esse precedente do STF (Inq. 4343 ED) diz respeito à troca de cargos com o agente se mantendo na condição de parlamentar federal, isto é, se ele pratica o fato enquanto Senador e, na sequência imediata, sem intervalo de tempo, se torna Deputado Federal (ou vice-versa). Até porque não haverá qualquer mudança no foro por prerrogativa de função, que continuará sendo o STF.

Mais recentemente, o STF reafirmou esse seu entendimento, decidindo que a competência originária da Corte para processar e julgar parlamentares alcança os congressistas federais no exercício de mandato em casa parlamentar diversa daquela em que consumada a hipotética conduta delitiva, desde que não haja solução de continuidade. Consignou-se que, uma vez presentes as balizas estabelecidas no julgamento da AP 937 QO, o foro por prerrogativa de função alcança os casos denominados "mandatos cruzados" de parlamentar federal, quando não houver interrupção ou término do mandato. Dessa forma, quando o investigado ou acusado não tiver sido novamente eleito para os cargos de deputado federal ou senador, a competência do STF deve ser declinada (STF, Plenário, Inq. 4.342 QO/PR, Rel. Min. Edson Fachin, julgamento virtual finalizado em 01.04.2022).

No entanto, o próprio STF decidiu pela aplicação da tese de mandatos cruzados na hipótese em que o agente comete crime enquanto parlamentar *estadual* e, na sequência imediata, se torna parlamentar *federal*, permanecendo, pois, com o foro por prerrogativa de função correlato ao cargo de Deputado Estadual, qual seja, o Tribunal de Justiça local. Com efeito, no denominado caso das "rachadinhas", quanto ao Senador Flávio Bolsonaro, a Suprema Corte fixou para este parlamentar federal o foro por prerrogativa de função que possuía à época em que os supostos fatos delitivos teriam sido praticados, isto é, o Tribunal de Justiça do Estado do Rio de Janeiro, por ter exercido o cargo de Deputado Estadual naquela oportunidade (STF, 2ª Turma, Rcl nº 41910/RJ, Rel. Min. Gilmar Mendes, j. 30.11.21). Consignou-se que "havendo inequívoca continuidade no exercício de função pública, ambos os cargos eletivos exercidos no Poder Legislativo sem interregno temporal entre eles, persiste a necessidade do resguardo da função pública por meio de aplicação de regra diferenciada de competência".

Data maxima venia, entendemos equivocada esta decisão. Não houve continuidade na condição de parlamentar federal, muito menos manutenção do foro por prerrogativa de função. Em resumo, a Suprema Corte parece ter aplicado de informa incorreta o seu próprio precedente. A nosso ver, deveria o agente ser julgado pelo juízo de primeiro grau.

> **▸ Foro por prerrogativa de função para Desembargadores e entendimento (excepcional) do STJ e do STF:**
>
> A respeito do foro por prerrogativa de função para Desembargadores, o STJ, por meio da sua Corte Especial, inicialmente, reafirmou o entendimento do STF exarado na Ação Penal 937. Todavia, assentou que a iminente prescrição do crime praticado por Desembargador excepciona o entendimento consolidado na APn 937 – o foro por prerrogativa de função é restrito a crimes cometidos ao tempo do exercício do cargo e que tenham relação com o cargo – e prorroga a competência do STJ (Informativo nº 630).
>
> Em momento posterior, o STJ, novamente por meio da sua Corte Especial, decidiu que crimes comuns e de responsabilidade cometidos por Desembargadores, mesmo que não tenham sido praticados em razão do cargo, poderão ser julgados pelo foro por prerrogativa de função (ou seja, o próprio STJ). Nesse trilhar, consignou-se que o foro especial tem por finalidade também resguardar a imparcialidade necessária ao julgamento, uma vez que evita o conflito de interesses entre magistrados vinculados ao mesmo tribunal. A manutenção da prerrogativa de foro, estabelecida no inciso I do artigo 105 da Constituição Federal, será aplicada sempre que um Desembargador acusado da prática de crime sem relação com o exercício do cargo vier a ser julgado por Juiz de primeiro grau vinculado ao mesmo tribunal que ele, pois a prerrogativa de foro visa, também, proteger a independência no exercício da função judicante. Desse modo, esclareceu-se que o precedente do STF não se aplica a todos os casos – apenas àqueles em que não há identidade entre o tribunal ao qual o Juiz (julgador) e o Desembargador (julgado) estejam vinculados. Em se tratando de acusado e de julgador, ambos membros da magistratura nacional, afirmou-se que a prerrogativa de foro não se justifica apenas para que o acusado pudesse exercer suas atividades funcionais de forma livre e independente, pois é preciso também que o julgador possa reunir as condições necessárias ao desempenho de suas atividades judicantes de forma imparcial. Por isso, ao prever foro aos Desembargadores no STJ, o constituinte originário pretendia resguardar

a própria prestação jurisdicional criminal de questionamentos que, em tese, poderiam ser feitos em virtude da prolação de decisões por Juiz que poderá eventualmente no futuro ter interesse em decisões administrativas que dependerão de deliberação da qual venha a participar o Desembargador acusado (STJ, Corte Especial, APn 878).

Em complemento, noticie-se que, no dia 16 de julho de 2021, o STF reconheceu repercussão geral à matéria (Tema nº 1147), devendo apreciar, futuramente, se deve ser aplicado ou não ao Desembargador o seu entendimento firmado na Ação Penal nº 937 de que o foro por prerrogativa de função é válido apenas para infração penal cometida no cargo e em virtude do cargo público, isto é, se o STJ é o órgão jurisdicional competente para processar e julgar Desembargador na hipótese da prática de crime comum.

▸ **Foro por prerrogativa de função para Promotores de Justiça e entendimento (excepcional) do STJ:**

Na linha do seu posicionamento a respeito dos Desembargadores, o STJ, por meio da sua Terceira Seção, decidiu que compete aos tribunais de justiça estaduais processar e julgar os delitos comuns, não relacionados com o cargo, em tese praticados por Promotores de Justiça. Com efeito, considerando que a prerrogativa de foro da Magistratura e Ministério Público encontra-se descrita no mesmo dispositivo constitucional (art. 96, inciso III, da CF), seria desarrazoado conferir-lhes tratamento diferenciado (STJ, Terceira Seção, CC nº 177.100/CE, Rel. Min. Joel Ilan Paciornik, j. 08.09.2021).

▸ **Aplicação em concurso público:**

No concurso de Juiz Substituto do TJ/MG, promovido pela FGV em 2022, foi cobrado justamente o entendimento excepcional do STJ a respeito do foro por prerrogativa de função do Tribunal de Justiça para o julgamento ode Promotores de Justiça, independentemente do nexo de causalidade do crime com o exercício funcional. Desse modo, a assertiva *"Compete aos tribunais de justiça estaduais processar e julgar os delitos comuns, apenas os relacionados com o cargo, praticados por Promotores de Justiça"* foi considerada incorreta.

O foro por prerrogativa de função implica em uma **competência originária**, no sentido de que as causas relacionadas aos agentes que possuem esta prerrogativa devem ser processadas originariamente nos tribunais.

Sobreleva destacar que sempre que a autoridade que possua foro por prerrogativa de função praticar infração penal, ainda que esteja fora da jurisdição territorial do respectivo tribunal, deverá ser julgada perante o **tribunal de origem** (TÁVORA; ALENCAR, 2009, p. 218). É o caso de um Juiz de Direito do Estado de Minas Gerais que pratica crime no Estado da Bahia – será julgado pelo Tribunal de Justiça do Estado de Minas Gerais.

▸ **Qual o entendimento do STF sobre o assunto?**

No âmbito da "Operação Patmos", o STF entendeu que o inquérito que apurava a conduta de Procurador da República deveria tramitar perante o TRF da 1ª Região (Tribunal em que ele atuava exclusivamente à época dos fatos investigados) e não no TRF da 3ª Região (Tribunal em que ele ocupa seu cargo atualmente). Baseou-se, para tanto, na interpretação do art. 108, I, "a", da Constituição Federal (CF), segundo o qual compete aos TRFs processar e julgar, originariamente, os juízes federais da área de sua jurisdição. O mesmo tratamento dado aos juízes federais no tema deve ser conferido aos membros do Ministério Público e aos advogados, tendo em vista que o vocábulo "jurisdição", do texto constitucional, deve ser entendido também como "atribuição". Assim, o Procurador da República precisa ser julgado pelo TRF em cuja área exerce suas atribuições, sob pena de ofensa ao princípio do juiz natural (Informativo nº 871).

▸ **Aplicação em concurso público:**

No concurso do MP/PR, em 2016, foi cobrada a relação entre a competência por prerrogativa de foro e a competência territorial. Assim, a assertiva *"A competência* ratione personae *prevalece sobre a competência* ratione loci*"* foi considerada correta.

A respeito da competência por prerrogativa de função, merecem ser lidos os seguintes dispositivos da Constituição Federal: art. 102, I, alíneas "b" e "c", (competência do STF); art. 105, I, alínea "a" (competência do STJ); art. 108, I, alínea "a" (competência dos Tribunais Regionais Federais); arts. 96, III, e 125, § 1º (competência dos Tribunais de Justiça dos Estados e do Distrito Federal).

Com relação à **jurisdição política** (julgamento perante órgãos do Poder Legislativo), vale a pena conferir o teor do art. 52, I e II, da Constituição Federal (julgamento perante o Senado Federal); art. 78, § 3º, da Lei nº 1.079/50 (julgamento perante Tribunal Especial, constituído por 5 deputados estaduais, escolhidos pela Assembleia Legislativa, e 5 desembargadores, sorteados pelo presidente do Tribunal de Justiça, que também o presidirá, conforme art. 78, § 3º, da Lei nº 1.079/50); art. 4º do Decreto-Lei nº 201/67 (julgamento perante a Câmara Municipal).

Ademais, com fincas na Súmula Vinculante nº 46 do STF, *"A definição dos crimes de responsabilidade e o estabelecimento das respectivas normas de processo e julgamento são da competência legislativa privativa da União"*. Aliás, justamente com base nesta ideia, o STF julgou que, por violar a competência privativa da União, o Estado-membro não pode dispor sobre crime de responsabilidade. No entanto, durante a fase inicial de tramitação de processo por crime de responsabilidade instaurado contra Governador, a Constituição estadual deve obedecer à sistemática disposta na legislação federal. Assim, em um primeiro momento, definiu-se como constitucional norma prevista em Constituição estadual que preveja a necessidade de autorização prévia da Assembleia Legislativa para que sejam iniciadas ações por crimes comuns e de responsabilidade eventualmente dirigidas contra o Governador de Estado (Informativo nº 774).

Acerca exatamente desse tema, vale a pena registrar a celeuma envolvendo o então Governador do Estado de Minas Gerais, Fernando Pimentel. Alvo da operação Acrônimo, da Polícia Federal, ele foi denunciado pela Procuradoria-Geral da República no STJ em virtude da suposta prática dos crimes de corrupção passiva, lavagem de dinheiro e ocultação de valores, já que supostamente teria recebido propina da montadora de veículos CAOA em troca de benefícios quando comandava o Ministério do Desenvolvimento, Indústria e Comércio Exterior entre 2011 e 2014. A polêmica foi posta porque a Constituição do Estado de Minas Gerais, diferentemente do que se verifica em outros estados, não prevê a autorização do Legislativo para a abertura de ação penal contra o chefe do Executivo. Assevera apenas que o Governador deverá ser suspenso de suas funções ao ser submetido a processo e julgamento no STJ por crimes comuns ("Art. 92 – O Governador do Estado será submetido a processo e julgamento perante o Superior Tribunal de Justiça, nos crimes comuns. § 1º – O Governador será suspenso de suas funções: I – nos crimes comuns, se recebida a denúncia ou a queixa pelo Superior Tribunal de Justiça;").

Todavia, a Corte Especial do STJ, em 05/10/16, decidiu pela necessidade de autorização prévia da Assembleia Legislativa de Minas Gerais para processar criminalmente o então Governador Pimentel. Como fundamento para esse julgado, em um primeiro momento, o STJ relembrou o teor da jurisprudência alhures referida do STF no sentido de que a autorização da Assembleia é constitucional e protege a vontade popular sobre um Governador eleito (STF, Informativo nº 774). Citou ainda o precedente do próprio STF no *Habeas Corpus* 80511, em que este último tribunal entendeu pela necessidade de autorização prévia da Assembleia para julgar o então Governador de Minas Gerais, Itamar Franco. Além disso, invocou o princípio constitucional da simetria, que estabelece que os estados podem se autorregular nos limites da Constituição Federal.

Com esta decisão, a Corte Especial do STJ chegou inclusive a oficiar o legislativo a se manifestar.

Contudo, em momento posterior, o Plenário do STF, no julgamento da ADI 5540 ajuizada em face do art. 92, § 1º, I, da Constituição do Estado de Minas Gerais, em 03/05/17, alterando o seu próprio posicionamento, decidiu em sentido diametralmente oposto, firmando a tese de que "Não há necessidade de prévia autorização da Assembleia Legislativa para o recebimento da denúncia ou queixa-crime e instauração de ação penal contra o Governador de estado, por crime comum, cabendo ao STJ, no ato de recebimento da denúncia ou no curso do processo, dispor fundamentadamente sobre a aplicação de medidas cautelares penais, inclusive afastamento do cargo" (ou seja, medidas desta natureza não seriam efeitos automáticos e obrigatórios do ato de recebimento da peça inicial acusatória, mas sim decretadas pelo Juízo competente e com a devida fundamentação). Desse modo, asseverou-se que as disposições do art. 86 da Constituição Federal são exclusivas da mais alta autoridade do Executivo do país, o Presidente da República, não se aplicando (sequer por simetria) aos Governadores dos Estados.

Aliás, aproveitando o ensejo, o mesmo Plenário do STF julgou também ações declaratórias de inconstitucionalidade interpostas contra normas estaduais que expressamente exigiam a autorização da Assembleia Legislativa para o início de ação penal por crime comum no âmbito do STJ (ADI 4764 - Estado do Acre; ADI 4797 - Estado do Mato Grosso; ADI 4798 - Estado do Piauí). Nesta senda, o Tribunal confirmou o entendimento de que, com fincas no art. 22, I, da Constituição Federal, as unidades federativas não têm competência para editar normas que exijam autorização da Assembleia Legislativa para o início da ação penal perante o STJ em desfavor de Governador por crime comum. Igualmente foi confirmado que, no caso de início da ação penal, o afastamento do cargo não ocorre automaticamente. Ao pacificarem esse entendimento, os Ministros aprovaram, por unanimidade, tese segundo a qual "É vedado às unidades federativas instituírem normas que condicionem a instauração de ação penal contra Governador, por crime comum, à prévia autorização da casa legislativa, cabendo ao Superior Tribunal de Justiça dispor, fundamentadamente, sobre a aplicação de medidas cautelares penais, inclusive afastamento do cargo". Esse texto e a tese anteriormente transcrita serão usados como base para a propositura de Súmula Vinculante sobre a matéria. Ademais, o teor da Súmula Vinculante nº 46 do STF foi inteiramente reafirmado neste julgamento.

Voltando a destacar o teor da Súmula Vinculante nº 46 do STF, noticie-se que o Plenário da Suprema Corte assentou o entendimento de que é inconstitucional norma de constituição estadual que disponha sobre o processamento e julgamento de governador e vice-governador nos casos de crime de responsabilidade. Isso porque, como já afirmado, a tipificação dos crimes de responsabilidade e o estabelecimento de normas relativas ao processamento e julgamento desses delitos são de competência privativa da União. Com base nesse entendimento, o tribunal julgou procedente o pedido formulado na ação direta para declarar inconstitucionais os arts. 62, XIII e XIV; 91, § 3º; e 92, § 1º, II, da Constituição do Estado de Minas Gerais (STF, Plenário, ADI nº 4.811/MG, Rel. Min. Gilmar Mendes, julgamento virtual finalizado em 13.12.21).

Há enorme casuística de autoridades públicas com direito ao foro por prerrogativa de função. Vejamos alguns casos.

Sem dúvida alguma, uma autoridade que merece destaque é o **Prefeito**, até pelo número considerável de ações envolvendo essa figura, justificada pela quantidade de Municípios existentes no Brasil.

Via de regra, os **Prefeitos** são julgados pelos Tribunais de Justiça do Estado em que atuam, nos termos do art. 29, inciso X, da Constituição Federal, o que é válido, como visto no tópico anterior, ainda que cometam crime doloso contra a vida. Nessa direção é a Súmula nº 702 do STF: *"A competência do Tribunal de Justiça para julgar prefeitos restringe-se aos crimes de competência da Justiça comum estadual; nos demais casos, a competência originária caberá ao respectivo tribunal de segundo grau"*.

Na esteira deste enunciado sumular, tem-se que, se os Prefeitos cometem crime de competência da Justiça Federal (art. 109 CF), são julgados pelos Tribunais Regionais Federais. E se cometem crime de competência da Justiça Eleitoral, são julgados pelos Tribunais Regionais Eleitorais. Registre-se que, ainda de acordo com o STF e como estudado no tópico anterior, o mesmo regramento aplicável ao

Prefeito em matéria de foro de prerrogativa de função deve prevalecer para a figura do **Deputado Estadual** (STF, HC nº 72207/PA, Pleno. Rel. Min. Néri da Silveira, DJ 3/3/2000, p. 60).

Foro por prerrogativa de função dos Prefeitos
1. Por infração de competência da Justiça Estadual: TJ (art. 29, X, CF).
2. Por infração de competência da Justiça Federal (art. 109 CF): TRF.
3. Por crime eleitoral: TRE.

▸ Qual o entendimento do STJ sobre o assunto?

Na linha do entendimento firmado pelo STF no julgamento da AP 937, o STJ decidiu que, não sendo o crime praticado em razão e durante o exercício do cargo ou função, as regras de competência não são alteradas pela superveniente posse no cargo de Prefeito Municipal (STJ, 6ª Turma, REsp nº 1.982.779/AC, Rel. Min. Olindo Menezes j. 14.09.2022).

Ainda com relação à situação dos Prefeitos, em ocorrendo **desvio de verbas públicas** por parte deles, o juízo competente é apontado pelas **Súmulas de números 208 e 209 do STJ** – Súmula nº 208 (*"Compete à Justiça Federal processar* e *julgar prefeito municipal por desvio de verba sujeita a prestação de contas perante órgão federal."*); Súmula nº 209 (*"Compete à Justiça Estadual processar e julgar prefeito por desvio de verba transferida e incorporada ao patrimônio municipal."*).

Aliás, a respeito da Súmula nº 208 do STJ, fazendo um breve adendo, esclareça-se que, de acordo com o próprio STJ, **compete à Justiça Federal processar e julgar as ações penais relativas a desvio de verbas originárias do Sistema Único de Saúde (SUS), independentemente de se tratar de valores repassados aos Estados ou Municípios por meio da modalidade de transferência "fundo a fundo" ou mediante realização de convênio.** Isso porque há interesse da União na regularidade do repasse e na correta aplicação desses recursos (art. 107, inciso IV, da Constituição Federal), que, conforme o art. 33, § 4º, da Lei 8.080/1990, estão sujeitos à fiscalização federal, por meio do Ministério da Saúde e de seu sistema de auditoria (Informativo nº 527).

Em reforço, o Tribunal de Justiça que julgará o Prefeito é o do local em que ele exerce as suas funções, pouco importando o local em que praticou a infração penal.

Conforme entendimento da doutrina, esse raciocínio não é válido para os Vereadores. Dessa forma, o Vereador que pratica infração penal em local distinto daquele que exerce o seu mandato será julgado pela regra geral de competência territorial (art. 70 CPP).

A propósito, havia certa discussão em doutrina e na jurisprudência se, de fato, os **Vereadores** possuiriam prerrogativa de foro.

Para parcela da doutrina, os Vereadores não possuiriam prerrogativa de foro, mas apenas inviolabilidade (imunidade material) por suas opiniões, palavras e votos no exercício do mandato e desde que na circunscrição do Município (art. 29, VIII, CF). Era esse também o entendimento da jurisprudência mais antiga dos tribunais superiores. O STF, por exemplo, em julgado clássico, sustentando que a

Constituição Federal não prevê a prerrogativa de foro para Vereadores, decidiu que a previsão a esse respeito feita pela Constituição Estadual é inconstitucional (STF, MC-ADI nº 558/RJ, Rel. Min. Sepúlveda Pertence, j. 16.08.91).

Contudo, outra parte da doutrina entendia que seria possível que a Constituição Estadual estabelecesse o foro por prerrogativa de função em favor de Vereadores. Era esse também o posicionamento da jurisprudência mais recente dos tribunais superiores. Assim, o STJ decidiu que o Vereadores, como agentes políticos, ocupantes de cargo eletivo, integrantes do Poder Legislativo municipal, encontrariam simetria com os Deputados Estaduais, Federais e Senadores, daí porque a Constituição Estadual poderia determinar para aqueles o foro privativo (STJ, HC nº 173.453/BA, Rel. Min. Laurita Vaz, j. 26.06.12). O próprio STF chegou a decidir que não afrontaria a Constituição Federal a norma da Constituição Estadual que, disciplinando competência originária do Tribunal de Justiça, lhe atribui competência para processar e julgar Vereador (STF, RE nº 464.935/RJ, Rel. Min. Cezar Peluso, j. 03.06.08). Para a Suprema Corte, a prerrogativa de foro de Vereadores fixada em Constituição Estadual estaria respaldada pelo disposto no art. 125, § 1º, da Constituição Federal, bem como no princípio da simetria.

No entanto, toda essa discussão parece ter sido superada, tendo em vista que o STF, em 2021, julgou a matéria em sede de controle concentrado de constitucionalidade, portanto com efeito vinculante. Conforme decidido pela Suprema Corte, a Constituição Federal de 1988 não previu foro por prerrogativa de função aos Vereadores e aos Vice-Prefeitos. O foro por prerrogativa de função foi previsto somente para os Prefeitos (art. 29, X, CF). Diante disso, o tribunal firmou o entendimento de que é *inconstitucional norma de Constituição Estadual que crie foro por prerrogativa de função para Vereadores ou Vice-Prefeitos.* A Constituição Federal apenas excepcionalmente conferiu prerrogativa de foro para as autoridades federais, estaduais e municipais. Assim, não se pode permitir que os Estados possam, livremente, criar novas hipóteses de foro por prerrogativa de função (STF, Plenário, ADI nº 558/RJ, Rel. Min. Cármen Lúcia, j. 22.04.2021).

Saliente-se que, como a competência para o julgamento dos Vereadores não vem prevista na Constituição Federal, os crimes dolosos contra a vida por eles praticados deverão ser julgados pelo Tribunal do Júri (STF, RHC nº 80.477/PI, Rel. Min. Néri da Silveira, j. 31.10.00).

> **▸ Aplicação em concurso público:**
>
> No concurso de Analista Judiciário do TRE/ES, em 2011, promovido pelo Cespe/Unb, foi cobrado o foro por prerrogativa de função competente para o julgamento do prefeito em caso de cometimento de crime eleitoral. Nesse sentido, a assertiva *"O tribunal de justiça não tem competência para julgar prefeito municipal pela prática de crime eleitoral"* foi considerada correta, afinal de contas o foro competente é o TRE.

No caso de cometimento de crime por parte de **magistrados e membros do Ministério Público**, tais autoridades são sempre julgadas pelo Tribunal a que estão vinculados, ressalvada apenas a competência da Justiça Eleitoral (art. 96, III, CF), pouco importando a natureza do crime que cometem (exemplo: Juiz de Direito estadual que comete crime que seria de competência da Justiça Federal – será julgado pelo Tribunal de Justiça a que está vinculado) e o lugar da infração (exemplo: Juiz de Direito do Estado de Minas Gerais que pratica crime no Estado da Bahia – será julgado pelo Tribunal de Justiça do Estado de Minas Gerais). Por força disso, estas autoridades serão julgadas pelo respectivo foro por prerrogativa de função na hipótese de cometimento de crime doloso contra a vida e não pelo Tribunal do Júri.

> **Aplicação em concurso público:**
>
> No concurso de Analista Judiciário do TRE/ES, em 2011, promovido pelo Cespe/Unb, foi cobrado se o Tribunal do Júri poderia julgar crime doloso contra a vida praticado por promotor de justiça. Nesse sentido, a assertiva *"O tribunal do júri é competente para julgar promotor de justiça que comete crime doloso contra a vida, consumado ou tentado"* foi considerada incorreta, afinal de contas o foro competente é o Tribunal de Justiça.

De outro lado, no **concurso entre competência por prerrogativa de função e competência do Tribunal do Júri**, como ambas têm sede constitucional, mas aquela competência é especializada, deve prevalecer sobre esta. Assim, se, por exemplo, um Deputado Federal pratica crime de homicídio doloso, deve ser julgado pelo STF e não pelo Tribunal do Júri. Porém, se ele pratica crime doloso contra a vida em concurso com um particular que não possui prerrogativa de foro, deve ocorrer a *disjunção* (separação) dos feitos: o Deputado Federal será julgado pelo STF e o particular pelo Tribunal do Júri. É esse o posicionamento mais recente do STF (*JSTF* 175/346).

Por fim, é certo que o STF não admite mais que o foro por prerrogativa de função seja previsto apenas e tão somente na Constituição Estadual, sem qualquer reconhecimento da Constituição Federal, de forma expressa ou por simetria. Mas o estabelecimento de prerrogativa de foro apenas na Constituição Estadual era, até bem pouco tempo, comum para autoridades públicas como, por exemplo, vice-governadores, defensores públicos e procuradores do Estado. Aplicava-se nessa situação o **princípio da supremacia**: a interpretação normativa deveria adotar como pressuposto a superioridade jurídica e axiológica da Constituição Federal Acolhendo esse entendimento, veja-se o teor da Súmula Vinculante nº 45 do STF: *"A competência constitucional do tribunal do júri prevalece sobre o foro por prerrogativa de função estabelecido exclusivamente pela Constituição Estadual"*. Não sendo mais admitida previsão desta natureza, havendo a prática de crimes dolosos contra a vida, tais agentes serão julgados no Júri.

É preciso reafirmar, para que a matéria fique bem clara, que aquela Súmula Vinculante apenas se aplicava se a prerrogativa de foro fosse estabelecida *exclusivamente* pela Constituição Estadual. Se, porém, a Constituição Estadual somente repete previsão já contida na Constituição Federal, o agente público que cometa crime doloso contra a vida será julgado pelo foro por prerrogativa de função, e não pelo Júri, não se aplicando o disposto nesta Súmula.

Porém, deve ser feita a ressalva quanto à competência para julgamento do Deputado Estadual. É que o STJ já decidiu que, por força do princípio da simetria ou paralelismo, o Deputado Estadual, quando da prática de crime doloso contra a vida, será julgado pelo Tribunal de Justiça do Estado em que atua e não pelo Tribunal do Júri (STJ, HC nº 220.225/RJ, Rel. Min. Jorge Mussi, DJe 02.10.13).

> **Aplicação em concurso público:**
>
> No concurso de Analista Judiciário do TRE/ES, em 2011, promovido pelo Cespe/Unb, foi cobrado justamente o teor da Súmula nº 721 (atual Súmula Vinculante nº 45) do STF, nesses termos: *"Conforme entendimento sumulado do STF, quando o foro por prerrogativa de função for estabelecido exclusivamente pela constituição estadual, prevalecerá o juízo natural previsto na CF, ou seja, a competência do tribunal do júri, para os crimes dolosos contra a vida, por exemplo"*. A assertiva foi considerada correta.

> **Aplicação em concurso público:**
>
> No concurso de Juiz de Direito Substituto do Tribunal de Justiça do Estado de Roraima, promovido pela Fundação Carlos Chagas, em 2015, dentre outros aspectos relevantes da competência no Processo Penal, foram cobradas regras da competência por prerrogativa de função, a saber: *"A definição da competência processual penal possui regras previstas na Constituição Federal, no Código de Processo Penal e nas leis especiais. Sobre a competência, analise as seguintes assertivas:* ***I.*** *Conforme a Constituição Federal, caberá ao STF julgar, nas infrações penais comuns e nos crimes de responsabilidade, o Presidente da República, o Vice-presidente, os membros do Congresso Nacional, os Ministros de Estado, os comandantes da Marinha, do Exército e da Aeronáutica.* ***II.*** *No conflito entre foro determinado pela Constituição Federal, por prerrogativa de função e o foro material, definido para o tribunal do Júri no artigo 5, XXXVIII, d, prevalecerá este último por ser garantia fundamental individual.* ***III.*** *O foro por prerrogativa de função é sempre definido pela Constituição Federal, mas as constituições estaduais também podem conferir foro por prerrogativa.* ***IV.*** *Os prefeitos devem ser julgados por Tribunal de Justiça Estadual, mas em cometimento de crimes federais deverão ser julgados pelo Tribunal Regional Federal.* ***V.*** *Em casos de delitos cometidos em erro na execução e resultado diverso do pretendido a competência será determinada pela conexão. Está correto o que se afirma APENAS em (A) I e III. (B) III e IV. (C) I e V. (D) II e IV. (E) III e V"*. A resposta correta foi a letra B.

13.1. Perpetuação da jurisdição em caso de foro privilegiado (art. 84, § 1º, CPP)

O art. 84, § 1º, do CPP, com a redação dada pela Lei nº 10.628/02, asseverava que a competência especial por prerrogativa de função, relativa a atos administrativos do agente, prevalecia ainda que o inquérito ou a ação judicial fossem iniciados após a cessação do exercício da função pública. Entretanto, esse dispositivo foi declarado **inconstitucional** pelo STF no julgamento da ADIN de número 2.797-2-DF. Diante disso, persiste a regra de que o foro prerrogativa de função, em sendo uma proteção ao cargo e não à pessoa que o ocupa, só deve persistir enquanto perdurar o exercício das funções.

Aliás, relembre-se que o atual posicionamento do STF remonta àquele exarado pelo próprio Pretório Excelso em 9/11/2001, quando, no Inquérito nº 687/SP, decidiu pelo cancelamento da sua Súmula nº 394, que assim asseverava: "Cometido o crime durante o exercício funcional, prevalece a competência especial por prerrogativa de função, ainda que o inquérito ou a ação penal sejam iniciados após a cessação daquele exercício".

O posicionamento ora exposto não colide com o teor da Súmula nº 703 do STF, segundo a qual "A extinção do mandato do prefeito não impede a instauração de processo pela prática dos crimes previstos no art. 1º do Decreto-lei 201/1967". Isso porque, nesta hipótese, a ação penal não será mais instaurada no foro por prerrogativa de função.

> **▸ Aplicação em concurso público:**
>
> No concurso do MP/GO, em 2009/2010, foi cobrado justamente o teor da Súmula nº 703 do STF. Nesse sentido, a assertiva *"Nas proposições abaixo, assinale a alternativa incorreta à luz das decisões sedimentadas pelo Supremo Tribunal Federal: A extinção do mandato do prefeito não impede a instauração de processo pela prática dos crimes previstos no artigo 1º do Decreto-Lei 201/1967"* foi considerada correta.

Por fim, noticie-se que o Plenário do STF assentou o entendimento de que os efeitos da declaração de inconstitucionalidade dos §§ 1º e 2º do art. 84 do CPP, inseridos pelo art. 1º da Lei 10.628/2002, têm eficácia apenas a partir de 15.9.2005 (Informativo nº 666).

13.2. Extensão do foro privilegiado às ações de improbidade administrativa (art. 84, § 2º, CPP)

O art. 84, § 2º, do CPP, igualmente com a redação dada pela Lei nº 10.628/02, também consagrava o foro por prerrogativa de função para a ação de improbidade administrativa, de natureza nitidamente civil. Entretanto, esse dispositivo também foi julgado **inconstitucional** pelo STF no âmbito da ADIN de número 2.797-2-DF. Diante disso, tem-se que o foro por prerrogativa de função só é aplicado a infrações penais. Posteriormente, em 10/05/2018, o Plenário do STF reafirmou esse seu entendimento ao julgar a PET 3240.

Em julgado ainda mais recente, a Suprema Corte pontificou que é incompatível com a Constituição Federal norma de Constituição Estadual que disponha sobre nova hipótese de foro por prerrogativa de função, em especial relativo a ações destinadas a processar e julgar atos de improbidade administrativa. Esclareceu-se que o regramento referente ao foro por prerrogativa de função encontra-se plenamente disciplinado na Constituição Federal, inclusive, para os âmbitos estadual e municipal, não comportando qualquer tipo de ampliação. Em outros termos, considera-se que a disciplina sobre a prerrogativa de foro encontra-se exaurida no âmbito da Carta Magna Federal, não havendo espaço para o exercício da autonomia dos Estados nessa esfera. Além disso, o constituinte derivado decorrente deve observar mínima equivalência com o modelo federal existente

– seja se atendo ao que está previsto na Constituição Federal, seja legislando por simetria. Cabe lembrar que em nenhum momento a Constituição Federal cogita de foro por prerrogativa de função para o julgamento de autoridades processadas por ato de improbidade administrativa, sendo este um claro limite à competência dos estados para disporem sobre o tema em suas constituições. Ademais, conforme precedente da Corte sobre o tema (Pet 3240-Agr/DF, Rel. Orig. Min. Teori Zavascki, Rel. p/ o ac. Min. Roberto Barroso, DJe de 22.8.2018), não é possível extrair da Constituição de 1988 a possibilidade de instituir foro por prerrogativa de função para os processos de natureza cível, notadamente os de improbidade administrativa. No caso, cuidou-se de ação direta de inconstitucionalidade em face da Emenda Constitucional nº 85/2012, do Estado do Espírito Santo, que acrescentou a alínea "h" ao artigo 109, inciso I, da Constituição Estadual, que determina que as mesmas autoridades julgadas pelo Tribunal de Justiça nos processos criminais, sejam também julgadas por aquela Corte em ações que possam resultar na suspensão ou perda de direitos políticos ou na perda de função pública ou de mandato eletivo. Com esse entendimento, o Plenário, por maioria, julgando procedente o pedido, declarou a inconstitucionalidade do art. 109, inciso I, alínea "h", da Constituição do Estado do Espírito Santo, com redação dada pela Emenda Constitucional nº 85/2012, e delimitou os efeitos da decisão, ressalvando de sua incidência os processos já transitados em julgado, com fundamento na garantia da segurança jurídica (STF, ADI nº 4870/ES, Rel. Min. Dias Toffoli, julgamento virtual finalizado em 14.12.2020).

Diante disso, tem-se que o foro por prerrogativa de função só é aplicado a infrações penais.

Conforme já apontado alhures, o Plenário do STF, em julgamento proferido em 2012, assentou o entendimento de que os efeitos da declaração de inconstitucionalidade dos §§ 1º e 2º do art. 84 do CPP, inseridos pelo art. 1º da Lei 10.628/2002, têm eficácia apenas a partir de 15.9.2005 (Informativo nº 666).

No entanto, o tema ainda suscita discussões no âmbito jurisprudencial. É que o próprio STF, em 2008, decidiu, por maioria, que é de sua competência o julgamento de ato de improbidade administrativa praticado por "atual Ministro do STF, à época Advogado-Geral da União, e outros, na qual se lhe imputam a suposta prática dos crimes previstos nos artigos 11, I e II, e 12, III, da Lei 8.429/92" (com a redação anterior ao advento da Lei nº 14.230/21). Ao final do julgamento, o STF "determinou o arquivamento da petição, em relação ao referido Ministro desta Corte, haja vista o fato de ele não mais ocupar o cargo de Advogado-Geral da União, e a descida dos autos ao mencionado juízo de 1ª instância, relativamente aos demais acusados" (STF, Pet. 3211 QO/DF, Pleno, Rel. Min. Marco Aurélio – Informativo nº 498).

13.3. Exceção da verdade nos crimes contra a honra (art. 85 CPP)

A exceção da verdade, que é cabível apenas nas hipóteses dos arts. 138, § 3º (crime de calúnia), e 139, parágrafo único (crime de difamação se o ofendido é funcionário público e a ofensa é relativa ao exercício de suas funções), ambos do

Código Penal, quando interposta contra o agente com foro privilegiado, deverá ser processada em tal foro (art. 85 CPP).

Todavia, de acordo com o STJ, o juízo de admissibilidade desta exceção da verdade pode ser feito pelo juízo da ação penal de origem, que, portanto, está autorizado a inadmiti-la caso verificada a ausência dos requisitos de admissibilidade para o processamento do referido incidente (Informativo nº 522).

Pretendendo conciliar o teor do art. 85 do CPP com o entendimento do STF exarado no julgamento da Ação Penal nº 937 (segundo o qual o foro por prerrogativa de função seria válido apenas se o crime ocorresse no exercício e em virtude do cargo público), há quem entenda na doutrina que, nos processos por crime contra a honra (calúnia e difamação, conforme alhures apontado) em que forem querelantes as pessoas com prerrogativa de foro, a este caberá o julgamento, quando oposta e admitida a exceção da verdade, apenas e tão somente em crime desta natureza praticado no exercício e em razão do cargo ou da função pública. É o que apregoa, por exemplo, Rômulo de Andrade Moreira (MOREIRA, 2018):

> *Como se sabe, o Supremo Tribunal Federal, no julgamento da Ação Penal nº. 937, decidiu que o foro por prerrogativa de função aplica-se apenas aos crimes cometidos durante o exercício do mandato e quando relacionados às funções desempenhadas pelos Deputados Federais e Senadores da República.*
>
> *Por outro lado, o art. 85 do Código de Processo Penal estabelece que nos processos por crime contra a honra, em que forem querelantes as pessoas que a Constituição sujeita à jurisdição do Supremo Tribunal Federal, a este caberá o julgamento, quando oposta e admitida, a exceção da verdade.*
>
> *Doravante, após a decisão da Suprema Corte, o que se dará quando o querelante for um Deputado Federal ou um Senador da República e o fato a ele imputado tenha sido um crime supostamente praticado antes do exercício da função e não guarde relação com o mandato? Caso seja oposta uma exceção da verdade, quem a julgará? Aplicar-se-á o art. 85 do Código de Processo Penal? Penso que não.*
>
> *Se os parlamentares federais só têm direito ao foro junto à Suprema Corte em relação a delitos praticados durante e em razão do mandato, por óbvio – a mim me parece -, que a aplicação do referido dispositivo do Código de Processo Penal somente será cabível na hipótese de o fato criminoso falsamente imputado ao parlamentar federal enquadrar-se naquelas condições restritas.*
>
> *Assim, se a imputação for de um fato delituoso de natureza diversa (não funcional, digamos assim) ou praticado antes do exercício da função pública (aqui utilizo o termo em sentido amplo, obviamente), caberá ao Juízo de primeiro grau julgar a respectiva exceção da verdade e, em seguida, o mérito propriamente dito da ação penal, não se aplicando o citado artigo do Código de Processo Penal.*

Certo é que, uma vez admitida, se a exceção da verdade for julgada procedente, o querelado é absolvido e futuramente o querelante poderá até ser processado criminalmente por denunciação caluniosa (art. 339 do Código Penal). Se, porém, for julgada improcedente, a ação penal voltará a ter seu curso normal.

14. REGRAS DE APLICAÇÃO DA LEI PROCESSUAL PENAL NO ESPAÇO (ARTS. 88 A 91 CPP)

Nas hipóteses de **crimes praticados no exterior**, em sendo caso de aplicação da lei penal brasileira (extraterritorialidade prevista no art. 7º do Código Penal), será competente o juízo da Capital do Estado onde houver por último residido o acusado. Se este nunca tiver residido no Brasil, será competente o juízo da Capital da República (art. 88 do CPP).

Já nas hipóteses de **crimes praticados a bordo de navios ou aeronaves**, insta salientar inicialmente que eles são de competência da Justiça Federal, nos termos do art. 109, inciso IX, da Constituição Federal. Porém, para definição do local em que tais delitos serão processados, devem ser observadas as regras previstas nos artigos 89 a 91 do CPP:

> **Art. 89 do CPP**: Dispõe o art. 89 do CPP que os crimes cometidos em qualquer embarcação nas águas territoriais da República, ou nos rios e lagos fronteiriços, bem como a bordo de embarcações nacionais, em alto-mar, serão processados e julgados pela justiça do primeiro porto brasileiro em que tocar a embarcação, após o crime, ou, quando se afastar do País, pela do último em que houver tocado. É preciso ressaltar que a Justiça Federal somente terá competência para julgar o feito se a embarcação for de grande porte e tiver condições de realizar viagem internacional. Nesse trilhar, o STF já decidiu que crime cometido a bordo de uma jangada é de competência da Justiça Comum Estadual.
>
> **Art. 90 do CPP**: A regra do art. 90 do CPP é bastante semelhante à regra do art. 89 do CPP acima apreciada, com a diferença de que o presente dispositivo legal se refere a crimes cometidos a bordo de aeronave (e não embarcação). Assim, os crimes praticados a bordo de aeronave nacional, dentro do espaço aéreo correspondente ao território brasileiro, ou ao alto-mar, ou a bordo de aeronave estrangeira, dentro do espaço aéreo correspondente ao território nacional, serão processados e julgados pela justiça da comarca em cujo território se verificar o pouso após o crime, ou pela da comarca de onde houver partido a aeronave. Outra diferença com relação ao art. 89 do CPP é que, neste caso, a competência será sempre da Justiça Federal, independente do tamanho da aeronave e da sua capacidade de realizar viagem internacional.
>
> **Art. 91 do CPP**: Determina o art. 91 do CPP que, nos casos dos artigos 89 e 90 do CPP, quando incerta e não se determinar a competência de acordo com as regras ali previstas, ela será fixada com base na prevenção.

> ▸ **Atenção:**
>
> Sobreleva destacar que, "se uma embarcação estrangeira está apenas passando por águas territoriais brasileiras, caso venha a ocorrer um crime em seu interior, sem reflexos externos, ou seja, não atingindo a paz, a segurança e a boa ordem brasileira, mesmo reconhecendo que a infração ocorreu no território nacional, o Brasil não irá julgá-la, em atenção ao **direito de passagem inocente**, resguardado no art. 3º da Lei nº 8.617/1993" – destacamos (TÁVORA; ALENCAR, 2009, p. 214).

▸ **Aplicação em concurso público:**

No concurso de Procurador do Estado de Minas Gerais, promovido em 2012 pela FUMARC, foram cobradas importantes regras referentes à competência no Processo Penal, a saber: "*Considere as seguintes assertivas acerca da competência em matéria processual penal: I. Compete à Justiça Federal processar e julgar contravenções penais praticadas em detrimento de bens da União. Compete à Justiça Federal processar e julgar contravenções penais praticadas em detrimento de bens da União. II. A competência do Tribunal do Júri pode ser corretamente ampliada por lei posterior, desde que mantida a competência mínima para julgamento dos crimes dolosos contra a vida, tentados ou consumados. III. No caso de conexão entre infrações de competência da Justiça Eleitoral e do Tribunal do Júri, impõe-se a competência do Tribunal do Júri. IV. Compete extraordinariamente à Justiça do Trabalho processar e julgar os crimes contra a organização do trabalho. Assinale a alternativa correta: a) Todas as assertivas estão corretas. b) Somente as assertivas I e III estão corretas. c) Somente a assertiva IV é incorreta. d) Somente a assertiva II é correta. e) As assertivas I, II III e IV estão incorretas*". A assertiva considerada correta foi a letra D.

▸ **Aplicação em concurso público:**

No LII concurso de Promotor de Justiça Substituto do Estado de Minas Gerais, promovido em 2012 pelo MPMG, novamente foram cobradas regras relevantes de competência no Processo Penal, conforme transcrito a seguir: "*De acordo com o Código de Processo Penal, assinale a alternativa* ***CORRETA****, considerando como Verdadeiras ou Falsas as proposições abaixo: ( ) Determinarão a competência jurisdicional: o lugar da ação, o domicílio ou residência do réu, a natureza da infração, a distribuição, a conexão ou continência, a prevenção, a prerrogativa de função. ( ) Quando incerta a jurisdição por ter sido a infração consumada ou tentada nas divisas de duas ou mais jurisdições, a competência firmar-se-á pela prevenção. ( ) Se o tribunal do júri desclassificar a infração para outra atribuída à competência do juiz singular, a este serão remetidos os autos para julgamento. ( ) A competência será determinada pela continência no caso de concurso formal, erro na execução e resultado diverso do pretendido.* ***A)*** *F, V, F, V.* ***B)*** *F, F, F, V.* ***C)*** *V, F, V, F.* ***D)*** *V, V, V, F.*" A assertiva correta foi a letra A.

▸ **Aplicação em concurso público:**

No concurso de Juiz Substituto do Tribunal de Justiça do Estado de Minas Gerais, promovido em 2012, mais uma vez houve a cobrança de diversas regras de competência, nesses termos: "*Leia atentamente as assertivas a seguir. I. Nos crimes sujeitos ao procedimento da Lei n.º 9.099/95, a respeito do lugar do crime, adota-se a teoria da atividade. II. No delito plurilocal, no caso de a conduta e o resultado ocorrerem dentro do território nacional, aplica-se a teoria da ubiquidade. III. Nos casos de exclusiva ação privada, o querelante poderá preferir o foro do domicílio ou da residência do réu somente quando não conhecido o lugar da infração. IV. Em relação ao foro especial, previsto em lei ordinária ou de organização judiciária, no caso de cometimento de crime contra a vida, prevalecerá a competência do Tribunal do Júri. Estão corretas apenas as afirmativas (A) I e IV. (B) II e III. (C) II e IV. (D) I, II e IV*". A assertiva correta foi a letra A.

▸ **Aplicação em concurso público:**

No concurso da Defensoria Pública do Estado de Minas Gerais, promovido pela Fundep, em 2014, voltou-se a cobrar o tema competência em seus diversos aspectos, a saber: *"A respeito da competência e temas correlatos, analise as afirmativas a seguir. I. Quando incerto o limite territorial entre duas ou mais jurisdições, ou quando incerta a jurisdição por ter sido a infração consumada ou tentada nas divisas de duas ou mais jurisdições, a competência firmar-se-á pela prevenção, cuja inobservância constitui nulidade relativa, de acordo com a jurisprudência predominante do Supremo Tribunal Federal. II. A competência será determinada pela continência quando duas ou mais pessoas forem acusadas pela mesma infração e no caso da infração cometida nas hipóteses de concurso formal de crimes, erro na execução e resultado diverso do pretendido. III. De acordo com a jurisprudência dominante do Supremo Tribunal Federal, a atração por continência ou conexão do processo do corréu ao foro por prerrogativa de função de um dos denunciados não viola as garantias do juiz natural, da ampla defesa e do devido processo legal. IV. Verificada a reunião dos processos por conexão ou continência, ainda que no processo da sua competência própria venha o juiz ou tribunal a proferir sentença absolutória ou que desclassifique a infração para outra que não se inclua na sua competência, continuará competente em relação aos demais processos. Estão CORRETAS as afirmativas A) I e III apenas. B) II e IV apenas. C) I, II e IV apenas. D) I, II,III e IV."* A alternativa correta é a letra D.

Capítulo X

Questões e processos incidentes

1. QUESTÕES PREJUDICIAIS (ARTS. 92 A 94 CPP)

Questão prejudicial é toda questão relacionada ao mérito da causa, que necessita ser julgada antes deste. Difere da questão preliminar tendo em vista que esta última diz respeito ao próprio processo e seu regular desenvolvimento. Ademais, a decisão da questão prejudicial pode interferir no julgamento do mérito da causa. Já a questão preliminar tem o único efeito de impedir o julgamento do mérito da causa se ela for reconhecida pelo magistrado, mas, uma vez não reconhecida, não causa nenhuma interferência no mesmo. Além disso, a questão prejudicial é autônoma, pois existe independentemente da questão principal, podendo ser objeto de processo distinto (exemplo: o julgamento do crime de furto de forma autônoma ao crime de receptação) e podendo ainda ser julgada ou não pelo juízo penal, ao passo que a questão preliminar é absolutamente dependente, eis que depende da existência da questão principal e será sempre julgada pelo juízo penal (TÁVORA; ALENCAR, 2009, p. 253). É exemplo de preliminar no processo penal o julgamento acerca de nulidades processuais.

Questão prejudicial	Questão preliminar
Diz respeito ao mérito da causa, necessitando ser julgada antes deste.	Diz respeito ao próprio processo e seu regular desenvolvimento.
A decisão da questão prejudicial pode interferir no julgamento do mérito da causa.	A decisão da questão preliminar tem o único efeito de impedir o julgamento do mérito da causa se ela for reconhecida pelo magistrado. Em não sendo reconhecida, não interfere no mérito da causa.
É autônoma, pois existe independentemente da questão principal, podendo ser objeto de processo distinto e podendo ainda ser julgada ou não pelo juízo penal.	É absolutamente dependente, eis que depende da existência da questão principal e será sempre julgada pelo juízo penal.

No que diz respeito às questões prejudiciais, o Brasil adota o **sistema eclético ou misto**, já que diferencia questões prejudiciais homogêneas ou não devolutivas ou impróprias ou imperfeitas e questões prejudiciais heterogêneas ou devolutivas ou próprias ou perfeitas. As **questões prejudiciais homogêneas ou não devolutivas ou impróprias ou imperfeitas** são as que "pertencem e podem ser resolvidas na mesma jurisdição, ou no mesmo ramo do Direito" (TÁVORA; ALENCAR, 2009, p. 253), referindo-se à matéria da causa principal, que é de natureza penal, a exemplo da decisão sobre a exceção da verdade nos crimes de calúnia (art. 138, § 3º, CP). As **questões prejudiciais heterogêneas ou devolutivas ou próprias ou perfeitas**, por sua vez, referem-se a outras áreas do direito, devendo ser decididas por outro juízo que não o penal, a exemplo da "decisão sobre a posse, na esfera cível, antes de decidir a respeito do esbulho, previsto no art. 161, § 1º, II, CP" (NUCCI, 2008, p. 272).

Questão prejudicial homogênea	Questão prejudicial heterogênea
Refere-se à matéria da causa principal, que é de natureza penal, a exemplo da decisão sobre a exceção da verdade nos crimes de calúnia.	Refere-se a outras áreas do direito, devendo ser decidida por outro juízo que não o penal, a exemplo da decisão sobre a posse, na esfera cível, antes de decidir a respeito do esbulho, previsto no art. 161, § 1º, II, CP.

O Código de Processo Penal trata expressamente da questão prejudicial obrigatória e da questão prejudicial facultativa. A **questão prejudicial obrigatória (sistema da prejudicialidade obrigatória)** é aquela que impõe a suspensão do processo penal até que haja decisão prolatada por juízo cível. Ela vem prevista no art. 92 do CPP, que assevera: se a decisão sobre a existência da infração depender da solução de controvérsia, que o juiz repute séria e fundada, sobre o **estado civil das pessoas**, o curso da ação penal ficará suspenso até que no juízo cível seja a controvérsia dirimida por sentença passada em julgado, sem prejuízo, entretanto, da inquirição das testemunhas e de outras provas de natureza urgente.

> ▸ **Aplicação em concurso público:**
>
> No concurso do Ministério Público do Estado de Santa Catarina, promovido em 2019, foi cobrado o teor do art. 92 do CPP (questão prejudicial obrigatória), nos seguintes termos: "*Consoante o Código de Processo Penal, se a decisão sobre a existência da infração depender da solução de controvérsia, que o juiz repute séria e fundada, sobre o estado civil das pessoas, o juiz criminal poderá, desde que essa questão seja de difícil solução e não verse sobre direito cuja prova a lei civil limite, suspender o curso do processo até que no juízo cível seja a controvérsia dirimida por sentença passada em julgado, sem prejuízo, entretanto, da inquirição das testemunhas e de outras provas de natureza urgente.*" A assertiva foi considerada incorreta.

Como aponta o dispositivo legal, a análise sobre a seriedade da questão controversa fica a cargo do magistrado. Assim, caso ele não a repute séria e fundada, mesmo que relacionada ao estado civil das pessoas, não haverá suspensão do feito criminal. Além disso, a questão deve dizer respeito à existência da infração e não a circunstâncias do crime, como uma circunstância agravante. É exemplo de questão prejudicial obrigatória a discussão do casamento na esfera cível para definição do crime de bigamia.

A questão prejudicial obrigatória determina apenas a suspensão do feito criminal, não havendo, portanto, suspensão do andamento do inquérito policial. Essa suspensão tem duração indefinida, até que haja decisão transitada em julgado no juízo cível a respeito da questão controversa. Há aqui verdadeira **crise de instância**. Contudo, o curso do prazo prescricional ficará **suspenso** (art. 116, inciso I, do Código Penal).

A decisão judicial que determina a suspensão do processo penal está sujeita a recurso em sentido estrito (art. 581, inciso XVI, do CPP). Já a decisão que não decreta a suspensão é irrecorrível, cabendo, no entanto, *habeas corpus* (TÁVORA; ALENCAR, 2009, p. 257) ou até mesmo correição parcial (GRINOVER; GOMES FILHO; FERNANDES, 2009, p. 139). Ademais, **a decisão definitiva proferida pelo juízo cível faz coisa julgada no juízo penal.**

O parágrafo único do art. 92 do CPP ainda traz a regra de que, se for o crime de ação pública, o Ministério Público, quando necessário, promoverá a ação civil ou prosseguirá na que tiver sido iniciada, com a citação dos interessados. Essa legitimidade do Ministério Público decorre do princípio da obrigatoriedade da ação penal pública. Se necessário for, o querelante também poderá ajuizar a ação civil anteriormente mencionada (NUCCI, 2008, p. 274).

A **questão prejudicial facultativa (prejudicialidade facultativa)** é aquela que permite ao juiz criminal, de acordo com seu critério, suspender o processo, aguardando solução de determinada questão em outra esfera. Está prevista no art. 93 do CPP, que dispõe: se o reconhecimento da existência da infração penal depender de decisão sobre **questão diversa da prevista no artigo anterior** (ou seja, questão que não diga respeito ao estado civil da pessoa, a exemplo de direitos reais, direitos obrigacionais, relações empregatícias etc.), e se neste houver sido proposta ação para resolvê-la, o juiz criminal poderá, **desde que essa questão seja de difícil solução e não verse sobre direito cuja prova a lei civil limite**, suspender o curso do processo, após a inquirição das testemunhas e realização das outras provas de natureza urgente.

Como se vê da redação do dispositivo legal, para que ocorra a suspensão do feito criminal é obrigatório que a questão controversa esteja sendo discutida em ação civil já instaurada. Além disso, a questão controversa deve se referir à **prova da existência da infração penal**, não sendo suficiente que diga respeito a simples circunstância do crime, exigindo-se também que ela seja de **difícil solução.**

Acrescente-se também que a questão discutida na ação civil não pode envolver direito cuja prova a lei civil limite, como no caso de uma ação que visa provar a existência de um casamento por meio de testemunhas (lembrando-se que o casamento civil somente é provado por meio de certidão de casamento). Preenchidas essas condições, ainda assim a suspensão do processo penal é facultativa, ficando a cargo do juiz. E ela somente pode ser decretada **após a inquirição de todas as testemunhas arroladas pelas partes e realizadas outras provas de natureza urgente**. Se, no entanto, ele decretar essa suspensão, tal decisão pode ser atacada mediante recurso em sentido estrito (art. 581, inciso XVI, do CPP). A decisão que não decreta a suspensão é irrecorrível, cabendo, no entanto, *habeas corpus* (TÁVORA; ALENCAR, 2009, p. 257).

Nos mesmos moldes da questão prejudicial obrigatória, a questão prejudicial facultativa determina apenas a suspensão do feito criminal, não havendo, portanto, suspensão do andamento do inquérito policial. No entanto, o curso do prazo prescricional ficará **suspenso** (art. 116, inciso I, do Código Penal). De outro lado, **a decisão definitiva proferida pelo juízo cível faz coisa julgada no juízo penal**.

Ainda com relação à questão prejudicial facultativa, o juiz marcará o prazo da suspensão, que poderá ser razoavelmente prorrogado, se a demora não for imputável à parte. Expirado o prazo, sem que o juiz cível tenha proferido decisão, o juiz criminal fará prosseguir o processo, retomando sua competência para resolver, de fato e de direito, toda a matéria da acusação ou da defesa (art. 93, § 1º, CPP). Consoante o art. 93, § 2º, CPP, do despacho que denegar a suspensão não caberá recurso. O art. 93, § 3º, do CPP estipula que, suspenso o processo, e tratando-se de crime de ação pública, incumbirá ao Ministério Público intervir imediatamente na causa cível, para o fim de promover-lhe o rápido andamento (o que decorre do princípio da obrigatoriedade da ação penal pública). É possível também que o querelante intervenha nesta causa cível (NUCCI, 2008, p. 276).

Questão prejudicial obrigatória	Questão prejudicial facultativa
Prevista no art. 92 do CPP.	Prevista no art. 93 do CPP.

Frise-se que tanto no caso da questão prejudicial obrigatória, como na questão prejudicial facultativa, a suspensão do curso da ação penal será decretada pelo juiz, de ofício (decorrência do princípio do impulso oficial) ou a requerimento das partes (art. 94 do CPP).

▸ **Aplicação em concurso público:**

No concurso da Defensoria Pública do Estado de São Paulo, em 2009, promovido pela Fundação Carlos Chagas (FCC), foi cobrado exemplo de questão prejudicial obrigatória heterogênea, nesses termos: "*Em ação penal para o julgamento de crime de bigamia, a existência de ação civil relativa à validade do casamento, constitui (A) questão prejudicial obrigatória homogênea. (B) questão prejudicial obrigatória heterogênea. (C) questão prejudicial facultativa mista. (D) questão prejudicial facultativa heterogênea. (E) litispendência*". A assertiva considerada correta foi a de letra B.

▸ **Aplicação em concurso público:**

No concurso do TJ/SC, em 2009, foi cobrado o efeito da questão prejudicial homogênea facultativa no processo penal. Nesse sentido, a assertiva *"Arguida em defesa prévia questão prejudicial homogênea facultativa, ficará suspenso o processo até que no juízo cível seja a controvérsia dirimida por sentença transitada em julgado, sem prejuízo, entretanto, da inquirição de testemunhas e outras provas de natureza urgente"* foi considerada incorreta.

▸ **Aplicação em concurso público:**

No concurso da Defensoria Pública da União, em 2010, promovido pelo Cespe/Unb, foi cobrado o teor do sistema eclético ou misto relacionado às questões prejudiciais. Nesse sentido, a assertiva *"Vigora, no Brasil, o sistema eclético ou misto, segundo o qual, em relação às questões prejudiciais heterogêneas relativas ao estado civil das pessoas, aplica-se o sistema da prejudicialidade obrigatória, de forma que compete ao juízo cível resolver a questão, ao passo que, no que concerne às demais questões heterogêneas, utiliza-se o sistema da prejudicialidade facultativa"* foi considerada correta.

▸ **Aplicação em concurso público:**

No concurso de Promotor de Justiça Substituto do Ministério Público do Estado de Minas Gerais, promovido pela Fundep, em 2014, dentre outros aspectos relevantes das questões prejudiciais, cobrou-se justamente o conteúdo do sistema da prejudicialidade obrigatória, da seguinte forma: *"Acerca dos sistemas teóricos de resolução da competência jurisdicional das questões prejudiciais, assinale a alternativa INCORRETA: A) Denomina-se sistema de cognição incidental aquele em que o juiz que conhece da ação deva conhecer da exceção. B) No sistema de prejudicialidade obrigatória, o juiz criminal deve conhecer da exceção. C) Prepondera o Juízo de acordo com a natureza da exceção, no sistema da prejudicialidade facultativa. D) Na legislação brasileira, prevalece o modelo eclético, implicando soluções da prejudicial tanto pelo juiz penal como extrapenal."* A alternativa incorreta é a letra B.

▸ **Aplicação em concurso público:**

No concurso de Juiz Federal Substituto do TRF da Quinta Região, promovido pelo Cespe/Unb, em 2015, foram cobrados aspectos relevantes das questões prejudiciais, do seguinte modo: *"No que se refere às questões prejudiciais, assinale a opção correta. A) De acordo com o CPP, as questões prejudiciais, obrigatórias ou facultativas, podem ser reconhecidas, de ofício, pelo juiz da causa principal, sendo prescindível, em qualquer dos casos, a produção antecipada de provas. B) Considere que um indivíduo, maior e capaz, tenha feito afirmação falsa, na condição de testemunha, em uma reclamação trabalhista em curso na justiça especializada. Considere, ainda, que, ao final da audiência, o magistrado do trabalho tenha encaminhado as peças ao MPF, e que este tenha ofertado denúncia. Nessa situação, a caracterização do crime de falso testemunho ficará pendente até o encerramento definitivo do processo de reclamação trabalhista, sendo, portanto, uma questão prejudicial heterogênea, e facultativa a suspensão do processo criminal. C) As questões prejudiciais submetem-se a juízo de prelibação, no qual o juiz criminal faz a análise da necessidade de suspensão do processo e remessa dos autos ao juízo competente, para que seja dirimida a controvérsia incidental. Caso o magistrado rejeite o pedido de suspensão do processo, caberá recurso em sentido estrito da decisão que ordene o seguimento da ação penal. D) As questões prejudiciais homogêneas cominam a obrigatoriedade da suspensão do processo criminal principal e devem ser necessariamente solucionadas pelo juiz da causa principal. E) Se, no curso de uma ação penal contra servidor público federal por suposta prática de peculato, na modalidade de apropriação ou desvio de recursos públicos, a defesa apresentar resposta à acusação, alegando regularidade das contas declaradas pelo TCU e idêntico posicionamento encontrado na ação de improbidade administrativa em curso, admitir-se-á a objeção apresentada pela defesa como questão prejudicial heterogênea, o que autoriza a suspensão da ação principal".* A resposta considerada correta foi a letra E.

Por fim, há de se apontar ainda a existência de questão prejudicial total e de questão prejudicial parcial. Será **questão prejudicial total** se "a solução da questão prejudicial tiver o condão de fulminar a existência do crime, como, por exemplo, o reconhecimento da invalidade do casamento anterior fará com o crime de bigamia" (TÁVORA; ALENCAR, 2009, p. 254-255). Noutro giro, será **questão prejudicial parcial** quando a questão prejudicial se limitar "ao reconhecimento de circunstâncias (agravantes, atenuantes, qualificadoras, etc.), deixando incólume a existência do crime" (TÁVORA; ALENCAR, 2009, p. 255).

Questão prejudicial total	Questão prejudicial parcial
Opera-se quando a solução da questão prejudicial tiver o condão de fulminar a existência do crime, como, por exemplo, o reconhecimento da invalidade do casamento anterior fará com o crime de bigamia.	Opera-se quando a questão prejudicial se limitar ao reconhecimento de circunstâncias (agravantes, atenuantes, qualificadoras etc.), deixando incólume a existência do crime.

2. EXCEÇÕES (ARTS. 95 A 111 CPP)

Exceção é a "defesa indireta apresentada por qualquer das partes, com o intuito de prolongar o trâmite processual, até que uma questão processual relevante seja resolvida, ou com a finalidade de estancar, definitivamente, o seu curso, porque processualmente incabível o prosseguimento da ação" (NUCCI, 2008, p. 277).

O Código de Processo Penal prevê, no seu art. 95, 5 (cinco) espécies de exceções: a de suspeição, a de incompetência de juízo, de litispendência, de ilegitimidade de parte (tanto a ilegitimidade *ad causam* como a ilegitimidade *ad processum*) e de coisa julgada. Essas exceções deverão ser processadas em autos apartados. Como regra geral, **não suspenderão o andamento da ação penal** (art. 111 do CPP).

As exceções podem ser **peremptórias** (proporcionam a extinção do processo sem julgamento do mérito, denominada *absolvição de instância*, o que ocorre com as exceções de litispendência e de coisa julgada) ou **dilatórias** (proporcionam o prosseguimento do feito, procrastinando-o, o que ocorre com as exceções de suspeição, incompetência do juízo e de ilegitimidade de parte). Como já afirmado anteriormente, ambas as partes podem se utilizar destas exceções, incluindo a acusação, "já que as exceções levantam questões atinentes aos pressupostos processuais e às condições da ação" (TÁVORA; ALENCAR, 2009, p. 257).

> ▸ **Aplicação em concurso público:**
>
> No XLIX concurso do MP/MG, em 2010, foi cobrada a classificação das exceções de coisa julgada e de litispendência como exceções peremptórias. Nesse sentido, a assertiva *"As exceções de coisa julgada e de litispendência situam-se na categoria das exceções peremptórias"* foi considerada correta.

2.1. Exceção de suspeição (arts. 96 a 107 CPP)

Ab initio, há de se mencionar que a arguição da exceção de suspeição precede qualquer outra, salvo quando fundada em motivo superveniente (art. 96 do CPP).

As hipóteses de suspeição do juiz estão previstas no art. 254 do CPP. Em havendo a atuação de juiz suspeito, o feito estará eivado de nulidade relativa. Noutro giro, a suspeição não pode ser declarada nem reconhecida, quando a parte injuriar o juiz ou de propósito der motivo para criá-la, consoante o art. 256 do CPP, afinal de contas ninguém pode se beneficiar da própria torpeza.

A suspeição do juiz pode ser arguida espontaneamente pelo próprio magistrado (**de ofício**) ou a **requerimento das partes**. No primeiro caso, deve o juiz afirmar a suspeição por escrito, declarando o motivo legal, remetendo imediatamente o processo ao seu substituto, intimadas as partes (art. 97 do CPP). No segundo caso, a parte que pretender recusar o juiz (denominada **excipiente**) deverá fazê-lo em petição assinada por ela própria ou por **procurador com poderes especiais (exceção de suspeição)**, aduzindo as suas razões acompanhadas de prova documental ou de rol de testemunhas (art. 98 do CPP). De acordo com o STJ, é exigível procuração com poderes especiais mesmo se o réu for representado pela Defensoria Pública, inclusive se ele estiver ausente do distrito da culpa (Informativo nº 560). Ainda nesse segundo caso, em sendo reconhecida a suspeição pelo magistrado, ele sustará a marcha do processo, mandando juntar aos autos a petição do recusante com os documentos que a instruam, e por despacho se declarará suspeito, ordenando a remessa dos autos ao substituto (art. 99 do CPP).

Entretanto, se não aceitar a suspeição, o juiz mandará autuar em apartado a petição, dará sua resposta dentro em 3 (três) dias, podendo instruí-la e oferecer testemunhas, e, em seguida, determinará sejam os autos da exceção remetidos, dentro em 24 (vinte e quatro) horas, ao juiz ou tribunal a quem competir o julgamento (art. 100, *caput*, do CPP). No tribunal, deve ser seguido o trâmite previsto no art. 100, §§ 1º e 2º, do CPP. Em seguida, em sendo julgada procedente a suspeição, ficarão nulos (**nulidade absoluta**) os atos do processo principal, pagando o juiz as custas, no caso de erro inescusável (indesculpável); de outro lado, se a suspeição for rejeitada, evidenciando-se a malícia do excipiente, a este será imposta multa (art. 101 do CPP), que, contudo, por não estar atualizada, não é exequível.

É possível ainda que a parte contrária reconheça a procedência da arguição de suspeição, **hipótese em que se permite excepcionalmente seja sustado o processo principal**, a seu requerimento, até que se julgue o incidente de suspeição (art. 102 do CPP). Em ocorrendo a suspeição em tribunal ou perante o STF, deve ser seguido o procedimento previsto expressamente no art. 103 do CPP.

Frise-se que não há apenas a suspeição do juiz, outros sujeitos que participam do processo penal também podem ser **exceptos** (pessoas contra as quais é arguida uma exceção). Assim, é possível que as partes arguam a **suspeição do órgão do Ministério Público**. Nesse caso, a decisão competirá ao juiz, que, antes, deverá ouvi-lo e poderá admitir a produção de provas no prazo de 3 (três) dias. **Contra essa decisão não cabe recurso** (art. 104 do CPP).

É possível também que as partes arguam a **suspeição dos peritos, dos intérpretes e dos serventuários ou funcionários de justiça**. Nessa hipótese, porém, o juiz deve decidir de plano e sem recurso, à vista da matéria alegada e prova imediata (art. 105 do CPP).

Permite-se ainda a arguição de **suspeição dos jurados**, de forma oral, decidindo de plano o presidente do Tribunal do Júri, que a rejeitará se, negada pelo recusado, não for imediatamente comprovada, o que tudo constará da ata (art. 106 do CPP).

Ressalte-se que não é possível a arguição da suspeição às autoridades policiais nos autos do inquérito, mas elas deverão declarar-se suspeitas, quando ocorrer motivo legal (art. 107 do CPP). Por analogia ao disposto no art. 5º, § 2º, do CPP, entende-se que, caso o delegado não se declare suspeito, será possível o oferecimento de recurso administrativo ao chefe de Polícia (TÁVORA; ALENCAR, 2009, p. 259).

> ▸ **Qual o entendimento do STJ sobre o assunto?**
>
> O STJ já decidiu que a ausência de afirmação da autoridade policial de sua própria suspeição não eiva de nulidade o processo judicial por si só, sendo necessária a demonstração do prejuízo suportado pelo réu. Ademais, o tribunal ainda ressaltou que, diante do teor do art. 107 do CPP, uma solução possível para a parte que se julgue prejudicada é buscar, na esfera administrativa, o afastamento da autoridade suspeita (STJ, Informativo nº 704).

Por fim, frise-se que **não cabe recurso contra a decisão que acolhe a exceção de suspeição**, nos termos do art. 581, inciso III, do CPP. Entretanto, é possível o oferecimento de *habeas corpus* ou de mandado de segurança, se estiver em jogo, respectivamente, a liberdade de locomoção do réu ou o direito líquido e certo diverso da liberdade. Assim, por exemplo, se for procedente a exceção de suspeição oferecida em face de membro do Ministério Público caberá mandado de segurança (TÁVORA; ALENCAR, 2009, p. 260). Além disso, se preenchidas as hipóteses constitucionais de cabimento, é possível o oferecimento dos recursos especial e extraordinário, consoante entendimento do STF (Informativo nº 65).

2.2. Exceção de incompetência (arts. 108 e 109 CPP)

A exceção de incompetência (ou *declinatioria fori*) é a defesa indireta apresentada pela parte para que seja reconhecida a incompetência relativa (territorial) do foro perante o qual está tramitando o feito criminal. Pode ser oferecida inclusive pela acusação, conforme entendimento doutrinário prevalecente (TÁVORA; ALENCAR, 2009, p. 261).

Nada impede que a parte se utilize desta exceção para impugnar também a incompetência absoluta, embora a parte possa apontar o descumprimento de regra de competência desta natureza em qualquer outra peça processual, inclusive, no caso do réu, na resposta escrita à acusação.

Há de se registrar, no entanto, que **a competência penal é matéria de ordem pública**, motivo pelo qual **pode ser reconhecida de ofício pelo juiz**, não se aplicando para o processo penal, pois, o teor da Súmula nº 33 do STJ ("A incompetência relativa não pode ser declarada de ofício"), que incide apenas no processo civil. Contudo, de acordo com entendimento majoritário da doutrina, o magistrado só poderá declarar-se de ofício incompetente até o momento da absolvição sumária (art. 397, CPP).

No que tange à incompetência absoluta, insta salientar que o seu reconhecimento pode ocorrer em qualquer fase do processo, devendo o juiz declarar os motivos nos autos, haja ou não alegação da parte, prosseguindo-se na forma do procedimento indicado no art. 108 do CPP. É essa a correta interpretação que merece ser dada ao disposto no art. 109 do CPP: "Se em qualquer fase do processo o juiz reconhecer motivo que o torne incompetente, declará-lo-á nos autos, haja ou não alegação da parte, prosseguindo-se na forma do artigo anterior".

Retomando o estudo da incompetência relativa (territorial), vale a regra de que, para a parte, ela somente pode ser arguida por meio da exceção ora debatida (exceção de incompetência), que deve ser oferecida no prazo da defesa preliminar (arts. 396 e 396-A do CPP), sob pena de **preclusão**.

A exceção de incompetência poderá ser oposta, **verbalmente ou por escrito**, no prazo de defesa, sob pena de preclusão, como já afirmado alhures (art. 108, *caput*, do CPP). Ela **não suspende o curso do processo principal**. Antes de o juiz decidir, o Ministério Público deverá ser ouvido.

Em sendo aceita a declinatória, o feito será remetido ao juízo competente, onde, ratificados os atos instrutórios anteriores (já que eles são válidos) e renovados os atos decisórios (já que estes são nulos), o processo seguirá (art. 108, § 1º, c/c art. 567, ambos do CPP). Ressalte-se que esse raciocínio é válido apenas para as hipóteses de nulidade relativa (incompetência relativa), afinal de contas se houver incompetência absoluta todos os atos são nulos (instrutórios ou decisórios), necessitando ser refeitos perante o juízo competente, conforme posição majoritária da doutrina.

Noutro giro, recusada a incompetência, o juiz continuará no feito, fazendo tomar por termo a declinatória, se formulada verbalmente (art. 108, § 2º, do CPP).

Contra a decisão que reconhece a incompetência do juízo ou julga procedente a exceção de incompetência caberá o **recurso em sentido estrito**, conforme previsão do art. 581, incisos II e III, do CPP. Já a decisão que julga improcedente a exceção é irrecorrível, podendo ser impugnada, porém, por *habeas corpus* ou mandado de segurança criminal, a depender do direito em jogo, ou ainda ser apontada como preliminar de futura apelação (TÁVORA; ALENCAR, 2009, p. 261).

2.3. Exceções de litispendência, ilegitimidade de parte e coisa julgada (art. 110 CPP)

Para essas exceções, deve ser observado, no que lhes for aplicável, o disposto sobre a exceção de incompetência do juízo nos artigos 108 e 109 do CPP (art. 110, *caput*, do CPP). Se a parte houver de opor mais de uma dessas exceções, deverá fazê-lo numa só petição ou articulado (art. 110, § 1º, do CPP). Ademais, a exceção de coisa julgada (*exceptio rei judicatae*) somente poderá ser oposta em relação ao fato principal, que tiver sido objeto da sentença (art. 110, § 2º, do CPP).

Noutro giro, em havendo litispendência ou coisa julgada, caso ocorra a instauração de inquérito policial, este deve ser trancado por meio de *habeas corpus*, em virtude da ausência de justa causa (TÁVORA; ALENCAR, 2009, p. 262).

No que tange à ilegitimidade de parte, é preciso destacar que é possível o oferecimento da exceção para alegar tanto a ilegitimidade *ad causam* como a ilegitimidade *ad processum*. Em sendo reconhecida a primeira (ilegitimidade *ad causam*), todo o processo será nulo, ao passo que, em havendo o reconhecimento da segunda (ilegitimidade *ad processum*), será possível o saneamento dos atos já praticados, desde que devidamente ratificados (art. 568 do CPP).

Essas exceções, como todas as outras, serão processadas em autos apartados e **não suspenderão, em regra, o andamento da ação penal** (art. 111 do CPP).

Ademais, registre-se que a litispendência, a ilegitimidade de parte e a coisa julgada podem ser reconhecidas de ofício pelo juiz, pois se tratam de matérias de ordem pública.

Quanto à **matéria recursal**, há de se salientar que a decisão que rejeita a exceção de litispendência é irrecorrível, podendo ser atacada apenas por *habeas* *corpus*, ao passo que a decisão que acolhe esta exceção, devidamente oferecida pela parte, deve ser combatida por meio de recurso em sentido estrito (art. 581, inciso III, do CPP). Se, porém, a litispendência for reconhecida de ofício pelo juiz, o recurso cabível é o de apelação (art. 593, inciso II, do CPP).

A decisão que acolhe a exceção de ilegitimidade de parte pode ser combatida por meio do recurso em sentido estrito (art. 581, inciso III, do CPP). No entanto, não há recurso previsto para atacar o não acolhimento desta exceção ou ainda o reconhecimento da ilegitimidade de parte de ofício pelo juiz, sendo autorizado, porém, o manejo do *habeas corpus* ou do mandado de segurança em matéria criminal, a depender do direito em jogo, bem como inserir tal matéria como preliminar do recurso de apelação.

Por fim, a decisão que acolhe a exceção de coisa julgada (*exceptio rei judicatae*) pode ser combatida pelo recurso em sentido estrito (art. 581, inciso III, do CPP). Se, no entanto, a coisa julgada for reconhecida de ofício pelo juiz, o recurso cabível é o de apelação (art. 593, inciso II, do CPP). E se a exceção de coisa julgada não for acolhida, não há recurso previsto em lei, autorizando-se, porém, o oferecimento de *habeas corpus*, bem como a arguição desta matéria como preliminar do recurso de apelação.

3. INCOMPATIBILIDADES E IMPEDIMENTOS (ART. 112 CPP)

A incompatibilidade não se confunde com a suspeição e com o impedimento. Nos dizeres de Marcellus Polastri Lima, "enquanto a suspeição advém do vínculo ou relação do juiz com as partes do processo, o impedimento revela o interesse do juiz em relação ao objeto da demanda, e a incompatibilidade, via de regra, encontra guarida nas Leis de Organização Judiciária, e suas causas estão amparadas em razões de conveniência" (LIMA, 2009, p. 318).

Em reforço, Eugênio Pacelli de Oliveira leciona que enquanto "os casos de suspeição e de impedimento têm previsão expressa no Código de Processo Penal, as *incompatibilidades* previstas no art. 112 do CPP compreenderão todas as demais situações que possam interferir na imparcialidade do julgador e que não estejam arroladas entre as hipóteses de uma e outra. É o que ocorre, por exemplo, em relação às razões de *foro íntimo*, não previstas na casuística da lei, mas suficientes para afetar a imparcialidade do julgador" (OLIVEIRA, 2008, p. 260). Relembre-se que as causas de impedimento estão previstas no art. 252 do CPP e as de suspeição no art. 254 do CPP.

A respeito da incompatibilidade e do impedimento, o art. 112 do CPP assevera que o juiz, o órgão do Ministério Público, os serventuários ou funcionários de justiça e os peritos ou intérpretes têm o dever de declarar a sua incompatibilidade ou impedimento legal, abstendo-se de servir no processo. Porém, se não se der a abstenção por aqueles sujeitos, a incompatibilidade ou o impedimento poderá ser arguido pelas partes, seguindo-se o processo conforme o procedimento previsto para a exceção de suspeição.

Saliente-se ainda que, contra a decisão judicial que não reconhece a incompatibilidade ou o impedimento, não há recurso previsto em lei, podendo ser oferecido, porém, o *habeas corpus* ou o mandado de segurança em matéria criminal, a depender do direito que esteja em jogo.

4. CONFLITO DE JURISDIÇÃO (ARTS. 113 A 117 CPP)

Em verdade, quando o Código de Processo Penal se refere ao conflito de jurisdição está querendo fazer menção ao **conflito de competência**.

A respeito deste tema, o art. 113 do CPP afirma que as questões atinentes à competência resolver-se-ão não só pela exceção de incompetência, mas também pelo conflito de jurisdição (conflito de competência). Esse conflito pode ser tanto **positivo** (quando dois ou mais órgãos jurisdicionais afirmam a sua competência para julgar determinado caso) como **negativo** (quando dois ou mais órgãos jurisdicionais negam a sua competência para julgar determinado caso).

O art. 114 do CPP deixa ainda mais claro quando haverá conflito de jurisdição: I – quando duas ou mais autoridades judiciárias se considerem competentes (conflito positivo) ou incompetentes (conflito negativo) para conhecer do mesmo fato criminoso; II – quando entre elas surgir controvérsia sobre unidade de juízo, junção ou separação de processos (em decorrência de conexão e continência).

Há **legitimidade** para suscitar o conflito da **parte interessada (o que deve incluir o assistente de acusação), dos órgãos do Ministério Público junto a qualquer dos juízos em dissídio e de qualquer dos juízes ou tribunais em causa** (art. 115 do CPP).

O conflito deve ser suscitado **perante o tribunal competente para julgá-lo**. A **forma de suscitar tal conflito é sempre escrita**, ganhando o nome de **representação se oferecida por juízes e tribunais** e de **requerimento se interposta pela parte interessada** (art. 116, *caput*, do CPP). Juntamente com a petição escrita, que deve expor de modo circunstanciado os fundamentos da causa, o interessado apresentará os documentos probatórios. No tribunal, deve ser seguido o procedimento previsto no art. 116 do CPP.

O acórdão emitido pelo tribunal que decidir o conflito de competência poderá permitir o manejo do *habeas corpus* ou do mandado de segurança em matéria criminal, a depender da natureza do direito que esteja em jogo, ou ainda do recurso especial ou do recurso extraordinário, se presentes as hipóteses constitucionais de cabimento.

Ademais, frise-se que o STF tem o poder de avocar para si o julgamento de uma causa em relação a qual possui competência para julgar, quando ela for interposta indevidamente perante juízes ou tribunais inferiores (art. 117 do CPP), o que acaba se estendendo também para o STJ (NUCCI, 2008, p. 308).

> ▸ **Aplicação no STJ:**
>
> A respeito do conflito de jurisdição, o STJ editou as **Súmulas de números 22 e 59**, com os seguintes verbetes: *"Não há conflito de competência entre o Tribunal de Justiça e Tribunal de Alçada do mesmo Estado-membro"*

(Súmula nº 22, sendo que o art. 4º da Emenda Constitucional nº 45/04 extinguiu os Tribunais de Alçada); *"Não há conflito de competência se já existe sentença com trânsito em julgado, proferida por um dos juízos conflitantes"* (Súmula nº 59).

▸ **Súmulas de números 348 e 428 do STJ:**

O STJ entendia, na sua Súmula nº 348, que *"Compete ao Superior Tribunal de Justiça decidir os conflitos de competência entre juizado especial federal e juízo federal, ainda que da mesma seção judiciária"*. No entanto, essa Súmula foi **parcialmente mitigada pelo STF no julgamento do RE nº 590409/RS**, que decidiu que ela somente continua sendo válida para os conflitos de competência entre juizado especial federal e juízo federal vinculados a Tribunais Regionais Federais diversos, pois, na hipótese de conflitos de competência entre juizado federal especial e juízo federal vinculados ao mesmo Tribunal Regional Federal, será este último o órgão competente para dirimi-los. Nesse sentido, **o STJ acabou cancelando a Súmula nº 348 e editando a Súmula nº 428**, que possui o seguinte enunciado: *"Compete ao Tribunal Regional Federal decidir os conflitos de competência entre juizado especial federal e juízo federal da mesma seção judiciária"*.

▸ **Conflito de atribuições:**

O conflito de jurisdição (competência) envolve necessariamente dois órgãos do Poder Judiciário, como dois juízes, por exemplo. Diferente ocorre com o chamado conflito de atribuições, que é aquele "existente entre autoridades administrativas ou entre estas e autoridades judiciárias" (NUCCI, 2008, p. 298), a exemplo do conflito estabelecido entre dois promotores de justiça. Se houver conflito entre membros do Ministério Público, via de regra, ele será dirimido pelo Procurador-Geral de Justiça, no âmbito do MP estadual, ou pelas Câmaras de Coordenação e Revisão Criminal, no âmbito do MPF (art. 62, VII, da Lei Complementar nº 75/93). Contudo, sem dúvida alguma, a hipótese mais destacada pela doutrina de conflito de atribuições se dá no **conflito entre membros do Ministério Público Federal e do Ministério Público do Estado ou entre membros de Ministérios Públicos dos Estados.**

Em um primeiro momento, a Suprema Corte entendia que esse conflito deveria ser resolvido pelo próprio Pretório Excelso, com base no art. 102, inciso I, alínea "f", da Constituição Federal, por se tratar de verdadeiro conflito entre órgãos de entes políticos diferentes (Estado vs. Estado ou União vs. Estado) - conflito interfederativo (Pet. 3631/SP, Pleno, Rel. Min. Cezar Peluso, DJ 7/3/2008, p. 245). Não se aplicaria, portanto, a previsão contida no art. 105, inciso I, alínea "g", da Constituição Federal, que determina a competência do STJ para dirimir conflitos de atribuições entre autoridades administrativas e judiciárias da União, ou entre autoridades judiciárias de um Estado e administrativas de outro ou do Distrito Federal, ou entre as deste e da União. Era esse também o entendimento do STJ (CAt. 163/ES, 1ª Seção, Rel. Des. Fed. Conv. Carlos Fernando Mathias, DJ 23/6/2008).

Em um segundo momento, o STF passou a entender que o conflito de atribuições entre membros do Ministério Público Federal e do Ministério Público do Estado deveria ser dirimido pelo Procurador-Geral da República (Informativo nº 826) por ser ele o chefe do Ministério Público da União. Embora o STF não tivesse apreciado neste julgamento matéria atinente a conflito de atribuições entre membros de Ministérios Públicos Estaduais distintos, o teor daquele acórdão também se estendia a esse tipo de conflito. Esse posicionamento do STF, todavia, era suscetível de críticas, afinal de contas não há qualquer hierarquia entre o Ministério Público Federal e o Ministério Público Estadual. Situação ainda mais inusitada envolveria o julgamento do conflito entre membros de Ministérios Públicos Estaduais diferentes por profissional absolutamente estranho a estas instituições (Procurador-Geral da República). Por conta disso, a doutrina formulava a sugestão de que o STF ou retomasse o seu posicionamento anterior ou definisse o Conselho Nacional do Ministério Público (CNMP) como o órgão competente para assumir a função de dirimir conflito dessa natureza.

Em um terceiro momento, o atual, o Plenário do STF, atendendo a essa última sugestão, decidiu que compete ao **Conselho Nacional do Ministério Público (CNMP)** dirimir o conflito de atribuições entre os diversos ramos do Ministério Público. Prevaleceu o entendimento de que o CNMP é o órgão mais adequado para decidir tal conflito, em virtude da previsão constitucional que lhe atribui o controle da legalidade das ações administrativas dos membros e órgãos dos diversos ramos ministeriais, sem ingressar ou ferir a independência funcional (STF, PETs números 4891, 5091 e 5756, j. 15.06.2020). A nosso ver, é bastante acertada a posição atual do STF, por respeitar a autonomia de cada Ministério Público, não havendo que se falar em nenhuma submissão hierárquica do Ministério Público do Estado ao MPF, muito menos à figura do Procurador-Geral da República.

Posteriormente, a 1ª Turma do STF, em caso envolvendo o conflito de atribuições entre membros do MPSP e do MPRJ, reafirmou aquele entendimento do Plenário do tribunal, decidindo que cabe ao CNMP dirimir tal conflito (STF, 1ª Turma, PET nº 5577, Rel. Min. Marco Aurélio, j. 02.02.2021).

Mais recentemente, a Emenda Regimental nº 32, de 10 de março de 2021, inseriu os arts. 152-A a 152-H ao Regimento Interno do CNMP (Resolução nº 92/13), que cuidam do conflito de atribuições. Como estabelece o art. 152-A deste ato normativo, "salvo disposição legal em contrário, compete ao Conselho Nacional do Ministério Público processar e julgar os conflitos de atribuições entre os ramos e as unidades do Ministério Público da União e dos Estados". Os demais dispositivos tratam do procedimento para a instauração, o processamento e o julgamento desse conflito.

▸ **Aplicação em concurso público:**

No concurso de Promotor de Justiça Substituto do Ministério Público do Estado de Minas Gerais, promovido pela Fundep, em 2014, foi cobrada a competência à época atribuída ao STF para o julgamento do conflito de atribuições entre membros de Ministérios Públicos de Estados diferentes da Federação, nos termos a seguir expostos: *"Assinale a alternativa que, CORRETAMENTE, completa a lacuna existente na afirmativa*

> *abaixo: Compete ao ________________ dirimir conflito de atribuições entre Ministérios Públicos de dois diferentes Estados da Federação que, diante de inquérito policial já relatado, entendem pertencer ao outro a atribuição para nele funcionar. A) Conselho Nacional do Ministério Público. B) Supremo Tribunal Federal. C) Procurador-Geral da República. D) Superior Tribunal de Justiça."* A alternativa correta, à época da realização do concurso, era a letra B. Atualmente, porém, a assertiva correta é a letra A.

5. RESTITUIÇÃO DAS COISAS APREENDIDAS (ARTS. 118 A 124-A CPP)

Com relação às coisas apreendidas durante a fase investigatória ou até mesmo judicial para facilitar o esclarecimento do crime e de sua autoria, vale a regra geral de que, antes de transitar em julgado a sentença final, elas não poderão ser restituídas enquanto interessarem ao processo (art. 118 do CPP). Entretanto, os bens que serão perdidos em favor da União por efeito da condenação (art. 91, inciso II, do Código Penal) não poderão ser restituídos, mesmo depois de transitar em julgado a sentença final, salvo se pertencerem ao lesado ou a terceiro de boa-fé (art. 119 do CPP).

Nessa esteira, registre-se que a Lei nº 13.964/2019 ("Pacote Anticrime") acrescentou ao Código Penal o art. 91-A, criando o instituto do **confisco alargado**, que consiste na perda decretada judicialmente, como produto ou proveito do crime, dos bens correspondentes à diferença entre o valor do patrimônio do condenado e aquele que seja compatível com o seu rendimento lícito, possível na hipótese de condenação por infrações às quais a lei comine pena máxima superior a 6 (seis) anos de reclusão (art. 91-A, *caput*, CP). Assim, por exemplo, se o patrimônio compatível com o rendimento lícito do condenado está estimado em R$ 100.000,00 (cem mil reais), mas o patrimônio real e efetivo do agente, na prática, gira em torno de R$ 1.000.000,00 (um milhão de reais), o magistrado, ao condenar o réu por infração cuja pena máxima abstratamente cominada seja superior a 6 (seis) anos de reclusão (ainda que não seja esta a pena aplicada na decisão penal condenatória), pode determinar a perda de bens no valor total de R$ 900.000,00 (novecentos mil reais).

Isso porque a novel Lei realiza uma presunção de que a diferença patrimonial existente advém do fato de os bens serem produto ou proveito do crime.

Nesse sentido, é *ônus de prova da acusação* demonstrar, a partir dos elementos de convicção colhidos na investigação criminal, apenas e tão somente a *evolução patrimonial do agente* em patamares absolutamente desproporcionais à renda deste. É desse modo que interpretamos o Enunciado nº 15 aprovado na I Jornada de Direito e Processo Penal do Conselho da Justiça Federal (CJF), segundo o qual "para fins de aplicação do art. 91-A do Código Penal, cabe ao Ministério Público, e não à Defesa, a comprovação de incompatibilidade entre o patrimônio e os rendimentos lícitos do réu". Não se exige do autor da ação penal, portanto, que comprove que a diferença patrimonial tem procedência ilícita.

Trata-se de presunção relativa (*juris tantum*) que recai sobre o acusado, o qual, no entanto, pode ilidi-la, demonstrando a inexistência da incompatibilidade ou a procedência lícita do patrimônio (art. 91-A, § 2º, CP). Há, pois, uma verdadeira inversão do ônus da prova, dispensando-se, a princípio, que a acusação demonstre o percurso dos bens, o seu trânsito, a sua origem, o que é alvo de críticas por parte da doutrina, para a qual restaria violada a presunção de inocência (TÁVORA; ALENCAR, 2019, p. 38-39). Em favor da previsão legal, há o argumento de que o novo instituto é ferramenta indispensável para um rigor maior do Estado (em prol da sociedade) no combate à macrocriminalidade, notadamente os crimes de sonegação fiscal, contra a ordem tributária, de lavagem de dinheiro etc., em que a dissimulação de patrimônio é prática corriqueira.

Para efeito do decreto judicial do confisco alargado, entende-se por patrimônio do condenado todos os bens: I - de sua titularidade, ou em relação aos quais ele tenha o domínio e o benefício direto ou indireto, na data da infração penal ou recebidos posteriormente; e II - transferidos a terceiros a título gratuito ou mediante contraprestação irrisória, a partir do início da atividade criminal (art. 91-A, parágrafo 1º, incisos I e II, CP). Muito embora parcela da doutrina aponte imprecisão nos termos empregados pelo dispositivo legal (TÁVORA; ALENCAR, 2019, p. 38-39), o que poderia ensejar uma indesejada insegurança jurídica, certo é que o objetivo da lei foi atingir bens que são efetivamente do acusado, mas que, por exemplo, ele registra em nome de terceiros, normalmente um parente ou pessoa muito próxima, prática esta relativamente comum em crimes daquela natureza.

Além disso, a perda ora em análise deverá ser requerida expressamente pelo Ministério Público, por ocasião do oferecimento da denúncia, com indicação da diferença apurada, não se permitindo, portanto, o decreto judicial de ofício, até porque há uma nítida ampliação da demanda acusatória (art. 91-A, parágrafo 3º, CP). Nesse passo, o Enunciado nº 02 do Grupo Nacional de Coordenadores de Centro de Apoio Criminal (GNCCRIM) esclarece que *"Nos casos de confisco alargado (art. 91-A), para efeito de indicação do valor a ser perdido (parágrafo 3º), basta a apresentação de cálculo simplificado, baseado nos dados disponíveis no momento do oferecimento da denúncia, sem prejuízo do incremento do quantum decorrente de eventuais provas que venham a ser aviadas aos autos no curso da instrução processual"*. Ademais, na sentença condenatória, o juiz deve declarar o valor da diferença apurada e especificar os bens cuja perda for decretada (art. 91-A, parágrafo 4º, CP).

Na dicção da Lei nº 13.964/2019, o parágrafo 5º do art. 91-A do Código Penal ainda prevê que os instrumentos utilizados para a prática de crimes por organizações criminosas e milícias deverão ser declarados perdidos em favor da União ou do Estado, dependendo da Justiça onde tramita a ação penal, ainda que não ponham em perigo a segurança das pessoas, a moral ou a ordem pública, nem ofereçam sério risco de ser utilizados para o cometimento de novos crimes, o que implica em um rigor ainda maior do Estado no combate a fatos extremamente graves desta natureza.

Voltando a mirar a atenção especificamente ao tema objeto do presente tópico, a restituição, quando cabível, poderá ser **determinada pela própria autoridade policial ou pelo juiz**, mediante termo nos autos. Nesse sentido, para que seja possível a restituição de coisas apreendidas, é necessário **não existir dúvida quanto ao direito do reclamante** (art. 120, *caput*, do CPP).

Se, porém, **esse direito for duvidoso**, deve ser autuado em apartado um pedido de restituição, conferindo-se ao requerente o prazo de 5 (cinco) dias para a prova. Nesse incidente, **apenas o juiz criminal poderá autorizar a restituição** (art. 120, § 1º, do CPP). O mesmo incidente ocorrerá – e também **apenas o juiz criminal decidirá – se as coisas forem apreendidas em poder de terceiro de boa fé**, que será intimado para alegar e provar o seu direito, em prazo igual e sucessivo ao do reclamante, tendo um e outro 2 (dois) dias para arrazoar (art. 120, § 2º, do CPP). Acerca do pedido de restituição, em qualquer caso, é **obrigatória a oitiva do Ministério Público** (art. 120, § 3º, do CPP).

Em havendo dúvida sobre quem seja o verdadeiro dono, o juiz remeterá as partes para o juízo cível, ordenando o depósito das coisas em mãos de depositário ou do próprio terceiro que as detinha, se for pessoa idônea (art. 120, § 4º, do CPP). Conforme o art. 120, § 5º, do CPP, tratando-se de coisas facilmente deterioráveis, serão avaliadas e levadas a leilão público, depositando-se o dinheiro apurado, ou entregues ao terceiro que as detinha, se este for pessoa idônea e assinar termo de responsabilidade.

No que tange à coisa adquirida com os proventos da infração, ela será avaliada e vendida em leilão público, após o trânsito em julgado da sentença condenatória, recolhendo-se aos cofres públicos o que não couber ao lesado ou a terceiro de boa-fé (arts. 121 e 133 do CPP, este último com a redação dada pela Lei nº 13.964/2019 – "Pacote Anticrime"). Exatamente o mesmo destino terá a coisa apreendida, lícita ou ilícita, que será avaliada e alienada em leilão público imediatamente após o trânsito em julgado da sentença condenatória (não mais depois de 90 (noventa) dias após a formação da coisa julgada), com base na redação dos arts. 122 e 133 do CPP conferida pela Lei nº 13.964/2019.

Art. 122 do CPP – Redação anterior à Lei nº 13.964/19	Art. 122 do CPP – Redação após a Lei nº 13.964/19
Art. 122. Sem prejuízo do disposto nos arts. 120 e 133, decorrido o prazo de 90 dias, após transitar em julgado a sentença condenatória, o juiz decretará, se for caso, a perda, em favor da União, das coisas apreendidas (art. 74, II, a e b do Código Penal) e ordenará que sejam vendidas em leilão público. *Parágrafo único. Do dinheiro apurado será recolhido ao Tesouro Nacional o que não couber ao lesado ou a terceiro de boa-fé.*	Art. 122. Sem prejuízo do disposto no art. 120, as coisas apreendidas serão alienadas nos termos do disposto no art. 133 deste Código. Parágrafo único. (Revogado).
Como era antes: as coisas apreendidas eram vendidas em leilão público após 90 (noventa) dias do trânsito em julgado da sentença condenatória. O dinheiro apurado era recolhido ao Tesouro Nacional, excluindo o que cabia ao lesado ou terceiro de boa-fé.	O que mudou: lido em conjunto com o art. 133 do CPP, este dispositivo legal prevê que as coisas apreendidas são vendidas em leilão imediatamente após o trânsito em julgado da sentença condenatória. O dinheiro apurado é recolhido aos cofres públicos, excluindo o que cabe ao lesado ou terceiro de boa-fé.

Registre-se que os instrumentos do crime, cuja perda em favor da União foi decretada, e as coisas confiscadas, de acordo com o art. 91, inciso II, alíneas "a" e "b", do Código Penal, o que se estende ao confisco alargado previsto no art. 91-A do Código Penal, acrescido pela Lei nº 13.964/2019 ("Pacote Anticrime"), serão inutilizados ou recolhidos a museu criminal, se houver interesse na sua conservação (art. 124 do CPP).

Como previsto no novel art. 124-A do CPP, com a redação dada pela Lei nº 13.964/2019, *"Na hipótese de decretação de perdimento de obras de arte ou outros bens de relevante valor cultural ou artístico, se o crime não tiver vítima determinada, poderá haver destinação dos bens a museus públicos."* Trata-se de previsão legal salutar, considerando que é muito comum a prática de lavagem de dinheiro com o emprego ilícito de valores na aquisição de obras de arte ou outros bens de relevante valor cultural ou artístico.

Os produtos que utilizem a suástica, no caso de crimes resultantes de preconceito de raça ou de cor, serão confiscados, nos termos do art. 20 da Lei nº 7.716/89. Já na hipótese de crime de reprodução de obra com violação de direito autoral (art. 184, §§ 1º a 3º, do Código Penal, e art. 530-G do CPP), o juiz determina, na sentença, a destruição dos bens ilicitamente produzidos ou reproduzidos, assim como o perdimento em favor da Fazenda Nacional dos equipamentos apreendidos que se destinem à prática do ilícito (TÁVORA; ALENCAR, 2009, p. 272).

Por fim, frise-se que contra a decisão referente ao pedido de restituição caberá recurso de **apelação**, sendo possível ainda o oferecimento de **mandado de segurança** (TÁVORA; ALENCAR, 2009, p. 272).

> **Aplicação em concurso público:**
>
> No concurso de Promotor de Justiça Substituto do Ministério Público de Minas Gerais, em 2013, questionou-se acerca da restituição das coisas apreendidas, a saber: *"Assinale a alternativa* ***FALSA****: A) Insatisfeita a parte com a solução do incidente de restituição, ela deverá procurar o juízo cível para provar o seu direito. B) Duvidoso ou não o direito existente sobre o objeto apreendido, haverá a prévia manifestação do Ministério Público. C) Independentemente do direito do possuidor, deixarão de ser devolvidos os instrumentos do crime cujo porte constitua crime por si. D) A coisa apreendida em decorrência da prática criminosa pode ser devolvida ao proprietário pela autoridade policial ou pelo juiz"*. A resposta da questão foi a letra A.

> **Aplicação em concurso público:**
>
> No concurso de Procurador da República do Ministério Público Federal, em 2013, questionou-se acerca do recurso cabível da decisão de restituição de coisas apreendidas, que é o recurso de apelação: *"Assinale a alternativa incorreta: a) A Lei n. 9.034/95 admite escuta ambiental, autorizada judicialmente, no interior de residências, quando infrações penais investigadas tiverem sido cometidas por organizações criminosas. A prova obtida, neste caso, não ofende a inviolabilidade do domicílio; b) Segundo ordenamento jurídico vigente, o inquérito policial não é o único*

procedimento de investigação criminal. O Ministério Público também realiza a investigação criminal; c) A restituição de coisa apreendida é medida cautelar de natureza patrimonial. Recurso contra indeferimento do pedido é o recurso em sentido estrito, pois a decisão é interlocutória; d) A prisão administrativa não foi recepcionada pela Constituição. A prisão em flagrante deve ser comunicada imediatamente ao juiz competente, que a relaxará, se não for legal. O auto de prisão em flagrante deve ser encaminhado, também, ao Procurador da República que oficiar junto ao Juízo competente, em 24 horas". A resposta da questão foi a letra C.

6. MEDIDAS ASSECURATÓRIAS (ARTS. 125 A 144 CPP)

As medidas assecuratórias "são as providências tomadas, no processo criminal, para garantir futura indenização ou reparação à vítima da infração penal, pagamento das despesas processuais ou penas pecuniárias ao Estado ou mesmo evitar que o acusado obtenha lucro com a prática criminosa" (NUCCI, 2008, p. 314). Há 3 (três) espécies de medidas assecuratórias: o sequestro, a hipoteca legal e o arresto.

6.1. Sequestro (arts. 125 a 133-A CPP)

O sequestro consiste em "reter os bens imóveis e móveis do indiciado ou acusado, ainda que em poder de terceiros, quando adquiridos com o proveito da infração penal, para que deles não se desfaça, durante o curso da ação penal, a fim de se viabilizar a indenização da vítima ou impossibilitar ao agente que tenha lucro com a atividade criminosa" (NUCCI, 2008, p. 314). Nesse sentido é o art. 125 do CPP, que estatui que caberá o **sequestro dos bens imóveis**, adquiridos pelo indiciado com proventos da infração, ainda que já tenham sido transferidos a terceiro.

▸ **Aplicação em concurso público:**

No concurso do TJ/SC, em 2009, foi cobrado o conceito de sequestro. Nesse sentido, a assertiva *"O sequestro é medida assecuratória que pode recair sobre os bens imóveis adquiridos pelo indiciado com os proventos da infração, salvo se tenham sido transferidos a terceiros de boa-fé"* foi considerada incorreta.

▸ **Qual o entendimento do STJ sobre o assunto?**

Consoante jurisprudência do STJ, não há óbice ao sequestro de bens de pessoa jurídica, ainda que esta não conste do polo passivo da investigação ou da ação penal, desde que verificada a presença de indícios veementes de que tenha sido utilizada para a prática de delitos (STJ, 5ª Turma, AgRg no REsp nº 1712934/SP, Rel. Ministro Reynaldo Soares da Fonseca, j. 21.02.2019). Desse modo, o tribunal já decidiu que a constrição judicial que incide em imóvel bloqueado gerido por Fundo de Investimentos em Participações (FIP) deve estar adstrita à cota-parte do acusado/cotista (STJ, 6ª Turma, AgRg no RMS nº 58.018/RJ, Rel. Min. Olindo Menezes j. 23.08.2022).

> ▸ **Aplicação em concurso público:**
>
> No concurso de Promotor de Justiça do MP/GO, promovido pela FGV em 2022, foi questionado justamente o entendimento do STJ anteriormente apontado a respeito da possibilidade de o sequestro (constrição de bens) recair sobre pessoas jurídicas, da seguinte forma: *"Segundo orientação do Superior Tribunal de Justiça, a constrição de bens (medidas assecuratórias penais) pode alcançar: A) apenas os réus imputados em ação penal; B) apenas os réus imputados em ação penal e investigados; C) terceiros não investigados ou denunciados; D) réus, investigados, pessoas jurídicas e familiares não denunciados; E) apenas os réus imputados ou investigados e as pessoas jurídicas a eles ligadas."*. A assertiva considerada correta foi a de letra D.

Para a decretação do sequestro, bastará a existência de **indícios veementes da proveniência ilícita dos bens**, não se exigindo prova cabal e inequívoca a esse respeito (art. 126 do CPP).

> ▸ **Aplicação em concurso público:**
>
> No concurso do MP/SC, em 2010, foram cobrados os requisitos para que fosse decretado o sequestro, de acordo com o CPP. Nesse sentido, a assertiva *"Para a decretação do seqüestro de bens imóveis, na forma do Código de Processo Penal, é preciso prova da materialidade do crime e da ilicitude dos bens constritados"* foi considerada incorreta.

O sequestro só pode ser determinado pelo **juiz**, seja de ofício, seja a requerimento do Ministério Público ou do ofendido, ou ainda mediante representação da autoridade policial. Ele pode ser decretado na fase do **inquérito policial ou ao longo da ação penal** (art. 127 do CPP).

> ▸ **Qual o entendimento do STJ sobre o assunto?**
>
> O STJ entende que incorre em usurpação de competência o Juízo cível ou trabalhista que pratica ato expropriatório de bem sequestrado na esfera penal. Com efeito, inexistindo disposição legal em sentido contrário, afigura-se possível a coexistência de múltiplas constrições patrimoniais sobre um mesmo bem, decretadas por Juízes diversos, sem implicar na usurpação de competência por quaisquer deles. No entanto, é possível cogitar o conflito positivo da discussão acerca da existência ou não de primazia da medida assecuratória de índole penal (sequestro) sobre a decretada em sede de reclamação trabalhista (penhora), de modo a elucidar se a conduta do Juízo trabalhista, no sentido de antecipar a prática de ato expropriatório referente a bem sob o qual ainda recaia constrição decretada pelo Juízo criminal, consubstanciou usurpação de competência do último. Considerando a natureza peculiar da medida assecuratória penal de sequestro (art. 125 do CPP) – verificada a partir do interesse público (aquisição com proventos da infração penal) e do fato de que a expropriação ocorre na seara penal -, deve ser reconhecida a primazia da referida constrição, frente àquela decretada por

Juízo cível ou trabalhista (penhora), sendo indiferente qual constrição foi decretada primeiro. Logo, incorre em usurpação de competência o Juízo trabalhista que pratica ato expropriatório de bem sequestrado na seara penal, ainda que objeto de constrição decretada em sede trabalhista (penhora). Contudo, no caso apreciado, conquanto verificada a usurpação de competência, não deve ser declarada a nulidade do ato expropriatório praticado pelo Juízo Trabalhista, pois os bens submetidos à alienação judicial gozam de presunção (*juris tantum*), estabelecida pelo próprio Poder Judiciário e pela lei (art. 903 do CPC), de que são desembaraçados, ou seja, livres de ônus, sendo que a declaração de nulidade implicaria em descrédito de um instituto que depende de sua credibilidade para adesão dos arrematantes. Desse modo, mantida a alienação, deve ser observado, no entanto, que a quantia obtida com a alienação judicial, promovida perante o Juízo incompetente deve ser revertida em prol da constrição decretada pelo Juízo penal, a fim de mitigar o prejuízo causado com a inobservância do direcionamento estabelecido na lei penal e processual penal – arts. 133, § 1º, do CPP, e 91, II, *b*, do Código Penal (STJ, Terceira Seção, CC nº 175.033/GO, Rel. Min. Sebastião Reis Júnior, j. 26.05.2021).

▸ **Aplicação em concurso público:**

No concurso de Delegado de Polícia do Estado de Goiás, em 2013, UEG, cobrou-se exatamente o teor do art. 127 do CPP:

"Sobre as medidas assecuratórias, tem-se que, segundo o Código de Processo Penal: a) são instrumentos processuais cuja finalidade é, cumulativa e exclusivamente, garantir o pagamento das despesas processuais, assegurar o pagamento da pena de multa e ressarcir o acusado em caso de absolvição ou anulação do processo. b) o arresto prévio à hipoteca legal é medida assecuratória que incide sobre os bens móveis e imóveis adquiridos com proventos da prática criminosa, ou seja, sobre os lucros obtidos de forma indireta pelo crime. c) o sequestro se presta a salvaguardar possível ressarcimento em face da prática do crime, enquanto a hipoteca legal visa, tão somente, a evitar que o bem móvel produto ou provento da prática do crime pereça antes de solvida a discussão da causa. d) o juiz, de ofício, a requerimento do Ministério Público ou do ofendido, ou mediante representação da autoridade policial, poderá ordenar o sequestro em qualquer fase do processo ou ainda antes de oferecida a denúncia ou queixa". A resposta da questão foi a letra D.

Efetivada tal medida assecuratória, o juiz ordenará a sua inscrição no Registro de Imóveis (art. 128 do CPP). O sequestro deverá ser autuado em apartado e admite embargos de terceiro (art. 129 do CPP). Pode também ser embargado pelo acusado, sob o fundamento de não terem os bens sido adquiridos com os proventos da infração (art. 130, inciso I, do CPP), ou pelo terceiro, a quem houverem os bens sido transferidos a título oneroso, sob o fundamento de tê-los adquirido de boa-fé (art. 130, inciso II, do CPP). Nesses embargos, porém, não poderá ser pronunciada decisão antes de passar em julgado a sentença condenatória (art. 130, parágrafo único, do CPP).

O art. 131 do CPP apresenta as hipóteses em que o sequestro poderá ser levantado:

> *Art. 131. O sequestro será levantado:*
>
> *I – se a ação penal não for intentada no prazo de sessenta dias, contado da data em que ficar concluída a diligência;*
>
> *II – se o terceiro, a quem tiverem sido transferidos os bens, prestar caução que assegure a aplicação do disposto no art. 74, II, b, segunda parte, do Código Penal;*
>
> *III – se for julgada extinta a punibilidade ou absolvido o réu, por sentença transitada em julgado.*

Caberá o **sequestro de bens móveis** apenas se não couber a medida de busca e apreensão prevista no art. 240 do CPP (art. 132 do CPP), ou seja, quando tais bens "não forem **produto direto do crime**, mas sim **proventos** do mesmo" (TÁVORA; ALENCAR, 2009, p. 274). Para o sequestro de bens móveis é aplicado, no que for compatível, o regramento do sequestro de bens imóveis.

> **▸ Aplicação em concurso público:**
>
> No concurso de Promotor de Justiça Substituto do Ministério Público do Estado de Minas Gerais, promovido pela Fundep, em 2014, dentre outros aspectos relevantes das medidas assecuratórias, foi questionada justamente a possibilidade de efetivação de sequestro de bens móveis, a saber: *"Sobre as medidas assecuratórias, assinale a alternativa INCORRETA: A) A hipoteca legal sobre os imóveis do indiciado poderá ser requerida pelo ofendido em qualquer fase do processo, desde que haja certeza da infração e indícios suficientes da autoria. B) Caberá ao Ministério Público promover a hipoteca legal e o arresto se o ofendido for pobre e o requerer. C) A medida assecuratória de sequestro não é cabível em bens móveis. D) O juiz determinará a alienação antecipada dos bens quando houver dificuldade para sua manutenção."* A alternativa incorreta é a letra C.

O art. 133 do CPP, com a redação dada pela Lei nº 13.964/2019, determina que, transitada em julgado a sentença condenatória, o juiz, de ofício ou a requerimento do interessado ou do Ministério Público (a legitimidade do *Parquet* é novidade que veio com o "Pacote Anticrime"), determinará a avaliação e a venda dos bens em leilão público cujo perdimento tenha sido decretado (*caput*), sendo que, do dinheiro apurado, será recolhido aos cofres públicos (não mais ao Tesouro Nacional) o que não couber ao lesado ou a terceiro de boa-fé (parágrafo 1º). O valor apurado deverá ser recolhido ao Fundo Penitenciário Nacional, exceto se houver previsão diversa em lei especial (parágrafo 2º).

Art. 133 do CPP – Redação anterior à Lei nº 13.964/19	Art. 133 do CPP – Redação após a Lei nº 13.964/19
Art. 133. Transitada em julgado a sentença condenatória, o juiz, de ofício ou a requerimento do interessado, determinará a avaliação e a venda dos bens em leilão público. *Parágrafo único. Do dinheiro apurado, será recolhido ao Tesouro Nacional o que não couber ao lesado ou a terceiro de boa-fé.*	*Art. 133. Transitada em julgado a sentença condenatória, o juiz, de ofício ou a requerimento do interessado ou do Ministério Público, determinará a avaliação e a venda dos bens em leilão público cujo perdimento tenha sido decretado.* *§ 1º Do dinheiro apurado, será recolhido aos cofres públicos o que não couber ao lesado ou a terceiro de boa-fé.* *§ 2º O valor apurado deverá ser recolhido ao Fundo Penitenciário Nacional, exceto se houver previsão diversa em lei especial.*
Como era antes: não era reconhecida expressamente legitimidade ao Ministério Público para requerer a avaliação e a venda dos bens em leilão público (*caput*). Além disso, o dinheiro apurado era recolhido ao Tesouro Nacional (parágrafo único).	O que mudou: é reconhecida legitimidade ao Ministério Público para requerer a avaliação e a venda em leilão público dos bens cujo perdimento tenha sido decretado (*caput*). Além disso, o dinheiro apurado será recolhido aos cofres públicos (parágrafo 1º). Deverá ser recolhido ao Fundo Penitenciário Nacional, exceto se houver previsão diversa em lei especial (parágrafo 2º).

A Lei nº 13.964/2019 ainda acrescentou ao CPP o art. 133-A, que possui a seguinte redação: "*Art. 133-A. O juiz poderá autorizar, constatado o interesse público, a utilização de bem sequestrado, apreendido ou sujeito a qualquer medida assecuratória pelos órgãos de segurança pública previstos no art. 144 da Constituição Federal, do sistema prisional, do sistema socioeducativo, da Força Nacional de Segurança Pública e do Instituto Geral de Perícia, para o desempenho de suas atividades. § 1º O órgão de segurança pública participante das ações de investigação ou repressão da infração penal que ensejou a constrição do bem terá prioridade na sua utilização. § 2º Fora das hipóteses anteriores, demonstrado o interesse público, o juiz poderá autorizar o uso do bem pelos demais órgãos públicos. § 3º Se o bem a que se refere o caput deste artigo for veículo, embarcação ou aeronave, o juiz ordenará à autoridade de trânsito ou ao órgão de registro e controle a expedição de certificado provisório de registro e licenciamento em favor do órgão público beneficiário, o qual estará isento do pagamento de multas, encargos e tributos anteriores à disponibilização do bem para a sua utilização, que deverão ser cobrados de seu responsável. § 4º Transitada em julgado a sentença penal condenatória com a decretação de perdimento dos bens, ressalvado o direito do lesado ou terceiro de boa-fé, o juiz poderá determinar a transferência definitiva da propriedade ao órgão público beneficiário ao qual foi custodiado o bem*".

É norma com efeitos práticos relevantes, pois permite o uso de bens particulares pelo Poder Público a serviço da segurança pública, a exemplo de um veículo sendo empregado na atividade cotidiana da Polícia. Esclareça-se que este uso não deve implicar em aviltamento dos bens particulares, principalmente considerando a possibilidade de absolvição do réu ou até de não comprovação de terem sido adquiridos com proventos da infração.

Previsão semelhante a esta já existia na Lei de Tóxicos (Lei nº 11.343/06), em seu art. 62, com a redação dada pelas Leis números 13.840/19 e 13.886/19, dispositivo este que merece ser lido na íntegra.

Finalmente, ressalte-se que cabe o recurso de **apelação** contra a decisão que nega ou concede a medida de sequestro (art. 593, inciso II, do CPP).

> **Destinação de bens apreendidos ou sequestrados que tenham vinculação com o tráfico ilícito de drogas (Lei nº 13.886/2019):**
> A Lei nº 13.886/2019, alterando as Leis de números 7.560/86, 8.745/93, 9.503/97, 10.826/03, 11.343/06 e 13.756/18, apresenta disciplina normativa detalhada com o objetivo de acelerar a destinação de bens apreendidos ou sequestrados que tenham vinculação com o tráfico ilícito de drogas, merecendo ser lida na íntegra.

> **Aplicação em concurso público:**
> No concurso do Ministério Público do Estado do Piauí, promovido em 2019 pelo Cespe, questionou-se acerca do recurso cabível para atacar a decisão que decreta o sequestro no Processo Penal, da seguinte forma: *"Em processo de natureza incidental, foi formulado contra Luiz, investigado por corrupção e lavagem de dinheiro, pedido de sequestro dos seus bens, nos moldes do previsto no Código de Processo Penal. O pedido foi deferido. Para impugnar a referida decisão, a medida processual a ser adotada por Luiz junto ao tribunal de justiça é A) o recurso em sentido estrito. B) o mandado de segurança. C) o habeas corpus. D) a apelação. E) o embargo."* A assertiva correta foi a letra D.

6.2. Hipoteca legal (arts. 134 e 135 CPP)

A hipoteca legal é a medida que visa "assegurar a indenização do ofendido pela prática do crime, bem como ao pagamento das custas e despesas processuais" (NUCCI, 2008, p. 319). Não se trata de confisco, "nem se destina o apurado pela eventual venda do imóvel à União" (NUCCI, 2008, p. 319). É, portanto, uma "medida cautelar, prevista em lei, não dependente de requerimento para existir, cujo procedimento para sua utilização depende de especialização, logo, sujeito ao pedido da parte interessada, podendo ser o imóvel *seqüestrado* [...] desde logo, para garantir que a própria especialização tenha sucesso" (NUCCI, 2008, p. 319).

Nesse contexto, é de se relembrar que o art. 91, inciso I, do Código Penal determina que é efeito da condenação tornar certa a obrigação de indenizar o dano causado pelo crime. Além disso, o Código Civil, no seu art. 1.489, inciso III, assevera que a lei confere hipoteca ao ofendido, ou aos seus herdeiros, sobre os imóveis do delinquente, para satisfação do dano causado pelo delito e pagamento das despesas judiciais. E, na dicção do art. 140 do CPP, as garantias do ressarcimento do dano alcançarão também as despesas processuais e as penas pecuniárias, tendo preferência sobre estas a reparação do dano ao ofendido.

A especialização da hipoteca legal recai sobre **bens imóveis de origem lícita**. Nesse sentido, nos termos do art. 134 do CPP, a hipoteca legal sobre os imóveis do indiciado poderá ser requerida pelo **ofendido** em qualquer fase do processo, desde que haja **certeza da infração e indícios suficientes da autoria**. Embora a redação deste dispositivo legal seja confusa (ora fala em indiciado, ora em processo), entende-se que somente é possível essa medida assecuratória **na fase do processo**, não tendo cabimento, pois, na fase de inquérito policial. Nesse sentido, Nestor Távora e Rosmar Rodrigues Alencar (TÁVORA; ALENCAR, 2009, p. 275) e Norberto Avena (AVENA, 2009, p. 338).

Ademais, não obstante o art. 134 do CPP só mencionar o ofendido como legitimado a requerer a medida em comento, certo é que também poderá fazê-lo o seu representante legal ou seus herdeiros, ou ainda o Ministério Público, se houver interesse da Fazenda Pública (recebimento de multa ou custas) ou se o ofendido for pobre e o requerer (art. 142 do CPP). Quanto à legitimidade do Ministério Público, porém, é preciso ponderar que ela somente existe, em caso de ofendido pobre, se no local não houver Defensoria Pública devidamente estruturada (inconstitucionalidade progressiva do dispositivo legal). Além disso, o *Parquet* não poderá mais atuar em prol do interesse da Fazenda Pública, considerando que cada ente federativo possui o seu próprio órgão de advocacia pública, assim como a Constituição Federal, no seu art. 129, inciso IX, vedou que a instituição exercesse a representação judicial e a consultoria jurídica de entidades públicas.

O art. 135 do CPP, por sua vez, evidencia o procedimento que deve ser seguido para especialização da hipoteca, merecendo ser lido na íntegra. Destaque para os §§ 3º e 4º, os quais, de acordo com o STF, revelam a existência de um **poder geral de cautela**, segundo o qual é possível por parte do juiz a suplementação, de ofício, de medidas cautelares (e as medidas assecuratórias são medidas cautelares patrimoniais) não requeridas pelo Ministério Público (Informativo nº 708).

O processo de especialização da hipoteca correrá em auto apartado (art. 138 do CPP). A especialização da hipoteca legal será cancelada se, por sentença irrecorrível, o réu for absolvido ou julgada extinta a punibilidade (art. 141 do CPP). Noutro giro, passando em julgado a sentença condenatória, serão os autos de hipoteca remetidos ao juiz cível (art. 143 do CPP).

Em arremate, contra a decisão que concede ou nega a especialização da hipoteca legal caberá o recurso de **apelação** (art. 593, inciso II, do CPP).

> **Aplicação em concurso público:**
>
> No concurso de Juiz de Direito Substituto do Tribunal de Justiça de Pernambuco, em 2013, promovido pela Fundação Carlos Chagas, questionou-se acerca das medidas assecuratórias e, em especial, da hipoteca legal, da seguinte forma: *"Quanto às medidas assecuratórias, de acordo com o Código de Processo Penal, é correto afirmar: A) A hipoteca legal sobre os imóveis do indiciado poderá ser requerida pelo ofendido em qualquer fase do processo, desde que haja certeza da infração e indícios suficientes da autoria. B) O sequestro poderá ser embargado pelo Ministério Público. C) Se o réu oferecer caução suficiente, em dinheiro ou em títulos da dívida pública, pelo valor de sua cotação em Bolsa, o juiz poderá mandar deixar de proceder ao sequestro de bem imóvel. D) Em caso de alienação antecipada, não alcançado o valor estipulado pela administração judicial, será realizado novo leilão, podendo os bens ser alienados por valor não inferior a 75% do estipulado na avaliação judicial. E) A especialização da hipoteca e o arresto correrão nos próprios autos do inquérito ou ação penal"*. A resposta da questão foi a letra A.

6.3. Arresto (arts. 136 a 144 CPP)

Arresto é a medida que visa tornar indisponível **bem de origem lícita** (no que difere do sequestro), para garantia de futura indenização ao ofendido ou ao Estado. É medida altamente salutar, pois "o procedimento de especialização de hipoteca legal pode demorar, razão pela qual se torna, de antemão, indisponível o bem (ou os bens imóveis), até que seja feita a inscrição do que for cabível no Registro de Imóveis" (NUCCI, 2008, p. 321).

Aliás, tanto na especialização da hipoteca legal como no arresto, as garantias obtidas alcançarão também as despesas processuais e as penas pecuniárias, tendo preferência sobre estas a reparação do dano ao ofendido, como preceitua o art. 140 do CPP.

Consoante o art. 136 do CPP, o **arresto do imóvel** poderá ser decretado de início, revogando-se, porém, se no prazo de 15 (quinze) dias não for promovido o processo de inscrição da hipoteca legal. É possível também o **arresto de bens móveis penhoráveis**, nos termos em que é facultada a hipoteca legal dos imóveis, se o responsável não possuir bens imóveis ou os possuir de valor insuficiente (art. 137, *caput*, do CPP) – nesse sentido, considera-se o **arresto de bens móveis uma medida residual** (TÁVORA; ALENCAR, 2009, p. 278). Para bens móveis fungíveis, há de ser aplicado o disposto no § 1º do art. 137 do CPP, procedendo-se de acordo com o art. 120, § 5º, do CPP. Com relação às rendas dos bens móveis, poderão ser fornecidos recursos arbitrados pelo juiz, para a manutenção do indiciado e de sua família, com base no § 2º do art. 137 do CPP.

Tanto o processo de especialização da hipoteca como o do arresto correrão em auto apartado (art. 138 do CPP). De outro lado, o arresto será levantado ou cancelada a hipoteca, se, por sentença irrecorrível, o réu for absolvido ou julgada extinta a punibilidade (art. 141 do CPP). Passando em julgado a sentença condenatória, serão os autos de hipoteca ou arresto remetidos ao juiz do cível (art. 63), conforme o art. 143 do CPP.

O Ministério Público tem a legitimidade para promover a especialização da hipoteca legal sobre bens imóveis e o arresto sobre bens móveis, se houver interesse da Fazenda Pública ou se o ofendido for pobre e o requerer (art. 142 do CPP). Quanto a esta legitimidade do Ministério Público, porém, é preciso ponderar que ela somente existe, em caso de ofendido pobre, se no local não houver Defensoria Pública devidamente estruturada (inconstitucionalidade progressiva do dispositivo legal). Além disso, o *Parquet* não poderá mais atuar em prol do interesse da Fazenda Pública, considerando que cada ente federativo possui o seu próprio órgão de advocacia pública, assim como a Constituição Federal, no seu art. 129, inciso IX, vedou que a instituição exercesse a representação judicial e a consultoria jurídica de entidades públicas.

O art. 144 do CPP permite que os interessados ou, nos casos acima aludidos, o Ministério Público requeiram no juízo cível, contra o responsável civil (responsabilidade civil solidária), as medidas de especialização da hipoteca legal sobre bens imóveis e o arresto sobre bens móveis ou imóveis. O depósito e a administração dos bens arrestados ficarão sujeitos ao regime do processo civil (art. 139 do CPP).

Registre-se que o novel art. 144-A do CPP, *caput* e parágrafos 1º a 6º, com a redação dada pela Lei nº 12.694/12, passou a cuidar da possibilidade de o juiz determinar a alienação antecipada para preservação do valor dos bens que estiverem sujeitos a qualquer grau de deterioração ou depreciação, ou quando houver dificuldade para sua manutenção, merecendo ser lido na íntegra.

Aliás, aproveitando o ensejo, noticie-se que a referida Lei nº 12.694/12 alterou também o Código Penal, acrescentando os parágrafos 1º e 2º ao seu art. 91, os quais asseveram, respectivamente, que "Poderá ser decretada a perda de bens ou valores equivalentes ao produto ou proveito do crime quando estes não forem encontrados ou quando se localizarem no exterior" (§ 1º) e "Na hipótese do § 1º, as medidas assecuratórias previstas na legislação processual poderão abranger bens ou valores equivalentes do investigado ou acusado para posterior decretação de perda" (§ 2º).

Acrescente que a Lei nº 13.964/2019 ("Pacote Anticrime") ainda criou no Código Penal o art. 91-A, que prevê o instituto do confisco alargado, já explicitado nesta obra quando da análise da restituição das coisas apreendidas, para onde se remete o leitor.

Da decisão que concede ou denega o arresto **não cabe recurso**, pois ela não é definitiva (ou com força de definitiva), como exigido pelo art. 593, inciso II, do CPP para fins de apelação, sendo possível, porém, o manejo do **mandado de segurança em matéria criminal**.

▸ Medidas assecuratórias e legislação especial (Leis números 13.260/2016 e 13.344/2016):

A Lei nº 13.260, de 16 de março de 2016, disciplinando o terrorismo, tratando de disposições investigatórias e processuais e reformulando o conceito de organização terrorista, oferece relevantes regras sobre as medidas assecuratórias, em seus artigos 12 a 15, nos seguintes termos: *"Art. 12. O juiz, de ofício, a requerimento do Ministério Público ou mediante representação do delegado de polícia, ouvido o Ministério Público em vinte e quatro horas, havendo indícios suficientes de crime previsto nesta Lei, poderá decretar, no curso da investigação ou da ação penal, medidas assecuratórias de bens, direitos ou valores do investigado ou acusado, ou existentes em nome de interpostas pessoas, que sejam instrumento, produto ou proveito dos crimes previstos nesta Lei. § 1º Proceder-se-á à alienação antecipada para preservação do valor dos bens sempre que estiverem sujeitos a qualquer grau de deterioração ou depreciação, ou quando houver dificuldade para sua manutenção. § 2º O juiz determinará a liberação, total ou parcial, dos bens, direitos e valores quando comprovada a licitude de sua origem e destinação, mantendo-se a constrição dos bens, direitos e valores necessários e suficientes à reparação dos danos e ao pagamento de prestações pecuniárias, multas e custas decorrentes da infração penal. § 3º Nenhum pedido de liberação será conhecido sem o comparecimento pessoal do acusado ou de interposta pessoa a que se refere o caput deste artigo, podendo o juiz determinar a prática de atos necessários à conservação de bens, direitos ou valores, sem prejuízo do disposto no § 1º. § 4º Poderão ser decretadas medidas assecuratórias sobre bens, direitos ou valores para reparação do dano decorrente da infração penal antecedente ou da prevista nesta Lei ou para pagamento de prestação pecuniária, multa e custas. Art. 13. Quando as circunstâncias o aconselharem, o juiz, ouvido o Ministério Público, nomeará pessoa física ou jurídica qualificada para a administração dos bens, direitos ou valores sujeitos a medidas assecuratórias, mediante termo de compromisso. Art. 14. A pessoa responsável pela administração dos bens: I – fará jus a uma remuneração, fixada pelo juiz, que será satisfeita preferencialmente com o produto dos bens objeto da administração; II – prestará, por determinação judicial, informações periódicas da situação dos bens sob sua administração, bem como explicações e detalhamentos sobre investimentos e reinvestimentos realizados. Parágrafo único. Os atos relativos à administração dos bens serão levados ao conhecimento do Ministério Público, que requererá o que entender cabível. Art. 15. O juiz determinará, na hipótese de existência de tratado ou convenção internacional e por solicitação de autoridade estrangeira competente, medidas assecuratórias sobre bens, direitos ou valores oriundos de crimes descritos nesta Lei praticados no estrangeiro. § 1º Aplica-se o disposto neste artigo, independentemente de tratado ou convenção internacional, quando houver reciprocidade do governo do país da autoridade solicitante. § 2º Na falta de tratado ou convenção, os bens, direitos ou valores sujeitos a medidas assecuratórias por solicitação de autoridade estrangeira competente ou os recursos provenientes da sua alienação serão repartidos entre o Estado requerente e o Brasil, na proporção de metade, ressalvado o direito do lesado ou de terceiro de boa-fé".*

> Por sua vez, a Lei nº 13.344, de 6 de outubro de 2016, dispondo sobre prevenção e repressão ao tráfico interno e internacional de pessoas e sobre medidas de atenção às vítimas, também apresenta importante regramento acerca das medidas assecuratórias, ao asseverar em seu art. 8º o seguinte: "*Art. 8º O juiz, de ofício, a requerimento do Ministério Público ou mediante representação do delegado de polícia, ouvido o Ministério Público, havendo indícios suficientes de infração penal, poderá decretar medidas assecuratórias relacionadas a bens, direitos ou valores pertencentes ao investigado ou acusado, ou existentes em nome de interpostas pessoas, que sejam instrumento, produto ou proveito do crime de tráfico de pessoas, procedendo-se na forma dos arts. 125 a 144-A do Decreto-Lei nº 3.689, de 3 de outubro de 1941 (Código de Processo Penal). § 1º Proceder-se-á à alienação antecipada para preservação do valor dos bens sempre que estiverem sujeitos a qualquer grau de deterioração ou depreciação, ou quando houver dificuldade para sua manutenção. § 2º O juiz determinará a liberação total ou parcial dos bens, direitos e valores quando comprovada a licitude de sua origem, mantendo-se a constrição dos bens, direitos e valores necessários e suficientes à reparação dos danos e ao pagamento de prestações pecuniárias, multas e custas decorrentes da infração penal. § 3º Nenhum pedido de liberação será conhecido sem o comparecimento pessoal do acusado ou investigado, ou de interposta pessoa a que se refere o caput, podendo o juiz determinar a prática de atos necessários à conservação de bens, direitos ou valores, sem prejuízo do disposto no § 1º. § 4º Ao proferir a sentença de mérito, o juiz decidirá sobre o perdimento do produto, bem ou valor apreendido, sequestrado ou declarado indisponível*".

7. INCIDENTE DE FALSIDADE (ARTS. 145 A 148 CPP)

Trata-se de incidente "voltado à constatação da autenticidade de um documento, inclusive os produzidos eletronicamente (art. 11, *caput* e § 2º, Lei 11.419/2006), inseridos nos autos do processo criminal principal, sobre o qual há controvérsia" (NUCCI, 2008, p. 327).

A instauração desse incidente deve ser requerida **por escrito** (art. 145, *caput*, do CPP). Podem requerer a instauração do incidente todas as partes que atuam no feito, a saber, o Ministério Público, o querelante, o assistente de acusação ou o acusado. Esse requerimento pode ser feito por **procurador, desde que possua poderes especiais** (art. 146 do CPP). É possível ainda que o reconhecimento da falsidade se dê **de ofício pelo juiz** (art. 147 do CPP). Uma vez instaurado o incidente, o juiz deve observar o procedimento previsto no art. 145 do CPP, que merece ser lido na íntegra. Em sendo reconhecida a falsidade, o documento deve ser retirado do processo, determinando o juiz o envio dos autos do incidente ao Ministério Público para que possa adotar as providências cabíveis quanto a eventual conduta delitiva (arts. 40 e 145, inciso IV, do CPP). Qualquer que seja a decisão, **não fará coisa julgada em prejuízo de ulterior processo penal ou civil** (art. 148 do CPP).

▸ **Qual o entendimento do STJ sobre o assunto?**

O STJ já decidiu que, embora não exista prazo definido em lei para que se possa requerer a instauração do incidente de falsidade documental previsto no art. 145 e seguintes do Código de Processo Penal, não há nulidade na decisão que indefere pedido de incidente de falsidade referente à prova juntada aos autos há mais de 10 anos e contra a qual a defesa se insurge somente após a prolação da sentença penal condenatória, uma vez que a pretensão está preclusa (Informativo nº 615).

Contra a decisão que decide o incidente de falsidade cabe **recurso em sentido estrito** (art. 581, inciso XVIII, do CPP), que, porém, **não possui efeito suspensivo** (art. 584 do CPP), devendo subir ao tribunal nos próprios autos do incidente.

▸ **Aplicação em concurso público:**

No concurso do Ministério Público do Estado de Santa Catarina, promovido em 2019, houve questionamento a respeito do incidente de falsidade a partir da seguinte assertiva: "*O Código de Processo Penal, quanto ao incidente de falsidade, estabelece que qualquer que seja a decisão, não fará coisa julgada em prejuízo de ulterior processo penal ou civil. Da decisão que decidir o incidente de falsidade caberá recurso em sentido estrito.*" A assertiva foi considerada correta.

8. INSANIDADE MENTAL DO ACUSADO (ARTS. 149 A 154 CPP)

Trata-se de procedimento "instaurado para apurar a inimputabilidade ou a semi-imputabilidade do acusado, levando-se em conta a sua capacidade de compreensão do ilícito ou de determinação de acordo com esse entendimento, à época da infração penal" (NUCCI, 2008, p. 330), ou seja, nos casos indicados no art. 26 do Código Penal.

▸ **Qual o entendimento do STJ sobre o assunto?**

Como já decidido pelo STJ, o reconhecimento da inimputabilidade ou semi-imputabilidade do réu depende da prévia instauração de incidente de insanidade mental e do respectivo exame médico-legal nele previsto (Informativo nº 675).

Autoriza-se a instauração do procedimento **quando houver dúvida sobre a integridade mental do acusado** (art. 149, *caput*, do CPP). Essa instauração pode ser feita de ofício pelo juiz ou a requerimento do Ministério Público, do defensor, do curador, ascendente, descendente, irmão ou cônjuge do acusado (art. 149, *caput*, do CPP). É possível ainda a instauração **na fase do inquérito policial**, por meio de **representação da autoridade policial** ao juiz competente (art. 149, § 1º, do CPP). Nesta fase, é competente para determinar a instauração do incidente o juiz das garantias (art. 3º-B, inciso XIII, do CPP, com a redação dada pela Lei nº 13.964/2019 – "Pacote Anticrime").

O procedimento deve ser instaurado por meio de **portaria do juiz**. Uma vez instaurado tal procedimento, o juiz deverá nomear **curador** em favor do acusado. Além disso, determinará a **suspensão** do processo, se já iniciada a ação penal, salvo quanto às diligências que possam ser prejudicadas pelo adiamento (art. 149, § 2º, do CPP). Ressalte-se, porém, que **não haverá a suspensão ou interrupção do prazo prescricional**. Aliás, estas provas urgentes devem ser realizadas na presença do curador, "assegurando-se ao réu a possibilidade de reinquiri-las, assim que recobrar a sanidade" (TÁVORA; ALENCAR, 2009, p. 285).

> **▸ Aplicação em concurso público:**
>
> No concurso da Defensoria Pública do Estado de Minas Gerais, promovido pela Fundep, em 2014, dentre outros aspectos relevantes das questões e processos incidentes, foi cobrado justamente o teor do art. 149, § 2º, do CPP, do seguinte modo: *"A respeito das questões e processos incidentes, assinale a alternativa INCORRETA. A) De acordo com o código de processo penal, a exceção de coisa julgada somente poderá ser oposta em relação ao fato principal que tiver sido objeto da sentença. B) Se em qualquer fase do processo o juiz reconhecer motivo que o torne incompetente, declará-lo-á nos autos, haja ou não alegação da parte. C) A instauração do incidente de insanidade mental do acusado não suspende o processo se já iniciada a ação penal. D) Somente à autoridade judicial compete decidir a respeito do pedido de restituição das coisas apreendidas em poder de terceiro de boa-fé."* A alternativa correta é a letra C.

Na sequência, as partes vão ser intimadas para oferecer os **quesitos**. Segundo Nestor Távora e Rosmar Rodrigues Alencar, "na fase do inquérito o advogado do indiciado deve ser admitido a apresentar quesitos, mesmo ao reconhecimento que nesta etapa impera a inquisitoriedade" (TÁVORA; ALENCAR, 2009, p. 283), sendo que é o magistrado quem deve "determinar a intimação do advogado do suspeito para que apresente os quesitos que entender pertinentes" (TÁVORA; ALENCAR, 2009, p. 283). Logo após, o acusado será submetido a **exame médico-legal**. Ao final, o laudo pericial será juntado aos autos do incidente, que, por sua vez, serão apensados ao feito principal.

Para o efeito do exame, se o acusado estiver **preso**, será internado em **manicômio judiciário**, onde houver, ou, se estiver solto, e o requererem os peritos, em estabelecimento adequado que o juiz designar (art. 150, *caput*, do CPP).

O **prazo para realização do exame não pode superar 45 (quarenta e cinco) dias**, salvo se os peritos demonstrarem a necessidade de maior prazo (art. 150, § 1º, do CPP). Se não houver prejuízo para a marcha do processo, o juiz poderá autorizar sejam os autos entregues aos peritos, para facilitar o exame (art. 150, § 2º, do CPP).

Se os peritos concluírem que o acusado era, ao tempo da infração, irresponsável, nos termos do art. 26 do Código Penal, o processo prosseguirá, com a presença do curador (se concluem que era imputável, o processo prossegue sem o curador).

Se, porém, se verificar que a doença mental sobreveio à infração o processo continuará suspenso até que o acusado se restabeleça, nomeando-se curador, podendo haver a prática de diligências que possam ser prejudicadas pelo adiamento (art. 152, *caput*, do CPP). Nessa situação, é possível que o juiz ordene a internação do acusado em manicômio judiciário ou em outro estabelecimento adequado (art. 152, § 1º, do CPP). Há aqui **crise de instância**, pois o processo somente poderá retomar o seu curso se o acusado restabelecer a sua higidez mental, ficando-lhe, porém, assegurada a faculdade de reinquirir as testemunhas que houverem prestado depoimento sem a sua presença (art. 152, § 2º, do CPP).

> **Aplicação em concurso público:**
>
> No concurso de Promotor de Justiça do Ministério Público do Estado de Rondônia, em 2010, promovido pelo Cespe/Unb, dentre outros aspectos relevantes do processo penal, foi cobrada justamente a hipótese de crise de instância anteriormente apontada, nesses termos: *"Acerca do processo penal, assinale a opção correta. a) A sentença penal que reconhece não haver prova da existência do fato permite a absolvição do réu e faz coisa julgada no cível, impedindo a propositura de ação civil indenizatória. b) Quando, em incidente de insanidade mental do acusado, verificar-se que a doença mental sobreveio à infração, o processo penal deverá continuar suspenso até que o réu se restabeleça. c) A restituição de coisa apreendida em poder de terceiro de boa-fé pode ser feita pela autoridade policial mediante a prova da propriedade. d) A arguição de falsidade documental e a de insanidade mental, quando feitas por procurador, exigem poderes especiais. e) A citação do acusado será feita por hora certa quando ele não for encontrado ou se ocultar para não ser citado".* A assertiva correta foi a de letra B.

O procedimento de insanidade mental processa-se sempre em auto apartado, que só depois da apresentação do laudo será apenso ao processo principal (art. 153 do CPP). Registre-se ainda que se a insanidade mental sobrevier no curso da execução da pena, observar-se-á o disposto ou no art. 41 do Código Penal (**doença transitória**: o condenado deve ser transferido para o hospital penitenciário, sem alteração da sua pena) ou no art. 183 da Lei de Execução Penal (**doença permanente**: há conversão da pena em medida de segurança), a depender do caso.

Quanto à **matéria recursal**, entende-se que a decisão que determina a instauração do incidente em comento é irrecorrível, sendo possível, porém, o manejo do mandado de segurança em matéria criminal. Já para atacar a decisão que rejeita este incidente deve ser oferecido *habeas corpus*.

A doutrina vem sustentando que, em regra, **o agente não pode se recusar a se submeter ao incidente de insanidade mental**, "isto porque o expediente objetiva a detecção da higidez mental que irá refletir na postura a ser assumida em razão da sanção cabível, se pena, ou medida de segurança, não havendo contrariedade ao art. 5º, inc. LXIII, ao asseverar que ninguém pode ser obrigado a auto-incriminar-se" (TÁVORA; ALENCAR, 2009, p. 284). Somente em situações excepcionais, nas quais se constata manifesta ilegalidade, é que o agente poderá se recusar a se submeter ao incidente, recusa esta que estará agasalhada pelo oferecimento de mandado de segurança em matéria criminal. Contudo, não é esta a posição mais recente da jurisprudência. Assim, em decisão proferida em 06/09/2016 (Informativo nº 838), a 2ª Turma do STF decidiu que o incidente de insanidade mental é prova pericial constituída em favor da defesa, daí porque não é possível determiná-lo compulsoriamente na hipótese em que ela se oponha à sua realização. Nessa esteira, asseverou-se que, embora existissem nos autos indícios da inimputabilidade do réu, a defesa não solicitara a realização de exame pericial, motivo pelo qual aquele indivíduo não estaria obrigado a se submeter a esse exame.

▸ **Aplicação em concurso público:**

No XLIX concurso do MP/MG, em 2010, foi cobrada a repercussão do exame de insanidade mental no processo penal, nesses termos: *"No curso do processo de rito ordinário, realizado o exame pericial para aferir a inimputabilidade do agente (exame de insanidade mental) e verificando-se que a doença mental sobreveio à data da consumação da infração penal versada nos autos, o Juiz de Direito* ***DEVERÁ:*** *A) proferir decisão de absolvição sumária, quando essa for a única tese sustentada na defesa preliminar. B) deliberar que o processo prossiga com a presença do defensor e do curador acusado. C) determinar que o processo fique suspenso até que o acusado se restabeleça. D) remeter os autos ao Conselho Penitenciário para que seja emitido parecer quanto à inimputabilidade do agente. E) se o crime for de competência do Júri, pronunciará o acusado para que o Conselho de Sentença delibere quanto à inimputabilidade"*. A assertiva considerada correta foi a de letra C.

▸ **Aplicação em concurso público:**

No concurso de Defensor Público do Estado do Paraná, promovido pela Fundação Carlos Chagas, em 2017, foram cobrados aspectos relevantes do incidente de insanidade mental do acusado, conforme a seguir transcrito: *"Em relação à insanidade mental do acusado, (A) o rito de insanidade mental será processado nos autos principais. (B) o juiz nomeará curador ao acusado, quando determinar o exame, sem estabelecer a suspensão do processo, se já iniciada a ação penal. (C) o exame não poderá ser ordenado na fase do inquérito policial. (D) a suspensão processual continua até que o acusado se restabeleça, se a doença mental sobrevier à infração. (E) o exame não durará mais de trinta dias, salvo se os peritos demonstrarem a necessidade de maior prazo"*. A alternativa correta foi a letra D.

Capítulo XI

Prova

1. CONCEITO

Prova é todo meio de se demonstrar, evidenciar uma verdade. No caso particular do processo penal, a prova tem estreita ligação com o **princípio da busca da verdade real** (já analisado no capítulo 2 deste trabalho, para onde se remete o leitor), a exigir a obtenção da verdade dos fatos, a verdade do mundo real, diferente do que ocorre com o processo civil, em que se verifica a procura tão somente da verdade formal, a verdade dos autos.

Contudo, como é cediço, a verdade é sempre conceito relativo, o que impossibilita a reprodução, nos autos, da realidade dos fatos com absoluta fidelidade, daí porque o autêntico objetivo da prova é a busca da persuasão do juiz, permitindo que ele julgue sempre com base em uma **certeza.**

2. SISTEMAS DE AVALIAÇÃO DA PROVA (ART. 155 CPP)

Embora as partes sejam destinatárias indiretas da prova, certo é que o **magistrado é o seu destinatário direto**, pois, como já afirmado alhures, o principal objetivo da atividade probatória é a formação do convencimento do juiz.

A esse respeito, são encontrados 3 (três) sistemas de avaliação da prova por parte do magistrado, a saber:

1. **Íntima convicção ou livre convicção ou certeza moral do juiz**: Neste sistema, "há valoração livre ou [...] íntima convicção do magistrado, significando não haver necessidade de motivação para suas decisões" (NUCCI, 2008, p. 394). No Brasil, esse sistema é aplicado apenas no **Tribunal do Júri**, no qual os jurados não motivam o seu voto, até porque ele é sigiloso.
2. **Prova legal ou regras legais ou sistema tarifário ou certeza moral do legislador**: Nesse sistema, há "valoração taxada ou tarifada da prova, significando o preestabelecimento de um determinado valor para cada prova produzida no processo, fazendo com que o juiz fique adstrito ao critério fixado pelo legislador, bem como restringido na sua atividade de julgar" (NUCCI, 2008, p. 394). Atualmente, no Brasil, há resquício desse sistema no teor do **art. 158, *caput*, do CPP**, que exige o exame de corpo de delito, direto ou indireto, para a formação da materialidade da infração penal que deixar vestígios, vedando a sua produção através da confissão (NUCCI, 2008, p. 394).

3. **Persuasão racional ou convencimento racional ou livre convencimento motivado ou apreciação fundamentada ou prova fundamentada**: É o sistema adotado no Brasil, por força do art. 93, inciso IX, da Constituição Federal, que exige a motivação de todas as decisões judiciais. Ele vem estampado expressamente no art. 155, *caput*, do CPP ("O juiz formará sua convicção pela livre apreciação da prova produzida em contraditório judicial, não podendo fundamentar sua decisão exclusivamente nos elementos informativos colhidos na investigação, ressalvadas as provas cautelares, não repetíveis e antecipadas").

Por meio desse sistema, permite-se que o juiz decida a causa "de acordo com seu livre convencimento, devendo, no entanto, cuidar de fundamentá-lo, nos autos, buscando persuadir as partes e a comunidade em abstrato" (NUCCI, 2008, p. 395). Para formação do seu convencimento, em regra, o juiz só pode se utilizar de **prova produzida ao longo do processo penal**, eis que ela estará submetida ao contraditório e à ampla defesa.

▸ **Aplicação em concurso público:**

No concurso de Delegado da Polícia Civil do Estado do Espírito Santo, em 2011, promovido pelo Cespe/Unb, foi cobrada exatamente a redação do art. 155, *caput*, do CPP. Nesse sentido, a assertiva "*Marcelo recebeu sentença condenatória baseada, unicamente, em elementos coligidos na fase do inquérito. Nessa situação, a jurisprudência do STF reconhece a insubsistência do pronunciamento condenatório sob o fundamento de violação ao princípio do contraditório*" foi considerada correta.

▸ **Aplicação em concurso público:**

No concurso de Procurador da República do Ministério Público Federal, em 2013, cobrou-se a aplicação do sistema do livre convencimento motivado, da seguinte forma: "*Assinale a alternativa correta. O livre convencimento motivado: a) é incompatível com as restrições em relação ao meio da obtenção da prova; b) é aplicável às decisões do juiz singular e aos jurados; c) é aplicável às decisões do juiz singular; d) não se confunde com persuasão racional*". A resposta da questão foi a letra C.

Excepcionalmente, porém, é possível a utilização de provas produzidas no inquérito policial para a formação da convicção do magistrado, se tais provas forem **cautelares, não repetíveis e antecipadas** (art. 155, *caput*, do CPP). São os **elementos migratórios no Processo Penal**, assim denominados porque eles migram da investigação para o processo penal, autorizando que o juiz os utilize em seu julgamento.

▸ **Aplicação em concurso público:**

No concurso de Juiz de Direito Substituto/DF, promovido pelo Cespe, em 2016, questionou-se acerca do princípio do livre convencimento motivado, inclusive quanto às exceções previstas na parte final do art. 155, *caput*, do CPP, conforme consta a seguir: "*Acerca do princípio do livre convencimento do juiz, assinale a opção correta. A) Tendo formado sua convicção pela livre apreciação da prova produzida em contraditório judicial, o juiz poderá proferir decisão baseada exclusivamente nas provas não repetíveis, mas não poderá fazê-lo em caso de provas antecipadas ou cautelares. B) O juiz deve formar sua convicção pela livre apreciação da prova produzida em contraditório judicial, não podendo proferir decisão baseada exclusivamente nos elementos informativos colhidos na fase de investigação, tampouco nas provas cautelares, não repetíveis e antecipadas. C) Dada a previsão de que o juiz deve formar sua convicção pela livre apreciação da prova produzida em contraditório, a prova produzida na fase de investigação poderá fundamentar a decisão do magistrado se a sua produção tiver sido acompanhada pelo advogado do réu, ou seja, poderá o juiz fundamentar sua decisão exclusivamente nos elementos informativos produzidos na fase de inquérito. D) Em decorrência do princípio do livre convencimento adotado pelo CPP, o juiz pode decidir de acordo com sua vivência acerca dos fatos, desde que sua decisão seja devidamente fundamentada. E) O juiz deve formar sua convicção pela livre apreciação da prova produzida em contraditório judicial, e poderá proferir decisão com base exclusivamente nas provas cautelares, não repetíveis e antecipadas".* A assertiva correta foi a letra E.

Embora aparentemente as expressões sejam idênticas, há diferença entre provas cautelares, não repetíveis e antecipadas. As **provas cautelares** são aquelas que, em razão da necessidade e urgência, devem ser praticadas, sob pena de que os elementos venham a ser perdidos. São exemplos a busca e apreensão domiciliar e a interceptação telefônica. Já as **provas não repetíveis** são aquelas que não podem ser reproduzidas durante a fase processual, por pura impossibilidade material. É o exemplo do exame de corpo de delito em um crime que deixa vestígios. Elas são produzidas de forma inquisitiva, mas serão submetidas a um **contraditório diferido ou postergado**, exercido ao longo da ação penal, quando as partes poderão impugná-las ou mesmo requerer a produção de contraprova, se possível for. As **provas antecipadas**, por sua vez, são aquelas produzidas em incidente pré-processual que tramita perante um magistrado, havendo a efetiva participação das futuras partes, motivo pelo qual são respeitados o contraditório e a ampla defesa, o que legitimará a utilização de tais provas na fase processual (TÁVORA; ALENCAR, 2009, p. 329-330).

▸ Aplicação em concurso público:

No concurso do TJ/MG, em 2009/2010, promovido pela Escola Judicial Desembargador Edésio Fernandes (EJEF), na Prova escrita, foi indagado ao candidato: *"O artigo 155 do Código de Processo Penal, na sua parte final, faz expressa ressalva em relação às provas cautelares, não repetíveis e antecipadas, que podem ser utilizadas na formação do convencimento do julgador, mesmo que no momento de sua produção não tenha sido observado o contraditório. Considerada a variação terminológica utilizada pelo legislador, explique, se há distinção entre as provas cautelares, não repetíveis e antecipadas, e em que consistem essas provas, apresentando exemplos que ilustrem a argumentação".* A diferenciação entre as expressões foi feita nos parágrafos anteriores.

Além disso, toda prova lícita pode ser utilizada no processo penal, havendo apenas limitação quanto ao **estado das pessoas**, hipótese em que serão seguidas as restrições estabelecidas na lei civil (art. 155, parágrafo único, do CPP). Assim, por exemplo, um casamento somente pode ser provado mediante certidão de casamento, um nascimento pela certidão de nascimento e um óbito pela certidão de óbito. É com esse fundamento que o art. 62 do CPP assevera que, no caso de morte do acusado, o juiz somente à vista da certidão de óbito, e depois de ouvido o Ministério Público, declarará extinta a punibilidade. É ainda nessa esteira que o STJ editou a Súmula nº 74, que possui o seguinte verbete: "Para efeitos penais, o reconhecimento da menoridade do réu requer prova por documento hábil".

Noticie-se que o Código de Processo Civil de 2015 trouxe novidade a respeito do sistema de avaliação da prova adotado como regra geral no Brasil, suprimindo a expressão "livre" que acompanha o convencimento do juiz, nos termos do art. 371 ("O juiz apreciará a prova constante dos autos, independentemente do sujeito que a tiver promovido, e indicará na decisão as razões da formação de seu convencimento"). Essa novidade, por ser bem-vinda, deve repercutir na esfera processual penal, reforçando-se a ideia de que, embora o juiz tenha liberdade na apreciação da prova, ele encontra limites para fundamentar, não podendo a sua fundamentação estar alicerçada em argumentos que não encontram respaldo no ordenamento jurídico, daí porque, de fato, a sua liberdade é regrada.

3. ÔNUS DA PROVA, ATIVIDADE PROBATÓRIA DO JUIZ E GESTÃO DA PROVA (ART. 156 CPP)

Quanto ao ônus da prova, há de se salientar que, em regra, a prova da alegação incumbirá a quem a fizer (art. 156, *caput*, do CPP). Nesse sentido, em regra, por força do princípio da presunção de inocência, o **ônus é da acusação**. Assim, compete ao autor da ação penal a demonstração da autoria e da materialidade delitiva, do dolo ou culpa do agente e de circunstâncias que venham a exasperar a pena (qualificadoras, causas de aumento de pena e até mesmo agravantes, embora estas últimas possam ser reconhecidas de ofício pelo juiz, nos termos do art. 385 do CPP).

Excepcionalmente, é **ônus da defesa a prova da existência de excludentes de ilicitude e de culpabilidade**, embora seja possível absolvição do réu se simplesmente houver fundada dúvida acerca da existência de tais excludentes (art. 386, inciso VI, do CPP). **Também é ônus da defesa a prova de causas de extinção da punibilidade (art. 107 do CP) e de circunstâncias que mitiguem a pena.**

> **▸ Aplicação em concurso público:**
>
> No concurso de Delegado da Polícia Civil de Minas Gerais, em 2018, promovido pela Fumarc, dentre outros aspectos relevantes das provas no Processo Penal, mereceu destaque o ônus de prova (mitigado) da defesa, com os seguintes dizeres: "*Em matéria de provas no processo penal, é CORRETO afirmar: A) A absolvição independe de o acusado provar o alegado. B) A declaração de ilicitude de uma prova necessariamente implica nulidade absoluta de todo o processo. C) A prova testemunhal não poderá ser determinada de ofício pelo juiz. D) Não há contaminação da prova quando ficar evidenciado seu nexo causal com a prova originária*".
> A resposta considerada correta foi a letra A.

Esse sistema de **distribuição do ônus da prova** entre a acusação e a defesa é aquele que vem prevalecendo na doutrina e na jurisprudência do STJ (STJ, RHC nº 1330/RJ, 6ª Turma, Rel. Min. Luiz Vicente Cernicchiaro, DJ 9/9/1991, p. 12214).

▸ **Inversão do ônus da prova na Lei de Lavagem de Dinheiro:**

A inversão do ônus da prova na Lei de Lavagem de Dinheiro (Lei nº 9.613/98) implica em uma troca da regra de distribuição da carga probatória entre as partes, ou seja, quanto à acusação, basta que ela demonstre indícios suficientes da infração penal para que o juiz possa decretar as medidas assecuratórias de bens, dinheiro ou valores do agente delitivo, ao passo que, em relação à defesa, impõe-se a prova plena (juízo de certeza) da licitude dos bens, dinheiro ou valores apreendidos para que se permita a restituição deste patrimônio. Entende-se que esta troca não viola o princípio da presunção de inocência.

Essa inversão, no entanto, não se aplica no momento da sentença condenatória, voltando a valer a regra geral de ônus da prova, devendo a acusação demonstrar categoricamente a ilicitude da origem do patrimônio apreendido para que o juiz venha a decretar a sua perda, sob pena de restituição ao acusado.

▸ **Inversão do ônus da prova no confisco alargado (art. 91-A CP):**

Conforme já explicitado nesta obra, no tópico referente à restituição das coisas apreendidas, a Lei nº 13.964/2019 ("Pacote Anticrime") criou no país a figura do confisco alargado. Em apertada síntese, pode-se afirmar que, em relação a este instituto, a novel Lei realiza uma presunção de que a diferença patrimonial existente advém do fato de os bens serem produto ou proveito do crime. Trata-se, pois, de presunção relativa (*juris tantum*) que recai sobre o acusado, o qual, no entanto, pode ilidi-la, demonstrando a inexistência da incompatibilidade ou a procedência lícita do patrimônio (art. 91-A, parágrafo 2º, CP). Há, pois, uma verdadeira inversão do ônus da prova, dispensando-se, a princípio, que a acusação demonstre o percurso dos bens, o seu trânsito, a sua origem.

▸ **Inversão do ônus da prova na Lei de Tóxicos:**

Consoante o disposto no art. 60, *caput*, da Lei nº 11.343/06, o juiz, a requerimento do Ministério Público ou do assistente de acusação, ou mediante representação da autoridade de polícia judiciária, poderá decretar, no curso do inquérito ou da ação penal, a apreensão e outras medidas assecuratórias nos casos em que haja *suspeita* de que os bens, direitos ou valores sejam produto do crime ou constituam proveito dos crimes previstos nesta Lei, procedendo-se na forma dos arts. 125 e seguintes do CPP. Nos termos do § 5º deste dispositivo legal, com a redação dada pela Lei nº 14.322/22, decretadas quais dessas medidas, o juiz facultará ao acusado que, no prazo de 5 (cinco) dias, apresente provas, ou requeira a produção delas, acerca da origem lícita do bem ou do valor objeto da decisão, exceto no caso de veículo apreendido em transporte de droga ilícita. Provada a origem lícita do bem ou do valor, o juiz decidirá por sua liberação, exceto no caso de veículo apreendido em transporte de droga ilícita, cuja destinação observará o disposto nos arts. 61 e 62 da Lei nº 11.343/06, ressalvado o direito de terceiro de boa-fé (§ 6º). Em resumo, é possível o decreto judicial de apreensão ou de medidas assecuratórias quando haja *suspeita* de que os bens, direitos ou valores sejam produto do crime ou constituam proveito dos crimes previstos na Lei de Tóxicos, ao passo que compete ao acusado comprovar (de forma plena, com juízo de certeza) a origem lícita do bem ou do valor objeto da decisão para que seja possível a liberação dele, o que constitui mais uma hipótese de inversão do ônus da prova.

▸ **Prova duplamente diabólica:**

A prova diabólica é aquela prova impossível ou excessivamente difícil de ser produzida, a exemplo da prova de fato negativo. Ela é vedada expressamente pelo CPC (art. 373, parágrafo 2º) e, de forma implícita, pela regra de distribuição do ônus da prova prevista no art. 156, *caput*, CPP. Nesse contexto, a prova duplamente diabólica envolve situações em que a impossibilidade ou a dificuldade para a sua colheita atinge ambas as partes. São situações, pois, de inesclarecibilidade.

De outro lado, a Lei nº 11.690/08, alterando a redação do art. 156 do CPP, permitiu que o juiz ordenasse, mesmo antes de iniciada a ação penal (ou seja, na fase de inquérito policial), a produção antecipada de provas consideradas urgentes e relevantes, observando a necessidade, adequação e proporcionalidade da medida (art. 156, inciso I, do CPP), bem como determinasse, no curso da instrução, ou antes de proferir sentença, a realização de diligências para dirimir dúvida sobre ponto relevante (art. 156, inciso II, do CPP).

São os chamados poderes instrutórios do juiz, poderes de determinar de ofício a produção de provas, que estariam justificados a partir do princípio da busca da verdade real. Destarte, o juiz exerceria esses poderes para manter intacta determinada prova, impedir que ela se perca, ou ainda visando julgar o feito a partir de uma certeza, convicção, evitando a aplicação de presunções, como o *in dubio pro reo*. Contudo, impende registrar que há parcela relevante da doutrina sustentando que sequer é possível falar em verdade real, ela não passaria de um grande mito, utopia, já que dificilmente seria reconstituída nos autos. Mais apropriado seria falar em verdade possível (factível, alcançável, conforme o cenário que se revela nos autos, as ferramentas probatórias que estão à disposição das partes) ou, melhor ainda, abandonar a noção de verdade, que é extremamente subjetiva, e apontar que, em essência, o objetivo da prova no Processo Penal é permitir ao juiz, seu destinatário final, a formação de uma certeza, convicção no momento do seu julgamento.

De toda sorte, no que tange ao teor do art. 156, inciso I, do CPP, não obstante não seja recomendável a atuação do juiz na fase do inquérito participando ativamente da atividade de produção de provas, certo é que, conforme alhures explicitado, a intenção do legislador foi privilegiar o princípio da busca da verdade real, tendo o magistrado o papel de preservar as provas daquela natureza, sem que isso implique em violação da sua imparcialidade e do próprio sistema acusatório, embora, repita-se, haja respeitáveis posições em sentido contrário, a exemplo de Aury Lopes Jr., para quem o dispositivo legal em comento é inconstitucional, eis que consagrador da figura do "juiz-instrutor" (LOPES JR., 2010, p. 262).

▸ **Produção antecipada de provas (arts. 155, *caput*, e 156, I, CPP), depoimento especial (art. 11, *caput* e § 1º, Lei 13.431/17) e Lei Henry Borel (art. 21, § 1º, Lei 14.344/22):**

Nos arts. 155, *caput*, parte final, e 156, inciso I, o CPP prevê a possibilidade de produção antecipada de provas. Exemplo sintomático desta produção pode ocorrer com a colheita do depoimento especial. Assim, consoante o disposto no art. 11, *caput*, da Lei nº 13.431/17, o depoimento especial reger-se-á por protocolos e, sempre que possível, será realizado uma única vez, em sede de produção antecipada de prova judicial, garantida a ampla defesa do investigado. Em complemento, o § 1º deste dispositivo legal assevera que o depoimento especial seguirá o rito cautelar de antecipação de prova: I – quando a criança ou o adolescente tiver menos de 7 (sete) anos; II – em caso de violência sexual. Ou seja, nessas hipóteses, o depoimento especial observará o regramento legal da produção antecipada da prova previsto nos arts. 381 a 383 do CPC.

Nessa senda, a Lei Henry Borel (Lei nº 14.344/22), em seu art. 21, § 1º, dispõe que a autoridade policial poderá *requisitar* e o Conselho Tutelar requerer ao Ministério Público a propositura de ação cautelar de antecipação de produção de prova nas causas que envolvam violência contra a criança e o adolescente, observadas as disposições da Lei nº 13.431, de 4 de abril de 2017. Todavia, polêmica é a previsão legal que autoriza a autoridade policial a *requisitar* do Ministério Público a propositura de ação cautelar de antecipação de produção de prova.

Com efeito, a Associação Nacional dos Membros do Ministério Público (CONAMP) ajuizou no STF a ADI nº 7.192 justamente contra essa previsão legal, sob o argumento de que ela viola o sistema acusatório e a independência funcional dos membros do Ministério Público. Assim, afirmou-se que a norma inverte a lógica acusatória, pois cabe ao Ministério Público requisitar diligências policiais. Afirmou-se que a ação penal pública deve ser promovida, privativamente, pelo Ministério Público e, por essa razão, a Constituição Federal não permite ao delegado de polícia promovê-la. Nos exatos termos constantes da ação, "o Ministério Público não se submete à determinação ou ordem da autoridade policial". Até o fechamento desta edição, não houve nenhuma decisão no âmbito desta ADI.

Em sendo a decisão proferida no âmbito da investigação criminal, a produção antecipada de provas consideradas urgentes e não repetíveis será determinada pelo juiz das garantias, assegurados o contraditório e a ampla defesa em audiência pública e oral, com base no art. 3º-B, inciso VII, do CPP, com a redação conferida pela Lei nº 13.964/2019 ("Pacote Anticrime"). Pela dicção deste dispositivo legal, vislumbra-se uma ampliação da pauta de audiências do Poder Judiciário, exigindo do Estado uma reestruturação que atenda a esta nova demanda sem prejuízo da celeridade processual.

> **Aplicação em concurso público:**
>
> No concurso de Juiz de Direito do Tribunal de Justiça do Estado de Pernambuco, em 2011, promovido pela Fundação Carlos Chagas (FCC), dentre outros aspectos relevantes das provas no processo penal, foi cobrado exatamente o teor do art. 156, I, CPP, da seguinte forma: *"No tocante à prova, o juiz a) formará sua convicção pela livre apreciação da produzida nos autos, sem qualquer restrição. b) poderá, de ofício, ordenar a produção antecipada de provas consideradas urgentes e relevantes, mas apenas depois de iniciada a ação penal. c) formará sua convicção pela livre apreciação da produzida em contraditório judicial, não podendo fundamentar sua decisão em provas cautelares, não repetíveis e antecipadas. d) observará a necessidade, adequação e proporcionalidade da produção antecipada de provas, mesmo antes de iniciada a ação penal. e) não poderá determinar, de ofício, no curso da instrução, a realização de diligências para dirimir dúvida sobre ponto relevante"*. A resposta correta foi a letra D.

Com relação ao disposto no art. 156, inciso II, do CPP, é de se destacar que se o juiz não está satisfeito com as provas produzidas pelas partes, antes de decidir e eventualmente aplicar o princípio do *in dubio pro reo*, deverá determinar a realização de diligências para dirimir dúvida sobre ponto relevante da causa; apenas se, após a produção destas diligências, persistir alguma dúvida é que será possível a aplicação do princípio anteriormente mencionado.

Ainda quanto ao dispositivo legal em referência, tem-se que a atuação do magistrado não pode substituir atividade típica da acusação. Assim, por exemplo, se compete ao Ministério Público providenciar a juntada na ação penal por ele oferecida do exame de copo de delito em crimes que deixam vestígios, sob pena de nulidade (art. 564, III, "b", CPP), em não ocorrendo tal juntada, não está autorizado o julgador a determinar, de ofício, a produção deste exame. De outro lado, em proteção ao *favor rei* e pretendendo uma igualdade material (efetiva) entre as partes, a aplicação da norma em comento não encontra restrição na esfera de interesse da defesa: ainda que esta última não requeira a produção da prova, poderá o magistrado determinar de ofício a sua produção quando a mesma tiver o condão de favorecer o réu.

Como se vê, portanto, todos esses poderes instrutórios conferidos ao juiz pelo art. 156 do CPP, típicos de um sistema que procura privilegiar a busca da verdade real, como já se disse anteriormente, não podem permitir que o magistrado venha a substituir a atividade probatória das partes. Em verdade, a atividade do magistrado na produção de provas deve ser sempre **complementar**, afinal de contas o ônus da prova permanece nas mãos das partes, de acordo com a distribuição alhures apontada. Em resumo, o magistrado não deve se colocar à frente das partes, em particular do órgão de acusação, tomando o seu lugar na colheita da prova. Nesses termos, ele não pode ser o protagonista da prova, mas sim o seu destinatário final, para que, com imparcialidade, venha a julgar o réu. Os poderes instrutórios do juiz são, enfim, residuais, supletivos ou subsidiários, somente exercidos após a atuação das partes na produção da prova e com o papel de procurar manter intacta a verdade real.

Exige-se do juiz sempre uma postura de imparcialidade, não podendo substituir as partes na atividade em apreço, sob pena de se tornar impedido (art. 252 do CPP) ou suspeito (art. 254, IV, do CPP). Caso, ao final do processo, a atividade probatória não permita que o juiz forme o seu convencimento a respeito da procedência das teses de uma ou outra parte, deverá absolver o réu, em atendimento ao princípio do *in dubio pro reo*.

É apenas desta forma que se entende que o art. 156 do CPP não resta prejudicado com o advento do art. 3º-A do CPP, acrescido pela Lei nº 13.964/2019, segundo o qual *"O processo penal terá estrutura acusatória, vedadas a iniciativa do juiz na fase de investigação e a substituição da atuação probatória do órgão de acusação"*. Os poderes instrutórios, se exercidos pelo juiz de modo complementar, como esclarecido ao longo deste tópico, estão mantidos com a novel legislação.

Cautela maior, porém, deve existir com o inciso I do art. 156 do CPP no que se refere à possibilidade de o juiz determinar, de ofício, a produção antecipada de prova na fase de investigação. A nosso ver, este trecho deste dispositivo ("mesmo antes de iniciada a ação penal") sim é inconstitucional, viola a imparcialidade e o sistema acusatório, estando ainda revogado tacitamente pelo art. 3º-A do CPP. É que, neste poder instrutório, o juiz se coloca como verdadeiro protagonista da prova, pois se antecipa à iniciativa das partes, sobretudo do Ministério Público. Sob o pretexto de buscar assegurar a verdade real, que, como já visto nessa obra, não passa de uma grande utopia, um mito, algo irrealizável, o magistrado acaba se imiscuindo na colheita de provas, invadindo função que compete à acusação, contaminando a sua imparcialidade nas próximas decisões que tiver que proferir na tutela de direitos fundamentais, sobretudo do investigado/acusado.

Nesse passo, interessante registrar o que apregoa o Enunciado nº 5 PGJ-CGMP do Ministério Público do Estado de São Paulo a respeito da Lei nº 13.964/19: *"O art. 3º-A do CPP não revogou os incisos I e II do art. 156 do mesmo diploma legal, salvo, no caso do inciso I, no que tange à possibilidade de determinar, de ofício, a produção antecipada da prova na fase de investigação"*.

Mas não há dúvidas de que persiste a discussão se estes mesmos poderes instrutórios definidos nos incisos I e II do art. 156 do CPP são ou não constitucionais (violam ou não o sistema acusatório).

De qualquer sorte, se entendidos como constitucionais, os poderes instrutórios são somente aqueles reconhecidos pelos incisos I e II do art. 156 do CPP, não cabendo qualquer compreensão hermenêutica que amplie o sentido e o alcance deste preceito legal, sob pena, indubitavelmente, de violação ao sistema acusatório.

▸ **Síndrome de Dom Casmurro no Processo Penal/Quadro mental paranoico:**

Em sua obra-prima "Dom Casmurro", Machado de Assis narra a história de Bentinho, que, casado com Capitu, passa a desconfiar que sua esposa o traíra com o seu melhor amigo, Escobar. Conforme uma das múltiplas interpretações possíveis para este romance, tudo não teria passado de uma profunda crise de ciúme do protagonista, que teria criado uma paranoia e, a partir daí, procurado qualquer detalhe que confirmasse o seu prejulgamento. Pois bem, no Processo Penal, a Síndrome de Dom Casmurro refere-se à situação em que o juiz, sob o pretexto de estar em busca da verdade real, primeiro toma a sua decisão em seu íntimo e depois passa a adotar no processo comportamentos que visem confirmar esta sua convicção. Para tanto, pratica atos instrutórios de ofício, colocando em risco a sua imparcialidade em prol da confirmação do seu prejulgamento. Desse modo, o magistrado legitima o seu imaginário, tomando-o como verdadeiro. Também conhecida como "quadro mental paranoico", essa Síndrome é fruto de um sistema inquisitivo puro, devendo ser absolutamente repudiada em um sistema acusatório como é o brasileiro, sob pena de violação da indispensável imparcialidade do julgador.

▸ **Aplicação em concurso público:**

No concurso de Analista do STM, em 2011, promovido pelo Cespe/Unb, foi cobrado o teor do art. 156, II, CPP do seguinte modo: *"A adoção do princípio da inércia no processo penal brasileiro não permite que o juiz determine, de ofício, diligências para dirimir dúvida sobre ponto relevante dos autos"*. A assertiva foi considerada incorreta.

Nesse contexto, é preciso esclarecer que, quanto à gestão da prova, o Brasil adota o sistema acusatório (art. 3º-A do CPP, com a redação dada pela Lei nº 13.964/2019 – "Pacote Anticrime"). A **gestão da prova** diz respeito ao modo de produção da prova em determinado sistema. Se o poder probatório está nas mãos do juiz, diz-se que o sistema é inquisitivo. De outro lado, se a atividade probatória fica a cargo das partes o sistema é considerado acusatório.

Como já afirmado, por força do art. 129, inciso I, da Constituição Federal (determina a titularidade da ação penal pública por parte do Ministério Público), e do art. 3º-A do CPP, o Brasil adota, como regra geral de gestão da prova, o **sistema acusatório**, pois são as partes os agentes responsáveis pela instrução probatória. Nesse trilhar, apenas excepcionalmente, de forma complementar, é que o juiz deve possuir poderes instrutórios, sob pena de violação do sistema adotado pelo país.

4. MEIOS DE PROVA (ART. 157 CPP)

É possível a utilização, no processo penal, de **todos os meios de prova lícitos**. Nesse trilhar, impende registrar que o CPP, atento ao princípio da busca da verdade real, não apresenta um rol taxativo dos meios de prova lícitos. As provas disciplinadas nos artigos 158 a 250 do *Codex* constituem simplesmente **meios de prova típicos ou nominados.** Mas, além deles, existem os **meios de prova atípicos ou inominados,** que são aqueles não previstos em lei.

> **Prova anômala:**
>
> A prova anômala é aquela utilizada para objetivos diferentes que lhe são próprios, com características de outra prova típica. Ela é produzida quando, por exemplo, o Ministério Público, em vez de arrolar testemunha presencial do crime como testemunha de acusação, colhe o seu depoimento nas próprias dependências do órgão e junta aos autos este depoimento para caracterizar a produção de prova documental. Há um verdadeiro desvio de finalidade da prova, não sendo ela aceita no Processo Penal, já que implica em descaracterização do sistema probatório. Ela não se confunde com a prova atípica, que consiste naquela que não possui um procedimento probatório específico, a exemplo da reprodução simulada dos fatos (art. 7º do CPP), mas é aceita pelo ordenamento jurídico em virtude do princípio da liberdade de provas.

Noutro giro, nos termos do art. 5º, inciso LVI, da Constituição Federal, são **inadmissíveis, no processo, as provas obtidas por meios ilícitos.** O Código de Processo Penal, com o advento da Lei nº 11.690/08, passou a disciplinar com pormenores a matéria. Assim, inicialmente, repetiu o mandamento constitucional no art. 157, *caput*, estatuindo que são inadmissíveis, devendo ser desentranhadas do processo, as provas ilícitas.

Complementando esta ideia, o art. 157, § 3º, do CPP determina que preclusa a decisão de desentranhamento da prova declarada inadmissível, esta será inutilizada por decisão judicial, facultado às partes acompanhar o incidente. Contudo, se a prova ilícita não for desentranhada dos autos, mas ela não for utilizada pelo juiz na formação do seu convencimento, não haverá qualquer nulidade no feito. Não obstante, caso o juiz venha a se utilizar de uma prova ilícita para proferir a sentença, esta será nula, em virtude de manifesto *error in procedendo* (erro no procedimento).

Além disso, a doutrina já apontava para o fato de que o magistrado que teve contato com a prova ilícita juntada ao processo teria comprometida, direta ou indiretamente, a sua imparcialidade para o julgamento da causa (**teoria da dissonância cognitiva**), devendo, pois, por cautela, declarar-se impedido para continuar no feito (LOPES JR., 2010, p. 599). É nesse cenário que se insere o acréscimo feito pela Lei nº 13.964/2019 ("Pacote Anticrime") do § 5º ao art. 157 do CPP, o qual passa a estatuir exatamente o seguinte: *"O juiz que conhecer do conteúdo da prova declarada inadmissível não poderá proferir a sentença ou acórdão"*. É dispositivo legal que consagra a chamada *teoria da contaminação do entendimento*.

A nosso ver, trata-se de causa de impedimento do juiz, que amplia o rol do art. 252 do CPP, devendo ser por ele reconhecida de ofício ou, na falta, arguida por qualquer parte pelos meios próprios (segue-se o processo estabelecido para a exceção de suspeição, como previsto no art. 112 do CPP), sob pena de nulidade absoluta, desde que demonstrado o prejuízo (art. 563 do CPP).

Conforme entendimento doutrinário prevalente, o termo "prova inadmissível" empregado pelo dispositivo legal se refere apenas e tão somente à prova ilícita (aquela que implica em violação a direito fundamental do cidadão/norma constitucional), não englobando a prova ilegítima (a que resulta em descumprimento de norma processual ou procedimental infraconstitucional). É o que se reconhece no Enunciado nº 31 PGJ-CGMP do Ministério Público do Estado de São Paulo a respeito da Lei nº 13.964/19, a saber: *"A prova inadmissível a que se refere o § 5º do art. 157 do CPP é apenas a ilícita, isto é, aquela cujo meio de obtenção viola proibição de natureza material ou preceito constitucional, não estando inserida na regra do referido dispositivo a prova ilegítima, assim entendida aquela que desobedeça norma processual infraconstitucional"*.

Nesse cenário, oportuna é a reflexão proposta por Rogério Sanches Cunha, segundo o qual "o magistrado na mira da norma deve ser aquele que não apenas tomou conhecimento formal da prova declarada inadmissível, mas sim aquele que, de qualquer modo, contribuiu para a sua produção ou, ainda que indiretamente, a julgou admissível. O juiz que, de pronto, a refutou, merece ser prestigiado, demonstrando mais compromisso com o processo e com a verdade processual do que com a prova obtida ilicitamente. Raciocínio diverso poderia servir de campo fértil para uma simples juntada de prova ilícita afastar do feito o juiz natural. Apenas para reforçar nossa preocupação, imaginemos o seguinte: num determinado feito, o juiz do processo não admitiu determinada prova, por ele declarada ilícita. A parte recorre e o Tribunal, por meio de uma das suas Câmaras, composta por três Desembargadores, confirma a decisão do magistrado. Nessa sequência comum no dia a dia do processo penal, teríamos um juiz e três Desembargadores impedidos de funcionarem no feito? E no caso de a prova ser declarada inadmissível pelo Pleno do STF? [...]" (CUNHA, 2020, p. 173).

Em reforço, é digno de nota o teor do Enunciado nº 32 PGJ-CGMP do Ministério Público do Estado de São Paulo a respeito da Lei nº 13.964/19: *"O juiz, desembargador ou ministro dos tribunais superiores que conheceu do conteúdo da prova ilícita não poderá proferir a sentença ou o acórdão, salvo se tiver declarado a prova inadmissível, logo ao tomar conhecimento de sua ilicitude, pois nesse caso a imparcialidade do órgão julgador estará preservada"*.

Ocorre que, em 22 de janeiro de 2020, o Ministro do STF Luiz Fux, nas ADIs 6.298, 6.299, 6.300 e 6.305, proferiu decisão monocrática concedendo a medida cautelar requerida em tais ações para suspender a eficácia *sine die*, *ad referendum* do Plenário, da alteração do juiz sentenciante que conheceu de prova declarada inadmissível (157, § 5º, do Código de Processo Penal). Foi registrada violação aos princípios da legalidade, do juiz natural e da razoabilidade, já que ausentes elementos claros e objetivos para a seleção do juiz sentenciante, o que permitiria eventual manipulação da escolha do órgão julgador.

Em verdade, a redação do dispositivo legal em comento constava no § 4º do art. 157 do CPP, o qual foi vetado pela Presidência da República em 2008. À época, o fundamento apresentado para tal veto foi o seguinte: "O objetivo primordial da reforma processual penal consubstanciada, dentre outros, no presente projeto de lei, é imprimir celeridade e simplicidade ao desfecho do processo e assegurar a prestação jurisdicional em condições adequadas. O referido dispositivo vai de encontro a tal movimento, uma vez que pode causar transtornos razoáveis ao andamento processual, ao obrigar que o juiz que fez toda a instrução processual deva ser, eventualmente, substituído por um outro que nem sequer conhece o caso. Ademais, quando o processo atende necessariamente ao que propõe o dispositivo, eis que mesmo que o magistrado conhecedor da prova inadmissível seja afastado da relatoria da matéria, poderá ter que proferir seu voto em razão da obrigatoriedade da decisão coligada".

Deixando de possuir eficácia, sem prazo determinado, o conteúdo do art. 157, § 5º, do CPP, inexiste causa de impedimento na atuação do juiz que conheceu do conteúdo da prova declarada inadmissível para fins de prolação de sentença ou acórdão, não se ampliando, pois, o rol do art. 252 do CPP, que volta a ser taxativo.

▸ **Qual o entendimento do STF sobre o assunto?**

O STF já decidiu que as peças processuais que fazem referência à prova declarada ilícita, a exemplo, no tribunal do júri, da denúncia, pronúncia e acórdão do recurso em sentido estrito, não devem ser desentranhadas do processo. Isso porque o art. 157 do CPP, ao tratar das provas ilícitas e derivadas, não prevê a exclusão de tais peças processuais. Em suma, a exclusão de peça que faça menções à realização da prova e ao debate quanto à validade da prova não é uma consequência óbvia da exclusão da prova (Informativo nº 849).

Não se pode negar que a postura do CPP em determinar que a prova ilícita seja inutilizada é bastante criticável, afinal de contas uma prova ilícita (geralmente um documento) pode ser o corpo de delito de um crime de falsidade e a sua destruição acabaria eliminando a materialidade desta infração penal e impedindo a responsabilização do autor da ilicitude. Desse modo, mais prudente é aplicar o teor do disposto no art. 145, inciso IV, do CPP, combinado com o art. 40 do CPP, determinando o magistrado o desentranhamento da prova ilícita dos autos e a sua remessa ao Ministério Público para a adoção das providências cabíveis quanto ao suposto crime de falsidade documental.

Não obstante, a decisão que determina o desentranhamento da prova ilícita dos autos é irrecorrível, podendo ser combatida, porém, por meio de oferecimento de *habeas corpus* ou de mandado de segurança em matéria criminal, a depender do direito que esteja em jogo, ou ainda a matéria ser alegada como preliminar de apelação, como cerceamento do direito da acusação ou da defesa.

Em seguida, no mesmo dispositivo legal (art. 157, *caput*), o CPP define o que se entende por provas ilícitas: são aquelas que violam tanto **normas constitucionais** como **legais**.

Ressalte-se ainda que a doutrina considera a existência do gênero **prova proibida ou vedada ou inadmissível**, tendo como espécies a **prova ilícita**, violadora de regra de **direito material** (exemplo: confissão obtida mediante tortura; interceptação telefônica realizada sem autorização judicial), e a **prova ilegítima**, aquela obtida mediante violação de **regra de direito processual** (exemplo: laudo pericial confeccionado por apenas um perito não oficial). O CPP (e a própria Constituição Federal), porém, não acolhe essa distinção, tratando uma prova que viole norma constitucional ou legal sempre como prova ilícita.

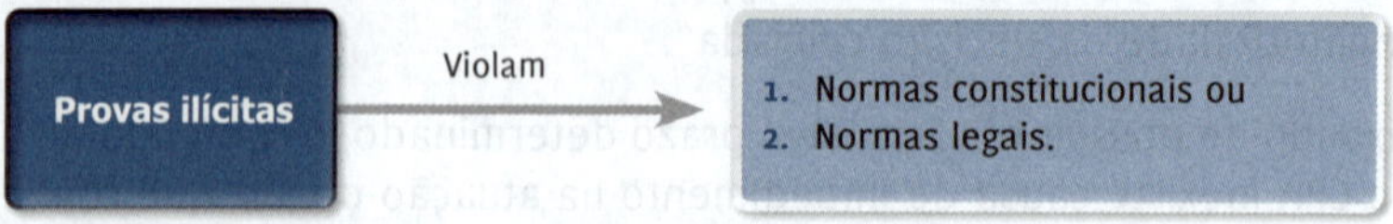

> ▸ **Prova irritual:**
>
> A prova irritual é aquela típica colhida sem a observância do modelo previsto em lei. Em outros termos, esta prova envolve um correto meio de prova, mas não o procedimento para este último legalmente estabelecido. Desse modo, o rito adotado para a produção desta prova é diferente daquele fixado no ordenamento jurídico. Como tal prova é confeccionada em desrespeito ao modelo legal, trata-se de *prova ilegítima*, que pode ensejar a declaração de nulidade, desde que demonstrado o prejuízo (*pas de nullité sans grief*).

Na sequência, o CPP, no art. 157, § 1º, consagrou **expressamente** também a impossibilidade de utilização das **provas ilícitas por derivação (teoria dos frutos da árvore envenenada ou do efeito à distância – *fruits of the poisonous tree*,** construção da Suprema Corte americana e que já vinha sendo aceita, no Brasil, pelo STF**)**, que são aquelas provas que decorrem de uma prova ilícita originária, sendo que tal ilicitude somente restará caracterizada se houver demonstração do **nexo causal** entre as provas ou quando as derivadas não puderem ser obtidas por uma **fonte independente** das primeiras.

Exemplo de aplicação da prova ilícita por derivação ocorre se, após uma escuta telefônica realizada por um delegado sem autorização judicial, a polícia consegue encontrar o local onde está escondida determinada coisa furtada (prova primária) e, em razão disso, obtém da autoridade judiciária um mandado judicial de busca e apreensão para recuperá-la (prova secundária) – esta última é uma prova ilícita por derivação daquela primeira.

> **Aplicação em concurso público:**
>
> No concurso de Promotor de Justiça Substituto do Ministério Público de Minas Gerais, em 2013, dentre outros aspectos relevantes das provas no Processo Penal, questionou-se acerca da prova ilícita por derivação, da seguinte forma: *"Sobre as provas no Processo Penal, assinale a alternativa* **FALSA**: *A) É possível o uso de prova obtida fortuitamente através de interceptação telefônica licitamente conduzida, ainda que o crime descoberto, conexo ao que foi objeto da interceptação, seja punido com detenção. B) Para a busca e apreensão, o conceito normativo de "casa" revela-se abrangente e pode estender-se a qualquer compartimento privado não aberto ao público, onde alguém exerce profissão ou atividade e compreende os escritórios profissionais, inclusive os de contabilidade. C) Se o órgão da persecução penal demonstrar que obteve novos elementos de informação a partir de uma fonte autônoma de prova, que guarde relação de dependência ou decorra da prova originariamente ilegítima, tais dados probatórios revelar-se-ão plenamente admissíveis. D) As provas colhidas no bojo de instrução processual penal, desde que obtidas mediante interceptação telefônica devidamente autorizada por Juízo competente, admitem compartilhamento para fins de instruir procedimento criminal ou mesmo procedimento administrativo disciplinar contra outros agentes"*. A resposta da questão foi a letra C.

Como já afirmado anteriormente, o CPP apresenta **temperamentos** à teoria dos frutos da árvore envenenada. Assim, afasta a ilicitude da prova se ela não possuir nexo causal com a prova ilícita originária ou se ela puder ser obtida por uma fonte independente. A esse respeito, considera-se **fonte independente** aquela que por si só, seguindo os trâmites típicos e de praxe, próprios da investigação ou instrução criminal, seria capaz de conduzir ao fato objeto da prova (art. 157, § 2º, do CPP). Nesse ponto, o CPP acaba consagrando no ordenamento jurídico brasileiro a **teoria da prova absolutamente independente ou limitação da fonte independente (*independent source limitation*,** na jurisprudência da Suprema Corte americana), segundo a qual "se existirem provas outras no processo, **independentes** de uma determinada prova ilícita produzida, não há de se falar em contaminação, nem em aplicação da teoria dos frutos da árvore envenenada, pois, em não havendo vinculação nem relação de dependência, a prova ilícita não terá o condão de contaminar as demais" (TÁVORA; ALENCAR, 2009, p. 316). Essa teoria também já era aceita pelo STF (HC nº 84.679, 1ª Turma Rel. Min. Eros Grau, julgado em 30/8/2005, DJU 30/9/2005).

Outro temperamento à teoria dos frutos da árvore envenenada é apontado pela doutrina. Consiste na **teoria da descoberta inevitável da prova (*inevitable discovery***, na jurisprudência da Suprema Corte americana), segundo a qual "se a prova, que circunstancialmente decorre de prova ilícita, seria conseguida de qualquer maneira, por atos de investigação válidos, ela será aproveitada, eliminando-se a contaminação. A inevitabilidade da descoberta leva ao reconhecimento de que não houve um proveito real, com a violação legal" (TÁVORA; ALENCAR, 2009, p. 317). Exemplo da aplicação desta teoria ocorre com as declarações prestadas por uma testemunha obtidas por interceptação telefônica sem autorização judicial, sendo que tal testemunha inevitavelmente seria ouvida ao longo das investigações, pois várias outras testemunhas a indicaram como testemunha presencial dos fatos (TÁVORA; ALENCAR, 2009, p. 317).

A teoria da descoberta inevitável da prova difere da teoria da prova absolutamente independente porque, nesta, não há qualquer nexo causal entre a prova ilícita e as outras provas produzidas no feito, ao passo que naquela há este nexo causal, mas ele não é decisivo, "pois a prova derivada, mesmo que a ilicitude não se operasse, ainda assim seria produzida dentro da lei. Era apenas uma questão de tempo" (TÁVORA; ALENCAR, 2009, p. 318). Todavia, ambas encontram guarida atualmente no CPP, no art. 157, § 1º.

Há outras tantas teorias construídas pela jurisprudência americana que pretendem mitigar a teoria dos frutos da árvore envenenada. As mais destacadas são a **teoria da contaminação expurgada (*"purged taint" limitation*) ou conexão atenuada – *"attenuated connection" limitation*** (haveria vínculo entre a prova ilícita e a prova derivada, mas ele seria tão tênue, insignificante, que não levaria à ilicitude da prova derivada) – e a **teoria da boa-fé – *good faith exception*** (haveria a produção de uma prova ilícita por força de uma atuação de agentes da polícia sem má-fé, ou seja, por puro erro). No entanto, elas não encontram previsão expressa no ordenamento jurídico brasileiro, daí porque não vêm encontrando aplicação no país.

Ressalte-se, por fim, que a jurisprudência brasileira começa a reconhecer a **teoria da proporcionalidade** (ou **teoria da razoabilidade** ou **teoria do interesse predominante**, de construção alemã – *Verhältnismäbigkeitsgrundsatz*) na apreciação da prova ilícita. Essa teoria, como criada na Alemanha, visa essencialmente equilibrar os direitos individuais com os interesses da sociedade, daí porque rejeita a vedação irrestrita do uso da prova ilícita. Desse modo, se a prova é ilícita seria preciso *ponderar* os interesses em jogo para avaliar a possibilidade de sua utilização. Assim, por exemplo, para a descoberta de um crime de sequestro, libertando-se a vítima do cativeiro, prendendo-se e processando-se criminosos perigosos, seria possível a violação do sigilo das comunicações, como a escuta clandestina (NUCCI, 2008, p. 89-90).

No Brasil, a teoria da proporcionalidade vem sendo admitida de modo excepcional, mas com restrições, ou seja, apenas em **benefício dos direitos do réu inocente que produziu tal prova para a sua absolvição (*pro reo*)**, pois, nesta situação, ele estaria agindo, para uns (GRINOVER; GOMES FILHO; FERNANDES, 2009), em legítima defesa, para outros, em estado de necessidade ou mesmo se configuraria hipótese de inexigibilidade de conduta diversa (NUCCI, 2008). Acrescente-se ainda que esse entendimento impediria a permanência de um erro judiciário, que deve ser sempre evitado (art. 5º, LXXV, CF). Todavia, essa postura não vai admitir que a prova ilícita colhida pelo réu seja usada contra outros agentes: a sua utilização é restrita à defesa dos seus próprios interesses.

É o exemplo de um agente que, injustamente acusado, vem a invadir domicílio alheio (crime do art. 150 do Código Penal) para apreender prova essencial à sua absolvição: tal agente não responderá pelo suposto crime cometido e essa prova poderá ser regularmente utilizada em seu favor. Nestor Távora e Rosmar Rodrigues Alencar chegam a afirmar que essa hipótese vem a ilustrar a **teoria da exclusão da ilicitude da prova**, que é justamente aquela que "Informa que a prova, aparentemente ilícita, deve ser reputada como válida, quando a conduta do agente na sua captação está amparada pelo direito (excludentes de ilicitude)" (TÁVORA; ALENCAR, 2009, p. 323).

Isto posto, não vem sendo utilizada, no país, a teoria da proporcionalidade em favor dos interesses da acusação (*pro societate*), embora haja entendimentos minoritários em sentido contrário, a exemplo de Denilson Feitoza (FEITOZA, 2009). É postura que tende a perdurar por um bom tempo, pois, como adverte Guilherme de Souza Nucci, a sociedade brasileira ainda não está madura o suficiente para garantir os direitos individuais do cidadão e, por isso, admitir a teoria em comento significaria incrementar o desrespeito a tais direitos (NUCCI, 2008, p. 90-91). No futuro, com a consolidação, na prática, dos direitos fundamentais do indivíduo, abre-se, por certo, a possibilidade de aplicação desta teoria para tutela dos interesses da acusação.

▸ ***Theory ticking bomb scenario:***

A *Theory ticking bomb scenario* (Teoria do cenário da bomba-relógio) pretende relativizar a proibição da tortura. Desse modo, conforme esta teoria, se um terrorista instala em um determinado local uma bomba-relógio, não existindo outro meio para que ela seja localizada e desarmada, a tortura deste terrorista seria justificável. Trata-se de teoria que se insere no contexto do Direito Penal do Inimigo (Jakobs) e que é aplicada em alguns países, principalmente nos EUA, inclusive no âmbito da sua Suprema Corte, embora seu uso desmedido permita a prática reiterada de tortura nesse país, o que vem sendo alvo de críticas. No Brasil, considerando que a Constituição Federal veda de forma absoluta a prática de tortura (art. 5º, III) e as leis de tortura (9.455/97) e de terrorismo (13.260/16) não contemplam qualquer possibilidade excepcional de sua aplicação, ela não vem sendo adotada pela doutrina e pela jurisprudência. Portanto, se uma prova dessa natureza for colhida no país, haveria a produção de prova ilícita (art. 5º, LVI, CF; art. 157, *caput*, CPP).

▸ **Aplicação em concurso público:**

No concurso de Delegado da Polícia Civil do Estado do Espírito Santo, em 2011, promovido pelo Cespe/Unb, foi cobrada, de forma implícita, a possibilidade de aplicação da teoria da proporcionalidade como hipótese excepcional de admissão da utilização da prova ilícita. Nesse sentido, a assertiva *"De acordo com a doutrina e a jurisprudência pátrias, são inadmissíveis, em qualquer hipótese, provas ilícitas ou ilegítimas no processo penal brasileiro"* foi considerada incorreta.

▸ **Aplicação em concurso público:**

No concurso da Defensoria Pública do Estado de Minas Gerais, promovido pela Fundep, em 2014, cobrou-se expressamente a aplicação da teoria da proporcionalidade como hipótese que autoriza o uso da prova ilícita em favor do réu (*pro reo*), com a seguinte redação: *"A vedação constitucional da prova ilícita não é absoluta no processo penal, já que é possível ser afastada em favor do acusado, quando tiver por fim a prova da inocência com fundamento no princípio da proporcionalidade."* A alternativa foi considerada correta.

▸ **Aplicação em concurso público:**

No concurso da Defensoria Pública do Estado de Pernambuco, promovido pelo Cespe/Unb, em 2015, voltou-se a cobrar a possibilidade de utilização da prova ilícita em favor do réu, da seguinte forma: *"Pedro, sem autorização judicial, interceptou uma ligação telefônica entre Marcelo e Ricardo. O conteúdo da conversa interceptada constitui prova de que Pedro é inocente do delito de latrocínio do qual está sendo processado.*

Nessa situação, embora a prova produzida seja manifestamente ilícita, em um juízo de proporcionalidade, destinando-se esta a absolver o réu, deve ser ela admitida, haja vista que o erro judiciário deve ser a todo custo evitado". A assertiva foi considerada correta.

▸ **Importante!**

Prova obtida por meio de psicografia: Questão interessante diz respeito à licitude de uma prova obtida por meio de psicografia. A doutrina tende a considerá-la uma prova ilícita, a exemplo de Guilherme de Souza Nucci (NUCCI, 2008, p. 91-93), para quem tal prova violaria a liberdade de religião insculpida no art. 5º, VI, da Constituição Federal (o julgador não é obrigado a crer no espiritismo, até porque o Estado é laico, nos termos do art. 1º, *caput*, do Texto Constitucional), o contraditório e a ampla defesa – art. 5º, LV, CF (se a prova psicografada for entendida como um documento, levando-se em consideração o teor da psicografia, não haveria como a parte requerer a instauração de um incidente de falsidade documental; se for tida como prova testemunhal, levando-se em consideração as declarações do médium, a parte não teria como contraditá-la).

Contudo, noticie-se que essa prova já foi legitimamente utilizada em alguns julgamentos perante o Tribunal do Júri, sob o argumento de que atenderia ao princípio constitucional da plenitude de defesa (art. 5º, XXXVIII, CF), que lhe é típico. Nesse sentido, histórico julgamento chegou a ser realizado em Goiânia/GO, em 1979, com base em uma carta psicografada pelo médium "Chico Xavier", em que a vítima inocentava o réu, o que acabou resultando na absolvição dele.

No Rio Grande do Sul, cidade de Viamão, duas cartas psicografadas, atribuídas à vítima do delito, foram utilizadas em um julgamento que culminou com a absolvição da ré, o que foi aceito posteriormente pelo TJRS, o qual asseverou que a "carta psicografada não constitui meio ilícito de prova, podendo, portanto, ser utilizada perante o Tribunal do Júri, cujos julgamentos são proferidos por íntima convicção" (TJRS,

1ª Câmara Criminal, Apelação Crime nº 70016184012, Rel. Des. Manuel José Martinez Lucas, j. 11.11.09).

Mais recentemente, durante o julgamento dos homicídios ocorridos na tragédia da "Boate Kiss", no dia 09 de dezembro de 2021, em plenário do Júri, a advogada de um dos réus usou uma carta psicografada para tentar inocentá-lo, a qual supostamente revelaria uma mensagem de uma das 242 (duzentas e quarenta e duas) vítimas.

▸ **Aplicação em concurso público:**

No concurso de Defensor Público do Estado do Rio Grande do Sul, em 2011, promovido pela Fundação Carlos Chagas (FCC), foram cobrados aspectos relevantes das provas ilícitas, da seguinte forma: "*Sobre provas ilícitas, é incorreto afirmar: a) A vedação da utilização de provas ilícitas pode ser excepcionalmente afastada em favor do acusado. b) A doutrina processual penal faz uma distinção conceitual entre a prova ilícita e a prova ilegítima, sendo aquela a obtida com violação ao direito substantivo e esta a obtida com violação ao direito adjetivo. c) As provas derivadas das ilícitas não se considerarão contaminadas quando puderem ser obtidas de uma fonte independente destas, ou quando não evidenciado o nexo de causalidade entre umas e outras, segundo o disposto na norma processual penal. d) Consoante previsto no Código de Processo Penal, preclusa a decisão de desentranhamento da prova declarada inadmissível, esta será inutilizada por decisão judicial. e) Contra a decisão interlocutória que não reconhece a ilicitude de prova cabe recurso em sentido estrito*". A resposta da questão foi a letra E.

5. PROVA EMPRESTADA

A prova emprestada é "aquela produzida em outro processo e, através da reprodução documental, juntada ao processo criminal pendente de decisão" (NUCCI, 2008, p. 390).

Ela também é um meio de prova lícito. Pode ser, portanto, utilizada no processo penal, desde que atendidos os seguintes requisitos:

1. **Mesmas partes**: as partes envolvidas nos dois processos devem ser as mesmas;
2. **Mesmo fato probando**: o fato objeto dos dois processos deve ser o mesmo;
3. **Contraditório**: a prova deve ter sido produzida sob o crivo do contraditório; por conta disso, não é possível que uma prova produzida no inquérito policial seja emprestada ao processo penal;
4. **Preenchimento dos requisitos legais da prova**: a prova deve ter sido produzida com o cumprimento dos requisitos legais, a exemplo do que ocorre com a prova pericial, que deve ser produzida por um perito oficial ou, na falta deste, dois peritos não oficiais.

▸ **Qual o entendimento do STJ sobre o assunto?**

Em respeito ao contraditório (e à própria ampla defesa), a 6ª Turma do STJ decidiu que é dever do Estado a disponibilização da integralidade das conversas advindas nos autos de forma emprestada, sendo inadmissível a seleção pelas autoridades de persecução de partes dos áudios interceptados. Faculta-se à defesa a integralidade das conversas advindas nos autos de forma emprestada, sendo inadmissível a seleção pelas autoridades de persecução acerca das partes a serem extraídas, mormente quando atestado no tribunal de origem a existência de áudios descontinuados, sem ordenação sequencial lógica e com omissão de trechos da degravação, em que os excertos colacionados destas interceptações constituem prova que interessa apenas ao Ministério Público. O tribunal possui entendimento de que a prova produzida durante a interceptação não pode servir apenas aos interesses do órgão acusador, sendo imprescindível a preservação da sua integralidade, sem a qual se mostra inviabilizado o exercício da ampla defesa, tendo em vista a impossibilidade da efetiva refutação da tese acusatória. O emprego de trechos da interceptação pode ensejar a extração de conversas descontextualizadas, de modo que a falta de acesso ao inteiro teor das mídias obsta que a defesa possa impugná-las no momento oportuno, notadamente quando a condenação se fundamenta na prova combatida. Sendo assim, uma vez lastreada a condenação fortemente nas provas obtidas durante o monitoramento telefônico, advindo de prova emprestada, constata-se flagrante prejuízo à defesa não ser facultado o amplo acesso à integralidade da prova, motivo pelo qual deve ser reconhecida a nulidade (Informativo nº 648).

Seguidos os requisitos acima indicados, a prova emprestada pode ser perfeitamente utilizada para fins de condenação, até porque, no sistema do livre convencimento motivado, não há que se falar em hierarquia entre provas. Nesse sentido, frise-se inclusive que pode uma prova produzida em processo cível ser emprestada para um processo penal.

▸ **Qual o entendimento do STJ sobre o assunto?**

O STJ já decidiu que é possível a utilização de dados obtidos pela Secretaria da Receita Federal, em regular procedimento administrativo fiscal, para fins de instrução processual penal. A esse respeito, consignou-se que o plenário do Supremo Tribunal Federal, ao apreciar o RE 601.314-SP, Rel. Min. Edson Fachin, DJe 16/09/2016, e após reconhecer a repercussão geral da matéria, assentou a constitucionalidade do art. 6º da Lei Complementar n. 105/2001, que autoriza o fornecimento de informações sobre movimentações financeiras diretamente ao Fisco, sem autorização judicial. Por seu turno, há reiteradas decisões do STF, afirmando que deve ser estendida a compreensão fixada no julgamento do RE 601.314-SP à esfera criminal, sendo legítimos "[...] os meios de obtenção da prova material e sua utilização no processo Administrativo fiscal, mostra-se lícita sua utilização para fins da persecução criminal. Sobretudo, quando se observa que a omissão da informação revelou a efetiva supressão de tributos, demonstrando a materialidade exigida para configuração do crime previsto no art. 12, inciso I, da Lei n. 8.137/1990, não existindo qualquer abuso por parte da Administração Fiscal em encaminhar as informações ao *Parquet*" (ARE n. 953.058-SP, Ministro Gilmar Mendes). Com isso, o entendimento de que é incabível o uso da chamada prova emprestada do procedimento fiscal em processo penal, tendo em vista que a obtenção da prova (a quebra do sigilo bancário) não conta com autorização judicial, contraria a jurisprudência consolidada do Supremo Tribunal Federal de que é possível a utilização de dados obtidos pela Secretaria da Receita Federal, em regular procedimento administrativo fiscal, para fins de instrução processual penal. Nesse sentido, não há falar em ilicitude das provas que embasam a denúncia em processo penal obtidas por meio de compartilhamento pelo Fisco de informações sobre movimentação bancária obtidos sem autorização judicial, porquanto, assim como o sigilo é transferido, sem autorização judicial, da instituição financeira ao Fisco e deste à Advocacia-Geral da União, para cobrança do crédito tributário, também o é ao Ministério Público, sempre que, no curso de ação fiscal de que resulte lavratura de auto de infração de exigência de crédito de tributos e contribuições, se constate fato que configure, em tese, crime contra a ordem tributária (Informativo nº 623).

▸ Acordo de leniência/colaboração premiada e compartilhamento de provas (STF):

O STF firmou entendimento de que é legítimo o compartilhamento de provas com o fim de instrução de inquérito civil que investiga pessoa a qual não celebrou acordo de leniência ou colaboração premiada, desde que não acarrete eventual prejuízo aos aderentes do instrumento. Assim, não há óbice ao compartilhamento das provas, desde que o pedido se mostre adequadamente delimitado e justificado (Pet 6.8457.463), observadas cautelas especiais quando se tratar de acordo de leniência e colaboração premiada. Admite-se, pois, em procedimentos administrativos, o empréstimo de prova do processo penal, bem como para subsidiar apurações de cunho disciplinar (Informativos números 913 e 922).

Nessa esteira, o CPC de 2015, em seu art. 372, estipula que o juiz poderá admitir a utilização de prova produzida em outro processo, atribuindo-lhe o valor que considerar adequado, observado o contraditório.

Com fincas na Súmula nº 591 do STJ, é possível ainda a utilização de prova emprestada (inclusive do processo penal) no processo administrativo disciplinar, desde que devidamente autorizada pelo juízo competente (no âmbito do processo penal, do juízo criminal competente) e respeitados o contraditório e a ampla defesa.

No entanto, para ser admitida em processos administrativos, a prova emprestada do processo penal deve ser produzida de forma legítima e regular, com observância das regras inerentes ao devido processo legal. Logo, as provas declaradas ilícitas pelo Poder Judiciário não podem ser utilizadas, valoradas ou aproveitadas em processos administrativos de qualquer espécie. Consoante tese fixada pela Suprema Corte, "são inadmissíveis, em processos administrativos de qualquer espécie, provas consideradas ilícitas pelo Poder Judiciário." (STF, Plenário, ARE nº 1316369/DF, Rel. Ministro Edson Fachin, redator do acórdão Ministro Gilmar Mendes, julgamento finalizado no Plenário Virtual em 09.12.2022 – Tema 1238 Repercussão Geral).

A prova que é proveniente de outro processo ingressa no processo atual como verdadeira **prova documental**, independentemente da natureza que ela possuía no processo originário. Assim, por exemplo, se, realizada uma perícia em um processo anterior, ela for juntada ao processo posterior, neste último ela terá o caráter de prova documental (não mais prova pericial). E se em um primeiro processo é colhido o depoimento de uma testemunha, depoimento este juntado a um segundo processo, ele passa a ter igualmente a natureza de prova documental (não mais prova testemunhal).

Por fim, saliente-se que se o processo em que foi produzida a prova emprestada foi nulo, há de se averiguar o nexo causal entre o ato nulo e tal prova para identificar se esta última foi ou não atingida pela nulidade. Se a nulidade do ato é meramente relativa, nos termos do art. 567 do CPP, somente os atos decisórios serão nulos, permanecendo válidos os atos instrutórios, motivo pelo qual a prova emprestada não é atingida. Se a nulidade, porém, for absoluta, considerando que esta atinge tanto os atos decisórios como os instrutórios, a prova emprestada será alcançada.

▸ **Qual o entendimento do STJ sobre o assunto?**

Em 2014, o STJ proferiu importante julgado envolvendo a prova emprestada. Ainda que tal julgamento tenha sido proferido no âmbito processual civil, merece ser conhecido, até porque diz respeito a requisitos da prova emprestada alhures mencionados. Assim, a Corte Especial deste tribunal decidiu que é admissível, *assegurado o contraditório*, prova emprestada de processo do qual *não participaram as partes do processo para o qual a prova será trasladada*. Destarte, a grande valia da prova emprestada residiria na economia processual que proporciona, tendo em vista que se evita a repetição desnecessária da produção de prova de idêntico conteúdo. Igualmente, a economia processual decorrente da utilização da prova emprestada importaria em incremento de eficiência, na medida em que garante a obtenção do mesmo resultado útil, em menor período, em consonância com a garantia constitucional da duração razoável do processo, inserida na CF pela EC 45/2004. Desse modo, seria recomendável que a prova emprestada fosse utilizada sempre que possível, desde que mantida hígida a garantia do contraditório. Porém, ainda de acordo com o STJ, a prova emprestada não poderia se restringir a processos em que figurem partes idênticas, sob pena de se reduzir excessivamente sua aplicabilidade sem justificativa razoável para isso. Assegurado às partes o contraditório sobre a prova, isto é, o direito de se insurgir contra a prova e de refutá-la adequadamente, o empréstimo seria válido (Informativo nº 543 do STJ).

6. FINALIDADE E OBJETO DA PROVA

A **finalidade** da prova é "convencer o juiz a respeito da verdade de um fato litigioso" (NUCCI, 2008, p. 392). No processo penal, essa verdade deve se aproximar o máximo possível da verdade real, da verdade do mundo real.

O **objeto** da prova, em regra, são "os **fatos** que as partes pretendem demonstrar" (NUCCI, 2008, p. 392) – destacamos. Ressalte-se que devem ser provados apenas os **fatos relevantes** (TÁVORA; ALENCAR, 2009, p. 309). Excepcionalmente, porém, é possível que se exija da parte a prova de **direitos**, quando eles versarem sobre **normas de caráter internacional, consuetudinário, estadual ou municipal**, sendo que, nas hipóteses de normas estadual e municipal, a prova das mesmas somente é exigida "caso se trate de unidade da Federação diversa daquela onde está o magistrado" (NUCCI, 2008, p. 392). A parte também poderá ter a incumbência de provar normas que digam respeito a **estatutos e regras internas de pessoas ou personalidades jurídicas**. Além disso, são provadas **regras de experiências**, "porque, na essência, são fatos reiterados" (NUCCI, 2008, p. 392).

Noutro giro, são **fatos que independem de prova**:

I. **Fatos notórios (ou verdade sabida)**: são os fatos "nacionalmente conhecidos, não se podendo considerar os relativos a uma comunidade específica, bem como os atuais, uma vez que o tempo faz com que a notoriedade se esmaeça, levando a parte à produção da prova" (NUCCI, 2008, p. 392). O art. 334, inciso I, do Código de Processo Civil de 1973, e o correlato art. 374, inciso I, do Código de Processo Civil de 2015, aplicados subsidiariamente à espécie, afirmam expressamente a desnecessidade de prova dos fatos notórios. São fatos notórios, por exemplo, os feriados nacionais. Ademais, registre-se que, ao "contrário do Processo Civil [...], os fatos incontroversos, que são aqueles alegados por uma parte e reconhecidos pela outra, carecem de demonstração probatória" (TÁVORA; ALENCAR, 2009, p. 309), nos termos do art. 334, inciso II, do CPC de 1973 e art. 374, inciso II, do CPC de 2015.

II. **Fatos que contêm uma presunção legal absoluta (*juris et de jure*)**: são fatos que "não comportam prova em sentido contrário" (NUCCI, 2008, p. 392), a exemplo da inimputabilidade do menor de 18 (dezoito) anos. Ressalte-se que as presunções relativas (*juris tantum*) provocam apenas a inversão do ônus da prova, necessitando, porém, serem demonstradas.

III. **Fatos impossíveis**: são fatos que "causam aversão ao espírito de uma pessoa informada" (NUCCI, 2008, p. 392), a exemplo da afirmação de que o réu estava na lua no momento do cometimento do crime.

IV. **Fatos axiomáticos ou intuitivos**: são fatos que "se auto demonstram, têm força probatória própria" (TÁVORA; ALENCAR, 2009, p. 309), a exemplo do art. 162, parágrafo único, do CPP, que "dispensa o exame interno cadavérico, quando as lesões externas permitirem precisar a causa da morte, como no caso da decapitação, ou de carbonização do cadáver. Esse fato seria evidente. A verdade salta aos olhos" (TÁVORA; ALENCAR, 2009, p. 309).

V. **Fatos irrelevantes ou impertinentes ou inúteis**: são fatos que "não dizem respeito à solução da causa" (NUCCI, 2008, p. 392), a exemplo da "verificação do passatempo preferido da vítima, se não guarda correspondência com o fato imputado ao réu" (NUCCI, 2008, p. 392).

7. CLASSIFICAÇÃO DA PROVA

Basicamente, há 4 (quatro) critérios utilizados para classificar a prova, são eles:

I. **Quanto ao objeto**: Esse critério aborda a "relação ou incidência que a prova tem com o fato a ser provado" (TÁVORA; ALENCAR, 2009, p. 310). Nesse sentido, a prova pode ser: ***a) Direta***: quando ela se refere "diretamente ao fato probando, por si o demonstrando" (TÁVORA; ALENCAR, 2009, p. 310), a exemplo da testemunha presencial; ***b) Indireta***: quando ela se refere a "um outro acontecimento que, por ilação, nos leva ao fato principal" (TÁVORA; ALENCAR, 2009, p. 310), a exemplo dos indícios (art. 239 do CPP).

II. **Quanto ao efeito ou valor**: Esse critério aborda o "grau de certeza gerado pela apreciação da prova" (TÁVORA; ALENCAR, 2009, p. 310). Nesse sentido, a prova pode ser: ***a) Plena***: é aquela prova "necessária para condenação, imprimindo no julgador um juízo de certeza quanto ao fato apreciado" (TÁVORA; ALENCAR, 2009, p. 310); ***b) Não plena ou indiciária***: é aquela prova "limitada quanto à profundidade, permitindo, por exemplo, a decretação de medidas cautelares" (TÁVORA; ALENCAR, 2009, p. 310).

III. **Quanto ao sujeito ou causa**: Esse critério avalia "em que consiste o material produzido" (TÁVORA; ALENCAR, 2009, p. 310). Nesse sentido, a prova pode ser: ***a) Real***: é aquela prova "emergente do fato" (TÁVORA; ALENCAR, 2009, p. 310), a exemplo de fotografias, pegadas etc.; ***b) Pessoal***: é aquela prova que "decorre do conhecimento de alguém em razão do *thema probandum*" (TÁVORA; ALENCAR, 2009, p. 310), a exemplo da confissão, da prova testemunhal, do depoimento do ofendido etc.

IV. **Quanto à forma ou aparência**: É critério que aborda "como a prova se revela no processo" (TÁVORA; ALENCAR, 2009, p. 311). Por força deste critério, a prova pode ser: ***a) Testemunhal***: é aquela prova "expressa pela afirmação de uma pessoa, independente se é tecnicamente testemunha ou não" (TÁVORA; ALENCAR, 2009, p. 311), a exemplo do interrogatório do réu; ***b) Documental***: é aquela que "irá condensar graficamente a manifestação de pensamento" (TÁVORA; ALENCAR, 2009, p. 311), a exemplo de um contrato; ***c) Material***: é aquela que "simboliza qualquer elemento que corporifica a demonstração do fato" (TÁVORA; ALENCAR, 2009, p. 311), a exemplo do exame de corpo de delito.

8. TEORIA DO ENCONTRO FORTUITO OU CASUAL DE PROVAS/SERENDIPIDADE

Ocorre o chamado encontro fortuito ou casual de provas "quando a prova de determinada infração penal é obtida a partir da busca regularmente autorizada para a investigação de *outro crime*" (OLIVEIRA, 2008, p. 314). De acordo com doutrina majoritária, a princípio, esse encontro fortuito implica na produção de **prova ilícita**. É o caso, por exemplo, de uma busca e apreensão domiciliar autorizada no bojo da apuração de um crime contra a fauna, visando apreender animais silvestres, que, no entanto, resulta na descoberta por parte dos policiais de drogas e armas escondidas nas gavetas ou armários da residência (OLIVEIRA, 2008, p. 314).

Ainda de acordo com a doutrina, neste mesmo exemplo, porém, os policiais poderão efetivar a prisão dos envolvidos, mas não por força do mandado judicial (haveria aqui prova ilícita) e sim em decorrência do cometimento de um crime em flagrante, o qual permite o ingresso no domicílio alheio a qualquer hora do dia ou da noite para a efetivação desta modalidade de prisão cautelar (art. 5º, XI, CF).

Em não sendo possível a realização da prisão em flagrante, eis que não configurada qualquer hipótese legitimadora desta modalidade de prisão prevista no art. 302 do CPP, os policiais deverão solicitar ao juiz a expedição de novo mandado de busca e apreensão para que nele seja incluída a diligência pretendida. Seria o exemplo de policiais, em cumprimento de mandado de busca e apreensão domiciliar, adentrarem em domicílio de um funcionário público visando a apuração de um crime contra a fauna, mas lá encontrarem quantia em espécie recebida pelo mesmo em virtude da prática do crime de corrupção passiva.

No entanto, consoante entendimento doutrinário, essa teoria precisa ser aplicada com **temperamentos**, ou, do contrário, em certos crimes, haverá a indesejada impunidade dos seus autores. Assim, se houver **acentuada conexão entre os dois crimes**, como no caso entre tráfico ilícito de entorpecentes e porte ilegal de arma de fogo, não há de ser invocada esta teoria, sendo a prova obtida por meio fortuito absolutamente **lícita**. É o caso de uma interceptação telefônica decretada para a apuração de determinado crime que acaba revelando fortuitamente o cometimento de outro crime, diverso daquele inicialmente investigado. O STF inclusive já teve a oportunidade de decidir desta forma, *ex vi* do HC nº 83.515/RS, Rel. Min. Nelson Jobim (Informativo nº 361).

> ▸ **Aplicação em concurso público:**
>
> No XXIV concurso do MPF, em 2007, foi cobrado justamente o conceito da teoria do encontro fortuito de prova, nesses termos: ***"ENTENDE-SE POR ENCONTRO FORTUITO DE PROVA:*** ***a)*** *O mesmo que por prova emprestada.* ***b)*** *O uso de uma mesma prova achada por acaso em várias investigações.* ***c)*** *A obtenção de prova de uma infração a partir da busca regularmente autorizada pela investigação de outro crime.* ***d)*** *A harmonização fortuita de provas em casos diversos".* A assertiva considerada correta foi a de letra C.

Noutro giro, em sede de jurisprudência do STJ, mais recentemente, consagrou-se o fenômeno da **serendipidade**, que consiste justamente na descoberta fortuita de delitos que não são objeto da investigação (Informativo nº 539). Desse modo, o que em doutrina se conhecia como teoria do encontro fortuito ou casual de provas passou a ser conhecido em jurisprudência (ao menos do STJ) por serendipidade.

No referido julgamento, o STJ asseverou que o fato de elementos indiciários acerca da prática de crime surgirem no decorrer da execução de medida de quebra de sigilo bancário e fiscal determinada para apuração de outros crimes não impede, por si só, que os dados colhidos sejam utilizados para a averiguação da suposta prática daquele delito.

Dessa forma, de acordo com esse fenômeno da serendipidade reconhecido pelo STJ, não houve qualquer delimitação ou restrição quanto ao nexo causal, daí porque se conclui que pouco importa se há ou não nexo causal entre o crime apurado e o crime descoberto de modo fortuito ou casual, a prova fortuita ou casual seria sempre lícita. Percebe-se, pois, uma diferença marcante entre o entendimento da doutrina e aquele consagrado na jurisprudência do STJ: enquanto, para a doutrina, a prova fortuita ou causal, em regra, seria ilícita, tornando-se apenas lícita quando houvesse nexo de causalidade entre o crime apurado e o descoberto fortuitamente, para o STJ citada prova seria sempre lícita.

Como se vê, a jurisprudência do STJ é muito mais flexível do que o entendimento doutrinário. Nesse sentido, a ideia contida no julgamento anteriormente exposto não se aplica apenas à quebra de sigilo bancário e fiscal (objeto do acórdão), mas a toda e qualquer prova que se insira nesse contexto de descoberta fortuita ou casual.

Ainda quanto ao requisito do nexo causal, registre-se que é possível falar em **serendipidade de primeiro grau** (quando há nexo causal entre o crime apurado e o crime descoberto fortuitamente; para a doutrina, nesta situação é que a prova seria lícita) e **serendipidade de segundo grau** (quando não há nexo causal entre o crime apurado e o crime descoberto fortuitamente).

Por fim, aponta-se também para a subdivisão deste fenômeno em **serendipidade objetiva** (quando se descobre fortuitamente fato até então não apurado) e **serendipidade subjetiva** (quando se descobre fortuitamente agente até então não envolvido no fato).

> ▸ **Aplicação em concurso público:**
>
> No concurso de Defensor Público/GO, promovido pela UFG, na segunda fase, ocorrida em 2014, indagou-se a respeito do fenômeno da serendipidade no âmbito da jurisprudência do STJ, com esta redação: "*Em que consiste o fenômeno jurídico da serendipidade? Explicite os casos em que a serendipidade vem sendo expressamente admitida pelo Superior Tribunal de Justiça no contexto de interceptações telefônicas*". A questão deveria ser respondida de acordo com as informações expostas alhures.

> ▸ **Crime achado:**
>
> Termo empregado pelo STF (Informativo nº 869), "crime achado" é a infração penal desconhecida e não investigada até o momento em que se descobre o delito. Refere-se, pois, ao encontro fortuito ou casual de provas (serendipidade objetiva), as quais são tidas como lícitas.

9. GERAÇÕES DO DIREITO PROBATÓRIO

Historicamente, a jurisprudência da Suprema Corte norte-americana aponta a existência de 3 (três) gerações do direito probatório, que passam a ser analisadas a seguir.

Direito probatório de 1ª geração: nesta geração, a proteção constitucional aplicava-se apenas a áreas tangíveis e demarcáveis, exigindo a entrada, o ingresso e a violação de um espaço privado ou particular, com abrangência apenas de coisas, objetos e lugares. Segundo a Suprema Corte norte-americana, a correta interpretação constitucional não permitiria alargá-la além do conceito de pessoas, casas, papeis e pertences, para proibir escutar ou observar. Na primeira geração, a captação da imagem e da voz, incluindo-se a realizada por meio da interceptação telefônica, não era protegida constitucionalmente – Teoria proprietária ou *trespass theory* (Precedente *Olmstead v. United States* de 1928).

Direito probatório de 2ª geração: nesta geração, o âmbito de proteção constitucional foi ampliado de coisas, lugares e pertences para pessoas e suas expectativas de privacidade – Teoria da proteção constitucional integral (Precedente *Katz v. United States* de 1967).

Direito probatório de 3ª geração: esta geração abrange as provas tecnológicas, altamente invasivas, que permitem ao Governo alcançar conhecimentos e resultados que transcendem aqueles que seriam obtidos pelos sentidos e técnicas tradicionais. Fixou-se, pois, o entendimento de que o avanço da tecnologia sobre a materialidade das coisas não pode limitar o escopo e a abrangência da proteção constitucional outorgada às pessoas. Diante do poder devassador, imprevisível e penetrante da tecnologia, sua utilização, se ainda não pertencer ao uso geral do público, dependerá da análise de uma autoridade judiciária (Precedente *Kyllo v. United States* de 2001).

O direito probatório de 3ª geração foi utilizado pelo STJ para fundamentar inúmeras decisões nas quais o tribunal exigiu prévia autorização judicial para policiais realizarem a busca exploratória em telefone celular apreendido, em virtude da expectativa de privacidade quanto aos arquivos armazenados. Nesse sentido, aponta-se o *distinguishing* (distinção do caso fático concreto, em vista do precedente fixado para a não incidência deste último, com a permissão de fixação de entendimento diverso do precedente paradigma) em relação ao que foi decidido pelo STF no HC nº 91.867/PA, que versava sobre a possibilidade de policiais acessarem, sem ordem judicial, apenas e tão somente o registro de chamadas telefônicas efetuadas e recebidas. Com efeito, no precedente do Pretório Excelso, os policiais não tiveram acesso às conversas mantidas entre os investigados, o que foi tratado nas referidas decisões do STJ, sendo, nestas hipóteses, exigida por este último tribunal prévia ordem judicial.

10. PROVAS EM ESPÉCIE

10.1. Prova pericial e cadeia de custódia (arts. 158 a 184 CPP)

A prova pericial é uma prova técnica, na medida em que pretende evidenciar a existência de fatos cuja certeza, segundo a lei, somente seria possível a partir de conhecimentos científicos.

Nesse trilhar, se a infração deixar **vestígios**, necessariamente deverá ser feito o **exame de corpo de delito** (que é uma das formas de prova pericial), não podendo supri-lo nem mesmo a confissão do acusado (art. 158, *caput*, do CPP), sob pena de nulidade absoluta do feito (art. 564, inciso III, alínea "b", do CPP e Súmula nº 361 STF), o que constitui um resquício do sistema tarifário de provas.

> **▸ Qual o entendimento do STF sobre o assunto?**
>
> O STF já decidiu que o laudo elaborado de forma unilateral não constitui prova pericial, mas documental, razão pela qual a validade como elemento de convicção não se submete à observância dos requisitos previstos nos arts. 158 e seguintes do CPP. Assim, o laudo produzido pela empresa seguradora vítima do crime do art. 250, § 1º, I, do CP (causar incêndio com o intuito de obter vantagem pecuniária), por não se qualificar como perícia, não consubstancia prova ilícita, surgindo passível de ser valorado pelo Juízo (Informativo nº 967).

> **▸ Aplicação em concurso público:**
>
> No concurso de Procurador da República do Ministério Público Federal, em 2013, dentre outros aspectos relevantes das provas no Processo Penal, cobrou-se exatamente o teor do art. 158, *caput*, do CPP: *"Assinale a alternativa correta: a) Segundo o Código de Processo Penal, quando a infração penal deixar vestígios e eles não tiverem desaparecido, será indispensável o exame de corpo de delito; b) Arma de fogo não precisa ser periciada, pois não constitui corpo de delito; c) As coisas apreendidas, mesmo constituindo corpo de delito, podem ser devolvidas ao titular assim que periciadas, pois o laudo é suficiente à instrução criminal; d) A partir da Lei n. 11.690/08, o exame de corpo de delito pode ser realizado por dois peritos oficiais."* A resposta da questão foi a letra A.

Entretanto, em regra, admite-se o oferecimento da inicial acusatória desacompanhada do exame de corpo de delito, pois ele poderá ser produzido ao longo do feito, salvo nos casos em que a lei o exige para que seja deflagrada a ação penal (condição de procedibilidade da ação penal), como nas infrações contra a propriedade imaterial que deixam vestígios (art. 525 do CPP) e nos crimes disciplinados na Lei de Tóxicos (Lei nº 11.343/06), nos quais o laudo de constatação é obrigatório para a lavratura da prisão em flagrante delito e para o oferecimento da denúncia.

> **▸ Aplicação em concurso público:**
>
> No concurso da Defensoria Pública do Estado de Minas Gerais, promovido pela Fundep, em 2014, foi cobrado justamente o teor do art. 525 do CPP, da seguinte forma: *"Segundo o código de processo penal, nos crimes contra a propriedade imaterial, no caso de haver o crime deixado vestígio, a queixa ou a denúncia não será recebida se não for instruída com o exame pericial dos objetos que constituam o corpo de delito."* A assertiva foi considerada correta.

A esse respeito, o art. 158, *caput*, do CPP menciona que o exame de corpo de delito pode ser feito de modo **direto** (quando os peritos têm contato pessoalmente, diretamente com o objeto a ser periciado – exemplo: no crime de lesões corporais, o perito tem contato imediato com o corpo da vítima) ou **indireto** (que será realizado quando inexistentes ou desaparecerem os vestígios, através de outros meios de prova em direito admitidos, a exemplo do exame de ficha clínica de hospital, fotografias, filmes, atestados de outros médicos e, principalmente, através da **prova testemunhal**, nos termos do art. 167 do CPP).

Nesse contexto, impende destacar que o STJ e o STF entendem que o exame de corpo de delito indireto pode ser feito **sem a confecção formal de um laudo pericial**, como, por exemplo, com a simples oitiva de testemunhas (art. 167 do CPP), embora haja posicionamento minoritário em sentido contrário (TÁVORA; ALENCAR, 2009, p. 338).

Há algumas **exceções** à regra do art. 158, *caput*, do CPP acima referida. A primeira delas vem prevista no art. 12, § 3º, da Lei Maria da Penha (Lei nº 11.340/06), segundo o qual "Serão admitidos como meios de prova os laudos ou prontuários médicos fornecidos por hospitais e postos de saúde".

A segunda vem estampada no art. 77, § 1º, da Lei nº 9.099/95, que estatui: "Para o oferecimento da denúncia, que será elaborada com base no termo de ocorrência referido no art. 69 desta Lei, com dispensa do inquérito policial, prescindir-se-á do exame do corpo de delito quando a materialidade do crime estiver aferida por boletim médico ou prova equivalente".

A terceira exceção vinha insculpida no art. 14 da Lei nº 4.898/65, que apregoava: "Se o ato ou fato constitutivo do abuso de autoridade houver deixado vestígios o ofendido ou o acusado poderá: a) promover a comprovação da existência de tais vestígios, por meio de duas testemunhas qualificadas; b) requerer ao juiz, até 72 (setenta e duas) horas antes da audiência de instrução e julgamento, a designação de um perito para fazer as verificações necessárias. § 1º. O perito ou as testemunhas farão o seu relatório e prestarão seus depoimentos verbalmente, ou o apresentarão por escrito, querendo, na audiência de instrução e julgamento. § 2º. No caso previsto na letra *a* deste artigo a representação poderá conter a indicação de mais duas testemunhas". No entanto, a nova Lei de Abuso de Autoridade (Lei nº 13.869/19) não repetiu esta previsão, daí porque ela se encontra revogada expressamente, nos termos do art. 44 da novel legislação.

Retornando ao comando do CPP, fundamental registrar que, de acordo com o disposto nos incisos I e II do parágrafo único do art. 158 do Código, com a redação dada pela Lei nº 13.721/18, será dada prioridade à realização do exame de corpo de delito quando se tratar de crime que envolva violência doméstica e familiar contra mulher (I) ou contra criança, adolescente, idoso ou pessoa com deficiência (II).

> ▸ **Aplicação em concurso público:**
>
> No concurso do Ministério Público do Estado de Santa Catarina, promovido em 2019, foi cobrado o exato teor do art. 158, parágrafo único, do CPP a partir da seguinte assertiva: "*Nos termos do Código de Processo Penal, dar-se-á prioridade à realização do exame de corpo de delito quando se tratar de crime que envolva: violência ou grave ameaça contra pessoa; violência doméstica e familiar contra mulher; e violência contra criança, adolescente, idoso ou pessoa com deficiência.*" A assertiva foi considerada incorreta.

O art. 158 do CPP sofreu profunda mudança com a Lei nº 13.964/2019 ("Pacote Anticrime"), que acrescentou a este dispositivo os artigos 158-A a 158-F para tratar, com riqueza de detalhes, da chamada **cadeia de custódia**.

A cadeia de custódia deve ser entendida como "um mecanismo garantidor da autenticidade das evidências coletadas e examinadas, assegurando que correspondem ao caso investigado, sem que haja lugar para qualquer tipo de adulteração. Funciona, pois, como a documentação formal de um procedimento destinado a manter e documentar a história cronológica de uma evidência, evitando-se, assim, eventuais interferências internas e externas capazes de colocar em dúvida o resultado da atividade probatória" (LIMA, 2019, p. 625).

Com fundamento na dicção legal, *"Considera-se cadeia de custódia o conjunto de todos os procedimentos utilizados para manter e documentar a história cronológica do vestígio coletado em locais ou em vítimas de crimes, para rastrear sua posse e manuseio a partir de seu reconhecimento até o descarte."* (art. 158-A, *caput*, CPP).

Como exemplo da aplicação deste instituto, tem-se o caso da prática de crime de tráfico de drogas em que o seu autor é preso em flagrante quando vendia algum tipo de substância entorpecente, a qual é apreendida por um policial: nesta hipótese, as autoridades responsáveis pela persecução penal devem demonstrar que, desde o momento em que a droga foi apreendida, não houve a perda de qualquer evidência, nenhum tipo de adulteração, muito menos de contaminação, seja por outros elementos, seja pelo próprio recipiente no qual ela foi armazenada. Por conta disso, a substância deve ser embalada, etiquetada e lacrada, documentando-se todos os procedimentos dessa custódia ao longo da persecução penal (LIMA, 2019, p. 625).

A cadeia de custódia incide em qualquer elemento probatório (como drogas, mídias digitais, *res furtiva* etc.). Ela se inicia quando a evidência é apreendida e é encerrada com o fim da persecução penal. Nessa esteira, o art. 158-A, parágrafo 1º, do CPP assevera que *"O início da cadeia de custódia dá-se com a preservação do local de crime ou com procedimentos policiais ou periciais nos quais seja detectada a existência de vestígio"*. Nesse contexto, o agente público que reconhecer um elemento como de potencial interesse para a produção da prova pericial fica responsável por sua preservação (158-A, parágrafo 2º, CPP). Para todos os efeitos, considera-se vestígio todo objeto ou material bruto, visível ou latente, constatado ou recolhido, que se relaciona à infração penal (158-A, parágrafo 3º, CPP).

Pretende-se com a cadeia de custódia preservar a idoneidade dos objetos e bens apreendidos, evitando-se qualquer dúvida a respeito da sua origem e do caminho percorrido durante a persecução penal. Por consequência, deve a acusação, em juízo, ao apresentar evidências físicas, a exemplo da arma do crime, demonstrar que o objeto apresentado é o mesmo que foi apreendido na data dos fatos (LIMA, 2019, p. 625-626).

Há discussão na doutrina sobre a consequência da **quebra da cadeia de custódia** (*break in the chain of custody*). Existem duas correntes sobre o tema:

1ª corrente (minoritária): a consequência seria a *proibição de valoração probatória e, por consequência, a exclusão física da prova e das demais provas dela derivadas*. É dizer, existindo quebra da cadeia de custódia, sendo irrelevante se ocasionada de boa ou má-fé, não deve ser reconhecida essa evidência como prova, o que também atingirá as demais provas dela decorrentes (prova ilícita por derivação – art. 157, § 1º, CPP).

Antes do advento da Lei nº 13.964/2019, o STJ já havia proferido julgamentos reconhecendo o instituto da cadeia de custódia e a inadmissibilidade da prova em caso de sua quebra, a exemplo do HC.160.662/RJ, RHC 59.414/SP e do RHC 77.836/PA. Neste último, inclusive, pontificou-se cabalmente que a cadeia de custódia da prova consiste no caminho que deve ser percorrido pela prova até a sua análise pelo magistrado, sendo certo que qualquer interferência indevida durante esse trâmite processual pode resultar na sua imprestabilidade (STJ, Quinta Turma, RHC 77.836/PA, j. 05/02/2019).

2ª corrente (majoritária): a quebra da cadeia de custódia não levaria, obrigatoriamente, à ilicitude ou à ilegitimidade da prova, especialmente nas situações em que existam apenas omissões ou irregularidades, sem indícios concretos de que a fonte da prova possa ter sido adulterada, modificada ou substituída. Logo, a solução passa pela valoração da prova. É dizer, a quebra da cadeia de custódia não resulta, necessariamente, em prova ilícita ou ilegítima, interferindo apenas na *valoração* dessa prova pelo julgador. A irregularidade na cadeia de custódia reduzirá a credibilidade da prova, diminuirá o seu valor, passando-se a ser exigido do juiz um reforço justificativo caso entenda ser possível confiar na integridade e na autenticidade da prova e resolva utilizá-la na formação do seu convencimento. Essa segunda corrente se revela como a majoritária na doutrina.

É esse também o posicionamento mais recente da jurisprudência do STJ. Como decidido por este tribunal, as irregularidades constantes da cadeia de custódia devem ser sopesadas pelo magistrado com todos os elementos produzidos na instrução, a fim de aferir se a prova é confiável. Nos exatos dizeres da Corte, "respeitando aqueles que defendem a tese de que a violação da cadeia de custódia implica, de plano e por si só, a inadmissibilidade ou a nulidade da prova, de modo a atrair as regras de exclusão da prova ilícita, parece ser mais adequada aquela posição que sustenta que as irregularidades constantes da cadeia de custódia devem ser sopesadas pelo magistrado com todos os elementos produzidos na instrução, a fim de aferir se a prova é confiável. Assim, à míngua de outras provas capazes de dar sustentação à acusação, deve a pretensão ser julgada improcedente, por insuficiência probatória, e o réu ser absolvido". (STJ, 6ª Turma, HC 653.515/RJ, Rel. Min. Laurita Vaz, j. 23.11.21).

Aliás, aproveitando o ensejo, convém destacar que, na sequência deste mesmo julgado, o STJ entendeu que a superveniência de sentença condenatória não tem o condão de prejudicar *habeas corpus* que analisa tese defensiva de que teria havido quebra da cadeia de custódia da prova, ocorrida ainda na fase inquisitorial e empregada como justa causa para a própria ação penal, *máxime* quando verificado que a parte alegou a matéria *oportuno tempore*, isto é, logo após a sua produção e que essa tese já foi devidamente examinada e debatida pela instância de origem.

Antes do advento da Lei nº 13.964/2019, o STJ já havia proferido julgamentos reconhecendo o instituto da cadeia de custódia e a inadmissibilidade da prova em caso de sua quebra, a exemplo do HC.160.662/RJ, RHC 59.414/SP e do RHC 77.836/PA. Neste último, inclusive, pontificou-se cabalmente que a cadeia de custódia da prova consiste no caminho que deve ser percorrido pela prova até a sua análise pelo magistrado, sendo certo que qualquer interferência indevida durante esse trâmite processual pode resultar na sua imprestabilidade (STJ, Quinta Turma, RHC 77.836/PA, j. 05/02/2019).

Em face do risco da inutilização da prova com a quebra da cadeia de custódia é que o CPP oferece extenso e detalhado regramento a respeito da matéria. Destarte, especifica todas as etapas do rastreamento do vestígio compreendido pela cadeia de custódia: **I – reconhecimento**: ato de distinguir um elemento como de potencial interesse para a produção da prova pericial; **II – isolamento**: ato de evitar que se altere o estado das coisas, devendo isolar e preservar o ambiente imediato, mediato e relacionado aos vestígios e local de crime; **III – fixação**: descrição detalhada do vestígio conforme se encontra no local de crime ou no corpo de delito, e a sua posição na área de exames, podendo ser ilustrada por fotografias, filmagens ou croqui, sendo indispensável a sua descrição no laudo pericial produzido pelo perito responsável pelo atendimento; **IV – coleta**: ato de recolher o vestígio que será submetido à análise pericial, respeitando suas características e natureza; **V – acondicionamento**: procedimento por meio do qual cada vestígio coletado é embalado de forma individualizada, de acordo com suas características físicas, químicas e biológicas, para posterior análise, com anotação da data, hora e nome de quem realizou a coleta e o acondicionamento; **VI – transporte**: ato de transferir o vestígio de um local para o outro, utilizando as condições adequadas (embalagens, veículos, temperatura, entre outras), de modo a garantir a manutenção de suas características originais, bem como o controle de sua posse; **VII – recebimento**: ato formal de transferência da posse do vestígio, que deve ser documentado com, no mínimo, informações referentes ao número de procedimento e unidade de polícia judiciária relacionada, local de origem, nome de quem transportou o vestígio, código de rastreamento, natureza do exame, tipo do vestígio, protocolo, assinatura e identificação de quem o recebeu; **VIII – processamento**: exame pericial em si, manipulação do vestígio de acordo com a metodologia adequada às suas características biológicas, físicas e químicas, a fim de se obter o resultado desejado, que deverá ser formalizado em laudo produzido por perito; **IX – armazenamento**: procedimento referente à guarda, em condições adequadas, do material a ser processado, guardado para realização de contraperícia, descartado ou transportado, com vinculação ao número do laudo correspondente; **X – descarte**: procedimento referente à liberação do vestígio, respeitando a legislação vigente e, quando pertinente, mediante autorização judicial (art. 158-B, incisos I a X, CPP).

A coleta dos vestígios deverá ser realizada preferencialmente por perito oficial, que dará o encaminhamento necessário para a **central de custódia**, mesmo quando for necessária a realização de exames complementares (art. 158-C, *caput*, CPP). Não sendo possível a atuação do perito oficial, devem atuar dois peritos não oficiais, na linha do que prevê o art. 159, parágrafo 1º, do CPP. Todos os vestígios coletados no decurso do inquérito ou processo devem ser tratados como descrito no CPP, ficando órgão central de perícia oficial de natureza criminal responsável por detalhar a forma do seu cumprimento (art. 158-C, § 1º, CPP). Fica proibida a entrada em locais isolados bem como a remoção de quaisquer vestígios de locais de crime antes da liberação por parte do perito responsável, sendo tipificada como fraude processual a sua realização (art. 158-C, § 2º, CPP). Na etapa do inquérito policial, o art. 6º, inciso I, do CPP já estabelecia que logo que tiver conhecimento da prática da infração penal, a autoridade policial deverá dirigir-se ao local, providenciando para que não se alterem o estado e conservação das coisas, até a chegada dos peritos criminais.

O recipiente para acondicionamento do vestígio será determinado pela natureza do material (art. 158-D, *caput*, CPP). Todos os recipientes deverão ser selados com lacres, com numeração individualizada, de forma a garantir a inviolabilidade e a idoneidade do vestígio durante o transporte (art. 158-D, § 1º, CPP). O recipiente deverá individualizar o vestígio, preservar suas características, impedir contaminação e vazamento, ter grau de resistência adequado e espaço para registro de informações sobre seu conteúdo (art. 158-D, § 2º, CPP). O recipiente só poderá ser aberto pelo perito que vai proceder à análise e, motivadamente, por pessoa autorizada (art. 158-D, § 3º, CPP). Após cada rompimento de lacre, deve se fazer constar na ficha de acompanhamento de vestígio o nome e a matrícula do responsável, a data, o local, a finalidade, bem como as informações referentes ao novo lacre utilizado. (art. 158-D, § 4º, CPP). O lacre rompido deverá ser acondicionado no interior do novo recipiente (art. 158-D, § 5º, CPP).

Todos os Institutos de Criminalística deverão ter uma **central de custódia** destinada à guarda e controle dos vestígios, e sua gestão deve ser vinculada diretamente ao órgão central de perícia oficial de natureza criminal (art. 158-E, *caput*, CPP). Toda central de custódia deve possuir os serviços de protocolo, com local para conferência, recepção, devolução de materiais e documentos, possibilitando a seleção, a classificação e a distribuição de materiais, devendo ser um espaço seguro e apresentar condições ambientais que não interfiram nas características do vestígio (art. 158-E, § 1º, CPP). Na central de custódia, a entrada e a saída de vestígio deverão ser protocoladas, consignando-se informações sobre a ocorrência no inquérito que a eles se relacionam (art. 158-E, § 2º, CPP). Todas as pessoas que tiverem acesso ao vestígio armazenado deverão ser identificadas e deverão ser registradas a data e a hora do acesso (art. 158-E, § 3º, CPP). Por ocasião da tramitação do vestígio armazenado, todas as ações deverão ser registradas, consignando-se a identificação do responsável pela tramitação, a destinação, a data e horário da ação (art. 158-E, § 4º, CPP).

Após a realização da perícia, o material deverá ser devolvido à central de custódia, devendo nela permanecer (art. 158-F, *caput*, CPP). Caso a central de custódia não possua espaço ou condições de armazenar determinado material, deverá a autoridade policial ou judiciária determinar as condições de depósito do referido material em local diverso, mediante requerimento do diretor do órgão central de perícia oficial de natureza criminal (art. 158-F, parágrafo único, CPP).

Avançando no estudo da prova pericial, em sendo ela uma prova essencialmente técnica, deverá ser produzida por pessoas devidamente habilitadas. Em regra, essas pessoas pertencem aos quadros do próprio Estado, são os chamados **peritos oficiais ou judiciais**, que são auxiliares da Justiça (art. 275 do CPP) investidos na função por força de lei (concursados) e não por nomeação do juiz, submetendo-se às mesmas causas de suspeição dos juízes (art. 280 do CPP).

Nos termos do art. 159 CPP, *caput*, com a redação dada pela Lei nº 11.690/08, a regra geral é a de que a perícia deve ser realizada **por apenas um (não mais dois) perito oficial**, portador de diploma de curso superior. Nesse sentido, impende registrar que a Súmula nº 361 do STF ("No processo penal, é nulo o exame realizado por um só perito, considerando-se impedido o que tiver funcionado, anteriormente, na diligência de apreensão"), quanto ao número de peritos oficiais, perdeu a sua razão de ser. Persiste apenas para a perícia feita por peritos não oficiais, hipótese em que envolverá a ocorrência de nulidade meramente relativa.

▸ **Aplicação em concurso público:**

No concurso de Delegado de Polícia do Estado de Goiás, em 2013, UEG, questionou-se sobre a atuação do perito oficial na confecção do exame de corpo de delito, da seguinte forma: "*Quanto à prova pericial, segundo o Código de Processo Penal, tem-se o seguinte: a) na falta de peritos oficiais, a perícia será realizada por uma pessoa idônea, portadora de diploma de qualquer área de habilitação técnica. b) será facultada ao Ministério Público e ao acusado a formulação de quesitos aos peritos, mas, diferentemente do previsto no Código de Processo Civil, as partes não poderão indicar assistente técnico. c) em regra, o exame de corpo de delito e outras perícias serão realizados por perito oficial, portador de diploma de curso superior. d) a falta do exame de corpo de delito direto nos crimes que deixam vestígios é causa de nulidade insanável, não podendo ser suprida pela prova testemunhal*". A resposta da questão foi a letra C.

▸ **Aplicação em concurso público:**

No concurso de Delegado da Polícia Civil do Estado de São Paulo, promovido pela Vunesp, em 2014, dentre outros aspectos relevantes do exame de corpo de delito, cobrou-se justamente o número de perito oficial (um) necessário para a confecção do laudo pericial, a saber: "*No delito de homicídio, o exame de corpo de delito: A) é prova pericial fundamental, sem a qual não pode haver o oferecimento da denúncia. B) deve, em regra, ser realizado por perito oficial, portador de diploma de curso superior. C) é dispensável, no caso de confissão do crime. D) é dispensável, caso existam outras provas da prática delituosa. E) deve ser realizado por dois peritos médicos pertencentes ao Instituto Médico Legal*". A resposta correta foi a letra B.

Como afirmado alhures, o nível universitário é condição indispensável para quem pretende ser perito oficial. Contudo, quem já era perito oficial sem possuir nível superior poderá continuar exercendo suas funções, salvo a hipótese de perícia médica, em que se exige peremptoriamente o diploma superior (art. 2º da Lei nº 11.690/08).

A **disciplina do perito oficial de natureza criminal** é feita pela **Lei nº 12.030/09**, merecendo destaque o seu art. 2º, que dispõe que "No exercício da atividade de perícia oficial de natureza criminal, é assegurado autonomia técnica, científica e funcional, exigido concurso público, com formação acadêmica específica, para o provimento do cargo de perito oficial".

Sendo a **perícia complexa**, que abranja mais de uma área de conhecimento especializado, pode ser designado pelo juiz mais de um perito oficial e indicado pela parte mais de um assistente técnico, consoante previsão do art. 159, § 7º, do CPP.

Apenas **quando não houver peritos oficiais** é que deverá o juiz nomear **duas pessoas portadoras de diploma de curso superior preferencialmente na área específica**, dentre as que tiverem habilitação técnica relacionada com a natureza do exame (art. 159, § 1º, do CPP): são os **peritos não oficiais**. Estes peritos, para que possam exercer suas funções, deverão **prestar o compromisso** de bem desenvolver sua atividade (art. 159, § 2º, do CPP), o que não se exige para os peritos oficiais, para os quais este compromisso já decorre do cargo público que ocupam. Todavia, a ausência da colheita do compromisso é causa de **mera irregularidade**, não provocando a nulidade do laudo pericial.

O art. 159, § 3º, do CPP, com a redação dada pela Lei nº 11.690/08, passou a permitir que o Ministério Público, o assistente de acusação, o ofendido, o querelante e o acusado **formulem quesitos e indiquem assistentes técnicos.**

A respeito da **formulação de quesitos**, sobreleva destacar que as partes podem requerer a oitiva dos peritos em audiência de instrução e julgamento com a finalidade de que informem dados sobre a prova produzida e justamente respondam estes quesitos. Para tanto, os peritos devem ser intimados no prazo de 10 (dez) dias de antecedência, recebendo os quesitos ou questões previamente. Ademais, as respostas dos peritos podem ser fornecidas também por meio de laudo complementar (art. 159, § 5º, inciso I, do CPP).

No que tange à figura do **assistente técnico**, o art. 159, § 4º, do CPP prevê que ele ingressa no feito a partir da sua admissão pelo magistrado e após a conclusão dos exames e a elaboração do laudo pelo perito oficial, sendo as partes intimadas dessa decisão. Todavia, esse dispositivo legal necessita ser atualizado, considerando que o art. 3º-B, inciso XVI, do CPP, com a redação dada pela Lei nº 13.964/2019 ("Pacote Anticrime"), prevê que o juiz das garantias tem competência para deferir pedido de admissão de assistente técnico *para acompanhar a produção da perícia*. Com o novel dispositivo legal, é possível que o assistente técnico ingresse nos autos antes ou durante a realização da perícia, autorizando-se que ele venha a acompanhá-la. Continua, porém, mantida a vedação de que o assistente técnico produza o laudo pericial: ele apenas o ratifica ou infirma, oferecendo o seu parecer técnico (art. 159, § 5º, inciso II, do CPP). Nesses termos, admite-se o seu ingresso na etapa de investigação criminal, o que será deferido pelo juiz das garantias.

A decisão do magistrado de admissão do assistente técnico é irrecorrível, embora permita o manejo de *habeas corpus* ou mandado de segurança em matéria criminal ou ainda a sua impugnação em sede de preliminar do recurso de apelação. Além disso, frise-se que o assistente técnico pode apresentar pareceres em prazo a ser fixado pelo juiz ou ser inquirido em audiência (art. 159, § 5º, inciso II, do CPP).

O assistente técnico atua como um perito de confiança das partes. Como já afirmado anteriormente, ele não produz o laudo pericial, apenas o ratifica ou o infirma, apresentando o seu parecer técnico. Assim como o perito, deve possuir nível superior, mas ele não está submetido ao regime de impedimento e suspeição dos magistrados, pois sua atuação é parcial, em favor da parte.

> **▸ Aplicação em concurso público:**
>
> No concurso do MP/SP, em 2010, na Prova Escrita, foi indagado ao candidato: *"Qual é a função do assistente técnico indicado pela parte, em relação aos exames periciais?"*. A função é de auxílio à parte, conforme exposto nos parágrafos anteriores.

> **▸ Aplicação em concurso público:**
>
> No concurso de Analista do TRE/TO, em 2011, promovido pela Fundação Carlos Chagas (FCC), dentre outros aspectos relevantes sobre a prova pericial, foi questionada a possibilidade de indicação de assistente técnico pelas partes. Nesse trilhar, afirmou-se o seguinte: *"Quanto ao exame de corpo de delito e às perícias em geral, de acordo com o Código de Processo Penal: a) Os exames de corpo de delito serão feitos por dois peritos oficiais. b) Se a infração deixar vestígios, a ausência do exame de corpo de delito pode ser suprida pela confissão do acusado. c) Ao assistente de acusação, ao ofendido, ao querelante e ao acusado é facultada a indicação de assistente técnico. d) Os peritos não oficiais ficarão dispensados de compromisso se forem especialistas na matéria objeto da perícia e tiverem prestado compromisso em entidade de classe. e) O laudo pericial será elaborado no prazo máximo de cinco dias, podendo este prazo ser prorrogado por igual período, a requerimento do Ministério Público"*. A resposta correta foi a letra C.

Nos termos do art. 159, § 6º, do CPP, havendo requerimento das partes, o material probatório que serviu de base à perícia será disponibilizado no ambiente do órgão oficial, que manterá sempre sua guarda, e na presença de perito oficial, para exame pelos assistentes, salvo se for impossível a sua conservação.

O resultado da prova pericial deve ser apresentado pelos peritos por meio de *laudo pericial*, que "é a conclusão a que chegaram os peritos, exposta na forma escrita, devidamente fundamentada, constando todas as observações pertinentes ao que foi verificado e contendo as respostas aos quesitos formulados pelas partes" (NUCCI, 2008, p. 406). Nesse laudo, os peritos devem descrever minuciosamente o que examinarem e responder aos quesitos formulados (art. 160, *caput*, do CPP). Eles têm o prazo de 10 (dez) dias para a elaboração do laudo pericial, sendo que tal prazo pode ser prorrogado, em casos excepcionais, a requerimento do perito (art. 160, parágrafo único, do CPP). Já a autoridade e as partes podem formular os seus respectivos quesitos até o ato da diligência (art. 176 do CPP).

Prevalece o entendimento na doutrina de que, na fase de inquérito policial, o investigado, por meio de procurador ou defensor, não teria direito de formular quesitos, afinal de contas este procedimento é essencialmente inquisitivo. No entanto, corrente minoritária destaca a importância de que o delegado autorize a formulação destes quesitos, pois as perícias produzidas nesta etapa, em regra, não serão repetidas em juízo (TÁVORA; ALENCAR, 2009, p. 336). O teor do art. 7º, inciso XXI, alínea "a", da Lei nº 8.906/94 (Estatuto da OAB) reforçaria esta possibilidade de encaminhamento de quesitos pela defesa no inquérito policial.

Com fincas no art. 161 do CPP, o exame de corpo de delito pode ser feito em qualquer dia e horário – assim, por exemplo, autoriza-se que um cadáver seja liberado para o funeral, realizando-se o exame de necropsia em dia não útil.

> **▸ Aplicação em concurso público:**
>
> No concurso de Analista do TRE/RN, em 2011, promovido pela Fundação Carlos Chagas (FCC), dentre outros aspectos relevantes da prova pericial, foi cobrado exatamente o teor do art. 161 do CPP, do seguinte modo: *"O exame de corpo de delito a) é dispensável e pode ser suprido pela confissão do acusado. b) não pode ser feito entre 22:00 e 6:00 horas. c) não pode ser feito aos domingos e feriados. d) pode ser feito em qualquer dia e a qualquer hora. e) deve ser sempre direto, não podendo jamais ser indireto"*. A resposta correta foi a letra D.

Permite-se que o exame pericial seja feito por **carta precatória** (art. 177 do CPP), se o objeto ou material a ser analisado se encontrar em comarca diversa daquela onde se situa a autoridade policial ou o juiz. Como regra geral, é o juiz ou a autoridade policial do local da diligência (juízo deprecado) quem nomeia o perito, sem qualquer participação das partes. Excepcionalmente, porém, se a ação for penal privada, havendo acordo entre as partes, a nomeação pode ser feita pelo juízo deprecante (e não pelas partes, já que elas nunca interferem na nomeação dos peritos, que é ato privativo do juiz). Em qualquer caso, os quesitos formulados pelo juiz e pelas partes seguirão na carta precatória (art. 177, parágrafo único, do CPP).

O CPP, no seu art. 162, prevê a possibilidade de realização da prova pericial denominada **autópsia ou necropsia**, que é "o exame feito por peritos das partes internas de um cadáver" (NUCCI, 2008, p. 407) e que visa essencialmente comprovar a morte e sua causa. Conforme o art. 162, *caput*, do CPP, para a realização da autópsia, garante-se o tempo mínimo de segurança de 6 (seis) horas, tempo este necessário para o surgimento de "incontroversos sinais tanatalógicos, demonstrativos da morte da vítima, evitando-se qualquer engano fatal" (NUCCI, 2008, p. 407). Esse prazo, porém, é relativizado quando a morte é evidente, o que deve ser declarado no auto pelo perito.

Com base no art. 162, parágrafo único, do CPP, nos casos de **morte violenta (não natural)**, como um suicídio, bastará o simples exame externo do cadáver, quando não houver infração penal que apurar, ou quando as lesões externas permitirem precisar a causa da morte e não houver necessidade de exame interno para a verificação de alguma circunstância relevante (**fato axiomático ou intuitivo**), como nas hipóteses de decapitação ou carbonização da vítima.

Outra modalidade de prova pericial prevista no CPP (artigos 163 a 166) é a **exumação**, que "significa desenterrar ou tirar o cadáver da sepultura" (NUCCI, 2008, p. 408), ao contrário da inumação, que é sinônimo de enterro ou sepultamento dele. Esse procedimento necessita de autorização legal, não podendo ser feito, portanto, sem justificativa. Se a exumação é feita em desacordo com o regramento legal, há o cometimento da contravenção penal prevista no art. 67 da Lei de Contravenções Penais.

A exumação pode ser feita para a realização da autópsia, se surgir dúvida sobre a causa da morte, sendo que essa dúvida, no momento do sepultamento, não existia. Pode ser feita também para o refazimento da perícia ou para a complementação dos dados já colhidos.

Em regra, cabe à autoridade policial determinar a realização da exumação (pois a ela cabe determinar a realização de autópsia – art. 6º, inciso VII, do CPP), mas o juiz também pode determiná-la, devendo, porém, ser conduzida pela autoridade policial. A doutrina ainda aponta para a possibilidade de o Ministério Público determinar a realização da exumação, já que ele poderá requisitar diretamente ao delegado a prática de diligências, por força do art. 47 do CPP (TÁVORA; ALENCAR, 2009, p. 340).

O art. 163, *caput*, do CPP determina que, em caso de exumação para exame cadavérico, a autoridade providenciará para que, em dia e hora previamente marcados, se realize a diligência, da qual se lavrará auto circunstanciado. Já o parágrafo único do art. 163 do CPP estipula que o administrador de cemitério público ou particular indicará o lugar da sepultura, sob pena de desobediência. No caso de recusa ou de falta de quem indique a sepultura, ou de encontrar-se o cadáver em lugar não destinado a inumações, a autoridade procederá às pesquisas necessárias, o que tudo constará do auto.

O art. 164 do CPP assevera que os cadáveres serão sempre fotografados na posição em que forem encontrados, bem como, na medida do possível, as eventuais lesões externas e os vestígios deixados no local do crime.

Conforme o art. 165 do CPP, para representar as lesões encontradas no cadáver, os peritos, quando possível, juntarão ao laudo do exame provas fotográficas, esquemas ou desenhos, devidamente rubricados.

Se houver dúvida sobre a identidade do cadáver, deve ser feito o seu reconhecimento, lavrando-se auto (*auto de reconhecimento e de identidade*), no qual ele será descrito com todos os seus sinais e indicações (art. 166 do CPP). Além disso, tudo o que for encontrado com o cadáver deverá ser recolhido e autenticado (art. 166, parágrafo único, do CPP).

No caso de crime **lesão corporal**, se houver um primeiro exame pericial incompleto, é possível a realização de um **exame complementar**, por determinação da autoridade policial ou judiciária, de ofício ou a requerimento do Ministério Público, do ofendido ou do acusado, ou de seu defensor, visando apurar a extensão da lesão corporal (art. 168, *caput*, do CPP). Nesse exame complementar, os peritos terão presente o auto de corpo de delito, a fim de suprir-lhe a deficiência ou ratificá-lo (art. 168, § 1º, do CPP).

É possível ainda a realização do **exame pericial complementar** para a constatação do **crime de lesão corporal grave que resulta na incapacidade da vítima para as ocupações habituais, por mais de 30 (trinta) dias** (art. 129, § 1º, inciso I, do Código Penal), se ainda presentes os vestígios, logo após o prazo de 30 (trinta) dias, contados da data do crime, para que se saiba justamente acerca do tempo de incapacidade provocada pelo delito (art. 168, § 2º, do CPP). Se, no entanto, desaparecerem os vestígios do crime, não será possível a realização do exame complementar, devendo ser suprido, porém, pela prova testemunhal, na linha do art. 168, § 3º, do CPP.

> **Aplicação em concurso público:**
>
> No concurso de Juiz de Direito Substituto do Tribunal de Justiça do Rio Grande do Sul, em 2018, promovido pela Vunesp, dentre outros aspectos relevantes das provas no Processo Penal, foi questionado exatamente o teor do art. 168, § 3º, do CPP, com estes dizeres: *"A respeito das provas, assinale a alternativa correta: A) São inadmissíveis, devendo ser desentranhadas do processo, as provas ilegítimas, assim entendidas as obtidas em violação a normas constitucionais ou legais. B) A pessoa que nada souber que interesse à decisão da causa será computada como testemunha. C) O exame para o reconhecimento de escritos, tal como o reconhecimento fotográfico, não tem previsão legal. D) O juiz não tem iniciativa probatória. E) A falta de exame complementar, em caso de lesões corporais, poderá ser suprida pela prova testemunhal"*. A resposta considerada correta foi a letra E.

Outra prova pericial é o **exame do local em que foi praticada a infração**, previsto no art. 169 do CPP. Para fins de realização deste exame, a autoridade providenciará imediatamente para que não se altere o estado das coisas até a chegada dos peritos (art. 169, *caput*, do CPP c/c art. 6º, inciso I, do CPP). Nessa direção, o art. 158-C, § 2º, do CPP, com a redação dada pela Lei nº 13.964/2019, estatui que "Fica proibida a entrada em locais isolados bem como a remoção de quaisquer vestígios de locais de crime antes da liberação por parte do perito responsável, sendo tipificada como fraude processual a sua realização". Os peritos, por sua vez, podem instruir seus laudos com fotografias, desenhos ou esquemas elucidativos (art. 169, *caput*, do CPP).

Se, porém, os peritos percebem a mudança do local do crime, deverá fazer constar no relatório essa circunstância, apresentando suas conclusões sobre a influência dessas alterações no resultado da perícia. Além disso, devem os peritos levantar hipóteses, evidenciando as diversas situações delas decorrentes (art. 169, parágrafo único, do CPP).

Mais uma espécie de prova pericial encontra-se prevista no art. 170 do CPP, é o **exame laboratorial**, que é "o realizado em lugares próprios ao estudo experimental e científico" (NUCCI, 2008, p. 411). São, portanto, exames feitos em laboratório, com aparelhos e elementos químicos adequados.

Conforme o art. 170 do CPP, os peritos, ao final do exame, devem guardar material suficiente do produto analisado para a realização, se for o caso, de nova perícia ou contraprova. Nesse passo é que o art. 158-F, *caput*, do CPP, com a redação dada pela Lei nº 13.964/2019, dispõe que "Após a realização da perícia, o material deverá ser devolvido à central de custódia, devendo nela permanecer". No silêncio da lei, entende-se que o material deve ser guardado até a prolação da sentença. Ademais, sempre que conveniente, os laudos serão ilustrados com provas fotográficas, ou microfotográficas, desenhos ou esquemas (art. 170 do CPP).

São exemplos mais conhecidos deste exame o exame toxicológico para identificação de substâncias entorpecentes ilícitas e o exame de dosagem alcoólica.

Com relação à **identificação de substâncias entorpecentes ilícitas**, há de se destacar que, para efeito da lavratura do auto de prisão em flagrante e estabelecimento da materialidade do delito, é suficiente o **laudo de constatação** da natureza e quantidade da droga, firmado por um perito oficial ou, na falta deste, **por pessoa idônea** (art. 50, § 1º, da Lei nº 11.343/06). O perito que subscrever este laudo não ficará impedido de participar da elaboração do laudo definitivo (art. 50, § 2º, da Lei nº 11.343/06).

> **▸ Aplicação em concurso público:**
>
> No concurso de Juiz Substituto do Tribunal de Justiça do Estado de Minas Gerais, promovido em 2012, foi cobrada a regra prevista no art. 50, § 2º, da Lei nº 11.343/06, da seguinte forma: *"O perito que subscrever o laudo de constatação toxicológico ficará impedido da elaboração do laudo definitivo"*. A assertiva foi considerada incorreta.

Entretanto, o laudo de constatação não permite a condenação do réu, o que somente poderá ocorrer à vista do laudo definitivo, que deverá ser lavrado por dois peritos. Contudo, se o laudo de constatação já for firmado por um perito oficial, dispensa-se a realização do laudo definitivo.

No que concerne ao **exame de dosagem alcoólica**, registre-se que, até bem pouco tempo, ele era obrigatório para fins de constatação do crime de embriaguez ao volante (art. 306 da Lei nº 9.503/97), sendo feito apenas por meio de bafômetro ou mediante exame de sangue. O objetivo deste exame seria identificar a existência de quantia superior a 6 decigramas de álcool por litro de sangue do condutor do veículo automotor. Incidia (como ainda deve incidir) neste caso o princípio de que ninguém está obrigado a produzir prova contra si mesmo.

Todavia, as leis de números 12.760/12 e 12.971/14, pretendendo conferir maior rigor à "Lei Seca" (Lei nº 11.705/08), alteraram substancialmente esse panorama.

É certo que o exame em comento ainda é muito útil, pois, de acordo com o art. 306, § 1º, inciso I, da Lei nº 9.503/97, com a redação dada pela Lei nº 12.760/12, a conduta de embriaguez ao volante pode ser constatada por concentração igual ou superior a 6 decigramas de álcool por litro de sangue ou igual ou superior a 0,3 miligrama de álcool por litro de ar alveolar. Só que a Lei nº 12.760/12 foi muito além, estipulando no art. 306, § 1º, inciso II, da Lei nº 9.503/97 que tal conduta pode ser comprovada também por sinais que indiquem, na forma disciplinada pelo Contran, alteração da capacidade psicomotora. Nesse trilhar, o § 2º deste dispositivo legal, com a redação dada pela Lei nº 12.971/14, assevera que a demonstração desta conduta poderá ser obtida mediante teste de alcoolemia ou toxicológico, exame clínico, perícia, vídeo, prova testemunhal ou outros meios de prova em direito admitidos, observado o direito à contraprova.

Em resumo, assim como já ocorria para fins de lavratura do auto de infração administrativa, o crime previsto no art. 306, *caput*, da Lei nº 9.503/97, com o advento da Lei nº 12.760/12, pode ser demonstrado por qualquer meio de prova, não apenas pelo exame de dosagem alcoólica. Desse modo, ainda que o condutor se recuse a participar do citado exame (o que é possível, em virtude do princípio da não autoincriminação), o crime poderá ser demonstrado por outros meios de prova, o que acaba confirmando a adoção pelo país do sistema do livre convencimento motivado.

▸ Qual o entendimento do STJ sobre o assunto?

O STJ já decidiu que não é possível a concessão de ordem de *habeas corpus* preventivo apenas se houver o simples temor de, porventura, ter o paciente de se submeter ao exame de bafômetro ao trafegar pelas ruas em veículo automotor, até porque, no caso julgado, não haveria qualquer procedimento investigatório direcionado ao paciente (Informativo nº 425).

▸ Aplicação em concurso público:

No concurso de Promotor de Justiça do Ministério Público do Estado de Sergipe, em 2010, promovido pelo Cespe/Unb, foi cobrado exatamente o posicionamento do STJ acima mencionado, nesses termos: *"Considerando o entendimento mais recente do STJ sobre a realização do exame de alcoolemia, popularmente denominado bafômetro, assinale a opção correta. a) É inconstitucional a previsão legal desse exame, pois ofende o princípio nemo tenetur se detegere. b) É inconstitucional a exigência da realização do exame, pois ofende a dignidade da pessoa humana. c) O STJ afirmou a constitucionalidade absoluta da lei, de forma que o motorista é obrigado a realizar o exame. d) Não cabe habeas corpus preventivo para discutir o tema, pois não se pode considerar como fundado receio o simples temor de, porventura, ter de se submeter ao exame ao trafegar pelas ruas em veículo automotor, sem a existência de procedimento investigatório. e) Considerando que o STJ tem entendimento pacificado sobre o tema, admite-se, por simples reclamação, a impugnação de decisões de tribunais que não concedam habeas corpus para evitar a submissão do motorista ao exame"*. A resposta correta foi a letra D.

▸ Qual o entendimento do STF sobre o assunto?

Conforme tese fixada pelo STF, "Não viola a Constituição a previsão legal de imposição das sanções administrativas ao condutor de veículo automotor que se recuse à realização dos testes, exames clínicos ou perícias voltados a aferir a influência de álcool ou outra substância psicoativa (art. 165-A e art. 277, §§ 2º e 3º, todos do Código de Trânsito Brasileiro, na redação dada pela Lei 13.281/2016.". Em outros termos, a eventual recusa de motoristas na realização de "teste de bafômetro, ou dos demais procedimentos previstos no CTB para aferição da influência de álcool ou outras drogas, por não encontrar abrigo no princípio da não autoincriminação, permite a aplicação de multa e a retenção/apreensão da CNH validamente. Isso porque não existem consequências penais ou processuais impostas diante da recusa na realização do "teste do bafômetro" (etilômetro) ou dos demais procedimentos previstos nos artigos 165-A e 277, §§ 2º e 3º, do CTB. Nesse passo, a imposição de restrições de direitos, decorrente da recusa do motorista em realizar os testes de alcoolemia previstos em lei, revela-se meio adequado, necessário e proporcional em sentido estrito para a efetivação, em maior medida, de outros princípios fundamentais como a vida e a segurança no trânsito, sem que acarrete qualquer violação à dignidade da pessoa humana. Isso se circunscreve ao espaço de conformação do legislador no desenho de políticas públicas (STF, Informativo nº 1.055, Tema 1079 da repercussão geral).

O art. 171 do CPP estipula outra modalidade de prova pericial, qual seja, a **perícia em furto qualificado**, que visa demonstrar as qualificadoras de destruição ou rompimento de obstáculo e escalada do crime de furto (art. 155, § 4º, incisos I e II, do Código Penal). Neste exame, os peritos deverão descrever os vestígios, indicando os instrumentos utilizados, os meios e a época em que se presume ter sido o fato praticado (art. 171 do CPP).

▸ Qual o entendimento do STJ sobre o assunto?

Como decidido pelo STJ, excepcionalmente, presentes nos autos elementos aptos a comprovar a escalada de forma inconteste, a prova pericial torna-se prescindível. No caso, a circunstância qualificadora foi comprovada pela prova oral, inclusive pela confissão do próprio réu, além da existência de laudo papiloscópico que identificou impressões digitais no local apontado pela vítima como sendo o local onde o réu pulou o muro. Ressalte-se, porém, que a regra é a de que é imprescindível, nos termos dos arts. 158 e 167 do CPP, a realização de exame pericial para o reconhecimento das qualificadoras de escalada e arrombamento no caso do delito de furto (art. 155, § 4º, II, do CP), quando os vestígios não tiverem desaparecido e puderem ser constatados pelos peritos (Informativo nº 735).

> ▸ **Aplicação em concurso público:**
>
> No concurso de Promotor de Justiça do Ministério Público do Estado do Ceará, promovido pelo Cebraspe, em 2020, foi cobrada a obrigatoriedade da realização de exame pericial para fins de incidência da qualificadora de rompimento de obstáculo no crime de furto, da seguinte forma: *"Felipe foi denunciado por furto qualificado pelo rompimento de obstáculo. Durante a instrução processual, verificou-se que, sem nenhuma justificativa, embora fosse possível, o laudo pericial não havia sido realizado; entretanto, a vítima e uma testemunha local confirmaram que uma porta havia sido arrombada no local quando do momento do furto. Considerando essa situação hipotética, assinale a opção correta. A) O juiz deve reconhecer a qualificadora, pois, nesse caso, existe um exame de corpo de delito indireto. B) O juiz não deve reconhecer a qualificadora, tendo em vista que foi injustificada a não realização de laudo pericial, que era viável. C) Caso Felipe confessasse o arrombamento, tal confissão já seria prova suficiente da ocorrência da qualificadora. D) O fato de as vítimas terem confirmado o arrombamento supre a falta de exame pericial. E) Caso o furto tivesse sido filmado por câmeras de segurança, tal prova não seria suficiente para caracterizar a qualificadora de arrombamento".*
> A resposta correta foi a letra B.

Em crimes contra o patrimônio, quando necessário, deve ser confeccionado o **laudo de avaliação das coisas destruídas, deterioradas ou que constituam produto do crime** (art. 172, *caput*, do CPP). Essa avaliação pode ser **direta** ou **indireta** (se impossível aquela, devendo ser feita por meio dos elementos existentes nos autos e dos que resultarem de diligências), nos termos do art. 172, parágrafo único, do CPP.

Para verificação do crime previsto no art. 250 do Código Penal (incêndio), é possível a realização de **exame de local de incêndio**. Nos termos do art. 173 do CPP, os peritos devem verificar a causa e o lugar em que houver começado, o perigo que dele tiver resultado para a vida ou para o patrimônio alheio, a extensão do dano e o seu valor e as demais circunstâncias que interessarem à elucidação do fato.

Exame extremamente útil, em muitos casos, para a determinação da autoria de determinados crimes, principalmente de estelionato e de falsificação, é o **exame de reconhecimento de escritos ou grafotécnico ou caligráfico**, que visa "certificar, admitindo como certo, por comparação, que a letra, inserida em determinado escrito, pertence à pessoa investigada" (NUCCI, 2008, p. 415). O procedimento para a realização deste exame vem previsto exaustivamente no art. 174 do CPP, que merece ser lido.

Lembre-se que o investigado ou acusado somente participa deste exame se quiser, por força do princípio de que ninguém está obrigado a produzir prova contra si mesmo. É esse inclusive o posicionamento do STF (HC nº 77.135/SP, 1ª Turma, Rel. Min. Ilmar Galvão, DJ 8/9/1998). Pode ainda o agente delitivo disfarçar a letra no momento da escrita ou dificultar, de qualquer forma, a perícia, informando, por exemplo, que é canhoto, quando, na verdade, é destro. Todavia, segundo posicionamento da doutrina, "a ausência injustificada pode implicar em condução coercitiva" (TÁVORA; ALENCAR, 2009, p. 342).

É possível ainda o **exame dos instrumentos do crime**, os quais são os "objetos que servem de agente mecânico para a realização do crime" (NUCCI, 2008, p. 417), a exemplo de um revólver, faca etc. Nos termos do art. 175 do CPP, o exame verificará a natureza e a eficiência do instrumento.

Se a perícia for feita por 2 (dois) peritos não oficiais, havendo divergência entre eles, cada um dos peritos poderá apresentar, no mesmo laudo, as suas opiniões em seções diferenciadas e com respostas separadas aos quesitos ou, se preferirem, elabore cada qual o seu laudo. Ademais, em qualquer caso, o juiz poderá (faculdade) nomear um terceiro perito, chamado de *perito desempatador*. Persistindo, porém, a divergência, o juiz pode (faculdade) determinar a realização de outra perícia, repetindo a produção da prova, por outros peritos, tudo conforme o art. 180 do CPP.

O juiz, no sistema do livre convencimento motivado, não está adstrito ao laudo apresentado, podendo rejeitá-lo, no todo ou em parte (art. 182 do CPP), desde que sempre fundamente a sua decisão no conjunto probatório (é a ele que o juiz está vinculado e não ao exame pericial isoladamente) – exemplo: o juiz pode rejeitar um laudo pericial feito no local do crime e aceitar o depoimento das testemunhas presenciais, que informaram que a posição do corpo da vítima no momento do delito não era a retratada no laudo. Trata-se da adoção, no Brasil, do **sistema liberatório** de apreciação dos laudos periciais, em detrimento do sistema vinculatório.

Essa possibilidade de recusa do laudo pericial, todavia, deve ser analisada com temperamento, já que, nas provas tarifadas, o juiz está vinculado ao teor do laudo – exemplo: o magistrado não pode condenar alguém por tráfico ilícito de entorpecentes quando o laudo concluiu que a substância apreendida não era entorpecente.

Porém, se o juiz recusa o teor do laudo pericial, tratando-se de infração que deixa vestígios e estando estes ainda presentes, poderá determinar que seja suprida a falha do laudo, complementado ou esclarecido, ou determinar a realização de novo laudo, até nomeando novos peritos para tanto, se julgar conveniente, se de prova exclusivamente técnica se cuidar (art. 181 do CPP).

Por fim, assevere-se que o juiz e o delegado podem indeferir a produção de prova pericial, se ela for irrelevante para a solução do caso. Isso, porém, **não pode ser feito no caso do exame de corpo de delito, se o crime deixa vestígios, sendo ele, portanto, sempre obrigatório** (art. 158, *caput*, do CPP). A parte que se sentir prejudicada com o ato que indefere a produção de uma prova pericial poderá interpor mandado de segurança ou, em preliminar de recursos de apelação ou em sentido estrito, questionar a produção da prova, ou, por fim, solicitar ao Ministério Público ou ao juiz que requisite a produção da prova, se foi o delegado quem a indeferiu (NUCCI, 2008, p. 421).

▸ **Importante!**

Prova pericial em arma de fogo e Banco Nacional de Perfis Balísticos:

Até bem pouco tempo, havia séria discussão na jurisprudência do STJ e do STF se, para fins de caracterização da causa especial de aumento de pena do crime de roubo consistente no emprego de arma de fogo (art. 157, § 2º-A, inciso I, CP), seria necessária ou não a apreensão e perícia da arma. Em alguns julgados, referidos tribunais chegaram a decidir que a causa de aumento só poderia ser reconhecida se houvesse a apreensão e perícia da arma de fogo (STJ, HC 169151/DF, 6ª Turma, Rel. Min. OG Fernandes, j. 22/6/2010, DJe 2/8/2010; STF, HC 96865/SP, 2ª Turma, Rel. Min. Ellen Gracie, j. 31/3/2009, DJe 7/8/2009). No entanto, mais recentemente, ambos os tribunais pacificaram a sua jurisprudência no sentido de que a citada causa especial poderia ser reconhecida mesmo sem a apreensão da arma de fogo e sua consequente perícia, pois, de acordo com o sistema do livre convencimento motivado, qualquer outro meio de prova poderia supri-la, notadamente a prova testemunhal, com fincas no art. 167 do CPP. É o que se verifica, por exemplo do julgamento proferido pelo Tribunal Pleno do STF no HC nº 96099/RS e dos acórdãos encontrados no HC nº 188399/AC e nos REsps números 1708301/MG e 1711986/MG do STJ.

Certo é que, no contexto de realização de perícia em arma de fogo, a Lei nº 13.964/2019 ("Pacote Anticrime") traz relevante inovação ao criar no país o **Banco Nacional de Perfis Balísticos**, disciplinado pelo art. 34-A da Lei n º 10.826/03. Outrossim, os dados relacionados à coleta de registros balísticos serão armazenados neste Banco (*caput*), que tem como objetivo cadastrar armas de fogo e armazenar características de classe e individualizadoras de projéteis e de estojos de munição deflagrados por arma de fogo (parágrafo 1º). Com isso, pretende-se ter um maior controle da circulação de armas no país (elas serão rastreáveis), bem como facilitar a investigação de crimes em que haja o emprego destas armas. Ele será constituído pelos registros de elementos de munição deflagrados por armas de fogo relacionados a crimes, para subsidiar ações destinadas às apurações criminais federais, estaduais e distritais (parágrafo 2º), sendo gerido pela unidade oficial de perícia criminal (parágrafo 3º). Os dados constantes do Banco terão caráter sigiloso, e aquele que permitir ou promover sua utilização para fins diversos dos previstos na Lei nº 10.826/03 ou em decisão judicial responderá civil, penal e administrativamente (parágrafo 4º). Fica vedada a comercialização, total ou parcial, da base de dados deste Banco (parágrafo 5º). A formação, a gestão e o acesso ao Banco serão regulamentados em ato do Poder Executivo federal (parágrafo 6º).

▸ Desnecessidade de prova pericial para condenação por uso de documento falso (STJ):

De acordo com entendimento do STJ, é possível a condenação por infração ao disposto no art. 304 do CP (uso de documento falso) com fundamento em documentos e testemunhos constantes do processo, acompanhada da confissão do acusado, sendo desnecessária a prova pericial para a comprovação da materialidade do crime, mormente se a defesa não requereu, no momento oportuno, a realização do referido exame (Informativo nº 553). Trata-se de entendimento que possui como fundamento a adoção no país do sistema do livre convencimento motivado como regra geral de avaliação da prova.

▸ Crime de violação de direito autoral e perícia (STJ):

O STJ já havia decidido que na verificação da materialidade delitiva do crime de violação de direito autoral (art. 184, § 2º, do CP), admite-se perícia realizada com base nas características externas do material apreendido, não sendo necessária a catalogação dos CDs e DVDs, bem como a indicação de cada título e autor da obra apreendida e falsificada (Informativo nº 549). Nessa mesma linha de intelecção, desta feita em sede de recursos repetitivos, também decidiu que é suficiente, para comprovação da materialidade deste crime, a perícia realizada, por amostragem, sobre os aspectos externos do material apreendido, sendo desnecessária a identificação dos titulares dos direitos autorais violados ou de quem os represente (Informativo nº 567). Mais recentemente, esse tribunal consolidou definitivamente este seu posicionamento ao aprovar a Súmula nº 574, segundo a qual "Para a configuração do delito de violação de direito autoral e a comprovação de sua materialidade, é suficiente a perícia realizada por amostragem do produto apreendido, nos aspectos externos do material, e é desnecessária a identificação dos titulares dos direitos autorais violados ou daqueles que os representem".

▸ Aplicação em concurso público:

No concurso de Agente da Polícia Civil do Distrito Federal, em 2009, promovido pela Fundação Universa (Funiversa), foram cobrados aspectos relevantes sobre a teoria geral da prova e as provas em espécie, nesses termos: "*No tocante à prova no direito processual penal brasileiro, assinale a alternativa incorreta. (A) O juiz formará sua convicção pela livre apreciação da prova produzida em contraditório judicial e, somente quanto ao estado das pessoas, serão observadas as restrições estabelecidas na lei civil. (B) Os exames de corpo de delito e as outras perícias serão feitos por dois peritos oficiais. (C) Se for impossível a realização do exame de corpo de delito, mesmo nas hipóteses em que exigido pela lei, a prova testemunhal poderá suprir a sua falta. (D) O silêncio do acusado, que não importará em confissão, não poderá ser interpretado em prejuízo da defesa. (E) O exame de corpo de delito poderá ser feito em qualquer dia e a qualquer hora*". A assertiva considerada incorreta foi a de letra B.

10.2. Interrogatório (arts. 185 a 196 CPP)

Por muito tempo, especialmente à época da ditadura militar, o interrogatório foi entendido como meio de prova, pois o acusado era tido como objeto da prova. Nesse sentido, o objetivo primordial do interrogatório era a obtenção da confissão do réu, a qual era considerada rainha das provas.

Modernamente, porém, sob uma visão garantista do processo penal, em que o acusado é sujeito de direitos, e no contexto do sistema acusatório, o interrogatório, embora continue sendo um meio de prova (e assim está previsto no CPP nos artigos 185 a 196), é também um **meio de defesa** (**natureza híbrida ou mista do interrogatório**, mescla entre meio de prova e meio de defesa, consoante posição do STJ e do STF).

Desse modo, o interrogatório pode ser definido como a oportunidade que o réu possui para apresentar, perante o juiz, a sua versão pessoal dos fatos delitivos narrados na peça acusatória, em um legítimo exercício da **autodefesa**.

Nesse trilhar, ele é um **ato personalíssimo**, pois só o próprio acusado poderá prestar depoimento em juízo, não podendo ser substituído, para esses fins, nem mesmo por seu defensor ou procurador. Se a ré for pessoa jurídica, "será designada pessoa por instrumento de preposição" (TÁVORA; ALENCAR, 2009, p. 349). De outro lado, o interrogatório é regido pela **judicialidade**, pois o acusado deverá prestar depoimento necessariamente na presença de um juiz.

Por conta disso, a oitiva do investigado colhida na fase de inquérito policial, tecnicamente, não pode ser chamada de interrogatório. Nesse cenário, relembre-se que o art. 6º, inciso V, do CPP determina, para a oitiva do investigado, a aplicação do regramento do interrogatório judicial. Essa aplicação, no entanto, somente é feita no que for cabível, dado o caráter inquisitivo do procedimento investigatório. Assim, por exemplo, não há, na fase de inquérito, os direitos ao contraditório e à ampla defesa.

Por ser um meio de exercício da autodefesa, que é sempre disponível, não obrigatória, o acusado pode se calar, sem que o seu **silêncio** seja interpretado em seu desfavor (art. 186, parágrafo único, do CPP), assim como poderá **mentir**, em decorrência do princípio constitucional do **direito ao silêncio** (art. 5º, inciso LXIII, da Constituição Federal).

> ▸ **Aplicação em concurso público:**
>
> No concurso de Procurador do Estado de Minas Gerais, promovido em 2012 pela FUMARC, dentre outros aspectos relevantes do interrogatório, cobrou-se justamente o direito que o réu tem de mentir neste ato processual, nesses termos: *"Pode o acusado silenciar-se durante o interrogatório, podendo inclusive mentir e se for o caso fazer a leitura de declarações que houver redigido antes do ato processual"*. A assertiva foi considerada correta.

Nessa esteira, pode-se afirmar que o interrogatório é regido pela **espontaneidade**, não podendo o réu ser constrangido ou compelido a prestar depoimento, sob pena de nulidade absoluta do ato. "Da mesma maneira, se o magistrado advertir que o silêncio será interpretado em prejuízo do interrogado, haverá nulidade, contudo meramente relativa, cabendo a demonstração do prejuízo. Não são admitidos detectores de mentira, mesmo que o réu aceite se submeter a tal constrangimento. Se isso ocorrer, a nulidade é insanável" (TÁVORA; ALENCAR, 2009, p. 351).

Entretanto, ressalte-se que a disponibilidade da autodefesa **não autoriza que o réu minta ou se cale na primeira parte do interrogatório judicial** (art. 187, § 1º, do CPP), referente às perguntas sobre a sua qualificação pessoal, o que é apenas permitido na segunda parte deste ato processual (art. 187, § 2º, do CPP), no momento das perguntas sobre os fatos delitivos.

Em se recusando a fornecer sua qualificação, o agente poderá praticar a contravenção penal prevista no art. 68 da Lei de Contravenções Penais (recusa de dados sobre própria identidade ou qualificação). De outro lado, se o réu atribui a si mesmo outra identidade, pode restar configurado o crime definido no art. 307 do Código Penal (falsa identidade). Aliás, este crime também estará caracterizado se a conduta de se atribuir falsa identidade for praticada perante autoridade policial, de acordo com a Súmula nº 522 do STJ. Ademais, também não se permite que o réu, na segunda parte do interrogatório, formule imputação falsa a terceiros (o que configura as chamadas **mentiras agressivas**) ou mesmo autoimputação falsa, sob pena inclusive de responsabilidade penal por seu ato, caracterizando-se o crime de denunciação caluniosa (art. 339 do Código Penal) ou até de autoacusação falsa (art. 341 do Código Penal).

O art. 260, *caput*, do CPP assevera que se o réu não atender à intimação para o interrogatório, reconhecimento ou qualquer outro ato que, sem ele, não possa ser realizado, a autoridade poderá mandar conduzi-lo à sua presença.

Contudo, boa parcela da doutrina já apontava para a inconstitucionalidade deste dispositivo legal por violação aos princípios do direito ao silêncio e da proibição de produção de provas contra si mesmo, a exemplo de Guilherme de Souza Nucci (NUCCI, 2008, p. 552) e de Eugênio Pacelli de Oliveira (OLIVEIRA, 2008, p. 326) - não obstante este último sustentar a inconstitucionalidade apenas para o ato do interrogatório, sendo, para ele, constitucional a previsão de condução coercitiva para o reconhecimento de pessoas ou qualquer outro ato que dependa da participação do réu. Era esse também o posicionamento do STJ (REsp nº 346677/RJ, 6ª Turma, Rel. Min. Fernando Gonçalves, j. 10/9/2002, DJ 30/9/2002, p. 297) e do STF (HC nº 89837/DF, 2ª Turma, Rel. Min. Celso de Mello, j. 20/10/2009, DJe 20/11/2009).

Ocorre que, mais recentemente, o Plenário do STF decidiu que a condução coercitiva para interrogatório do acusado prevista no art. 260, *caput*, do CPP não foi recepcionada pela Constituição Federal de 1988, por violação ao direito ao silêncio, liberdade de locomoção, não autoincriminação e presunção de inocência. Com efeito, pronunciou-se a não recepção pela Carta Magna do termo "para o interrogatório" constante no aludido dispositivo legal. Foram ainda definidas as responsabilidades disciplinar, civil e penal do agente ou da autoridade que promove a condução coercitiva nesta hipótese, a responsabilidade civil do Estado e a ilicitude das provas obtidas. Esta decisão não desconstitui conduções coercitivas realizadas para interrogatórios até a data deste julgamento (STF, ADPFs 399 e 444).

▸ Qual o entendimento do STF sobre o assunto?

Na linha do seu próprio entendimento exarado nas ADPFs 399 e 444, o STF decidiu também que fica a cargo do agente a decisão de comparecer, ou não, à Câmara dos Deputados, perante comissão parlamentar de inquérito (CPI), para ser ouvido na condição de investigado. Além disso, assegurou-se ao indivíduo, caso queira comparecer ao ato: a) o direito ao silêncio, ou seja, a não responder perguntas a ele direcionadas; b) o direito à assistência por advogado durante o ato; c) o direito de não ser submetido ao compromisso de dizer a verdade ou de subscrever termos com esse conteúdo; e d) o direito de não sofrer constrangimentos físicos ou morais decorrentes do exercício dos direitos anteriores (Informativo nº 942).

Ainda repercutindo a decisão proferida nas ADPFs 399 e 444, o STF proferiu outro julgado relevante, apontando a nulidade de entrevista realizada por autoridade policial no interior da residência do reclamante, durante o cumprimento de mandado de busca e apreensão. Desse modo, reconheceu-se a ilegalidade da conduta de delegado de polícia em realizar interrogatório (travestido de entrevista) de agente que se encontrava em seu próprio domicílio sem que este tenha sido informado de seu direito ao silêncio e à não produção de provas contra si mesmo, não se oportunizando ainda ao sujeito da diligência o direito à prévia consulta a advogado (Informativo nº 944).

Faz-se imprescindível esclarecer, no entanto, que neste julgado paradigmático o STF não se pronunciou acerca da constitucionalidade da condução coercitiva para reconhecimento de pessoas (o que é permitido por boa parte da doutrina, a exemplo de Eugênio Pacelli de Oliveira, conforme alhures registrado) ou mesmo para fins de identificação criminal (o que vinha sendo autorizado pelo próprio STF).

Além disso, como também pontuado por Eugênio Pacelli de Oliveira (OLIVEIRA, 2008, p. 331), o não comparecimento do réu ao interrogatório não permite necessariamente a sua prisão preventiva, o que somente poderá ocorrer se restar demonstrada a necessidade da custódia cautelar.

▸ Aplicação em concurso público:

No concurso da Defensoria Pública da União, em 2010, promovido pelo Cespe/Unb, foi cobrada a inconstitucionalidade da condução coercitiva do réu para interrogatório. Nesse sentido, a assertiva *"Parte da doutrina manifesta-se contrariamente à expressa previsão legal de cabimento da condução coercitiva determinada para simples interrogatório do acusado, como corolário do direito ao silêncio"* foi considerada correta.

No que tange ao **local em que o interrogatório deve ser realizado**, convém esclarecer que se o réu residir fora da jurisdição em que tramita o feito, nada impede que seja ouvido mediante carta precatória, na qual poderão constar as perguntas a serem feitas, por analogia ao disposto no art. 222 do CPP. Acrescente-se ainda que, por enfermidade ou velhice, o interrogatório pode ser realizado onde o réu se encontre, por analogia ao teor do art. 220 do CPP.

Ademais, o STF considera que a **falta de oportunidade do interrogatório enseja nulidade relativa do feito** (HC nº 82.933-3/SP, Rel. Min. Ellen Gracie, em 27/3/2003), dependente, pois, da demonstração de prejuízo, já que há o direito de o réu não comparecer a este ato ou, comparecendo, ficar em silêncio, ou ainda poderá ocorrer a absolvição dele.

De qualquer forma, a todo tempo, o julgador poderá proceder a novo interrogatório de ofício ou a pedido fundamentado de qualquer das partes (art. 196 do CPP), inclusive na pendência de julgamento do recurso de apelação, hipótese em que o tribunal, câmara ou turma poderá procedê-lo (art. 616 do CPP). Entretanto, isso não cria para o réu o direito de ser ouvido no feito a qualquer momento, quando ele tiver interesse. Exige-se o cumprimento de todas as etapas processuais por parte de todos os agentes envolvidos no feito, inclusive o acusado. Assim, é garantido ao réu apenas o direito de ser interrogado no momento próprio, devendo ser intimado para tanto, sob pena de nulidade (art. 564, inciso III, alínea "e", do CPP).

Nesse contexto, assevere-se que o art. 400, *caput*, do CPP, com a redação dada pela Lei nº 11.719/08, determina que, nos procedimentos ordinário e sumário, o interrogatório é o último ato de instrução praticado na audiência de instrução e julgamento, não sendo mais o réu citado para tanto (e sim para oferecer resposta escrita).

No procedimento do Tribunal do Júri, é possível que o réu preso e seu defensor requeiram a dispensa daquele em plenário (art. 457, § 2º, do CPP), o que fará com que não ocorra o interrogatório na segunda etapa deste procedimento, sem que isso implique em qualquer nulidade. A doutrina entende que essa previsão deve ser estendida para os demais procedimentos (TÁVORA; ALENCAR, 2009, p. 348).

Por envolver o exercício de defesa, o interrogatório necessariamente deve ser **acompanhado por defensor**, ainda que dativo, sob pena de nulidade absoluta. Este defensor poderá inclusive formular perguntas ao réu. Além disso, o réu tem direito a **entrevista prévia com o seu defensor** (art. 185, § 5º, do CPP), em qualquer modalidade de interrogatório, sob pena de nulidade absoluta, a permitir até o oferecimento de correição parcial.

> **▸ Qual o entendimento do STJ sobre o assunto?**
>
> O STJ já decidiu que não configura nulidade a negativa de pedido da Defensoria Pública de requisição de réu preso para entrevista pessoal com a finalidade de subsidiar a elaboração de defesa preliminar. Isso porque inexiste previsão legal que autorize a Defensoria Pública a transferir ao Poder Judiciário o ônus de promoção de entrevista pessoal do réu preso (Informativo nº 551).

O interrogatório inicia-se com uma **fase preliminar**, em que o juiz deve advertir o réu sobre o seu **direito ao silêncio**, sob pena de nulidade do feito (art. 186 do CPP). Nesse contexto, alerte-se para o fato de que o interrogatório realizado sem as formalidades legais, o que inclui a ausência de advertência da autoridade competente ao agente delitivo do seu direito ao silêncio, é conhecido como **interrogatório sub-reptício**, nas palavras do STF (STF, HC 80949/RJ, Rel. Min. Sepúlveda Pertence, DJ 14/12/2001 – Informativo n° 250), o que pode ocorrer tanto na fase policial como em juízo. É o exemplo de um delegado que, sem comunicar nada ao investigado, inicia uma conversa com ele na Delegacia de Polícia e a grava com uma câmera escondida. Como já afirmado, esse interrogatório, se for feito em juízo, será nulo. Na fase policial, porém, por inexistir nulidade em sede de inquérito policial, o ato não atingirá a futura ação penal.

▸ Qual o entendimento do STF sobre o assunto?

Conforme decidido pela 2ª Turma do STF, não se admite condenação baseada exclusivamente em declarações informais prestadas a policiais no momento da prisão em flagrante. A Constituição Federal impõe ao Estado a obrigação de informar ao preso seu direito ao silêncio não apenas no interrogatório formal, mas logo no momento da abordagem, quando recebe voz de prisão por policial, em situação de flagrante delito. Ademais, na linha de precedentes da Corte, a falta da advertência ao direito ao silêncio, no momento em que o dever de informação se impõe, torna ilícita a prova. Isso porque o privilégio contra a autoincriminação (*nemo tenetur se detegere*), erigido em garantia fundamental pela Constituição, importou compelir o inquiridor, na polícia ou em juízo, ao dever de advertir o interrogado acerca da possibilidade de permanecer calado. Dessa forma, qualquer suposta confissão firmada, no momento da abordagem, sem observação ao direito ao silêncio, é inteiramente imprestável para fins de condenação e, ainda, invalida demais provas obtidas através de tal interrogatório. No caso, a leitura dos depoimentos dos policiais responsáveis pela prisão da paciente demonstra que não foi observado o citado comando constitucional (Informativo nº 1.016).

▸ Aviso de Miranda:

Nos Estados Unidos, há o instituto conhecido como *Miranda warning* ou *Miranda rights* (**aviso de Miranda** ou advertência de Miranda), que consiste na leitura dos direitos do preso feita pelo policial no momento da prisão, sob pena de se invalidar tudo aquilo que for dito pelo agente. Tal instituto tem origem no julgamento Miranda V. Arizona, realizado pela Suprema Corte norte-americana em 1966, em que se decidiu, por 5 (cinco) votos a 4 (quatro), que as declarações prestadas pela pessoa presa à polícia não teriam qualquer valor a não ser que ela fosse claramente informada 1) que tem o direito de ficar calada; 2) que tudo o que for dito pode ser utilizada contra ela; 3) que tem direito à assistência de defensor constituído ou nomeado.

No Brasil, não há a exigência de que a polícia leia esses direitos ao preso, mas o art. 5º, inciso LXIII, da Constituição prevê que o preso será informado de seus direitos, entre os quais de permanecer calado, sendo-lhe assegurada a assistência da família e de advogado.

Além disso, serão tidas como ilícitas as provas colhidas a partir de declarações do preso sem a advertência formal prévia e formal quanto ao direito ao silêncio (art. 157 do CPP). Contudo, a jurisprudência do STJ entende que a ausência de advertência quanto ao direito ao silêncio é causa apenas de nulidade relativa, dependendo da demonstração de prejuízo (STJ, RHC 67.730/PE, Rel. Min. Jorge Mussi, j. 26.04.16). Ademais, como já destacado, o interrogatório realizado sem as formalidades legais, o que inclui a ausência de advertência da autoridade competente ao agente delitivo do seu direito ao silêncio, é conhecido como **interrogatório sub-reptício.**

▸ **Interrogatórios duros:**

Interrogatórios duros são aqueles colhidos por meio de tortura. Utilizados sob o argumento de segurança de Estado, foram frequentes na prisão de Guantánamo, na qual os presos sofriam diversos maus tratos para que confessassem eventuais crimes (o que deu origem à expressão **guantanamização do Processo Penal**).

Em seguida, segue-se o **procedimento do interrogatório**, dividindo-se em duas partes, segundo dicção do art. 187 do CPP. A primeira diz respeito à sua **qualificação** (art. 187, § 1º, do CPP), fundamental para a aferição das circunstâncias judiciais do art. 59 do Código Penal, oportunidade em que ele não pode se calar ou mentir. A segunda diz respeito aos **fatos** (art. 187, § 2º, do CPP), ou seja, o mérito da causa, oportunidade em que pode se calar ou mentir (não podendo, porém, fazer autoimputação falsa ou imputação falsa a terceiros).

▸ **Direito ao silêncio parcial no interrogatório:**

Há discussão na doutrina se, durante o seu interrogatório, o réu pode se calar quanto às perguntas formuladas pelo juiz e pela acusação e responder apenas as perguntas que lhe forem dirigidas pelo seu próprio defensor. Para uns, essa prática seria vedada, pois a prova estaria sendo produzida sem estar efetivamente submetida ao crivo do contraditório em juízo, o que a tornaria ilícita. Para outros, em respeito à ampla defesa, o réu poderia se valer de qualquer expediente durante o seu interrogatório, exercendo a sua legítima autodefesa como bem entender, daí porque ele poderia ser seletivo, escolhendo as perguntas que gostaria de responder.

No âmbito da jurisprudência, o Ministro do STJ Félix Fischer, em decisão monocrática proferida em 07 de dezembro de 2020, no HC nº 628.224/MG, entendeu que o acusado pode se recusar a responder perguntas realizadas pelo juiz e pelo Ministério Público, respondendo somente ao seu advogado, se assim desejar. Assim, segundo o Ministro Fischer,

> "o réu pode exercer sua autodefesa de forma livre, não havendo razões para se indeferir liminarmente que se manifeste sob a condução das perguntas de seu patrono. Isso porque o interrogatório possui duas partes, e não apenas a identificação do acusado, quando o direito ao silêncio pode ser mitigado. Em outras palavras, quanto ao mérito, a autodefesa se exerce de modo livre, desimpedido e voluntário".
>
> Posteriormente, a 5ª Turma do STJ voltou a decidir nessa direção (STJ, 5ª Turma, HC nº 639.247, j. 20.08.2021).
>
> A 6ª Turma do STJ possui o mesmo entendimento, tendo julgado que é ilegal o encerramento do interrogatório do paciente que se nega a responder aos questionamentos do juiz instrutor antes de oportunizar as indagações pela defesa (STJ, 6ª Turma, HC nº 703.978/SC, Rel. Min. Olindo Menezes, j. 05.04.2022).

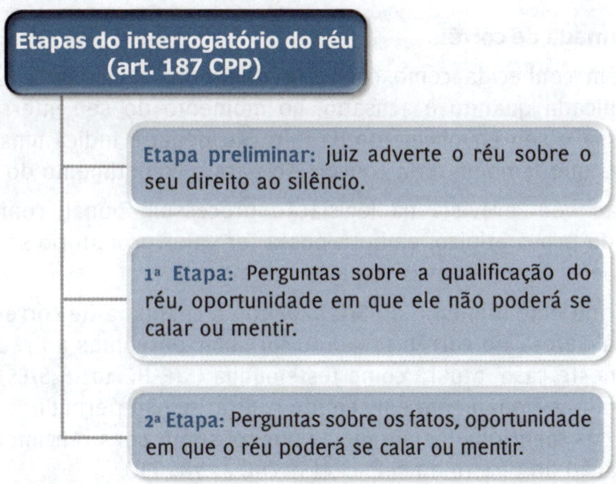

Como o interrogatório passou a ser também um meio de defesa, ele deixou de ser um ato privativo do juiz, possibilitando-se a participação das partes neste ato processual mediante a formulação de perguntas dirigidas ao réu, nos termos do art. 188 do CPP. E se houver mais de um acusado, serão interrogados separadamente, com fincas no art. 191 do CPP (**individualidade do interrogatório**).

Parcela da doutrina, a exemplo de Eugênio Pacelli de Oliveira (OLIVEIRA, 2008, p. 344), sustenta que, em analogia ao disposto no art. 212 do CPP, com a redação dada pela Lei nº 11.690/08, essas perguntas podem ser feitas diretamente, ficando o juiz como fiscal delas, podendo indeferir aquelas que puderem induzir a resposta, não tiverem relação com a causa ou importarem na repetição de outra já respondida. Apenas após as perguntas das partes é que o magistrado formularia as suas perguntas complementares.

Todavia, esse posicionamento doutrinário é minoritário, pois acabou prevalecendo o entendimento de que o art. 188 do CPP está mantido, daí porque o interrogatório deve ser iniciado com as perguntas do juiz, encerrando-se com as perguntas complementares das partes, feitas por intermédio do magistrado, que poderá indeferi-las se impertinentes ou irrelevantes, o que restará consignado no termo de audiência, permitindo futura alegação das partes de nulidade do feito por cerceamento do direito à acusação ou defesa. Mantém-se, portanto, o **sistema presidencialista** de perguntas no interrogatório.

Certo é que, no **Tribunal do Júri**, as **perguntas podem ser feitas pelas partes diretamente ao réu**. As **perguntas dos jurados**, porém, necessariamente devem ser formulados **por meio do juiz** (art. 474, §§ 1º e 2º, do CPP).

Em resposta às perguntas formuladas quanto aos fatos delitivos, se o acusado negar a acusação, no todo ou em parte, poderá (mera faculdade) prestar esclarecimentos e indicar provas (art. 189 do CPP). Mas se confessar a autoria, será perguntado sobre os motivos e circunstâncias do fato e se outras pessoas concorreram para a infração, e quais sejam (art. 190 do CPP).

> **Chamada de corréu:**
>
> Também conhecida como confissão delatória, a chamada de corréu é verificada quando o acusado, no momento do seu interrogatório, confessa o seu envolvimento na infração penal e indica uma terceira pessoa que também teria concorrido para o cometimento do fato.
>
> Ela não vem prevista na legislação processual penal, configurando meio de prova atípico, embora possa ter valor probatório se corroborada pelas outras provas colhidas nos autos.
>
> Conforme entendimento do STF, havendo a chamada de corréu, permite-se à defesa do corréu delatado formular perguntas ao réu delator, pois, neste caso, atuará como testemunha (STF, HC 101.648/ES). Já o STJ alberga posicionamento em sentido contrário, não permitindo a formulação das mencionadas perguntas por constituir constrangimento ilegal e violação ao direito ao silêncio (STJ, HC 42.780/PR).

Quanto ao **interrogatório do réu preso**, como regra geral, ele deve ser feito no **estabelecimento prisional**, em sala própria, desde que estejam garantidas a segurança do juiz, do membro do Ministério Público e dos auxiliares bem como a presença do defensor e a publicidade do ato (art. 185, § 1º, do CPP).

Excepcionalmente, em não estando atendidos os requisitos acima referidos, o interrogatório do réu preso poderá ser feito **por videoconferência ou meio virtual ou *on-line* ou por meio eletrônico,** conforme previsão expressa no art. 185, § 2º, do CPP, com a redação dada pela Lei nº 11.900/09.

A esse respeito, insta salientar que não tem mais validade a anterior decisão do STF (HC nº 88914/SP, 2ª Turma, Rel. Min. Cezar Peluso, Informativo nº 476) proferida no sentido de que o interrogatório por videoconferência não seria permitido. Isso porque tal decisão se respaldou na falta de previsão legal para a realização deste ato processual, o que foi superado com o advento da Lei nº 11.900/09. Noutro giro, assevere-se que, mesmo antes do surgimento deste diploma legal, o STJ admitia a realização do interrogatório por meio virtual (RHC nº 15.558/SP, Rel. Min. José Arnaldo da Fonseca, DJ 11/10/2004, p. 351).

É certo que, não obstante a autorização conferida pela Lei nº 11.900/09, parcela da doutrina ainda sustenta a inconstitucionalidade do interrogatório por videoconferência, ao argumento de que a presença física do acusado à frente do juiz seria elemento importante para a formação do seu convencimento, integrando, pois, o arsenal da ampla defesa (TÁVORA; ALENCAR, 2009, p. 350).

Ousamos discordar desse posicionamento. É que, em um Estado Democrático de Direito, não é possível sustentar a prevalência de uns direitos fundamentais em relação a outros, já que não há hierarquia entre os mesmos. Nesse sentido, não se nega que uma visão garantista do Processo Penal deve estar atenta aos interesses do réu, mas eles não são os únicos interesses em jogo. Um verdadeiro garantismo é exercido quando há respeito aos interesses do acusado sem que isso implique em desrespeito aos interesses da sociedade. Portanto, certas ocasiões estão a exigir o interrogatório do réu preso por videoconferência, sob pena de se colocar em risco a sociedade. Os elevados custos da diligência, onerando injustificadamente os cofres públicos, e o constante risco de fuga legitimam a realização deste ato.

▸ **Síndrome de Maria Bethânia:**

Segundo a doutrina, a Síndrome de Maria Bethânia, marcada pela conhecida canção "Olhos nos Olhos" interpretada pela cantora, especificamente no trecho "Olhos nos olhos, quero ver o que você diz", é aplicada no Processo Penal como uma forma de exigir que o interrogatório do réu seja feito presencialmente, considerando que o contato visual, o "olho a olho" entre juiz e interrogando, integraria a ampla defesa (autodefesa). Nesse sentido, de acordo com entendimento de parcela da doutrina, seria assegurado ao réu o direito de o juiz perceber fisicamente as suas reações, como forma de avaliar por inteiro o real alcance do seu depoimento. O CPP permite o interrogatório do réu por videoconferência apenas se ele estiver preso e mesmo assim excepcionalmente, quando não for possível a realização do ato no estabelecimento em que estiver recolhido, nas hipóteses taxativas definidas no art. 185, § 2º, CPP.

A nosso ver, o Processo Penal não pode estar desconectado por completo da realidade do mundo pós-moderno e globalizado, marcado pelo incremento da tecnologia, que, com imensa qualidade, vem permitindo o contato muito próximo entre os participantes de uma transmissão e, com isso, a percepção de reações.

No contexto da pandemia pelo coronavírus, a videoconferência foi constantemente utilizada em diversas atividades profissionais de toda a sociedade, inclusive no próprio Processo Penal, permitindo, por exemplo, a realização de audiências de instrução e julgamento de casos mais urgentes (geralmente envolvendo processos de réus presos). Além disso, os tribunais de todo o país, até mesmo o STF, promoveram sessões de julgamento por meio virtual, ainda que não exista previsão legal a esse respeito.

Assim, repudiar sempre e em qualquer hipótese a videoconferência para colheita do depoimento do réu, *data maxima venia*, denota uma visão hiperbólica monocular do Processo Penal (garantismo hiperbólico monocular), que defende a todo custo apenas e tão somente a tutela de direitos fundamentais do réu, ignorando a realidade em que vivemos e outros direitos fundamentais que estão em jogo, distanciando-se, pois, de um garantismo verdadeiramente integral.

Para equilibrar esse aparente conflito de interesses, é prudente que se afirme que essa modalidade de interrogatório é **excepcional**, somente podendo ser realizada nas hipóteses taxativamente previstas em lei, devidamente evidenciadas no caso concreto e fundamentadas pelo magistrado, hipóteses que serão abordadas a seguir. É nessa esteira que a jurisprudência vem entendendo pela constitucionalidade desta espécie de interrogatório.

Assim, o interrogatório por videoconferência é decretado pelo juiz em despacho fundamentado, de ofício ou a requerimento das partes, sendo que a fundamentação deve se ater às finalidades indicadas pelo art. 185, § 2º, do CPP ("I - prevenir risco à segurança pública, quando exista fundada suspeita de que o preso integre organização criminosa ou de que, por outra razão, possa fugir durante o deslocamento; II - viabilizar a participação do réu no referido ato processual, quando haja relevante dificuldade para seu comparecimento em juízo, por enfermidade ou outra circunstância pessoal; III - impedir a influência do réu no ânimo de testemunha ou da vítima, desde que não seja possível colher o depoimento destas por videoconferência, nos termos do art. 217 deste Código; IV - responder à gravíssima questão de ordem pública").

As partes são intimadas com 10 (dez) dias de antecedência da decisão que permitir essa modalidade de interrogatório (art. 185, § 3º, do CPP). O réu tem direito de assistir a todos os outros atos referentes à audiência (art. 185, § 4º, do CPP), bem como a se entrevistar com seu defensor e a ter contato com ele, a todo momento, por meio telefônico (art. 185, § 5º, do CPP). A sala da videoconferência será fiscalizada pelos corregedores, pelo juiz, Ministério Público e OAB (art. 185, § 6º, do CPP). A videoconferência pode ser realizada em qualquer ato que dependa da participação de pessoa presa, como acareação, reconhecimento de pessoas e coisas, inquirição de testemunhas ou tomada de declarações do ofendido (art. 185, § 8º, do CPP), atos estes que serão acompanhados pelo acusado e pelo defensor (art. 185, § 9º, do CPP).

> ▸ **Aplicação em concurso público:**
>
> No concurso da Defensoria Pública da União, em 2010, promovido pelo Cespe/Unb, foi cobrada a possibilidade de utilização da videoconferência no processo penal. Nesse sentido, a assertiva *"O interrogatório, na atual sistemática processual penal, deve ser realizado, como regra geral, por intermédio da videoconferência, podendo o juiz, por decisão fundamentada, nos expressos casos legais, decidir por outra forma de realização do ato. O CPP estabelece, de forma expressa, o uso da videoconferência ou de recurso tecnológico similar para oitiva do ofendido e de testemunhas, inclusive nos casos em que se admite a utilização de carta rogatória"* foi considerada incorreta.

> ▸ **Aplicação em concurso público:**
>
> No concurso do MP/GO, em 2009/2010, foram cobradas as hipóteses que permitem a realização do interrogatório por videoconferência, nos termos do art. 185, § 2º, do CPP, nesses termos: *"Medida de caráter excepcional no processo penal brasileiro, o interrogatório de réu preso por*

sistema de videoconferência prevista na Lei 11.900/09, ocorrerá mediante decisão fundamentada do magistrado e atenderá a uma das seguintes finalidades: I - Proporcionar economia de recursos públicos em casos excepcionais, mediante requerimento das partes ou de ofício pela autoridade judiciária. II - Viabilizar a participação do réu no interrogatório, quando haja qualquer dificuldade para seu comparecimento em juízo, por enfermidade ou outra circunstância pessoal. III - Impedir a influência do réu no ânimo de testemunha ou da vítima, desde que não seja possível colher o depoimento destas por videoconferência, nos termos do art. 217 do Código de Processo Penal. IV - Quando houver interesse público". Apenas a assertiva de número III está correta.

▸ **Aplicação em concurso público:**

No concurso de Promotor de Justiça do Ministério Público do Estado de São Paulo, em 2011, foram cobradas importantes regras sobre o interrogatório do réu preso, da seguinte forma: *"Analise as seguintes assertivas com relação ao interrogatório judicial do acusado preso: I. determinado o interrogatório por videoconferência, é defeso ao réu acompanhar, pelo mesmo sistema, os atos anteriores da audiência de instrução e julgamento prevista no procedimento comum; II. o juiz garantirá ao réu o direito de entrevista prévia e reservada com seu defensor, ainda que o interrogatório seja realizado por videoconferência; III. a fiscalização da sala reservada no estabelecimento prisional para a realização de atos processuais por sistema de videoconferência é atribuição exclusiva do Ministério Público; IV. no caso de enfermidade do réu, que dificulte seu comparecimento em juízo, o juiz poderá determinar a realização do interrogatório por videoconferência; V. se o interrogado não souber escrever, não puder ou não quiser assinar, o termo será assinado a rogo, subscrevendo-o duas testemunhas. Está correto apenas o que se afirma em (A) I e IV. (B) I e V. (C) II e IV. (D) III e IV. (E) III e V".* A resposta correta foi a letra C.

▸ **Aplicação em concurso público:**

No concurso de Promotor de Justiça Substituto do Ministério Público de Minas Gerais, em 2013, foram cobrados aspectos relevantes do interrogatório por videoconferência, a saber: *"Levando-se em conta os princípios orientadores do Processo Penal e a realização de interrogatório por sistema de videoconferência, identifique a alternativa* ***FALSA****: A) A video-conferência ocorre por fundada suspeita de que o interrogando integre organização criminosa ou que possa fugir durante o deslocamento para ser ouvido perante o juízo deprecado. B) A videoconferência é exceção à regra e se realiza quando há dificuldade de comparecimento do réu em juízo, em virtude de circunstância pessoal como a residência temporária fora do país. C) A videoconferência é medida que protege a vítima ou testemunha em seu ânimo, de possível influência a ser exercida pelo réu, que poderia trazer um temor com a sua presença. D) A videoconferência se justifica por necessidade de resposta às gravíssimas questões de ordem pública, como aquelas que justificam o decreto de prisão preventiva".* A resposta da questão foi a letra B.

> ▸ **Aplicação em concurso público:**
>
> No concurso de Juiz Substituto do Tribunal de Justiça do Mato Grosso do Sul, promovido pela Fundação Carlos Chagas, em 2020, foram cobrados aspectos relevantes acerca do interrogatório por videoconferência, dentre eles o prazo de intimação das partes a respeito da realização do ato. Assim, afirmou-se: *"O interrogatório do acusado pode ser realizado por sistema de videoconferência, desde que necessária a medida para prevenir risco à segurança pública e intimadas as partes da decisão que o determinar com 05 (cinco) dias de antecedência"*. A **assertiva foi considerada** incorreta.

Não havendo a possibilidade de realização do interrogatório do réu preso no estabelecimento prisional ou por videoconferência, deverá ser feito por meio de uma terceira modalidade, qual seja, por **requisição do réu preso em juízo** (art. 185, § 7º, do CPP), hipótese em que o Estado deverá providenciar o encaminhamento do acusado à sede do juízo (fórum) para que seja realizado tal ato processual.

Modalidades de interrogatório do réu preso (art. 185 CPP)

- **1ª Modalidade:** Interrogatório no estabelecimento prisional.
- **2ª Modalidade:** Interrogatório por videoconferência.
- **3ª Modalidade:** Interrogatório por requisição.

Com fincas no art. 185, § 10, do CPP, com a redação dada pela Lei nº 13.257, de 8 de março de 2016 (Estatuto da Primeira Infância), em proteção à "primeira infância", "Do interrogatório deverá constar a informação sobre a existência de filhos, respectivas idades e se possuem alguma deficiência e o nome e o contato de eventual responsável pelos cuidados dos filhos, indicado pela pessoa presa."

Vale, como regra geral, a **oralidade** na realização do interrogatório. No que tange ao **interrogatório do surdo**, porém, deve ele ser feito por meio de perguntas por escrito, que serão respondidas oralmente (art. 192, inciso I, do CPP). Já o **interrogatório do mudo** é feito por meio de perguntas orais, com respostas escritas (art. 192, inciso II, do CPP). O **interrogatório do surdo-mudo**, por sua vez, é feito mediante perguntas e respostas escritas (art. 192, inciso III, do CPP). De qualquer forma, caso o interrogando não saiba ler ou escrever, intervirá no ato, como intérprete e sob compromisso, pessoa habilitada a entendê-lo (art. 192, parágrafo único, do CPP).

▸ **Recomendação nº 81/20 do CNJ:**

A Recomendação nº 81/20 do CNJ propõe procedimentos ao tratamento de pessoas acusadas, rés, condenadas ou privadas de liberdade e adolescentes em conflito com a lei com deficiência auditiva e/ou visual, e dá diretrizes para assegurar os direitos dessa população no âmbito da justiça criminal e da justiça da infância e juventude. Pela sua relevância, vale a pena a leitura na íntegra desse ato normativo.

▸ **Aplicação em concurso público:**

No XLIX concurso do MP/MG, em 2010, foi cobrado o modo de realização do interrogatório de pessoa surda. Nesse sentido, a assertiva *"O interrogatório de pessoa surda será realizado por escrito e o interrogando responderá também por escrito, anexando-se aos autos as perguntas e respostas"* foi considerada incorreta.

De outro lado, se o acusado **não falar a língua nacional**, mesmo que o juiz e os demais presentes na audiência falem o idioma estrangeiro, o interrogatório será feito por meio de intérprete (art. 193 do CPP). Essa regra será desnecessária se "a língua estrangeira aproxima-se da nacional, como o português de Portugal ou o castelhano" (TÁVORA; ALENCAR, 2009, p. 351).

Se o **interrogado não souber escrever, não puder ou não quiser assinar**, tal fato será consignado no termo (art. 195 do CPP), não sendo o caso, portanto, de colheita de suas impressões digitais.

Por fim, noticie-se que não há mais necessidade de atuação de curador especial, durante o interrogatório, em favor do réu maior de 18 (dezoito) e menor de 21 (vinte e um) anos de idade, já que o art. 194 do CPP, que fazia essa exigência, foi revogado expressamente pela Lei nº 10.792/03. A figura do curador só persiste para os inimputáveis por doença mental (tendo atuação destacada no incidente de insanidade mental do acusado, *ex vi* do art. 149, § 2º, do CPP) e para quem não possua plena capacidade.

10.3. Confissão (arts. 197 a 200 CPP)

A confissão é o reconhecimento por parte do réu dos fatos narrados na peça acusatória. Ela é **divisível** (o juiz pode considerar apenas parte dela, de acordo com o seu livre convencimento; contudo, a confissão não poderá ser divisível se a sua divisão implicar em uma versão dos fatos sem qualquer lógica, sem coerência) e **retratável** (o réu pode voltar atrás, se em tempo, devendo, nesta hipótese, o magistrado determinar a realização de novo interrogatório; a retratação da confissão, porém, no sistema do livre convencimento motivado, não vincula o juiz, que pode se utilizar da anterior confissão no momento da sentença), consoante o art. 200 do CPP.

É ainda **informal** (não há forma prevista em lei para a sua realização), **expressa** (não há confissão tácita ou ficta no processo penal, até porque a revelia, nesta seara jurídica, em face da indisponibilidade dos direitos em jogo, não induz o efeito da presunção da veracidade dos fatos narrados na exordial, que é típico do processo civil), **pessoal** (não pode ser feita por preposto ou mandatário; se houver concurso de agentes, a confissão de um réu não interfere na situação dos demais), **voluntária** (deve ser produzida livremente pelo réu, sem qualquer coação) e **judicial** (deve ser feita na presença de um juiz ou, quando isso não ocorrer, ao menos será tomada por termo nos autos; se extrajudicial, como aquela feita no inquérito policial, deverá ser confirmada em juízo).

Em verdade, a confissão pode até ser **extraprocessual**, não necessitando, portanto, ser feita necessariamente no interrogatório, mas será tomada por termo nos autos (art. 199 do CPP).

Quanto aos **efeitos**, é possível que a confissão seja **simples** (quando o réu apenas confirma os fatos narrados na peça acusatória), **complexa** (quando o réu confirma vários fatos delitivos que são objeto do feito) ou **qualificada** (também conhecida como **ponte de bronze**, ela se opera quando o réu, além de confirmar o teor da inicial acusatória, acrescenta elementos que excluem a responsabilidade penal, a exemplo de excludentes de ilicitude ou de culpabilidade; de acordo com a Súmula nº 545 do STJ, quando utilizada para a formação do convencimento do julgador, ela enseja a aplicação da atenuante prevista na alínea "d" do inciso III do artigo 65 do CP). Note-se que o enunciado sumular não delimita para qual espécie de confissão ele seria aplicado, daí porque o próprio STJ entende que a confissão qualificada pode ser considerada circunstância atenuante (AgRg no AREsp nº 791.982/SP, Rel. Min. Jorge Mussi, j. 27.02.18; AgRg no REsp nº 2.010.303/MG, Rel. Min. Antonio Saldanha Palheiro, j. 14.11.22). Em se tratando de julgamento realizado perante o Tribunal do Júri, entretanto, considerando a dificuldade em se concluir pela utilização, pelos jurados, da confissão espontânea para justificar a condenação, o STJ firmou o entendimento de que é suficiente que a tese defensiva tenha sido debatida em plenário, seja arguida pela defesa técnica ou alegada pelo réu em seu depoimento (AgRg no AREsp nº 1.754.440/MT, Rel. Min. Ribeiro Dantas, DJe 08.03.21).

Aliás, sobre a Súmula nº 545 do STJ, insta salientar que o próprio Tribunal da Cidadania foi além do teor desse enunciado e decidiu que o réu fará jus à atenuante do art. 65, III, 'd', do CP quando houver admitido a autoria do crime perante a autoridade, *independentemente de a confissão ser utilizada pelo juiz como um dos fundamentos da sentença condenatória, e mesmo que seja ela parcial, qualificada, extrajudicial ou retratada* (STJ, 5ª Turma, REsp nº 1.972.098/SC, Rel. Min. Ribeiro Dantas, j. 14.06.2022).

Embora a confissão seja uma prova extremamente relevante no processo penal, certo é que ela não pode ser mais encarada como a "rainha das provas" como outrora era feito, pois, no sistema do livre convencimento motivado, não há hierarquia entre as provas previstas no ordenamento jurídico brasileiro. Desse modo, **a simples confissão não permite que o juiz não determine a produção das demais provas do processo** (art. 197 do CPP), até porque sempre é possível a existência de uma autoimputação falsa. Nessa esteira, compete ao magistrado analisar a confissão sempre à luz de todo o material probatório produzido no feito, para que seja devidamente certificada a sua credibilidade.

Apesar de o art. 198 do CPP estatuir que "O silêncio do acusado não importará confissão, mas poderá constituir elemento para a formação do convencimento do juiz" (grifamos), certo é que, em proteção aos princípios da não autoincriminação e do direito ao silêncio, não se pode admitir que o silêncio do réu seja considerado como elemento para a formação do convencimento do juiz, daí porque o citado dispositivo legal, em sua parte final, não foi recepcionado pela ordem jurídica atual.

▸ Aplicação no STJ (Súmula nº 630):

De acordo com a Súmula nº 630 do STJ, "*A incidência da atenuante da confissão espontânea no crime de tráfico ilícito de entorpecentes exige o reconhecimento da traficância pelo acusado, não bastando a mera admissão da posse ou propriedade para uso próprio.*"

▸ Importante!

Delação/colaboração premiada ou benéfica – legislação e jurisprudência do STF

No momento do interrogatório, o acusado poderá, além de confessar a autoria do delito, apontar o nome de outros coautores, o que vem a constituir, no processo penal, a figura da **delação**. Trata-se de meio de prova lícito e válido, desde que seja devidamente submetido ao contraditório, permitindo-se que o defensor do delatado formule perguntas àquele réu, no mesmo interrogatório ou em segundo ato desta natureza, exclusivamente sobre o teor da delação. Em algumas hipóteses previstas em lei, o réu que realizar a delação obterá alguns benefícios, o que servirá como estímulo para que ele a opere, facilitando a integral apuração do crime. Tem-se, nessas situações, a chamada **delação/colaboração premiada ou benéfica**. A lei prevê esta espécie de delação nas seguintes hipóteses: I – Art. 8º, parágrafo único, da Lei nº 8.072/90 (crimes hediondos); II – Art. 159, § 4º, do Código Penal (extorsão mediante sequestro); III – Arts. 13 e 14 da Lei nº 9.807/99 (proteção a vítimas e testemunhas); IV – Art. 1º, § 5º, da Lei nº 9.613/98 (lavagem de capitais), com a redação dada pela Lei nº 12.683/12; V – Art. 41 da Lei nº 11.343/06 (lei de tóxicos); VI – Art. 25, § 2º, da Lei nº 7.492/86 (crimes contra o sistema financeiro nacional); VII – Art. 16, parágrafo único, da Lei nº 8.137/90 (crimes contra a ordem tributária, econômica e relações de consumo); VIII – Arts. 4º a 7º da Lei nº 12.850/13 (organização criminosa). Para conhecer de perto como se dá a delação premiada em cada uma destas hipóteses, é suficiente a leitura dos citados dispositivos legais, por serem eles autoexplicativos.

O STF, por meio do seu Plenário, já havia definido a colaboração premiada como um **negócio jurídico processual**, figurando, de um lado, o Ministério Público ou até a autoridade policial – ouvido o *Parquet* neste último caso –, e, de outro, o colaborador, devidamente assistido por advogado, tendo como finalidade a obtenção de provas, com formação de elementos indiciários suficientes à futura formação de prova em regular processo penal, seja em face do colaborador ou do corréu delatado.

Em seguida, a Lei nº 13.964/2019 ("Pacote Anticrime") consolida este caráter, ao inserir na Lei nº 12.850/13 o art. 3º-A, o qual pontifica: "*O acordo de colaboração premiada é negócio jurídico processual e meio de obtenção de prova, que pressupõe utilidade e interesse públicos*".

Nesse cenário, a Suprema Corte brasileira, novamente por meio do seu Plenário, julgou improcedente a ADI 5508, na qual a Procuradoria-Geral da República questionava trechos de dispositivos da Lei nº 12.850/2013 que atribuem a delegados de polícia o poder de realizar acordos de colaboração premiada, e que apontava, dentre outros argumentos, violação ao sistema acusatório. Restou consignado que é constitucional a legitimidade atribuída ao delegado de polícia pelo art. 4º, parágrafos 2º e 6º, da aludida lei para a celebração de acordo de colaboração premiada, mesmo sem a anuência do MP, o qual, no entanto, pode oferecer denúncia em face do colaborador. Asseverou-se ainda que as penas estipuladas pelo delegado no acordo devem ser homologadas pelo Judiciário (STF, ADI 5508).

Quanto à atribuição do Ministério Público para firmar acordo de colaboração premiada, o STF consignou que inexiste direito líquido e certo a compelir o órgão à celebração deste acordo, diante das características do instituto e da necessidade de distanciamento do Estado-juiz do cenário investigativo. Observou que o acordo de colaboração premiada, além de meio de obtenção de prova, constitui negócio jurídico processual personalíssimo, cuja conveniência e oportunidade não se submetem ao escrutínio do Estado-juiz. Trata-se, portanto, de ato voluntário por essência, insuscetível de imposição judicial. Ademais, no âmbito da formação do acordo de colaboração premiada, o juiz não pode participar das negociações realizadas entre as partes, por expressa vedação legal (Lei 12.850/2013, art. 4º, § 6º). Isso decorre do sistema acusatório, que desmembra os papéis de investigar e acusar e aqueles de defender e julgar e atribui missão própria a cada sujeito processual. Evidenciou que a ausência de acordo de colaboração, em tese, pode se submeter a eventual escrutínio implementado no seio do próprio Ministério Público, aplicando-se, por analogia, o art. 28 do CPP (Informativo nº 942).

Por consequência desta natureza jurídica, o Pretório Excelso estabeleceu, pois, um caráter **personalíssimo** a este instituto, motivo pelo qual inadmitiu impugnação por terceiro delatado, tendo em vista que a celebração do acordo, por si só, não atinge a esfera jurídica deste terceiro, não fazendo prova contra ele, até mesmo porque todos os elementos indiciários formados passarão pelo indispensável crivo do contraditório e ampla defesa, não sendo autorizada a condenação tão somente com fundamento nos elementos advindos da colaboração premiada (STF, HC nº 127.483/PR) – não se admite sequer a chamada corroboração cruzada ou recíproca (aquela que se verificaria quando uma determinada colaboração premiada fosse confirmada pelo inteiro teor de outra colaboração), conforme decidido pelo STF (PET nº 5.700).

Nessa senda, o art. 4º, § 16, incisos I a III, da Lei nº 12.850/13, com a redação conferida pela Lei nº 13.964/2019, chega a estatuir que nenhuma das seguintes medidas será decretada ou proferida com fundamento apenas nas declarações do colaborador: I - medidas cautelares reais ou pessoais; II - recebimento da denúncia ou queixa-crime; III - sentença condenatória. Em complemento, registre-se o teor do Enunciado nº 22 aprovado na I Jornada de Direito e Processo Penal do Conselho da Justiça Federal (CJF), segundo o qual "as restrições previstas no § 16 do art. 4º da Lei n. 12.850/2013, com a redação dada pela Lei n. 13.964/2019, aplicam-se também aos processos penais para os quais a colaboração premiada foi trasladada como prova emprestada".

Todavia, a Segunda Turma do STF, em julgado posterior ao HC nº 127.483/PR alhures referido, proferiu importante decisão que o complementa, asseverando que terceiros estranhos à colaboração premiada podem questionar a produção de provas pelo colaborador nos processos que tramitam em face deles. Nesse passo, esclareceu-se que o caso em questão é diverso dos termos decididos anteriormente pelo Plenário do Supremo Tribunal Federal (HC nº 127.483/PR). Trata-se de aproveitamento das provas resultantes do segundo acordo em processos concretos. O Pleno não discutiu a possibilidade na qual o acordo possui reflexos diretos sobre situações de terceiros. Não se cuida de impugnação do acordo de colaboração premiada por terceiros, mas de questionamento de terceiros que tem a aplicação de provas no seu caso concreto. Ou seja, o que se discute é a produção de provas pelo colaborador nos processos que tramitam em face dos pacientes da ação. O foco da impugnação diz respeito à utilização de provas contra os imputados e ao modo que tais elementos foram produzidos a partir de um cenário de acordos de colaborações temerários e claramente questionáveis. Sendo assim, no caso concreto, pode-se questionar a aplicação das provas colhidas nos acordos. Não se enfrenta, portanto, a posição adotada pelo Plenário, mas se desenvolve e refina um sistema para analisar as consequências que precisam ser controláveis pelo Poder Judiciário. Nessa perspectiva, diante da complexidade das relações que se colocam em uma Justiça criminal negocial, reputou-se ser necessário avançar para traçar critérios adequados à limitação de abusos. Neste novo julgamento, relembrou-se que a Segunda Turma, no HC nº 151.605, já havia assentado, por violação às regras de competência, a ilegalidade da homologação do acordo de colaboração premiada ora questionado e reconhecido a ineficácia das provas por meio dele produzidas em relação ao paciente daquele *writ*. Assim, explicou-se que as práticas realizadas na operação analisada são claramente temerárias e questionáveis, porque ocasionaram inúmeras impugnações e colocaram em risco a efetividade da persecução penal (STF, HC nº 142.205/PR; HC nº 143.427/PR, Informativo nº 988).

Com fincas no art. 4º, § 7º, incisos I a IV, da Lei nº 12.850/13, com a redação dada pela Lei nº 13.964/2019, o acordo de colaboração premiada deve ser remetido ao juiz para homologação, o qual deverá verificar sua regularidade e legalidade (I); a adequação dos benefícios pactuados àqueles previstos no *caput* e nos §§ 4º e 5º do art. 4º, sendo nulas as cláusulas que violem o critério de definição do regime inicial de cumprimento de pena do art. 33 do Código Penal, as regras de cada um dos regimes previstos no Código Penal e na LEP e os requisitos de progressão de regime não abrangidos pelo § 5º deste artigo (II); adequação dos resultados da colaboração aos resultados mínimos exigidos nos incisos I, II, III, IV e V do *caput* deste artigo (III); voluntariedade da manifestação de vontade, especialmente nos casos em que o colaborador está ou esteve sob efeito de medidas cautelares (IV). Se o acordo for celebrado durante a investigação, deve ser homologado pelo juiz das garantias (art. 3º-B, inciso XVII, CPP).

Muito embora a lei fale apenas em juiz, é possível que a homologação de delações seja da competência de tribunal. A delação de autoridade com prerrogativa de foro atrai a competência do tribunal competente para a respectiva homologação e, em consequência, do órgão do Ministério Público respectivo. Na hipótese de concurso de agentes com prerrogativas de foro distintas, será competente o juízo mais graduado, observadas as prerrogativas do delator e dos delatados. Nesse trilhar, a impugnação quanto à competência para homologação do acordo diz respeito às disposições constitucionais quanto à prerrogativa de foro. Assim, ainda que seja negada ao delatado a possibilidade de impugnar o acordo, esse entendimento não se aplica em caso de homologação sem respeito à prerrogativa de foro (STF, Informativo nº 895).

Ainda conforme entendimento do STF, a homologação de acordo de colaboração, em regra, terá que se dar perante o juízo competente para autorizar as medidas de produção de prova e para processar e julgar os fatos delituosos cometidos pelo colaborador. Caso a proposta de acordo aconteça entre a sentença e o julgamento pelo órgão recursal, a homologação ocorrerá no julgamento pelo Tribunal e constará do acórdão (Informativo nº 1.004).

Igualmente como corolário desta natureza jurídica de negócio jurídico processual, o STF alertou para o fato de que a possibilidade de rescisão ou de revisão, total ou parcial, de acordo de colaboração premiada, devidamente reconhecido pelo Poder Judiciário, em decorrência de descumprimento de deveres assumidos pelo colaborador, não propicia conhecer e julgar alegação de imprestabilidade das provas, porque justamente a rescisão ou revisão tem efeitos apenas entre as partes, não atingindo a esfera jurídica de terceiros (STF, Informativo nº 878).

Rememorou ainda o caráter sigiloso deste instituto (art. 7º, *caput*, da Lei nº 12.850/13) – Informativo nº 877, sendo que o acordo em si e os depoimentos do colaborador serão mantidos em sigilo até o recebimento da denúncia ou queixa-crime, ficando vedado ao magistrado decidir por sua publicidade em qualquer hipótese, conforme art. 7º, § 3º, da Lei nº 12.850/13, alterado pela Lei nº 13.964/2019. Nessa perspectiva, ressaltou que o direito à privacidade e à intimidade é assegurado constitucionalmente, e que é excessivo o acesso de um dos investigados a informações, de caráter privado de diversas pessoas, que não dizem respeito ao direito de defesa dele, sob pretexto de obediência à Súmula Vinculante 14 (Informativo nº 964). Em outro julgado, permitiu o acesso dos requerentes ao conteúdo de colaboração premiada realizada por executivos da empresa Odebrecht, no âmbito da "Operação Lava Jato", em que foram citados. Determinou-se que o acesso deve abranger somente documentos em que os requerentes são de fato mencionados (requisito positivo), excluídos os atos investigativos e diligências que ainda se encontram em andamento e não foram consubstanciados e relatados no inquérito ou na ação penal em trâmite (requisito negativo). Respeitou-se, pois, o teor da Súmula Vinculante nº 14 do próprio STF. Portanto, em um cotejo analítico entre o referido verbete sumular e a Lei nº 12.850/2013, o acesso deve ser garantido caso estejam presentes dois requisitos: um positivo — o ato de colaboração deve apontar a responsabilidade criminal do requerente; e outro negativo — o ato de colaboração não se deve referir a diligência em andamento (Informativo nº 978).

De outra banda, o Plenário da Suprema Corte, no julgamento a respeito da homologação monocrática da delação dos empresários da JBS feita pelo Relator Ministro Luiz Edson Fachin, consignou a atribuição do Relator, nos limites dos §§ 7º e 11 do art. 4º da Lei nº 12.850/2013 e incisos I e II do art. 21 do Regimento Interno do STF, para, monocraticamente, homologar acordos de colaboração premiada, oportunidade na qual se limita às matérias que podem ser regularmente apreciadas por um magistrado (atualmente previstas no art. 4º, parágrafo 7º, incisos I a IV, da Lei nº 12.850/13. Reafirmou também a competência colegiada deste Tribunal para avaliar, em decisão final de mérito, o cumprimento dos termos bem como a eficácia do acordo (Informativo nº 870).

A colaboração premiada, como meio de obtenção de prova, não constitui critério de determinação, de modificação ou de concentração da competência. Isso porque, conforme decidido pelo STF, nos autos do INQ 4.130, os fatos relatados em colaboração premiada não geram prevenção. Enquanto meio de obtenção de prova, os fatos relatados em colaboração premiada, quando não conexos com o objeto do processo que deu origem ao acordo, devem receber o tratamento conferido ao encontro fortuito de provas (Informativo nº 999).

Saliente-se que, como decidido pelo STJ, é possível celebrar acordo de colaboração premiada em quaisquer condutas praticadas em concurso de agentes. No caso em apreço, o fato de que os investigados foram acusados da prática dos crimes referidos nos arts. 317, § 1º e 288, do Código Penal, e no art. 1º, da Lei n. 9.613/1998 (corrupção passiva, associação criminosa e lavagem de dinheiro), mas não pelo crime do art. 2º, c/c o art. 1º, § 1º, da Lei nº 12.850/2013, não pode resultar no afastamento das provas obtidas no acordo de delação premiada. Ou seja, o argumento de que só os crimes praticados por organização criminosa são capazes de gerar o benefício da colaboração não pode prosperar, pois, muitas vezes, não há uma estrutura propriamente de organização (ou estrutura empresarial) e nem por isso os associados à prática delitiva cometem delitos que não mereceriam um acordo com o Estado (Informativo nº 742).

Novamente com base no entendimento do Tribunal da Cidadania, tem-se que pessoa jurídica não possui capacidade para celebrar acordo de colaboração premiada, previsto na Lei nº 12.850/13. Para ela, o acordo a ser celebrado é outro, qual seja, o acordo de leniência (Informativo nº 747).

Noticie-se que o STJ julgou que é justificada a redução da pena do réu colaborador em patamar um pouco inferior ao que havia sido ajustado com o Ministério Público, tendo em vista que o acusado prestou declarações falsas perante o plenário do júri (Informativo nº 748).

Por fim, como esclarecido pelo STJ, a colaboração premiada é um acordo realizado entre o acusador e a defesa, não podendo a vítima ser colaboradora. Até porque o art. 4º, § 6º, da Lei nº 12.850/13 não reconhece legitimidade para a vítima figurar no acordo, o qual inclusive, como já visto, possui natureza de negócio jurídico personalíssimo (Informativo nº 754).

▸ ***Queen for a day*:**

Tendo origem no direito norte-americano, a Teoria do *Queen for a day* (Rainha por um dia) é aplicada ao instituto da delação/colaboração premiada, incidindo ao longo das reuniões realizadas entre o possível colaborador e o representante do Ministério Público para a negociação do acordo, conhecidas como reuniões preliminares ou tratos preliminares. Com efeito, os elementos de prova oferecidos pelo eventual colaborador ao órgão ministerial durante essas reuniões não podem ser utilizados, em hipótese alguma, por este último, em desfavor daquele enquanto tal acordo não é formalizado. Por se tornar intocável até que ocorra esta formalização é que este agente se torna "Rainha por um dia". A vedação do uso dos elementos de prova encaminhados ao *Parquet* decorre do princípio da lealdade processual.

Nesse cenário, sintomático é o teor do art. 3º-B, § 6º, da Lei nº 12.850/13, com a redação conferida pela Lei nº 13.964/2019, segundo o qual "*Na hipótese de não ser celebrado o acordo por iniciativa do celebrante, esse não poderá se valer de nenhuma das informações ou provas apresentadas pelo colaborador, de boa-fé, para qualquer outra finalidade.*"

Aliás, quanto à tutela da boa-fé no âmbito do acordo de colaboração premiada, também merece registro o disposto no *caput* ("*O recebimento da proposta para formalização de acordo de colaboração demarca o início das negociações e constitui também marco de confidencialidade, configurando violação de sigilo e quebra da confiança e da boa-fé a divulgação de tais tratativas iniciais ou de documento que as formalize, até o levantamento de sigilo por decisão judicial.*") e nos §§ 2º ("*Caso não haja indeferimento sumário, as partes deverão firmar Termo de Confidencialidade para prosseguimento das tratativas, o que vinculará os órgãos envolvidos na negociação e impedirá o indeferimento posterior sem justa causa.*") e 3º ("*O recebimento de proposta de colaboração para análise ou o Termo de Confidencialidade não implica, por si só, a suspensão da investigação, ressalvado acordo em contrário quanto à propositura de medidas processuais penais cautelares e assecuratórias, bem como medidas processuais cíveis admitidas pela legislação processual civil em vigor.*") deste mesmo dispositivo legal.

> **▸ Ponte de diamante:**
>
> A ponte de diamante ou ponte de prata qualificada refere-se a institutos penais que, depois de consumado o crime, podem até eliminar a responsabilidade penal do agente, a exemplo do que se verifica com o instituto da colaboração premiada, disciplinada pela Lei nº 12.850/13, que poderá resultar até em perdão judicial.

Características da confissão
1. Divisível.
2. Retratável.
3. Informal.
4. Expressa.
5. Pessoal.
6. Voluntária.
7. Judicial, podendo ser extraprocessual.

> **▸ Aplicação em concurso público:**
>
> No concurso do MP/GO, em 2009/2010, foram cobrados aspectos relevantes da teoria geral da prova e as características da confissão, nesses termos: "*Sobre as provas no processo penal, marque a alternativa incorreta. a) Quanto ao objeto, as provas podem ser diretas ou indiretas. As provas diretas referem-se imediatamente ao objeto a ser provado (fato probando). Já a prova indireta demonstra a existência de outro fato, que se liga ao fato a ser provado por uma construção lógica. Assim, é possível afirmar que a prova indiciária é sempre indireta. b) A prova do estado civil das pessoas está sujeita às limitações impostas pela lei civil. Assim, para que seja declarada extinta a punibilidade, a morte do réu não poderá ser provada por testemunhas. c) Prova real é aquela decorrente dos vestígios deixados pelo crime, não necessariamente o objeto material do delito. d) São características da confissão no processo penal a retratabilidade, a relatividade de valor e a indivisibilidade*". A assertiva incorreta é a de letra D.

10.4. Perguntas ao ofendido (art. 201 CPP)

O ofendido, por ser a vítima da infração penal cometida pelo réu, não é considerado testemunha. Por isso, não tem o compromisso de dizer a verdade (art. 203 do CPP) e, por consequência, não pode cometer crime de falso testemunho (art. 342 do CP), mas pode ser autor do crime de denunciação caluniosa (art. 339 do CP).

Todavia, é possível a sua **condução coercitiva** se, intimado, não comparecer em juízo sem motivo justo, pois ele tem o dever de depor (art. 201, § 1º, do

CPP). Ainda por conta da sua ausência injustificada, poderá também ser responsabilizado por crime de **desobediência**. Registre-se que a não oitiva do ofendido, quando arrolado pelas partes ou determinado de ofício pelo juiz, enseja mera nulidade relativa do feito, dependente, pois, da demonstração de prejuízo. Ademais, ele **não possui direito ao silêncio**, salvo se o seu depoimento puder incriminá-lo, como ocorre na hipótese de crime de lesões corporais recíprocas.

▸ Qual o entendimento do STF sobre o assunto?

Em caso envolvendo o incêndio na boate "Kiss", ocorrido em Santa Maria/RS na madrugada de 27/01/2013 e que provocou a morte de 242 pessoas, deixando ainda 680 feridas, o STF entendeu que não seria obrigatória a oitiva de todas as vítimas do homicídio tentado. Assim, afirmou que não há direito absoluto à produção de prova. Em casos complexos, há que confiar no prudente arbítrio do juiz da causa, mais próximo dos fatos, quanto à avaliação da pertinência e relevância das provas requeridas pelas partes. Desse modo, a obrigatoriedade de oitiva da vítima deve ser compreendida à luz da razoabilidade e da utilidade prática da colheita da referida prova. Com efeito, o magistrado, em observância ao sistema da persuasão racional, motivara a dispensa da oitiva de todas as vítimas do homicídio tentado. Segundo o juiz de origem, a produção dessa prova, diante da peculiaridade do caso concreto, acarretaria, em síntese, a necessidade de mais de 954 horas de audiência para a tomada de declarações das 638 vítimas, a nova exposição delas ao cenário traumático em que os fatos teriam se desenvolvido e a repetição de relatos que não auxiliariam no esclarecimento dos fatos. Além disso, o paciente do habeas corpus oferecido perante este tribunal deixara de requerer, na resposta à acusação, a oitiva de todas as vítimas. Acrescentou-se, ainda, que o rito especial do tribunal do júri limita o número de testemunhas a serem inquiridas e, ao contrário do procedimento comum, não exclui dessa contagem as testemunhas que não prestam compromisso legal (Informativo nº 823).

Não há que se olvidar sobre a importância do depoimento do ofendido no processo penal, notadamente naqueles crimes em que não há testemunhas, a exemplo de um roubo praticado em local ermo, na calada da noite, ou um estupro. Contudo, dado o natural e justificado interesse da vítima do crime na condenação do seu agressor, esse meio de prova deve ser analisado pelo magistrado com muita cautela, exigindo-se o seu cotejo com todo o contexto probatório produzido nos autos.

▸ Síndrome da mulher de Potifar:

Segundo o texto da Bíblia (Gênesis, capítulos 37 e 39), José (do Egito, filho de Jacó) foi vendido como escravo a um oficial do exército egípcio, Potifar, cuja mulher, após ter tentado sem sucesso seduzi-lo, passou a imputar-lhe falsamente a prática de crime de estupro, o que culminou em sua prisão. Diante disso, a Criminologia criou a Síndrome da mulher de Potifar para se referir à situação em que a mulher, rejeitada, oferece uma notícia de crime (em regra contra a dignidade sexual) falsa apenas para prejudicar a pessoa que a rejeitou. Além dos efeitos de Direito Penal (crime de

Durante a oitiva do ofendido, é plenamente possível a participação das partes formulando perguntas para ele, inclusive de forma direta, consoante previsão do art. 473 do CPP, válido para o procedimento do Tribunal do Júri, mas invocado, por analogia, em qualquer procedimento (TÁVORA; ALENCAR, 2009, p. 366).

A Lei nº 11.690/08 procurou estar atenta à situação do ofendido no processo penal. Diante disso, alterando o art. 201 do CPP, passou a exigir que ele seja intimado sobre o ingresso e a saída do réu da prisão, a designação de data para audiência, a sentença e respectivos acórdãos que a mantenham ou modifiquem (art. 201, § 2º, do CPP), desde a fase de inquérito até a execução penal (TÁVORA; ALENCAR, 2009, p. 367). Essa intimação será feita no endereço por ele indicado ou até por meio eletrônico, se ele assim optar (art. 201, § 3º, do CPP). Além disso, garantiu-se ao ofendido, enquanto não presta depoimento, que ele possa aguardar a sua chamada em espaço reservado (art. 201, § 4º, do CPP).

Nessa mesma esteira, a Lei Maria da Penha (Lei nº 11.340/06), em seu art. 21, estipula que a ofendida deverá ser notificada dos atos processuais relativos ao agressor, especialmente dos pertinentes ao ingresso e à saída da prisão, sem prejuízo da intimação do advogado constituído ou do defensor público (*caput*). A ofendida não poderá entregar intimação ou notificação ao agressor (parágrafo único). Mais recentemente, a Lei Henry Borel (Lei nº 14.344/22), com as devidas adaptações, repetiu essa sistemática, prevendo, em seu art. 18, que o responsável legal pela criança ou pelo adolescente vítima ou testemunha de violência doméstica e familiar, desde que não seja o autor das agressões, deverá ser notificado dos atos processuais relativos ao agressor, especialmente dos pertinentes ao ingresso e à saída da prisão, sem prejuízo da intimação do advogado constituído ou do defensor público.

Voltando a mirar no disposto no CPP, caso o juiz entenda necessário, poderá determinar o acompanhamento do ofendido por equipe multidisciplinar, especialmente nas áreas psicossocial, de assistência jurídica e de saúde, a expensas do ofensor ou do Estado (art. 201, § 5º, do CPP). Nesse trilhar, o Estado deverá arcar com esses custos até o trânsito em julgado da sentença condenatória, em virtude do princípio da presunção de inocência. Apenas após esse momento é que haverá a possibilidade de o agressor assumir o pagamento de tais custos, os quais serão parte do valor mínimo indenizatório (TÁVORA; ALENCAR, 2009, p. 368).

Para que sejam preservadas a intimidade, a vida privada, honra e imagem do ofendido, poderá também o juiz determinar o segredo de justiça em relação aos dados, depoimentos e outras informações constantes dos autos a seu respeito para evitar sua exposição aos meios de comunicação (art. 201, § 6º, do CPP).

Por fim, noticie-se que se o juiz verificar que a presença do réu poderá causar humilhação, temor, ou sério constrangimento ao ofendido, de modo que prejudique a verdade do depoimento, fará a inquirição por videoconferência e, somente na impossibilidade dessa forma (por ausência de recursos tecnológicos, por exemplo), determinará a retirada do réu, prosseguindo na inquirição, com a presença do seu defensor, por força do art. 217, *caput*, do CPP. Igual prerrogativa será assegurada à testemunha, como será exposto a seguir.

▸ **Depoimento sem dano/Depoimento especial (Lei nº 13.431/2017):**

O depoimento sem dano (DSD) é prática inovadora que envolve a oitiva de crianças e adolescentes em situação de violência, permitindo-se que o depoimento seja tomado através de um técnico (psicólogo ou assistente social) em uma sala especial, conectada por equipamento de vídeo e áudio à sala de audiência, em tempo real. O técnico possui um ponto eletrônico por meio do qual o juiz direciona as perguntas a serem encaminhadas ao menor. Além disso, o depoimento é gravado, constando como prova no processo. De acordo com entendimento do STJ, não configura nulidade por cerceamento de defesa o fato de o defensor e o acusado de crime sexual praticado contra criança ou adolescente não estarem presentes na oitiva da vítima devido à utilização do método do depoimento sem dano, precluindo eventual possibilidade de arguição de vício diante da falta de alegação de prejuízo em momento oportuno e diante da aquiescência da defesa à realização do ato processual apenas com a presença do juiz, do assistente social e da servidora do Juízo. Com efeito, em se tratando de crime sexual contra criança e adolescente, justifica-se a inquirição da vítima na modalidade do depoimento sem dano, em respeito à sua condição especial de pessoa em desenvolvimento, procedimento aceito pelo STJ, inclusive antes da deflagração da persecução penal, mediante prova antecipada. Ademais, o STJ tem entendido que a inércia da defesa, em situações semelhantes à presente, acarreta preclusão de eventual vício processual, mormente quando não demonstrado o prejuízo concreto ao réu, incidindo, na espécie o art. 563 do CPP (Informativo nº 556).

Mais recentemente, o depoimento sem dano acabou sendo disciplinado expressamente por lei, qual seja, a Lei nº 13.431/2017. Referindo-se a ele pelo termo depoimento especial (que não deve ser confundido com a escuta especializada, procedimento de entrevista sobre situação de violência com criança ou adolescente perante órgão da rede de proteção, limitado o relato estritamente ao necessário para o cumprimento de sua finalidade – art. 7º; o depoimento especial é o procedimento de oitiva de criança ou adolescente vítima ou testemunha de violência perante autoridade judiciária ou até policial – art. 8º), esta lei, nos artigos 8º a 12, apresenta um regramento bem detalhado a respeito deste instituto, merecendo destaque o inteiro teor do art. 12, que indica o procedimento para a sua realização. Vale a pena ainda registrar que, conforme o art. 3º, parágrafo único, a aplicação desta lei é facultativa para as vítimas e testemunhas de violência entre 18 (dezoito) e 21 (vinte e um) anos, de acordo com o previsto no art. 2º, parágrafo único, do Estatuto da Criança e do Adolescente. Portanto, o depoimento sem dano/depoimento especial pode ser realizado também em prol da vítima ou testemunha de violência maior de 18 (dezoito) e menor de 21 (vinte e um) anos. Nessa esteira, no âmbito da Lei Maria da Penha, consoante o seu art. 10-A, § 2º, com a redação dada pela Lei nº 13.505/2017, na inquirição de mulher em situação de violência doméstica e familiar ou de testemunha de delitos de que trata esta Lei, será adotado o procedimento dos incisos I a III deste dispositivo legal, em muito semelhante àquele relativo ao depoimento sem dano/depoimento especial.

Em apertada síntese, pode-se afirmar que o depoimento sem dando/depoimento especial busca essencialmente evitar a *revitimização*, minorando ao máximo os danos psicológicos que decerto surgirão no momento em que se presta o depoimento em virtude da lembrança de fatos profundamente traumáticos para o(a) depoente.

Aliás, atenta justamente ao objetivo de se impedir a *revitimização*, a Lei nº 13.431/17, em seu art. 11, § 2º, estatui que "não será admitida a tomada de novo depoimento especial, salvo quando justificada a sua imprescindibilidade pela autoridade competente e houver a concordância da vítima ou da testemunha, ou de seu representante legal". Em complemento, a Lei nº 14.321/22, alterando a Lei nº 13.869/21 (lei dos crimes de abuso de autoridade), tipifica no art. 15-A desta última, como crime de **violência institucional**, a conduta de "submeter a vítima de infração penal ou a testemunha de crimes violentos a procedimentos desnecessários, repetitivos ou invasivos, que a leve a reviver, sem estrita necessidade: I – a situação de violência; ou II – outras situações potencialmente geradoras de sofrimento ou estigmatização", prevendo a pena de detenção, de 3 (três) meses a 1 (um) ano, e multa. E se o agente público (notadamente o magistrado) permitir que terceiro intimide a vítima de crimes violentos, gerando indevida revitimização, aplica-se a pena aumentada de 2/3 (dois terços) – § 1º. Finalmente, se o agente público intimidar a vítima de crimes violentos, gerando indevida revitimização, aplica-se a pena em dobro – § 2º.

Em acréscimo, registre-se que a Lei nº 14.344/22 (Lei Henry Borel) faz importantes referências à lei do depoimento sem dano/depoimento especial. Com efeito, conforme art. 2º, parágrafo único, da Lei Henry Borel, "para a caracterização da violência prevista no *caput* deste artigo, deverão ser observadas as definições estabelecidas na Lei nº 13.431, de 4 de abril de 2017."; já o art. 12 apregoa que "o depoimento da criança e do adolescente vítima ou testemunha de violência doméstica e familiar será colhido nos termos da Lei nº 13.431, de 4 de abril de 2017, observadas as disposições da Lei nº 8.069, de 13 de julho de 1990 (Estatuto da Criança e do Adolescente).". Além disso, a lei adiciona o inciso V ao art. 4º da Lei nº 13.431/17, estipulando que é forma de violência também a "violência patrimonial, entendida como qualquer conduta que configure retenção, subtração, destruição parcial ou total de seus documentos pessoais, bens, valores e direitos ou recursos econômicos, incluídos os destinados a satisfazer suas necessidades, desde que a medida não se enquadre como educacional.".

Ademais, ultrapassando os muros da esfera penal, a Lei nº 14.340/22 acrescentou o art. 8º-A à lei da alienação parental (Lei nº 12.318/10), segundo o qual "sempre que necessário o depoimento ou a oitiva de crianças e de adolescentes em casos de alienação parental, eles serão realizados obrigatoriamente nos termos da Lei nº 13.431, de 4 de abril de 2017, sob pena de nulidade processual.".

10.5. Testemunhas (arts. 202 a 225 CPP)

Testemunha, mais um meio de prova lícito do processo penal, é a "pessoa que declara **em juízo** o que sabe acerca dos fatos, em face das percepções colhidas sensorialmente acerca dos mesmos" (TÁVORA; ALENCAR, 2009, p. 369) – destacamos. Como se vê por esse conceito, somente é considerada testemunha aquela pessoa que presta depoimento perante um juiz (**judicialidade**). Assim, depoimento prestado, por exemplo, na fase de inquérito policial deverá ser repetido na fase judicial para que possa ser considerado um meio de prova válido.

Diferente do processo civil, no processo penal, toda e qualquer pessoa tem **capacidade para testemunhar** (art. 202 do CPP). Cabe, entretanto, ao juiz valorar o teor do depoimento de cada testemunha.

> **Valor probatório do depoimento prestado por policial:**
>
> Como decidido pelo STJ, o testemunho prestado em juízo pelo policial deve ser valorado, assim como acontece com a prova testemunhal em geral, conforme critérios de coerência interna, coerência externa e sintonia com as demais provas dos autos. Em outros termos, no sistema do livre convencimento motivado, o depoimento do policial, por ser considerado um depoimento testemunhal, assim como qualquer outro meio de prova, deve ser valorado à luz das demais provas produzidas nos autos. Com efeito, conforme consignado pelo STJ, "o depoimento policial tem a natureza jurídica de prova testemunhal e deve ser valorado enquanto tal. Dessa forma, o testemunho policial não pode ser, aprioristicamente, sobrevalorizado, sob o único argumento de que o policial goza de fé pública, tampouco pode ser subvalorizado, sob a justificativa de que sua palavra não seria confiável para, isoladamente, fundamentar uma condenação" (STJ, 5ª Turma, AREsp nº 1.936.393/RJ, Rel. Min. Ribeiro Dantas, j. 25.10.2022).

A testemunha, em regra, tem o **compromisso de dizer a verdade** (arts. 203 e 206 do CPP), independente de lembrança feita pelo juiz nesse sentido, daí porque o seu não atendimento ensejará a prática do crime de falso testemunho (art. 342 do CP). A esse respeito, frise-se que a testemunha **não tem direito ao silêncio** e, se assim proceder, igualmente responderá pelo crime de falso testemunho. O silêncio não poderá ser exercido nem mesmo no que tange aos seus dados de qualificação mencionados no art. 203 do CPP, pena de prática do crime de falso testemunho. Todavia, **a testemunha poderá se calar apenas e tão somente em relação aos fatos que possam incriminá-la**. É essa a posição do STF (HC nº 79812/SP, Pleno, Rel. Min. Celso de Mello, julgamento 8/11/2000).

Em razão de tudo isso, o art. 211, *caput*, do CPP assevera que se o magistrado, após a sentença final, reconhecer a prática do crime de falso testemunho deverá encaminhar cópia do depoimento à autoridade policial para a instauração de inquérito. Aliás, prevê também o CPP, no art. 211, parágrafo único, a possibilidade de prisão em flagrante da testemunha que prestou falso testemunho, caso a sentença seja proferida na própria audiência em que o depoimento falso foi prestado. Se isso ocorrer em plenário do Tribunal do Júri, deve ser realizado quesito específico sobre o falso testemunho e, uma vez reconhecido o crime pelos jurados, o magistrado poderá determinar a sua prisão em flagrante (não havendo o reconhecimento do crime pelos jurados, nada poderá ser feito).

Não obstante, em razão de laços de afinidade, o CPP **dispensa o dever de depor** para as pessoas referidas no art. 206, parte final (ascendente, descendente, afim em linha reta, cônjuge – o que deve incluir o companheiro –, ainda que separado, irmão, pai, mãe e filho adotivo do *réu*, não da vítima), **salvo quando não for possível, de outro modo, obter-se ou integrar-se a prova do fato e de suas circunstâncias** (se o testemunho for o único meio de prova ou for fundamental para a integração do contexto probatório), hipótese em que não prestam o compromisso de dizer a verdade e, por consequência, não cometem crime de falso testemunho (art. 342 do CP).

De outro lado, o CPP **dispensa o dever de prestar compromisso** para as pessoas referidas no art. 208 do CPP (doentes, deficientes mentais, menores de 14 anos e as pessoas mencionadas no art. 206 do CPP). Embora o CPP não se utilize desta expressão, a doutrina vem chamando tais pessoas de **declarantes** ou **informantes**. Elas não integram o número legal de testemunhas.

> ▸ **Aplicação em concurso público:**
>
> No concurso de Promotor de Justiça do Ministério Público do Estado de Rondônia, em 2010, promovido pelo Cespe/Unb, dentre outros aspectos relevantes das provas no processo penal, foi cobrado justamente o teor do art. 208 do CPP, nesses termos: *"Assinale a opção correta a respeito da prova criminal. a) Na falta de perito oficial, o exame de corpo delito deverá ser realizado por um profissional idôneo, indicado pelo juiz, que tenha habilitação técnica relacionada com a natureza do exame. b) O juiz penal está adstrito ao laudo, não podendo rejeitar suas conclusões em face do princípio da persuasão racional. c) O interrogatório é ato privativo do juiz, que, durante sua realização, assegurará o direito do réu ao silêncio e ao privilégio de não ser obrigado a produzir prova contra si, razão pela qual é vedada à acusação e à defesa a elaboração de perguntas. d) De acordo com o CPP, os doentes mentais e os menores de quatorze anos de idade podem ser testemunhas não compromissadas. e) No reconhecimento de pessoa, aquele que for submetido a reconhecimento deve ser colocado ao lado de, pelo menos, outros dois indivíduos que tenham as mesmas características físicas, sob pena de nulidade do ato"*. A assertiva correta foi a de letra D.

Noutro giro, o art. 207 do CPP apresenta as pessoas que estão **proibidas de depor**. Isso ocorre nos casos em que certas pessoas, em razão de função, ministério, ofício ou profissão, devam guardar segredo, a exemplo de padres, pastores, médicos, psicólogos, psiquiatras etc. Ressalte-se que este sigilo incide apenas sobre fatos passados, não valendo para fatos futuros. Contudo, se a parte interessada desobrigá-las, tais pessoas, caso queiram, podem prestar depoimento, sob o dever de dizer a verdade, pena de cometimento de crime de falso testemunho (art. 342 do CP).

Peculiaridades no depoimento de testemunhas previstas no CPP

- **Art. 206 do CPP:** Dispensa do dever de depor.
- **Art. 207 do CPP:** Proibição do depoimento.
- **Art. 208 do CPP:** Dispensa do dever de prestar o compromisso de dizer a verdade (declarantes ou informantes).

Saltando os muros do Código de Processo Penal, podem ser encontradas outras vedações a depoimentos de determinadas pessoas, a saber (TÁVORA; ALENCAR, 2009, p. 371-372):

I. *advogados*: ainda que autorizados pela parte interessada, podem se recusar a depor, nos termos do art. 7º, XIX, do Estatuto da OAB;

II. *deputados e senadores*: não estão obrigados a depor acerca de informações recebidas ou prestadas no exercício do mandato, nem sobre pessoas que lhes confiaram ou deles receberem informações, consoante art. 53, § 6º, da Constituição Federal. No entanto, se a informação não foi obtida em virtude do exercício do cargo, volta a existir o dever de depor;

III. *magistrados e membros do Ministério Público*: estão impedidos de atuar na persecução penal e, simultaneamente, figurar como testemunhas (arts. 252, II, e 258 do CPP);

IV. *corréu*: não pode depor em relação aos fatos que atingem o seu coautor.

As testemunhas, em regra, devem ser arroladas na peça inicial ou na resposta escrita do réu à acusação, sob pena de preclusão. São as chamadas **testemunhas numerárias**, testemunhas arroladas pelas partes, compromissadas e que integram o número legal. Há limitação do número dessas testemunhas, a depender do tipo de procedimento a ser adotado. No procedimento comum ordinário, por exemplo, são 8 (oito) testemunhas. Esse número diz respeito a **cada fato criminoso**, no caso de concurso de crimes, e é destinado para cada réu, no caso de concurso de agentes.

Além dessas testemunhas, o juiz poderá determinar, de ofício, a oitiva de outras, que são conhecidas como **testemunhas extranumerárias** (art. 209, *caput*, do CPP). Em regra, elas são compromissadas. Exemplo destas testemunhas são as **testemunhas referidas ou referenciais** (art. 209, § 1º, do CPP), que são aquelas pessoas referidas pelas testemunhas numerárias. Elas não integram o número máximo de testemunhas, ao lado das **testemunhas inócuas**, aquelas que **nada souberem sobre os fatos** (art. 209, § 2º, do CPP), e dos **laudadores** ou

"testemunhas de beatificação" (testemunhas que vão a juízo apenas para falar bem do comportamento e da conduta social do réu).

Aliás, com o advento do novel art. 3º-A do CPP, acrescido pela Lei número 13.964/2019, o qual veda a substituição do juiz da atuação probatória do órgão de acusação, há entendimento doutrinário de que o poder conferido ao juiz pelo art. 209 do Código de determinar a oitiva de testemunha de ofício estaria revogado tacitamente, em respeito ao sistema acusatório. É posicionamento, no entanto, que, por ora, permanece sendo minoritário, desde que o juiz atue de forma complementar às partes, nunca à frente delas.

A legislação especial faz menção às chamadas **testemunhas da coroa**, que são os agentes infiltrados, policiais disfarçados que acompanham o cometimento de determinado delito para facilitar as investigações criminais, o que ocorre nas organizações criminosas (arts. 10 a 14 da Lei nº 12.850/13) e nos crimes de tóxicos (art. 53, inciso I, da Lei nº 11.343/06).

Encerrando a classificação doutrinária das testemunhas, é encontrada a distinção entre **testemunhas próprias** (aquelas que prestam depoimento sobre o objeto da causa, os fatos delitivos) e **testemunhas fedatárias ou impróprias ou instrumentárias** (não prestam depoimento sobre o objeto da causa, mas sim acerca da regularidade formal de determinado ato por elas presenciado, o que ocorre na oitiva do investigado durante o inquérito policial, quando duas testemunhas assinam o termo que lhe tenham ouvido a leitura, com base no art. 6º, inciso V, do CPP; na busca e apreensão domiciliar, quando duas testemunhas assinam o auto de formalização da diligência, consoante o art. 245, § 7º, do CPP; e na lavratura do auto de prisão em flagrante delito, em que assinam duas testemunhas de apresentação se não existirem testemunhas presenciais, com fincas no art. 304, § 2º, do CPP, ou duas testemunhas que ouviram a leitura do auto, na presença do preso que se recusar, não souber ou não puder assinar, nos termos do art. 304, § 3º, do CPP).

Classificação das testemunhas
1. Declarantes ou informantes (art. 208 CPP).
2. Numerárias.
3. Extranumerárias (art. 209, *caput*, CPP), a exemplo das referidas ou referenciais (art. 209, § 1º, CPP).
4. Inócuas (art. 209, § 2º, CPP).
5. Laudadores ou "testemunhas de beatificação".
6. Testemunhas da coroa (art. 2º, V e parágrafo único, Lei nº 9.034/95 e art. 53, I, Lei nº 11.343/06).
7. Próprias.
8. Fedatárias ou impróprias ou instrumentárias (arts. 6º, V, 245, § 7º, e 304, §§ 2º e 3º, CPP).

▸ ***Hearsay Testimony:***

Hearsay Testimony (ou *hearsay rule* ou *hearsay witness* ou testemunha indireta ou ainda "Depoimento de Auditu") é o testemunho prestado por "ouvir dizer". Refere-se, pois, à testemunha que não presenciou o fato, nem mesmo ouviu diretamente sobre o ocorrido, depondo acerca de tal fato a partir daquilo que ouviu ser narrado por outrem. Esta prova não é tida como ilícita pelo sistema probatório brasileiro, podendo, portanto, ser utilizada, embora deva ser evitada (haja vista a sua pouca credibilidade) ou ao menos valorada com extrema cautela. A esse respeito, o STJ já decidiu que o testemunho por ouvir dizer (*hearsay rule*), produzido somente na fase inquisitorial, não serve como fundamento exclusivo da decisão de pronúncia, que submete o réu a julgamento pelo Tribunal do Júri (Informativo nº 603).

▸ **Aplicação em concurso público:**

No concurso de Promotor de Justiça Substituto do Ministério Público do Estado de Minas Gerais, promovido pela Fundep, em 2017, questionou-se acerca da testemunha indireta, nesses termos: "A palavra de testemunha indireta (hearsay witness) por refletir a vox publica é suficiente para a pronúncia, porque caracteriza o in dubio pro societate". A alternativa foi considerada incorreta.

▸ **Testemunho oculto e testemunho anônimo:**

Testemunho oculto é termo que não deve ser confundido com o testemunho anônimo. O testemunho oculto é aquele em que o depoente não mantém qualquer contato visual com os demais corréus, embora sua identidade seja conhecida. Nesse sentido, verifica-se que o direito de o réu presenciar a produção de prova contra ele produzida em juízo (direito ao confronto) cede espaço aos direitos fundamentais à vida, integridade física e segurança, os quais devem ser tutelados por um Estado Democrático de Direito. Por conta disso é que a Lei nº 12.850/13 assegura ao colaborador o direito de "participar das audiências sem contato visual com os outros acusados" (art. 5º, IV). Já o testemunho anônimo é aquele em que a parte não tem conhecimento dos dados que qualificam o depoente. Ele é previsto no art. 5º, II, da Lei nº 12.850/13, segundo o qual o colaborador tem o direito de "ter nome, qualificação, imagem e demais informações pessoais preservados", sendo que a conduta de "revelar a identidade, fotografar ou filmar o colaborador, sem sua prévia autorização por escrito" é definida como crime no art. 18 desta mesma lei. Todavia, em prol do contraditório e da ampla defesa, o STF já decidiu que o defensor do corréu tem o direito de conhecer a identidade do colaborador (HC 90.321).

> ▸ **Aplicação em concurso público:**
>
> No concurso de Juiz de Direito Substituto/RS, promovido pela FAURGS, na segunda fase, ocorrida em 2015, indagou-se a respeito do testemunho "por ouvir dizer", com esta redação: *"Disserte sobre a "testemunha de ouvir dizer", apontando seu conceito, sua classificação como tipo de prova testemunhal e sua possibilidade, ou não, de utilização no direito processual penal brasileiro"*. A questão deveria ser respondida de acordo com as informações expostas alhures.

A testemunha que reside fora do juízo será ouvida por **carta precatória** (art. 222 do CPP), que deve ser expedida com prazo razoável e que, em regra, **não suspenderá o curso do processo** (art. 222, § 1º, do CPP). No entanto, antes do término do prazo fixado para cumprimento da precatória, não será possível a realização do julgamento do feito. Findo este prazo, o julgamento poderá ser efetivado. A todo tempo, porém, a precatória, uma vez devolvida, será juntada aos autos (art. 222, § 2º, do CPP), mesmo após o julgamento.

As partes devem ser intimadas apenas e tão somente acerca da **expedição da carta precatória** (sob pena de nulidade relativa do feito, nos termos da Súmula nº 155 do STF), não sendo obrigatória a intimação pelo juízo deprecado da data da realização do ato, devendo o advogado acompanhar tal designação por meio da imprensa, consoante a Súmula nº 273 do STJ.

> ▸ **Aplicação em concurso público:**
>
> No concurso de Juiz de Direito Substituto/RS, em 2016, promovido pela FAURGS, dentre outros aspectos relevantes das provas no Processo Penal, questionou-se acerca da Súmula nº 273 do STJ, conforme consta a seguir: *"Com relação às provas no Processo Penal brasileiro, assinale a alternativa correta. (A) No caso de oitiva de testemunhas por carta precatória, segundo o entendimento do Superior Tribunal de Justiça, torna-se desnecessária a intimação da defesa com relação a data da audiência no juízo deprecado, se houve a sua intimação da expedição da precatória. (B) Na fase policial, o princípio nemo teneturse detegere pode ser relativizado em função do dever-poder do Estado de exercer a investigação preliminar e diante da ausência de nulidades no inquérito policial. (C) A ação controlada, nos termos da Lei nº 12.850/2013, consiste em retardar a intervenção policial ou administrativa relativa à ação praticada por organização criminosa ou a ela vinculada, independentemente de prévia comunicação ao juiz, desde que mantida sob observação e acompanhamento para que a medida legal se concretize no momento mais eficaz à formação de provas e obtenção de informações. (D) Em se tratando de instrução criminal de procedimento comum ordinário no qual quatro acusados respondem, igualmente, por quatro crimes em concurso material, tendo constituído um único advogado, a defesa poderá arrolar até oito testemunhas para cada acusado, não se computando, nesse número, os informantes e as testemunhas referidas. (E) Consoante entendimento do Supremo Tribunal Federal, é possível submeter, coercitivamente, o indiciado a exame grafotécnico e à perícia para extração de DNA com base no princípio da proporcionalidade e razoabilidade, desde que se esteja apurando a prática de crime hediondo ou, ainda, praticado com violência ou grave ameaça à pessoa"*. A assertiva correta foi a letra A.

Nesse trilhar, entende-se que a presença do réu na audiência a ser realizada perante o juízo deprecado é meramente facultativa. Porém, a presença do procurador ou do defensor do acusado é obrigatória. Se ele não estiver presente, deverá ser nomeado defensor *ad hoc* para acompanhar o ato.

Com efeito, com o advento da Lei nº 11.900/08, que alterou a redação do art. 222, § 3º, do CPP, a expedição de carta precatória restou esvaziada no processo penal, pois é possível a oitiva da testemunha que reside fora do juízo por **videoconferência** (permitida a presença do defensor), o que pode ser feito inclusive ao longo da audiência de instrução e julgamento.

> **Prova (de) fora da terra:**
>
> A prova (de) fora da terra é aquela produzida fora do juízo em que tramita o feito no qual ela será utilizada. Exemplo clássico de sua aplicação é justamente a colheita de depoimento de testemunha por meio de carta precatória, nos termos do art. 222, *caput* e parágrafo 1º, do CPP. A confecção desta prova não viola o princípio da identidade física do juiz (art. 399, parágrafo 2º, do CPP), eis que prevista pelo próprio ordenamento jurídico.

Se a testemunha, devidamente intimada, não comparece injustificadamente à audiência de instrução e julgamento, o juiz pode requisitar à autoridade policial a sua apresentação ou determinar seja conduzida por oficial de justiça (condução coercitiva), que poderá solicitar o auxílio da força pública (art. 218 do CPP). Além disso, a testemunha faltante estará sujeita à multa prevista no art. 458 c/c art. 436, § 2º, do CPP (1 a 10 salários mínimos), às custas da diligência e ao crime de desobediência (art. 219 do CPP). Qualquer testemunha deve comunicar ao juiz, no prazo de 1 (um) ano, a mudança de residência, sujeitando-se, pela simples omissão, a todas essas penas do não comparecimento. A testemunha não está obrigada, porém, a comparecer ao juízo situado em local em que não reside.

O art. 214 do CPP traz a possibilidade de a parte **contraditar testemunhas**, no caso de circunstâncias ou defeitos que tornem as testemunhas suspeitas de parcialidade ou indignas de fé, a exemplo daquelas que não podem depor (art. 207 do CPP) ou que estão dispensadas de prestar o compromisso de dizer a verdade (art. 208 do CPP). A prova desses requisitos deve ser feita imediatamente, logo após a qualificação da testemunha. Feita a contradita, o juiz deverá ouvir a parte contrária e a própria testemunha contraditada. Em seguida, profere julgamento, devendo decidir se excluirá a testemunha ou se irá ouvi-la sem o compromisso de dizer a verdade.

> **Aplicação em concurso público:**
>
> No concurso do MP/SC, em 2010, foi cobrada a possibilidade de se contraditar testemunha no processo penal. Nesse sentido, a assertiva "A *contradita é a impugnação ou objeção apresentada pela parte em relação à testemunha arrolada que, por alguma circunstância, não pode depor ou não deve ser compromissada*" foi considerada correta.

Se ocorrer dúvida sobre a identidade da testemunha, o juiz procederá à verificação pelos meios ao seu alcance, podendo, entretanto, tomar-lhe o depoimento desde logo (art. 205 do CPP).

O art. 221 do CPP evidencia que algumas autoridades públicas possuem certas prerrogativas quando prestam depoimento como *testemunhas*, inclusive podendo marcar dia, horário e local, bem como prestar depoimento por escrito. Complementando este rol, a Lei nº 13.327, de 29 de julho de 2016, em seu art. 38, inciso VI, garante aos advogados públicos federais a prerrogativa de serem ouvidos, como *testemunhas*, em dia, hora e local previamente ajustados com o magistrado ou a autoridade competente. Todavia, segundo o STJ, as autoridades com foro por prerrogativa de função previstas no art. 221 do CPP, quando figurarem na condição de *investigados* no inquérito policial ou de *acusados* na ação penal, não têm o direito de serem inquiridas em local, dia e hora previamente ajustados com a autoridade policial ou com o juiz (Informativo nº 547).

▸ Qual o entendimento do STF sobre o assunto?

No âmbito do Inquérito nº 4.831, instaurado no STF para apurar a suposta interferência do então Presidente da República Jair Bolsonaro no comando da Polícia Federal, com a finalidade de proteger familiares e aliados, conforme delatado pelo ex-Ministro da Justiça e Segurança Pública, Sergio Moro, o então Ministro deste tribunal e Relator do caso, Celso de Mello, em 18 de agosto de 2020, votou no sentido de negar ao Presidente a prerrogativa processual de depor por escrito. O voto do ex-Ministro teve como amparo justamente o teor do art. 221 do CPP. Segundo ele, este dispositivo apenas concede tal benefício (depoimento por escrito) aos chefes de poderes da República (os Presidentes da República, Câmara, Senado e do STF) que figurem como testemunhas ou vítimas, não incidindo quando figuram na condição de investigados ou de réus.

Todavia, posteriormente, em 05 de dezembro de 2020, o Ministro Alexandre de Moraes, novo Relator do caso, decidiu monocraticamente que a forma pela qual será realizado o interrogatório do Presidente (isto é, se por escrito ou oralmente) deve ser deliberada pelo Plenário do STF.

Aliás, nesta mesma decisão, o Ministro Alexandre de Moraes asseverou que o investigado, ainda que seja o Presidente da República, embora possua o direito ao silêncio, não pode recusar prévia e genericamente a participação em atos procedimentais ou processuais futuros (a exemplo do interrogatório). Segundo ele, não é o investigado quem deve decidir de forma prévia e genericamente a possibilidade ou não de fazer atos procedimentais ou processuais durante a investigação criminal ou a instrução processual penal. Nas palavras do Ministro, "o absoluto e intransigente respeito às garantias fundamentais não deve ser interpretado para limitar indevidamente o dever estatal de exercer a investigação e a persecução criminal, função de natureza essencial e que visa a garantir, também, o direito fundamental à probidade e segurança de todos os cidadãos".

Essa decisão do Ministro Alexandre de Moraes é alvo de críticas de boa parte da doutrina, sob o argumento de que ela violaria o direito ao silêncio, a não autoincriminação e a ampla defesa. Nessa direção, aponta-se que, caso o agente se recuse a atender à intimação expedida pelo Judiciário para participar do seu interrogatório, não caberá a condução coercitiva. Isso porque o Plenário do STF já decidiu que a condução coercitiva para interrogatório do acusado prevista no art. 260, *caput*, do CPP não foi recepcionada pela Constituição Federal de 1988, por violação ao direito ao silêncio, liberdade de locomoção, não autoincriminação e presunção de inocência (STF, ADPFs 399 e 444), o que, a toda evidência, deve incidir também para o depoimento do investigado colhido na etapa de inquérito policial.

Ocorre que, em seguida, no dia 07 de outubro de 2021, o Ministro Alexandre de Moraes voltou a se pronunciar a respeito deste caso, desta feita determinando que a Polícia Federal procedesse, mediante comparecimento pessoal e prévio ajuste de local, dia e hora, a oitiva do Presidente da República no prazo máximo de 30 (trinta) dias. Desse modo, o Presidente efetivamente prestou à Polícia Federal o depoimento em questão no dia 03 de novembro de 2021.

Nos termos dos §§ 2º e 3º do art. 221 do CPP, o **militar**, quando servir como testemunha, deverá ser requisitado à autoridade superior, enquanto o **funcionário público** deverá ser intimado por mandado, devendo ser também comunicado o chefe da repartição pública onde ele serve, para que não haja prejuízos ao andamento do serviço público.

As testemunhas devem ser ouvidas de *per si*, separadamente, para que umas não tomem conhecimento do teor do depoimento das outras, o que reduziria a credibilidade desse meio de prova (art. 210, *caput*, do CPP). Nessa esteira, o art. 210, parágrafo único, do CPP, com a redação dada pela Lei nº 11.690/08, determina que seja disponibilizado espaço reservado para a garantia da incomunicabilidade das testemunhas. Contudo, se uma testemunha entrar em contato com outra haverá mera irregularidade do feito (TÁVORA; ALENCAR, 2009, p. 376).

Já o art. 212, *caput*, do CPP, igualmente com a redação conferida pelo citado diploma legal, afirma que as **perguntas serão formuladas às testemunhas diretamente pelas partes**, com a fiscalização constante do juiz, que poderá indeferir aquelas que puderem induzir a resposta, não tiverem relação com a causa ou importarem na repetição de outra já respondida, o que constará no termo de audiência.

Primeiramente deve formular perguntas aquela parte que arrolou a testemunha que presta depoimento, o que vem a consagrar o sistema americano do *direct examination*. Em seguida, a parte contrária formulará as suas perguntas, o que estampa o sistema americano do *cross examination*. A adoção de ambos os sistemas decreta a extinção do sistema presidencialista (ao menos para perguntas dirigidas às testemunhas, estando, porém, mantido este sistema no interrogatório do réu), no qual as perguntas eram formuladas sempre por intermédio do juiz. No entanto, é preciso destacar que, **no Tribunal do Júri, os jurados não podem fazer perguntas diretamente ao ofendido e às testemunhas** (art. 473, § 2º, do CPP).

Apenas após as perguntas diretas das partes é que o juiz poderá formular as suas perguntas complementares (art. 212, parágrafo único, do CPP). Caso ocorra inversão na ordem das perguntas formuladas, haverá nulidade relativa, conforme posição do STJ (HC nº 144.909-PE, 6ª Turma, Rel. Min, Nilson Naves, julgado em 4/2/2010, Informativo nº 421; HC nº 133.655-DF, 6ª Turma, Rel. Min. Nilson Naves, julgado em 18/2/2010, Informativo nº 423).

Toda essa ordem de perguntas insculpida no art. 212 do CPP foi declarada constitucional pelo STF, sob o argumento de que ela consagra o sistema acusatório na colheita da prova testemunhal, já que deixa tal colheita sobretudo a cargo das partes (STF, 1ª Turma, HC 111815). Mais recentemente, a 1ª Turma do STF reafirmou a sistemática do art. 212 do CPP, impedindo que o magistrado formule perguntas às testemunhas antes das partes. A inversão da ordem de perguntas desrespeita o sistema acusatório, resultando em nulidade, se houver a demonstração do prejuízo ao réu, o que restou configurado no caso a partir do teor das perguntas formuladas no início da inquirição pelo juiz, capazes de induzir respostas (STF, 1ª Turma, HC nº 187.035/SP, Rel. Min. Marco Aurélio, j. 06.04.21).

Nessa mesma linha de intelecção, o STJ já decidiu que a inquirição de testemunhas diretamente pelo magistrado que assume o protagonismo na audiência de instrução e julgamento viola o art. 212 do CPP (STJ, 6ª Turma, HC nº 735.519/SP, Rel. Min. Sebastião Reis Júnior, j. 16.08.2022).

Em reforço, o Tribunal da Cidadania julgou que a ausência do membro do Ministério Público na oitiva de testemunhas da acusação durante audiência de instrução não permite que o magistrado formule perguntas diretamente a estas, assumindo função precípua do *Parquet*. Dito de outra forma, a ausência do Ministério Público à audiência de instrução não dá, à autoridade judicial, a liberdade de assumir a função precípua do *Parquet*, que deve prosseguir a audiência sem as perguntas acusatórias ou, então, suspender a audiência e marcar uma nova data (STJ, 6ª Turma, REsp nº 1.846.407/RS, Rel. Min. Sebastião Reis Júnior, j. 13.12.2022). O magistrado, ao iniciar os questionamentos e formular a maioria das perguntas, assume o protagonismo na inquirição de testemunhas, presumindo-se o prejuízo sofrido pela defesa (STJ, 6ª Turma, EDcl no HC nº 741.725/RS, Rel. Min. Sebastião Reis Junior, DJe 27.10.2022). Tendo o magistrado agido, "em substituição à produção probatória que compete às partes, inquirindo diretamente os depoentes, violando o devido processo legal e o sistema acusatório, [...] deve ser reconhecida a nulidade da colheita probatória realizada em desacordo com o art. 212 do Código de Processo Penal, bem como devem ser desentranhados e renovados os atos processuais contaminados, notadamente os interrogatórios dos Réus, meio de defesa realizado ao final da instrução, e as alegações finais, que foram produzidas consoante os elementos probatórios então constantes nos autos" (STJ, 6ª Turma, AgRg no HC nº 708.908/RS, Rel. Min. Laurita Vaz, DJe 03.10.2022).

O **depoimento da testemunha é sempre oral**, podendo, porém, **consultar brevemente apontamentos escritos** (art. 204 do CPP). Contudo, o STJ já decidiu pela possibilidade de a vítima de crime contra a dignidade sexual, menor de idade, por seu abalo psicológico, prestar depoimento escrito, que, entretanto, deve ser confeccionado na audiência de instrução e julgamento, na presença do juiz (Informativo nº 431 do STJ).

No depoimento prestado pela testemunha, o juiz não permitirá que ela apresente suas impressões pessoais, salvo quando inseparáveis da narrativa do fato (art. 213 do CPP). O juiz deve sempre se preocupar em transcrever, tanto quanto possível, as expressões utilizadas pelas testemunhas, reproduzindo fielmente as suas palavras (art. 215 do CPP). Desse modo, deverá incluir no termo de depoimento erros de português, expressões regionais etc., tudo entre aspas, o que dará maior credibilidade à prova, já que atenderá à verdade real.

O depoimento da testemunha será reduzido a termo, assinado por ela, pelo juiz e pelas partes, embora, sempre que possível, o registro deva ser feito pelos meios ou recursos de gravação magnética, estenotipia, digital ou técnica similar, inclusive audiovisual (art. 405, § 1º, do CPP). Mas se a testemunha não souber assinar, ou não puder fazê-lo, pedirá a alguém que o faça por ela, depois de lido na presença de ambos (art. 216 do CPP). Já se a testemunha não conhecer a língua nacional, será nomeado intérprete para traduzir as perguntas e respostas (art. 223, *caput*, do CPP). Tratando-se de mudo, surdo ou surdo-mudo, são seguidas as regras do interrogatório do réu previstas no art. 192 do CPP (art. 223, parágrafo único, do CPP).

Ademais, as pessoas impossibilitadas de comparecerem para depor, por velhice ou enfermidade, podem ser ouvidas no local em que se encontram (art. 220 do CPP). E se qualquer testemunha houver de ausentar-se, ou, por enfermidade ou por velhice, inspirar receio de que ao tempo da instrução criminal já não exista, o juiz poderá, de ofício ou a requerimento de qualquer das partes, tomar-lhe antecipadamente o depoimento (art. 225 do CPP).

O art. 217 do CPP, também com a redação dada pela Lei nº 11.690/08, estabelece a **inquirição de testemunha ou do ofendido por videoconferência**, caso o juiz perceba que a presença do réu possa causar humilhação, temor ou sério constrangimento àqueles, prejudicando a verdade do depoimento. Somente se não for possível a colheita do depoimento por videoconferência (por ausência de recursos tecnológicos, por exemplo) é que se deve determinar a retirada do réu da sala de audiência, embora o defensor continue acompanhando o ato.

> ▸ **Aplicação em concurso público:**
>
> No concurso de Juiz de Direito Substituto do Tribunal de Justiça de Pernambuco, em 2013, promovido pela Fundação Carlos Chagas, cobrou-se acerca da aplicação do art. 217 do CPP, nos seguintes termos: *"Em relação à prova testemunhal, de acordo com o Código de Processo Penal, é INCORRETO afirmar: A) As perguntas no procedimento comum serão formuladas pelas partes diretamente à testemunha, não admitindo o juiz aquelas que puderem induzir a resposta, não tiverem relação com a causa ou importarem na repetição de outra já respondida. B) As cartas rogatórias só serão expedidas se demonstrada previamente a sua imprescindibilidade, arcando a parte requerente com os custos de envio. C) O Vice-Presidente da República poderá optar pela prestação de depoimento por escrito, caso em que as perguntas, formuladas pelas partes e deferidas pelo juiz, lhe serão transmitidas por ofício. D) Se o juiz verificar que a presença do réu poderá causar temor à testemunha ou ao ofendido, de modo que prejudique a verdade do depoimento, determinará desde logo a retirada do réu, prosseguindo na inquirição, com a presença de seu defensor. E) A testemunha que morar fora da jurisdição do juiz será inquirida pelo juiz do lugar de sua residência, expedindo-se, para esse fim, carta precatória, com prazo razoável, intimadas as partes".* A resposta da questão foi a letra D.

O art. 222-A CPP, com a redação dada pela Lei nº 11.900/09, afirma que a carta rogatória somente será expedida se demonstrada previamente a sua imprescindibilidade, arcando a parte requerente com os custos do envio, já que é possível a colheita do depoimento da testemunha por meio virtual.

Por fim, registre-se que é possível a **substituição de testemunhas** arroladas pelas partes e não encontradas, ainda que os artigos 397 e 405 do CPP, que contemplavam expressamente essa possibilidade, tenham sido alterados pela Lei nº 11.719/08, deixando de disciplinar a matéria em comento. Isso porque o art. 408 do Código de Processo Civil de 1973 e o art. 451 do Código de Processo Civil de 2015 permitem a citada substituição, sendo que estes dispositivos legais, por aplicação analógica, incidem no Processo Penal, conforme permitido pelo art. 3º do CPP. É esse inclusive o posicionamento do STF (Informativo nº 764). No entanto, essa substituição somente poderá ser feita se a parte agiu de boa-fé, não utilizando desse expediente para arrolar testemunha inexistente e procrastinar o feito (TÁVORA; ALENCAR, 2009, p. 375-376). Desse modo, o STF firmou o entendimento de que, operada a preclusão consumativa da pretensão probatória com a apresentação do rol de testemunhas, a sua posterior substituição só é permitida nos casos de não localização, falecimento ou enfermidade que inviabilize o depoimento (AP 996-AGR/DF).

▸ **Observação:**

O regime da **proteção à testemunha** encontra-se atualmente disciplinado pela Lei nº 9.807/99, que merece ser lida na íntegra. Nesse sentido, convém destacar que a Lei nº 12.483/11 acrescentou a esta lei um art. 19-A, o qual, no seu *caput*, estatui que "Terão prioridade na tramitação o inquérito e o processo criminal em que figure indiciado, acusado, vítima ou réu colaboradores, vítima ou testemunha protegidas pelos programas de que trata esta Lei", ao passo que o seu parágrafo único assevera: "Qualquer que seja o rito processual criminal, o juiz, após a citação, tomará antecipadamente o depoimento das pessoas incluídas nos programas de proteção previstos nesta Lei, devendo justificar a eventual impossibilidade de fazê-lo no caso concreto ou o possível prejuízo que a oitiva antecipada traria para a instrução criminal". Ademais, o Decreto nº 3.518/2000, que regulamenta a citada Lei nº 9.807/99, em seu art. 10, incisos I e II, consagra a figura do **depoente especial**, que pode ser entendido como: I – o réu detido ou preso, aguardando julgamento, indiciado ou acusado sob prisão cautelar em qualquer de suas modalidades, que testemunhe em inquérito ou processo judicial, se dispondo a colaborar efetiva e voluntariamente com a investigação e o processo criminal, desde que dessa colaboração possa resultar a identificação de autores, coautores ou partícipes da ação criminosa, a localização da vítima com sua integridade física preservada ou a recuperação do produto do crime; e II – a pessoa que, não admitida ou excluída do Programa, corra risco pessoal e colabore na produção da prova.

▸ **Aplicação em concurso público:**

No concurso de Juiz Federal Substituto do TRF da Primeira Região, promovido pelo Cespe/Unb, foram cobrados aspectos relevantes acerca da prova testemunhal, a saber: "*Em relação à prova testemunhal, assinale a opção correta. A) Nos termos do CPP, para que um militar seja inquirido em juízo, deve ser feita uma requisição diretamente à autoridade que lhe seja hierarquicamente superior. B) A legislação brasileira é silente no que se refere à realização de oitiva de testemunha por videoconferência, uma vez que os legisladores reconhecem a dificuldade que muitos municípios teriam em providenciar o equipamento necessário. C) Quando não for possível obter ou integrar a prova do fato e de suas circunstâncias por outros meios, o ascendente ou descendente do réu não poderá ser eximido de depor sob compromisso. D) Caso um deputado federal venha a ser réu em uma ação penal, sua inquirição deverá se dar em local, dia e hora que previamente ele ajustar com a autoridade judicial. E) Para a produção de prova testemunhal em outro juízo, deve a parte requerer a expedição de carta rogatória ou precatória ao juiz, demonstrando, em ambos os casos, a imprescindibilidade da prova testemunhal na motivação do requerimento*". A resposta correta foi a letra A.

10.6. Do reconhecimento de pessoas e coisas (arts. 226 a 228 CPP)

Trata-se de procedimento para identificação de pessoas "de alguma maneira envolvidas no fato delituoso, e de coisas, cuja prova da existência e individualização seja relevante para a apuração das responsabilidades" (OLIVEIRA, 2008, p. 365).

Quanto ao reconhecimento de pessoas, insta salientar que não só o agente delitivo pode ser reconhecido: é possível também o reconhecimento de testemunhas e até mesmo do ofendido. A diligência pode ser feita tanto na fase policial (sob a presidência da autoridade policial) como na fase judicial (sob a presidência da autoridade judiciária). O procedimento para a realização deste meio de prova é estatuído no art. 226 do CPP, que merece ser lido.

> **Clichê fônico:**
>
> Clichê fônico é gíria empregada no âmbito policial para se referir ao reconhecimento fonográfico do agente delitivo. Trata-se, pois, do reconhecimento do investigado ou acusado por meio de sua voz, observando-se as peculiaridades dela, tais como timbre, pronúncia, regionalismos etc. Não se confunde com o exame pericial de verificação de locutor, no qual o perito irá atestar a autenticidade da voz.

Em apertada síntese, pode-se afirmar que esse reconhecimento se dá, em primeiro lugar, com a pessoa descrevendo o suspeito, e, em um segundo momento, colocando-se, se possível, uma pessoa ao lado de outras suspeitas que possuam as características físicas semelhantes, para que seja feita a identificação (art. 226, inciso II, do CPP), devendo ser lavrado termo de todo o ocorrido. Se várias forem as pessoas que irão realizar a identificação, cada uma deverá fazê-la em separado (art. 228 do CPP).

Vale a pena ainda registrar que, em respeito ao contraditório, à ampla defesa e à publicidade, o disposto no art. 226, inciso III, do CPP (que possibilita que uma parte não veja a outra em caso daquela estar com receio da presença desta), não se aplica em juízo ou em plenário do júri, nos termos do art. 226, parágrafo único, do CPP.

Quanto ao reconhecimento de objetos, é aplicado, no que couber, o mesmo regramento anteriormente exposto (art. 227 do CPP).

Saliente-se que, classicamente, o STF admite o reconhecimento de pessoas ou coisas por meio de **fotografias** (HC nº 74.267-0, 2ª Turma, Rel. Min. Francisco Rezek, DJ 28/2/1997). Nessa esteira, a doutrina também admite o reconhecimento por meio de vídeos (OLIVEIRA, 2008, p. 365) e pela voz – clichê fônico (TÁVORA; ALENCAR, 2009, p. 384). Não se admite, porém, como meio de prova, o "retrato falado", que serve apenas como instrumento de auxílio às investigações.

Posteriormente, porém, a 6ª Turma do STJ, mudando o seu entendimento anterior, decidiu que o reconhecimento por fotografia não pode embasar condenação. Consignou-se que as premissas objetivas do art. 226 do CPP não são mera recomendação do legislador, mas normas de cumprimento obrigatório. Para o órgão colegiado, o procedimento contido neste dispositivo legal deve ser cumprido na íntegra, daí porque o reconhecimento por fotografia necessita ser compreendido apenas como um início da produção do reconhecimento de pessoas, não um fim em si mesmo (STJ, 6ª Turma, HC nº 598.886/SC, Rel. Min. Rogerio Schietti Cruz, j. 27.10.20).

Também conforme decidido pelo STJ, é inválido o reconhecimento pessoal realizado em desacordo com o modelo do art. 226 do CPP, o que implica a impossibilidade de seu uso para lastrear juízo de certeza da autoria do crime, mesmo que de forma suplementar. Aliás, nesta oportunidade, a 6ª Turma do tribunal foi além e pontificou que deveria ser revisto o posicionamento anterior de que o reconhecimento fotográfico seria uma "etapa antecedente a eventual reconhecimento pessoal"; ao invés disso, ele deve ser compreendido apenas como uma possibilidade de, entre outras diligências investigatórias, apurar a autoria delitiva. Não é necessariamente a prova a ser inicialmente buscada, mas, se for produzida, deve vir amparada em outros elementos de convicção para habilitar o exercício da ação penal.

Desse modo, se realizado em conformidade com o modelo legal (art. 226 do CPP), o reconhecimento pessoal é válido, sem, todavia, força probante absoluta, de sorte que não pode induzir, por si só, à certeza da autoria delitiva, em razão de sua fragilidade epistêmica. Se, todavia, tal prova for produzida em desacordo com o disposto no art. 226 do CPP, deverá ser considerada inválida, o que implica a impossibilidade de seu uso para lastrear juízo de certeza da autoria do crime, mesmo que de forma suplementar. Mais do que isso, inválido o reconhecimento, não poderá ele servir nem para lastrear outras decisões, ainda que de menor rigor quanto ao *standard* probatório exigido, tais como a decretação de prisão preventiva, o recebimento de denúncia e a pronúncia

Relembrou-se que, em julgamento concluído no dia 23/2/2022, a Segunda Turma do Supremo Tribunal Federal deu provimento ao RHC 206.846/SP (Rel. Ministro Gilmar Mendes), para absolver um indivíduo preso em São Paulo depois de ser reconhecido por fotografia, tendo em vista a nulidade do reconhecimento fotográfico e a ausência de provas para a condenação. Reportando-se ao decidido no julgamento do referido HC n. 598.886/SC, no STJ, foram fixadas três teses: 1) O reconhecimento de pessoas, presencial ou por fotografia, deve observar o procedimento previsto no art. 226 do Código de Processo Penal, cujas formalidades constituem garantia mínima para quem se encontra na condição de suspeito da prática de um crime e para uma verificação dos fatos mais justa e precisa; 2) A inobservância do procedimento descrito na referida norma processual torna inválido o reconhecimento da pessoa suspeita, de modo que tal elemento não poderá fundamentar eventual condenação ou decretação de prisão cautelar, mesmo se refeito e confirmado o reconhecimento em Juízo. Se declarada a irregularidade do ato, eventual condenação já proferida poderá ser mantida, se fundamentada em provas independentes e não contaminadas; 3) A realização do ato de reconhecimento pessoal carece de justificação em elementos que indiquem, ainda que em juízo de verossimilhança, a autoria do fato investigado, de modo a se vedarem medidas investigativas genéricas e arbitrárias, que potencializam erros na verificação dos fatos.

Ao final, destacou-se que estudos sobre a epistemologia jurídica e a psicologia do testemunho alertam que é contraindicado o **show-up** (conduta que consiste em exibir apenas a pessoa suspeita, ou sua fotografia, e solicitar que a vítima ou a testemunha reconheça se essa pessoa suspeita é, ou não, autora do crime), por incrementar o risco de falso reconhecimento. O maior problema dessa dinâmica adotada pela autoridade policial está no seu efeito indutor, porquanto se estabelece uma percepção precedente, ou seja, um pré-juízo acerca de quem seria o autor do crime, que acaba por contaminar e comprometer a memória. Ademais, uma vez que a testemunha ou a vítima reconhece alguém como o autor do delito, há tendência, por um viés de confirmação, a repetir a mesma resposta em reconhecimentos futuros, pois sua memória estará mais ativa e predisposta a tanto (STJ, 6ª Turma, HC nº 712.781/RJ, Rel. Min. Rogerio Schietti Cruz, j. 15.03.2022).

Em mais um julgado a respeito do tema, o STJ entendeu que é nula a condenação fundamentada em reconhecimento fotográfico que, além de ter sido realizado com grande lapso temporal dos fatos, encontra-se em contradição com os depoimentos prestados pela vítima, não sendo possível a sua convalidação em juízo (STJ, 6ª Turma, HC nº 664.537/RJ, Rel. Min. Antonio Saldanha Palheiro, j. 16.08.2022).

Todavia, insta destacar importante decisão do STJ que excepciona a regra de que o procedimento do art. 226 do CPP é obrigatório para fins de reconhecimento de pessoa. Com efeito, pontuou-se que se a vítima é capaz de individualizar o autor do fato, é desnecessário instaurar o procedimento do art. 226 do CPP (STJ, 6ª Turma, HC nº 721.963/SP, Rel. Min. Sebastião Reis Júnior, j. 19.04.2022).

Em acréscimo, registre-se que o STJ também decidiu que, no caso em que o reconhecimento fotográfico na fase inquisitorial não tenha observado o procedimento legal, mas a vítima relata o delito de forma que não denota riscos de um reconhecimento falho, dá-se ensejo a *distinguishing* quanto ao acórdão do HC 598.886/SC, que invalida qualquer reconhecimento formal – pessoal ou fotográfico – que não siga estritamente o que determina o art. 226 do CPP, conforme mencionado alhures. No caso em apreço, a vítima relatou, nas fases inquisitorial e judicial, conhecer o réu pelo apelido de "boneco", bem como o pai do acusado, por serem vizinhos, o que não denota riscos de um reconhecimento falho (STJ, 6ª Turma, REsp nº 1.969.032/RS, Rel. Min. Olindo Menezes j. 17.05.2022).

Na esteira da jurisprudência do STJ, ainda que o reconhecimento fotográfico esteja em desacordo com o procedimento previsto no art. 226 do CPP, deve ser mantida a condenação quando houver outras provas produzidas sob o crivo do contraditório e da ampla defesa, independentes e suficientes o bastante, para lastrear o decreto condenatório (STJ, 6ª Turma, AgRg nos EDcl no HC nº 656.845/PR, Rel. Min. Rogerio Schietti Cruz, j. 04.10.2022).

De qualquer sorte, registre-se que, no intuito de evitar a condenação de pessoas inocentes e permitir a correta responsabilização de culpados, o CNJ editou a Resolução nº 484, de 19 de dezembro de 2022, que estabelece diretrizes para a realização do reconhecimento de pessoas em procedimentos e processos criminais e sua avaliação no âmbito do Poder Judiciário.

Com efeito, nos termos da Resolução nº 484/2022 do CNJ, com entrada em vigor 90 (noventa) dias após a sua publicação, entende-se por reconhecimento de pessoas o procedimento em que a vítima ou testemunha de um fato criminoso é instada a reconhecer pessoa investigada ou processada, dela desconhecida antes da conduta (art. 2º, *caput*). O reconhecimento de pessoas, por sua natureza, consiste em prova irrepetível, realizada uma única vez, consideradas as necessidades da investigação e da instrução processual, bem como os direitos à ampla defesa e ao contraditório (art. 2º, § 1º). A pessoa cujo reconhecimento se pretender tem direito a constituir defensor para acompanhar o procedimento de reconhecimento pessoal ou fotográfico, nos termos da legislação vigente (art. 2º, § 2º).

Compete às autoridades judiciais admitir e valorar o reconhecimento de pessoas à luz das diretrizes e procedimentos descritos em lei e nesta Resolução e zelar para que a prova seja produzida de maneira a evitar a ocorrência de reconhecimentos equivocados (art. 3º, *caput*). A observância das diretrizes e dos procedimentos estabelecidos nesta Resolução e no Código de Processo Penal será considerada pelos magistrados para avaliação da prova (art. 3º, parágrafo único).

O reconhecimento será realizado preferencialmente pelo alinhamento presencial de pessoas e, em caso de impossibilidade devidamente justificada, pela apresentação de fotografias, observadas, em qualquer caso, as diretrizes da presente Resolução e do Código de Processo Penal (art. 4º, *caput*). Na impossibilidade de realização do reconhecimento conforme os parâmetros indicados na presente Resolução, devem ser priorizados outros meios de prova para identificação da pessoa responsável pelo delito (art. 4º, parágrafo único).

O reconhecimento de pessoas é composto pelas seguintes etapas: I – entrevista prévia com a vítima ou testemunha para a descrição da pessoa investigada ou processada; II – fornecimento de instruções à vítima ou testemunha sobre a natureza do procedimento; III – alinhamento de pessoas ou fotografias padronizadas a serem apresentadas à vítima ou testemunha para fins de reconhecimento; IV – o registro da resposta da vítima ou testemunha em relação ao reconhecimento ou não da pessoa investigada ou processada; e V – o registro do grau de convencimento da vítima ou testemunha, em suas próprias palavras (art. 5º, *caput*). Para fins de aferição da legalidade e garantia do direito de defesa, o procedimento será integralmente gravado, desde a entrevista prévia até a declaração do grau de convencimento da vítima ou testemunha, com a disponibilização do respectivo vídeo às partes, caso solicitado (art. 5º, § 1º). A inclusão da pessoa ou de sua fotografia em procedimento de reconhecimento, na condição de investigada ou processada, será embasada em outros indícios de sua participação no delito, como a averiguação de sua presença no dia e local do fato ou outra circunstância relevante (art. 5º, § 2º).

A entrevista prévia será composta pelas seguintes etapas: I – solicitação à vítima ou testemunha para descrever as pessoas investigadas ou processadas pelo crime, por meio de relato livre e de perguntas abertas, sem o uso de questões que possam induzir ou sugerir a resposta; II – indagação sobre a dinâmica dos fatos, a distância aproximada a que estava das pessoas que praticaram o fato delituoso, o tempo aproximado durante o qual visualizou o rosto dessas pessoas, as condições de visibilidade e de iluminação no local; III – inclusão de autodeclaração da vítima, da testemunha e das pessoas investigadas ou processadas pelo crime sobre a sua raça/cor, bem como heteroidentificação da vítima e testemunha em relação à raça/cor das pessoas investigadas ou processadas; e IV – indagação referente à apresentação anterior de alguma pessoa ou fotografia, acesso ou visualização prévia de imagem das pessoas investigadas ou processadas pelo crime ou, ainda, ocorrência de conversa com agente policial, vítima ou testemunha sobre as características da(s) pessoa(s) investigada(s) ou processada(s) (art. 6º, *caput*). A entrevista será realizada de forma separada e reservada com cada vítima ou testemunha, com a garantia de que não haja contato entre elas e de que não saibam nem ouçam as respostas umas das outras, constando o registro dessas circunstâncias no respectivo termo (art. 6º, § 1º). Nas hipóteses do inciso IV deste artigo ou naquelas em que a descrição apresentada pela vítima ou testemunha não coincidir com as características das pessoas investigadas ou processadas, o reconhecimento não será realizado (art. 6º, § 2º). As fichas de autodeclaração e de heterodeclaração de que trata o inciso III obedecerão ao sistema classificatório utilizado pelo Instituto Brasileiro de Geografia e Estatística (IBGE), com as seguintes opções de resposta: "amarelo, branco, indígena, pardo e preto" (art. 6º, § 3º).

Imediatamente antes de iniciar o procedimento de reconhecimento, a vítima ou a testemunha será alertada de que: I – a pessoa investigada ou processada pode ou não estar entre aquelas que lhes serão apresentadas; II – após observar as pessoas apresentadas, ela poderá reconhecer uma dessas, bem como não reconhecer qualquer uma delas; III – a apuração dos fatos continuará independentemente do resultado do reconhecimento; IV – deverá indicar, com suas próprias palavras, o grau de confiança em sua resposta (art. 7º, *caput*). As orientações de que trata este artigo serão apresentadas sem o fornecimento, à vítima ou testemunha, de informações sobre a vida pregressa da pessoa investigada ou processada ou acerca de outros elementos que possam influenciar a resposta da vítima ou testemunha (art. 7º, parágrafo único).

O reconhecimento será realizado por meio do alinhamento padronizado de pessoas ou de fotografias, observada a ordem de preferência do art. 4º, de forma que nenhuma se destaque das demais, observadas as medidas a seguir: I – o alinhamento de pessoas ou de fotografias poderá ser simultâneo, de modo que a pessoa investigada ou processada e as demais pessoas serão apresentadas em conjunto a quem tiver de fazer o reconhecimento, ou sequencial, de forma que a pessoa investigada ou processada e as demais sejam exibidas uma a uma, em iguais condições de espaço e períodos de tempo; II – a pessoa investigada ou processada será apresentada com, no mínimo, outras 4 (quatro) pessoas não relacionadas ao fato investigado, que atendam igualmente à descrição dada pela vítima ou testemunha às características da pessoa investigada ou processada (art. 8º, *caput*). Na realização do alinhamento, a autoridade zelará pela higidez do procedimento, nos moldes deste artigo, inclusive a fim de evitar a apresentação isolada da pessoa (show up), de sua fotografia ou imagem (art. 8º, § 1º). A fim de assegurar a legalidade do procedimento, a autoridade zelará para a não ocorrência de apresentação sugestiva, entendida esta como um conjunto de fotografias ou imagens que se refiram somente a pessoas investigadas ou processadas, integrantes de álbuns de suspeitos, extraídas de redes sociais ou de qualquer outro meio (art. 8º, § 2º). Na apresentação de que trata o inciso II, será assegurado que as características físicas, o sexo, a raça/cor, a aparência, as vestimentas, a exposição ou a condução da pessoa investigada ou processada não sejam capazes de diferenciá-la em relação às demais (art. 8º, § 3º). Nos casos em que a vítima ou testemunha manifestar receio de intimidação ou outra influência pela presença da pessoa investigada ou processada, a autoridade providenciará para que a pessoa e os demais participantes do alinhamento não vejam quem fará o reconhecimento (art. 8º, § 4º).

Após a realização da entrevista prévia, das instruções pertinentes e do alinhamento, de acordo com os artigos anteriores, a vítima ou a testemunha será convidada a apontar se reconhece, entre as fotografias ou pessoas apresentadas, aquela que participou do delito (art. 9º, *caput*). Após a resposta da vítima ou testemunha, será solicitado que ela indique, com suas próprias palavras, o grau de confiança em sua resposta, de modo que não seja transmitida à vítima ou à testemunha qualquer tipo de informação acerca de sua resposta coincidir ou não com a expectativa da autoridade condutora do reconhecimento (art. 9º, parágrafo único).

O ato de reconhecimento será reduzido a termo, de forma pormenorizada e com informações sobre a fonte das fotografias e imagens, para juntada aos autos do processo, em conjunto com a respectiva gravação audiovisual (art. 10). Ao apreciar o reconhecimento de pessoas efetuado na investigação criminal, e considerando o disposto no art. 2º, § 1º, desta Resolução, a autoridade judicial avaliará a higidez do ato, para constatar se houve a adoção de todas as cautelas necessárias, incluídas a não apresentação da pessoa ou fotografia de forma isolada ou sugestiva, a ausência de informações prévias, insinuações ou reforço das respostas apresentadas, considerando o disposto no art. 157 do Código de Processo Penal (art. 11, *caput*). A autoridade judicial, no desempenho de suas atribuições, atentará para a precariedade do caráter probatório do reconhecimento de pessoas, que será avaliado em conjunto com os demais elementos do acervo probatório, tendo em vista a falibilidade da memória humana (art. 11, parágrafo único).

Como se percebe, indo muito além do disposto no CPP, o CNJ, a partir da Resolução em comento, apresenta detalhado regramento a respeito do reconhecimento de pessoas, contornando divergências anteriores encontradas no âmbito da doutrina e da jurisprudência, buscando com isso pacificar o entendimento acerca da matéria. Passa-se a aguardar a formação de nova jurisprudência dos tribunais superiores especificamente quanto à aplicação prática do mencionado ato normativo, sobretudo quanto às consequências em concreto do descumprimento das previsões contidas na Resolução.

> ▸ **Aplicação em concurso público:**
>
> No concurso de Delegado de Polícia do Estado de Goiás, em 2013, UEG, questionou-se sobre o reconhecimento de pessoas e coisas, da seguinte forma: *"Quanto ao reconhecimento de pessoas ou coisas, tem-se o seguinte: a) segundo o Supremo Tribunal Federal, o reconhecimento fotográfico não poderá ser efetivado na impossibilidade de recognição pessoal e direta, mesmo que obedecidos os parâmetros definidos pelo Código de Processo Penal quanto ao reconhecimento pessoal. b) o reconhecimento de voz ou auditivo não possui valor probatório, uma vez que não se encontra previsto na legislação processual penal ou em qualquer outra legislação extravagante. c) a jurisprudência majoritária inadmite reconhecimento pessoal em juízo, sem as formalidades previstas na legislação processual, mesmo quando se tratar de ratificação de reconhecimento formal anterior realizado no bojo do inquérito policial. d) segundo o Código de Processo Penal, a pessoa, cujo reconhecimento se pretender, será colocada, se possível, ao lado de outras pessoas que com ela tiverem qualquer semelhança, convidando-se quem tiver de fazer o reconhecimento a apontá-la"*. A resposta da questão foi a letra D.

10.7. Acareação (arts. 229 e 230 CPP)

A acareação é meio de prova admitido entre acusados, entre acusado e testemunha, entre testemunhas, entre acusado ou testemunha e a pessoa ofendida, e entre pessoas ofendidas, sempre que divergirem, em suas declarações, sobre fatos ou circunstâncias relevantes (art. 229, *caput*, do CPP).

Ela é realizada da seguinte forma: os acareados são **reperguntados** para que expliquem os pontos de divergência das declarações já anteriormente prestadas, reduzindo-se a termo o ato de acareação (art. 229, parágrafo único, do CPP). A acareação pode ser feita tanto na fase policial como em juízo, de ofício ou por provocação, lembrando que, com relação ao agente delitivo, ele participa do ato se quiser, por força do princípio de que ninguém está obrigado a produzir prova contra si mesmo. E se resolver participar, ainda poderá exercer o seu direito ao silêncio.

No caso de testemunha ausente, a acareação deve seguir o procedimento previsto no art. 230 do CPP, que merece ser lido.

> ▸ **Aplicação em concurso público:**
>
> No concurso de Agente da Polícia Federal, em 2009, promovido pelo Cespe/Unb, foi cobrada a possibilidade de realização da acareação entre o acusado e o ofendido. Nesse sentido, a assertiva *"Não se admite a acareação entre o acusado e a pessoa ofendida, considerando-se que o acusado tem o direito constitucional ao silêncio, e o ofendido não será compromissado"* foi considerada incorreta.

10.8. Documentos (arts. 231 a 238 CPP)

A noção de documento, no processo penal, deve ser a mais flexível possível. Assim, para fins de caracterização deste meio de prova, o que importa apenas é a sua **originalidade**. Nesse sentido, o art. 232 do CPP define documento como qualquer escrito, instrumento ou papel, público ou particular. O parágrafo único deste dispositivo ainda ressalta que "À fotografia do documento, devidamente autenticada, se dará o mesmo valor do original".

Portanto, é documento "qualquer manifestação *materializada*, por meio de grafia, de símbolos, de desenhos e, enfim, que seja uma forma ou expressão de linguagem ou de comunicação, em que seja possível a compreensão de seu conteúdo" (OLIVEIRA, 2008, p. 366). Nesse trilhar, são considerados documentos desenhos, fotos, gráficos, *e-mails* etc.

Ademais, não apenas os **documentos nominativos** (aqueles que identificam o seu autor) são aceitos no processo penal: os **documentos anônimos** (sem identificação do autor) podem ser utilizados, a exemplo de cartas anônimas, fotos ou bilhetes, desde que não sejam falsos e não tenham origem ilícita.

Será sempre possível a **juntada de documentos no processo penal, em qualquer fase**, desde que submetidos ao contraditório, salvo exceções previstas em lei (art. 231 do CPP). **A exceção diz respeito ao procedimento do Tribunal do Júri**, no qual não é possível a utilização de documento em plenário, se não tiver sido **apresentado com a antecedência mínima de 3 (três) dias**, dando-se ciência à outra parte, consoante o art. 479, *caput*, do CPP.

> ▸ **Qual o entendimento do STJ sobre o assunto?**
>
> Conforme decidido pelo STJ, viola o princípio constitucional da ampla defesa o indeferimento de prova nova sem a demonstração de seu caráter manifestamente protelatório ou meramente tumultuário, mormente quando esta revê como causa situação processual superveniente. No caso concreto apreciado pelo tribunal, a controvérsia girou em torno da possibilidade de juntada de documento novo pela defesa em segundo grau de jurisdição, até mesmo após o oferecimento de razões recursais, sem que se configure inovação recursal ou preclusão. Com efeito, de um lado, reconheceu-se que a regra insculpida no art. 231 do CPP não é absoluta, sendo que nas hipóteses em que forem manifestamente protelatórias ou tumultuárias podem ser indeferidas pelo magistrado. No entanto, caberia ao Tribunal de origem demonstrar, ainda que minimamente, as razões pelas quais a prova juntada aos autos pela defesa teria caráter manifestamente protelatório ou meramente tumultuário, o que, contudo, não ocorreu. Mais ainda, a Corte regional poderia, evidentemente, até refutar, motivadamente, as conclusões apresentadas no laudo pericial trazido pela defesa, mas não simplesmente se negar a examiná-lo sob a alegação de que sua juntada aos autos teria sido intempestiva, sob pena de violação do próprio disposto no art. 93, IX, da CF, máxime quando verificado que o pedido defensivo teve como causa situação processual superveniente, gerada

> pelo próprio Desembargador relator da apelação criminal. Ademais, invocou-se, por analogia (art. 3º CPP), o disposto no art. 397 do CPC (STJ, 6ª Turma, HC nº 545.097/SP, Rel. Min. Rogerio Schietti Cruz, j. 28.09.2021).

Nos termos do parágrafo único deste dispositivo, compreende-se na proibição deste artigo a leitura de jornais ou qualquer outro escrito, bem como a exibição de vídeos, gravações, fotografias, laudos, quadros, croqui ou qualquer outro meio assemelhado, cujo conteúdo versar sobre a matéria de fato submetida à apreciação e julgamento dos jurados. Nessa vedação, porém, não estão incluídos "revistas ou jornais que não tratem da matéria discutida em juízo, ou os documentos que já fazem parte dos autos, como a ficha de antecedentes" (TÁVORA; ALENCAR, 2009, p. 388).

Os documentos em língua estrangeira, sem prejuízo de sua juntada imediata, serão, se necessário, traduzidos por tradutor público, ou, na falta, por pessoa idônea nomeada pela autoridade (art. 236 do CPP).

As **cartas particulares**, interceptadas ou obtidas por meios criminosos, não serão admitidas em juízo, conforme o art. 233, *caput*, do CPP, até porque são provas ilícitas. A exceção ficaria por conta apenas da utilização desta prova ilícita em favor do réu, por aplicação do princípio da proporcionalidade (*pro reo*). O parágrafo único desse dispositivo admite, porém, que as cartas particulares sejam exibidas em juízo pelo respectivo destinatário, **para a defesa de seu direito, ainda que não haja consentimento do signatário**.

> **▸ Aplicação em concurso público:**
>
> No concurso do TJ/SP, 2009, promovido pela Vunesp, na Prova Escrita, o candidato foi indagado: *"Carta particular obtida por meio criminoso pode ser admitida como prova documental que sirva para determinar a absolvição do réu?"*. Pode, desde que *pro reo*, por aplicação do princípio da proporcionalidade.

Assevere-se que o art. 234 do CPP permite que o juiz, em busca da verdade real, requisite, de ofício, documento cuja existência tenha chegado ao seu conhecimento, quando necessário para resolver dúvida sobre ponto relevante do material probatório.

A letra e firma dos documentos particulares serão submetidas a exame pericial, quando contestada a sua autenticidade (art. 235 do CPP). Já as públicas-formas, que são cópias de escrito avulso, extraídas por oficial público (TÁVORA; ALENCAR, 2009, p. 386), só terão valor quando conferidas com o original, em presença da autoridade (art. 237 do CPP).

Por fim, ressalte-se que o art. 238 do CPP dispõe que os documentos originais, juntos a processo findo, quando não exista motivo relevante que justifique a sua conservação nos autos, poderão, mediante requerimento, e ouvido o Ministério Público, ser entregues à parte que os produziu, ficando traslado nos autos.

> **Aplicação em concurso público:**
>
> No concurso de Procurador do Estado de Minas Gerais, promovido em 2012 pela FUMARC, dentre outros aspectos relevantes das provas no Processo Penal, cobrou-se justamente a utilização de cartas particulares em juízo, nesses termos: *"Assinale a alternativa INCORRETA: a) São proibidas de depor as pessoas que em razão de função, ministério, ofício ou profissão, devam guardar segredo, salvo se, desobrigadas pela parte interessada, quiserem dar seu testemunho. b) O Juiz não ficará adstrito ao laudo pericial que lhe for apresentado, podendo aceitá-lo ou rejeitá-lo, no todo ou em parte, já que no sistema brasileiro vigora o sistema da livre convicção para apreciação das provas. c) O princípio da identidade física do juiz é adotado no processo penal brasileiro. d) A confissão do acusado é divisível e retratável, sem prejuízo do livre convencimento do juiz, fundado no exame das provas colhidas. e) As cartas não poderão ser exibidas em juízo pelo respectivo destinatário, para defesa de seu direito, quando não haja concordância do signatário"*. A assertiva tida como incorreta foi a letra E.

10.9. Indícios (art. 239 CPP)

Nos termos do art. 239 do CPP, considera-se indício a circunstância conhecida e provada, que, tendo relação com o fato, autorize, por indução, concluir-se a existência de outra ou outras circunstâncias.

É o exemplo da prova do dolo de um crime qualquer, notadamente do crime de homicídio. No mundo dos fatos, é impossível fazer prova deste elemento subjetivo. Desse modo, para que se prove tal elemento, é possível, por exemplo, provar através de auto de corpo de delito o local em que a vítima sofreu os golpes por parte do réu. Feita esta prova, analisa-se se a região do corpo da vítima é ou não uma região vital. Em caso positivo, a princípio, por simples indução, chega-se à conclusão de que o acusado agiu com o dolo de matar (*animus necandi*). Como se vê, para a correta valoração dos indícios, exige-se que o magistrado se utilize das *regras de experiência*.

Com efeito, pode-se apontar a existência de **indícios positivos** (aqueles que indicam a presença do fato ou elemento que se pretende provar) e de **indícios negativos ou contraindícios** (aqueles que indicam a impossibilidade lógica do fato ou elemento que se pretende demonstrar – é o que ocorre com um álibi) (TÁVORA; ALENCAR, 2009, p. 389).

Os indícios podem perfeitamente ser utilizados como prova para a condenação, afinal de contas é um meio de prova lícito como outro qualquer.

10.10. Busca e apreensão (arts. 240 a 250 CPP e art. 5º, XI, CF)

A busca e apreensão é meio de prova **cautelar**, já que visa o "acautelamento do material probatório, de coisa, de animais e até de pessoas, que não estejam ao alcance, espontâneo, da Justiça" (OLIVEIRA, 2008, p. 369). Todo esse material ficará à disposição do juízo para posterior valoração.

Por força desta natureza cautelar, entende-se que esse meio de prova é **excepcional**, pois implica na "quebra da inviolabilidade do acusado ou de terceiros, tanto no que se refere à inviolabilidade do *domicílio* quanto no que diz respeito à inviolabilidade *pessoal*" (OLIVEIRA, 2008, p. 369). Por tudo isso, "somente quando fundadas razões, quanto à **urgência** e à **necessidade** da medida, estiverem presentes, é que se poderá conceder a busca e apreensão, tanto na fase de investigação como no curso da ação penal" (OLIVEIRA, 2008, p. 369) – destacamos.

▸ **Qual o entendimento do STJ sobre o assunto?**

O STJ decidiu que a existência de delações anônimas somada à fuga do acusado, por si sós, não configuram fundadas razões a autorizar o ingresso policial no domicílio do acusado sem o seu consentimento ou determinação judicial. Na hipótese em apreciação, verificou-se ofensa ao direito fundamental da inviolabilidade do domicílio, determinado no art. 5°, inc. XI, da Constituição da República, pois, não houve referência à prévia investigação policial para verificar a possível veracidade das informações recebidas, não se tratando de averiguação de informações concretas e robustas acerca da traficância naquele local. Ainda que o tráfico ilícito de drogas seja um tipo penal com vários verbos nucleares, e de caráter permanente em alguns destes verbos, como por exemplo "ter em depósito", não se pode ignorar o inciso XI do artigo 5º da Constituição Federal e esta garantia constitucional não pode ser banalizada, em face de tentativas policiais aleatórias de encontrar algum ilícito em residências. Conforme entendimento da Suprema Corte e da Sexta Turma do STJ, a entrada forçada em domicílio, sem uma justificativa prévia conforme o direito, é arbitrária, e não será a constatação de situação de flagrância, posterior ao ingresso, que justificará a medida, pois os agentes estatais devem demonstrar que havia elemento mínimo a caracterizar fundadas razões (justa causa) – Informativo números 623 e 666.

Em reforço, o STJ julgou que a violação de domicílio com base no comportamento suspeito do acusado, que empreendeu fuga ao ver a viatura policial, não autoriza a dispensa de investigações prévias ou do mandado judicial para a entrada dos agentes públicos na residência. Na oportunidade, relembrou-se que, tendo como referência o recente entendimento firmado por esta Corte, nos autos do HC 598.051/SP, o ingresso policial forçado em domicílio, resultando na apreensão de material apto a configurar o crime de tráfico de drogas, deve apresentar justificativa circunstanciada em elementos prévios que indiquem efetivo estado de flagrância de delitos graves, além de estar configurada situação que demonstre não ser possível mitigação da atuação policial por tempo suficiente para se realizar o trâmite de expedição de mandado judicial idôneo ou a prática de outras diligências. Por fim, "Segundo a nova orientação jurisprudencial, o ônus de comprovar ahigidez dessa autorização, com prova da voluntariedade do consentimento, recai sobre o estado acusador" (HC 685.593/SP, relator Ministro Sebastião Reis Junior, Sexta Turma, DJe 19/10/2021).

Nesse trilhar, o STJ também já decidiu que a indução do morador a erro na autorização do ingresso em domicílio macula a validade da manifestação de vontade e, por consequência, contamina toda a busca e apreensão. Como relembrado pelo tribunal, o art. 5º, XI, da Constituição Federal consagrou o direito fundamental à inviolabilidade do domicílio, ao dispor que a casa é asilo inviolável do indivíduo, ninguém nela podendo penetrar sem consentimento do morador, salvo em caso de flagrante delito ou desastre, ou para prestar socorro, ou, durante o dia, por determinação judicial. Além disso, o STF definiu, em repercussão geral (Tema 280), que o ingresso forçado em domicílio sem mandado judicial apenas se revela legítimo – a qualquer hora do dia, inclusive durante o período noturno – quando amparado em fundadas razões, devidamente justificadas pelas circunstâncias do caso concreto, que indiquem estar ocorrendo, no interior da casa, situação de flagrante delito (RE 603.616/RO, Rel. Ministro Gilmar Mendes, DJe 8/10/2010). No mesmo sentido, no STJ: REsp 1.574.681/RS. No caso, apesar da menção a informação anônima repassada pela Central de Operações da Polícia Militar – Copom, não houve nenhum registro concreto de prévia investigação para apurar a conformidade da notícia, ou seja, a ocorrência do comércio espúrio na localidade, tampouco a realização de diligências prévias, monitoramento ou campanas no local para averiguar a veracidade e a plausibilidade das informações recebidas anonimamente e constatar o aventado comércio ilícito de entorpecentes. Não houve, da mesma forma, menção a qualquer atitude suspeita, exteriorizada em atos concretos, nem movimentação de pessoas típica de comercialização de drogas.

Por ocasião do julgamento do HC 598.051/SP (Rel. Ministro Rogerio Schietti, DJe 15/3/2021), a Sexta Turma do STJ, à unanimidade, propôs nova e criteriosa abordagem sobre o controle do alegado consentimento do morador para o ingresso em seu domicílio por agentes estatais. Na ocasião, foram apresentadas as seguintes conclusões: a) Na hipótese de suspeita de crime em flagrante, exige- se, em termos de *standard probatório* para ingresso no domicílio do suspeito sem mandado judicial, a existência de fundadas razões (justa causa), aferidas de modo objetivo e devidamente justificadas, de maneira a indicar que dentro da casa ocorre situação de flagrante delito; b) O tráfico ilícito de entorpecentes, em que pese ser classificado como crime de natureza permanente, nem sempre autoriza a entrada sem mandado no domicílio onde supostamente se encontra a droga. Apenas será permitido o ingresso em situações de urgência, quando se concluir que do atraso decorrente da obtenção de mandado judicial se possa objetiva e concretamente inferir que a prova do crime (ou a própria droga) será destruída ou ocultada; c) O consentimento do morador, para validar o ingresso de agentes estatais em sua casa e a busca e apreensão de objetos relacionados ao crime, precisa ser voluntário e livre de qualquer tipo de constrangimento ou coação; d) A prova da legalidade e da voluntariedade do consentimento para o ingresso na residência do suspeito incumbe, em caso de dúvida, ao Estado, e deve ser feita com declaração assinada pela pessoa que autorizou o ingresso domiciliar, indicando-se, sempre que possível, testemunhas do ato. Em todo caso, a operação deve ser registrada em áudio-vídeo e preservada tal prova enquanto durar o processo; e) A violação a essas regras e condições legais e constitucionais para o ingresso no domicílio alheio resulta na ilicitude das provas obtidas em decorrência da medida, bem como das demais provas que dela decorrerem em relação de causalidade, sem prejuízo de eventual responsabilização penal do(s) agente(s) público(s) que tenha(m) realizado a diligência.

As regras de experiência e o senso comum, somadas às peculiaridades do caso concreto, não conferem verossimilhança à afirmação dos agentes policiais de que o paciente teria autorizado, livre e voluntariamente, o ingresso em seu próprio domicílio, de sorte a franquear àqueles a apreensão de drogas e, consequentemente, a formação de prova incriminatória em seu desfavor. Na hipótese em análise, ainda que o acusado haja admitido a abertura do portão do imóvel para os agentes da lei, ressalvou que o fez apenas porque informado sobre a necessidade de perseguirem um suposto criminoso em fuga, e não para que fossem procuradas e apreendidas drogas. Ademais, se, de um lado, deve-se, como regra, presumir a veracidade das declarações de qualquer servidor público, não se há de ignorar, por outro lado, que a notoriedade de frequentes eventos de abusos e desvios na condução de diligências policiais permite inferir como pouco crível a versão oficial apresentada no inquérito policial, máxime quando interfere em direitos fundamentais do indivíduo e quando se nota indisfarçável desejo de se criar narrativa que confira plena legalidade à ação estatal. Essa relevante dúvida não pode, dadas as circunstâncias concretas – avaliadas por qualquer pessoa isenta e com base na experiência quotidiana do que ocorre nos centros urbanos – ser dirimida a favor do Estado, mas a favor do titular do direito atingido (*in dubio pro libertas*). Em verdade, caberia aos agentes que atuam em nome do Estado demonstrar, de modo inequívoco, que o consentimento do morador foi livremente prestado, ou que, na espécie, havia em curso na residência uma clara situação de comércio espúrio de droga, a autorizar, pois, o ingresso domiciliar mesmo sem consentimento válido do morador. Entretanto, não se demonstrou preocupação em documentar esse consentimento, quer por escrito, quer por testemunhas, quer, ainda e especialmente, por registro de áudio-vídeo.

Sobre a gravação audiovisual, aliás, é pertinente destacar o recente julgamento pelo STF dos Embargos de Declaração na Medida Cautelar da ADPF 635 ("ADPF das Favelas", finalizado em 3/2/2022), oportunidade na qual o Pretório Excelso – em sua composição plena e em consonância com o decidido por este Superior Tribunal no já citado HC 598.051/SP – reconheceu a imprescindibilidade de tal forma de monitoração da atividade policial e determinou, entre outros, que "o Estado do Rio de Janeiro, no prazo máximo de 180 (cento e oitenta) dias, instale equipamentos de GPS e sistemas de gravação de áudio e vídeo nas viaturas policiais e nas fardas dos agentes de segurança, com o posterior armazenamento digital dos respectivos arquivos". Dessa forma, em atenção à basilar lição de hermenêutica constitucional segundo a qual exceções a direitos fundamentais devem ser interpretadas restritivamente, prevalece, quanto ao consentimento, na ausência de prova adequada em sentido diverso, a versão apresentada pelo morador de que apenas abriu o portão para os policiais perseguirem um suposto autor de crime de roubo.

Partindo dessa premissa, isto é, de que a autorização foi obtida mediante indução do acusado a erro pelos policiais militares, não pode ser considerada válida a apreensão das drogas, porquanto viciada a manifestação volitiva do paciente. Se, no Direito Civil, que envolve direitos patrimoniais disponíveis, em uma relação equilibrada entre particulares, a indução da parte adversa a erro acarreta a invalidade da sua manifestação por vício de vontade (art. 145, CC), com muito mais razão deve fazê-lo no Direito Penal (*lato sensu*), que trata de direitos indisponíveis do indivíduo diante do poderio do Estado, em relação manifestamente desigual.

A descoberta *a posteriori* de uma situação de flagrante decorreu de ingresso ilícito na moradia do acusado, em violação a norma constitucional que consagra direito fundamental à inviolabilidade do domicílio, o que torna imprestável, no caso concreto, a prova ilicitamente obtida e, por conseguinte, todos os atos dela decorrentes – relativa ao delito descrito no art. 33 da Lei n. 11.343/2006 -, porque apoiada exclusivamente nessa diligência policial (STJ, Informativo nº 725).

Em outro julgado, tratando especificamente da busca e apreensão pessoal, o STJ asseverou que a percepção de nervosismo do averiguado por parte de agentes públicos é dotada de excesso de subjetivismo e, por isso, não é suficiente para caracterizar a fundada suspeita para fins de busca pessoal. Até porque, nos termos do art. 244 do CPP, a execução da busca pessoal sem mandado, como medida autônoma, depende da presença de fundada suspeita da posse de objetos que constituam corpo de delito. Para tanto, não é suficiente a mera conjectura ou desconfiança sobre tal posse, mas a suspeita amparada por circunstâncias objetivas que permitam uma grave probabilidade de que sejam encontradas as coisas mencionadas pela lei. No caso em apreço, a busca pessoal realizada pelos policiais foi justificada apenas com base no fato de que o acusado, que estava em local conhecido como ponto de venda drogas, ao avistar a viatura policial, demonstrou nervosismo. No entanto, a percepção de nervosismo por parte do agente policial – ainda que posteriormente confirmada pela apreensão de objetos ilícitos -, no entender do tribunal, é dotada de excesso de subjetivismo e, por isso, não é suficiente para caracterizar a fundada suspeita, que exige mais do que mera desconfiança por parte dos agentes públicos (STJ, Informativo nº 732).

Novamente abordando a busca e apreensão pessoal, o STJ entendeu que a mera alegação genérica de "atitude suspeita" é insuficiente para a licitude da busca pessoal (Informativo nº 735).

Já o ato de dispensar uma sacola na rua ao notar a aproximação da guarnição, somado ao nervosismo demonstrado e à denúncia anônima pretérita de que o acusado estava praticando o crime de tráfico de drogas no local, indica a existência de fundada suspeita de que o recipiente contivesse substâncias entorpecentes e de que o réu estivesse na posse de mais objetos relacionados ao crime (STJ, Informativo nº 749).

Em mais um julgado, voltando a discutir a busca e apreensão domiciliar, o STJ reconheceu que a denúncia anônima acerca da ocorrência de tráfico de drogas acompanhada das diligências para a constatação da veracidade das informações prévias podem caracterizar as fundadas razões para o ingresso dos policiais na residência do investigado. Tem-se que em decorrência das informações anteriores no sentido de que existiam indícios prévios de traficância naquele local, o que foi confirmado pela abordagem policial que diligenciou ao local para investigação, além da apreensão de quantidade expressiva de droga, verifica-se a existência de justa causa para a atuação dos agentes, cujos atos são revestidos de fé pública, sobretudo quando seus depoimentos se mostram coerentes e compatíveis com as demais provas dos autos (STJ, Informativo nº 734).

Em outra oportunidade, o Tribunal da Cidadania julgou que, havendo controvérsia entre as declarações dos policiais e do flagranteado, e inexistindo a comprovação de que a autorização do morador foi livre e sem vício de consentimento, impõe-se o reconhecimento da ilegalidade da busca domiciliar e consequentemente de toda a prova dela decorrente (*fruits of the poisonous tree*) – Informativo nº 759.

Apreciando outro caso concreto, o STJ decidiu que a visualização de itens semelhantes a drogas dentro de residência não é justificativa suficiente para o ingresso forçado em domicílio por agentes policiais. No caso em tela, os agentes policiais tentaram fazer crer que, em perseguição a um cidadão em "atitude suspeita" que se refugiou em sua residência, inadvertidamente olharam para dentro dela por uma janela aberta e divisaram 15 gramas de crack sobre uma mesa, daí porque concluíram imediatamente se tratar de tráfico de drogas, o que justificaria a irrupção no domicílio sem prévio mandado. Nesse passo, esclareceu que a 6ª Turma do STJ já firmou entendimento de que a alegação policial de estar o agente em "atitude suspeita" não autoriza a busca pessoal, em razão de ser lastreada tão somente no tirocínio dos agentes e não ser averiguável judicialmente, redundando em arbítrio não raro com viés racial e classista. Logo, sendo ilegal a busca pessoal em tais casos, quão mais grave é a intromissão indevida na intimidade domiciliar sob a alegação de que foi possível divisar pequena quantidade de drogas pela janela e ainda assim concluir não se tratar de manuseio de drogas para consumo, mas sim de flagrante delito de tráfico de entorpecentes que justificaria a medida extrema de invasão forçada à residência (STJ, Informativo Edição Especial nº 7 Direito Penal).

No Informativo nº 760 do STJ, constam ainda duas interessantes decisões que versam sobre o tema ora em discussão. Na primeira, o tribunal entendeu que o simples fato de o acusado ter antecedente por tráfico de drogas não autoriza a realização de busca domiciliar, porquanto desacompanhado de outros indícios concretos e robustos de que, nesse momento específico, ele guarda drogas em sua residência (STJ, 6ª Turma, HC nº 762.932/SP, Rel. Ministro Rogerio Schietti Cruz, j. 22.11.2022). Na segunda, julgou que, mesmo se ausente coação direta e explícita sobre o acusado, as circunstâncias de ele já haver sido preso em flagrante pelo porte da arma de fogo em via pública e estar detido, sozinho – sem a oportunidade de ser assistido por defesa técnica e sem mínimo esclarecimento sobre seus direitos -, diante de dois policiais armados, poderiam macular a validade de eventual consentimento para a realização de busca domiciliar, em virtude da existência de um constrangimento ambiental/circunstancial (STJ, 6ª Turma, HC nº 762.932/SP, Rel. Ministro Rogerio Schietti Cruz, j. 22.11.2022).

Em face de todas essas peculiaridades dos casos anteriormente relatados, da quantidade considerável de julgados que vêm sendo proferidos recentemente pelo STJ a respeito do tema e da identificação de eventuais divergências de entendimentos entre a 5ª e a 6ª Turmas do tribunal, noticie-se que a Terceira Seção do Tribunal da Cidadania acolheu a proposta de afetação do REsp nº 1.990.972/MG, ao rito dos recursos repetitivos, a fim de uniformizar o entendimento a respeito da seguinte controvérsia: saber se a simples fuga do réu para dentro da residência ao avistar os agentes estatais e/ou a mera existência de denúncia anônima acerca da possível prática de delito no interior do domicílio, desacompanhada de outros elementos preliminares indicativos de crime, constituem ou não, por si sós, fundadas razões (justa causa) a autorizar o ingresso dos policiais em seu domicílio, sem prévia autorização judicial e sem o consentimento válido do morador.

A busca e apreensão pode ser **domiciliar** ou **pessoal**. Ambas podem ser praticadas a qualquer tempo, mesmo antes do início do inquérito policial, como em uma *blitz*, passando pela fase de investigação criminal, da ação penal, inclusive na fase recursal (art. 616 do CPP), e até a execução penal.

▸ **Qual o entendimento do STJ sobre o assunto?**

O STJ tem julgado no sentido de apontar como ilícita a revista pessoal realizada por agente de segurança privada e todas as provas decorrentes desta. Conforme o teor deste julgado, extrai-se da Constituição Federal e do Código de Processo Penal, respectivamente, no capítulo da segurança pública e ao disciplinar a busca domiciliar e pessoal que, somente as autoridades judiciais, policiais ou seus agentes, estão autorizados a realizarem a busca domiciliar ou pessoal. Ressalta-se ainda que o inciso II do art. 5º da Constituição Federal assevera que "ninguém será obrigado a fazer ou deixar de fazer alguma coisa senão em virtude de lei". Nesse contexto, o agente objeto da revista pessoal não tem a obrigação de sujeitar-se à mesma, ante a inexistência de disposição legal autorizadora desse ato pelos integrantes da segurança da Companhia Paulista de Trens Metropolitanos – CPTM. De outra parte, esses agentes de segurança não podem sequer ser equiparados a guardas municipais, porquanto são empregados de uma sociedade de economia mista operadora de transporte ferroviário no Estado de São Paulo, sendo regidos, portanto, pela Consolidação das Leis do Trabalho – CLT. Assim, reconhece-se a ilicitude da revista pessoal e de todas as provas decorrentes desta (Informativo nº 651).

Em outro importante julgado, o tribunal definiu como ilícita a prova obtida por meio de revista íntima realizada com base unicamente em denúncia anônima. No caso em apreço, a acusada foi submetida à realização de revista íntima com base, tão somente, em uma denúncia anônima feita ao presídio no dia dos fatos informando que ela tentaria entrar no presídio com drogas, sem a realização de outras diligências prévias para apurar a veracidade e a plausibilidade dessa informação. Portanto, se não havia fundadas suspeitas para a realização de revista na acusada, não há como se admitir que a mera constatação de situação de flagrância, posterior à revista, justifique a medida, sob pena de esvaziar-se o direito constitucional à intimidade, à honra e à imagem do indivíduo (Informativo nº 659).

A **busca e apreensão domiciliar** ocorre na residência (para fins penais, o conceito de casa é aferido da análise do art. 150, §§ 4º e 5º, do Código Penal, que merece ser lido) de outrem ou na extensão da residência feita pelo art. 246 do CPP (compartimento habitado ou aposento ocupado de habitação coletiva ou em compartimento não aberto ao público, onde alguém exercer profissão ou atividade). No entender da doutrina, "se o automóvel não é apenas um meio de transporte, sendo utilizado como residência, como ocorre com o trailer, alguns barcos, a parte traseira do interior da boléia do caminhão, o tratamento é o mesmo dado à busca e apreensão domiciliar" (TÁVORA; ALENCAR, 2009, p. 399).

▸ Qual o entendimento do STJ sobre o assunto?

No entender do STJ, a busca e apreensão de bens em interior de veículo é legal e inerente ao dever de fiscalização regular da Polícia Rodoviária Federal, em se tratando do flagrante de transporte de vultosa quantia em dinheiro e não tendo o investigado logrado justificar o motivo de tal conduta. No caso concreto apreciado pelo tribunal, a controvérsia versou sobre a suposta prática do crime de lavagem de capitais, uma vez que a Polícia Rodoviária Federal encontrou em interior de automóvel a quantia de R$ 1.215.000,00 (um milhão e duzentos e quinze mil reais). Verificou-se que o próprio investigado informou aos policiais que dispunha de uma quantia em dinheiro no interior do veículo, tendo os agentes rodoviários federais agido dentro do dever de fiscalização regular, inerente às funções legais. Dessa forma, em se tratando do flagrante de transporte de vultosa quantia em dinheiro e não tendo o investigado logrado justificar o motivo de tal conduta, concluiu-se que não há que se falar em ausência de justa causa para as investigações (STJ, 6ª Turma, RHC nº 142.250/RS, Rel. Min. Sebastião Reis Júnior, j. 28.09.2021).

Em outro julgado relevante, o STJ entendeu que a habitação em prédio abandonado de escola municipal pode caracterizar o conceito de domicílio em que incide a proteção disposta no art. 5º, inciso XI da Constituição Federal. Em outros termos, não procede o fundamento de que o fato de o agravante habitar o prédio abandonado de uma escola municipal descaracterizaria o conceito de domicílio, para que haja proteção constitucional. Anotou-se, por fim, que o Decreto n. 7.053/2009, que instituiu a Política Nacional para População em Situação de Rua, reforça a condição de moradia aos habitantes de logradouros públicos e áreas degradadas (STJ, 5ª Turma, AgRg no HC nº 712.529/SE, Rel. Min. Ribeiro Dantas, j. 25.10.2022, p. 04.11.2022).

Em mais um julgado a respeito da matéria, o STJ decidiu que a abordagem policial em estabelecimento comercial, ainda que a diligência tenha ocorrido quando não havia mais clientes, é hipótese de local aberto ao público, que não recebe a proteção constitucional da inviolabilidade do domicílio. Em outros termos, como se trata de estabelecimento comercial – em funcionamento e aberto ao público – não pode receber a proteção que a Constituição Federal confere à casa. Assim, não há violação à garantia constitucional da inviolabilidade do domicílio, a caracterizar a ocorrência de constrangimento ilegal (STJ, 6ª Turma, HC nº 754.789/RS, Rel. Ministro Olindo Menezes (Desembargador convocado do TRF 1ª Região), j. 06.12.2022).

Para a efetivação desta medida, é preciso **ordem judicial fundamentada e escrita**, exceto se ela for realizada pela própria autoridade policial ou pela autoridade judiciária, nos termos do art. 241 do CPP. Contudo, registre-se que a doutrina vem entendendo que a autoridade policial deverá apresentar o mandado judicial para cumprimento da busca e apreensão domiciliar, **estando este dispositivo, nesta parte, não recepcionado pela Constituição Federal** (TÁVORA; ALENCAR, 2009, p. 394-395). Em virtude da exigência de autorização judicial nesse sentido (**cláusula de reserva de jurisdição**) é que não se admite a efetivação da medida, por conta própria, pela Comissão Parlamentar de Inquérito (CPI), Ministério Público etc. Ademais, não é recomendável a efetivação da busca e apreensão domiciliar diretamente pelo juiz, sob pena de violação do sistema acusatório (TÁVORA; ALENCAR, 2009, p. 394-395).

▸ **Qual o entendimento do STJ sobre o assunto?**

Consoante julgado pelo STJ, não há nulidade na busca e apreensão efetuada por policiais, sem prévio mandado judicial, em apartamento que não revela sinais de habitação, nem mesmo de forma transitória ou eventual, se a aparente ausência de residentes no local se alia à fundada suspeita de que o imóvel é utilizado para a prática de crime permanente (Informativo nº 678).

▸ **Teoria dos campos abertos ou da primeira vista (*plain view doctrine*):**

A teoria dos campos abertos ou da primeira vista (*plain view doctrine*) postula que, na hipótese de uma prova se encontrar à vista da autoridade competente para a sua colheita, dispensa-se a necessidade de mandado judicial para a produção desta prova. Destarte, o mandado de busca e apreensão poderia então ser dispensado em casos em que um agente policial se encontra, legalmente, em posição na qual ele pode perceber determinado objeto, sendo que o caráter incriminador deste mesmo objeto é imediatamente aparente. Essa percepção pode ser feita através de qualquer um dos cinco sentidos humanos. Ademais, para que essa teoria se implemente na prática, faz-se indispensável ainda o cumprimento de dois requisitos, quais sejam: a) o objeto a ser apreendido deve estar exposto, não ocorrendo, pois, qualquer busca em sentido técnico/legal; b) nesta situação, não há qualquer expectativa legítima de privacidade. A título de ilustração, é o que ocorre quando um policial apreende "maconha" ao sentir o cheiro desta droga sendo queimada no interior de um veículo (olfato). A apreensão de arma de fogo por policial que escuta o som de seu disparo (audição) é também outro exemplo clássico aplicável à espécie.

▸ **Aplicação em concurso público:**

No concurso de Promotor de Justiça do Ministério Público do Estado de Minas Gerais, promovido pela Fundep, em 2021, foi cobrada a *plain view doctrine*, a partir da seguinte assertiva: *"A "Doutrina da Plena Vista" (plain view doctrine) se presta a justificar a validade da apreensão de objetos não contemplados pelo Mandado de Busca e Apreensão, subordinando-se sua aplicabilidade a requisitos como a presença legítima do policial no local, a autorização judicial ou legal para acessar o objeto e o caráter criminoso do objeto ser imediatamente aparente"*. A assertiva foi considerada correta.

▸ **Busca e apreensão domiciliar e foro por prerrogativa de função:**

A Segunda Turma do STF julgou procedente reclamação para invalidar ordem de busca e apreensão e determinar a inutilização e o desentranhamento dos autos de todas as provas obtidas por meio da referida diligência, ordenada por juiz de 1º grau em imóvel funcional ocupado por Senadora da República, em desfavor de seu cônjuge. A Turma entendeu usurpada a competência do STF, prevista no art. 102, I, "b", da Constituição Federal, para processar e julgar, originariamente, nas infrações penais comuns, os membros do Congresso Nacional. A ordem judicial impugnada teria sido ampla e vaga, sem prévia individualização dos bens que seriam de titularidade da parlamentar federal e daqueles pertencentes ao não detentor de prerrogativa de foro. Reconheceu, por conseguinte, a ilicitude da prova obtida [CF, art. 5º, LVI] e de outras diretamente dela derivadas (Informativo nº 908).

A ordem judicial pode ser expedida de ofício ou a requerimento das partes (art. 242 do CPP). As hipóteses de cabimento da busca e apreensão domiciliar estão previstas no art. 240, § 1º, do CPP, em um rol não taxativo, que merece ser lido.

▸ **Qual o entendimento do STJ sobre o assunto?**

O STJ já decidiu que a ausência de lacre em todos os documentos e bens – que ocorreu em razão da grande quantidade de material apreendido – não torna automaticamente ilegítima a prova obtida. Ante a presunção de validade e legitimidade dos atos praticados por funcionários públicos, compete à defesa demonstrar de forma concreta o descumprimento das formalidades legais e essenciais do ato e, especificamente, que o material apreendido e eventualmente não lacrado foi corrompido ou adulterado, de forma a causar prejuízo à defesa e modificar o conteúdo da prova colhida. Desse modo, à mingua de exigência legal específica, a ausência de lacre em todos os documentos e bens apreendidos – que decorreu da grande quantidade de material – desacompanhada de maiores dados concretos sobre efetiva interferência dos agentes públicos ou da acusação sobre as provas colhidas –, não tem o condão de nulificar o ato e a ação penal. (Informativo nº 608).

Ressalte-se que é preciso ter cautelas no cumprimento do mandado de busca e apreensão, conforme exposto no art. 243 do CPP, que também deve ser lido. Assim, o mandado não pode ser genérico, como ocorreria, por exemplo, se fosse autorizada a busca e apreensão em todas as casas de uma rua ou de determinada localidade, como uma favela. É preciso, pois, delimitar com precisão o local do cumprimento, bem como a autoridade que irá cumpri-lo. Se também houver autorização judicial para prisão do agente, essa circunstância deve vir prevista no mandado (art. 243, § 1º, do CPP).

▸ **Qual o entendimento do STJ sobre o assunto?**

Como decidido pelo STJ, se a investigação foi deflagrada em virtude da adulteração de prontuários, a interpretação evidente é de que os principais objetos visados pela medida de busca e apreensão eram os prontuários dos pacientes que haviam sido submetidos a tratamento e, ao mesmo tempo, vítimas de inúmeros crimes. Não se vê a ocorrência de nulidade. Embora os prontuários possam conter dados sigilosos, foram obtidos a partir da imprescindível autorização judicial prévia, quer dizer, a prova foi obtida por meio lícito. A ausência de sua discriminação específica no mandado de busca é irrelevante, até porque os prontuários médicos encontram-se inseridos na categoria de documentos em geral, inexistindo qualquer exigência legal de que a autorização cautelar deva detalhar o tipo de documento a ser apreendido quando este possuir natureza sigilosa. Conforme já se pronunciou o STF, "dada a impossibilidade de indicação, *ex ante*, de todos os bens passíveis de apreensão no local da busca, é mister conferir-se certa discricionariedade, no momento da diligência, à autoridade policial" (STF, Pet 5173/DF, Min. Dias Tofoli, Primeira Turma, DJe 18/11/2014). Com efeito, "O artigo 243 da Lei Processual Penal disciplina os requisitos do mandado de busca e apreensão, dentre os quais não se encontra o detalhamento do que pode ou não ser arrecadado" (HC 524.581/RJ, Rel. Ministro Jorge Mussi, Quinta Turma, DJe 13/2/2020). "Suficiente à delimitação da busca e apreensão é a determinação de que deveriam ser apreendidos os materiais que pudessem guardar relação estrita com aqueles fatos [...]" (HC 537.017/RS, Rel. Ministro Nefi Cordeiro, Sexta Turma, DJe 3/2/2020).

Em outro precedente, o STJ já preconizou que "O artigo 240 do Código de Processo Penal, ao tratar da busca e apreensão, apresenta um rol exemplificativo dos casos em que a medida pode ser determinada, no qual se encontra a hipótese de arrecadação de objetos necessários à prova da infração ou à defesa do réu, não havendo qualquer ressalva de que não possam dizer respeito à intimidade ou à vida privada do indivíduo" (HC 142.205/RJ, Rel. Ministro Jorge Mussi, Quinta Turma DJe 13/12/2010). Ademais, vale frisar que o sigilo do qual se reveste os prontuários médicos pertencem única e exclusivamente aos pacientes, não ao médico. Assim, como afirmado pelo Tribunal estadual, caso houvesse a violação do direito à intimidade, haveria de ser arguida pelos seus titulares e não pelo investigado (STJ, Informativo nº 694).

Mais recentemente, o STJ reafirmou esse seu entendimento, decidindo que são lícitas as provas obtidas com a apreensão de bens não discriminados expressamente em mandado ou na decisão judicial correspondente, mas vinculados ao objeto da investigação. Destacou-se que "não há no ordenamento jurídico pátrio qualquer exigência de que a manifestação judicial que defere a cautelar de busca e apreensão esmiúce quais documentos ou objetos devam ser coletados, até mesmo porque tal pormenorização só é possível de ser implementada após a verificação do que foi encontrado no local em que cumprida a medida". (AgRg nos EDcl no RHC 145.665/RO, relator Ministro Jesuíno Rissato (Desembargador Convocado do TJDFT), Quinta Turma, julgado em 28/9/2021, DJe de 05/10/2021) (STJ, Informativo nº 750).

▸ **Mandado de busca e apreensão domiciliar genérico ou coletivo e intervenção federal no Rio de Janeiro:**

O mandado de busca e apreensão domiciliar genérico ou coletivo é aquele expedido de modo indefinido, impreciso, vago, incerto, a exemplo do que permite o cumprimento da diligência em uma favela, vila, quarteirão etc. Em respeito ao direito fundamental ao domicílio (art. 5º, XI, da Constituição Federal), ele deve ser certo e determinado, observando-se os requisitos do art. 243 do CPP. Nesse trilhar, durante as operações decorrentes da intervenção federal no Rio de Janeiro, decretada em 2018 pelo então Presidente da República Michel Temer, não se permitiu a expedição de mandado desta natureza. É preciso rememorar ainda que a intervenção federal não suspende garantias individuais, como o direito ao domicílio, ao contrário do que ocorre no estado de sítio, no qual seria permitida a realização de buscas coletivas, mesmo sem mandado judicial, consoante o art. 139, V, da Carta Magna Federal. Finalmente, em qualquer hipótese, a busca e apreensão pessoal é possível sem mandado judicial nas situações do art. 244 do CPP.

▸ ***Fishing expedition*:**

Denomina-se ***fishing expedition*** **(ou pescaria probatória ou expedição probatória)** a "procura especulativa, no ambiente físico ou digital, sem 'causa provável', alvo definido, finalidade tangível ou para além dos limites autorizados (desvio de finalidade), de elementos capazes de atribuir responsabilidade penal a alguém" (ROSA, 2021). Nos precisos dizeres de Alexandre Morais da Rosa, denomina-se pescaria (ou expedição) probatória "a prática relativamente comum de se aproveitar dos espaços de exercício de poder para subverter a lógica das garantias constitucionais, vasculhando-se a intimidade, a vida privada, enfim, violando-se direitos fundamentais, para além dos limites legais. O termo se refere à incerteza própria das expedições de pesca, em que não se sabe, antecipadamente, se haverá peixe, nem os espécimes que podem ser fisgados, muito menos a quantidade" (ROSA, 2021), mas se especula que algo será encontrado. Joga-se o anzol para "ver no que vai dar", confiando ser possível pescar algum peixe.

Como se percebe, trata-se de prática vedada, eis que violadora de uma série de direitos fundamentais, a exemplo do devido processo legal, da não autoincriminação, da intimidade, vida privada, sigilo de dados e, no caso particular da busca e apreensão domiciliar, mais especificamente da inviolabilidade do domicílio. Portanto, em observância a todos esses direitos, é que a produção de provas que adentrem ambiente físico ou mesmo digital exige a existência de "fundadas razões" (justa causa visível) de que, de fato, a diligência estatal é possível, pois tende a ser exitosa.

A esse respeito, importante registrar que, consoante decidido pelo STF, além de violar prerrogativas da advocacia, a deflagração de amplas, inespecíficas e desarrazoadas medidas de busca e apreensão em desfavor de advogados pode evidenciar a prática de "fishing expedition". Como restou esclarecido, a jurisprudência da Suprema Corte confere interpretação estrita e rígida às normas que possibilitam a realização de busca e apreensão, em especial quando direcionadas a advogados no exercício de sua profissão. Na situação em apreço, não foram observados os requisitos legais nem as prerrogativas da advocacia, com ampla deflagração de medidas que objetivaram "pescar" provas contra os advogados denunciados e possíveis novos investigados.

Ressaltou-se que, ao deferir a busca e apreensão, a autoridade reclamada não demonstrou a imprescindibilidade em concreto da medida para o processamento dos fatos. Destacou-se que, nos termos do art. 394 e seguintes do CPP, a produção probatória após o oferecimento da denúncia deve ocorrer em juízo, com as garantias do contraditório e da ampla defesa. Na espécie, a medida de investigação prévia foi executada depois de ser formalizada a denúncia contra os advogados, em evidente inversão processual. Com efeito, a ampla realização de medidas de busca e apreensão depois da formalização da denúncia, que pressupõe a colheita de um lastro probatório mínimo e o encerramento da fase investigatória, indica o objetivo de expandir a acusação, em indevida prática de *fishing* probatório (STF, 2ª Turma, Rcl nº 43479/RJ, Rel. Min. Gilmar Mendes, j. 10.08.21).

Já o STJ decidiu que admitir a entrada na residência especificamente para efetuar uma prisão não significa conceder um salvo-conduto para que todo o seu interior seja vasculhado indistintamente, em verdadeira pescaria probatória (*fishing expedition*), sob pena de nulidade das provas colhidas por desvio de finalidade. Na oportunidade, destacou-se que, por se tratar de medida invasiva e que restringe sobremaneira o direito fundamental à intimidade, o ingresso em morada alheia deve se circunscrever apenas ao estritamente necessário para cumprir a finalidade da diligência. É o que se extrai da exegese do art. 248 do CPP. Desse modo, é ilícita a prova colhida em caso de desvio de finalidade após o ingresso em domicílio, seja no cumprimento de mandado de prisão ou de busca e apreensão expedido pelo Poder Judiciário, seja na hipótese de ingresso sem prévia autorização judicial, como ocorre em situação de flagrante delito. O agente responsável pela diligência deve sempre se ater aos limites do escopo – vinculado à justa causa – para o qual excepcionalmente se restringiu o direito fundamental à intimidade, ressalvada a possibilidade de encontro fortuito de provas (STJ, 6ª Turma, HC nº 663.055/MT, Rel. Min. Rogerio Schietti Cruz, j. 22.03.2022).

Na hipótese de busca e apreensão domiciliar, a prática de *fishing expedition* pode se verificar ainda no caso de expedição de mandado genérico, isto é, sem alvo certo e determinado.

Aproveitando o ensejo, convém salientar que a indevida prática de *fishing expedition* pode ser detectada não apenas durante a busca e apreensão domiciliar, mas também em outras situações probatórias, como, por exemplo, no vasculhamento de todo o conteúdo do celular apreendido, na interceptação telefônica por longos períodos de tempo, na quebra de sigilo (bancário, fiscal, de dados etc.) sem a devida justificativa do período requisitado, em buscas pessoais sem prévia e objetiva "fundada suspeita" (ROSA, 2021), dentre outras.

▸ Qual o entendimento do STF sobre o assunto?

Em virtude justamente da inexistência de mandado judicial específico, o STF declarou a ilegalidade da apreensão, pela Polícia Federal, de computadores e o espelhamento de discos rígidos (HDs) do Banco Opportunity S/A, durante diligências das operações Satiagraha e Chacal. Isso porque policiais federais cumpriram o mandado de busca e apreensão expedido pelo Juiz da 5ª Vara Federal Criminal de São Paulo no endereço profissional de Daniel Dantas, localizado no 28º andar de um edifício comercial no centro do Rio de Janeiro. Todavia, ao serem informados que a sede do Banco Opportunity ficava no 3º andar do mesmo prédio, os policiais comunicaram o ocorrido ao Juiz substituto, que autorizou, por meio de ofício sem maiores detalhes, o espelhamento [cópia] do disco rígido do servidor da instituição financeira. Destarte, o Magistrado que despachou o caso no dia da busca e apreensão não foi alertado ou não percebeu que os equipamentos em questão estavam em local diverso do constante no mandado, o que, de acordo com a Suprema Corte, caracteriza a ilicitude na produção desta prova, violando-se a regra constitucional de inviolabilidade de domicílio do art. 5º, XI, da Constituição Federal (Informativo nº 771).

▸ **Cumprimento de um mesmo mandado de busca e apreensão domiciliar em duas oportunidades distintas:**

Em decisão proferida em 11/10/2016, a 2ª Turma do STF entendeu que um só mandado de busca e apreensão domiciliar pode ser usado em duas oportunidades distintas, desde que dentro de um lapso temporal razoável. Nesse sentido, decidiu-se que não seria ilícita a apreensão de uma agenda encontrada no veículo do investigado horas depois de realizada busca e apreensão, autorizada judicialmente, em sua casa. Como suas ligações telefônicas estavam sendo monitoradas, as autoridades policiais tiveram notícia de que a agenda contendo anotações, tabelas, notas fiscais e outros documentos que poderiam elucidar o crime, e inclusive levar à sua prisão, não tinha sido levada, pois estava em seu carro. Os policiais retornaram então ao local e apreenderam a agenda no interior do veículo. Esclareceu-se ainda que, em se tratando de busca e apreensão em veículo, em regra, não se exige a existência de mandado de busca e apreensão expedido, eis que será realizada uma busca e apreensão pessoal. A única exceção ocorre quando o veículo é destinado à habitação do indivíduo, no caso de *trailers*, cabines de caminhão, barcos, entre outros, quando se inserem no conceito jurídico de domicílio, necessitando, pois, de autorização judicial (RHC 117767).

▸ **Busca e apreensão domiciliar e teoria da aparência:**

Em determinado caso concreto, discutiu-se no âmbito da 5ª Turma do STJ se seria válida a autorização para cumprimento de mandado de busca e apreensão dada por pessoa que, embora tenha deixado de ser sócia formal de empresa, continua assinando documentos, possui a chave do escritório e apresenta-se como responsável para as autoridades policiais. Nesta oportunidade, destacou-se que a teoria da aparência, quando cabível, valida a autorização expressa para a realização de busca e apreensão em sede de empresa investigada. Ressaltou-se que, embora tal teoria tenha encontrado maior amplitude de aplicação jurisprudencial na seara civil, processual civil e no Código de Defesa do Consumidor, nada há que impeça sua aplicação também na seara penal. Contudo, para sua aplicação, há de reforçar a necessidade de conjugação da boa-fé com o erro escusável e alguns requisitos essenciais. Segundo a doutrina, são seus requisitos essenciais objetivos: a) uma situação de fato cercada de circunstâncias tais que manifestamente a apresentem como se fora uma situação de direito; b) situação de fato que assim possa ser considerada segundo a ordem geral e normal das coisas; c) e que, nas mesmas condições acima, apresente o titular aparente como se fora titular legítimo, ou o direito como se realmente existisse. São seus requisitos subjetivos essenciais: a) a incidência em erro de quem, de boa-fé, a mencionada situação de fato como situação de direito considera; b) a escusabilidade desse erro apreciada segundo a situação pessoal de quem nele incorreu. Assim, reputou-se válida a autorização de ingresso da autoridade policial no estabelecimento dada por empregados da empresa, ou quem se apresenta como tal, observados os requisitos supracitados, em face da teoria da aparência (STJ, Informativo nº 690).

A busca domiciliar será **cumprida de dia, salvo se o morador consentir que seja realizada durante a noite** (art. 5º, XI, CF). Tradicionalmente, a doutrina vinha entendendo como dia "o intervalo que vai das 6 às 18 horas, no horário local, com a incidência das alterações pelo horário de verão" (TÁVORA; ALENCAR, 2009, p. 393). Além disso, se a busca fosse iniciada durante o dia, poderia estender-se para além das 18 horas, em sendo absolutamente necessário, para que a interrupção não implicasse em significativo prejuízo ao ato (TÁVORA; ALENCAR, 2009, p. 396). Ademais, "percebendo a autoridade que o ato irá se prolongar por tempo considerável, deve interromper a diligência, cercando-se dos cuidados para que os objetos procurados não sejam sonegados, e se necessário, fazendo campana em frente ao imóvel, para que no dia subseqüente pela manhã a busca se reinicie" (TÁVORA; ALENCAR, 2009, p. 396). Quanto ao horário de cumprimento do mandado de busca e apreensão domiciliar, esse cenário acabou sofrendo alteração pelo advento da nova Lei de Abuso de Autoridade (Lei nº 13.869/19), tendo em vista que, em seu art. 22, parágrafo 1º, inciso III, ela tipifica como crime a conduta de quem cumpre este mandado após as 21h (vinte e uma horas) ou antes das 5h (cinco horas). Passa a ser este então o parâmetro legal para definir o dia como o período compreendido entre 5h e 21h, mantidas (com a adaptação a este novel parâmetro) as demais considerações oferecidas pela doutrina e alhures explicitadas.

Contudo, relembre-se que, em havendo cometimento de crime em flagrante delito no interior da residência, notadamente crimes permanentes, como posse ilegal de arma de fogo, tráfico ilícito de entorpecentes ou sequestro, será possível o ingresso em residência alheia a qualquer tempo (dia ou noite), mesmo sem mandado de busca e apreensão (art. 5º, XI, CF).

De qualquer sorte, o agente deverá ler o mandado ao morador ou a quem o represente, intimando-o em seguida a abrir a porta. Se houver desobediência, a porta será arrombada e forçada a entrada. É possível o uso de força também contra coisas existentes na casa, que prejudiquem o descobrimento do que se procura. Tanto o arrombamento como a destruição de objetos poderão ser feitos se não houver morador na residência no momento do cumprimento da diligência, devendo, porém, haver a intimação de qualquer vizinho para acompanhar o ato (art. 245 do CPP). No caso de residência habitada, a busca deve ser feita de forma que não moleste os moradores mais do que o necessário para o cumprimento da diligência (art. 248 do CPP).

Com base no art. 249 do CPP, a **busca em mulher será feita por outra mulher, se não importar retardamento ou prejuízo da diligência**. Nesse contexto, frise-se que a Lei nº 13.271, de 15 de abril de 2016, estipula, em seu art. 1º, que "As empresas privadas, os órgãos e entidades da administração pública, direta e indireta, ficam proibidos de adotar qualquer prática de revista íntima de suas funcionárias e de clientes do sexo feminino."

> **▸ Qual o entendimento do STF sobre o assunto?**
>
> O STF decidiu que que as crianças e adolescentes do sexo feminino vítimas de violência deverão ser, obrigatoriamente, examinadas por legista mulher, desde que não importe retardamento ou prejuízo da diligência, na linha do que prescreve o art. 249 do CPP. No que diz respeito a esta situação excepcional, consignou-se que o fato de impedir ou retardar a realização de exame por médico legista poderia acabar por deixá-las desassistidas da proteção criminal, direito que decorre do disposto no art. 39 da Convenção sobre os Direitos das Crianças e de outros diplomas legais. Além disso, na medida em que se nega o acesso à produção da prova na jurisdição penal, há também ofensa à proteção prioritária, porquanto se afasta a efetividade da norma, que exige a punição severa do abuso de crianças e adolescentes (Informativo nº 933).

Ademais, destaca o art. 250 do CPP que a autoridade ou os seus agentes poderão penetrar no território de jurisdição alheia, ainda que de outro Estado, quando, para o fim da apreensão, forem no seguimento de pessoa ou coisa, devendo apresentar-se à competente autoridade local, antes da diligência ou após, conforme a urgência desta.

O art. 243, § 2º, do CPP dispõe que não é possível a apreensão de documento em poder do **defensor**, salvo quando constituir **elemento do corpo de delito**, como no caso de um dado documento falso em um crime de falsidade.

Em complemento a esta regra, vale a pena registrar que a Lei nº 11.767/08 alterou o art. 7º do Estatuto da OAB, disciplinando o seguinte: garante-se a inviolabilidade do escritório do advogado ou de seu local de trabalho, bem como de seus instrumentos de trabalho, de sua correspondência escrita, eletrônica, telefônica e telemática, **desde que relativas ao exercício da advocacia** (art. 7º, inciso II); Presentes indícios de autoria e materialidade da prática de crime **por parte de advogado**, a autoridade judiciária competente poderá decretar a quebra da inviolabilidade de que trata o inciso II do *caput* deste artigo, em decisão motivada, expedindo mandado de busca e apreensão, específico e pormenorizado, a ser cumprido na presença de representante da OAB, sendo, em qualquer hipótese, vedada a utilização dos documentos, das mídias e dos objetos pertencentes a clientes do advogado averiguado, bem como dos demais instrumentos de trabalho que contenham informações sobre clientes (art. 7º, § 6º); A ressalva constante do § 6º deste artigo **não se estende a clientes do advogado averiguado** que estejam sendo formalmente investigados como seus partícipes ou coautores pela prática do mesmo crime que deu causa à quebra da inviolabilidade (art. 7º, § 7º).

Não obstante, o STJ já decidiu que é lícita a apreensão, em escritório de advocacia, de drogas e de arma de fogo, em tese pertencentes a advogado, na hipótese em que outro advogado tenha presenciado o cumprimento da diligência por solicitação dos policiais, ainda que o mandado de busca e apreensão tenha sido expedido para apreender arma de fogo supostamente pertencente a estagiário do escritório - e não ao advogado - e mesmo que no referido mandado não haja expressa indicação de representante da OAB local para o acompanhamento da diligência, tudo isso com fundamento na serendipidade, fenômeno plenamente aceito na jurisprudência deste tribunal, conforme anteriormente explicitado (Informativo nº 557).

Mais recentemente, a Lei nº 14.365/22 ampliou o regramento a respeito da busca e apreensão em escritório de advocacia, acrescentando os §§ 6º-A a 6º-I ao art. 7º da Lei nº 8.906/94.

Assim, a medida judicial cautelar que importe na violação do escritório ou do local de trabalho do advogado será determinada em hipótese excepcional, desde que exista fundamento em indício, pelo órgão acusatório (§ 6º-A). É vedada a determinação da medida cautelar prevista no § 6º-A deste artigo se fundada exclusivamente em elementos produzidos em declarações do colaborador sem confirmação por outros meios de prova (§ 6º-B). O representante da OAB referido no § 6º deste artigo tem o direito a ser respeitado pelos agentes responsáveis pelo cumprimento do mandado de busca e apreensão, sob pena de abuso de autoridade, e o dever de zelar pelo fiel cumprimento do objeto da investigação, bem como de impedir que documentos, mídias e objetos não relacionados à investigação, especialmente de outros processos do mesmo cliente ou de outros clientes que não sejam pertinentes à persecução penal, sejam analisados, fotografados, filmados, retirados ou apreendidos do escritório de advocacia (§ 6º-C).

No caso de inviabilidade técnica quanto à segregação da documentação, da mídia ou dos objetos não relacionados à investigação, em razão da sua natureza ou volume, no momento da execução da decisão judicial de apreensão ou de retirada do material, a cadeia de custódia preservará o sigilo do seu conteúdo, assegurada a presença do representante da OAB, nos termos dos §§ 6º-F e 6º-G deste artigo (§ 6º-D). Na hipótese de inobservância do § 6º-D deste artigo pelo agente público responsável pelo cumprimento do mandado de busca e apreensão, o representante da OAB fará o relatório do fato ocorrido, com a inclusão dos nomes dos servidores, dará conhecimento à autoridade judiciária e o encaminhará à OAB para a elaboração de notícia-crime (§ 6º-E).

É garantido o direito de acompanhamento por representante da OAB e pelo profissional investigado durante a análise dos documentos e dos dispositivos de armazenamento de informação pertencentes a advogado, apreendidos ou interceptados, em todos os atos, para assegurar o cumprimento do disposto no inciso II do *caput* deste artigo (§ 6º-F). A autoridade responsável informará, com antecedência mínima de 24 (vinte e quatro) horas, à seccional da OAB a data, o horário e o local em que serão analisados os documentos e os equipamentos apreendidos, garantido o direito de acompanhamento, em todos os atos, pelo representante da OAB e pelo profissional investigado para assegurar o disposto no § 6º-C deste artigo (§ 6º-G).

Em casos de urgência devidamente fundamentada pelo juiz, a análise dos documentos e dos equipamentos apreendidos poderá acontecer em prazo inferior a 24 (vinte e quatro) horas, garantido o direito de acompanhamento, em todos os atos, pelo representante da OAB e pelo profissional investigado para assegurar o disposto no § 6º-C deste artigo (§ 6º-H).

Finalmente, é vedado ao advogado efetuar colaboração premiada contra quem seja ou tenha sido seu cliente, e a inobservância disso importará em processo disciplinar, que poderá culminar com a aplicação do disposto no inciso III do *caput* do art. 35 da Lei nº 8.906/94, sem prejuízo das penas previstas no art. 154 do Código Penal (§ 6º-I). Aliás, quanto a esta previsão legal, insta salientar que o STJ já decidiu que são ilícitas as provas obtidas em acordo de delação premiada firmado com advogado que, sem justa causa, entrega às autoridades investigativas documentos e gravações obtidas em virtude de mandato que lhe fora outorgado, violando o dever de sigilo profissional. Como esclarecido pelo tribunal, não há empecilho ao deferimento de medidas restritivas contra advogado investigado ou acusado da prática de crimes. Também não há ilicitude na conduta do advogado que apresenta em juízo documentos e provas de que dispõe em razão do exercício profissional para se defender de imputação de prática de crime feita por um cliente, em razão do princípio da ampla defesa e contraditório. O que é inadmissível é a conduta do advogado que, *sponte propria*, independentemente de provocação e na vigência de mandato de procuração que lhe foi outorgado, grava clandestinamente suas comunicações com seus clientes com objetivo delatados, e entrega às autoridades investigativas documentos de que dispõe em razão da profissão, violando o dever de sigilo profissional – art. 34, VII, da Lei n. 8.906/1994 (STJ, 5ª Turma, RHC nº 164.616/GO, Rel. Min. João Otávio de Noronha, j. 27.09.2022).

Já a **busca e apreensão pessoal** não exige ordem judicial para sua efetivação, desde que presentes razões de natureza cautelar e, por isso, urgentes, nos termos dos artigos 240, § 2º (quando houver fundada suspeita de que alguém oculte consigo arma proibida ou objetos mencionados nas letras *b* a *f* e letra *h* do art. 240, § 1º, do CPP), e 244 (se houver fundada suspeita de que o agente esteja na posse de arma proibida ou de objetos ou papéis que constituam corpo de delito, ou quando a medida for determinada no curso de busca domiciliar) do CPP. A efetivação de uma prisão, em flagrante ou por ordem judicial, por óbvio, também permite a busca e apreensão pessoal.

▸ Busca exploratória e captação ambiental (art. 3º, II, da Lei nº 12.850/13 e art. 8º-A da Lei nº 9.296/96 – com a redação dada pela Lei nº 13.964/19 – "Pacote Anticrime"):

A busca exploratória é a permissão conferida, por meio de ordem judicial, a agentes policiais ou executores para realizarem diligência sem qualquer arrecadação ou apreensão de elementos informativos considerados pertinentes às investigações. Ela pretende apenas e tão somente efetuar o registro dos elementos no ambiente ou promover a instalação de equipamentos de **captação ambiental**, de forma discreta, para melhor avaliação quanto à deflagração da operação.

O ingresso e exploração na busca domiciliar exploratória do local deve ser delineado pela ausência de publicidade e sigilo total, sem incidir o teor do art. 245 do CPP, que disciplina o procedimento de busca que determina a ciência ao morador do teor do mandado judicial.

O instituto em comento foi reconhecido pelo STF na Operação Policial "Hurricane" (STF, Inq. nº 2.424/RJ, Rel. Min. Cezar Peluso, j. 16.11.08), que apurou a atuação de organização criminosa integrada por magistrados, membros do Ministério Público e advogados que estariam cometendo crimes contra a Administração Pública, notadamente a venda de sentenças e liminares para o funcionamento ilegal de casas de jogos de azar.

Nesta Operação, foi autorizado judicialmente o ingresso sigiloso em escritório de advocacia, no período noturno, visando o registro de informações úteis, além da instalação de equipamento de captação ambiental. Entendeu-se que a medida não implicaria a ofensa ao direito fundamental ao domicílio, tendo em vista a suspeita grave da prática de crime por advogado, no escritório, sob pretexto da profissão. Ademais, consignou-se ser, no mínimo, duvidosa a equiparação entre escritório de advocacia vazio com domicílio *stricto sensu*, que pressupõe a presença de pessoas que o habitem.

Trata-se, pois, de **meio (excepcional) de obtenção de provas**.

Nesse cenário, esclareça-se que deve ser compreendida como **captação ambiental** (ou interceptação da comunicação entre pessoas presentes) a "atividade de captação e registro de comunicação entre pessoas presentes de caráter reservado, por um terceiro, com o emprego de meios técnicos, utilizados em operação oculta e simultânea à comunicação, sem o conhecimento dos interlocutores ou com o conhecimento de um ou de alguns deles" (ARANTES FILHO, 2013, p. 157).

Em outras palavras, é **meio de obtenção de prova** que envolve o registro de conversas que são travadas em sede distinta da telefônica ou da digital, através da captação de áudio ou de imagem ambiente, que é promovida por agente interceptador, terceira pessoa que não participa do diálogo ambiental.

A captação ambiental pode ser:

(i) **domiciliar**: é aquela em que a comunicação entre pessoas presentes ocorre em domicílio; ou

(ii) **ambiental**: é aquela em que a comunicação entre pessoas presentes é realizada em lugar diverso do domicílio, local público, como uma praça, ou privado, a exemplo de um galpão de uma empresa. Não deve ser confundida como a interceptação de comunicações telefônicas.

Todavia, o art. 8º-A, § 2º, da Lei nº 9.296/96 veda expressamente a captação ambiental domiciliar, sob a justificativa de necessidade de respeito à inviolabilidade domiciliar reconhecida pelo inciso XI do *caput* do art. 5º da Constituição Federal. De acordo com este dispositivo, "*A instalação do dispositivo de captação ambiental poderá ser realizada, quando necessária, por meio de operação policial disfarçada ou no período noturno, exceto na casa, nos termos do inciso XI do caput do art. 5º da Constituição Federal*".

A nosso ver, *data maxima venia*, este dispositivo implica retrocesso à persecução penal, privando-se o Estado de importante ferramenta de combate à *macrocriminalidade*, deixando-se de reconhecer mais uma *técnica especial de investigação* (TEI). Até porque a captação ambiental, para ser realizada em domicílio, demandaria ordem do juiz (art. 8º-A, *caput*, da Lei nº 9.296/96), que ficaria, assim, responsável pela proteção deste direito fundamental.

Inicialmente, a captação ambiental de sinais eletromagnéticos, ópticos ou acústicos tinha seu regramento apenas na Lei nº 12.850/13, que, no seu art. 3º, inciso II, a admitia como meio de obtenção da prova, cabível em qualquer fase da persecução penal. A sua incidência, portanto, estava limitada aos casos envolvendo organizações criminosas e o seu regramento era extremamente limitado.

A Lei nº 13.964/2019 ("Pacote Anticrime") alterou esse cenário, passando a prever a captação ambiental de sinais eletromagnéticos, ópticos ou acústicos na Lei nº 9.296/96, na investigação ou instrução criminal de qualquer crime, por meio de autorização judicial (cláusula de reserva de jurisdição), a requerimento da autoridade policial ou do Ministério Público, desde que preenchidos os requisitos insertos em seu art. 8º-A, incisos I e II, a saber:

I – a prova não puder ser feita por outros meios disponíveis e igualmente eficazes (medida de *extrema* ou *ultima ratio*); e

II – houver elementos probatórios razoáveis de autoria e participação em infrações criminais cujas penas máximas sejam superiores a 4 (quatro) anos ou em infrações penais conexas.

Devem ainda ser aplicadas subsidiariamente a esta captação ambiental as regras previstas na legislação específica para a interceptação telefônica e telemática (art. 8º-A, § 5º).

Entretanto, com base no Enunciado nº 38 do GNCCRIM, *"Não é exigida autorização judicial para captação ambiental de que trata este dispositivo na hipótese de ser realizada em local público ou de acesso público"*.

O requerimento dirigido ao juiz pela autoridade policial ou Ministério Público deverá descrever circunstanciadamente o local e a forma de instalação do dispositivo de captação ambiental (art. 8º-A, § 1º).

A captação ambiental não poderá exceder o prazo de 15 (quinze) dias, renovável por decisão judicial por iguais períodos, se comprovada a indispensabilidade do meio de prova e quando presente atividade criminal permanente, habitual ou continuada (art. 8º-A, § 3º).

Com fincas no art. 8º-A, § 4º, da Lei nº 9.296/96, *"A captação ambiental feita por um dos interlocutores sem o prévio conhecimento da autoridade policial ou do Ministério Público poderá ser utilizada, em matéria de defesa, quando demonstrada a integridade da gravação"*. Pela dicção deste dispositivo, a captação ambiental feita por um dos interlocutores sem o prévio conhecimento da autoridade policial ou do Ministério Público somente poderá ser utilizada como matéria de defesa (desde que demonstrada a integridade da gravação), não podendo beneficiar interesses da acusação.

Nesse passo, a norma acaba reconhecendo o entendimento da doutrina majoritária segundo o qual a prova ilícita apenas pode ser utilizada em favor do réu (pro reo), jamais em prol da acusação (*pro societate*). No entanto, é possível interpretar esta norma no sentido de não se admitir a captação ambiental feita por um dos interlocutores apenas se ele agiu devidamente orientado pela autoridade policial ou pelo Ministério Público; isto é, se ele atuou sem qualquer interferência do delegado de polícia ou do membro do *Parquet*, a captação ambiental poderia ser livremente utilizada (desde que demonstrada a integridade da gravação), inclusive na defesa de direito do próprio interlocutor, que pode ser, por exemplo, a vítima do crime.

O art. 10-A, *caput*, da Lei nº 9.296/96, igualmente com a redação conferida pela Lei nº 13.964/2019, ainda tipifica como crime a conduta de realizar captação ambiental de sinais eletromagnéticos, ópticos ou acústicos para investigação ou instrução criminal sem autorização judicial, quando esta for exigida. Não há crime se a captação é realizada por um dos interlocutores (art. 10-A, § 1º). A pena será aplicada em dobro ao funcionário público que descumprir determinação de sigilo das investigações que envolvam a captação ambiental ou revelar o conteúdo das gravações enquanto mantido o sigilo judicial (art. 10-A, § 2º).

▸ **Aplicação em concurso público:**

No concurso de Promotor de Justiça do Ministério Público do Estado do Rio de Janeiro, na prova dissertativa (2ª etapa), foi cobrado o tema busca exploratória da seguinte forma: *"Em que consiste a medida cautelar conhecida como "busca exploratória", cuja admissibilidade já foi reconhecida pela jurisprudência do Supremo Tribunal Federal? É possível a sua decretação, com base no poder geral de cautela, durante o período noturno, em escritório de advocacia utilizado com notório desvio de função para a prática reiterada de crimes?"*. A questão deveria ser respondida levando em consideração todo o fundamento exposto no tópico acima.

Busca e apreensão	
Domiciliar	art. 240, § 1º, CPP
Pessoal	arts. 240, § 2º, e 244 CPP

Referências bibliográficas

ALVES, Leonardo Barreto Moreira. **Ação Penal nos Crimes Contra a Dignidade Sexual Após a Lei n. 12.015/09**. *In*: Revista Magister de Direito Penal e Processual Penal. Porto Alegre: Magister, v. 33, dez./jan. 2010, p. 85-94.

ALVES, Leonardo Barreto Moreira; BERCLAZ, Márcio Soares. **Ministério Público em Ação**: atuação prática jurisdicional e extrajurisdicional. 7. ed. rev., ampl. e atual. Salvador: Juspodivm, 2019.

ALVES, Leonardo Barreto Moreira. **Sinopses para Concursos**: Processo Penal – Parte Especial. 12. ed. rev., ampl. e atual. Salvador: Juspodivm, 2022, v. 8.

ARANTES FILHO, Marcio Geraldo Britto. **A Interceptação de Comunicação entre Pessoas Presentes**. Brasília: Gazeta Jurídica, 2013.

AVENA, Norberto. **Processo Penal Esquematizado**. São Paulo: Método, 2009.

BANDEIRA DE MELLO, Celso Antônio. **Curso de direito administrativo**. 18. ed. rev. e atual. até a Emenda Constitucional n. 45, de 8.12.2004. São Paulo: Malheiros, 2005.

BEDÊ JÚNIOR, Américo; SENNA, Gustavo. **Princípios do Processo Penal**: entre o garantismo e a efetividade da sanção. São Paulo: RT, 2009.

BIFFE JUNIOR, João; LEITÃO JUNIOR, Joaquim. **Concursos públicos:** terminologias e teorias inusitadas. São Paulo: Método, 2016.

BONFIM, Edilson Mougenot. **Curso de Processo Penal**. 5. ed. São Paulo: Saraiva, 2010.

BOSCHI, José Antônio Paganella. **Ação Penal**: denúncia, queixa e aditamento. 3. ed. Rio de Janeiro: AIDE, 2002.

CALABRICH, Bruno. **Investigação Criminal pelo Ministério Público:** uma renitente e brasileira polêmica. *In*: ALVES, Leonardo Barreto Moreira; CHAVES, Cristiano; ROSENVALD, Nelson. **Temas Atuais do Ministério Público:** a atuação do *Parquet* nos 20 anos da Constituição Federal. 2. ed. rev., ampl. e atual. Rio de Janeiro: Lumen Juris, p.605-634.

CAPEZ, Fernando. **Curso de Processo Penal**. 14. ed. São Paulo: Saraiva, 2007.

CARNELUTTI, Francesco. **Sistemas de direito processual civil**. Tradução: Hiltomar Martins Oliveira. São Paulo: ClassicBook, 2000, v. 1.

CUNHA, Rogério Sanches; CERQUEIRA, Thales Tácito Pontes Luz de Pádua Cerqueira. **Incidente de Deslocamento de Competência (IDC – art. 109, § 5º, CF). Uma Análise Crítica**. *In*: CHAVES, Cristiano; ALVES, Leonardo Barreto Moreira; ROSENVALD, Nelson. **Temas Atuais do Ministério Público**: a atuação do *Parquet* nos 20 anos da Constituição Federal. 2. ed. rev., ampl. e atual. Rio de Janeiro: Lumen Juris, 2010, p. 713-728.

CUNHA, Rogério Sanches. **Pacote Anticrime**: Lei 13.964/2019 – comentários às alterações no CP, CPP e LEP. Salvador: Juspodivm, 2020.

CUNHA, Rogério Sanches; ÁVILA, Thiago Pierobom de. **Violência Doméstica e Familiar contra Crianças e Adolescentes – Lei Henry Borel**: comentários à Lei 14.344/22. Salvador: Juspodivm, 2022.

FEITOZA, Denilson. **Direito Processual Penal**: teoria, crítica e práxis. 6. ed. rev., ampl. e atual. Niterói: Impetus, 2009.

GOMES, Luiz Flávio. **Direito Processual Penal**. São Paulo: RT, 2005.

GRINOVER, Ada Pellegrini Grinover; GOMES FILHO, Antonio Magalhães; FERNANDES, Antonio Scarance. **Nulidades no processo penal**. 11. ed. rev., atual. e ampl. São Paulo: RT, 2009.

GRINOVER, Ada Pellegrini; GOMES FILHO, Antonio Magalhães; FERNANDES, Antonio Scarance. **Recursos no Processo Penal**. 6. ed. rev., atual. e ampl. São Paulo: RT, 2009.

LIMA, Marcellus Polastri. **Manual de Processo Penal**. 3. ed. Rio de Janeiro: Lumen Juris, 2009.

LIMA, Marcellus Polastri. **Algumas Antigas e Novas Questões sobre o Arquivamento e o Desarquivamento dos Autos de Investigação Criminal.** *In*: ALVES, Leonardo Barreto Moreira; CHAVES, Cristiano; ROSENVALD, Nelson. **Temas Atuais do Ministério Público:** a atuação do *Parquet* nos 20 anos da Constituição Federal. 2. ed. rev., ampl. e atual. Rio de Janeiro: Lumen Juris, p. 727-748.

LIMA, Renato Brasileiro de. **Manual de Processo Penal:** volume único. 7. ed. rev., ampl. e atual. Salvador: Juspodivm, 2019.

LOPES JR., Aury. **Direito Processual e sua conformidade constitucional**. 5. ed. rev. e atual. Rio de Janeiro: Lumen Juris, 2010, v. I.

LOPES JR., Aury. **Lei 13.491/2017 fez muito mais do que retirar os militares do tribunal do júri**. Disponível em: ‹https://www.conjur.com.br/2017-out-20/limite-penal-lei-134912017-fez-retirar-militares-tribunal-juri›. Acesso em: 27 dez. 2017.

MARQUES, José Frederico. **Elementos de direito processual penal**. São Paulo: Forense, 1961, v. 1.

MARQUES, José Frederico. **Elementos de Direito Processual Penal**. 2. ed. Campinas: Millennium, 2003, v. 1.

MIRABETE, Júlio Fabbrini. **Processo Penal**. 16. ed. rev. e atual. por Renato N. Fabbrini. São Paulo: Atlas, 2004.

MORAIS DA ROSA, Alexandre. **Como se faz um fórum shopping no processo penal.** Disponível em: ‹https://www.conjur.com.br/2017-fev-10/faz-forum-shopping-processo-penal›. Acesso em: 13 dez. 2018.

MOREIRA, Rômulo de Andrade. **Ação penal nos crimes contra a liberdade sexual e nos delitos sexuais contra vulnerável**: a lei n. 12.015/09. ***Jus Navigandi***, Teresina, ano 13, n. 2239, 18 ago. 2009a. Disponível em: ‹http://jus2.uol.com.br/doutrina/texto.asp?id=13345›. Acesso em: 05 dez. 2009.

MOREIRA, Rômulo de Andrade. **Curso Temático de Direito Processual Penal**. 2. ed. Salvador: Juspodivm, 2009b.

MOREIRA, Rômulo de Andrade. **O Termo de Ajustamento de Conduta Ambiental e os Efeitos no Exercício da Ação Penal Pública**. Conteúdo Jurídico, Brasília-DF: 25 ago. 2009. Disponível em: ‹http://www.conteudojuridico.com.br/?colunas&colunista=228_Romulo_Moreira&ver=390›. Acesso em: 27 ago. 2011.

MOREIRA, Rômulo de Andrade. **O Supremo Tribunal Federal e a fixação da reparação do dano na sentença penal condenatória**. ***Jus Navigandi***, Teresina, ano 17, n. 3459, 20 dez. 2012. Disponível em: ‹http://jus.com.br/revista/texto/23296›. Acesso em: 4 fev. 2013.

MOREIRA, Rômulo de Andrade. **A Lei que Alterou a Competência da Justiça Militar da União.** Disponível em: ‹http://emporiododireito.com.br/leitura/a-lei-que-alterou-a-competencia-da-justica-militar-da-uniao-por-romulo-de-andrade-moreira-1508242671›. Acesso em: 27 dez. 2017.

MOREIRA, Rômulo de Andrade. **E Agora, Como Interpretar o Art. 85 do CPP?** Disponível em: ‹ http://emporiododireito.com.br/leitura/e-agora-como-interpretar-o-art-85-do-cpp›. Acesso em: 22 dez. 2018.

NUCCI, Guilherme de Souza. **Manual de Processo Penal e Execução Penal**. 5. ed. São Paulo: RT, 2008.

NUCCI, Guilherme de Souza. **Crimes contra a dignidade sexual**: comentários à lei 12.015, de 7 de agosto de 2009. São Paulo: RT, 2009.

OLIVEIRA, Eugênio Pacelli de. **Curso de Processo Penal**. 10. ed. Rio de Janeiro: Lumen Juris, 2008.

QUEIROZ, Paulo. **Retroatividade da lei processual penal e garantismo.** Disponível em: ‹http://pauloqueiroz.net/retroatividade-da-lei-processual-penal-e-garantismo/›. Acesso em: 27 jan. 2014.

RANGEL, Paulo. **Direito Processual Penal**. 17. ed. Rio de Janeiro: Lumen Juris, 2009.

RANGEL, Paulo. **A Linguagem pelo Avesso**: a denúncia anônima como causa (i)legitimadora da instauração de investigação criminal: inconstitucionalidade e irracionalidade. *In*: ALVES, Leonardo Barreto Moreira; CHAVES, Cristiano; ROSENVALD, Nelson. **Temas Atuais do Ministério Público:** a atuação do *Parquet* nos 20 anos da Constituição Federal. 2. ed. rev., ampl. e atual. Rio de Janeiro: Lumen Juris, p. 749-765.

ROSA, Alexandre Morais da. **A prática de *fishing expedition* no processo penal**. Disponível em: ‹ https://www.conjur.com.br/2021-jul-02/limite-penal-pratica-fishing-expedition-processo-penal›. Acesso em: 10 dez. 2021.

TÁVORA, Nestor; ALENCAR, Rosmar Rodrigues. **Curso de Direito Processual Penal**. 3. ed. rev., ampl. e atual. Salvador: Juspodivm, 2009.

TÁVORA, Nestor; ARAÚJO, Fábio Roque. **Código de Processo Penal para Concursos**. Salvador: Juspodivm, 2010.

TÁVORA, Nestor; ALENCAR, Rosmar Rodrigues. **Comentários ao Anteprojeto de Lei Anticrime**: tripartido em três projetos de lei conforme versão enviada ao Congresso Nacional. Salvador: Juspodivm, 2019.

TOURINHO FILHO, Fernando da Costa. **Manual de Processo Penal**. 5. ed. São Paulo: Saraiva, 2003, v. 1.

TOURINHO FILHO, Fernando da Costa. **Crimes Contra a Liberdade Sexual, em Face da Nova Lei**. *In*: Revista Magister de Direito Penal e Processual Penal. Porto Alegre: Magister, v. 33, dez./jan. 2010, p. 78-84.

EDITORA JusPODIVM
www.editorajuspodivm.com.br

Impressão e Acabamento:
EXPRESSÃO & ARTE
EDITORA E GRÁFICA
www.graficaexpressaoearte.com.br